Bernardo Atxaga

Obabakoak
oder Das Gänsespiel

Zu diesem Buch

Das entlegene Dorf Obaba, irgendwo in den baskischen Bergen, folgt seinen eigenen Gesetzen. Hier leben verwirrte Herzen, tote Buchstaben und starrköpfige Hühner. Hier stapelt sich das Tomatenkonzentrat in Rosies Eckladen, kriechen Gerüchte um das Haus der Hirten und Eidechsen in unachtsame Ohren. Wer nicht aufpasst, verliert sich auf den Bergpfaden oder hinter der Tür des Nachbarn. Bernardo Atxaga zaubert ein sinnliches Labyrinth, erzählt fantastisch Reales, sucht nach dem letzten Wort und nach Geschichten ohne Ende. Mit *Obabakoak* erobert er dem Baskischen einen Platz in der Weltliteratur.

»In diesem Roman sind alle Konstruktionen durchlässig, Ort und Zeit, Mythos und Wirklichkeit, Ich und Du. *Obabakoak* ist wunderbar bunt und so leicht und locker erzählt, als ginge es einzig um die Lust am Fabulieren.«
Tages-Anzeiger

Der Autor

Bernardo Atxaga wurde 1951 im baskischen Ort Asteasu (Provinz Guipúzcoa) geboren. Er studierte Wirtschaftswissenschaften. Mit Romanen, Gedichten, Liedertexten und Kinderbüchern gewann er in seiner Heimat große Popularität. Sein Roman *Obabakoak* ist mit den höchsten Literaturpreisen Spaniens ausgezeichnet worden und wurde in mehr als dreißig Sprachen übersetzt. 2021 erhielt Atxaga für sein Werk den Premio Liber.

Im Unionsverlag ist außerdem lieferbar: *Ein Mann allein.*

Die Übersetzerin

Giò Waeckerlin Induni, in einer italienischsprachigen Familie in Zürich aufgewachsen, war Lektorin und Übersetzerin vorwiegend aus dem Italienischen, Spanischen und Englischen.

Mehr über den Autor und sein Werk auf *www.unionsverlag.com*

Bernardo Atxaga

Obabakoak
oder Das Gänsespiel

Roman

Aus dem Spanischen
von Giò Waeckerlin Induni

Unionsverlag

Die baskische Originalausgabe erschien 1988 bei Editorial Erein.
Die spanische Erstausgabe erschien 1989 bei Ediciones B, S. A., Barcelona.
Die deutsche Erstausgabe erschien 1991 im Schönbach Verlag, Basel/Hannover.

Im Internet
Aktuelle Informationen, Dokumente und Materialien
zu Bernardo Atxaga und diesem Buch
www.unionsverlag.com

Unionsverlag Taschenbuch 948

Originaltitel: Obabakoak

Neptunstrasse 20, CH-8032 Zürich
Telefon +41 44 283 20 00
mail@unionsverlag.ch

Die erste Ausgabe dieses Werks im Unionsverlag erschien 1995
Reihengestaltung: Heinz Unternährer
Umschlagmotiv: Echsen – Ivana van Keulen (Alamy Stock Foto);
Labyrinth – Arsenii Samolevskyi (Alamy Vektorgrafik)
Umschlaggestaltung: Sven Schrape
Satz: Greiner & Reichel, Köln
Druck und Bindung: CPI – Clausen & Bosse, Leck
ISBN 978-3-293-20948-0

Der Unionsverlag wird vom Bundesamt für Kultur mit einem
Verlagsförderungs-Strukturbeitrag für die Jahre 2021–2024 unterstützt.

Auch als E-Book erhältlich

Inhalt

KINDHEITEN 9

Esteban Werfel 9

Über Kanonikus Lizardis Brief 42

Post tenebras spero lucem 58

Ich ginge jeden Abend spazieren 88

NEUN WÖRTER ZU EHREN
DES DORFES VILLAMEDIANA 99

Die erste Erinnerung 106

Die zweite Erinnerung 107

Die dritte Erinnerung 117

Die vierte Erinnerung 123

Die fünfte Erinnerung 128

Die sechste Erinnerung 135

Die siebte Erinnerung 154

Die achte Erinnerung 158

Die neunte Erinnerung 160

DIE SUCHE NACH DEM LETZTEN WORT 165

Jung und unbeschwert 165

Der Diener des reichen Kaufmanns zu Bagdad 180

Rund um das Geschichtenerzählen 181

Dayoub, der Diener des reichen Kaufmanns zu Bagdad 192

Mister Smith 195

Mit ledigem Namen Laura Sligo 197

Finis coronat opus 218

Am nächsten Morgen 231

Hans Menscher 236

Wie man in fünf Minuten eine Geschichte schreibt 242

Klaus Hahn 246

Margarethe und Heinrich, Zwillinge 269

Ich, Jean-Baptiste Hargous 279

Die Kunst des Plagiats 286

In der Gletscherspalte 301

Ein kühler Rheinwein 308

Samuel Tellería Uribe 314

Wei Lie Deshang
Fantasia on the Marco Polo's theme 324

X ... Y ... 334

Die Fackel 349

Ich möchte Joseba Urteaga, Bakartxo Arrizabalaga
und Pilar Muñoa für ihre Unterstützung danken,
als es darum ging, dieses Buch zu übersetzen.
BERNARDO ATXAGA

KINDHEITEN

Esteban Werfel

Die zum großen Teil ledergebundenen und sorgfältig in den Regalen eingeordneten Bücher von Esteban Werfel bedeckten die vier Wände des Raumes fast vollständig; es waren zehn- oder zwölftausend Bände, die zwei Leben umfassten – das seine und das seines Vaters – und überdies eine warme Einfriedung bildeten, einen schützenden Wall zwischen ihm und der Welt, wenn er sich wie an jenem Februartag zum Schreiben hinsetzte. Den Tisch, an dem er saß – ein altes Eichenmöbel, wie viele der Bücher eine Erinnerung an seinen Vater –, hatte er vor vielen Jahren, als er noch ein junger Mann war, von Obaba hierherbringen lassen.

Der Wall aus Papier, aus Seiten, aus Worten ließ jedoch eine Öffnung frei, ein Fenster, durch das Esteban Werfel den Himmel sehen konnte, während er schrieb, die Trauerweiden, die kleine Hütte für die Schwäne im Weiher des Stadtparkes. Das Fenster bahnte sich einen Weg durch die Dunkelheit der Bücher, ohne seine Einsamkeit zu stören, und milderte diese andere Dunkelheit, die oft Trugbilder weckt im Herzen der Menschen, die nicht gelernt haben, allein zu sein.

Esteban Werfel betrachtete einen Moment lang den wolkenbedeckten, weißlich grauen Februarhimmel. Dann wandte er den Blick ab, zog eine Schublade seines Schreibtisches auf und entnahm ihr ein

Heft mit einem Pappumschlag, auf dem die Zahl Zwölf stand und das bis in die kleinste Einzelheit den anderen, bereits voll beschriebenen Heften mit seinen Tagebuchaufzeichnungen entsprach.

Sie waren hübsch, die Hefte mit dem Pappumschlag. Sie gefielen ihm. Oft dachte er, er missbrauche sie, dachte, die Geschichten, die Gedanken, die er ihnen anvertraute, würden das glückliche Los zunichtemachen, das einem Heft – den Heften mit Pappumschlag vor allem – beschieden war.

Vielleicht war es übertrieben, sich Gedanken über so etwas wie ein Heft zu machen. Wohl möglich. Doch es war stärker als er, und besonders dann, wenn er sich – wie an jenem Tag – anschickte, ein neues aufzuschlagen. Warum dachte er immer an Dinge, an die er eigentlich nicht denken mochte? Sein Vater hatte einmal zu ihm gesagt: *Wenn du Flausen im Kopf hast, beunruhigt mich das nicht; was mich hingegen beunruhigt, ist, dass es immer die gleichen Flausen sind. Genau das war es, immer die gleichen Flausen,* doch den Grund dafür hatte er nie herausbekommen.

Wie auch immer: Der Drang, der seine *immer gleichen Flausen* beherrschte, war unbezwingbar, und Esteban Werfel konnte der Versuchung nicht widerstehen, zum Regal hinüberzublicken, wo er die elf bereits beschriebenen Hefte aufbewahrte. Dort standen sie, halb versteckt zwischen geografischen Werken, die Seiten, die Zeugnis von seinem Leben ablegten, die die glücklichen Momente, die bedeutendsten Ereignisse seines Lebens festhielten. Doch es handelte sich keineswegs um einen Schatz. Nein, es stand nichts Ruhmvolles darin. Wenn er sie zur Hand nahm, kam es ihm vor, als blättere er in aschenbeflecktem Papier; er schämte sich und stellte fest, dass in ihm der Wunsch, zu schlafen und zu vergessen, immer stärker wurde.

»Hefte voller toter Buchstaben«, flüsterte er vor sich hin. Auch dieser Gedanke war nicht neu.

Doch er durfte sich nicht gehen lassen, durfte sich von seinen Gedanken nicht von der Aufgabe abbringen lassen, derentwegen er sich an den Tisch gesetzt hatte, durfte sich nicht – wie schon so oft – von trauriger Erinnerung zu trauriger Erinnerung immer mehr in die Tiefe ziehen lassen, bis zu dem Land, das er seit langer Zeit – seit der Zeit, als er Student in Geografie gewesen war – sein Kap der Einsamkeit nannte. Er war bereits ein reifer Mann, verstand es, gegen sich selbst anzukämpfen. Und er würde kämpfen, würde das noch unbeschriebene Heft füllen, das vor ihm auf dem Tisch lag.

Esteban Werfel nahm seine Feder – sie war aus Holz, und er benützte sie nur für seine Tagebucheintragungen – und tauchte sie ins Tintenfass.

17. Februar 1958, schrieb er. Seine Handschrift war zierlich und gestochen scharf. Draußen vor dem Fenster war der Himmel ganz grau geworden, und ein feiner Nieselregen verdüsterte das Efeu, das die Hütte der Schwäne vollständig überwucherte. Er seufzte. Er hätte sich ein anderes Wetter gewünscht. Er mochte es nicht, wenn der Park ausgestorben war. Er seufzte nochmals. Dann netzte er die Feder und neigte sich über das Heft.

Ich bin aus Hamburg zurückgekehrt – begann er seine Eintragung – *mit dem Vorsatz, einen Bericht über mein Leben zu schreiben. Doch ich werde nicht in chronologischer und umfassender Art und Weise vorgehen, wie jemand es tun könnte – und vielleicht mit gutem Grund sogar –, der sich selbst als Spiegel einer Epoche oder einer Gesellschaft sieht. Das trifft für mich nicht zu, und so werde ich anders vorgehen. Ich werde mich darauf beschränken zu erzählen, was eines Nachmittags vor langer Zeit geschah – als ich vierzehn Jahre alt war, um genau zu sein –, und von den einschneidenden Folgen, die jener Nachmittag für mein Leben haben sollte. Für einen Mann, der bereits im Herbst seines Lebens steht, hat in ein paar Stunden nicht viel Platz, doch es ist das Einzige, was ich zu erzählen habe, das Einzige, was die Mühe lohnt. Und vielleicht ist es gar nicht so wenig. Letztlich bin ich ein Mann, der sich immer der Lehrtätigkeit gewidmet hat, und es ist allgemein bekannt, dass das Katheder in den Hörsälen eher der Konstipation als dem Abenteuer förderlich ist.*

Er richtete sich im Stuhl auf und wartete, bis die Tinte trocken war. Der Tag war immer noch grau, doch der Regen war jetzt viel stärker als noch vor ein paar Minuten, und das dumpfe Geräusch der Tropfen auf dem Gras drang deutlich bis ins Zimmer. Auch im Weiher rührte sich etwas: Die Schwäne waren aus ihrer Hütte herausgekommen und schlugen aufgeregt mit den Flügeln. Er hatte die Schwäne noch nie in diesem Zustand gesehen. Ergötzten sie sich am Regen? Oder waren sie vergnügt, weil ihnen heute niemand zusah? Er wusste es nicht; doch mit unnützen Fragen Zeit zu verlieren, lohnte sich ebenso wenig. Er tat wohl besser daran, das soeben Geschriebene durchzulesen.

Die ersten Zeilen machten ihm immer Mühe. Die Wörter weigerten sich, getreulich das wiederzugeben, was man von ihnen verlangte – als ob sie träge wären oder ihnen die Kraft dazu fehlte. Sein Vater pflegte zu sagen: *Unsere Gedanken sind Sand; wenn wir versuchen, eine Handvoll aufzulesen, rinnt uns der größte Teil der Sandkörner durch die Finger.* Ja, so war es. Er hatte sich vorgenommen, einen Lebensbericht zu schreiben, wo es doch zutreffender gewesen wäre, von Betrachtungen zu sprechen, denn letztlich war es genau das, was er tun würde: von dem ausgehen, was eines Nachmittags in seiner Jugend geschehen war, und es unter allen Aspekten genau betrachten. Doch das war nicht der einzige Schritt in die falsche Richtung, es gab noch andere.

Er hätte das Geschriebene durchstreichen und von Neuem beginnen können, aber das ging gegen sein Prinzip: Er mochte es, wenn die Seiten makellos waren, sowohl die seinen als auch die der anderen, und er war stolz darauf, dass ihm seine Studenten wegen seiner Pingeligkeit den Spitznamen einer bekannten Seifenmarke gegeben hatten. Und im Übrigen – warum sich den Kopf über die ersten Zeilen zerbrechen? Er würde auch in einem zweiten Anlauf Fehler machen. Fehler waren unvermeidlich. Also konnte er ebenso gut weiterfahren, präzisieren, nach und nach den ungeschickten Anfang korrigieren.

Er blickte wieder in den Park hinaus. Der Teich lag verlassen da. Die Schwäne hatten sich in ihre Hütte geflüchtet. Nein, offensichtlich behagte der Februarregen auch ihnen nicht.

Wie auch immer – fuhr er mit Schreiben fort –, *der Anspruch, die besonderen Augenblicke unseres Lebens einzufangen, kann ein großer Irrtum sein. Vielleicht lässt sich das Leben nur in seiner Gesamtheit beurteilen, in extenso, und nicht bruchstückweise, nicht dadurch, dass man einen Tag erfasst und einen anderen weglässt, nicht dadurch, dass man die Jahre auseinandernimmt wie die Teile eines Puzzles, um schließlich festzustellen, dass dieses sehr gut und jenes sehr schlecht war. Denn alles, was lebt, ist wie ein Fluss. Ohne Unterbrechungen, ohne Rast.*

Obwohl das eine Tatsache ist, so lässt sich dennoch die sozusagen gegenteilige Neigung unseres Erinnerungsvermögens nicht leugnen. Wie jeder gute Zeuge neigt die Erinnerung zum Konkreten, neigt dazu zu selektionieren. Sagen wir einmal – um einen Vergleich zu nehmen –, sie geht wie ein Auge vor. Aber nie, wie es ein Buchhalter tun würde, der es gewohnt ist, in Bestandsaufnahmen zu denken.

Zum Beispiel kann ich jetzt im Park die Hütte der Schwäne sehen; sie ist vollständig mit Efeu überwuchert, der an sich schon düster ist, doch an Regentagen wie heute wirkt er noch viel düsterer. Ich sehe sie, doch streng genommen sehe ich sie überhaupt nicht. Jedes Mal, wenn ich aufschaue, gleitet mein Blick über das eintönige Grün oder Schwarz der Blätter, und er sucht, bis er den rötlichen Fleck an einer Ecke des Daches entdeckt. Ich weiß nicht einmal, was es ist. Vielleicht ist es ein Fetzen Papier … oder eine Primel, die sich zum Knospen diese Stelle ausgesucht hat, oder ein Ziegel, der zwischen dem Efeu hindurchleuchtet. Wie auch immer: Meinen Augen ist das gleichgültig. Sie fliehen die Dunkelheit, suchen immer wieder diesen Lichtfleck.

Esteban Werfel richtete den Blick auf den roten Fleck. Doch es brachte ihn nicht weiter: Es konnte sich ebenso gut um eine Primel wie um einen Fetzen Papier handeln. Letztlich war dieses Detail unwesentlich. Wesentlicher war das, was er soeben über das

Erinnerungsvermögen geschrieben hatte: Dass die Erinnerung am Konkreten Gefallen findet, war unpräzise. Es war keine Frage des Geschmacks, sondern der Notwendigkeit.

Das Auge geht auf diese Weise vor – fuhr er fort – *und die Erinnerung selbst – wenn meine Überlegung richtig ist – ebenso. Sie vergisst die öden Tage, sucht hingegen das Licht, sucht die denkwürdigen, die intensiv erlebten Tage; sucht, wie in meinem Fall, einen weit zurückliegenden Nachmittag in meinem Leben.*

Doch genug damit. Es ist Zeit, dass ich mit dem eigentlichen Bericht beginne.

Nachdem er den Schlussstrich unter die erste Seite seines Heftes gezogen hatte, fühlte sich Esteban Werfel erleichtert. Das hätte er geschafft: Er hatte in der Einführung das umrissen, was er erzählen wollte. Er wusste selbst nicht genau, warum er so vorging, so umständlich und mit vielen Pausen, doch das war seit je ein ausgeprägter Wesenszug von ihm. Er schrieb oder sprach nie rundheraus, er wandte sich nie direkt an seine Umgebung. Nach so vielen Jahren hatte er sich mit diesem Charakterfehler abgefunden – mit seiner Schüchternheit, seiner Feigheit. Trotzdem: Die aus ebendiesem Grund verpassten Gelegenheiten schmerzten ihn. In seinem Leben war alles Schweigen, Gleichgültigkeit, Zurückgezogenheit gewesen.

Aber er schweifte schon wieder ab. Jetzt ging es nicht darum, wie er gelebt hatte, sondern um seine Art zu schreiben, und ob er abschweifte oder nicht, war nicht von Bedeutung. Niemand würde je sein Tagebuch lesen. Sosehr er auch manchmal versuchte, sich in seiner Fantasie jemanden vorzustellen, der in seinen Heften blätterte – nach seinem Tode, am gleichen Tisch –, nein, er glaubte nicht ernsthaft daran. Nein, es würde keinen Leser geben. Sich so viele Gedanken über den Stil zu machen, kam ihm ein bisschen lächerlich vor.

Während er die Feder ins Tintenfass tauchte, schaute er in den Park hinaus. Ohne die üblichen Spaziergänger wirkte die

Umgebung des Weihers einsamer denn je. Der Blutweiderich, der zwischen dem Gras gesprossen war, kräuselte sich über dem Kies. Er wandte sich wieder seinem Heft zu.

Hic incipit – hier beginnt die Geschichte jenes Nachmittags, an dem man mich zum ersten Mal in meinem Leben in die Kirche mitnahm. Ich war damals vierzehn Jahre alt und lebte mit meinem Vater in einem Ort namens Obaba.

Es war ein Sonntag, und ich war mit ein paar Schulkameraden verabredet; wir wollten zusammen ins Kino gehen, das man ungefähr fünf Kilometer von Obaba entfernt in der Nähe der Eisenbahnlinie gebaut hatte. Doch meine Kameraden brachen zum ersten Mal die Regeln, die unser gegenseitiges Verhalten bestimmten; sie standen lange vor der vereinbarten Zeit vor der Tür, und kaum hatte ich ihnen aufgemacht, überfielen sie mich mit einer Frage, die ich am wenigsten hätte erwarten können.

»Bitte«, sagten sie zu mir, »begleite uns in die Kirche, komm mit uns, um die Vesper zu singen. Bitte den Herrn Ingenieur, er soll dich mit uns gehen lassen, sag ihm, dass man nicht gläubig sein muss, um die Vesper zu singen.«

Das war ein ganz ungewöhnliches Vorgehen. Ein geradezu kühnes, möchte ich sagen; das Wort kühn ist in diesem Zusammenhang durchaus angemessen, denn Leute zu Hause besuchen – insofern man darunter versteht, eine fremde Wohnung von innen zu sehen – galt in Obaba als Ungezogenheit, als ebenso unschicklich, wie wenn man sich nach einer Person umdreht, die sich auszieht. Hinzu kam, dass mein Vater Ausländer war, ein Fremder, ein Feind, und alle Welt wusste, wie sehr er die Kirche und die Religion hasste.

Aus der Rückblende besehen, hege ich keinerlei Zweifel mehr daran, dass es der Kanonikus von Obaba gewesen sein musste – ein Mann Loyolas –, der sie zu diesem Vorschlag ermutigt hatte. Von seinem Standpunkt aus war ich eine Seele in Gefahr; ein Kind, das ohne Mutter – sie war bei meiner Geburt gestorben – der Willkür eines Ketzers ausgeliefert war, eines Mannes, der nicht zögerte, seinen Sohn mit in den Abgrund zu ziehen, in dem er selbst lebte. Der Kanonikus hatte sich wohl gedacht, es gebe keine andere Möglichkeit, um mich auf seine Seite zu ziehen, als die Freundschaft zu nutzen, die mich mit meinen Schulkameraden verband.

Die Feindschaft zwischen dem Kanonikus und meinem Vater war – um es so auszudrücken – nicht ausschließlich intellektueller Art. Sie war nicht nur auf die kirchenfeindliche Haltung des Herrn Ingenieur Werfel zurückzuführen, der die Leitung der Minen von Obaba übernommen hatte. Es gab da noch etwas anderes. Und dieses »etwas anderes« war mein Vorhandensein. Um es so auszudrücken, wie ich es einst von meinem Klassenlehrer gehört hatte: Ich war nicht die legitime Frucht einer Ehe. *Und ich war es aus dem ganz einfachen Grund nicht, weil meine Eltern sich aus freiem Willen und ohne den Segen der Kirche zusammengetan hatten. Etwas, was zu jener Zeit und in jenem Ort untolerierbar war. Doch das ist eine andere Geschichte. Sie gehört nicht in dieses Heft.*

Der Park war nach wie vor menschenleer, und trotz des nahenden Frühlings wirkten die Bäume wie erschöpft und leblos. Auch die Schwäne ließen sich nicht blicken.

Er wandte den Blick vom Fenster ab und überlas das Geschriebene. Nein, die Geschichte seiner Eltern gehörte nicht in dieses Heft. Vielleicht ins nächste, ins dreizehnte. Es würde vor allem die Geschichte einer jungen Frau sein, die beschließt, mit einem Fremden zusammenzuleben, und deswegen verleugnet und verfemt wird. »Deine Mutter ging mit jedem ins Bett. Deine Mutter trug keine Unterwäsche. Deine Mutter musste jung an all dem Schlechten sterben, das sie getan hat.«

Die Anspielungen, die er in der Schule von Obaba während der Pause gehört hatte, schmerzten ihn immer noch. Er wusste nicht, ob er es je schreiben würde, das dreizehnte Heft; wenn ja, so würde es sehr schmerzlich sein. Wie auch immer: Das war für später. Was er jetzt festhalten musste, war die Geschichte, die er von seiner Reise nach Hamburg zurückgebracht hatte.

Esteban Werfel beugte sich über das Heft. Der unerwartete Besuch seiner Schulkameraden beschäftigte erneut seine Fantasie.

Als sie sahen, wie verblüfft ich über ihre Bitte war, redeten sie eindringlich auf mich ein, ohne den Kanonikus auch nur mit einem Wort zu erwähnen. Ihre Argumente waren ziemlich fadenscheinig: Sie meinten, es sei doch unsinnig, dass wir sonntags jeweils getrennte Wege gingen. Das führe einzig dazu, dass wir kostbare Zeit verlören, dass sie manchmal zehn, fünfzehn Minuten früher aus der Kirche kämen, wertvolle Minuten, um nicht zu spät ins Kino zu kommen, die aber schließlich nie genutzt werden könnten – meinetwegen natürlich –, weil ich ihr Freund sei und ihnen nichts anderes übrig bleibe, als auf mich zu warten.

»Wenn wir ankommen, hat der Film immer schon begonnen«, fasste einer zusammen, »und fünf Kilometer mit dem Fahrrad zurückzulegen, um nur die Hälfte zu sehen, ist doch Unsinn. Es ist viel besser, wenn wir alle zusammen hingehen.«

Wie ich bereits gesagt habe: Das Argument war ziemlich fadenscheinig, denn normalerweise war es so, dass sich die Andacht in die Länge zog, und nicht umgekehrt. Ich widersprach ihnen natürlich nicht. Im Grunde wünschte ich mir, die Kirche zu betreten. Und nicht nur, weil es für mich ein verbotener und daher so verlockender Ort war, sondern ebenso sehr, weil ich mich danach sehnte, ein normaler Junge zu sein – ein Junge wie alle anderen. Abgesehen von meinem Vater, war ich der einzige Mensch in Obaba, der jenes Gebäude noch nie betreten hatte, und ich litt natürlich darunter – ich war damals erst vierzehn Jahre alt –, dass die Leute mit dem Finger auf mich zeigten.

Ihr Vorschlag kam mir daher sehr gelegen. Ich widersprach ihnen nicht und beschränkte mich darauf, sie zur Bibliothek zu begleiten. Dort hielt sich mein Vater auf. Ihn mussten sie um Erlaubnis fragen. Nein, ich getraute mich nicht, es war besser, wenn sie es taten. Ich glaubte keinen Moment daran, dass er einverstanden sein werde. Ich dachte, er werde sie schimpfend wegschicken, er werde – ausgerechnet an jenem Sonntag – nicht entgegen seinen Prinzipien handeln, die er sein Leben lang verfochten hatte.

»Wenn er gehen will, so soll er«, das war alles, was er meinen Kameraden antwortete. Zuerst war ich überrascht, dann erschrocken; es war, als würden plötzlich sämtliche Fensterscheiben in die Brüche gehen. Warum sagte er Ja? Ich hatte es mir nicht einmal vorzustellen gewagt.

Ein Schwan schnatterte wütend vor der Hütte; er schien über das Wetter zu schimpfen. Der Regen ließ nicht nach. Er drückte das Gras nieder, und es bildeten sich tiefe Lachen. Bald würde der Park sich in eine einzige Pfütze verwandelt haben.

Esteban Werfel verschränkte die Hände über dem Heft. Nein, mit vierzehn hatte er seinen Vater nicht verstehen können, denn zu jener Zeit sah er ihn noch nicht mit seinen eigenen Augen, sondern mit den Augen der anderen; mit den Augen jener, die – wie er später feststellte – seine Feinde waren. In Obaba hieß es, der Herr Ingenieur Werfel sei ein hochmütiger, ungeselliger Mensch. Und so dachte auch er. Es hieß – ein kleines Mädchen, das mit ihm auf dem Platz spielte, erzählte es ihm –, er sei grausam und bestrafe die Bergwerksarbeiter mit der Peitsche, und er, Esteban, hatte gelächelt und zustimmend mit dem Kopf genickt. Denn in Wirklichkeit war es so, dass er jenes Bild akzeptierte, weil ihm ein anderes fehlte, irgendeines. Wer war sein Vater? Und was war er sonst noch, sein Vater? Und darüber hinaus? Und darüber hinaus nichts. Gut, ja, ein Bergbauingenieur.

Doch jene Zeit war vorbei. Er war kein unverständiger Heranwachsender mehr, sondern ein reifer Mann. Er glaubte heute zu wissen, warum der Herr Ingenieur die Bitte seiner Kameraden nicht abgeschlagen hatte.

»Aus Müdigkeit«, seufzte er. Der Regen tat ihm plötzlich gut. Er half ihm, sich zu erinnern.

In der Tat, der Herr Ingenieur Werfel war müde, bereute es, seine Vaterstadt Hamburg verlassen zu haben, um an einen Ort zu ziehen, wo seine Vorstellungen als lächerlich empfunden wurden. In der ersten Zeit träumte er davon zurückzukehren. »Wir werden zurückkehren, Esteban, und du wirst an der Universität studieren, an der ich studiert habe.« Diesen Satz hatte er als Kind so oft gehört.

Doch schon bald lösten sich die schlechten Nachrichten ab. Einmal war es die Mine, die geschlossen wurde; ein anderes Mal die Börsenpapiere, die an Wert verloren und ihn um sein Vermögen brachten; ein anderes Mal wiederum war es der Brief von Theodor Steiner, seinem besten Freund, der ihm mitteilte, dass die Vereinigung, der sie beide angehörten – der Eichendorff-Bund –, in Deutschland verboten worden war, dass seine Ideale verfolgt wurden, in dem Land, wo er geboren worden war.

Zu jenem Zeitpunkt, als Esteban vierzehn war, hatte er bereits aufgegeben. Er würde in Obaba sterben, würde nie mehr nach Deutschland zurückkehren. Sein Sohn würde nicht an einer deutschen Universität studieren. Es war daher verständlich, dass er keine Kraft mehr hatte, für die Erziehung seines Sohnes zu kämpfen. *Wenn er gehen will, so soll er gehen.* Was spielte das noch für eine Rolle: Die Schlacht war verloren.

Der Schwan vor der Hütte begann wieder, aufgeregt zu schnattern, und alle andern im Innern machten es ihm nach. Das Geschrei schreckte ihn aus seinen Erinnerungen auf.

»Geben sie denn überhaupt keine Ruhe?«, rief er gereizt.

Warum war er denn so hochmütig?, fragte er sich. Er wollte den Faden nicht verlieren, der ihn mit seinem Vater verband.

Wenn er etwas demütiger gewesen wäre, der Herr Ingenieur, hätte er sich mit dem Leben in Obaba besser abgefunden. Und wäre er etwas intelligenter gewesen, ebenfalls. Letzten Endes: War nicht die Intelligenz die Fähigkeit, sich jeder Situation anzupassen? Wer lernt, sich anzupassen, steigt nie in die Höllen hinab. Im Gegenteil: Er erlangt das Glück. Was hatten seinen Eltern die Bücher, die Lektüre, die Ideale genutzt? Zu ihrem Ruin hatten sie geführt. »Nur die Feiglinge passen sich dem Leben an«, pflegte sein Vater zu sagen. Er war damit nicht einverstanden, nein. Und er war ebenso wenig mit der alten Maxime einverstanden, die Wissen mit Leiden verbindet, die besagt, dass ein Mensch desto mehr leidet, je mehr er weiß. Er hatte es seinen Studenten so oft wiederholt: Diese negative Folgerung konnte man sich nur auf der untersten Stufe des Wissens leisten. Doch je höher man klomm, desto unausweichlicher war der Zwang, über das Leiden zu triumphieren.

Die Schwäne schienen sich beruhigt zu haben. Esteban Werfel tauchte die Feder ins Tintenfass und bedeckte mit seiner gestochen scharfen Handschrift die obere Hälfte der neuen Seite. Der Moment war gekommen, seine Betrachtungen dem Heft einzuverleiben.

Sogar in den schwierigsten Situationen gibt es Momente, wo es erstrebenswert und lustvoll ist, den Kampf aufzugeben. Ein Schiffbrüchiger zum Beispiel versöhnt sich schließlich immer mit dem Meer – auch jener, der bis zur Erschöpfung versucht hat, sein Boot zu retten, der die ganze Nacht unter dem Sternenhimmel und von Fischen umgeben in totaler Einsamkeit versucht hat, den Wellen zu trotzen. Egal, was er erlebt hat und wie sehr er am Leben hängt: Das Ende ist immer sanft. Er sieht ein, dass er nicht mehr kann, dass keine Hilfe naht, dass nirgends Land in Sicht ist; und schließlich ergibt er sich, ruht sich aus, gibt sich dem Meer hin wie ein Kind, das nur noch schlafen will.

Doch mein Vater war zu hochmütig. Er hatte Schiffbruch erlitten, ja, und es blieb ihm nichts anderes übrig, als zu Kreuz zu kriechen; doch er ergab sich nicht, er sehnte sich nicht nach der letzten Wohltat des Versagens. Er antwortete schroff: »Wenn er gehen will, so soll er gehen«, und schloss sich in seiner Bibliothek ein, dem einzigen Ort in Obaba, wo er sich wohlfühlte. *Als ich anklopfte, um ihn um das Geld für das Kino zu bitten, antwortete er nicht. Er beschränkte sich darauf, eine Münze unter der Tür hindurchzuschieben. Ich weiß nicht … heute schäme ich mich über die Freude, die ich in jenem Moment empfand.*

Ich steckte das Geld ein, und die ganze Schar setzte sich in Bewegung; wir schubsten uns gegenseitig wie jeweils, wenn uns der Lehrer in die Pause entließ. Dann nahmen wir, das Fahrrad an der

Lenkstange vor uns herschiebend, die steile Straße in Angriff, die man in Obaba die Straße der Domherren *nannte.*

Es war ein unfreundlicher Frühlingstag, mit ständigen Regenschauern und Windböen, und das Wasser trat über den Rand des Straßengrabens. Dort, wo es talwärts floss, bedeckten die von der Strömung mitgeschwemmten Apfelblüten die Erde wie ein weißer Teppich, den wir achtlos mit den Füßen zertraten.

Wir schritten munter voran, schoben unsere Fahrräder, die, wie Andrés, einer meiner Kameraden, bemerkte, bergaufwärts schwerer waren. Zuoberst auf dem Hügel zeichnete sich der spitze Turm der Kirche ab.

Wir waren fröhlicher Dinge, lachten über jede Kleinigkeit und verglichen scherzend den unterschiedlichen Klang unserer Fahrradklingeln. »Freust du dich, Esteban?« Und ich antwortete, ja, es sei ein Erlebnis für mich, ich sei sehr neugierig. »Und aufgeregt? Bist du nicht aufgeregt?« Und ich sagte, nein, ich sei nicht aufgeregt. Doch ob ich es war, je näher der Augenblick rückte. Bald würde ich auf der anderen Seite stehen, wie mein Vater gesagt hätte.

Kurz darauf betrat ich zum ersten Mal die Kirche.

Das Tor war sehr groß und schwer, und ich musste mich mit ganzer Kraft dagegenstemmen, um es aufzustoßen.

»Bevor du hineingehst, musst du dich bekreuzigen«, sagte Andrés zu mir. Ich schaute ihn ratlos an. So netzte er meine Finger mit den seinen und führte meine Hand.

»Wie dunkel es hier ist«, rief ich aus, kaum hatte ich die Kirche betreten.

Der Kontrast zwischen dem Licht draußen und dem Halbdunkel im Innern blendete mich. Ich erkannte nichts, nicht einmal das Mittelschiff, das sich vor mir öffnete.

»Sprich nicht so laut«, baten mich meine Kameraden, während sie vorausgingen.

Weit vorn, dort, wo das Mittelschiff aufhörte, flackerte eine große Kerze. Es war der einzige Lichtpunkt im ganzen Raum. Ich ging ein paar Schritte, blieb dann aber wieder stehen. Ich wusste nicht, in welche Richtung gehen, und meine Kameraden schienen verschwunden.

Meine Augen starrten in die Flamme am anderen Ende des Mittelschiffes, doch nach und nach sah ich etwas mehr von meiner Umgebung. Ich stellte fest, dass die Glasfenster blau waren, nahm den goldenen Widerschein wahr, der von einer Säule neben der großen Kerze ausging. Dennoch war ich wie gebannt.

»Brauchst keine Angst zu haben, Esteban. Ich bin es«, hörte ich jemanden hinter mir sagen; ich zuckte trotz der Ermahnung zusammen.

Noch bevor ich Zeit hatte, mich zu fassen, legte sich ein langer, knochiger Arm um meinen Hals. Es war der Kanonikus.

»Komm, Esteban. Brauchst keine Angst zu haben«, wiederholte er und näherte sein Gesicht dem meinen.

Der Geruch, den seine Kleider ausströmten, befremdete mich.

»Die Flamme dieser Kerze, Esteban, geht nie aus«, flüsterte er mir zu und zeigte mit der freien Hand nach vorn. »Wenn sie heruntergebrannt ist und wir eine neue anzünden müssen, so tun wir das immer mit dem Feuer der vorangehenden. Denk darüber nach, was das bedeutet, Esteban! Was meinst du, was das bedeutet?«

Ich war zu sehr erschrocken, um denken zu können, und ich fühlte mich unbehaglich, wenn der Geistliche meinen Namen aussprach. Ich blieb stumm.

»Das bedeutet«, erklärte er mir, »dass dieses Licht, das wir jetzt vor uns sehen, das gleiche ist, das unsere Großeltern gesehen haben und ebenso die Großeltern unserer Großeltern; es ist das gleiche Licht, das unseren Vorfahren leuchtete. Seit hundert Jahren verbindet dieses Haus uns alle, uns, die wir heute leben, und jene, die früher gelebt haben. Das ist die Kirche, Esteban, eine Gemeinschaft außerhalb der Zeit.«

Unnötig zu erwähnen, dass dieses Argument für mich nicht zutraf. Die Kirche verband nicht nur, sie trennte auch: Meine Anwesenheit an jenem Ort war das beste Beispiel dafür. Ich widersprach natürlich nicht. In Wirklichkeit fühlte ich mich gedemütigt, als ob mein Ausschluss aus jener Gemeinschaft ein Fehler oder ein Makel sei. Ich war mit kaltem Schweiß bedeckt.

Lächelnd bedeutete mir der Priester, die Andacht beginne erst in ein paar Minuten, ich solle die Gelegenheit nutzen und den Altar und die ganze Kirche besichtigen. Und er ließ mich stehen und entfernte sich in Richtung einer Seitentür, die zur Orgelempore hinaufführte. Ich hörte das Rascheln seiner Soutane noch, als er bereits meinem Blick entschwunden war.

Oft glauben wir, dass die Dinge an sich groß oder an sich klein sind, und wir geben uns nicht Rechenschaft darüber, dass das, was wir Größe nennen, nur das Verhältnis zwischen den Dingen meint. Doch genau darum geht es, um ein Verhältnis, daher kann ich heute behaupten, dass ich – im wahrsten Sinn des Wortes – seither nie mehr ein größeres Gebäude als die Kirche von Obaba gesehen habe. Sie war zehnmal größer als die Schule, tausendmal größer als unser Haus. Hinzu kam, dass das Dämmerlicht die Grenzen verwischte und die Wände, die Säulen, die Stuckaturen und das Kreuzgewölbe weit wegrückte. Alles schien viel größer, als es in Wirklichkeit war. In einem der bebilderten Bücher, das ich damals las, wurden die Abenteuer einer Expedition geschildert, die in einer Berghöhle eingeschlossen war. Alles um mich herum erinnerte mich an jene Höhle, aber ich spürte auch die Enge, die mich wie die Helden in jener Geschichte zu ersticken drohte. Ich ging das Mittelschiff entlang nach vorn, doch ich hatte das Gefühl zu ersticken, bevor ich die Flamme auf dem Altar erreicht haben würde. Dann sah ich, wie eine schwarz gekleidete Alte hinter dem Altar auftauchte und einen Hebel betätigte. Plötzlich war die ganze Kirche hell erleuchtet.

Dieser Übergang tat mir gut, und ich atmete freier. Es ist keine Berghöhle, dachte ich erleichtert. Es ist eher ein Theater, eines wie jene, die mein Vater in Hamburg besucht hatte, ein Gebäude, in dem Opern aufgeführt werden.

Die meisten Erinnerungen meines Vaters drehten sich um das

Theater, und ich kannte die Handlungen und Szenarien aller Werke, die er in der Oper an der Buschstraße oder im Schauspielhaus gesehen hatte; er hatte mir auch viele Geschichten über Schauspieler oder Schauspielerinnen aus jener Zeit erzählt. Der Vergleich zwischen dem, was ich mir in den Gesprächen mit meinem Vater vorgestellt hatte, und dem, was ich nun sah, drängte sich auf. Ja, die Kirche war ein Theater. Mit einer großen Bühne in der Mitte, mit Bildern von bärtigen Männern, mit Stühlen und Bänken für das Publikum. Und alles war golden, alles glänzte.

Ein tiefer, vibrierender Orgelton erfüllte die Kirche, und als ich den Kopf wandte und zur Empore hinaufschaute, sah ich ungefähr zwanzig in ihren Betstühlen kniende Frauen. Sie bewegten die Lippen und starrten mich an.

Erschrocken über die auf mir ruhenden Blicke rannte ich auf die Tür zu, durch die der Kanonikus verschwunden war. Eine Sekunde später eilte ich, zwei Stufen auf einmal nehmend, die Treppe zur Empore hinauf, wo meine Kameraden waren.

Erschöpft legte Esteban Werfel die Feder auf den Tisch und schaute zum Fenster hinauf, doch ohne etwas Bestimmtes zu sehen, und auch das Geschnatter der Schwäne im Teich schien er nicht zu hören. Eine seiner *Flausen* war ihm soeben durch den Kopf gegangen, hatte ihn unterbrochen, hatte ihn gezwungen, sich Gedanken über den Sinn des vor ihm liegenden zwölften Heftes zu machen. Wozu die Erinnerung? War es nicht besser, die Vergangenheit ruhen zu lassen, ohne darin herumzuwühlen?

Nur die Jungen lieben die Erinnerung, dachte er. Doch wenn sie von der Vergangenheit sprechen, sprechen sie in Wirklichkeit von der Zukunft, von den Ängsten und Wünschen, die sie in Bezug auf die Zukunft hegen, von dem, was sie vom Leben erwarten. Sie tun es aber nie in der Einsamkeit. Er konnte sich seine Gier, Erinnerungen heraufzubeschwören, nicht erklären. Wer weiß, vielleicht war es ein böses Omen; ein Zeichen, dass alles endgültig vorbei war, dass ihm nichts mehr am Leben lag.

Er schüttelte den Kopf, als wolle er die Gedanken verscheuchen, und wandte seine Aufmerksamkeit dem zu, was draußen vor dem Fenster geschah. Auf der einen Seite der Hütte stand ein Mann, der offensichtlich Schutz vor dem Regen suchte, und warf Brotkrumen in den Teich; die Schwäne schwammen von einem Ende zum anderen und schnatterten wie wild. Die Spaziergänger sind heute ausgeblieben, sie haben bestimmt Hunger, dachte er; kehren wir zur Orgelempore zurück.

Kaum hatte ich die Empore betreten, erhob sich der Kanonikus von der Orgelbank und streckte mir die Arme entgegen.

»Endlich befindet sich der kleine Werfel unter uns. Freuen wir uns und danken wir dem Herrn«, sagte er mit fast zärtlicher Stimme.

Er faltete die Hände und begann, laut zu beten, und alle meine Kameraden taten es ihm nach.

»Willkommen, Esteban. Von nun an gehörst du zu unserer Gemeinde, du wirst einer der Auserwählten sein«, beteuerte er anschließend. Meine Kameraden staunten mich an, als sähen sie mich zum ersten Mal.

Andrés hatte die Aufgabe, die Gesangbücher zu verteilen. Mir reichte er ein fast neues Exemplar.

»Mach dir keine Sorgen, Esteban. Du brauchst nur ein paar Sonntage mit uns zu kommen, und du wirst es ebenso gut können wie wir. Du wirst bestimmt der Beste«, flüsterte er mir zu. Das Buch hatte einen Goldschnitt, die Seiten waren ganz dünn; ein rotes Band bezeichnete die Seite mit dem Psalm des Tages.

Als der Kanonikus mich aufforderte, mich neben ihn zu setzen, wurde der Blick meiner Gefährten noch feierlicher. Ich schwankte ein bisschen. Das war offensichtlich ein Privileg, doch ich fürchtete die körperliche Nähe des Geistlichen. Ich erinnerte mich an den unangenehmen Geruch seiner Kleider.

»Hab keine Angst, Esteban. Komm, setz dich hierhin«, sagte der Kanonikus, dann begann er zu spielen. Die Holzplanken der Empore zitterten.

Ich wunderte mich, dass die Orgel zwei Tastaturen hatte und dass man die Füße bewegen musste, um zu spielen. Die Melodie mit ihren neckischen, einmal hohen, dann wieder tiefen Tönen erfüllte den Raum, und der Domherr schien sitzend zu tanzen, wiegte sich auf der Orgelbank und stieß mich mit dem Ellbogen an. Ich hatte Mühe, den Strophen zu folgen, ich konnte mich nicht konzentrieren.

Als der dritte Psalm angestimmt wurde, hatte ich das Buch bereits zugeklappt, ich beschränkte mich darauf, still dazusitzen und das Geschehen um mich herum zu betrachten. Dort standen meine Kameraden, sie machten den Mund auf und zu; und dort unten knieten noch immer die Frauen; etwas weiter weg flackerte der orangegelbe Widerschein der Kerze.

Plötzlich stieg die Flamme höher. Zuerst schien mir, als hebe sie ab, als bewege sie sich von selbst. Dann aber, als sie bereits über der Altartreppe schwebte, sah ich, dass die Flamme sich nicht von allein bewegte, nein, dass die Hand eines blonden Mädchens sie führte. Es schwebte, schwebte sanft, ohne Flügelschlag. Sie kommt auf mich zu, dachte ich. Das Licht der Flamme blendete mich.

Das blonde Mädchen flog durch die ganze Kirche, hielt in der Luft schwebend vor mir an, ein paar Meter über der Empore. Die Orgel war verstummt.

»Weißt du, was Liebe ist, Esteban?«, fragte sie mich zärtlich.

Ich nickte als einzige Antwort, wollte aufstehen, um ihr Gesicht zu sehen. Doch das Licht der Flamme hinderte mich daran, ich konnte mich nicht rühren.

»Könntest du mich lieben?«, fragte sie weiter, und einen Moment lang sah ich ihre halb geöffneten Lippen und ihre Nase.

»Ja«, antwortete ich. Das schien mir die einzig mögliche Antwort.

»Dann suche mich, Esteban. Komm nach Hamburg. Maria Vockel, Johanneshof 2, Hamburg«, fügte sie bei.

Sagte es, wandte sich von mir ab und entfernte sich in Richtung des Altars. Ich rief ihr nach, dass ich nach Hamburg kommen werde, ja, dass ich sie suchen werde, doch sie solle nicht so schnell weggehen, sie solle noch ein bisschen bleiben.

»Es ist nichts, Esteban, es ist nichts. Bleib ganz ruhig«, hörte ich anschließend. Ich lag auf dem Boden der Empore, und der Kanonikus beugte sich über mich. Andrés fächelte mir mit einem Notenblatt Luft zu.

»Maria Vockel«, rief ich.

»Ruhig, Esteban. Es ist nichts, nur eine Unpässlichkeit.«

In der Stimme des Domherrn schwang ein liebevoller Unterton mit. Er half mir aufzustehen und bat Andrés, mich an die frische Luft zu begleiten.

»Es ist wohl besser, du gehst heute nicht ins Kino, Esteban. Schone dich etwas«, riet er mir, als wir uns verabschiedeten.

»Du gehst nicht hin, nicht wahr?«, drängte er.

Ich war noch ganz erfüllt von dem Bild des jungen Mädchens mit dem blonden Haar, ich hatte nicht genug Kraft, ihm zu antworten.

Andrés tat es für mich.

»Er wird nicht hingehen, Hochwürden, ich auch nicht. Ich werde bei ihm bleiben, für alle Fälle«, versprach er.

»Gut so«, meinte der Kanonikus und kehrte zur Orgelbank zurück. Der Gottesdienst musste weitergehen.

Kaum war ich draußen, fühlte ich mich besser, und mein Kopf wurde klarer. Schon bald verschwamm das Bild des jungen Mädchens mit dem blonden Haar. So wie die Träume verschwimmen, so wie die Staubpartikel verschwimmen, wenn der Sonnenstrahl verblasst. Doch neben mir stand Andrés, mein Schulkamerad, und sorgte durch seine Anwesenheit dafür, dass die Erscheinung auf der Orgelempore sich nicht ganz verflüchtigte. Er war zwei oder drei Jahre älter als ich, und Liebesdinge beschäftigten ihn ungemein; einen weiblichen Namen vergaß er unmöglich.

»Wer ist Maria Vockel?«, fragte er mich schließlich.

In diesem Moment, als ich ihren Namen hörte, tauchte das Bild wieder auf. Ich sah sie vor mir, wie sie in der Kirche von einem Ende zum anderen geflogen war, und ich erinnerte mich an ihre Fragen. Ruhig erzählte ich Andrés, was mir passiert war.

»Ein Jammer, dass du ihr Gesicht nicht gesehen hast«, stellte er fest. Dieses Detail, das im Porträt des Mädchens fehlte, schien ihn sehr zu beschäftigen.

»Nur die Lippen und die Nase. Doch ich glaube, sie ist hübscher als sämtliche Mädchen in Obaba.«

Davon war ich felsenfest überzeugt, und ich beharrte mit der etwas unlogischen Vehemenz meiner vierzehn Jahre darauf.

»Ich glaube nicht, dass sie hübscher ist als das Mädchen im Kaffeehaus«, wandte er nachdenklich ein.

»Entschuldige, ich wollte dich nicht verletzen«, antwortete ich.

Ich erinnerte mich an Andrés' Starrköpfigkeit, wenn es um weibliche Schönheit ging. Von seinem Standpunkt aus – der mir damals, jung, wie ich war, etwas töricht vorkam – konnte sich keine Frau mit jener Kellnerin vergleichen, hinter der er her war. Er verwandte seine ganze Freizeit darauf, Geld aufzutreiben, damit er am Samstagnachmittag stundenlang im Kaffeehaus am äußersten Ende der Theke vor einem Glas sitzen konnte, trinkend – und leidend natürlich, denn sie unterhielt sich mit jedermann, nur nicht mit ihm. Die Frau! Die schönste Frau der Welt.

»Bist du mir böse?«, wiederholte ich. Ich wollte nicht, dass er mich allein ließ, ich brauchte jemanden, mit dem ich reden konnte.

»Schon gut«, lenkte er ein.

»Gehen wir spazieren?«, schlug ich vor. Ich wollte nicht gleich nach Hause gehen, ich benötigte Zeit, um die Empfindungen zu ordnen, die sich in meinem Kopf überstürzten.

»Mit dem Fahrrad?«

»Eigentlich lieber zu Fuß. Ich muss über vieles nachdenken.«

Wir schlugen den Weg ein, der von der Kirche aus das Tal entlangführt, wo die drei kleinen Flüsse von Obaba zusammenfließen. Es war ein schmaler Pfad und nicht eben geeignet für zwei Wanderer wie wir, die ihre Fahrräder vor sich herschoben; doch die Landschaft, die sich vor unseren Augen ausbreitete, faszinierte mich. Sie war grün und hügelig, und dazwischen verstreut die weißen Tupfer der Häuser; ein Bild, das jeder Jüngling in seinen ersten Gedichten zu beschreiben versucht.

»Wie ein Spielzeugtal«, sagte ich.

»Ja, genau«, antwortete Andrés nicht sehr überzeugt.

»Sieht aus wie die Krippen, die ihr an Weihnachten aufstellt«, fügte ich hinzu und blieb stehen. Ich fühlte mich zunehmend euphorisch. Die seltsame Erscheinung auf der Orgelempore hatte mein Herz trunken gemacht.

Es hatte endlich zu regnen aufgehört, die Schwäne nutzten die Ruhe, um am Ufer des Weihers Nahrung zu suchen. Der freundliche Spaziergänger, der sie gefüttert hatte, entfernte sich nun durch die Hauptallee des Parkes Richtung Stadt, die weiße Brottüte trug er gefaltet unter dem Arm.

Fasziniert vom sich verändernden Tageslicht, wandte sich Esteban Werfel von seinem Heft ab und trat ans Fenster. »Wie jung wir damals doch waren«, seufzte er, sich des Gesprächs erinnernd, das er mit Andrés geführt hatte.

Er war noch sehr jung damals, ja, und außerdem schmerzten ihn die Bemerkungen, die er über den Herrn Ingenieur Werfel und über seine Mutter zu hören bekam, sie schmerzten und verwirrten ihn, und er suchte in den bebilderten Büchern die Zuneigung und Geborgenheit, die er in der Schule oder in den Straßen von Obaba nicht fand. Sein Herz war ein kleines Kap der Einsamkeit – und ein guter Nährboden für Spintisierereien wie die Geschichte mit Maria Vockel. Er wollte an die Existenz jenes blonden Wesens glauben, er wollte an ihre Worte glauben. Schließlich war sie ihm nicht viel anders erschienen, als es die Heldinnen aus seinen Büchern zu tun pflegten.

Auch nach so vielen Jahren schien es Esteban Werfel richtig, Maria Vockel als seine erste Liebe zu betrachten. Als er damals vom schmalen Pfad aus träumerisch auf das Tal hinabschaute, hatte er, wie Andrés auch, Wehmut verspürt. Zum ersten Mal in seinem Leben glaubte er zu verstehen, was sein Freund für die Kellnerin im Kaffeehaus empfand.

»Du wenigstens kannst sie sehen. Ich hingegen werde sie nie sehen.«

Er lächelte bei der Erinnerung: kindische Worte, so kindisch wie das meiste, was er den Tagebüchern aus jener Zeit anvertraut hatte. Doch die Vergangenheit zu verdrängen, war töricht.

»Und warum gehst du nicht nach Hamburg? Kommt nicht dein Vater von dort?«, wandte Andrés ein. Ihn interessierten die Einzelheiten, nicht die Erscheinung an sich, nicht die Wahrscheinlichkeit. Im Gegenteil: Das Ganze kam ihm ganz vernünftig vor. Er hatte von Verliebten gehört, die auf ganz ungewöhnliche Art und Weise miteinander in Verbindung traten. Dadurch, dass sie sich in Schleiereulen verwandelten, zum Beispiel. Es gab bestimmt einen Grund, warum Maria Vockel beschlossen hatte, Esteban in dieser Gestalt zu erscheinen.

Esteban Werfel vergaß einen Moment lang seine Erinnerungen; er öffnete das Fenster und lehnte sich hinaus. Der Himmel wurde zusehends blauer; die letzten abendlichen Spaziergänger führten ihre Hunde spazieren oder fütterten die Schwäne. Auf der anderen Seite des Weihers spielte eine Schar Kinder Fußball.

Er lehnte sich an das Geländer und nahm den Faden seiner Erinnerung wieder auf: Wie auch immer, Andrés war keine Ausnahme gewesen. Die Menschen in Obaba akzeptierten jede außergewöhnliche Erscheinung mit erstaunlicher Leichtigkeit. Sein Vater machte sich oft über sie lustig.

»Ungeschliffene Leute, Esteban«, pflegte er zu sagen. Und er unterließ es nie, eine komische Anekdote einzuflechten, um seiner Meinung Nachdruck zu verleihen.

Doch er, Esteban, ärgerte sich über die Anekdoten, und es schien ihm, dass sein Vater gegenüber den Leuten von Obaba ungerecht sei, dass er unrecht daran tue, sie zu verachten.

»Doch bei alledem, ich war ein Werfel.«

Er schloss das Fenster und kehrte zum Tisch zurück. Sosehr ich an die Erscheinung glauben wollte, mein Geist sperrte sich dagegen. Es handelte sich um das Leben, nicht um einen Roman. Die Möglichkeit in Betracht zu ziehen, dass der Vorfall Wirklichkeit gewesen sein könnte, erschien ihm lächerlich. Nein, Maria Vockel konnte ihm nicht wirklich erschienen sein; es war unmöglich, dass sie in der Johanneshofstraße im Haus Nummer 2 wohnte.

Esteban Werfel schloss die Augen und sah jenen anderen, den von Zweifeln geplagten vierzehnjährigen Esteban auf dem Nachhauseweg, der sich sagte, dass sein Kopf voller Geschichten aus Hamburg sei, voller Namen von Frauen, Sängerinnen, Schauspielerinnen, dass die Worte, die er auf der Orgelempore gehört habe, wohl aus diesen Erinnerungen aufgetaucht seien.

Bevor er mit Schreiben weiterfuhr, zählte er die unbeschriebenen Seiten. Es waren genug – genug, dass der Wunsch sich seiner bemächtigte, den letzten Teil der Geschichte niederzuschreiben. Wenn er damit bald fertig war, würde er noch Zeit haben, in den Park zu gehen und den Kindern beim Fußballspiel zuzusehen. Doch es war nur ein flüchtiger Wunsch. Er musste die Geschichte in allen Einzelheiten erzählen, so wie er es sich vorgenommen hatte, bevor er aus Hamburg zurückgekehrt war.

Er tauchte die Feder ins Tintenfass, warf einen letzten Blick aus dem Fenster und sah einen Jungen, der mit seinem Regenschirm herumfuchtelte und die Schwäne verscheuchte.

»Schon zurück?«, sagte mein Vater, kaum war ich zur Tür hereingekommen.

»Ich bin nicht ins Kino gegangen.«

»Und weshalb nicht?«

»Weil mir in der Kirche schwarz vor den Augen geworden ist«, gestand ich ihm beschämt.

Ich sah, dass er sich sorgte, und beeilte mich, ihm zu erklären, das sei nicht weiter schlimm. Die Dunkelheit in der Kirche und das

Flackern einer Kerze seien daran schuld gewesen. Ich hätte nicht so in die Flamme starren müssen.

Seufzend zeigte mein Vater auf die Bibliothek.

»Die Weisheit steckt in diesen Büchern, Esteban. Nicht in der Dunkelheit der Kirche«, sagte er.

»Ich möchte dich etwas fragen«, stotterte ich nach längerem Schweigen. Ich konnte mich nicht mit ihm unterhalten und mein Geheimnis für mich behalten. Ich musste ihn nach seiner Meinung hinsichtlich des Vorfalls mit Maria Vockel fragen.

»Ich höre.«

Er setzte sich in einen Lehnstuhl, bedeutete mir, mich ebenfalls zu setzen. Ich war nervös, und es kam mir vor, als betrachte er mich nicht länger als ein Kind, sondern als einen erwachsenen Menschen, der in der Lage ist, seine Entscheidungen selbst zu treffen.

Ich schilderte ihm alles, was nach dem Betreten der Kirche vorgefallen war: das Gespräch, das ich während meines Ohnmachtsanfalles geführt, den Wunsch, den ich anschließend empfunden hatte, die Zweifel nachher. Er hörte mir aufmerksam zu, ohne mich zu unterbrechen.

Als er sah, dass ich mit meiner Geschichte fertig war, stand er auf und ging im Zimmer auf und ab. Er blieb nachdenklich am Fenster stehen. Jetzt geht er dann in die Bibliothek und holt ein Buch, in dem der Vorfall erklärt wird, dachte ich. Doch er rührte sich nicht.

»Kann so etwas tatsächlich passieren?«, fragte ich. »Ist es möglich, dass Maria Vockel tatsächlich existiert?«

»Es gibt nur einen Weg, es zu erfahren, Esteban. An jene Adresse zu schreiben«, sagte er lächelnd. Ich war sehr erleichtert, dass er so verständnisvoll war. »Ich werde dir helfen, den Brief zu schreiben«, fügte er immer noch lächelnd bei. »Ich beherrsche meine Muttersprache noch recht gut.«

Trotz des liebenswürdigen Tones senkte ich bei seinen Worten den Kopf. Mein Vater war in seinem Versuch, mir die deutsche Sprache beizubringen, nicht eben erfolgreich gewesen. Auch zu Hause zog ich es vor, so zu sprechen, wie ich es mit meinen Freunden zu tun pflegte, und wurde wütend, wenn er sich weigerte, sich mit mir in der Sprache zu unterhalten, die uns beiden geläufig war. Doch an jenem Sonntag war alles anders. Ich bereute mein Verhalten und schwor mir, ihn nicht mehr zu brüskieren, die verlorene Zeit nachzuholen.

Doch mein Vater schien ganz zufrieden, es war, als ob die Ereignisse jenes Nachmittags seine alten Erinnerungen wiederbelebt hätten. Er fasste mich am Kinn und zwang mich, den Kopf zu heben. Dann breitete er einen alten Stadtplan von Hamburg auf dem Tisch aus und begann, die Johanneshofstraße zu suchen.

»Genau, da ist sie. Im Stadtviertel St. Georg«, sagte er und zeigte mir die Stelle auf dem Plan. »Komm – wollen wir den Brief gleich jetzt schreiben?«

»Aber gern«, antwortete ich lachend.

Heute, viele Jahre später, weiß ich, dass jener Brief das Ende eines Lebensabschnittes bedeutete. Ich, der ich nie wie die anderen Kinder von Obaba gewesen war, würde mich von jenem Moment an in einen Fremden verwandeln – in einen würdigen Nachfolger des Herrn Ingenieur Werfel. Ich würde den Umgang mit meinen Schulkameraden abbrechen und nie mehr die Kirche betreten. Im Übrigen würde ich mich dem Studium zuwenden und mich auf die Universität vorbereiten.

Nachdem der Brief abgeschickt worden war, folgte eine Zeit voller Zweifel. An einem Tag war ich sicher, dass die Antwort schon bald eintreffen werde, am nächsten Tag hingegen war ich davon überzeugt, dass es lächerlich sei, an eine solche Möglichkeit zu glauben, und ärgerte mich über mich selbst, weil ich insgeheim immer noch darauf hoffte.

Die Zweifel fanden eines Freitags ein Ende, als ich lesend in meinem Zimmer saß. Mein Vater eilte die Treppe hinauf und streckte mir ein cremefarbenes Kuvert entgegen.

»Maria Vockel«, rief ich und schob den Stuhl zurück.

»Maria Vockel, Johanneshof 2, Hamburg«, las mein Vater auf der Rückseite des Briefes.

Ein Kälteschauer lief mir über den Rücken. Das war ganz einfach unmöglich. Doch der Beweis lag da, vor mir. Das cremefarbene Kuvert war echt, wie auch die beschriebenen Briefbögen, die es enthielt.

»Frag mich, wenn du etwas nicht verstehst«, sagte mein Vater, bevor er das Zimmer verließ. Ich nahm das Wörterbuch zur Hand, das er mir zu meinem Geburtstag geschenkt hatte, und begann, den Brief zu lesen.

Draußen vor dem Fenster erlosch die Sonne wie ein zartes Feuer, ohne dass sie sich gegen die Wolken hatte behaupten können, und eine dunkle Decke legte sich über den Park und hüllte alles ein: das Gras, die Bäume, den Weiher. Nur die Schwäne schienen in der Abenddämmerung leuchtender, weißer.

Esteban Werfel machte das Licht an und zog Maria Vockels Brief aus einer Schreibtischschublade. Dann begann er, ihn sorgfältig in sein Heft abzuschreiben.

Mein lieber Esteban.
Wir brauchen uns nicht den Kopf zu zerbrechen über das, was wir uns nicht erklären können, und erst recht nicht, wenn wie in unserem Fall das Unerklärliche so wunderbar ist. An jenem Sonntag, von dem du mir berichtet hast, lag ich mit leichten Halsschmerzen im Bett und langweilte mich sehr, und plötzlich bekam ich Lust, ein Buch zu lesen. Doch infolge eines Stromausfalls war es im ganzen Haus dämmrig, und so musste ich zuerst eine Kerze suchen gehen. Ich stand also auf und ging in die Küche.

Was uns zwei widerfahren ist, passierte kurze Zeit später, als ich mit der brennenden Kerze in der Hand in mein Zimmer zurückging. Zuerst hörte ich Orgelklänge, dann erblickte ich einen dunkelhaarigen Jungen neben einem älteren Herrn, der schnaubend und sich wiegend in die Tasten griff. Und dann hörte ich die gleichen Worte, die du gehört hast, und ich fühlte mich überaus glücklich, wie wenn es sich um einen Traum handelte, um einen wunderschönen Traum. Ist dir das Gleiche passiert? Warst du glücklich? Ich hoffe, ja.

Später erzählte ich den Vorfall meiner Mutter. Aber sie schenkte mir kein Gehör; sie schickte mich ins Bett und sagte, ich hätte Fieber. Doch jetzt wissen wir, was das alles bedeutet: Wir haben beide das Gleiche erlebt, und das wird wohl seinen Grund haben.

Maria Vockel erzählte ihm dann von ihrem Leben in Hamburg, das ganz anders war als in Obaba, viel interessanter. Sie lernte Sprachen, lief Schlittschuh, machte Ausflüge mit dem Segelboot. Sie ging auch ins Kino, doch nicht etwa in Stummfilme; die Stummfilme waren bereits in die Geschichte eingegangen.

Der Brief schloss mit einer Bitte: Sie möchte gerne sein Foto haben. Wäre er vielleicht so lieb und würde ihr eines schicken? Sie würde ihm dafür das ihre schicken. *Ich bin viel blonder, als du dir vorstellst,* versicherte sie ihm.

Esteban lächelte beim Lesen dieser Bemerkung und legte den Brief wieder in die Schublade zurück. Er musste weiterschreiben, und zwar so schnell wie möglich, denn es wurde langsam dunkel. Der Park war voller Schatten; die Schwäne schliefen in ihrer Hütte.

Maria Vockels Brief machte mir Mut, und zum ersten Mal in meinem Leben fühlte ich mich den Leuten von Obaba überlegen. Mir war etwas Außergewöhnliches widerfahren, etwas, was niemandem widerfahren war, und das machte mich zu einem echten Auserwählten. *Von nun an war ich eine Persönlichkeit und würde mich nicht mehr von dieser anderen Sorte von* Auserwählten *einschüchtern lassen, die mit dem Finger auf mich zeigten.*

Eine Zeit lang traf ich mich weiterhin mit meinen Schulkameraden. Einesteils brauchte ich ihre Gesellschaft, denn meine Beziehung zu Maria Vockel war eine zu große Neuigkeit, als dass ich sie für mich allein hätte behalten können. Und wenn wir uns trafen – jung, wie wir waren –, um Vertraulichkeiten auszutauschen, war ich jeweils der Gesprächigste von allen. Nicht einmal Andrés konnte es mit mir aufnehmen.

Doch die junge Hamburgerin gefiel ihnen nicht. Sie behaupteten, sie sei ganz bestimmt hässlich und trage wahrscheinlich eine Brille, und zudem müsse sie todlangweilig sein, denn sonst würde sie nicht ständig nur von Büchern und solchen Dingen sprechen.

»Und sie macht nie Andeutungen über … na ja, du weißt schon«, fragten sie mich grinsend und machten zweideutige Gesten.

Ihre Zoten machten mich wütend. Ich wehrte mich und zeigte ihnen ein Bild, auf dem ein blondes Mädchen mit lächelnden Augen und fein geschwungenen Lippen zu sehen war. Doch sie grinsten weiter und zweifelten an der Echtheit des Fotos.

Mit der Zeit kühlte unsere Freundschaft ab. Ich weigerte mich, ihnen die Briefe zu zeigen, die regelmäßig aus Hamburg eintrafen, und wir gingen nur noch gemeinsam ins Kino. Und als sie, Andrés' Beispiel folgend, das Kino leid waren und sich angewöhnten, die Kaffeehäuser zu frequentieren, war der Bruch komplett. Ich zog es vor, zu Hause zu bleiben, Deutsch zu lernen und die Bücher aus der Bibliothek meines Vaters zu lesen. Ich wollte mich vorbereiten, wollte auf der Höhe von Maria Vockel sein.

Mein Vater konnte die Freude nicht verheimlichen, die ihm meine Entfremdung von allem, was mit Obaba zu tun hatte, bereitete.

»Gehst du nicht mit deinen Freunden aus?«, fragte er mich jeweils am Sonntagnachmittag, und in seiner Stimme schwang eine Spur Besorgnis mit.

»Nein, mir ist wohl zu Hause.«

Meine immer gleiche Antwort machte ihn glücklich.

Als ich siebzehn war, verließ ich Obaba und ging auf die Universität. Zu jenem Zeitpunkt belief sich die Zahl der mit Maria gewechselten Briefe auf über hundert, und es gab kein Thema, das wir nicht erörtert hätten. Alle zusammen hätten ein aufschlussreiches Buch ergeben über all das, was die Jugend bewegt.

Wir machten uns auch Gedanken über die Zukunft unserer

Beziehung. Ich bat sie, auf mich zu warten, ich würde bald nach Hamburg kommen. Genau besehen, entsprach jene Bitte einem Heiratsantrag. Zweifellos war das nicht die Zukunft, die das Leben für uns bereithielt. Unsere Beziehung, die bis zu meinem Eintritt in die Universität so intensiv gewesen war, kühlte von jenem Moment an plötzlich ab. Als ich die Hörsäle betrat, war es, als habe jemand ein Zeichen gegeben. Mit anderen Worten ausgedrückt: Die Musik verstummte mit einem Schlag.

Maria Vockels Briefe trafen immer spärlicher ein, und der Ton, den sie darin anschlug, war nicht mehr überschwänglich; manchmal war er nur höflich. Maria Vockels verändertes Verhalten verwirrte mich, erfüllte mich mit Unsicherheit. Wie darauf reagieren? Sie um Erklärung bitten? Meine Versprechen wiederholen? Doch wie auch immer – die Tage vergingen, und ich konnte mich nicht dazu aufraffen, etwas zu unternehmen.

Als ich in den Weihnachtsferien nach Obaba zurückkehrte, sah ich einen cremefarbenen Brief auf dem Schreibtisch in meinem Zimmer liegen. Ich wusste sofort, dass es der Abschiedsbrief war.

»Schlechte Nachrichten?«, fragte mich mein Vater beim Essen.

»Maria hat mich verlassen«, antwortete ich niedergeschlagen. Die Nachricht, obwohl nicht unerwartet, hatte mich getroffen.

Mein Vater lächelte. »Gräme dich nicht, Esteban. Die Schmerzen der Liebe sind wie die der Backenzähne: heftig, aber nie gefährlich.«

Tatsächlich dauerte meine Niedergeschlagenheit nicht lange an. Eine Zeit lang war ich wütend, wollte ihr eine barsche Antwort schicken, doch dann, ganz allmählich, ohne dass ich mir dessen eigentlich bewusst war, vergaß ich alles. Bevor das Semester um war, kam mir die Beziehung, die ich mit ihr unterhalten hatte, weit, weit weg vor, und ich war froh, dass sie zu Ende war.

Nach meinem Studienabschluss – ich unterrichtete bereits in Geografie – heiratete ich eine Kollegin, und die cremefarbenen Briefe blieben begraben und vergessen. Mein Vater ruhte schon lange in der Erde von Obaba.

Esteban Werfel legte die Feder auf die Seite und überlas die beschriebenen Seiten. *Ich bin aus Hamburg zurückgekehrt mit dem Vorsatz, einen Bericht meines Lebens zu schreiben,* las er auf der ersten Seite.

Er seufzte erleichtert. Sein Lebensbericht war fast fertig. Er brauchte nur noch zu erzählen, was er anlässlich seiner Reise nach Hamburg erlebt hatte.

Er beugte sich wieder über das Heft, zögerte, das Wort *Epilog* zuoberst auf die neue Seite zu schreiben. Schließlich zog er es vor, einen Strich zu ziehen und dadurch den letzten Teil der Geschichte vom Rest zu trennen.

Es war ganz dunkel geworden. Das kalte, gelbe Licht der Straßenlampen beleuchtete nun den Park.

So könnte der Rückblick auf den Verlauf meines Lebens enden, das an einem Sonntagnachmittag begonnen hat – schrieb er darunter –, *wenn nicht die Reise nach Hamburg gewesen wäre, von der ich kürzlich zurückgekehrt bin. Doch was ich dort entdeckt habe, zwingt mich, einen Sprung in der Zeit zu machen und mit meiner Geschichte fortzufahren.*

Als ich nach Hamburg reiste, hatte ich mir in erster Linie vorgenommen, die Stadt meines Vaters kennenzulernen, ein Vorhaben, das ich aufgrund der politischen Ereignisse, des Krieges vor allem, viele Jahre hatte hinausschieben müssen. Ich wollte die Stätten sehen, die er besucht hatte, bevor er nach Obaba gezogen war, und so seine Erinnerung ehren. Ich wollte in die Buschstraße gehen, Karten für einen Opernbesuch kaufen, mir das Schauspielhaus ansehen, die Ufer der Binnenalster entlangspazieren.

So nebenbei hegte ich noch eine andere Absicht: Wenn ich Zeit habe, dachte ich, werde ich das Haus in der Johanneshofstraße suchen. Wer weiß, vielleicht lebt Maria Vockel immer noch dort.

Doch als ich nach zehn Tagen mein erstes Ziel erreicht zu haben glaubte, regte sich in mir wieder der Gedanke, meine erste Liebe – die ich als etwas ganz Normales betrachtet hatte – zu besuchen, und dieser

Gedanke ließ mich nicht mehr los. Ich sagte mir, dass meine Neugierde zu nichts führen werde, dass die gute Erinnerung, die ich an Maria Vockel bewahrt hatte, sich durch diesen Besuch trüben könnte. Im Grunde fürchtete ich mich vor jenem Schritt.

Ich zögerte ein paar Tage, wurde immer nervöser. Ich verließ das Hotel nicht, blickte stundenlang zum Fenster hinaus, schaute zum Stadtviertel St. Georg hinüber. Dort lag die Straße, deren Namen ich auf der Orgelempore der Kirche von Obaba gehört hatte; dort waren die Häuser, aus denen der kleine Kreis bestand, den mein Vater auf dem Stadtplan eingezeichnet hatte.

Es fehlten nur noch ein paar Stunden bis zur Abfahrt des Zuges, mit dem ich die Rückreise antreten würde, als ich entschlossen meinen Platz am Fenster verließ, die Treppe hinuntereilte, auf die Straße hinaustrat und ein Taxi herbeirief.

»Wenn du es nicht tust, wirst du es bereuen«, wiederholte ich zu mir selbst.

Die Erinnerung an Maria Vockel nahm ganz von mir Besitz, ließ eine Vergangenheit außerhalb der Zeit auferstehen, in der ich mich befand. In gewisser Weise war ich wieder vierzehn. Das Taxi hielt in der Johanneshofstraße gegenüber dem Haus Nummer zwei. Es war ein altes Haus mit drei Erkern. Von hier schickte sie mir ihre Briefe, dachte ich, während ich den Blick über das Haus gleiten ließ. Dann ging ich zur Tür und drückte auf die Klingel. Ich spürte das Klopfen meines Herzens in allen Gliedern.

Ein alter Mann, er mochte um die achtzig sein, erschien unter der Tür. Er war sehr hager, sein Gesicht war faltendurchzogen.

»Sie wünschen?«, hörte ich sagen.

Die Frage versetzte mich in die Wirklichkeit zurück, und das Gefühl, mich lächerlich zu machen, bemächtigte sich meiner. Ich brachte kein Wort hervor.

»Ich möchte wissen, ob Maria Vockel in diesem Haus wohnt«, stammelte ich schließlich.

»Maria Vockel?«, wunderte sich der Alte. »Werfel …«, rief er

plötzlich und zeigte mit dem Finger auf mich. Dann sperrte er die Augen auf, wie jemand, der sich an etwas Ungewöhnliches erinnert, und begann zu lachen. Ich war wie vor den Kopf geschlagen.

»In der Tat, ich bin Esteban Werfel«, sagte ich.

Der Alte konnte nicht aufhören zu lachen und forderte mich auf einzutreten.

»Werfel, mein lieber Werfel«, wiederholte er immer wieder und umarmte mich. Dann stellte er sich vor, und da war es an mir, vor Staunen die Augen aufzusperren.

Der alte Herr war Theodor Steiner, der alte Freund meines Vaters, sein Gefährte aus dem Eichendorff-Bund.

»Ich hatte schon geglaubt, Sie würden nie mehr kommen!«, rief er aus, als wir die Treppe hochgingen.

Wir betraten seine Bibliothek, und Herr Steiner bat mich, Platz zu nehmen, während er auf den Regalen etwas suchte.

»Hier ist es«, sagte er dann und zog einen Band mit den Gedichten von Joseph von Eichendorff heraus.

Zwischen den Seiten lag ein cremefarbenes Kuvert.

»Mein lieber Herr Werfel, die Maria Vockel, die Sie zu kennen geglaubt haben, war eine Erfindung Ihres Vaters. Es gab natürlich an der Oper in Hamburg eine Schauspielerin, die so hieß, aber sie hat nie in diesem Haus gelebt.«

Herr Steiner blickte mich ernst an.

»Ich möchte den Brief meines Vaters lesen, bitte!«, sagte ich.

»Lesen Sie ihn, ja. Er hat dreißig Jahre auf Sie gewartet«, seufzte er, bevor er im Flur verschwand.

Der Brief seines Vaters lag immer noch zwischen den Seiten von Eichendorffs Gedichten, und das Buch lag nun vor ihm auf dem Tisch. Werfel öffnete das cremefarbene Kuvert und begann, den Brief abzuschreiben, mit dem er sein zwölftes Heft schließen würde.

Mein liebster Sohn.
Verzeih mir, dass ich dich hintergangen habe. Ich stehe nun im letzten Abschnitt meines Lebens, doch ich weiß immer noch nicht, ob der Entschluss, den ich an jenem Sonntag traf, richtig war oder nicht. Ich habe Angst. Manchmal denke ich, ich sei nur ein alter Narr. Ich möchte dich an meine Seite rufen und dir in aller Offenheit den Grund für mein Verhalten erklären, ohne auf diesen Brief zurückgreifen zu müssen, doch ich zögere. Wenn du eines Tages Maria Vockel suchen wirst, wird dir Theodor diesen Brief übergeben, und du wirst die Wahrheit erfahren. Wenn nicht, wird sie ein Geheimnis bleiben. Wie auch immer: Ich bitte dich einmal mehr um Verzeihung, tausendmal um Verzeihung.

In Wirklichkeit ist alles zufällig passiert, ohne jeglichen Vorbedacht meinerseits. Als du mir gestandest, was du während deines Ohnmachtsanfalles in der Kirche gesehen und gehört hattest, begriff ich, dass die ganze Szene aus Fragmenten von Gesprächen bestand, die wir zusammen geführt hatten. Die Hausnummer in der Johanneshofstraße zum Beispiel war die Adresse meines einzigen Freundes, mit dem ich nach wie vor in brieflichem Kontakt stand und der mir Nachrichten aus meiner Heimat gab; Maria Vockel wiederum war der Name einer Opernsängerin, die ich sehr bewundert hatte.

Und so keimte in mir der Plan. Ich dachte sogleich, ich könne mich in Maria Vockel verwandeln und so auf dein Leben Einfluss nehmen. Es ist möglich, dass du dich gar nicht mehr daran erinnerst, Esteban, doch damals hattest du dich mir sehr entfremdet und warst mit der Lebensweise von Obaba sehr vertraut. Von meinem Standpunkt aus – das weißt du ja – war dies das Letzte, das Schlimmste, was passieren konnte. Ich wollte nicht, dass du einer von ihnen wurdest, und es schien mir eine Pflicht, es zu verhindern.

Ich schrieb an Theodor und bat ihn, mir zu helfen, und wir einigten uns. Das Vorgehen war ganz einfach: Ich schrieb die Briefe, hier, zu Hause, und dann schickte ich sie meinem Freund. Theodor ließ sie anschließend von einem jungen Mädchen in deinem Alter abschreiben – schließlich musste alles echt wirken – und schickte sie nach Obaba zurück.

Das Spiel dauerte so lange, bis ich sah, dass du gerettet warst, bis du auf die Universität gingst. Wenn du erst einmal die Universität kennenlerntest, würdest du nicht mehr in diese Berge zurückkehren wollen – nicht zuletzt dank der Erziehung, die ich dir durch die Briefe hatte zuteilwerden lassen. Ich hatte dich mit meiner Sprache vertraut gemacht, ich hatte dich zum Lesen angeregt …

Der Brief war noch nicht zu Ende, doch die Worte, mit denen das Geständnis schloss, waren so persönlich, so liebevoll, dass seine Hand sich weigerte, sie dem Heft anzuvertrauen.

Hier endet dieser Lebensbericht, fügte er hinzu. Dann machte er das Licht aus und blieb im Dunkeln sitzen – friedlich, glücklich.

Über Kanonikus Lizardis Brief

Es handelt sich um einen elfseitigen, wegen der Feuchtigkeit im Keller teilweise unleserlichen Brief auf sogenannten Halbfranzbögen; er hatte viele Jahre dort gelegen, war er doch nie abgeschickt worden. Vor allem das erste Blatt, das direkt auf dem Fußboden lag, ist beschädigt und voller Stockflecken, sodass es nahezu unmöglich ist, den Anfang des Briefes zu entziffern. Der Rest, abgesehen von ein paar Zeilen in der *oberen Hälfte,* ist sehr gut erhalten.

Der Brief trägt zwar kein Datum, doch es ist anzunehmen, dass er im Jahre 1903 geschrieben wurde, denn im Schlusssatz, unter den Lizardi seine Unterschrift gesetzt hatte, erklärt der Schreiber, er sei seit drei Jahren in Obaba, und alles scheint darauf hinzuweisen – so wenigstens hat der Priester mir bestätigt, der heute dieses Amt versieht –, dass Camilo Lizardi Anfang des Jahrhunderts das Pfarramt des Ortes übernommen hatte.

Seine schöne, verschnörkelte Handschrift, der periphrastische Stil voller Vergleiche und Zitate, mit denen er sich an das heikle Thema herantastet, das ihn bewogen hatte, zur Feder zu greifen, lässt darauf schließen, dass er ein gebildeter Mann war. Er war sehr wahrscheinlich ein Jünger Loyolas, der sich nach dem Austritt aus seinem Orden dem einfachen Priesterstand zugewandt hatte.

Was den Empfänger angeht, so muss es sich zweifellos um einen alten Freund oder Verwandten handeln, obwohl – wie bereits erwähnt – wegen des schlechten Zustandes der ersten Seite nichts Näheres darüber in Erfahrung zu bringen war. Nichtsdestotrotz darf man annehmen, dass es sich um eine Persönlichkeit von höchstem kirchlichem Ansehen handelte, die als Lehrer und geistiger Führer auch in einer so delikaten Situation – wie den im Brief geschilderten Vorfällen, die sich damals in Obaba zugetragen hatten – das Richtige zu raten wusste. Es ist ganz offensichtlich, dass es sich bei Lizardis Geständnis um eine Beichte handelt und dass aus dem ganzen Brief die Stimme eines verwirrten Menschen spricht, der den – wenn auch eher mitleidvollen – Trost eines Vorgesetzten brauchte.

Aufgrund des wenigen, das man aus den letzten Zeilen erraten kann, spricht Lizardi vom *Kummer,* der auf ihm laste, und erklärt, dass er sich *außerstande* fühle, die ihm *auferlegte Prüfung zu ertragen.* Diese wenigen Worte ermöglichen es, die Vorfälle, die der Kanonikus auf den zehn folgenden Seiten schildert, in einen Kontext zu stellen, und verhindern eine falsche Deutung seiner umständlichen stilistischen Wendungen.

Und nun zum Brief selbst: Versuchen wir aufgrund verschiedener Hinweise herauszufinden, worum es bei dieser Prüfung, auf die sich der Kanonikus gleich am Anfang bezieht, eigentlich geht. Auf der zweiten Seite, die ich – ohne etwas hinzuzufügen oder wegzulassen – hier wiedergebe, berichtet Lizardi:

... doch zuerst, verehrter Freund, lass uns ein wenig von den Gestirnen sprechen, denn ich bin der Meinung, dass es die Bücher über die Astronomie sind, in denen unser tägliches Irren beschrieben wird, dieses Geheimnis unseres Lebensweges, das sich kaum in einer Metapher zusammenfassen lässt. Sagen nicht die Anhänger von Laplace, dass unser Universum aus der Zerstörung einer riesigen Kugel – oder eines Kerns – entstanden ist, die durch das All irrte, und überdies in vollkommener Einsamkeit, nur vom Schöpfer begleitet, der sie geschaffen hat und der Ursprung aller Dinge ist, und dass aus dieser gewaltigen Zerstörung die Sterne entstanden sind und die Planeten und die Meteoriten, Bruchstücke einer gleichen Materie, in das All hinausgeschleudert aus dieser ihrer ersten Geborgenheit und seither der Entfernung und der Trennung entgegengehend.

Wer, wie ich, bereits in einem Alter steht, das einem erlaubt, die dunkle Grenze zu erkennen, von der Solinus spricht, ist wie betäubt beim Lesen dieser Beschreibung, die uns die Wissenschaft mit so viel Nüchternheit darlegt. Denn wenn wir zurückblicken, sehen wir jene Welt, die uns einst ganz einhüllte wie ein Tuch, das das Neugeborene warm hält. Jene Welt, sie ist nicht mehr die unsere, und daher vermissen wir all die geliebten Menschen, die uns einst geholfen haben, die ersten Schritte zu tun. Mir jedenfalls fehlen sie; vor fünfzehn Jahren ist meine Mutter gestorben; vor zwei Jahren die Schwester, die bei mir lebte. Und von meinem einzigen Bruder, der im Jünglingsalter nach Übersee auswanderte, habe ich keinerlei Nachrichten. Und du, liebster Freund, bist fern; bist zu dieser Stunde fern, wo ich dich so sehr brauche.

Es folgen ein paar undeutliche Zeilen, die, nach dem, was ich habe entziffern können, auf den Psalm anspielen, in dem die von Zion vertriebenen Juden ihr Leid beklagen. Dann, auf der dritten Seite bereits, beendet der Kanonikus seine lange, umständliche Einführung und wendet sich dem zentralen Thema des Briefes zu:

denn, du weißt es ebenso gut wie ich, das Leben peitscht uns mit der gleichen hartnäckigen Ausdauer und Kraft wie das Meer, das die

Klippen unterhöhlt. Doch ich schweife ab, und ich spüre deine Ungeduld und höre, wie du dich fragst, was denn mit mir los sei, worauf ich mit diesen meinen Klagen und Präambeln hinauswolle, erinnere ich mich doch sehr gut, wie ungeduldig und aufbrausend du warst und wie wenig du Umschweife mochtest. Doch du, erinnere dich an die Vorliebe, die ich für die Rhetorik hegte, und verzeih mir: Gleich werde ich dir die Vorfälle schildern, die mich zu diesem Brief bewogen haben. Ich hoffe von ganzem Herzen, dass du mir wohlwollend zuhörst und dass du dich derweil der Klage aus der Ekklesiastes erinnerst: Vae soli! *Ja, bitter ist das Schicksal des einsamen Mannes, und noch viel bitterer das Leben jenes, der sich, wie die letzten Mücken des Sommers, zu schwach fühlt, sich zu erheben, und nur noch taumelnd dahinvegetiert. Doch Schluss mit den Klagen; ich will deine Aufmerksamkeit auf die Ereignisse lenken, die zu erzählen ich versprochen habe.*

Vor neun Monaten ist es gewesen, im Januar, dass ein elfjähriger Junge in den Wäldern von Obaba verschwunden ist – für immer, wie man heute weiß. Anfänglich sorgte sich niemand über sein Wegbleiben, denn Javier – das war der Name des Jungen, der Name unseres innigst geliebten Märtyrers, des Heiligen Franz Xavier – hatte die Angewohnheit, von zu Hause wegzulaufen und sich tagelang im Wald zu verstecken. Ein ungewöhnliches Verhalten, denn sein Verschwinden hatte nichts mit dem kindlichen Zorn zu tun, der jeden Heranwachsenden hin und wieder auszureißen veranlasst, wie damals – erinnerst du dich? –, als wir beide aus Protest gegen eine ungerechte Bestrafung in der Schule dem wachsamen Auge unserer Eltern entwischten und in einem Maisfeld versteckt die Nacht unter freiem Himmel verbrachten ... nein, wie ich bereits gesagt habe: Der Fall Javier war anderer Natur.

Ich muss noch hinzufügen, dass Javiers Eltern unbekannt sind – oder um es mit den spöttischen Worten auszudrücken, die man ihm öfter hinterherrief: ein Kind aus dem Feuerbusch. *Das war auch der Grund, warum er in der Gastschenke von Obaba wohnte, wo man ihm Kleider und Essen gab als Gegenleistung für die Silbermünzen, die* – vox populi dixit – *seine wahren Erzeuger den Besitzern zukommen ließen.*

Es ist nicht meine Absicht, in diesem Brief das Geheimnis der wiederholten Fluchtversuche des armen Jungen zu erklären, doch ich bin sicher, dass Javiers Verhalten auf den gleichen Instinkt zurückzuführen war, der einen sterbenden Hund dazu treibt, seinen Meister zu verlassen und im Schneegestöber unterzutauchen; denn nur dort trifft er seine wirklichen Brüder, seine einzige wahre Familie, ist er doch von gleicher Abstammung wie die Wölfe. Javier flüchtete sich meiner Meinung nach aus dem gleichen Grund in den Wald: um die Liebe zu suchen, die ihm seine Pflegeeltern nicht zuteilwerden ließen, und es gibt mehr als einen Grund, der darauf hindeutet, dass er sich glücklich fühlte, wenn er zwischen Bäumen und Farnen einsam durch den Wald ging.

Javiers Abwesenheiten fielen niemandem auf, niemand sorgte oder ängstigte sich um ihn; auch seine Pflegeeltern nicht, die – mit der Boshaftigkeit, die meistens mit der Unbelesenheit einhergeht – ihm gegenüber gleichgültig waren und sagten, er werde schon zurückkehren, wenn er Hunger hat. *Es war in der Tat so, dass nur ich und ein anderer nach ihm suchten, und dieser andere war Mathias, ein alter Mann, der nicht aus Obaba stammte und daher ebenfalls in der Gastschenke wohnte.*

Das letzte Mal jedoch – und davon ist hier die Rede – war es anders, denn er drängte so lange, dass man den Jungen suchen müsse, bis ein ganzer Trupp Männer sich auf den Weg machte. Doch, wie ich bereits berichtet habe, der arme Javier war nicht auffindbar ... und fast neun Monate sind es jetzt her. Es bleibt wohl keine Hoffnung mehr.

Erinnere dich, liebster Freund, an das zarte Herz der Kinder und an die Unschuld, mit der sie, geborgen in Gottes Liebe, durch die Welt zu gehen pflegen. Und ebenso natürlich sind auch die Kinder von Obaba; es erheitert einem das Gemüt, wenn man ihnen zuschaut, immer sind sie zusammen, ein Herz und eine Seele, rennen übermütig herum, rennen immer um die Kirche herum, denn sie glauben fest daran, der Wasserspeier auf dem Turm werde zu singen anfangen, wenn sie elfmal um die Kirche herumgerannt sind. Und wenn sie feststellen, dass er trotz allem nicht singt, ja, dann geben sie nicht etwa die Hoffnung auf, sondern glauben, dass sie falsch gezählt haben oder dass sie zu schnell oder zu langsam gerannt sind, und versuchen es hartnäckig immer wieder.

Javier allerdings gesellte sich nie zu ihnen. Nicht in der Kirche und auch sonst nie. Er lebte gleichsam neben ihnen im Abseits. Vielleicht mied er sie wegen seines für sein Alter zu ernsten und schweigsamen Charakters; vielleicht auch aus Furcht, verspottet zu werden, denn ein violetter Fleck zog sich über die Hälfte seines Gesichtes und verunstaltete ihn sehr. Wie auch immer: die Folgerung …

Hier bricht die dritte Seite ab. Die obere Hälfte der folgenden vierten Seite ist unglücklicherweise sehr stockfleckig, und meine Bemühungen, sie zu rekonstruieren, waren nicht eben erfolgreich.

Beim Lesen hat man den Eindruck, dass Kanonikus Lizardi von der Schilderung der Ereignisse abschweift und in seine schwermütigen Betrachtungen zurückfällt. So wenigstens schließe ich aus dem Wort *Gottesanbeterin,* dem volkstümlichen Namen für die *Mantis religiosa:* ein Insekt, das gemäß einem Führer durch Feld, Wald und Wiese, den ich diesbezüglich konsultiert habe, im ganzen Reich der Natur außergewöhnlich ist durch die Art, sich an seinen Opfern zu rächen: *Ihre Beine sind zu gefährlichen Fangarmen umgebildet, die beim unbeweglichen Auflauern der Beute wie zwei zum Gebet erhobene Hände getragen werden; sie verschlingt ihr Opfer langsam und achtet darauf, dass es nicht sofort stirbt; als wäre ihr einziger Trieb nicht der Hunger, sondern zu quälen,* erklärt der Verfasser.

Hat vielleicht Kanonikus Lizardi das Verhalten des Insekts mit dem vergleichen wollen, was das Leben dem Jungen angetan hat? Ich für meinen Teil glaube, ja. Doch lassen wir diese gelehrten Betrachtungen; lesen wir, was Lizardi im gut erhaltenen Teil der vierten Seite geschrieben hat:

doch glaube nicht etwa, liebster Freund, dass ich mir dem Jungen gegenüber Gleichgültigkeit oder Nachlässigkeit habe zuschulden kommen lassen. Ich besuchte ihn öfter, immer mit einem liebenswürdigen Wort auf den Lippen. Was hätte ich anderes tun können ...?

Ich quälte mich und machte mir Vorwürfe, als Anfang Februar, einen Monat nach Javiers Verschwinden, ein schneeweißes Wildschwein in der Hauptstraße von Obaba auftauchte. Es schien sich zur großen Verwunderung aller, die es bestaunten, nicht zu fürchten, sondern tänzelte mit so viel Gelassenheit und Zutraulichkeit vor ihnen her, dass es eher wie ein engelhaftes Wesen als wie ein Raubtier erschien. Es blieb eine ganze Weile auf dem Platz stehen und schaute zu einer Gruppe von Kindern hinüber, die mit dem verbliebenen Schnee spielten, denn in der Nacht hatte es geschneit ...

Auch die fünfte Seite ist zum Teil beschädigt, in geringerem Ausmaß allerdings als die vorangehende. Nur die drei ersten Zeilen sind verschwommen und fleckig. Lizardi schreibt weiter:

doch du weißt, wie die Leute hier sind: Sie empfinden keine Liebe für die Tiere, nicht einmal für die kleinen, jungen, die besonders gehegt werden müssten, weil sie noch schwach und hilflos sind. Ich erinnere mich ad litem, *dass kurz nach meiner Ankunft in Obaba ein bunt gefiederter Vogel sich auf dem Turm unserer Pfarrkirche niederließ, und ich blickte ihn an und freute mich und dachte, dass Unser Vater es selbst gewesen sei, der mir in seiner grenzenlosen Güte diese wunderbare Kreatur als Willkommensgruß geschickt habe; und dann tauchten drei Männer mit umgehängter Flinte auf ... ehe ich noch Zeit gefunden hatte, sie daran zu hindern, fiel der arme Vogel tot zu Boden. So hart ist der Menschen Herz in dieser Gegend, und in nichts sind sie unserem guten Bruder Franz ähnlich.*

Denn genauso hielten sie es mit dem weißen Wildschwein. Sie begannen, von den Fenstern aus – die Beherzteren vom Platz selbst – wild auf das Tier zu schießen, und der Lärm ihrer Flinten war so groß, dass ich erschrocken aus der Kirche eilte, wo ich mich eben aufgehalten hatte. Natürlich gelang es ihnen lediglich, das Tier zu verletzen, worauf dieses mit gellenden Schmerzensschreien in den Wald flüchtete.

Die Jäger waren aufgeregt, weil das Wildschwein ein weißes Fell hatte, etwas ganz Ungewöhnliches; sie stellten sich in Gedanken bereits die Trophäe vor. Doch damit war nichts; wenigstens an jenem Tag nicht. Sie kamen mit leeren Händen zurück, und da sie sich vor Erschöpfung kaum mehr auf den Beinen halten konnten, landeten sie allesamt in der Gastschenke, trinkend und lachend und sich gegenseitig Erfolg wünschend für den morgigen Tag. Und an ebenjenem Tag ist es gewesen, an jenem ersten Jagdtag, dass Mathias sich finster vor sie hinstellte.

»Ihr tut unrecht«, sagte er zu ihnen. »Das Tier ist ohne Harm gekommen, und ihr habt es mit Schüssen empfangen. Ihr werdet die Folgen zu gewärtigen haben.«

Du erinnerst dich bestimmt, was ich dir am Anfang dieses Briefes erzählt habe: Mathias war der Alte, der als Einziger den Jungen ins Herz geschlossen hatte; und dessen Verschwinden bekümmerte ihn so sehr, dass viele fürchteten, er werde noch den Verstand verlieren. Daher, als die Männer in der Gastschenke seine Worte hörten und alles, was er ihnen sonst noch zu sagen hatte, zweifelte niemand mehr daran, dass er tatsächlich nicht mehr bei Trost sei: Denn seiner Meinung nach war das weiße Wildschwein niemand anderer als unser Junge … war niemand anderer als Javier, der eine andere Gestalt angenommen hatte, um dem traurigen Dasein zu entfliehen, das er als Mensch gefristet hatte. Und wie man mir erzählt hat, soll er seine Behauptung wie folgt begründet haben: »Habt ihr etwa nicht gesehen, wie es auf dem Platz stehen geblieben ist und zu den Kindern hinübergeschaut hat, die mit dem Schnee spielten? Und hat nicht Javier sich immer genauso verhalten? Und hat dieses Wildschwein nicht etwa wie Javier einen violetten Fleck am Rüssel gehabt?«

Wie die Leute berichtet haben, die an jenem Abend anwesend gewesen waren, löste die Rede des alten Mannes eine große Diskussion aus, und zwar, weil ein paar Jäger darauf bestanden, das Wildschwein habe keinen violetten Fleck gehabt, während andere vehement das Gegenteil behaupteten. Und sag mir jetzt, liebster Freund, ob man so einfältig sein kann, sag mir, was das für Leute sind, die, ohne sich Gedanken über diese Verwandlung zu machen, ohne Weiteres glaubten, es sei tatsächlich Javier, der sich unter der borstigen Haut des Wildschweins versteckte, sich aber beleidigt fühlten und darüber diskutierten, ob sie einen Fleck gesehen hätten oder nicht? Doch, wie du weißt, der Aberglaube ist nicht verschwunden aus Orten wie Obaba, und so, wie die Sterne ihr Leuchten noch lange nach ihrem Verschwinden bewahren, halten sich die alten Überlieferungen …

Die zehn ersten Zeilen auf der sechsten Seite sind ganz verwischt, wir werden also nie erfahren, was an den Tagen nach dem Auftauchen des Wildschweins geschah, hingegen, was später passierte, denn die ganze untere Hälfte der sechsten Seite und die ganze siebte sind uns einwandfrei erhalten geblieben.

… doch eines Nachts stieg das Wildschwein wieder nach Obaba hinab und schlich im Schutze der Dunkelheit zu einem allein stehenden Haus, ungefähr fünfhundert Meter vom Platz entfernt. Als es vor dem Haus stand, warf es sich gegen die Tür und kratzte und polterte mit so großer Wut daran und schnaubte und grunzte so fürchterlich, dass es den Leuten, die im Haus schliefen, vor Schreck die Stimme verschlug und sie nicht nach Hilfe schreien konnten.

Ich dürfte nicht sagen, dass das Tier von bösen Absichten getrieben war, denn ich weiß, dass es nicht erlaubt ist, den Tieren gewalttätige Eigenschaften zuzuschreiben, die nur dem Menschen eigen sind. Doch ich versuche zweifellos, eine Erklärung zu finden. Wie ließe sich sonst sein verzweifeltes Bemühen erklären, in das Haus hineinzukommen? Wie ließen sich die Verwüstungen erklären, die es anschließend rund um das Haus anrichtete, als es sah, dass seine Anstrengungen vergeblich waren …? Du musst nämlich wissen, dass das Wildschwein ein Pferd und einen Ochsen im Pferch neben dem Haus ums Leben brachte, bevor es im Walde verschwand. Doch ich bin nicht vermessen, und ich weiß, dass nur Unser Vater den wahren Grund seines Verhaltens kennt.

Nach dem Vorfall empörten sich die Jäger, und mancher, der bis zu diesem Tag friedlich geblieben war, beschloss nun, sich der Jagd anzuschließen. Und wie immer war es der alte Mathias, der mahnte. Er folgte ihnen und beschwor die Männer, die auf den Wald zumarschierten: »Lasst das Wildschwein in Ruhe! Ihr bringt es sonst nur gegen euch auf! Javier wird euch erkennen!«

Die Jäger antworteten ihm barsch, ohne Rücksicht darauf, dass er ein alter Mann war und überdies im Kopf nicht mehr ganz richtig, sie hörten nicht auf ihn und zogen weiter. Doch du darfst nicht zu streng mit ihrer Unerzogenheit und ihrer Unbeherrschtheit ins Gericht gehen: Sie waren außer sich, wie ich dir schon gesagt habe, denn sie fürchteten, das Wildschwein würde sich darauf versteifen, ihre Anwesen zu zerstören, die im Allgemeinen sehr ärmlich sind; so ärmlich, dass sie kaum genug zum Essen und zum Anziehen abwerfen. Doch auch Mathias hatte seine Gründe.

»Javier hat nichts gegen euch. Er greift nur jene an, die ihm Böses angetan haben.«

Die Worte des Alten waren, zum Unglück aller, nicht reiner Unsinn, denn die Familie, die vom Wildschwein angegriffen worden war, war die unchristlichste von Obaba, neigen doch ihre Mitglieder seit vielen Generationen zur Grausamkeit – was sie während des letzten Krieges zur Genüge bewiesen haben. Und wenn sie sich in der Gastschenke betranken, hatten sie oft ihre Grausamkeit an Javier ausgelassen, hatten sich über ihn lustig gemacht und ihn sogar geschlagen, denn man lässt die Bosheit immer an den Schwächsten aus. Doch bestand ein Zusammenhang zwischen den beiden Vorfällen? War es nicht meine Pflicht, die Worte des alten Mannes ernst zu nehmen? Das waren die Fragen, die mich quälten.

Die Mütter in Obaba pflegen ihren Kindern eine Geschichte zu erzählen, in der ein Mädchen ihren gottlosen Vater fragt, ob er daran glaube, dass eines Tages der Tod komme. Und der Vater antwortet, das sei sehr unwahrscheinlich, denn ich habe einen Bruder, der ist ein Löwe und lebt in den Bergen, und in diesem Löwen ist ein Hase, und in diesem Hasen ist eine Taube; eine Taube mit einem Ei. Nun aber, wenn einer an dieses Ei herankommt und es mir hier, auf der Stirn, zerbricht, werde ich sterben. Sonst nicht – nie. *Jeder, der die Geschichte hört, weiß, dass das Rätsel vom Jüngsten in der Familie gelöst wird und dass der Mann in Wirklichkeit ein Teufel ist und sterben wird. Doch ich hatte die Geistesschärfe des Jungen nicht und wusste keine Antwort auf meine eigenen Fragen. Vielleicht … vielleicht bin ich töricht gewesen … vielleicht war der Faden, der von Javier zum Wildschwein führte, schwieriger zu entwirren als der Faden, der das Leben des Vaters mit dem Ei der Taube verbindet.*

Wie auch immer: Die Ereignisse überstürzten sich, sodass ich für langes Nachdenken kaum Zeit hatte. Denn es geschah, dass am dritten Tag der Hetzjagd das Wildschwein einem Jäger, der hinter den anderen zurückgeblieben war, auflauerte und ihn verletzte.

Der Brief geht auf der achten Seite weiter, deren obere Hälfte gut erhalten ist, weil sie umgekehrt auf den anderen lag. Im unteren Teil sind ungefähr acht Zeilen unleserlich.

Nach Aussage jener, die dabei waren, sei das weiße Wildschwein vorsichtig und klug vorgegangen, habe sich im Laub versteckt gehalten und die Jäger belauert, bis einer von ihnen – jener, der schließlich verletzt wurde – allein und wehrlos zurückblieb. Der alte Mathias sprach laut aus, was jedermann dachte: »Es wird besser sein, wenn ihr von nun an euer Gesicht verhüllt. Vor allem jene, die ihm Böses zugefügt haben. Es ist offensichtlich, es will sich rächen!«

Eines Tages wurde ich gewahr, dass der Frühling bereits unter uns weilte und dass die Felder dufteten und überall die lieblichen Blumen blühten, mit denen der Schöpfer uns beschenkt hat. Doch sowohl für mich wie auch für die übrigen Bewohner von Obaba war dieser ganze Garten vergeudet; keine einzige Blume konnte hier ihre Aufgabe erfüllen, keine einzige Blume vermochte unser Herz zu erfreuen. Die Federnelken und die Samtblumen öffneten sich einsam im Wald und starben ebenso einsam, weil niemand, weder die Kinder noch die Frauen, noch die abgebrühtesten Männer, es wagte, bis zu ihnen vorzudringen; und die Bergenziane und die Rhododendronsträucher und die Rosen und der Lilienjasmin erlitten das gleiche Schicksal. Das weiße Wildschwein war alleiniger Herr über das ganze Gebiet, wo sie wuchsen. Eine der Gazetten, die in deiner Stadt erscheinen, hat ganz richtig geschrieben: Ein wildes Tier sät Angst und Schrecken zwischen der Bevölkerung der kleinen Stadt Obaba. Und weißt du, wie viele Nächte es zu Tale gestiegen ist ...?

Die achte Seite bricht an dieser Stelle ab. Glücklicherweise lassen sich die zwei folgenden Seiten mühelos lesen. In diesem letzten Teil des Briefes wird die Schrift von Kanonikus Lizardi klein und kleiner.

was Mathias vorausgesagt hatte, bewahrheitete sich mit der Unweigerlichkeit einer Prophezeiung. Das weiße Wildschwein griff, eines nach dem andern, die Häuser der Männer an, die an der Jagd teilgenommen hatten, Nacht für Nacht, unweigerlich, mit der Genauigkeit desjenigen, der sich ein Ziel gesteckt hat und nicht rastet und nicht ruht, bis er es erreicht hat. Eines Tages, als die Panik sich aller Herzen bemächtigt hatte, besuchte der Alte mich im Pfarrhaus.

»Ich komme, um Ihnen eine Frage zu stellen, Hochwürden, und je eher ich Ihre Antwort habe, desto besser. Darf ich das weiße Wildschwein töten?«, sagte er, kaum war er eingetreten.

Seine Worte erfüllten mich mit Angst, und nicht nur wegen der Unverblümtheit, mit der er sich an mich wandte. Denn der Alte wollte von mir nichts anderes, als dass ich ein Verbrechen segne; für ihn bestand kein Unterschied zwischen dem Jungen, den er gekannt hatte, und dem Wildschwein, das in jenen Tagen in unserem Tal wütete. Und ich selbst, ich muss es gestehen, war von Zweifeln erfüllt und wusste nicht, was von der Geschichte halten. Ein Fehler, wirst du sagen; ein einfacher Priester hat nicht das Recht, an dem zu zweifeln, was viele Theologen und gelehrte Männer bewiesen haben. Doch ich bin nur ein Mensch, ein kleiner Baum, der immer in der Finsternis gelebt hat, und jenes Tier, das mit Klugheit und Vorbedacht vorzugehen schien, hielt mich in seinem Bann.

Daher wollte ich eine offene Antwort vermeiden. Ich sagte zu ihm: »Zwecklos, dass du es versuchst, Mathias. Bist ein alter Mann. Du wirst es nicht schaffen, ein Tier zu erlegen, das die gewieftesten Jäger an der Nase herumführt.«

»Für mich wird es einfacher sein, denn ich kenne Javiers Angewohnheiten«, antwortete er barsch und mit einem gewissen Hochmut in der Stimme. Dann fügte er hinzu: »Und im Übrigen ist das meine Angelegenheit. Was ich wissen will, ist, ob ich es töten darf oder nicht. Und es ist Ihre Pflicht, mir zu antworten.«

»Ist denn das wirklich nötig? Warum ein Tier töten, das früher oder später aus Obaba verschwinden wird? Es sei denn ...«

»Natürlich ist das nötig!«, unterbrach er mich fast schreiend. »Haben Sie denn gar kein Erbarmen mit ihm? Haben Sie denn gar kein Erbarmen mit Javier?«

»Mathias, ich wollte nicht ...«

Doch er ließ mich wiederum nicht ausreden. Er richtete sich in seinem Stuhl auf und wühlte in einem Beutel, den er mitgebracht hatte, zog ein schmutziges Taschentuch heraus und legte es vor mich auf den Tisch.

»Wissen Sie, was hier eingewickelt war? Nein, Sie können es sich nicht vorstellen; es war die blutige Klaue eines Wildschweins.«

Eine schreckliche Vorstellung; ich wich erschrocken zurück.

»Javier leidet unmenschlich«, sagte der Alte dann.

Ich blieb stumm, unfähig, ein Wort hervorzubringen.

»Die Leute von Obaba sind feige«, fuhr er nach kurzem Schweigen fort. »Sie wollen ihm nicht entgegentreten und benützen Fangeisen oder Fallen oder Gift. Es ist ihnen gleichgültig, ob er langsam und qualvoll stirbt. Kein guter Jäger würde so handeln.«

»Es ist verständlich, dass sie verschreckt sind, Mathias. Du tust ihnen unrecht, sie deshalb zu verachten.«

Doch ich war selbst nicht davon überzeugt, und es kostete mich viel Mühe, die Worte über die Lippen zu bringen. Wie auch immer: Der Alte hörte mich nicht; er schien ein Selbstgespräch zu führen.

»Wenn ein Wildschwein in ein Fangeisen gerät, befreit es sich selbst, indem es das eingeklemmte Glied mit den Zähnen durchbeißt. Das ist sein Gesetz.« Er atmete heftig und sprach stoßweise. »Denken Sie nicht, dass Javier sehr schnell gelernt hat?«, fragte er mich schließlich und schaute mir in die Augen. In jenem Moment war sein Lächeln das eines Vaters, der stolz ist auf die Heldentaten seines Sohnes.

Ich pflichtete ihm bei und dachte, dass die Gefühle des Mannes legitim seien; dass dereinst am Jüngsten Tag Gottvater, Unser Herr, nicht zögern werde, ihm die Vaterschaft zuzuerkennen, die er forderte. Ja, nicht jener, der das Kind bei der Geburt verlassen hatte … und ebenso wenig jener andere, der ihn in der Gastschenke aufgenommen hatte und ihm nur Gemeinheiten zuteilwerden ließ … nein, Mathias war Javiers wirklicher Vater.

»Darf ich ihn töten?«, fragte mich anschließend der Alte. Sein Gesicht verdüsterte sich wieder.

Wie du weißt, liebster Freund, ist das Erbarmen der höchste Ausdruck der Liebe, der uns am meisten bewegt, der uns mit größter Kraft zum Guten treibt. Und der Alte, daran gab es keinen Zweifel, sprach im Namen des Erbarmens. Er konnte es nicht ertragen, dass der Junge weiterhin litt. Er musste dem so schnell wie möglich ein Ende setzen.

»Ja, du darfst es«, sagte ich zu ihm. »Dieses Tier zu töten ist kein Verbrechen.«

Du hast richtig gehandelt, wirst du sagen. Gewiss, und in Anbetracht dessen, was nachher geschah …

Die zehnte Seite bricht an dieser Stelle ab. Auf der folgenden und letzten fehlen die ersten vier Zeilen; der Rest ist mitsamt der Unterschrift sehr gut erhalten.

… in der Umgebung von Obaba, nicht sehr weit von diesem Haus entfernt, gibt es eine dicht bewaldete Schlucht, welche die Form einer umgekehrten Pyramide aufweist und in eine Höhle mündet, die tief in die Erde einzudringen scheint. Mathias also vermutete, das weiße Wildschwein halte sich dort versteckt. Warum?, wirst du fragen. Wie kam er zu einer solchen Schlussfolgerung, einer Schlussfolgerung, die

sich später – ich habe es bereits vorweggenommen – als richtig erweisen wird? Nun, er wusste, dass Javier sich jeweils in der Höhle versteckte, wenn er aus der Gastschenke verschwand, der arme Junge, in der Höhle, wo ihm nur die Salamander Gesellschaft leisteten.

Doch, wie bereits erwähnt, das erfuhr ich alles erst, als es bereits zu spät war. Hätte ich es vorher gewusst, hätte ich meine Einwilligung niemals gegeben. »Nein, du darfst die Höhle nicht betreten«, hätte ich zu ihm gesagt. »Kein Jäger würde an einem solchen Ort auf ein Wildschwein schießen. Es ist zu gefährlich. Du begehst eine schwere Sünde, wenn du hineingehst und dein Leben in Gefahr bringst.«

Doch Gott wollte mich nicht erleuchten. Ich irrte angesichts einer Frage, von der ich in keiner Weise wissen konnte, ob sie richtig oder falsch war – und dann war es zu spät, um noch irgendetwas daran zu ändern. Die Ereignisse, die ich dir jetzt schildere, überstürzten sich wie die Steine, die zu Tale donnern, wenn sie den Halt verlieren. In Wirklichkeit dauerte es nur ein paar Stunden, bis alles vorbei war.

Als Mathias gegangen war, blieb ich im Pfarrhaus zurück und hörte plötzlich so etwas wie eine Detonation. Ich war sehr erschrocken. Anfänglich konnte ich nicht feststellen, woher dieser in Obaba ganz ungewöhnliche Knall wohl kommen mochte. Es ist kein Gewehrschuss gewesen, dachte ich.

»Es sei denn, es handle sich um das Echo eines Schusses in einer Höhle«, rief ich entsetzt aus. Ich erfuhr später, dass dem so gewesen war. Mit Gottes Hilfe hatte ich erraten, was vorgefallen war.

Als ich zur Schlucht kam, war Mathias bereits tot. Er lag vor dem Eingang zur Höhle, auf dem Bauch, umklammerte aber immer noch seine Flinte. In der Höhle selbst, ein paar Meter von ihm entfernt, lag hechelnd das weiße Wildschwein, und aus seinem Hals floss Blut.

Dann glaubte ich, durch das Röcheln eine Stimme zu vernehmen. Ich hörte nochmals hin, und was glaubst du, was es war? Das Wort, das im Todeskampf jeder Junge ausgesprochen hätte: Mutter! Vor meinen eigenen Augen klagte und schluchzte das Wildschwein und rief eines übers andere Mal: Mutter, Mutter … Reine Einbildung, wirst du sagen, reine Überspanntheit eines erschöpften, haltlosen Mannes; und das ist es, was ich mir selbst sage, wenn ich mich an das erinnere, was ich in den gelehrten Werken gelesen habe, oder an das, was der Glaube von uns verlangt. Aber ich kann nicht vergessen, was ich in der Höhle gesehen und gehört habe. Weil ich – o Gott – einen Stein aufheben und das Tier töten musste. Ich konnte nicht zulassen, dass es noch länger litt und verblutete, ich musste dem mutigen Beispiel des Alten folgen.

Hier endet mein Bericht – und ich kann nicht mehr. Wie du siehst, bin ich nun ein gebrochener Mann. Was für einen großen Dienst du mir tätest, liebster Freund, wenn du mich besuchtest! Ich bin nun bereits drei Jahre in Obaba. Ist das nicht Verlassenheit genug?

Mit dieser Frage – und mit der Unterschrift darunter – endet der Brief und endet auch meine Erläuterung dazu. Allerdings möchte ich nicht den Schlusspunkt hinter meine Arbeit setzen, ohne vorher auf eine Tatsache hinzuweisen, die ich aus etlichen Gesprächen mit den heutigen Bewohnern von Obaba erfahren habe und die mir bedeutungsvoll erscheint. Es handelt sich um Lizardis Vaterschaft. Viele, mit denen ich mich darüber unterhalten habe, sind der Ansicht, dass Javier offenbar sein Sohn war; eine Annahme, die sich nach meinem Dafürhalten bei einer zweiten Durchsicht des Dokumentes als ziemlich wahrscheinlich herausgestellt hat. Dieser Umstand würde zudem erklären, warum der Brief das Pfarrhaus, wo er geschrieben worden war, nie verlassen hat: Ein Geistlicher wie Lizardi konnte es sich nicht erlauben, ein Geständnis abzulegen, in dem letztlich das Wichtigste fehlte.

Post tenebras spero lucem

Der entlegenste Vorort von Obaba hieß Albania, und es gab dort weder eine Autostraße noch ein Schulhaus, sodass mangels einer anderen Möglichkeit die Kinder des Ortes das Abc und alle übrigen verschlüsselten Zeichen – wo Dänemark und Pakistan liegen zum Beispiel oder was sechsundvierzig und siebenundzwanzig ergibt – im unbenützten Saal im ersten Stockwerk des Dorfgasthauses lernten.

Alle zusammen bildeten eine Gruppe von zweiunddreißig Schülern, darunter siebzehn Mädchen; jeden Morgen durchquerten sie den mit Wein- und Ölfässern verstellten Torweg und gingen im Gänsemarsch hinter der Lehrerin zuerst acht, dann zehn, dann weitere fünf Stufen die Treppe hinauf, um schließlich – wenn ich richtig gezählt habe – zur letzten der alles in allem dreiundzwanzig Treppenstufen zu gelangen. Wenn die Kinder das behelfsmäßige Schulzimmer betreten hatten, verteilten sie sich dem Alter entsprechend auf die verschiedenen Schulbänke: Die Jüngeren setzten sich in die vorderste Reihe, während die Ältesten, die Vierzehnjährigen, die sich mit der unglaublich gelehrten, unglaublich schwierigen Großen Enzyklopädie von Dalmau Carles herumschlagen mussten, auf die hintersten Bänke setzten.

Die Schule war um fünf Uhr nachmittags aus, und alle stürzten lärmend und lachend zuerst fünf, dann zehn, dann weitere acht Stufen die Treppe hinunter – alles in allem dreiundzwanzig Stufen – und gingen nach Hause, wo ihr Vesper – Brot mit Schokolade – auf sie wartete, oder dann, wenn es kein Brot mit Schokolade gab, um zu spielen und sich im öffentlichen Waschhaus mit Schiffchen aus Korkrinde und mit Glasfläschchen zu vergnügen.

Um fünf Uhr nachmittags also blieb die Lehrerin allein an ihrem langen Tisch vor der Wandtafel zurück; und da sie noch sehr jung war und überdies erst seit Kurzem in diesem gottverlassenen, in den Bergen versteckten Ort angekommen war, zog sie es jeweils vor, in der Schule zu bleiben und die Aufgaben ihrer Schüler zu korrigieren, bevor sie in das gräulich weiße Häuschen zurückkehrte, das man ihr am Rande des Ortes zugewiesen hatte, denn sie fühlte sich dort nicht zu Hause, sondern sehr fremd, sehr einsam.

Die Tage in Albania kamen der Lehrerin ewig vor, was dazu führte, dass sie den größten Teil ihrer Freizeit mit Briefeschreiben verbrachte. Sie schrieb vor allem an den Mann, den sie – mit großen Buchstaben – als *MEINEN BESTEN FREUND* bezeichnete.

Ich lebe in völliger Abgeschiedenheit; da es hier keine Autostraße gibt, kann ich nirgendwo hingehen – berichtete sie ihm in ihrem ersten Brief. *Am Sonntag nach meiner Ankunft bin ich ins Städtchen gegangen, in die Straßen von Obaba, will ich sagen; doch ich hätte es mir sparen können, denn dort gibt es nur Kneipen, und zwar Kneipen, wo es sich für eine Frau nicht schickt hineinzugehen. Ehrlich: Ich vermisse die Spaziergänge sehr, die wir alle zusammen – Maria, David, Carlos, Cristina, Ignacio, du und ich – den Damm entlang unternahmen. Wenn es neblig ist oder nieselt, verbringe ich die Nachmittage auf dem Bett liegend und wiederhole im Geist unsere Gespräche, die wir am Strand zusammen geführt haben. Die Erinnerung an den Sommer ist, wie du siehst, mein einziger Trost. Doch denk nur nicht, es sei immer so: Manchmal scheint die Sonne, und dann gehe ich mit den Kindern auf Schmetterlingsjagd. Gestern zum Beispiel haben wir eine riesige Nymphalis antiopa gefangen, die größte, die ich in meinem Leben je gesehen habe.*

Sie erzählte in fast allen ihren Briefen von Schmetterlingen und bezeichnete sie immer mit dem lateinischen Namen, denn sie wusste, dass ihre Freunde sie aufgrund ihrer Kenntnisse auf diesem Gebiet sehr bewunderten. Doch entgegen ihren Erwartungen vergingen acht, dann zwölf und anschließend siebzehn Tage; es vergingen – wenn ich richtig gerechnet habe – alles in allem ein Monat und eine Woche, und nie lag ein Brief in ihrem Briefkasten – nicht einmal der, den sie am sehnlichsten erwartete, der ihres *BESTEN FREUNDES.*

Ich hätte nicht geglaubt, dass sie mich so schnell vergessen würden, dachte sie. Als Freunde sind sie eine absolute Enttäuschung. Sie beschloss daher, ihnen nie mehr zu schreiben.

Es war ihr fester Entschluss, und als solcher wurde er denn auch in das Heft eingetragen, das ihr als Tagebuch diente.

Derweil ging der Herbst dem Ende entgegen, und die Schmetterlinge verschwanden, je kürzer die Tage wurden. Bereits konnte man nur noch die *Vanessis* finden, die sich von Brennnesseln ernähren und im sumpfigen Dickicht entlang den Flüssen leben. Was die Schwalben anging, sie hatten sich bereits auf den Stromkabeln versammelt: hundertzwanzig Schwalben auf einem Kabel und hundertvierzig auf dem anderen, alles in allem zweihundertsechzig Schwalben. Gleich würden sie davonfliegen, zu ihrer großen Reise in südliche Gefilde aufbrechen.

Die Schwalben sind gegangen, der Winter ist gekommen, schrieb die Lehrerin in ihr Heft, als der Himmel von Albania – mit zweihundertsechzig Schwalben weniger – verwaist zurückgeblieben war.

Die Empfindungen, die sie ihrem Tagebuch anvertraute, halfen ihr, sich Luft zu verschaffen, spendeten ihrem Leben den Trost, der immer mit Vertraulichkeiten Hand in Hand geht: Sie gaben ihr den Seelenfrieden zurück, und ihr *VERWIRRTES HERZ* fiel in sein gewohntes Gemurmel zurück. Sie bestand natürlich nicht nur aus Herz. In ihr schlummerten auch noch andere Impulse, andere Kräfte, die in keinem Heft Platz fanden; und diese Impulse waren es – geheime, aber mächtige, die manchmal dazu führten, dass sie nackt zu Bett ging –, die sie an ihren *BESTEN FREUND* erinnerten; dann lag er jeweils wieder neben ihr und küsste sie wie in jener Juninacht, als sie sich von ihren Freunden getrennt und sich am Strand in den Dünen verirrt hatten.

Doch sie war starrköpfig und wollte den einmal gefassten Entschluss nicht rückgängig machen. Sie würde ihm keinen weiteren Brief schreiben, bis er ihr geantwortet hatte. So, wie die Dinge nun einmal lagen, griff sie nur noch für amtliche Schreiben oder in Verwaltungsangelegenheiten zur Feder; meistens, um an den Schulinspektor zu schreiben.

Ich glaube, sehr geehrter Herr Inspektor, dass das Lehramt immer ein schwieriges Amt ist, doch tatsächlich ist es so, dass es in einem Fall wie dem meinen ein praktisch unmögliches Unterfangen ist – beschwerte sie sich in einem ihrer Briefe. *Das Dach hat undichte Stellen. Die Pulte fallen auseinander. Ein paar Fenster haben keine Scheiben. Unter Berücksichtigung, dass der Winter bereits vor der Tür steht, denke ich, dass die Reparaturen, vor allem die am Dach, von allergrößter Dringlichkeit sind. Auch um das Lehrmaterial ist es nicht besonders gut bestellt. Zum Beispiel fehlen mir die Landkarten von Asien und Afrika, und wenn ich mit den Kindern diese Kontinente durchnehme, muss ich sie mir bildlich vorstellen und die Umrisse im Sägemehl nachzeichnen.*

Sie war stolz auf ihren Einfall mit Afrika und Asien, deren Bodenbeschaffenheit und Städte sie im Sägemehl nachgebildet hatte, und sie war überzeugt, dass nur jemand einen solch glänzenden Einfall haben konnte, der am Strand lange Stunden mit dem Sand gespielt hatte. Das war denn auch der wirkliche Grund, warum sie dem Inspektor das didaktische Problem unterbreitete. In Wirklichkeit waren ihr die fehlenden Landkarten egal.

Die Antwort des Inspektors folgte postwendend:

Ich habe volles Verständnis für Ihre Situation, die Sie mit erwähntem Schreiben darlegen, doch zu meinem größten Leidwesen verfügen wir nicht über die erforderlichen Mittel für die Erneuerung unserer Einrichtungen. Wie auch immer: Ich werde am 17. November in Ihrer Gegend sein, und wir werden uns bei dieser Gelegenheit darüber unterhalten. Ich muss die Räumlichkeiten besichtigen, bevor ich irgendwelche Entscheidungen treffen kann.

Der Brief vermochte die Eintönigkeit von fünfzig endlosen albanischen Tagen zu durchbrechen, und als die Lehrerin ihn in Empfang nahm, löste er bei ihr fast überschwängliche Fröhlichkeit aus – weit mehr, als man von einem Menschen hätte erwarten können, der ganz einfach ein paar höfliche Zeilen erhalten hat. Doch ihr *HERZ* war nach wie vor *VERWIRRT,* es reagierte auf falsche Impulse ebenso heftig wie auf echte.

Am Siebzehnten kommt der Inspektor, schrieb sie in ihr Tagebuch. Dann ging sie zum Kalender, der in der Küche hing, und bezeichnete das Datum mit einem roten Kreis. Die Ankunft ihres *BESTEN FREUNDES* hätte nicht mehr Anmerkungen und rote Kreise verdient.

Als der 17. November kam, verbrachte die Lehrerin den ganzen Tag im Schulzimmer am Fenster. Doch kein Inspektor tauchte in Albania auf.

Ich bin sehr enttäuscht, dass Sie Ihr Versprechen nicht eingehalten haben, schrieb sie zuoberst auf ein Blatt Papier. Dann legte sie den Brief zur Seite, ging schlafen, lag zwei Stunden wach im Bett und starrte in die Dunkelheit. Und als sie schließlich einschlief, erwachten in ihrem Herzen Albträume, die sie die ganze Nacht mit Spinnen und Schlangen quälten.

Das Gebell der Hunde im Dorf kündigte den Anbruch eines neuen Tages an, und es kam ihr vor, als bellten die Hunde seit je, und sie würden bellen und bellen und überhaupt nie mehr aufhören zu bellen. Und als sie aufstand und zum Fenster hinausschaute, kam ihr alles unwirklich vor, denn draußen hatte sich majestätisch der Winter breitgemacht, als gäbe es überhaupt keine andere Jahreszeit.

»Als ich angekommen bin, sahen die Felder genauso aus wie heute, schneebedeckt und beinhart gefroren«, stellte sie fest. Sie blieb wie eine Schlafwandlerin in Gedanken versunken am Fenster stehen. Die Uhr am Turm der Kapelle schlug acht, doch die vorrückenden Zeiger waren ihr gleichgültig, und genauso erging es ihr mit dem 18. November neben dem roten Kreis auf dem Kalender. Was war mit diesem 18. November? Ein Tag wie jeder andere. Und wenn man einem Tag weitere neunundzwanzig oder dreißig hinzufügte, ergab sich daraus ein Monat. Ein Monat, der mit elf weiteren Monaten zusammen ein Jahr ergab. Doch das traf wohl überall sonst auf der Welt zu, nur nicht im gottvergessenen Albania.

»Ich bin nicht krank. Mein Zustand ist lediglich darauf zurückzuführen, dass ich den Strand vermisse«, sagte sie sich, als der Spiegel im Badezimmer die Blässe ihrer Haut widerspiegelte. Doch während sie sich wusch und herrichtete, ließ das mulmige Gefühl sie nicht los.

Ich bin eine Melanagria Russiae. Mit einer Stecknadel auf einem Korkzapfen aufgespießt, ich verblute langsam, schrieb sie anschließend in ihr Heft, als sie am Küchentisch saß und die Schmetterlinge betrachtete, die sie in der Vitrine des Schrankes aufbewahrte.

Doch kaum hatte sie den Satz wieder gelesen, lehnte sich ihr *VERWIRRTES HERZ* auf – zum ersten Mal seit ihrer Ankunft im Dorf. Der Vergleich war übertrieben; zudem konnte der Hinweis auf das Blut als törichte Beschreibung ihrer körperlichen Verfassung gedeutet werden, denn ihre Monatsblutung hatte mit zweiwöchiger Verspätung eingesetzt.

Sie kräuselte die Lippen, strich den Satz durch und fügte ihren Tagebuchaufzeichnungen eine andere Betrachtung hinzu:

Ich muss etwas unternehmen. Ausgehen, mich bewegen, neue Freunde suchen, was auch immer. Sonst macht mich dieses eisige Albania noch krank.

Sie wusste nicht genau, was unternehmen, um diesen Vorsatz in die Tat umzusetzen; doch was letztlich zählte, war ihre neu gewonnene Entschlossenheit.

Wenig später, es schlug eben halb neun, schreckte ein Klopfen an der Tür sie aus ihren Träumereien. Sie lächelte zufrieden: Sie wusste, es war ihr Lieblingsschüler, der Junge aus Mugats. Er kam, wie jeden Tag, den Schlüssel holen.

Die Zeit ist doch nicht stillgestanden, das ist der Beweis, dachte sie, als sie durch den Flur eilte.

»Es ist grässlich kalt heute, Manuel. Möchtest du etwas Warmes trinken?«, begrüßte sie ihn.

Angesichts der unerwarteten Einladung deutete der Junge eine Geste an, die Verblüffung und Misstrauen ausdrückte, und ging bedächtig durch den Flur, stumm, die Augen auf den Fußboden gerichtet.

»Komm in die Küche, Manuel. Brauchst keine Hemmungen zu haben. Möchtest du eine Tasse Milch mit Keksen?«

Die Lehrerin war glücklich über diesen Besuch, denn er verscheuchte die schwermütige Stimmung, in die sie sich beim Aufstehen eingesponnen hatte. Sie fühlte sich wieder aufgeräumt.

»Ich nähme eine Tasse Kaffee«, sagte der Junge ernst. Dann kramte er eine Zigarette aus der Hosentasche und bot sie der Lehrerin an. »Rauchen Sie?«, fragte er.

»Ich rauche nicht, Manuel. Und du solltest dir ein Beispiel an mir nehmen. Du bist zu jung dazu.«

»Aber Sie sind eine Frau; Frauen kann man nicht mit Männern vergleichen. Sie haben eine viel schwächere Konstitution; das weiß jedermann.«

Der Junge aus Mugats wirkte für einen Zwölfjährigen ungewöhnlich ernst und erwachsen. Er hatte etwas Altmodisches an sich, und er redete mit der hellen, lauten Stimme eines Menschen, der immer an der frischen Luft gelebt hat ... in den Wäldern, in den Bergen, zwischen den Felsen, unter dem Sternenhimmel. Im Vergleich zu den anderen Schülern wirkte er wie ein Erwachsener aus einer anderen Zeit – vor allem wie aus einer anderen Zeit.

Er hat nie ein Kind sein dürfen. Er musste schon von ganz klein auf arbeiten, hat nie Spielgefährten gehabt, dachte die Lehrerin, während sie eine Tasse Kaffee vor ihn hinstellte. Ihr Herz, aus dem die düsteren Gedanken des frühen Morgens verschwunden waren, floss vor Mitgefühl über.

»Der Ofen funktioniert gut, nicht wahr?«, fragte sie dann, denn der Junge aus Mugats war der einzige Schüler, dem das Privileg zustand, die Temperatur in der Schule auf erträglichem Niveau zu halten.

»Es scheint so. Bis jetzt wenigstens hat niemand frieren müssen in der Schule.«

Und er lächelte zum ersten Mal, seit er das Haus betreten hatte.

Ein rührendes Lächeln, stellte die Lehrerin fest und beglückwünschte sich gleichzeitig dazu, dass sie auf den Gedanken gekommen war, ihm die Verantwortung für den Ofen zu übergeben. Dieses Amt verlieh ihm in der Schule ein gewisses Ansehen, eine Autorität, die er sich aus eigener Kraft nie hätte verschaffen können, denn was das Lernen anging, so war er hinter den anderen zurück.

»Wie alt warst du, Manuel, als du in die Schule kamst?«, fragte sie ihn.

Wenn der Junge erstaunt war über die liebenswürdige Haltung der Lehrerin und über das plötzliche Interesse an Einzelheiten aus seinem Leben, so zeigte er es jedenfalls nicht. Er benahm sich zusehends selbstsicherer.

»Ich war schon neun, als man mich in die Schule schickte. Vorher war ich Hirte, seit ich sechs war, immer in den Bergen. Es war keine schlechte Arbeit. Wenigstens war sie besser als die jetzige.«

Dann trank er den Kaffee in einem Zug aus.

»Ist denn dein jetziger Meister ein schlechter Mensch?«

»Er ist ein Schwein.«

Der Meister erlaubte ihm nur am Vormittag, in die Schule zu gehen, am Nachmittag nicht, und die Lehrerin führte das *Schwein* auf dieses Verbot zurück. Doch der Junge dachte dabei an ganz andere Dinge.

»Er trinkt gern«, begann er zu erklären. »Und wenn einer trinkt, na ja, dann macht er schlapp, das weiß man ja. Ich muss selbst zusehen, wie ich mit der vielen Arbeit fertig werde. Heute zum Beispiel bin ich schon seit fünf auf. Doch im Grunde ist er ein guter Kerl. Ich mag ihn.«

Er rutschte unbehaglich auf dem Stuhl hin und her, denn in einer Viertelstunde würde der Unterricht beginnen.

»Ich gebe dir gleich den Schlüssel«, sagte die Lehrerin, als sie seine Unruhe bemerkte.

»Ich muss mich beeilen, wenn die Schulstube rechtzeitig warm sein soll«, erklärte der Junge und stand auf. Als er den Schlüssel bekommen hatte, schlug er die Tür hinter sich zu und trat, ohne sich zu verabschieden, auf die Straße hinaus.

»Immer so ernst, der Junge«, seufzte die Lehrerin, und ein Lächeln glitt über ihr Gesicht.

Vom kleinen, gräulich weißen Haus bis zur Schule musste man zuerst hundertdreißig Schritte gehen, dann vierzig, anschließend achtzig; mit anderen Worten: Man musste – wenn ich richtig gerechnet habe – alles in allem zweihundertfünfzig Schritte gehen. Und der Junge aus Mugats begann zu rechnen und dachte, wenn er rannte und in der Zeit, die er sonst für einen Schritt brauchte, drei Schritte machte, würde er anstatt der üblichen neunzig Sekunden nur eine halbe Minute benötigen bis zum Ofen. Dann vergaß er die Arithmetik und begann zu rennen.

Doch seine Rechnung ging nicht auf, denn als er bereits den halben Weg zurückgelegt hatte, stolperte er über das Werkzeug der Arbeiter, die die Wasserleitungen von Albania reparierten; er strauchelte unglücklich, und obwohl er durch eine brüske Bewegung das Gleichgewicht zu halten versuchte, entglitt ihm der Schlüssel und fiel in die Grube.

»Nur mit der Ruhe, Junge, tiefer kann er nicht fallen«, sagte ein dicker Mann, der unten in der Grube arbeitete.

»Gib mir den Schlüssel«, bat der Junge.

»Ich weiß nicht, aber mir scheint, du wirst ihn dir selber holen müssen. Ich habe etwas gegen dreckige Hände.«

Der dicke Mann hob den Schlüssel mit der Schaufel auf und wirbelte ihn in eine Pfütze in der Grube. Er lächelte spöttisch.

»Gib mir den Schlüssel, du Mistkerl!«

Der Junge aus Mugats mochte solche Späßchen überhaupt nicht, und die Faulpelze noch viel weniger, die immer eine Ausrede suchen, um nicht arbeiten zu müssen. Vor Zorn schoss ihm das Blut ins Gesicht.

»Komm runter, wenn du den Schlüssel willst«, forderte ihn der Dicke hämisch lächelnd auf.

»Pass auf, Kleiner«, warnte ihn ein anderer Arbeiter, der ebenfalls in der Grube arbeitete.

Der Junge war ein begeisterter Anhänger des Freistilringens, und einmal – es war der schönste Tag seines Lebens gewesen – hatte er den Match besuchen dürfen, in dem Ochoa alle Gegner dank einem denkwürdigen *Haken* in die Knie zwang; seither hatte er nur noch diesen einen Traum, hatte in den Bergen unermüdlich mit den Tieren, mit den Bäumen trainiert, bis er jenen Trick beherrschte.

Das Schwein scheint sehr selbstsicher, dachte er. Eine Sekunde später lag der Dicke auf dem Rücken. Die anderen Arbeiter lachten; der Junge rannte mit dem Schlüssel in der Faust davon.

»Fast wie Ochoa«, sagte er sich stolz, während er die Tür zum Schulzimmer aufschloss.

In den drei Jahren, die er nur in Begleitung der Tiere als Hirt in den Bergen verbracht hatte, hatte der kleine Junge gelernt, mit sich allein zu spielen, und wenn er den Saal betrat, der als Schulstube diente, fühlte er sich in seinem Element. Der leere Raum stellte für ihn die große Weite dar, in der er und sein Hund Morro – und niemand sonst – all das spielten, was sie nicht waren. Wenn die Lehrerin die Szenen hätte sehen können, die sich dort abspielten, hätte sie nicht gedacht, Manuel sei im Vergleich zu den anderen Schülern nahezu ein Erwachsener. Sie hätte das Gegenteil gedacht, die Wahrheit nämlich: dass er der Kindlichste von allen sei.

Seine Vorstellungen hatten immer Asien oder Afrika als Kulisse, die die Lehrerin im Sägemehl eingezeichnet hatte, und Morro war sein Adjutant, das heißt der Adjutant von Hannibal, dem großen König von Karthago, dem einzigen tapferen Mann, der – seiner Meinung nach – im Geschichtsbuch erwähnt war.

»Asien hat sich erniedrigt, Morro, ist zu den Römern übergegangen. Ich habe beschlossen, sie dafür zu bestrafen. Ich werde ein paar ihrer Städte in Brand stecken«, begann er an jenem Morgen.

Dann las er die Namen auf den Fähnchen, die die Lehrerin in das Sägemehl gesteckt hatte, und fügte hinzu: »Welche Städte werden wir anzünden, Morro? Peking? Nanking? Chungking?«

»Nur nicht Chungking. Es wäre ein Jammer, eine Stadt zu zerstören, die einen so schönen Namen hat«, wandte Morro ein.

»Und Peking?«

»Peking auch nicht, Hannibal. Das ist ein wunderbarer Name für einen Hund. Ich würde lieber Peking heißen, jawohl.«

»Heute widersprichst du mir ständig, Morro.«

»Und diese Berge links von China? Warum zünden wir nicht diese Berge an?«

»Ich muss es mir überlegen. Warte einen Moment.«

Er musste zugeben, dass der Vorschlag seines Adjutanten sehr vernünftig war, denn in jenen Bergen fehlten sowohl Fähnchen als auch Namen. Unbekannte zu verurteilen, war eindeutig einfacher.

Vor seinen Augen breitete sich ganz China aus, ganz China hatte sich zu seinen Füßen ergeben: Peking, Nanking, Chungking, Kanton, Hongkong, Schanghai, Taiwan; und in all diesen Städten wimmelte es von kleinen Menschen, die zu ihm aufschauten und ihn anflehten: Nein, Hannibal – sagten sie –, hab Erbarmen und zünde unsere Städte nicht an. Wir verzichten darauf, Vasallen Roms zu sein, für immer. Wir schwören es dir!

»Dann werde ich eben diese Berge in Brand stecken! Karthago verzeiht nie und nimmer!«, entschied er schließlich, nahm eine Handvoll Sägemehl und wickelte es in ein Stück Papier ein. Wenig später loderte ein Großteil des Himalajas im Ofen.

»Was für ein schönes Feuer du gemacht hast, Manuel«, sagte die Lehrerin, kaum hatte sie die Schulstube betreten; sie musste laut reden, um das Stimmengewirr aus den vierundzwanzig (einunddreißig weniger sieben, die Grippe hatten) Kinderkehlen Albanias zu übertönen. Manuel saß bereits an seinem Pult gleich neben dem Ofen.

»Das ist nichts Besonderes. Wichtig ist, dass er kein bisschen geraucht hat. Das ist alles«, antwortete er mit einer wegwerfenden Gebärde. Seine Stimme klang wieder ernst.

Der Junge aus Mugats brachte den Vormittag damit zu, durch das Fensterchen im Ofen das Feuer zu überwachen. Denn, versteht sich, das Feuer war immer für eine Überraschung gut, ihm zu trauen war das Dümmste, was einer tun konnte. Einmal loderte es, eine Sekunde später jedoch schien es nur noch zu glimmen und drohte auszugehen. Wenn einer nicht aufpasste, verschlang das Feuer sich selbst.

»Schlagt die Rechenbücher auf«, befahl die Lehrerin, nachdem sie die Kleineren mit Schönschreibeübungen beschäftigt hatte.

Der Junge verzog das Gesicht. Er konnte mit Rechnen nichts anfangen und hasste die Rechenexempel aus ganzer Seele, die am Ende der Stunde jeweils gelöst werden mussten; er fand sie albern und ganz und gar unverständlich.

Doch die Lehrerin las bereits die Aufgabe vor, und er versuchte, sich den Anschein zu geben, als höre er aufmerksam zu.

»Ein Mann besaß sechs Pferde. Er verkaufte drei und löste für jedes Pferd 1500 Peseten. Er verkaufte weitere zwei zu je 1300 Peseten. Das letzte Pferd jedoch brach sich ein Bein, und der Mann musste es als Schlachtfleisch verkaufen. Frage: Wenn man davon ausgeht, dass er im Ganzen 7300 Peseten bekam, wie viel bezahlte der Fleischer?«

Warum hat sich das Pferd das Bein gebrochen?, fragte sich der Junge. Das blöde Rechenbuch erklärte die Hauptsache nie.

»Wie viel Geld bekam er vom Fleischer, Manuel?«, hörte er die Lehrerin fragen.

Er bekam einen hochroten Kopf. Er war stolz, dass das Fräulein seinen Namen vor der ganzen Klasse laut und vernehmlich aussprach, doch was das bedeutete, gefiel ihm ganz und gar nicht. Antworten zu müssen, machte ihn sehr verlegen.

»In dieser Gegend isst man kein Pferdefleisch, Fräulein«, antwortete er schließlich.

Die Schüler in der hintersten Reihe kicherten, und die Lehrerin musste ihnen mit dem Lineal drohen, um sie zum Schweigen zu bringen.

»Also, Manuel, wie viel Geld bekam er?«, fragte sie erneut.

»Ich weiß nicht. Im besten Fall fünf Duros.«

»Zweihundert Peseten!«, rief ein Mädchen, das das Haar zu einem Zopf geflochten trug.

Die Lehrerin nickte zustimmend.

»Wer hat das gleiche Resultat gehabt?«

Alle Schüler in der hintersten Reihe hoben die Hand. Doch der kleine Junge aus Mugats war nicht einverstanden: Die haben keine Ahnung, sagte er sich und schaute seine Mitschüler verächtlich an. Versucht es doch, versucht, einem Fleischer ein lahmes Pferd zu verkaufen, und schaut zu, ob er euch dafür zweihundert Peseten gibt. Versucht es, ihr Dummköpfe.

Dann stand er auf, um nach dem Feuer zu sehen; im Vorbeigehen flüsterte er dem Jungen zu, der am lautesten über seine Antwort gelacht hatte: »Wenn ich dich nach der Schule erwische, bringe ich dich um.«

Der am lautesten gelacht hatte, wurde blass; er wusste sehr genau, dass es niemand mit dem Jungen aus Mugats aufnehmen konnte; er schlug alle, selbst die großen Jungen, die doppelt so alt waren wie er.

Post tenebras spero lucem.

Um sechs Uhr abends war es bereits dunkel in Albania; im Treppenhaus des Gasthauses brannten die Glühbirnen nur noch schwach, sodass sich die Lehrerin, sich am Handlauf festhaltend, die dreiundzwanzig Stufen der Treppe hinabtasten musste, die fünf, dann die zehn, dann die acht, die zum mit Wein- und Ölfässern verstellten Torweg führten.

Doch neben der sichtbaren gab es noch diese andere Finsternis, die in ihrem *VERWIRRTEN HERZEN* lauerte und zweifellos noch beklemmender war; eine Finsternis, die sie zwang, nach den ersten fünfzehn Stufen auf dem Treppenabsatz stehen zu bleiben, denn von dort aus konnte man deutlich die Unterhaltung der Arbeiter hören, die direkt darunter in der Gaststube tranken und lachten. Zuerst hatte sie ganz einfach eine Verschnaufpause eingelegt, dann wurde daraus ein unschuldiger Zeitvertreib, schließlich, mitten im Winter, eine Gewohnheit, die sie nicht einmal ihrem Tagebuch anvertraut hätte.

Sie sind immer so fröhlich, obwohl sie den ganzen Tag hart arbeiten, dachte sie.

Am Anfang wartete ihr *VERWIRRTES HERZ* unterschiedslos auf die Männer – *Genus Maskulinum, Numerus Plural.* Doch sie lernte bald, die Stimmen zu unterscheiden, und ihr Interesse an deren grammatischen Form erlosch jäh. Die zehn oder zwölf Arbeiter, die sich an der Theke trafen, interessierten sie nicht mehr, nicht einmal die Hälfte von ihnen, nicht einmal die Hälfte dieser Hälfte: Ein Einziger interessierte sie! Sie sah ihn jeden Morgen, in der Grube neben dem Waschhaus, wo er arbeitete; ein dunkler, kraushaariger Kerl mit einer Tätowierung auf dem rechten Arm. Nachts, wenn sie nackt im Bett lag, konnte es passieren, dass diese Tätowierung – sie stellte ein Schiff dar – sie bis in ihre Träume verfolgte.

Manchmal war sie nahe daran, die Gaststube unter irgendeinem Vorwand zu betreten, einfach hineinzugehen und einen Freiwilligen zu bitten, die Wandtafel zu verschieben ... oder ein Glas Wasser zu verlangen ... oder einen Rat hinsichtlich der Reparatur am Dach. Doch schließlich unterließ sie es, ging weiter, kehrte in ihr gräulich weißes Haus am Rande der Vorstadt zurück. Und nicht bloß aus Schüchternheit, denn die Tätowierung erinnerte sie an ein wirkliches Schiff: an das blaue Schiff, auf dem ihr *BESTER FREUND* arbeitete.

Am Vorabend ihres dreiundzwanzigsten Geburtstages – es war bereits der 2. Dezember, ein Freitag – verweilte sie länger als sonst auf dem Treppenabsatz. Die Gaststube schien voll zu sein, und durch das Stimmengewirr und Gelächter waren die Klänge eines Akkordeons zu hören.

Sie tanzen bestimmt, dachte sie und erinnerte sich an eine Szene, die sie kurz nach ihrer Ankunft erstaunt hatte: In Albania war es nichts Ungewöhnliches, dass Männer miteinander tanzten.

»Was, ihr glaubt mir nicht?«, hörte sie kurz darauf jemanden sagen. Im Torweg ging das Licht an, und sie sah, dass der Mann mit der Tätowierung heraustrat. Zwei Kollegen folgten ihm lachend und zogen ihn am Hemd.

Die Lehrerin schluckte leer, als der Mann seine Hose aufzuknöpfen begann. Und wenn man sie entdeckte?, dachte sie erschrocken.

»Los, Mann, mach schon!«, forderten die beiden anderen den Tätowierten auf.

Sie konnte die Augen nicht von der aufgeknöpften Hose, von dem angeschwollenen Stück Fleisch und von dem Strahl abwenden, der sich daraus ergoss und sich in schwarzen Bächlein zwischen den Steinplatten verzweigte.

»Bist ein Schwein!«, lachten die unten, und sie musste sich am Handlauf festhalten, um das Gleichgewicht nicht zu verlieren.

Das Licht ging wieder aus, und die Lehrerin stieg langsam die acht Stufen bis zum Torweg hinab. Als sie unten war, suchte sie mit dem Fuß die Lache, die zwischen den Fliesen zurückgeblieben war, und trat energisch darauf.

Als sie in ihrem gräulich weißen Häuschen ankam, fühlte sie sich leicht und beschwingt, und als sie sich umzog, wiegte sie Hüfte und Arme, als würde sie tanzen. Ausgelassene Fröhlichkeit überflutete ihr Herz.

Wäre die Lehrerin eine reife oder erfahrene Frau gewesen, hätte die Szene, die sie vom Treppenabsatz aus beobachtet hatte, in ihrem Leben nicht mehr Spuren hinterlassen als eine jener trivialen Anekdoten, an die man sich ab und zu beiläufig erinnert, um im Freundeskreis die Leute zum Lachen zu bringen. Doch sie hatte ihre Stadt an der Küste erst kürzlich verlassen, und was diesen Aspekt des Lebens betraf – von ihren nächtlichen Träumereien einmal abgesehen –, konnte sie nur auf die kurze Erfahrung einer Juninacht zurückblicken, in der besagter *BESTER FREUND* sie eingeladen hatte, mit ihm in den Dünen am Strand zu spazieren. Ja, sie hatte etwas von außergewöhnlicher Tragweite getan: Die nasse Schuhsohle symbolisierte eindeutig die Bewältigung der *GROSSEN HERAUSFORDERUNG,* der sie sich in Albania hatte stellen müssen.

Angeregt durch ihren neuen Gemütszustand, erwachte nach dem Abendessen wieder der Wunsch in ihr, ihrem *BESTEN FREUND* zu schreiben.

Habt Ihr mich vergessen?, begann sie mit energischer Schrift. *Das betrübt mich sehr. Und scheint mir zudem vielsagend. Von den meisten wundert es mich nicht, doch von dir … sehr. Ich denke nicht, dass ein paar Zeilen schreiben so viel Mühe macht. Doch es ist wohl besser, wir lassen dieses Thema, denn sonst rege ich mich nur auf. Da ich nichts von dir weiß und auch nicht, was du machst, noch, wie es dir auf dem Schiff geht – nichts, rein gar nichts –, fällt es mir natürlich schwer, überhaupt etwas zu schreiben. In Wirklichkeit bleibt mir nichts anderes übrig, als über den Winter zu sprechen, der in dieser gottverlassenen Gegend sehr kalt und sehr hartnäckig ist. Wenn der Nebel kommt, ist es eine ganze Woche neblig. Und mit dem Regen ist es das Gleiche. Unmöglich, spazieren zu gehen, unmöglich, die Schmetterlingslarven der Clysandra oder der Falena zu beobachten. Du kannst dir vorstellen, was für ein spannendes Leben ich hier führe. Einzig am Sonntag ist etwas los, wenn die Burschen aus dem Ort einen blinden Akkordeonspieler engagieren. Doch ich gehe nie tanzen. Und zwar aus einem Grund, der dir bestens bekannt ist. Wenn ich jedoch darüber nachdenke, bin ich mir fast sicher, dass du keine Ahnung hast, wovon ich rede, denn es kommt mir so vor, als seist du ebenso blind wie der Akkordeonspieler.*

Schwamm drüber; ich lasse mich schon wieder dazu hinreißen, Sachen zu schreiben, die ich besser nicht schreiben sollte, und für diesmal beende ich meinen Brief an dieser Stelle.

Und wenn er mir morgen nicht gratuliert, bleibt der Brief hier liegen, dachte sie, wandte sich dann direkt an ihren *BESTEN FREUND:* »Ich hoffe, du hast meinen Geburtstag nicht vergessen!«, seufzte sie.

In jener Nacht schlief sie so friedlich wie schon lange nicht mehr.

Am nächsten Tag – es war ein Samstag, und die Schule war am Mittag aus – hatte sie keine Lust, gleich nach Hause zu gehen, und sie beschloss, einen langen Spaziergang zu machen; sie ging zuerst siebenhundert Schritte bis zum Friedhof, dann dreihundert bis zur Kapelle, anschließend fünfhundert bis vor ihre Haustür; und als sie die alles in allem eintausendfünfhundert Schritte zurückgelegt hatte, hob sie den Kopf und sah den Brief, den der Postbote in eine Ritze gesteckt hatte.

Es war eine Karte mit vielen Unterschriften: Ihre ganze Familie, Eltern und Geschwister, wünschte ihr aus ganzem Herzen viel Glück.

Sie stellte fest, dass sie noch immer keinen Hunger hatte, und setzte ihren Spaziergang fort, diesmal bergwärts; zuerst ging sie, ohne anzuhalten, siebentausend Schritte bis zur Quelle des Flusses; dann weitere fünftausend bis zu einer Anhöhe, von wo aus man die Kirche und die Straßen von Obaba sehen konnte; und später, auf dem Rückweg bereits, nochmals so viele Schritte und zweitausend dazu. Schließlich, als sie alles in allem – wenn ich richtig gerechnet habe – bereits sechsundzwanzigtausend Schritte zurückgelegt hatte, betrat sie außer Atem und hungrig ihre Küche und machte sich daran, ein Festessen zu kochen.

Die Zubereitung des Sahnekuchens nahm am meisten Zeit in

Anspruch. Als sie ihn in die Backröhre geschoben hatte, holte sie ihr Heft hervor und setzte sich zum Schreiben an den Tisch.

3. Dezember. Dreiundzwanzig Jahre alt. Meine Familie hat mir eine Glückwunschkarte geschickt. Der heutige Tag ist laut und lärmig gewesen in Albania. Am Morgen sind Wildgänse vorbeigeflogen und haben Figuren am Himmel gezeichnet, und weil sie wegen des starken Windes sehr tief fliegen mussten, schwärmten allenthalben die Jäger aus. Den ganzen Tag über hat man das Geknalle gehört. Und die Hunde haben ebenfalls nicht aufgehört zu bellen, aufgeregt, wie sie waren von all dem Lärm ringsum. Während ich diese Zeilen schreibe, überwache ich den Geburtstagskuchen. Dem Duft nach zu schließen, der aus der Backröhre dringt, wird er gut schmecken.

Sie schaute zum Fenster hinüber und wusste nicht, ob sie dem Geschriebenen noch etwas beifügen sollte. Doch sie hatte keine Lust, die Gefühle aufzuwärmen, die die Vergesslichkeit ihres *BESTEN FREUNDES* in ihr wachriefen. Sie wollte sich nicht vom Zorn hinreißen lassen.

»Der Mond spielt am Himmel Verstecken«, fügte sie schließlich hinzu.

Sie schickte sich eben an, den Kuchen aus dem Ofen zu nehmen, als es an der Haustür klopfte.

»Manuel, du bist es? Was machst du denn hier?«, rief sie überrascht aus, als sie sah, dass es der Junge aus Mugats war.

»Ich mache mir große Sorgen, Fräulein«, antwortete der Junge, ohne den Blick zu heben.

Als er in der Küche stand, entdeckte sie die geschwollene, blutunterlaufene Lippe des Jungen, und sie glaubte zu wissen, was er damit meinte.

»Was ist mit deiner Lippe los, Manuel?«, fragte sie erschrocken.

»Das ist nichts, Fräulein. Ich habe mich mit einem Mistkerl geprügelt, der sechzig Kilo mehr wiegt als ich, das ist alles. Sie kennen ihn bestimmt auch. Es ist einer von denen, die an der Kanalisation arbeiten.«

»Der mit der Tätowierung am Arm?«

»Nein, nicht der. Der andere, der Dicke.«

Die Lehrerin war beruhigt.

»Warum habt ihr euch denn geprügelt?«

»Weil er mir vor ein paar Tagen den Schlüssel wegnehmen wollte und ich ihm einen Tritt gegeben habe. Und heute Morgen hat er sich rächen wollen, klar. Doch mit mir geht das nicht.«

»Was geht mit dir nicht?«, lachte die Lehrerin. Die Selbstsicherheit des Jungen belustigte sie.

»Dieser Dicke ist ein Feigling, Fräulein. Am Anfang habe ich fair gekämpft, ehrlich, aber ich habe zurückweichen müssen, weil dieses Biest zu schwer ist für mich. Doch als er mich an der Lippe getroffen hat, habe ich einen Stein genommen und ihn voll am Kopf erwischt. Sie können sich nicht vorstellen, wie erschrocken er gewesen ist, Fräulein.«

Jetzt war es an dem Jungen zu lachen.

»Ich habe ihn gewarnt«, fuhr er fort, »er solle sich unterstehen, mich noch einmal anzurühren ... ich werde es ihm zeigen, wenn er mich noch einmal anrührt. Ja, ich weiß, es ist nicht fair, Steine zu werfen, doch der Gewichtsunterschied zwischen ihm und mir ist zu groß. Meinen Sie nicht?«

»Ich denke, du hast recht gehabt«, antwortete die Lehrerin mit einem breiten Lächeln. Sie war stolz auf den Jungen.

»Aber ich bin nicht gekommen, um Ihnen diese Geschichte zu erzählen, Fräulein. Nochmals: Ich mache mir große Sorgen.«

»Wart einen Augenblick, Manuel. Ich will dich zuerst etwas fragen: Hast du schon zu Abend gegessen?«

Der Junge schüttelte den Kopf.

»Riechst du, wie gut es aus der Küche duftet?«

Diesmal nickte er zustimmend. Es duftete ja auch wirklich verlockend.

»Ich habe einen Kuchen im Ofen. Hast du schon einmal Kuchen gegessen?«

»Zweimal.«

»Dann wirst du heute zum dritten Mal Kuchen essen. Doch zuerst essen wir etwas anderes, lauter gute Sachen. Als Erstes Bouletten. Weißt du, was das ist?«

»Ich glaube, ja«, sagte der Junge. Dann steckte er die Hand in die Hosentasche und zog eine Handvoll Zigaretten heraus.

»Möchten Sie eine?«

Sie wollte ablehnen, doch in ihrem Herzen regte sich der Zorn von vorhin. Sie war es leid, ein *anständiges junges Mädchen* zu sein, wie ihre Mutter es nannte. Ein anständiges junges Mädchen zu sein, nützte niemandem etwas. Und zudem – schließlich feierte sie ihren Geburtstag, und Manuel leistete ihr beim einzigen Fest, das es zu feiern gab, Gesellschaft.

»Ich werde gerne eine rauchen, doch erst nach dem Abendessen. Was zuerst kommt, kommt zuerst. Während wir essen, kannst du mir von deinen Sorgen erzählen.«

»Also, es geht um Folgendes«, begann der Junge, ohne die Bouletten anzurühren, »es geht darum, dass ich nächste Woche nicht zur Schule kommen kann, weil wir zu Hause viel Arbeit haben, sehr viel Arbeit. Und ich sorge mich um den Ofen, weil niemand weiß, wie man ein anständiges Feuer macht, und die Schulstube wird ganz rauchig sein.«

»Wir werden schon eine Lösung finden, Manuel. Iss jetzt vorerst einmal.«

Doch der Junge rührte sich nicht.

»Wer wird an meiner Stelle Feuer machen?«, fragte er und senkte den Blick. Es war offensichtlich: Er fürchtete, sein Amt zu verlieren.

»Ich werde mich während deiner Abwesenheit selbst darum kümmern, Manuel«, sagte die Lehrerin. Sie hatte erraten, was der wirkliche Grund für die Sorge des Jungen war. »Einverstanden?«, fügte sie hinzu.

»Gut. Sehr gut!«, rief er erleichtert aus und streckte die Hand nach den Bouletten aus.

Sie plauderten und aßen, und der Junge erzählte der Lehrerin von seinem Leben, erzählte ihr alles, mit der Zuversicht und Gelassenheit eines Menschen, für den die Zukunft keine Schatten hat.

Wo seine Eltern waren? Nicht auf dieser Welt natürlich, denn sie waren gestorben, als er drei Jahre alt war. Geschwister? Hatte er Geschwister? Ja, zwei Brüder, die viel älter waren als er, doch er sah sie nie, sie waren nach Amerika gegangen. Und Schwestern? Nein, keine Schwestern, und er vermisste sie auch nicht. Was er am liebsten mochte? Ja, also, was er auf der Welt am meisten mochte, war das Freistilringen – und auch auf die Weide gehen mit seinem Hund. Vor allem aber das Freistilringen. Daher wollte er so schnell wie möglich aus Albania weggehen, an einen Ort, wo er ernsthaft trainieren konnte und ein so berühmter Ringer werden wie Ochoa.

»Wohin willst du denn gehen, Manuel?«, fragte die Lehrerin und stand auf, um den Kuchen zu holen.

»Ich weiß noch nicht genau, nach Amerika wahrscheinlich, wo meine Brüder sind, ja, nach Amerika.«

Durch das Küchenfenster konnte man den halb hinter den Wolken versteckten Mond sehen. Der Himmel schimmerte rötlich.

»Es hat angefangen zu regnen«, sagte der Junge.

»Ich mag den Regen nicht. Ich mag den Schnee lieber«, antwortete sie; sie atmete den Duft des Kuchens ein und stellte ihn auf den Tisch. Er war tadellos gelungen.

»Da werden Sie noch etwas warten müssen. Es wird frühestens in zwei Wochen schneien.«

Der Junge sprach mit der Sicherheit desjenigen, der oft unter freiem Himmel genächtigt hat.

»Ich habe etwas Jerezwein, Manuel. Vergiss, dass ich deine Lehrerin bin«, meinte sie und ging die Flasche holen.

Sie aßen den Kuchen und tranken den Jerezwein dazu, schweigend, feierlich, bedächtig, und lachten ab und zu. Draußen verbündeten sich Wind und Regen und rüttelten gebieterisch am Fenster.

Doch die beiden hörten es nicht; sie widmeten sich andächtig dem guten Brot und sprachen dem guten Wein zu. Die Wärme der Küche beschützte sie vor jedwelchem Feind.

»Bald ist Weihnachten, Manuel. Singen wir ein paar Weihnachtslieder«, sagte die Lehrerin, als sie fertig waren. Der Junge nickte. Sie sangen eine ganze Weile, dann rauchten sie, dann tranken sie wieder. Als die Glocke am Turm der Kapelle zwölf schlug, waren sie zum Umfallen müde. Der Junge vor allem.

»Entschuldigen Sie, aber ich muss gehen«, sagte er zur Lehrerin und vergaß, dass sie ihn gebeten hatte, nicht so förmlich zu sein. »Ich bin seit heute Morgen früh auf, ich kann die Augen kaum mehr offen halten.«

Er hatte ihr eben Ochoas berühmten *Haken* vorgeführt.

Die Lehrerin – die dritte Zigarette des Abends in der Hand – ging zum Fenster. Wind und Regen hatten nicht nachgelassen.

»Du wirst hierbleiben müssen, Manuel. Ein Hundewetter.« Der Junge antwortete nicht. Er war auf dem Stuhl eingeschlafen. »Ich weiß, was wir machen. Siehst du die Matratze da?«

»Warum haben Sie eine Matratze in der Küche?«, fragte der Junge und rieb sich die Augen.

»Wenn es sehr kalt ist, schlafe ich hier. Und genau das wirst du heute auch tun. In dieser wohlig warmen Küche schlafen. Komm, zier dich nicht, leg dich hin.«

Der Junge gehorchte wie ein Roboter.

Als er mit geschlossenen Augen auf der Matratze lag, begehrte das *VERWIRRTE HERZ* der Lehrerin auf. Sie war im Begriff, eine Dummheit zu begehen – oder besser gesagt: Sie hatte sie bereits begangen! Sie hatte das Fest in die Länge gezogen, sie hatte den Jungen zum Trinken verleitet, sie hatte selbst geraucht und getrunken. Sie durfte nicht länger zur Matratze hinüberblicken, sie musste das Vorgefallene wieder gutmachen, musste an die frische Luft, ein paar Schritte im kalten Dezemberregen machen, klare Gedanken fassen. Doch es war zwecklos. Die Stimme der anderen Kräfte in ihr war viel, viel stärker. Warum so ängstlich? Die Welt war weit, weit von ihrer Küche entfernt. Albania, die Heimatstadt an der Küste … alles war ihr egal. Und zudem? Wo lag ihre eine Hand? Und war diese Hand nicht viel klüger als ihr *VERWIRRTES HERZ?*

Die Lehrerin schloss die Augen und atmete tief. Dann ging sie in ihr Zimmer.

»Mach es dir bequem, Manuel. Ich mache gleich das Licht aus«, rief sie vom Flur aus. Der Junge antwortete nicht.

Vor dem großen Spiegel in ihrem Zimmer öffnete die Lehrerin den Reißverschluss ihres Kleides und ließ es auf die Füße gleiten. Sie mochte ihre Schenkel, ja, auch sie waren an diesem Tag dreiundzwanzig Jahre alt geworden. Sie waren kräftig und geschmeidig, nicht schwabbelig wie die ihrer Freundinnen. Wenn sie am Strand spazierte, schauten sich die Leute oft nach ihr um. Sie ließ ihren Körper im Spiegel vor ihr Revue passieren. Dann streifte sie ein weites Sommerhemd über ihren nackten Körper und schlich auf den Zehenspitzen in die Küche.

»Aber Manuel, warum hast du dich in den Kleidern hingelegt?«, sagte sie, während sie sich halb sitzend, halb liegend neben ihn legte.

Nach jenem 3. Dezember, dem Tag ihres dreiundzwanzigsten Geburtstages, änderte sich die Gemütsverfassung der Lehrerin. Die Verwirrung, die bei ihrer Ankunft in Albania von ihr Besitz ergriffen hatte, verschwand und machte der Angst Platz. Sie war nicht mehr die Frau mit dem *VERWIRRTEN HERZEN;* sie war die Frau mit dem *GEQUÄLTEN HERZEN.*

Diese Veränderung beeinflusste mehr als alles andere ihr Verhalten; um auf dem Nachhauseweg den Blicken der Leute auszuweichen, machte sie einen Umweg, ging zuerst hundertzwanzig Schritte, dann achtzig, anschließend fünfundsiebzig, dann zweiundzwanzig, was – wenn ich richtig gerechnet habe – alles in allem zweihundertsiebenundneunzig Schritte ausmacht.

Zu Hause angelangt, nahm sie zu ihrem Tagebuch Zuflucht und hielt darin die Betrachtungen fest, deren ihr *GEQUÄLTES HERZ* bedurfte, um sich nicht noch mehr zu ängstigen und dadurch die Zügel ihres Lebens zu verlieren. Es waren lange Eintragungen, die Seite um Seite füllten:

Einmal habe ich gelesen, dass es nur zweier Dinge bedarf, um glücklich zu sein. Zum Ersten: die Achtung vor sich selbst; zum Zweiten: sich nicht um die Meinung der andern kümmern. Früher dachte ich, ich selbst würde diese zwei Bedingungen erfüllen, ich sei anders als meine Familie oder meine Freundinnen. Doch dem ist wohl nicht so: Offensichtlich erfülle ich sie ebenfalls nicht. Vor allem die zweite. Ich lebe in ständiger Furcht, die Leute im Dorf schüchtern mich ein, der Klatsch, den man über mich verbreitet, bekümmert mich, und der Gedanke, dass sie etwas wissen oder erfahren könnten, erfüllt mich mit Panik. Manchmal habe ich den Eindruck, jedermann wisse, was vorgefallen ist – gut, was vorgefallen und was nicht vorgefallen ist, aber sie stellen sich vor, es sei vorgefallen; und ich sehe überall boshaftes Lächeln, auf der Straße, im Gasthaus, überall. Vorgestern, um nur ein Beispiel zu erwähnen, als ich den Dorfladen betreten wollte, hörte ich ganz deutlich, wie jemand sagte: Offenbar muss auch die da sich einen angeln, *ich machte kehrt und ging nach Hause. Wie auch immer: Ich bemühe mich, all diese Vermutungen zu ignorieren; ich möchte mir weismachen, dass es sich nur um Einbildung handelt, es ist doch unmöglich, dass das ganze Dorf nichts anderes zu tun hat, als über mich zu tratschen. Ich bin ratlos. Die Zeit bringt hoffentlich Rat.*

Doch die Zeit schien nicht willens, Licht in die Angelegenheit zu bringen, zumindest vorläufig nicht, und schwieg etliche Tage, beschränkte sich darauf, den ersten Schnee zu bringen, den der Junge aus Mugats angekündigt hatte. Und es brach der dritte Dezembersonntag an. Bereits in der Nacht, kurz nachdem der blinde Akkordeonspieler aufgehört hatte zu spielen, hörte die Lehrerin, dass die Zeit zu ihr sprach; hörte, dass sie ihrer Bitte entsprochen hatte, dass sie beschlossen hatte, ihr zu antworten, und zwar aus dem Mund zweier Burschen, die sie vorgängig betrunken gemacht hatte.

»Fräulein Lehrerin«, riefen sie von der anderen Straßenseite aus.

Sie getraute sich nicht, aufzumachen, doch sie spähte durch das Fenster zu den zwei Burschen hinüber. Sie standen unter der Lampe an der Straßenecke und hielten sich untergefasst. Rund um sie herum – Weiß, nichts als Weiß.

»Machen Sie die Tür auf, Fräulein Lehrerin!«, wiederholten sie.

Dann bückten sie sich, lasen Schnee auf, formten Schneebälle und begannen, ihre Haustür damit zu bewerfen.

»Was ist los? Gefallen dir die Jungen nicht mehr? Wir sind beide noch ganz klein, im Ernst.«

»Wirklich! Seiner zumindest ist winzig.«

Die zwei Burschen krümmten sich vor Lachen und schubsten sich gegenseitig.

Das waren die ersten Boten, aber nicht etwa die Einzigen; denn die Zeit, als wolle sie ihrer Antwort Nachdruck verleihen, hörte nicht auf, ihr die ganze Nacht hindurch betrunkene Burschen zu schicken: acht Burschen bis elf Uhr; nochmals drei um zwölf; zwischen zwölf und halb eins nur einen; was alles in allem – wenn man die beiden Ersten dazu zählt – vierzehn Boten ausmacht.

Der Letzte – der von halb eins – jedoch war es, der ihr *GEQUÄLTES HERZ* am meisten in Erregung versetzte. Denn er war nicht lärmend und randalierend wie die anderen aufgetaucht, sondern still und heimlich, hatte ganz sanft an das Fenster geklopft und ihr zugeflüstert: »Mach auf, Frau, ich bin jener, der ein Schiff auf dem Arm hat.«

Der Mann mit der Tätowierung wiederholte seine Bitte alle zehn Minuten. Er schien entschlossen, die ganze Nacht vor ihrem Haus auszuharren, in der Dunkelheit, im Schnee, der sich durch die klirrende Kälte nach und nach in Eis verwandelte.

Ich habe mich töricht verhalten. Ich habe alles verkehrt gemacht – schrieb die Lehrerin in jener Nacht in ihr Tagebuch; es war bereits zwei Uhr in der Früh. Sie brauchte in jener Stunde ihr Heft mehr denn je, es war ihre einzige Möglichkeit, den Dingen auf den Grund zu gehen. *Meine Haltung, mit niemandem zu sprechen, die ich gleich nach der Ankunft in Albania angenommen habe, meine Art, Distanz zu wahren und mir Respekt zu verschaffen, das alles hat sich gegen mich gewandt. Denn natürlich hat meine Ankunft bei den Leuten hier Erwartungen geweckt. Sie hätten gerne gewusst, wer diese junge fremde Frau ist, was für eine Geschichte sie hat, und ich habe durch mein Verhalten nichts anderes getan, als ihre Neugierde zu reizen. Doch nun haben sie schließlich das erreicht, was sie wollten, ich selbst habe ihnen die Geschichte geboten, die sie sich sehnlichst erhofft hatten; und nun quatschen und hecheln sie und kauen darauf herum, und niemand weiß, wie lange es dauern wird, bis sie genug davon haben. Ich kann nicht behaupten, dass sich meine Lage gebessert hat. Früher konnte ich das Dorf nicht verlassen. Jetzt kann ich nicht einmal mehr das Haus verlassen. Und man wird sehen, was die Zukunft bringt. Es kann alles noch viel schlimmer werden.*

Doch es gibt Leute, die lieber an mir als an der Geschichte herumkauen möchten – fügte sie hinzu, nachdem sie zum Fenster hinausgeschaut hatte. *Der Mann mit dem tätowierten Schiff steht eben in diesem Augenblick vor meinem Haus und belagert mich. Doch er hofft vergeblich, denn ich denke nicht daran, ihn hereinzulassen. So dumm bin ich nun auch wieder nicht. Nicht vorstellbar, wenn er bis zum Morgengrauen ausharrt. Es würde mich zwar nicht wundern, denn die Leute hier scheinen gegenüber der Kälte gänzlich unempfindlich zu sein; ich weiß nicht, ob es daran liegt, dass sie so viel trinken, oder woran auch immer.*

Doch draußen wurde es immer eisiger, und auch jener letzte Bote gab schließlich auf. Er tauchte in den Schatten von Albania unter.

Da brach die Lehrerin ihr Gespräch mit der Zeit ab und dachte, es bleibe ihr wohl nichts anderes übrig, als sich mit Geduld zu wappnen und der Belagerung zu trotzen. Früher oder später würden sie es leid werden, auf ihrer Geschichte herumzukauen. Und zudem nahten die Weihnachtsferien. Noch etwas durchhalten, und sie würde in ihrer Vaterstadt an der Küste sein, in ihrem wirklichen Zuhause.

Doch die Zeit ließ nicht locker und gab sich nicht zufrieden: Sie wollte das Gespräch um jeden Preis fortsetzen. Und so kam es, dass sie an jenem gleichen Montag der Lehrerin zwei neue Boten schickte: den ersten morgens um halb neun; den zweiten um ein Uhr mittags.

Der Erste, der von halb neun, kündigte sich mit hartnäckigem Klopfen an. Und als die Lehrerin erschrocken die Tür aufmachte, drängte sich der Bote ins Haus und setzte sich in die Küche. Sehr unhöflich zudem, er vergaß sogar, ihr guten Tag zu wünschen.

»Ich komme den Schlüssel holen«, sagte er dann und zündete sich eine Zigarette an.

»Was sind das für Manieren, Manuel? Platzt man einfach so herein?« Sie war immer noch ganz verschlafen, und das Sprechen machte ihr Mühe.

»Das mag meinetwegen unhöflich sein; ich habe aber draußen eine Viertelstunde lang gerufen, und das finde ich auch unhöflich.«

»Ich habe die ganze Nacht Kopfschmerzen gehabt. Sei so gut und spar dir solche Dummheiten«, erwiderte die Lehrerin verärgert.

»Und ich habe die ganze Woche über im Wald gearbeitet und fühle mich bestens.«

Einen Augenblick lang glaubte sie, auf den Lippen des Jungen ein komplizenhaftes Lächeln zu erkennen, und sie dachte, er scherze, sein großspuriges Gehabe sei nur vorgetäuscht. Doch ihr *GEQUÄLTES HERZ,* das einen *Sündenbock* brauchte, riet ihr, sie solle die Sentimentalitäten vergessen, sie solle ihren Erinnerungen misstrauen. Denn ... wer hatte ihr Geheimnis verbreitet? Und wer hatte mit Angebereien die Gerüchte genährt, die in Albania zirkulierten? Wer, wenn nicht dieser Junge da?

»Jetzt weiß ich Bescheid«, begann die Lehrerin und hob den Zeigefinger. »Du bist es gewesen, der diese Lügen überall herumerzählt hat.«

»Was soll ich herumerzählt haben?«, fragte der Junge erstaunt.

»Ist ja egal, ob du es zugibst oder nicht. Wie ich bereits gesagt habe, jetzt weiß ich Bescheid«, sagte die Lehrerin mit einer verächtlichen Handbewegung. Und weil es langsam spät wurde, händigte sie ihm den Schlüssel aus und schickte ihn kurzerhand weg.

»Bis später, Mädchen«, hörte sie noch, als die Tür ins Schloss fiel.

Den ganzen Vormittag über verhielt sich der Junge auffällig – so kam es der Lehrerin hinterher wenigstens vor. Er hatte nicht aufgehört zu reden, war ständig zwischen den Schulbänken hin und her gegangen, und am Schluss, als die Schule aus war, hatte er die Frechheit gehabt, ihr zuzuzwinkern.

Wieder zu Hause, holte sie ihr Heft hervor und fügte den Aufzeichnungen des Vortages ein paar Zeilen hinzu:

Erste Folge des Vorgefallenen: Manuel wird kein Feuer mehr im Ofen machen. Er hat sein Amt verloren, selber schuld.

Etwas später, als sie bereits beim Essen saß, hörte sie, wie jemand sachte an die Scheibe des Küchenfensters pochte. Es war der Postbote von Albania, der zweite Bote, den die Zeit ihr schickte – der von ein Uhr mittags.

»Verzeihen Sie die Störung, aber ich habe drei Briefe für Sie«, sagte er, als sie die Tür aufmachte.

»Drei Briefe?«

»Ja, drei. Sie müssen fehlgeleitet worden sein, denn schauen Sie, hier …«

Der Postbote zeigte ihr die Briefe, einen nach dem anderen. Auf allen fehlte die Bezeichnung *Obaba.*

Daher waren sie so lange unterwegs gewesen: weil der Name der Ortschaft weggelassen worden war, weil nur der des Vorortes draufstand.

Die Lehrerin nickte verwirrt, unfähig, auch nur ein Wort hervorzubringen. Sie hatte die Schrift auf den Kuverts erkannt. Es handelte sich eindeutig um die ihres *BESTEN FREUNDES.*

Sie haben ein neues Lokal eröffnet, ganz in der Nähe des Strandes. Was sagst du dazu: Wollen wir während der Ferien dort zusammen zu Abend essen? Nur wenn du Lust dazu hast, natürlich und keine anderen Pläne. Zudem bin ich es, der einlädt. Im Ernst: Ich freue mich riesig, mit dir essen zu gehen, aber nur wir zwei allein, ohne die ganze Bande wie letztes Mal. So werde ich Gelegenheit haben festzustellen, wie sehr du dich verändert hast, seitdem du ans Ende der Welt gezogen bist.

Dieser Abschnitt, der letzte des dritten Briefes, war es wert, fünf- oder sechsmal gelesen zu werden, und er schlug Wurzeln im Herzen der Lehrerin wie das Senfkorn im Gleichnis, um sich in einen großen, schattigen Baum zu verwandeln. Aber im Grunde war alles wichtig, was ihr *BESTER FREUND* geschrieben hatte, nicht nur dieser Abschnitt; alles tröstete sie, alles trug zur Fröhlichkeit bei, die ihr von nun an die nötige Kraft geben würde. Nachdem sie die drei Briefe gelesen hatte, kamen ihr die Bemerkungen und Betrachtungen, die sie ihrem Tagebuch anvertraut hatte, kleinlich vor, unwichtig.

Sie werden mich nicht unterkriegen, dachte sie, sich an die Vorfälle der letzten Tage erinnernd. Ich werde dafür sorgen, dass die Verleumdungen aufhören. Sie werden mich respektieren müssen.

Nein. Sie fürchtete sich nicht mehr vor den Leuten von Obaba.

Bevor sie in die Schule zurückging, suchte sie eine Karte aus, auf der eine Nymphalis antiopa zu sehen war, und antwortete mit ein paar eiligen Zeilen ihrem *BESTEN FREUND:*

Dein Vorschlag ist angenommen. Wir werden zusammen im erwähnten Restaurant essen. Unter einer Bedingung allerdings: Ich lade ein. Ich habe mein erstes Gehalt noch nicht angerührt. Über deinen Brief habe ich mich riesig gefreut. Du weißt schon, warum. Bis bald.

PS: Ich habe deine Briefe erst gestern erhalten. Ich werde dir alles erklären.

»Ich hoffe, dass dieser Brief nicht verloren geht! Und sorgen Sie dafür, dass er vor mir ankommt«, sagte sie zum Postbeamten, als sie ihm das Kuvert aushändigte.

Am Nachmittag übte sie mit den Kindern Weihnachtslieder und sang mit ihnen im Chor. Dann, während sie ihre Schulsachen ordnete, dachte sie über ihre neue Situation nach und gelobte sich, diese Gelegenheit werde sie sich nicht entgehen lassen; mit Zähnen und Fingernägeln würde sie es festhalten, dieses neue Glück, das in ihrem Leben aufgetaucht war, als sie es am wenigsten erwartete. Was mit anderen Worten ausgedrückt heißen sollte, dass der Baum, der in ihrem Herzen Wurzeln geschlagen hatte, dafür sorgen würde, dass rund um ihn herum kein Unkraut oder Gestrüpp gedieh.

Am nächsten Morgen – es war der Dienstag vor Weihnachten – brach der Tag kalt und wolkenlos, mit einem strahlend blauen Himmel an; die Lehrerin spähte zum Fenster hinaus und wartete auf das Kommen des Jungen aus Mugats. Direkt gegenüber erhoben sich in der Ferne – zwei und drei und zwei – sieben weiße Berge.

Der Junge kam kurz vor halb neun.

»Halt«, befahl die Lehrerin, als er sich anschickte, das Haus zu betreten. »Du willst den Schlüssel, nicht wahr?«, fragte sie ihn. Und ohne ihm Zeit für eine Antwort zu lassen: »Gut, heute gebe ich ihn dir ausnahmsweise noch, aber es ist das letzte Mal.«

Der Junge senkte den Blick; er schluckte leer und brachte kein Wort heraus.

»Warum denn nicht?«, sagte er schließlich mit heiserer Stimme.

»Muss ich es dir wirklich erklären?«, antwortete die Lehrerin in der halb offenen Tür.

»Sie könnten den Schlüssel draußen hinlegen, damit ich Sie nicht stören muss.«

»Nein, Manuel. Du hast dein Amt verloren.«

Die Tür des gräulich weißen Häuschens schlug vor ihm zu.

Der Junge ging die zweihundertfünfzig Schritte bis zur Schule, und dort begann er, die Treppe hinaufzugehen, er blieb zuerst wie erschöpft auf der sechsten Stufe stehen, dann auf der zehnten, anschließend auf der siebzehnten und so weiter, bis er auf der letzten der dreiundzwanzig Stufen angekommen war. Doch als er die Schulstube betreten hatte, war es, als packe ihn sein üblicher Tatendrang – es war nur eine Sache von ein paar Sekunden: Ohne sich Rechenschaft über sein Tun zu geben, ging er mit Fußtritten auf Afrika und Asien los und zerstörte sie zum größten Teil.

»Was für eine Schuld hat denn Ägypten, Hannibal?«, gab Morro vorwurfsvoll zu bedenken, denn das war das Land, das den gnadenlosesten Angriff hatte über sich ergehen lassen müssen. »Und der Nil, total zerstört, was werden sie nun anfangen damit?«, fügte er hinzu.

Der Junge musste zugeben, dass sein Adjutant recht hatte; er versuchte, den riesig breiten Fluss so gut wie möglich zu reparieren. Doch als die Glocke am Turm der Kapelle neun schlug, überließ er die Ägypter ihrem Schicksal und rannte nach Hause – in die Berge.

Ich ginge jeden Abend spazieren

Katharinas Geständnis

Ich ginge jeden Abend spazieren, doch ich fürchte mich, ich getraue mich nicht; manchmal raffe ich mich auf, verlasse das Haus durch den Haupteingang und gehe in Richtung des Bahnhofs, und ich gehe und gehe und sage mir unablässig: *Katharina, sei nicht töricht, ist doch egal, wenn die Straßen ausgestorben sind, geh ganz einfach ruhig weiter, denk nicht an all die Dinge, die in den Zeitungen stehen, die Zeitungen übertreiben immer, und es sieht ganz so aus, als fänden sie es lustig, von ermordeten Frauen und solchem Zeug zu berichten,* und schon mache ich kehrt und gehe wieder nach Hause.

Kommt hinzu, dass man ein bisschen Hemmungen hat, allein spazieren zu gehen; ein Nachbar riet mir, einen Hund zu kaufen, und wenn man mich fragen sollte: *So spät allein in der Stadt unterwegs?,* könnte ich erwidern: *Es ist wegen des Hundes, dieser Faulpelz liegt sonst den ganzen Tag wie ein Seehund träge herum;* zudem würde mich der Hund beschützen, denn wenn ich mich entschließen sollte, mir einen Hund anzuschaffen, würde ich mir einen abgerichteten aussuchen, einen, der den Leuten gleich an die Gurgel springt, einen Dobermann oder so etwas Ähnliches.

Wenn es hier nicht so viel regnete, würde ich mich zu dieser Lösung entschließen, für die mit dem Hund; ich würde ihn Clark nennen; es würde ihm an nichts mangeln bei mir, ich würde ihm Reis und Fleisch zum Fressen geben und ihm eine behagliche Ecke einrichten, wo er sich ausruhen könnte; doch die Tage hier sind oft nass und kalt, es ist unmöglich, ein Tier zu halten; ich will keinen Hund, der ständig zwischen vier Wänden eingesperrt ist und schließlich krank wird davon.

Da die Dinge nun einmal so liegen, bleibt mir nichts anderes übrig, als die Spaziergänge zu vergessen und zu Bett zu gehen, doch nicht, um zu schlafen, sondern um still dazuliegen und das letzte Tageslicht zu genießen; mir ist aber nicht langweilig; zuerst korrigiere ich die Aufgaben meiner Schüler, denen ich Nachhilfestunden in Mathematik gebe; dann schalte ich das Radio an und vertiefe mich in die Zeitschriften, all die Zeitschriften, die über die Liebesaffären des Aga Khan und über Mode und solche Dinge schreiben; einfältige Magazine, gewiss, und sehr oberflächlich, doch genau richtig, wenn man nicht an ernste Dinge denken will; später, so gegen zwei, nehme ich einen angefangenen Pullover zur Hand, stricke oder trenne ihn auf, denn auch diesbezüglich gehöre ich zu den

Unentschlossenen, und ich kann und kann mich jeweils nicht endgültig für eine Farbe oder ein Muster entscheiden.

Selbst wenn alle Radioprogramme beendet sind, langweile ich mich nicht, fahre mit meinem eigenen Programm weiter, mit meiner Strickarbeit oder mit was auch immer, ich habe es überhaupt nicht eilig, schlafen zu gehen; da ich nur am Nachmittag Schüler habe, brauche ich nicht früh aufzustehen; und zudem warte ich auf den im Zug – vor allem auf den im Zug.

Oft will ich es mir selbst nicht eingestehen, doch wenn ich ehrlich sein will, es stimmt, ich warte auf ihn; das ist schließlich der einzige Grund für mein Aufbleiben und für meine Schlaflosigkeit, ich gebe es zu.

Der Zug passiert um fünfundzwanzig vor vier die Stadt; vorher bin ich ganz nervös, lausche den Geräuschen der Nacht, den Stimmen und Lauten, es sind immer die gleichen, sodass sie mir mittlerweile vertraut sind; der letzte Bus zum Beispiel, der kurz nach drei an der Ecke hält, ein einziger Fahrgast steigt jeweils aus, ein Mann, offensichtlich pfeift er gern, denn er geht immer vor sich hin pfeifend an meinem Haus vorbei, und manchmal pfeift er eine ganze Woche lang das gleiche Lied; dann, so gegen ein Viertel nach drei, kommen die Straßenkehrer; um halb vier ist dann die Reihe an Fangio – ich nenne ihn so, weil er immer vorbeirast; der Lärm seines Motors tönt zuerst wie ein Röhren und dann, aus der Entfernung, wie das Jaulen eines verwundeten Tieres – und schließlich, ein paar Minuten später, folgt der Zug.

Es ist die Eisenbrücke, die das Nahen des Zuges ankündigt; vorher bin ich mir nie ganz sicher, ich könnte mich ja irren oder den Zug mit dem Wind verwechseln oder mit sonst was; doch die Eisenbrücke ist untrüglich, sie ist wie ein Lautsprecher, wenn der Zug um fünfundzwanzig vor vier darüberfährt, tönt es wie Hammerschläge.

Er ist meistens pünktlich; natürlich kann es vorkommen, dass er verspätet ist; ich bin dann ganz aufgeregt, ich kann nichts dafür, ich zähle die Sekunden, lausche angespannt, gehe im Zimmer auf und ab und schaue sogar zum Fenster hinaus; eines Tages ist er erst um acht Uhr morgens aufgetaucht; ich weinte und war außer mir, weil ich dachte, es sei ein Unfall passiert; später erfuhr ich, dass die Verspätung lediglich auf einen Erdrutsch zurückzuführen gewesen war – so las ich zumindest in der Zeitung.

Der Zug fährt nach Hamburg; meistens sind es zwanzig Wagen; ich weiß nicht, ob er immer die gleiche Ladung mitführt, doch damals, als ich mit diesem Zug fuhr, waren es Pferde; man sagte mir, sie seien für Amerika bestimmt und sie würden im Hafen verladen; was ist wohl mit den Pferden passiert? Ich weiß es nicht, und es ist mir in Wirklichkeit auch lieber, wenn ich es nicht weiß; es könnte ja sein, dass sie nach einer so langen Reise das Schlachthaus erwartet.

Wenn der Zug über die Brücke fährt, drosselt er die Geschwindigkeit, und das ist der wichtigste Moment der ganzen Nacht; genau in diesem Moment zünde ich mir eine Zigarette an, die ich gewöhnlich im Nachttisch aufbewahre; ja, und jetzt sehe ich alles ganz deutlich vor mir; ich stelle mir zuerst die zwei Männer im Führerstand vor, stumm, jeder in seine eigenen Gedanken vertieft; zu Beginn, als sie zusammen zu arbeiten anfingen, hatten sie sich bestimmt manches zu erzählen, doch unterdessen fällt es ihnen wohl schwer, ein Gesprächsthema zu finden; die Familie, die Freunde, sie haben sich schon über alles unterhalten; natürlich, sie könnten über Fußball diskutieren oder über ähnliche Belanglosigkeiten, doch nicht um vier Uhr morgens, nicht nach bereits fünf Stunden getaner Arbeit.

Ich stelle mir also vor, wie sie schweigend die Geleise beobachten oder die Lichter auf dem Führerpult; vor allem die Geleise; damals zumindest war es so; die Pferde in den Güterwagen hörten nicht auf zu wiehern, sie waren verschreckt, und auch ich hatte Angst, bis ich mich an die Geschwindigkeit gewöhnt hatte, denn mir kam es vor, als müssten sich die Geleise jeden Moment auflösen; doch als sich die Angst verflüchtigt hatte, konnte ich nicht mehr wegsehen, musste immer geradeaus schauen, es erging mir wie jeweils am Meer, ich war wie hypnotisiert, ich konnte den Blick nicht von den Schienen abwenden, die zusammenliefen und sich wieder voneinander lösten, ununterbrochen, wenn man mit hundertvierzig Stundenkilometern im Zug fährt und die Schienen ihr Spiel treiben, kommt es einem genau so vor.

Das mit den Schienen ist übrigens nicht das Einzige, was einem Angst macht, wenn man im Führerstand einer Lokomotive sitzt, man befürchtet ständig, ein anderer Zug könnte aus der Dunkelheit auftauchen, aus der entgegengesetzten Richtung, meine ich, und frontal aufprallen; die Lokomotivführer hingegen sind nicht wie ich; sie haben keine Angst; das erste Mal hatten sie vielleicht auch Angst, doch jetzt nicht mehr, jetzt sind sie es gewohnt, und ich stelle mir vor, wie sie gleichgültig die Dörfer betrachten, die entlang den Geleisen vorbeiflitzen.

Jeder in seine eigenen Gedanken vertieft, so stelle ich sie mir vor; einer von den beiden ist müde, er hat zwei Kinder, und immer, wenn er ein hell erleuchtetes Fenster sieht, muss er an sie denken, vielleicht liegt in jenem Haus mit dem hell erleuchteten Fenster ein krankes Kind oder eines, das nicht einschlafen kann; und dann hat er das Bedürfnis, seine Frau anzurufen, um zu wissen, wie es den Kindern geht, denn, klar, auch seine Kinder könnten krank sein oder nicht einschlafen können; wenn er in Hamburg anlangt, wird er sie wahrscheinlich anrufen, und wenn er nicht anruft, so ist das nicht weiter schlimm, er hat zumindest die Absicht gehabt anzurufen.

Dann schweifen meine Gedanken vom ersten zum zweiten Lokführer; ich stelle mir vor, was er in ebendiesem Moment macht, woran Sebastian wohl denkt; vielleicht denkt er an mich, ja, und wäre gerne hier, in diesem Zimmer, wo ich sitze und rauche, vielleicht vermisst er mich.

Doch indem ich mir all diese Dinge vorstelle, mache ich mir selbst etwas vor; Sebastian denkt nicht an mich; wenn er sich an mich erinnern würde, ließe er die Lokomotive dreimal pfeifen, kurz-kurz-lang, kaum dass der Zug die Eisenbrücke überquert hat ... wie er es Nacht für Nacht getan hat in den vierundvierzig Tagen nach unserer Reise mit den Pferden.

Maries Geständnis

ich ginge jeden abend spazieren, weil die nacht so schön ist, und auch der späte nachmittag ist schön, und früher gingen wir alle vier zusammen spazieren, großvater, Toby, Kent und ich, wenn wir mit unserer arbeit fertig waren, bevor die sonne ganz untergegangen war, gingen wir im tal spazieren, großvater ritt auf Kent, und ich nahm den kleinen weißen spazierstock, den sie mir an der kirchweih gekauft hatten, und Toby rannte übermütig davon und hüpfte, und weil er ein bisschen dumm ist, bellte er den schwalben nach, doch die schwalben machten sich über ihn lustig, flitzten zwitschernd haarscharf an seiner schnauze vorbei, denn, wie jedermann weiß, die schwalben zwitschern, wenn es Abend wird und sie ausfliegen, um mücken zu jagen, sie fangen die mücken und verstauen sie zwischen den federn unter den flügeln, im frühling zumindest haben sie es sehr streng, wegen der jungen natürlich, weil sie dann nisten, und wenn es frühling wurde, half der großvater jeweils dem pärchen, das in unserer remise nistete, er sperrte den jungen den schnabel auf und fütterte sie mit in milch eingeweichter brotkrume, denn das pärchen hatte viele schnäbel zu füttern, fünf junge allermindestens, eine hungrige kinderschar, sagt man immer bei uns zu hause, dass unsereins kaum genug zum leben hat und dass unser hof außer elend nichts abwirft, dass ich die oberschule nicht werde besuchen können und dass ich die einzige tochter bin, doch das ist mir im grund egal, und zudem bin ich erst elf, und bis zur oberschule hat es noch zeit;

wenn die stunde der schwalben gekommen war, verließen wir also den hof und spazierten gemütlich in richtung des tales, der großvater nahm immer das meterband mit, das die mutter zum nähen braucht, denn meine mutter ist schneiderin, und ab und zu näht sie ein kleid, einmal hat sie eines für die lehrerin im dorf genäht, ein knallrotes kleid, mir gefiel es, sehr sogar, doch diesem blöden Vincent gefiel es überhaupt nicht, Vincent spottete über das kleid und sagte, die lehrerin habe es sich nähen lassen, weil sie verliebt sei, und sie sehe darin aus wie eine tomate mit einer brille auf, er machte sogar eine zeichnung an die wandtafel, worauf die lehrerin uns alle bestrafte;

doch, wie ich bereits erzählt habe, großvater nahm immer das meterband mit, er wollte das wachsen der pflanzen messen, und einmal maßen wir die luzerne, und am nächsten tag maßen wir den klee, und weil der großvater sehr alt ist, musste ich hinknien und die null auf dem meterband ganz genau auf die erde legen, und dann stellte der großvater seine berechnungen an und sagte

»wir können beruhigt sein, Marie, diese pflanze ist seit gestern sieben millimeter gewachsen, die welt lebt immer noch«

die worte des großvaters belustigten mich sehr, und manchmal musste ich lachen, vor allem an einem ganz bestimmten tag ist es gewesen, da musste ich so lachen, wir standen alle vier in einem dicht bewachsenen kleefeld und maßen natürlich, und da kam Kent und streckte den hals und fraß ein ganzes büschel bockshornklee, ausgerechnet das büschel, das wir mit einem weißen faden markiert hatten, denn klar, wir maßen eine pflanze aus, und dann knüpften wir als zeichen einen weißen bindfaden daran, um zu wissen, welche pflanze am nächsten tag an der reihe war, und der großvater war wütend über Kent und sagte zu ihm, es sei an der zeit, dass er lerne, die arbeit anderer zu respektieren, und wenn er es nicht lerne, nehme er ihm das gebiss heraus, doch sein zorn verflog schnell, denn Kent war ein sehr sanftes pferd, sehr, sehr sanft, und wenn wir es schalten, wurde es traurig, unendlich traurig, und schaute einen mit seinen großen augen an, worauf wir ihm alles verziehen;

und so, zwischendurch immer wieder messend, kamen wir zu der brücke, wo eine fledermaus hauste, Gordon hieß sie, und großvater sagte, Gordon sei ein sehr unentschlossener vogel, daher fliege er so, immer im zickzack, immer die richtung ändernd, um sich letztlich nicht von der stelle zu rühren, und großmutter sei wie Gordon, immer unentschlossen, daher verlasse sie das haus nie, nicht einmal, um in die kirche zu gehen, die zwei kilometer von unserem hof entfernt ist, und in der nähe der brücke hauste noch ein vogel, Arthur hieß der, Arthur war ein faulpelz, er trieb sich immer in den feldern herum und kehrte erst in letzter minute hastig nach hause zurück, damit ihn die nacht nicht außerhalb des baumes überraschte, und wenn er über uns hinwegflog, sah man ihn kaum, und mein großvater hob dann den kopf und schalt ihn aus

»bist schon wieder zu spät, Arthur, ist doch keine art, die deinen in ständiger sorge zu lassen«

Arthur gefiel mir besser als Gordon, doch ich mochte auch Gordon, wenigstens hatte ich nichts gegen ihn, doch dieser blöde Vincent, ja, Vincent hat etwas gegen fledermäuse, und eines tages fing er eine und brachte sie in die schule und steckte ihr eine brennende zigarette in den schnabel, und weil die fledermäuse den rauch nicht ausatmen können, schwoll sie an, schwoll an, bis ihr schließlich der bauch platzte und sie starb, und weil sie aussah wie Gordon, fing ich an zu weinen, worauf dieser widerwärtige Vincent mich auslachte;

nachdem wir die brücke überquert hatten, stiegen wir gewöhnlich auf einen hügel, von wo aus man die lichter des dorfes sehen konnte, und auch die der Eisenbahn, dann packte der großvater den korb mit dem abendbrot aus, und ich aß zuerst ein hart gekochtes ei, dann wurst mit weißbrot und als nachspeise einen apfel, wir aßen schweigend und ruhten uns aus, und Toby und Kent lagen im gras, beide ganz behaglich, immer ganz behaglich, und wenn der sommer kam mit den vielen leuten auf den wegen und dem wind, der von süden kam, fühlten sie sich sogar noch viel behaglicher, im sommer wurden unsere spaziergänge immer länger, manchmal hielten wir kein einziges mal an, bis wir zu den bahngeleisen kamen, und eines tages trafen wir dort die lehrerin, und weil es nacht war, plauderte der großvater mit ihr über die sterne und über die hitze, und der großvater riet ihr, sie solle sich vor den schlangen in acht nehmen;

der großvater fürchtete sich sehr vor den schlangen, und daher waren wir an sehr heißen tagen zu fünft unterwegs, die üblichen vier und ein huhn, Frankie geheißen, doch da war ein problem, denn Frankie ging nicht gern voraus, und natürlich konnte es so die schlangen nicht töten, die auf uns lauerten

»Frankie, geh voraus«, befahl der großvater dem huhn

doch Frankie war ein sehr starrköpfiges huhn und gehorchte nicht, und der großvater wurde wütend

»Frankie, ich habe nicht etwa einen experten mitgenommen, damit er hinter uns hergeht«, schalt er es aus

der großvater dachte nämlich, die schlangen seien sehr heimtückisch und töteten die vögel und schreckten die pferde und säugten an den eutern der kühe, doch mit den hühnern könnten sie nichts anfangen, denn die hühner sind experten im töten von schlangen;

und so wanderten wir vorigen sommer zu fünft, der großvater auf Kent reitend und ich mit dem weißen stock, den sie mir an der kirchweih gekauft hatten, und dann kam der herbst, und wir waren wieder die üblichen vier, weil keine schlangengefahr mehr drohte und wir Frankie also zu hause ließen, wir spazierten vergnügt, spazierten und spazierten, bis zu dem tag, an dem die lehrerin mit uns zum bahnhof ging;

an jenem tag hatten wir den ganzen vormittag gerechnet, und wir benahmen uns alle sehr artig, sogar Vincent benahm sich sehr artig, und die lehrerin war zufrieden mit uns, und sie sagte, als belohnung würde sie uns die letzte stunde schenken, wir würden stattdessen alle zusammen zum bahnhof gehen, um die pferde zu sehen, die man dort verlud;

so gingen wir alle zum bahnhof, ich hatte noch nie so viele pferde auf einmal gesehen, es waren mindestens zweihundert, und da es ziemlich kalt war, dampften alle aus den nüstern, und ab und zu wieherte eines, ich passte gut auf, betrachtete die pferde eines nach dem anderen und verglich sie mit Kent, aber keines war so schön wie Kent;

da kam Vincent auf mich zu, wie immer natürlich, weil er ein aufdringlicher kerl ist und mich nie in ruhe lässt, weder in der schule noch sonst wo, und er begann, mir dummheiten zu erzählen, sachen über die lehrerin und so, er wisse, in wen sie verliebt sei, die lehrerin, in den lokführer des zuges, der die pferde mitnehme, er wisse es ganz genau, weil er gesehen habe, wie sie sich geküsst hätten, und während er mir das erzählte, vergaß ich, dass ich wütend war auf ihn, und fragte

»wohin bringen sie die pferde?«

»sie bringen sie nach Hamburg«, antwortete er grinsend

»warum nach Hamburg?«

»um sie auf einem schiff nach Amerika zu schicken«

»nach Amerika?«, fragte ich verwundert, das wollte mir nicht in den kopf, und Vincent sagte zu mir, ich solle die stirn nicht runzeln, das mache mich hässlich, und nach dieser blöden bemerkung schaute er zu den pferden hinüber und sagte

»nach Amerika, ja, die Amerikaner haben eine vorliebe für pferdefleisch«

ich begriff plötzlich, dass die vielen pferde für das schlachthaus bestimmt waren, dass sie am ende der reise getötet würden, und ich war sehr traurig und wollte nicht länger zusehen, ich kehrte in die schule zurück, um meine sachen zu holen, und dann ging ich eiligst nach hause, blieb zwischendurch stehen und sammelte dürres laub, denn es war herbst, und auf dem weg lag überall dürres laub;

als ich eine stunde später nach hause kam, sah ich, dass der großvater neben der tür saß, und auch der großvater sah mich, und da tat er etwas ganz seltsames, er senkte den kopf und grüßte mich nicht einmal, er senkte nur den kopf, und sogleich kam mir Kent in den sinn, und die pferde am bahnhof kamen mir in den sinn, und das, was mir Vincent erzählt hatte, und ich warf meine schultasche auf den boden und rannte zum stall: Toby war dort, und Frankie war dort, doch Kent war nicht mehr dort

»ihr habt Kent verkauft«, schrie ich

und der großvater schrie ebenfalls, und mein vater schrie ebenfalls, und genau in diesem moment hörte ich das schrille pfeifen eines zuges, wenn er abfährt;

daher gehe ich abends nicht aus, weil wir Kent nicht mehr haben, und weil der großvater zu alt ist, um ohne Kent spazieren zu gehen, und da er zu hause bleibt, so bleibe ich eben auch zu hause, gehe auch nicht mehr in die schule, denn auch das ist passiert, die lehrerin ist mit dem lokführer auf und davon und ist immer noch nicht zurückgekehrt, und nun esse ich eben jeden tag mein abendbrot in der küche und weiß nicht mehr, wie es den pflanzen geht, ob sie wachsen, und wie es Gordon geht und Arthur, und es tut sehr weh, wenn ich daran denke, dass Kent von einem amerikaner aufgegessen worden ist.

NEUN WÖRTER ZU EHREN DES DORFES VILLAMEDIANA

Ich war ungefähr neun Jahre alt, als eines Tages ein Mann in das Haus meines Onkels und meiner Tante kam, wo ich ein paar Herbsttage verbrachte. Er betrat das Haus, ging, ohne zu grüßen, stracks in die Küche, wollte sich nicht einmal setzen, lehnte sich mit dem Rücken an die Wand und begann zu reden. Ich stellte verwundert fest, dass es um meine Person ging, dass der Mann über mich sprach ... wann er mich das erste Mal gesehen habe ... wie ich bei jener Gelegenheit gekleidet gewesen sei ...

Er sagte, er habe ein ausgezeichnetes Gedächtnis, er erinnere sich an jede Einzelheit, sogar an die Farbe des Pullovers, den ich angehabt hätte, und er beugte sich zu mir herunter und fragte mich, ob es nicht ein roter mit kleinen weißen Sternen gewesen sei.

»Wie soll sich das Kind erinnern? Er war damals doch zu klein«, wandte mein Onkel ein und begann, über das Wetter und den Südwind zu sprechen, um den Mann vom Thema abzubringen. Doch dieser schenkte ihm keine Beachtung, redete unaufhörlich weiter, erzählte, wo und mit wem ich damals gespielt hätte und wie eifrig ich bei der Sache gewesen sei, vor allem beim Fußball.

»In dieser Beziehung, da hast du recht«, pflichtete ihm die Tante bei, während sie mich am Arm fasste und aus der Küche schickte: Ich solle zu den anderen Kindern gehen, die auf dem Dorfplatz spielten.

Es war ein milder, klarer, sonniger Tag – ich erinnere mich noch genau –, ich tollte bis zum Abend draußen herum und hatte den Mann ganz vergessen.

Als ich nach Hause kam, war er immer noch da und redete und redete; er sah aus – sagte meine Tante später – wie Jesus am Kreuz von Golgotha, denn der Mann lehnte jetzt mit ausgebreiteten Armen an der Wand. Man verstand ihn kaum mehr; sein Monolog war nur noch ein erschöpftes, lang gezogenes Atmen, und meine Tante war so nervös, dass sie mich nicht einmal bemerkte, als ich die Küche betrat. Sie sagte eben: »Das hält ja keiner aus«, und hielt ihm ein Glas Wasser hin. Doch der Mann sah und hörte nicht, was um ihn herum vor sich ging; es war, als ob seine blauen Augen hinter den dicken Brillengläsern in die unendliche Ferne blickten. Er keuchte und brabbelte, und sein Gesicht war hochrot angelaufen; man konnte die Schweißtropfen an den Wurzeln seines gekrausten Haars sehen.

»Bitte, hör auf. Sei endlich still. Beruhige dich. Komm, setz dich zu uns und iss etwas«, sagte der Onkel und ging lächelnd auf ihn zu. Doch es war zwecklos. Der Mann stellte sich auf die Fußspitzen, presste sich mit letzter Kraft noch dichter an die Wand, als ob er am Rand eines gefährlichen Abgrundes stünde.

»Ich rufe den Arzt«, beschloss schließlich die Tante. Sie band die Schürze ab und eilte in die Dorfschenke, um zu telefonieren.

Der Arzt, ein kräftiger Mann, tat sein Möglichstes, um den armen Teufel von der Wand wegzubringen, an der er richtiggehend zu kleben schien. Vergebens: Sobald man ihn auch nur berührte, begann er zu schreien.

»Bringt mir einen Eimer Wasser«, befahl der Arzt.

Mein Onkel und meine Tante gingen zum Brunnen vor dem Haus, weil das Quellwasser kühler war. Der Mann hatte jetzt angefangen zu lachen, und er lachte und lachte und konnte nicht aufhören zu lachen, und das Einzige, was man verstehen konnte, war: *Was für ein Schwein bist du doch gewesen … was für ein Schwein.*

Sie schütteten ihm das Wasser ins Gesicht, und die Tropfen verspritzten in der ganzen Küche. Plötzlich trat Stille ein; ich sah, dass seine Knie nachgaben, dass er demnächst vornüberfallen würde. Der Arzt und mein Onkel fingen ihn auf, fassten ihn unter und schleppten ihn in eine trockene Ecke.

»Ist er tot?«, fragte ich.

»Nein, er ist eingeschlafen«, beruhigte mich die Tante.

Doch die Angst ließ mich nicht los; ich blieb in der Küche sitzen und lauschte aufmerksam dem Gespräch der Erwachsenen. Und so ist mir ein Wort des Arztes in Erinnerung geblieben – ein Wort, das mir schon damals furchterregend vorkam, obwohl ich noch nicht einmal wusste, was ein Krankenhaus ist: *Elektroschock.*

»Der arme Kerl, er erinnert sich an zu viele Dinge, das ist es, was ihn krank macht«, meinte der Onkel, als wir wieder unter uns waren.

»Und die langen Monate, die er allein in den Wäldern zubringt, ohne jemanden um sich herum, mit dem er sprechen könnte«, fügte die Tante hinzu, während sie den Küchenboden aufwischte.

Hier endet die erste Geschichte.

Und hier beginnt die zweite Geschichte, die sich fünfundzwanzig Jahre später zutrug.

An einem kalten Winternachmittag gelangte ich zu einem großen Haus oben auf einem Hügel, das ein Rückwanderer hatte bauen lassen, der in Amerika zu Geld gekommen war; es war von einer hohen Steinmauer und einem großen Garten umgeben, und obwohl das Anwesen auf den ersten Blick gepflegt und einladend aussah, erfüllte es mich gleich mit Widerwillen. Zu viel Grün, zu viel Feuchtigkeit.

Der Ort wirkte, abgesehen vom vielen Grün und der Feuchtigkeit, traurig und melancholisch; hinzu kam, dass das Haus offensichtlich zweckentfremdet worden war und nicht mehr den ursprünglichen Plänen des Erbauers entsprach. Man brauchte bloß einen Blick auf den Eingang zu werfen: Ein neues, hässliches Eisentor zerstörte die Wirkung des chinesischen Pagodendaches, das der reiche Heimkehrer wohl in einer kapriziösen Anwandlung hatte anbringen lassen. Auf einem Türflügel war ein kleines Schild angebracht: *PSYCHIATRISCHE KLINIK* stand darauf zu lesen.

Der blaue Regenmantel, den der Pförtner über dem weißen Kittel trug, lenkte mich von meinen Betrachtungen über das Pagodendach ab. Ich erklärte ihm, dass ich einen Freund besuchen wolle, der hier hospitalisiert sei; die Angehörigen hätten mir eine von der Mutter meines Freundes unterzeichnete Besuchserlaubnis ausgestellt. Da es für weitere Formalitäten zu kalt war, begleitete mich der Pförtner durch den Garten und führte mich gleich zum Haupttrakt. Im Vorübergehen sah ich die Rosensträucher, die Tennisrasen, die künstlichen Bäche, die über Felsen und Grotten hinabplätscherten – alles machte einen vernachlässigten Eindruck, überall wucherten Brennnesseln und Dornengestrüpp. Das Gebäude selbst – eine Art neoromantisches Landhaus – war gepflegter, doch an den grünen Jalousien waren monströse schwarze Eisenbarren angebracht. Zuerst dachte ich, sie hätten den Zweck, die Insassen an der Flucht zu hindern. Doch als ich es mir genauer überlegte, erkannte ich, dass sie eine viel erschreckendere Funktion hatten: Sie sollten verhindern, dass sich jemand aus dem Fenster stürzte.

»Ich glaube, Sie sind umsonst gekommen. Der Zustand Ihres Freundes ist sehr ernst«, meinte der Direktor, als ich ihm den Grund meines Besuches darlegte. Er war ein abgeklärter Mann in fortgeschrittenem Alter, mit einer leisen Stimme.

»Darf ich ihn trotzdem sehen?«

»Wir können es ja versuchen«, meinte er, doch mir schien, er spreche eher zu sich selbst. Er führte mich in das obere Stockwerk. »Ich gehe zuerst hinein. Wenn Sie den Raum betreten, verhalten Sie sich so ruhig wie möglich, vor allem keine brüsken Bewegungen«, bat er mich, als wir vor dem Zimmer am Ende des Flurs standen. An der Tür war ein Schloss angebracht.

Das Zimmer war ringsum gepolstert, und ich sah über die Schulter des Direktors hinweg meinen Freund, der im Pyjama auf dem Bettrand saß. Als er gewahr wurde, dass er Besuch hatte, blickte er auf und hob die Hände schützend vor seine Brille. Eine Geste, die an ihm ungewohnt war; es war eher die Reaktion eines verängstigten Kindes als die eines dreißigjährigen Mannes.

Der Direktor forderte mich auf, näher zu treten; ich ging langsam auf das Bett zu. Und wieder hob mein Freund die Hände zur Brille.

»Martin, wie geht es dir?«, begrüßte ich ihn, Heiterkeit vortäuschend. Wir waren alte Freunde, hatten lange Jahre im gleichen Haus gewohnt.

Martin flüchtete sich erschreckt in eine Ecke des Zimmers, kauerte sich auf den Fußboden und begann plötzlich zu weinen; er schluchzte, klammerte sich verzweifelt an die gepolsterte Wand, und dabei zerbrach die Brille. Darauf verwandelte sich das Schluchzen in Schreien, und beides, sein Weinen wie auch die Geste mit der Brille, erinnerte mich an ein verstörtes zweijähriges Kind.

Der Direktor begleitete mich hinaus und ging in das Zimmer zurück. Ich wartete auf dem Flur und hörte, wie er meinem Freund eine Viertelstunde lang in singendem Tonfall beruhigend zusprach.

»Was ist mit ihm los?«, fragte ich den Direktor.

Er schaute mich nachdenklich an, dann versuchte er, mir zu antworten: »Er hat das Gedächtnis verloren und ist in einem Zustand grenzenloser Erschöpfung. Noch vor ein paar Monaten bedeutete ihm sein Name etwas, er wusste, wer er war. Jetzt nicht einmal mehr das.« Der Arzt schien tatsächlich sehr besorgt zu sein. »Möchten Sie einen Kaffee?«, fragte er mich anschließend.

Wir gingen zu einem Pavillon im Garten, wo sich die Ärzte in ihrer Freizeit aufhielten. Der Raum mit den holzgetäfelten Wänden hatte etwas von der Ausstrahlung vergangener Zeiten bewahrt.

»In Martins Kopf ist alles ausgelöscht worden, so, wie man ein Tonband löscht. Und was noch schwerwiegender ist: Er kann nichts Neues aufnehmen«, erklärte mir der Arzt, während wir unseren Kaffee tranken.

»Sehen Sie die Möglichkeit einer Heilung?« Martins Mutter hatte sich mir gegenüber zuversichtlich geäußert.

»Ich glaube nicht«, antwortete er.

Es war wohl besser, das Thema zu wechseln.

»Als ich klein war, kannte ich einen Mann, der im Kopf etwas wirr war. Der erinnerte sich jedoch an zu viele Dinge, was schließlich dazu führte, dass er vollends überschnappte.«

Und ich erzählte ihm von dem Erlebnis im Hause meines Onkels.

»Ich glaube, das Erinnerungsvermögen ist wie ein Stausee«, meinte der Arzt. »Es belebt unseren Geist, bewässert ihn gewissermaßen. Doch es braucht, wie der Stausee, eine Talsperre, damit es nicht über die Ufer tritt. Denn wenn das Wasser die Dämme durchbricht und zu Tale stürzt, reißt es alles mit sich, was sich ihm in den Weg stellt.«

»Und wenn es einmal leer ist, trocknet der Geist aus«, fügte ich hinzu.

Er nickte müde.

»Ich kann mir einfach nicht vorstellen, dass man in eine solche Hölle stürzen kann«, fuhr ich weiter, um meine düsteren Ahnungen zu verscheuchen.

Und ich begann, von mir zu sprechen. Ich erzählte ihm, dass sich für mich die Vergangenheit auf ein paar wenige Bilder beschränke. Dass ich zurückblickend nie einen Leitfaden oder eine klar umrissene Landschaft erkennen könne, sondern nur eine Leere, in der da und dort eine Erinnerung auftauche wie eine Insel. Ein bleiernes Meer mit ein paar Inseln – das sei für mich die Vergangenheit.

Mein Geständnis schien den Direktor zu verwundern. Er lächelte zerstreut und klopfte mir auf die Schulter.

»Sie haben recht; aber man soll sich vor der Erinnerung in Acht nehmen. Das Erinnerungsvermögen ... wie soll ich es ausdrücken? Es ist etwas Atavistisches, ja, etwas Atavistisches ... wie das Herz. Kümmert sich nicht um die Logik.«

»Was darf man dem Gedächtnis zumuten?«, fragte ich ihn halb im Scherz, während ich aufstand, um mich zu verabschieden, denn es war spät geworden.

»Nicht zu wenig und nicht zu viel.«

»Wie viele Wörter zum Beispiel?«

»Neun«, antwortete er lachend.

Ich unterließ es, um eine Erklärung zu bitten, dachte mir, dass diese Zahl wohl eine bestimmte Bedeutung für ihn habe. Wir gaben uns unter der Tür des Pavillons die Hand. Er ging auf das Hauptgebäude zu, ich auf den chinesischen Torbogen.

Und hier endet die zweite Geschichte und auch die Einleitung, die ich meinen Erinnerungen an das Dorf Villamediana voranstellen wollte; eine Einleitung, die mein schlechtes Gedächtnis entschuldigen soll; möge sie wie ein Amulett das glückliche Ende meiner Arbeit begünstigen. Und dennoch, selbst wenn ich auf diesen Schutz zähle, fühle ich Angst in mir aufsteigen; mir bangt vor den gefährlichen Stellen, die ich auf meinem Weg werde durchqueren müssen. Ich befolge daher den Vorschlag des Arztes: Ich werde von Villamediana erzählen, aber nur gerade das Notwendige: neun Wörter, nicht mehr und nicht weniger, um die Zeit zusammenzufassen, die ich dort verbracht habe.

Die erste Erinnerung

Wenn ich zurückblicke, sehe ich in meinem Leben eine Insel auftauchen, die den Namen Villamediana trägt. Wenn man mich auffordern würde, aus einem Wörterbuch fünf Wörter auszuwählen und damit eine knappe Beschreibung zu geben oder irgendetwas zu erklären, was mit diesem Dorf in Zusammenhang steht, so würde ich zweifellos in erster Linie das Wort *Sonne* wählen, sah ich sie doch fast jeden Tag: Wenn ich am Morgen aufwachte, war sie schon da, leuchtete zwischen den Ritzen der Jalousien, ließ ihre Strahlen durch die Straßen wandern; wie ein goldener Nagel im grenzenlosen Blau des Himmels, der Feuer an das trockene Gestrüpp legte und am späten Nachmittag die Lehmhäuser in flammendes Rot tauchte.

An zweiter Stelle würde ich das Wort *Weizen* wählen und dann seine Farben schildern: zuerst das zarte Grün, dann das Gelb, dieses ganz besondere Gelb, das den ganzen Sommer über am Rande des Dorfes leuchtete und sich ausbreitete, so weit das Auge reichte. Die drei letzten Wörter wären: *Leere, Kolkrabe* und *Schaf*, denn der Großteil der Häuser in Villamediana war unbewohnt, und häufig waren die Kolkraben und die Schafe die einzigen Kreaturen, die etwas Leben in die Landschaft brachten.

Diese fünf Wörter würden im Grunde genügen, um diese Insel – und vielleicht auch ganz Kastilien – zu beschreiben. Die Schilderung würde jedoch kaum über einen guten Schulaufsatz hinausgehen oder über die Vision gewisser Dichter, die offensichtlich nur während der Ferien in dieser Gegend aufzutauchen pflegen. Und viele wichtige Einzelheiten würden fehlen im Bild meiner Erinnerung an Villamediana: meine Ankunft im Dorf zum Beispiel. Warum ich ausgerechnet an einem düsteren Wintertag ankam und nicht im Sommer, wenn das Dorf von Weizenfeldern und Sonne umgeben ist.

Die zweite Erinnerung

Es gibt Leute, die behaupten, ihre Gemütsverfassung hänge nicht von der Stimmung des Tages ab. »Mein Glück«, beteuern sie, »hängt nicht von der Farbe des Himmels ab, denn ich trage meine eigene Klimatologie in mir.«

Leider bin ich von einer solchen Einstellung meilenweit entfernt. Wenn es stimmt, dass die Erinnerung an alles, was wir erlebt haben, in uns fortbesteht und der Faden unserer ursprünglichsten Erlebnisse in unseren Zellen niemals abbricht, so bin ich sicher, dass der Farn und das Moos, in denen mein Leben seinen Anfang genommen hat, mächtigen Einfluss auf die Schwankungen meines Gemützustandes haben. Mein Geist entspricht in den Grundzügen dem der Pflanzen: Er lebt bei schönem Wetter auf, erstirbt bei Regen und Kälte. Wenn man in einem sonnigen Land lebt, ist dies natürlich eine glückliche Abhängigkeit, umso unglücklicher jedoch, wenn sich einem – wie dies anlässlich meiner ersten Begegnung mit Villamediana der Fall war – die Macht des Winters entgegenstellt.

Ich kam also an einem düsteren Wintertag in Villamediana an. Gegen Mittag legte sich dichter Nebel über das Dorf, und als ich meine Siebensachen ausgepackt hatte und einen Blick aus dem Fenster warf, erschien mir alles wie in ein eisiges, weißliches Linnen gehüllt. Etwas unbeholfen eingehüllt, denn da lugte ein Dach hervor, dort die nackte Krone einer Ulme, dazwischen die Kuppel des Kirchturmes – blasse Schatten, gespenstische, in der Luft schwebende Trugbilder, die einen frösteln ließen. Sie wirkten bedrückender als der Nebel selbst.

Eine verwirrende Landschaft für jemanden, der sich – wie ich – von jener Sinnestäuschung hatte verlocken lassen, die immer mit einem Ortswechsel einhergeht. Bevor ich wegfuhr, war ich davon überzeugt gewesen, dass ich bloß anzukommen brauchte, um einen langen Zeitabschnitt meines Lebens hinter mir zurückzulassen, so wie man Ballast über Bord wirft; von nun an würde alles leicht sein, strahlend, anders. Wenn ich mir meine künftige Bleibe vorstellte, war die Landschaft das Einzige, was ich mir bildlich nicht ganz vorstellen konnte: Wie viele Wege würde es dort geben? Wie viele Häuser? Wie würden diese Häuser aussehen? Und hatten die Ebenen tatsächlich die Form von flachen Trapezen? Was den Himmel anging jedoch, da hegte ich keinerlei Zweifel: Am Himmel würde – wie auf dem Bild eines naiven Malers – immer die Sonne stehen, Symbol meines neuen Lebens. Eine blasse Wintersonne zwar in Anbetracht der Jahreszeit, aber dennoch genügend hell, um meinen farnigen, moosigen Geist aufzuheitern. Doch keine Spur von Sonne, keine Spur von Licht. An ihrer Stelle empfing mich dieser feuchte, fast schmutzige Nebel.

Die ersten Erkundungen des Dorfes vermochten meinen ersten Eindruck nicht zu mildern. Die Straßen waren ausgestorben; ich traf niemanden, mit dem ich ein paar Worte hätte wechseln können, und die lastende Stille führte mich in vergangene Zeiten zurück. Prompt tauchte einer meiner kindlichen Albträume wieder auf, der Albtraum eines verlassenen Kindes in einer toten Stadt. Das Einzige, was man hörte, war das Geräusch der fallenden Tropfen, die sich durch Kondensation des Nebels längs der Dachtraufen bildeten; die Tropfen wurden zu Fäden und die Fäden zu dünnen Wasserstrahlen, die auf dem Pflaster des Gehsteiges aufprallten und dabei ein Echo auslösten, das sich bis zur Kirche fortsetzte, bis zur Landstraße, und schließlich in den kahlen Feldern verebbte. Das war alles. Der Nebel erstickte jedes Lebenszeichen.

Bereits nach ein paar Tagen begann das Trugbild zu verblassen, das mich nach Villamediana geführt hatte. Die alte Welt, die Welt, die ich hinter mir hatte zurücklassen wollen, kam mir wieder verlockend vor. Ich ertappte mich dabei, wie ich mich abends im Bett nach den Kinos sehnte, nach den Kaffeehäusern, nach dem

Straßenlärm. Doch ich musste durchhalten. Aus verschiedenen Gründen. Zudem hatte man mir auf der Agentur, die mir das Haus vermietet hatte, gesagt, das Dorf zähle um die zweihundert Einwohner. Früher oder später würden sie auftauchen, ich würde sie gelegentlich kennenlernen, würde mich mit ihnen unterhalten können.

Eines Nachmittags – am dritten Tag muss das gewesen sein – hörte ich ein Geräusch, das nichts mit dem Plätschern des Wassers zu tun hatte: Es war Musik, eine schrille Melodie aus einem Radio, die aus einem Haus in der Nähe drang.

»Ein Lebenszeichen«, dachte ich mir und trat auf die Straße hinaus, um herauszufinden, woher dieses Zeichen kam. Da entdeckte ich in einer versteckten Gasse im oberen Dorfteil ein kleines Haus; alle Fenster waren hell erleuchtet. Von dorther kam die Musik. Ein Grammofon – es war kein Radio – spielte in voller Lautstärke, und viele Stimmen, vorwiegend weibliche, sangen dazu, als wollten sie es übertönen. Tatsächlich: Es gab also doch Menschen in Villamediana, Menschen aus Fleisch und Blut.

Von da an schlug ich auf meinen Spaziergängen eine andere Richtung ein. Ich strich um das Haus herum, morgens, nachmittags – ständig. Und immer hörte ich Musik, immer waren die Fenster hell erleuchtet. Diese Fröhlichkeit erstaunte mich nicht nur, sie war zudem Beweis dafür, dass nicht in allen Menschen Moos und Farne wuchsen. Nein, der blutleere Zustand war nicht allein auf das Klima zurückzuführen.

Einige Zeit später – ich weilte bereits eine gute Woche im Dorf – hob sich der Nebel. Das Plätschern des Wassers verstummte, die Rinnsteine trockneten langsam; der Tropfen, der seit meiner Ankunft am Geländer des Balkons gehangen hatte – und den ich in meinen Briefen als *kristallene Erbse* beschrieb –, fiel endgültig zu Boden und zerbarst. Der Himmel war wolkenlos, die Pflanzen richteten sich auf, der Platz bevölkerte sich mit Greisen und Kindern.

»Das Ärgste scheint vorbei zu sein«, schrieb ich meinen Freunden. Mein Leben verlief nun in normalen Bahnen. Ich erfuhr, wo sich die Leute zum Kartenspielen oder zu einem Glas Wein zu treffen pflegten. Und ich gesellte mich zu ihnen, stellte mich vor, plauderte mit meinen neuen Nachbarn. Doch meine brennende Neugierde konzentrierte sich nach wie vor auf das Haus mit dem Grammofon und den hell erleuchteten Fenstern. Diese zufällige erste Begegnung ließ mich nicht los. Wer waren die Leute, die dort lebten? Was war der Grund für ihre Fröhlichkeit? Ich hatte mir jedoch vorgenommen, behutsam vorzugehen und direkte Fragen zu vermeiden. Ich musste mich gedulden, bis mir jemand von sich aus etwas darüber erzählte.

Wozu sich schon bald Gelegenheit ergab, und Hand dazu bot – um es so auszudrücken – eine Ladenbesitzerin im Dorf. Sie war eine rundliche Frau, sympathisch, wie es alle Ladenbesitzer gegenüber einem neuen Kunden zu sein pflegen, und sie hätte um alles in der Welt gerne gewusst, was der Grund für meine Anwesenheit im Dorf war. Es wollte ihr nicht in den Kopf, dass ich hier sei, *um hier zu bleiben.*

»Das kann ich nicht glauben. Da steckt bestimmt ein Geheimnis dahinter«, sagte sie eines Tages zu mir. Das Eis zwischen uns war nach vier oder fünf Besuchen gebrochen, und wir begegneten einander mit einer gewissen Vertrautheit.

»Ein Geheimnis? Was könnte ich mir Besseres wünschen? Doch es steckt bestimmt nichts dahinter. Ich bin hier, weil mir dieser Ort gefällt«, antwortete ich.

»Verzeihen Sie meine Offenheit, aber das scheint mir unmöglich. Es gibt auf der ganzen Welt kein tristeres, langweiligeres Dorf als dieses hier.«

»Mir kommt es überhaupt nicht traurig vor«, log ich. »Im Gegenteil, die Leute hier machen einen ganz zufriedenen Eindruck.«

Sie lächelte etwas spöttisch, gab mir damit zu verstehen, dass sie mir nicht glaube: Vielen Dank für das Kompliment, doch mir machen Sie nichts vor. Ich ergriff die Gelegenheit und erzählte ihr, wo, in welchem Haus, mir diese Lebensfreude aufgefallen sei.

»Die Hirten natürlich! Das ist das Haus der Hirten«, sagte sie lachend. Und fügte mit einer vielsagenden Gebärde hinzu: »Der Herrgott hat allerlei Kostgänger, das brauche ich Ihnen wohl nicht zu sagen. Und die Hirten ... wie soll ich Ihnen das erklären ... anstatt ihren Kindern Bücher zu kaufen, geben sie ihr Geld lieber für Süßigkeiten aus. Sehen Sie dort?« Und sie zeigte auf ein paar spielende Kinder auf dem Dorfplatz.

»Und schicken sie auch nicht zur Schule. Zu dieser Tageszeit trifft man üblicherweise kein einziges Kind im Dorf, nur die der Hirten.«

Es handelte sich also um die Hirten. Die gute Frau erging sich vor allem in Andeutungen, um mir zu erklären, wie *anders* sie seien, wie sehr sie sich von den übrigen Dorfbewohnern unterscheiden würden. Das war neu für mich. Ich staunte.

Bevor ich den Laden verließ, beschloss ich, der Sache auf den Grund zu gehen und herauszufinden, worin dieses Anderssein der Hirten bestand. Ich hatte ja Zeit und Muße, und das schöne Wetter hatte meine inneren Farne und Moose in heitere Stimmung versetzt und meinen Unternehmungsgeist geweckt. Ich wollte dem Geheimnis der Hirten nachspüren. Es war ja möglich, dass sich das, was ich herausfinden würde, nicht allein auf den begrenzten Rahmen von Villamediana bezog, sondern allgemeine Gültigkeit hatte. Denn Hirten hat es seit Menschengedenken gegeben und überall auf der Welt. Ich konzentrierte also meine ganze Aufmerksamkeit auf die Vorkommnisse in jenem Haus, dem fröhlichsten im Dorf.

Ich stellte bald fest, dass das Anderssein der Bewohner sich nicht nur auf ihre Freude an der Musik bezog oder auf die Ablehnung des Schulunterrichts. Was mir auffiel – und wie hätte es in einem halb entvölkerten Dorf wie Villamediana anders sein können –, war, dass es in ihrem Haus von Menschen wimmelte. Wenn ich jeweils am Tor vorbeiging, sah ich immer fünf oder sechs spielende Kinder und entdeckte immer wieder neue: alle sauber angezogen, die einen blond, andere wiederum dunkelhaarig, und ab und zu war sogar ein rothaariges darunter. Und ähnlich erging es mir mit den Erwachsenen: Es war sozusagen unmöglich, sie zu zählen. Eines Tages erblickte ich auf dem Balkon des Hauses zwei junge Frauen; am nächsten Tag eine weitere mit einem kleinen, alten Mann; am übernächsten Tag einen kräftigen, dunkelhaarigen Burschen, der rauchend am Geländer lehnte.

Eines Nachmittags, als ich mit Onofre, meinem Nachbarn, plauderte, sah ich einen Greis mit weißem Haar das Haus betreten.

»Lebt der auch dort?«, fragte ich und tat, als sei ich erstaunt.

»Der? Das ist einer der Männer der Hirtin«, antwortete er verschmitzt lächelnd.

»Einer der Männer? Wie viele hat sie denn?« Diesmal war mein Staunen aufrichtig.

»Zwei. Jenen, den wir eben gesehen haben, und einen anderen, einen kleinen. Aber es ist der Kleine, der das Sagen hat, im ganzen Haus übrigens.«

Ich wusste gleich, wen er meinte. Nicht nur, weil ich den Mann schon oft auf dem Balkon gesehen hatte, ich kannte ihn auch von der Dorfkneipe her. Er suchte immer einen Partner zum Kartenspielen, und mir war gleich aufgefallen, dass niemand mit dem Hirten spielen wollte. Ausgerechnet in Villamediana, in einem Dorf, wo es keinen anderen Zeitvertreib gab. Das Wort Ausschluss ging mir von da an nicht mehr aus dem Kopf.

Onofre fuhr hämisch fort: »Ob du es glaubst oder nicht: Er ist das Sippenoberhaupt. Alle gehorchen ihm.«

»Wie viele Menschen wohnen denn in dem Haus?«, fragte ich.

»Niemand kann das so genau sagen. Je nachdem.«

»Je nachdem? Was soll das heißen?«

»Je nachdem, wer gerade auf der Durchreise ist.«

Er lachte. Er konnte nicht verstehen, dass ein Mann wie ich nicht in der Lage sei, das Rätsel zu lösen.

Mir war natürlich gleich klar gewesen, was er mit seinen Andeutungen meinte. Nicht nur, weil fast alle seine Witze etwas mit Sex zu tun hatten, sondern auch aufgrund einer früheren Bemerkung über gewisse Frauenzimmer im Dorf, an die ich mich gut erinnerte.

Onofre war nach Ansicht seiner Mitbürger ein Leichtfuß, ein Schwerenöter, ein Schürzenheld, niemand nahm ihn ernst. Doch was die Sippe der Hirten anging, da gingen die meisten Dorfbewohner mit ihm einig, wie ich festgestellt hatte. Man brauchte die Hirten nur zu erwähnen, und gleich begannen die Leute zu grinsen.

Onofres Andeutungen stimmten übrigens mit dem überein, was ich selbst hatte beobachten können: die Musik und die hell erleuchteten Fenster zum Beispiel, oder das gekünstelte Nüttchen-Gehabe, das die jungen Mädchen zur Schau trugen, aber auch das scheue Benehmen der Frauen, die ich auf dem Balkon gesehen hatte und die, wenn sie zur Autobushaltestelle an der Überlandstraße gingen, es vorzogen, einen Umweg zu machen, um die Blicke der Dorfbewohner zu meiden. Trotzdem hatte ich den Eindruck, als seien es immer die gleichen Leute, die ständig in dem Haus ein und aus gingen. Es war nicht ein Kommen und Gehen, wie man es sich in einem Bordell vorstellt. Dass es sich um eine ungewöhnliche Familie handelte, war offensichtlich. Doch mir war nicht ganz klar, ob dieses Ungewöhnliche tatsächlich dem entsprach, was mein Nachbar und die meisten im Dorf ihr aufzwingen wollten.

Ich erkundigte mich bei Daniel, dem Waldhüter von Villamediana. Er war ein ernster und ganz gewiss nicht engstirniger Mann. »Lebe und lass die anderen leben«, pflegte er zu sagen. Ich vertraute sehr auf sein Urteil, und wenn er mich aufforderte, ihn auf seinen Waldgängen zu begleiten, willigte ich immer freudig ein.

»Ja, man hat ihnen diesen Ruf angehängt, und sie werden ihn wohl nie mehr loswerden. So sind die Leute im Dorf nun mal, lästern über alles und jeden. Spitze ein bisschen die Ohren, und du wirst das Geflüster hören ... jeder weiß etwas, aber nie etwas Gutes. Wir sind noch sehr rückständig. Es ist nicht wie in der Stadt. In der Stadt würden die Mädchen überhaupt nicht auffallen. Dass eine heiratet, wenn sie bereits schwanger ist ... und eine gar, wenn das

Kind schon da ist ... Da ist weiter nichts dabei. Aber weil sie Hirten sind natürlich ...«

Weil sie Hirten waren! Das war der zentrale Punkt. Darauf waren die vielen Gerüchte und Verleumdungen zurückzuführen, die nichts mit ihrem Verhalten oder mit ihrem Charakter zu tun hatten, sondern allein mit der Tatsache, dass sie Hirten waren! Was man in Villamediana über sie redete, galt auch für alle anderen Hirten in der Gegend.

»Sie sollten vorsichtiger sein. In diesen Zeiten die Haustür nicht abzuschließen ... vor allem, wenn Hirten in der Nähe sind«, hatte mich der Angestellte der Liegenschaftsverwaltung gewarnt, als ich ihm gestand, dass ich in Bezug auf Schlüssel eher sorglos sei.

»Sie warten, bis Zigeuner in der Gegend sind. Jedermann weiß ja, was die für einen Ruf haben. Die Diebstähle der Hirten hängt man dann unweigerlich den Zigeunern an.«

Er meine das natürlich ganz allgemein, fügte er hinzu, um seine Behauptung zu mildern; man dürfe nicht alle in den gleichen Topf werfen.

Gewiss, man dürfe nicht alle in den gleichen Topf werfen, aber man könne nicht vorsichtig genug sein; den meisten sei nicht über den Weg zu trauen, vor allem jenen nicht, die keine eigenen Schafe besäßen und sich verdingten. Die würden wegen einer Lappalie gleich zum Messer greifen, nein, mit denen sei nicht gut Kirschen essen. Kein Wunder, handle es sich doch um notorische Trinker, wie jedermann wisse.

Mir wurde schließlich klar, was für einen Platz man in Villamediana den Bewohnern des fröhlichen Hauses zuwies: Sie nahmen den gleichen Platz ein wie in anderen Teilen der Welt die Kranken, die Schwarzen oder jene, die ein abnormes sexuelles Verhalten aufweisen. Weil jede Gemeinschaft, selbst die kleinste, sich immer mit einer Mauer umgibt, einer unsichtbaren Mauer zwar, doch deshalb nicht weniger wirklichen, um dann alles Negative, allen Unrat über jene auszuschütten, die draußen geblieben sind; genau wie im Märchen der schlechte Landmann, der, anstatt seinen Acker zu jäten, sich im Schutze der Dunkelheit auf das Feld seines Bruders schleicht.

Die Hirten waren noch weiter von der Trennlinie entfernt: Sie waren auf der anderen Seite der Mauer, dort, wo die Schuldigen angesiedelt sind. Und nebenbei gesagt: Wahrscheinlich ist das immer und überall und zu allen Zeiten der ihnen zustehende Platz gewesen. Als Kaliope und ihre Brüder sich von Hesiod verabschiedeten, nannten sie ihn einen *ungehobelten Hirten,* ein *schändliches Wesen.* Als das Christentum, die Religion der Demütigen und Außenseiter, in seinen Anfängen die Geburt des Gottessohnes verkündete, stellte es ihm die Hirten von Bethlehem an die Seite – und aus dem gleichen Grund ließ es später Maria Magdalena am Fuße des Kreuzes knien.

Ich unterhielt mich mit Daniel darüber und nutzte einen unserer Waldspaziergänge, um ihn zu fragen, wie die Hirten allgemein auf die ihnen zugewiesene Außenseiterrolle reagierten. Ob sie sich, wie behauptet wurde, ihres Berufes schämten.

»Die Schwarzen nicht. Die Schwarzen sind meist sehr stolz darauf und tun alles, um ihrem schlechten Ruf gerecht zu werden.«

»Die Schwarzen?«

Ich dachte, es handle sich um einen Spitznamen, den man einer der Familien gegeben hatte.

»Hast du denn nicht festgestellt, dass es weiße Hirten und schwarze Hirten gibt?«

Und er zählte mir die Hirten im Dorf auf; wer zu der einen Gruppe, wer zu der anderen gehörte. Ich musste zugeben, seine Zuordnung war absolut zutreffend. Daniel beschränkte sich nicht darauf, die verschiedenen Sippen aufzuzählen; er erklärte mir zudem, dass gewisse Hirten, vor allem die mit den blauen Augen, mit den Jahren sehr helles Haar bekämen, und auch ihr Wesen verändere sich entsprechend, sie würden so sanft wie ihr Aussehen, zartfühlend, behutsam. Andere hingegen würden wie Kohle, die seien meist in den Tavernen anzutreffen, trinkend, zechend, immer zu Glücksspielen aufgelegt.

»Weißt du was? Wir gehen zwei Hirten besuchen. Du wirst selbst sehen: Der eine gehört zu den Schwarzen, der andere zu den Weißen.«

Wir ließen das Dorf hinter uns zurück und machten uns auf den Weg zu einer hoch gelegenen Weide.

Die zwei Hirten waren schon einen ganzen Monat dort oben. Als er uns von Weitem erblickte, begrüßte uns jener, der zu der Familie der Schwarzen gehörte, mit Winken und Rufen, und als wir beim Heuboden ankamen, sahen wir, dass er eine Flasche Wein in der Hand hielt. Er hatte eine laute Stimme und erzählte uns gleich von einem Techtelmechtel, das er mit einer verheirateten Frau gehabt habe. Von Zeit zu Zeit stieß er einen Fluch aus und warf einen Stein nach dem Hund. Der Weiße schenkte uns überhaupt keine Aufmerksamkeit. Er saß auf einer steinernen Umzäunung und war mit dem Fell eines Schafes beschäftigt. Als ich zu ihm hinging, um ihm einen Schluck Wein anzubieten, schüttelte er den Kopf.

»Woher kommen Sie?«, fragte ich ihn.

»Aus der Gegend von Segovia«, sagte er ganz ruhig. Er hatte klare, blaue Augen. Seine Brauen waren wie aus Watte.

»Und wie heißen Sie?«, fragte ich ihn kameradschaftlich, nachdem ich mich vorgestellt hatte.

»Gabriel.«

Er sprach ganz leise. Dann stand er auf und ging flüchtig grüßend seines Weges.

Als er sich schon ein ganzes Stück entfernt hatte, sah ich, dass ihm an den Schultern Flügel wuchsen – weiße Flügel – und dass er sich in die Lüfte hob und meinen Blicken entschwand.

Aber vielleicht war das nur eine Sinnestäuschung, hervorgerufen durch den Wein, den mir der andere Hirt kredenzt hatte – der Schwarze.

Die dritte Erinnerung

In einem Dorf, das kaum zweihundert Einwohner zählt und hauptsächlich von alten Leuten bewohnt ist, wird der Fremde, der die Absicht hat, sich niederzulassen, gleich zur Sensation. Man ist es nicht gewohnt, dass Leute in das Dorf ziehen, im Gegenteil: Ganze Familien haben in den letzten Jahrzehnten das Dorf verlassen unter dem Vorwand, es sei *unmöglich, in Villamediana zu leben.* Auch die Zurückgebliebenen sind dieser Meinung. Sie sind nicht etwa freiwillig geblieben, nein, es hat sich einfach so ergeben. Doch siehe da, eines Tages taucht ein Fremder auf, einer, der die Dinge mit anderen Augen sieht. Ist das die Möglichkeit? Er macht nicht den Eindruck, als sei er krank, als sei er des trockenen Klimas wegen gekommen. Und er scheint auch nicht im Auftrag eines Madrider Museums gekommen zu sein, ist offensichtlich keiner von jenen, die von Zeit zu Zeit hierhergeschickt werden, um die Statuen in der Kirche zu restaurieren. Nein, der Fremde hat sich diesen Ort ausgesucht, weil es ihm hier gefällt.

Diese Feststellung ist für die Dorfbewohner nicht bloß erstaunlich; man fühlt sich darüber hinaus geschmeichelt, jedermann hat einen Kommentar dazu. Hat ihnen doch das Leben eine angenehme Abwechslung beschert, just in dem Augenblick, als man es am wenigsten erwartet hatte, und die Gespräche in der Taverne oder im Dorfladen drehen sich nicht mehr einzig und allein um die alltäglichen Themen, um die Familie, die Jagd, die Arbeit ... Die Anwesenheit des Fremden gibt Anlass zu den verschiedensten Mutmaßungen und Behauptungen. Und mit der Zeit versucht jedermann, ein Gespräch mit ihm anzuknüpfen, wo immer sich Gelegenheit dazu bietet; man will in Erfahrung bringen, ob etwas Wahres an dem ist, was man sich erzählt. »Gefällt es Ihnen tatsächlich in Villamediana? Was gefällt Ihnen denn so? Ist es die Gegend? Sie wollen hier doch nicht etwa eine enttäuschte Liebe vergessen?«

So wie die Dinge nun einmal liegen, bleibt dem Fremden nichts anderes übrig, als sich zu vervielfachen. Er wird allen Rede und Antwort stehen, er wird die Einladungen annehmen müssen. »Kommen Sie doch auf ein Glas in meinen Weinkeller!« Eine anstrengende Beschäftigung, den ganzen Tag von einem Ende des Dorfes zum anderen zu gehen, doch der Fremde unterzieht sich ihr frohen Mutes, denn auch er ist erstaunt über die liebenswürdige Aufnahme; denn auch er ist neugierig zu erfahren, was für Menschen das sind, diese Bauern und Hirten, die so plötzlich, über Nacht gewissermaßen, Teil seines Lebens geworden sind. Er weiß zudem, dass die Neuigkeit nach ein paar Tagen abgeflaut sein wird und die Dinge sich einpendeln werden. Und er freut sich auf das einfache Leben, das ihn erwartet. Gute Nachbarn, ein paar Freunde, hin und wieder eine fröhliche Runde, spazieren gehen, lesen, das ist alles, was es zu einem beschaulichen Leben braucht.

Doch das Anknüpfen von neuen Beziehungen kann zu Missverständnissen führen. Man wechselt ein paar Worte, erzählt ein paar Geschichten und bezweckt damit nichts weiter, als sich ein bisschen die Zeit zu vertreiben. Doch der Angesprochene erwartet vielleicht etwas ganz anderes. Warum hätte sich der Fremde sonst mit ihm unterhalten? Er versucht also, sich dieses »ganz andere« zu sichern, ja, fordert es sogar. Es wird für den Neuankömmling, der mit allen ein paar Worte wechselt und seine Haustür nicht abschließt, nicht einfach sein, dieser Gefahr entgegenzuwirken.

Sehr bald wird der Fremde seine Haltung bereuen, denn der einzige Mensch, der sein Verhalten als unmissverständliches Zeichen der Freundschaft aufgefasst hat, passt ihm nicht, nein, er passt ihm überhaupt nicht. Eine Woche vergeht, und er sieht keine Möglichkeit, sich zurückzuziehen; er weiß nicht, wie die Tür zuschließen, die er bei seiner Ankunft offen gelassen hat. Und er beginnt zu begreifen, dass man dem Übel, das in einem selbst sitzt, nicht durch Flucht entkommt, dass die Ruhe, die er in Villamediana zu finden hoffte, vielleicht bereits Illusion ist.

Der Mann, der meine guten Absichten missverstand, war Onofre, mein Nachbar. Als ich ins Dorf kam, mochte er wohl um die sechzig gewesen sein, und weil er sehr früh Witwer geworden war, lebte er nun mit seinem jüngeren Sohn zusammen, einem widerborstigen, finsteren Burschen, der im Dorf einen üblen Ruf hatte. Da wir Tür an Tür wohnten, ließ es sich nicht vermeiden, dass schon bald nach meiner Ankunft eine Art *amouröses* Klima zwischen uns entstand und ich mich intensiver mit ihm beschäftigte. Er war es zum Beispiel gewesen, der mir die ersten Informationen über das Dorf gegeben hatte. Und zwar nicht nur, was den Klatsch betraf, sondern auch ganz sachliche – wie groß der Wald war, der an die Weiden angrenzte, wann im Dorf Valdesalce Kirchweih war, wie viele Soldaten in der Kaserne der Nachrichtentruppen oben auf dem Hügel stationiert waren, die man von der Überlandstraße aus sehen konnte.

Onofre gehörte nicht zu jenen, die im Witwerstand ihre Gesinnung radikal ändern und sich zu den häuslichen Pflichten bekehren; er war nach wie vor der Ansicht, dass Kochen und Kehren und Böden aufwischen Weibersache sei. Eine Ansicht übrigens, die in der Bevölkerung von Villamediana weit verbreitet war. Ich erinnere mich immer noch an das bestürzte Gesicht eines fünf- oder sechsjährigen Knirpses, als er mich in der Küche inmitten von Töpfen hantieren sah.

»Aber Sie sind doch kein Mädchen«, rutschte es ihm heraus.

Ich musste lachen, war aber gleichzeitig etwas beunruhigt. Ich sah im Geiste bereits eine ganze Kinderschar, die hinter mir herrannte und mir nachrief: *marichica! marichica!*

Mangels einer Frau, die sich um ihn kümmerte – und da er weder Lust dazu hatte noch es als notwendig erachtete, sich etwas zu pflegen –, war mein Nachbar ziemlich heruntergekommen. Er starrte vor Dreck und hatte die Angewohnheit, ständig zu essen. Wenn er mit mir sprach, kaute er unablässig, die Speisen blieben breiig zwischen seinen nikotinverfärbten Zähnen hängen, und es ließ sich nicht vermeiden, dass mir sein Speichel ins Gesicht spritzte. Es widerte mich an, und ich musste mich sehr beherrschen, ihn nicht einfach stehen zu lassen. Und erst recht, wenn er mir die Weinflasche hinhielt, aus der er eben mit seinen fettigen, triefenden Lippen getrunken hatte, oder wenn er mich zu einem Schwatz in seine schmierige Küche einlud.

Doch der Schmutz beschränkte sich nicht allein auf seine Person oder seinen Haushalt. Auch seine Reden waren schmutzig. Eines Tages zeigte er auf das Haus der Hirten, und es bereitete ihm offensichtliches Vergnügen, unflätige Witze über die Frauen zu machen, die dort wohnten; ein anderes Mal nahm er den Wirt aufs Korn, beschuldigte ihn, sich durch Schmuggel bereichert zu haben, oder er schimpfte gegen den Ladenbesitzer am Dorfplatz, riet mir, ich solle ja nie etwas bei ihm kaufen, er sei ein Halsabschneider. Onofre war obendrein, wie alle Lästermäuler, ein Feigling; er vertraute mir alles mit leiser Stimme an, im Flüsterton, damit der Wind seine Worte nicht jenen zu Gehör bringe, an denen er eben keinen guten Faden gelassen hatte.

Doch all dessen ungeachtet: Was mir an diesem Mann am meisten auffiel, war nicht sein Schmutz, sondern die Schönheit seiner Augen. Blau und strahlend wie die eines Ketzers, dem sich himmlische Visionen offenbaren.

»Erinnerst du dich, Onofre? Dass du einst auf dem Scheiterhaufen verbrannt wurdest?«, fragte ich ihn eines Tages scherzend.

»Wann?«

»Im Mittelalter, wann denn sonst?«

»Nimm einen Schluck und sei still«, antwortete er und hielt mir die Flasche hin. Das war seine bevorzugte Antwort – die klügste Antwort auf dumme Fragen.

Wie auch immer: Seine schönen Augen allein vermochten mich nicht umzustimmen, und ich versuchte, wann immer möglich, den

Umgang mit ihm einzuschränken. Ich schloss die Haustür ab, verließ das Haus nur, wenn er Siesta hielt, und wenn er mich zu einer Partie Karten aufforderte, behauptete ich, nicht spielen zu können.

Doch es half nichts: Onofre wollte mein Freund sein, koste es, was es wolle, und er nutzte jede Gelegenheit, um dem ganzen Dorf die frohe Botschaft unserer gegenseitigen Freundschaft zu verkünden.

»Wir sind Freunde, gute Freunde«, sagte er zu allen, die auf dem Weg zu den Weinkellern vorbeigingen.

Dann schaute er zu mir herüber und bat mich um Bestätigung seiner Beteuerung.

»Stimmt es etwa nicht? Sag, stimmt es etwa nicht, dass wir dicke Freunde sind?«

Mir blieb nichts anderes übrig, als beizupflichten.

Er wollte mich für sich ganz allein haben, und er wandte alle Schliche einer eifersüchtigen Geliebten an, um sein Ziel zu erreichen. Er folgte mir überallhin, mischte sich in meine Unterhaltung mit der Ladenbesitzerin, wurde wütend, wenn ich jemanden im Dorf um irgendeine Gefälligkeit bat.

»Ich habe gehört, du hast Daniel um Holz gebeten«, sagte er und setzte eine bekümmerte Miene auf. »Ist mein Holz etwa schlechter als seines?«

Darauf stellte er mir sein schönstes Holzbündel vor die Tür und verließ stumm das Haus.

Mit der Zeit versteifte er sich darauf, eine Theorie über den Ursprung unserer Freundschaft zu entwickeln, und es dauerte denn auch nicht lange, bis er angeblich herausgefunden hatte, warum wir Nachbarn geworden seien. Wenn ich jetzt dort wohnte, so war Luis, der Bärtige, daran schuld, der in dem Haus gewohnt hatte, bevor ich ins Dorf gekommen war. Der hatte mir bestimmt gesagt, was für ein guter Kerl er, Onofre, sei.

»Luis? Und wer ist Luis?«, fragte ich ihn erstaunt.

Er warf mir einen verschwörerischen Blick zu, lächelte, gab

mir zu verstehen, er wisse Bescheid, ich spaße nur ... Wer Luis sei? Luis ... der ehemalige Priester, der in Villamediana wohnte, nachdem er die Soutane abgelegt hatte.

»Natürlich kennst du ihn«, beharrte er und klopfte mir auf die Schulter. »Wenn er dir nicht von mir erzählt hätte, wärst du nicht hierhergekommen.«

Diese Episode gab mir zu denken, und mit der Zeit begriff ich, was für Schliche Onofre anwandte, um sich mit der Wirklichkeit abzufinden. Zuerst erfand er eine Lüge, dann glaubte er schließlich selbst daran und verkündete sie so lange hartnäckig, bis die anderen ebenfalls daran glaubten.

Das Resultat seines Vorgehens konnte zuweilen rührende Züge annehmen. Wie zum Beispiel an jenem Tag, als er beidseitig des kleinen Küchenfensters, der einzigen Öffnung in der ärmlichen Fassade seines Hauses, zwei blaue Fensterrahmen malte.

»Wann hast du sie gemalt? Während der Nacht?«, fragte ich ihn, als wir uns trafen.

Er tat so, als habe er nichts gehört, und ich fühlte mich, als hätte ich einem Kind den Glauben an den Weihnachtsmann zerstört. Von jenem Tag an hatte sein Haus – für mich wenigstens – drei Fenster.

Ein anderes Mal zeigte er mir einen Ring, erklärte, sein Sohn habe ihm den Ring geschenkt. »Rührend von ihm, nicht wahr?«, fragte er mich ein übers andere Mal. Natürlich wusste ich – er hatte es mir vor ein paar Wochen selbst gesagt –, dass er den Ring von einem Hausierer erworben hatte.

Allmählich änderte ich meine Meinung über ihn; unsere Freundschaft beruhte nicht mehr auf seinen vielen Lügen, sondern verwandelte sich in aufrichtige Zuneigung. Sein Verhalten kam mir gar nicht mehr so außergewöhnlich vor. Ich begriff, dass wir alle ab und zu im Leben das Bedürfnis haben, uns einer schmerzlichen Wahrheit zu entledigen, und was liegt da näher, als zur Lüge zu greifen? Denn die Wahrheit rechtfertigt niemals den Schmerz.

Was ich an Onofre bewunderte, war seine Begeisterung, die Energie, die er für die Umsetzung seiner Strategie aufwandte. Um ehrlich zu sein: Seine Lebensbedingungen schrien geradezu nach einem solchen Betrug. Die Einsamkeit, in der er lebte, war unerträglich. Als ich ihn einmal um einen Wecker bat, wurde ich mir dessen zum ersten Mal wirklich bewusst.

»Morgen früh muss ich in die Stadt, ich brauche einen Wecker«, erklärte ich ihm.

»Wie, du hast keinen Wecker?« Er starrte mich ungläubig an.

Ich antwortete ihm, nein, ich besäße tatsächlich keinen Wecker.

Er ging nachdenklich ins Haus und kam mit einem großen, silbernen Ding zurück. Er legte es mir in die Hand und sagte fast gerührt: »Freund, kauf dir einen Wecker. Begreifst du denn nicht, dass er einem Gesellschaft leistet?«

Mir lief es kalt den Rücken hinunter. Ich hatte soeben aus dem Mund des Menschen, von dem ich es am wenigsten erwartet hätte, eine grausame Definition des Begriffs Einsamkeit gehört. Was ist die Einsamkeit? Eine Situation, in der einem selbst das Ticken einer Uhr Gesellschaft leistet.

Ich musste an all die Tavernen denken: »Wie vielen Einsamen die wohl das Leben gerettet haben«, sagte ich zu mir selbst.

Die vierte Erinnerung

In Villamediana gab es nur zwei Gasthäuser. Das eine, das einst bessere Zeiten gekannt hatte, lag gleich neben dem Dorfplatz; es gab dort noch alte Spieltische aus Gusseisen und Marmor mit dem dazu passenden grünen Teppich. Nach Aussagen des Wirtepaares und der Gäste verkehrten dort nur die »Linken« – jene also, die während des Krieges auf der Seite der Republikaner gestanden hatten – und die jungen Burschen, die sonntags nicht zur Messe gingen. Die Bauern hingegen, die das andere Gasthaus frequentierten, hätten sich vor den Faschisten im Dorf und vor dem Pfarrer geduckt – wie man mir erzählte – und seien eifrige Parteigänger der fanatischsten Rechten gewesen.

Das zweite Gasthaus, das den ungewöhnlichen Namen *NAGASAKI* trug, lag am Dorfrand. Auch dort wurde gespielt, aber auf farbigen Kunststoff- und Aluminiumtischen. Im Unterschied zu den Stammtischrunden im Gasthaus am Dorfplatz beurteilten die Kunden des *NAGASAKI* die Lokale nicht nach ideologischen Kriterien; der Faktor, der in ihren Augen die Waage zugunsten dieser oder jener Kneipe ausschlagen ließ, war rein wirtschaftlicher Natur. So war für sie das Gasthaus im Dorfzentrum das der Reichen, der Leute, die Land und Güter besaßen. In ihrer Taverne hingegen verkehrten die einfachen Landarbeiter, die Tagelöhner und die Armen.

Die Gäste sowohl des einen wie auch des anderen Gasthauses stellten zwei genau definierte Gruppen dar, die sich selten vermischten. Im Dorf gab es allerhöchstens zehn Personen, die unterschiedslos in beiden Lokalen verkehrten. Dann gab es aber auch Leute, darunter der Bürgermeister, die sich weder im einen noch im anderen zeigten. Sie hüteten sich, Partei zu ergreifen, durften sie sich doch den Luxus nicht leisten, durch ihre Anwesenheit die eine oder die andere Seite zu begünstigen. Das hätte ja zu einem neuen Bürgerkrieg führen können. Vorsicht ist der bessere Teil der Tapferkeit.

Was die fundamentalen Fragen anbelangte, so war jede Partei von der Richtigkeit ihrer Linie überzeugt. Wer mit dem Verwaltungsapparat des Faschismus nicht vertraut ist, mag das zwar schockierend finden, aber die Kundschaft des *NAGASAKI* war für ein Militärregime mit harter Hand und vertrat eine Art Nihilismus, der sowohl zur Anarchie als auch zu den Ideologien eines Mussolini oder Perón führen kann. Ihre Sicht der Welt war von einem mit Sprichwörtern und alten Volksweisheiten verbrämten Pessimismus geprägt. Die Stammtischrunde im anderen Lokal hingegen gehörte zur Oberschicht des Dorfes; sie vertrat eine teils aufgeklärte, teils romantische politische Richtung und behauptete, an die Vernunft zu glauben, so wie es sich für jeden militanten Sozialisten gehört, obschon – wie mir eines Tages die Frau des Wirtes gestand –, man könne sagen, was man wolle, die Diktatur der Linken die einzige vernünftige sei.

Ich verbrachte meine Zeit vorwiegend in der Taverne der Armen. Im Gasthaus am Dorfplatz begegnete man mir auffallend förmlich, die Gäste bemühten sich offensichtlich um eine »gehobene« Unterhaltung. Sie glaubten zudem, ich sei Journalist, und so wollten sie ständig meine Meinung zum aktuellen politischen Geschehen wissen. Wie stellte ich mich zu den bevorstehenden Wahlen? Was war von der Integration Spaniens in den Europäischen Wirtschaftsraum zu halten? Ich fühlte mich unbehaglich in dieser mir aufgezwungenen Rolle, daher zeigte ich mich nur zum schwarzen Kaffee. Abends hingegen, wenn viele Stunden vor mir lagen, lenkte ich meine Schritte zum *NAGASAKI*.

Die Stammgäste des *NAGASAKI* ließen mich in Frieden; sie erinnerten sich meiner Anwesenheit nur, wenn die Reihe an mir war, eine Runde zu spendieren. Sie brauchten niemanden, der ihnen die Zeit vertrieb. Alle, angefangen beim Wirt, waren ausgezeichnete Unterhalter, und sie flochten ihre Erlebnisse zu endlosen Geschichten – meistens ging es um die Jagd –, die lebhafte Diskussionen auslösten und bis drei Uhr morgens dauern konnten, aber selten einmütig endeten. Einer der Stammgäste, ein alter Hirte namens Agustín, hatte den gleichen Heimweg wie ich, und wenn er mir gute Nacht wünschte, fügte er immer die gleiche Bemerkung hinzu: »Bis morgen. Wir kommen nochmals auf die Sache zurück, was gewisse Leute da behauptet haben, ist meiner Meinung nach reinster Blödsinn.«

Ich muss zugeben, dass mich das Hauptthema, um das die Gespräche im *NAGASAKI* kreisten, anfänglich nicht sonderlich interessierte. Ich habe die Jagd schon immer für eine grausame Beschäftigung gehalten, und meine Angewohnheit, den Tieren Namen zu geben – eine Angewohnheit, die ich seit meiner Kindheit habe –, verunmöglicht es mir, einem Tier etwas zuleide zu tun. Wenn jemand zum Beispiel eine Kakerlake im Haus hat und eines Tages beschließt, sie José Maria zu nennen – was dazu führt, dass es von nun an nur noch José Maria hier, José Maria dort heißt –, so verwandelt sich das Insekt mit der Zeit in ein kleines, dunkles, menschliches Wesen, das, je nachdem, scheu oder reizbar oder sogar ein bisschen eingebildet ist. Versteht sich von selbst, dass unter diesen Umständen niemand auf den Gedanken käme, Gift zu streuen. Und wenn er es doch tut, so tut er es bestimmt nicht häufiger, als wenn es sich um irgendeinen anderen Freund handelte.

Die Gäste im *NAGASAKI* waren alles eingefleischte Jäger. Sie waren nicht wie besagter Tartarín, der, kaum von seiner Bergtour zurück, von Abenteuern und Heldentaten zu erzählen anfing. Wenn man ihnen zuhörte, konnte man plötzlich verstehen, was in den alten Büchern geschrieben steht: dass die Jagd des Menschen Herz mit Torheit füllt und dass alle Jäger im Grunde jenem ruchlosen Pfarrer gleichen, der eines Sonntags während des Hochamtes seine Jagdhunde bellen hörte, worauf er kurz entschlossen die Messe abbrach, seine Flinte holte und mit seiner Meute den Hasen jagen ging.

Das Thema Jagd nahm durch die Gespräche dieser einfachen Männer eine ungewöhnliche Dimension an. Es kam mir eher wie ein Vorwand vor, um über die Einsamkeit des Menschen zu sprechen, wenn er nachts, von eisigem Wind gepeitscht ... oder über die Niedergeschlagenheit des Jägers, der, nachdem er einen ganzen Tag auf der Pirsch war, abends ohne Beute nach Hause zurückkehrt ... es war natürlich auch ein Vorwand, um sich der verlorenen Jugend zu erinnern, denn einige unter ihnen, wie zum Beispiel Agustín, der Hirte, waren nicht mehr kräftig genug, um Wildschweine oder Wölfe aufzuspüren.

Und durch ihre Schilderungen zog sich gewissermaßen wie ein Leitfaden das Thema Kampf. Nicht nur der Kampf zwischen Mensch und Tier; auch der Kampf zwischen den Tieren selbst. Zwischen Schlange und Vogel, zwischen Wiesel und Hase, zwischen dem Bären und allen anderen Kreaturen. Es war das Gesetz der Natur – *dura lex, sed lex* –, ein Gesetz, dem auch der Mensch nicht entging.

»Weißt du, wie der Bär tötet?«, fragte mich einmal der Wirt, einer der besten Jäger im Dorf.

Ich verneinte.

»Er tötet mit einem einzigen Prankenhieb. Einem einzigen. Und weißt du, was er trifft?«

Nein, auch das wusste ich nicht.

»Den Kopf. Er zerschmettert mit einem einzigen Prankenhieb den Schädel. Ein sauberer Schlag. Ob es sich um ein Kalb oder einen Menschen handelt: Was er sucht, ist das Gehirn.«

Und wie immer, wenn er sich anschickte, eine Geschichte zu erzählen, verschränkte er die Arme und lehnte sich über den Tresen.

»In meinem ganzen Leben habe ich nur einen einzigen Bären gesehen. Einer aus dem Dorf hatte ihn erlegt, man stellte das Tier einen ganzen Morgen lang auf dem Dorfplatz aus. Wenn man so ein Biest aus der Nähe sieht, wenn einem bewusst wird, was ein Bär ist ... Jede Klaue ist wie ein Dolch. Und die Zähne erst ... Ich habe das nie vergessen.«

»Und jener, der ihn erlegt hatte, starb drei Tage später«, doppelte Agustín nach.

»Was du nicht sagst! Bist du sicher? Ich war damals noch ein Kind und kann mich nicht mehr erinnern«, sagte der Wirt erstaunt.

»Ich weiß nicht, ob es stimmt oder nicht, aber die Leute behaupteten, er sei vor Schreck gestorben. Er sei wie betäubt aus den Wäldern zurückgekehrt. Weil er den Bären getötet hatte. Begreiflich, wenn plötzlich ein Bär vor dir steht ... ein Schreck muss das sein.«

»Plötzlich? Du wirst doch wohl nicht behaupten, der Bär habe plötzlich vor ihm gestanden? Soviel ich mich erinnere, hat er ihm über einen Monat nachgestellt«, unterbrach der Skeptiker der Runde.

»Sei du bitte still, du hast keine Ahnung von solchen Dingen«, fiel ihm der Wirt ins Wort. »Was hat das eine mit dem anderen zu tun? Ich bin auch fast fünf Jahre hinter den Wölfen her gewesen, und als ich sie endlich vor mir sah, was meinst du? Die Haare haben sich mir gesträubt. Auch wenn ich damit gerechnet hatte, ihnen zu begegnen, so konnte ich dennoch nicht im Voraus wissen, wann dies der Fall sein würde … daher der Schreck.«

Der Skeptiker bezweifelte die Argumentation des Wirtes, worauf ihm dieser als Beispiel eine andere Geschichte erzählte, Agustín brachte ein weiteres Erlebnis aufs Tapet, ich unterbrach ihn, stellte eine Frage … und so ging es weiter bis spät in die Nacht.

Im Sommer trugen wir die Tische ins Freie und plauderten unter dem Sternenhimmel, zufrieden, mit einem Glas Bier in der Hand. Und im August, wenn die Brise den Duft des frisch gemähten Weizens zu uns herübertrug, waren alle gesprächiger und fröhlicher als sonst. Die Jagdzeit stand vor der Tür.

Die fünfte Erinnerung

Die Straße, an der mein Haus lag, führte steil das Dorfwehr entlang zu einem hoch gelegenen Platz, einer Art Luginsland, wo die Weinkeller lagen. Von dort aus konnte man rechts die Dächer des Dorfes und die rissigen Mauern der Kirche sehen, während links, in einer Entfernung von etwa zehn Kilometern, sich eine kahle, baumlose Ebene ausbreitete mit dem Rio Pisuerga im Hintergrund.

Die kahlen Weiden hinter dem Dorf zogen sich bis zum Wald von Astudillo hinauf.

Die Rentner des Dorfes versammelten sich täglich auf diesem Platz, immer zur gleichen Zeit; einmal kamen sie einzeln, dann wieder in Grüppchen, und ließen die ruhigen Nachmittagsstunden an sich vorbeiziehen. Da sie alle dreibeinig waren – wie es im bekannten Rätsel heißt –, blieben sie jeweils vor meinem Haus stehen, hoben den Stock zum Gruß und verschnauften plaudernd einen Moment. Dann nahmen sie das letzte, steile Stück in Angriff.

Bei dieser Gelegenheit schloss ich mit Julián und Benito Freundschaft, zwei altehrwürdigen Greisen aus Villamediana.

»Sie sind ein kluger Mann, schlauer als ein Hase, aber ich wette, dass Sie den wirklichen Grund dieser täglichen Pilgerfahrt nicht kennen«, sagte Julián zu mir, als wir Bekanntschaft schlossen. Er war ein rundlicher Alter mit melancholisch blickenden Augen, seine Finger waren von der Gicht knotig und ganz gekrümmt.

»Natürlich nicht«, antwortete ich und setzte mich vor die Haustür, um damit zu verstehen zu geben, dass ich alle Zeit der Welt zur Verfügung hatte, um mit ihnen zu plaudern.

Julián setzte sich auf die steinerne Bank auf der anderen Seite der schmalen Straße. Er schien Probleme mit den Augen zu haben, denn immer, wenn er zu mir herüberschaute, neigte er sich nach vorn, kniff die Augen zusammen und rückte die Brille zurecht.

»Doch vorher müssen Sie mir etwas erklären: Warum soll ich schlauer sein als ein Hase?«, fragte ich ihn.

»Das sieht jeder. Aber ich werde Ihre Frage gleich beantworten«, entgegnete Julián bedächtig.

Benito seinerseits nickte ernst. So war es: Sein Freund würde mir alles erklären.

»Sie sind schlauer als ein Hase, davon bin ich überzeugt. Wenn dem nicht so wäre, würden Sie nicht an einem Werktag vor Ihrer Haustür sitzen. Sie würden auf dem Feld arbeiten oder in der Fabrik, so wie alle Dummköpfe hier im Dorf. Ich weiß zwar nicht, ob

Ihnen bekannt ist, dass wir hier auf dem Land alles Dummköpfe sind. Und ich bin der Dümmste von allen.«

Benito, der zustimmend genickt hatte, schüttelte verneinend den Kopf. Doch Julián schenkte ihm keine Beachtung, und wie ein Kadi, der ein weises Urteil spricht, fuhr er fort: »Die erste Frage wäre somit beantwortet. Wenden wir uns der zweiten zu. Ich habe Pilgerfahrt gesagt und habe das auch so gemeint, denn es hat seinen Grund, dass wir uns da oben treffen. Wir fragen uns nämlich schon beim Aufstehen: Werde ich es schaffen? Und mit dieser bangen Frage im Herzen machen wir uns dann auf den Weg. Keiner will im Dorf unten bleiben. Wenn einer unten bleibt, so ist das ein schlechtes Zeichen. Das bedeutet, dass ihn das größte Haus im Dorf erwartet.«

»Mit dem größten Haus im Dorf meint er den Friedhof, weil dort jeder seinen Platz hat«, wandte Benito erklärend ein.

»Das brauchst du ihm nicht zu sagen«, tadelte ihn Julián sanft. »Habe ich nicht eben gesagt, dass dieser junge Mann schlauer ist als ein Hase? Und dass ich nicht das Rathaus gemeint habe, dürfte jedermann klar sein.«

Er zwinkerte mir zu, und wir plauderten noch eine ganze Weile. Es war schwierig zu wissen, ob er scherzte oder ob er es ernst meinte. Man musste ständig versuchen, es an seinen Augen abzulesen.

»Auch die Kirche ist recht geräumig«, sagte Benito und runzelte die Stirn.

»Du und deine Kirche. Es läuft aufs Gleiche hinaus, Benito, aufs Gleiche. Wozu soll man uns denn in die Kirche tragen? Um uns zu taufen etwa?« Und er wandte sich wieder zu mir und fuhr fort: »Benito ist etwas naiv, müssen Sie wissen. Er ist es schon immer gewesen. Ich weiß gar nicht, wie er es fertiggebracht hat zu heiraten.«

»Ich bin vielleicht naiv, aber dafür komme ich in den Himmel«, wehrte sich Benito trotzig.

Es war ein sonniger Frühlingstag, die ersten Schwalben flitzten zwitschernd durch die klare Luft. Julián folgte ihnen mit dem Blick und wandte sich dann wieder dem Thema zu, das sein Freund angeschnitten hatte.

»Schön hast du das gesagt, Benito, sehr schön. Denn ich muss gestehen, dass mich eine Frage schon seit Langem beschäftigt; ich nutze die Gelegenheit, um sie diesem Herrn zu stellen. Was meinen Sie, gibt es einen Himmel, oder gibt es keinen?«

Auch ich schaute den Schwalben nach, um etwas Zeit zu gewinnen.

»Man sagt, dass man dies unmöglich wissen könne«, antwortete ich schließlich, dass jeder diese Frage in seinem Herzen beantworten müsse. »Doch wenn Sie von Kindheit an immer daran geglaubt haben, so sehe ich keinen Grund, jetzt nicht mehr daran zu glauben. Es wäre absurd, einen Glauben aufzugeben, der einen das ganze Leben lang begleitet hat.«

Benito pflichtete mir vehement nickend bei.

»Aber Sie selbst, was glauben Sie?« Julián durchbohrte mich mit seinem Blick.

»Einmal ja, einmal nein.«

Ich wusste nicht, wie mich aus der Affäre ziehen.

»Dann ergeht es Ihnen wie mir«, seufzte er und stand auf. »Wie auch immer, ich sage dir eins, Benito: Wenn es einen Himmel gibt, werden wir zwei auf dem kürzesten Weg dorthin kommen«, schloss er, während er sich langsam an den Aufstieg machte.

»Ich schon«, entgegnete Benito und rückte seine Brille zurecht. Was die himmlische Zukunft seines Freundes anging, so hegte er offensichtlich Zweifel.

»Los, mal sehen, ob wir es noch schaffen«, sagten sie und hoben den Stock zum Gruß.

Doch was auch immer sie behaupten mochten: Es ging nicht nur darum, ihre Rüstigkeit auf die Probe zu stellen – so wie auch die alten Fischer sich nicht am Hafen treffen, um die Zeit mit Erinnerungen totzuschlagen.

Von ihrem Aussichtspunkt aus kontrollierten die Rentner von

Villamediana das Treiben in der Ebene und die Arbeit auf den Feldern; sie kontrollierten, wer ging, wer kam, wie lange einer säte, wie viel Zeit einer benötigte, bis er das Brachland gepflügt hatte. Und so wie die alten Fischer das Schiff in der Ferne gleich erkennen, erkannten die Alten jeden einzelnen Traktor – *schau, dort kommt Purisimo, José Manuel hat den Motor angelassen* – aus einer Entfernung, aus der kein Fremder auch nur die Andeutung von Gesichtszügen hätte erkennen können.

»Sie sind schlauer als ein Hase, jawohl, aber ich wette, dass Sie von hier aus nicht so viel sehen können wie ich«, sagte Julián eines Tages zu mir.

Wir saßen beide vor einem Weinkeller, und die Ebene, in der ihm nichts entging, breitete sich vor uns aus.

»Da haben Sie recht, doch was wollen Sie damit sagen?«, fragte ich ihn.

»Weil Sie nur das sehen, was man sieht. Ich hingegen sehe das, was man sieht, und auch das, was man nicht sieht.«

»Zum Beispiel?«

»Sehen Sie den Weg dort?«

Und er zeigte mit dem Stock auf einen Steindamm, der die Ebene durchzog und sich in den Weiden verlor. Benito neigte sich wie immer nach vorn und kniff die Augen zusammen.

»Was sehen Sie dort? Einen Weg, sonst nichts. Ich hingegen sehe einen Weg, der nach Encomienda führt. Ich will damit sagen: Ich stelle mir vor, dass er nach Encomienda führt, und wenn ich mir das vorstelle, sehe ich den Ort vor mir, und in meiner Erinnerung taucht das Bild des alten Hauses auf, das dort neben dem Ziehbrunnen steht. Und so ist es mit allem. Sehen Sie die Bäume dort?«

»Ich sehe nichts«, sagte Benito. Die Bäume waren allerdings sehr weit entfernt, am Ufer des Flusses Pisuerga.

»Erinnerst du dich an die Felder, wo wir Feste feierten, als wir noch jung waren?«

»Wo wir jeweils baden gingen?«

»Ja, Benito. Genau. Und wenn ich die Bäume am Fluss sehe, sehe ich gleichzeitig die Feste, die wir in unserer Jugend dort feierten. Ich sehe die jungen Mädchen, sehe die Burschen in ihren weißen Hemden, sehe Benito und mich selbst. Aber nicht so klapprig, wie wir heute sind, sondern in der Blüte unserer zwanzig Jahre. Ist das nicht wunderbar?«

Ich musste Julián beipflichten.

»Erlauben Sie mir, noch etwas hinzuzufügen«, sagte ich. »Wenn man noch nicht heimisch ist in einem Dorf, kommt einem alles feindlich vor. Als ich in Villamediana ankam, durchstreifte ich in der ersten Woche das Dorf, ging von einem Ende zum anderen, um das Revier abzustecken, wie man so schön sagt. Also gut, ich muss gestehen, dass es mir als das trostloseste, traurigste Dorf der Welt vorkam.«

»Ein gottvergessenes Dorf!«, warf Benito erregt ein.

Julián bat ihn, mich ausreden zu lassen.

»Gut, das Dorf kam mir abweisend vor. Natürlich sah ich bloß die Häuser, die Mauern, die Fenster ... die äußere Schale sozusagen. Ich ging zum Beispiel an Ihrem Haus vorbei, und ich sah nur die Mauern und die Fenster. Wenn ich jetzt vorbeigehe, denke ich: Das ist Juliáns Haus, hier wohnt der weiseste Mann von ganz Villamediana. Das macht einen großen Unterschied aus, denke ich.«

»Hörst du das, Benito?«, lachte Julián. »Man muss nur miteinander reden. Es schmeichelt mir, dass Sie mich einen weisen Mann nennen. Doch ich bin nichts weiter als ein Dummkopf, jedermann kann Ihnen das bestätigen. Der einzige Weise hier bist du, Benito, nicht ich. Du – ich meine es ernst –, du siehst Dinge, die außer dir niemand sieht. Erinnere dich an die Geschichte mit dem Reiterstandbild.«

Julián zwinkerte mir zu. Wusste ich, worauf er sich bezog? Natürlich wusste ich es. Er bezog sich auf eine Geschichte, die mir Benito vor ein paar Monaten erzählt hatte, als wir wie üblich vor dem Weinkeller saßen.

»Gefällt Ihnen das Dorf?«, hatte mich Benito gefragt.

»Ja, ich fühle mich wirklich sehr wohl hier.«

»Das erstaunt mich nicht. In Villamediana gibt es so viele Dinge, unendlich viele Dinge. Wir haben sogar ein Standbild des Trajan …«

»Ein Standbild des Trajan?«, fragte ich ungläubig. Ich hatte noch nie etwas davon gehört. Ich schaute erstaunt zu Julián hinüber; doch der verzog keine Miene. Er schien sich wie durch eine seltsame Mimesis selbst in eine Statue verwandelt zu haben.

»Des Trajan, gewiss! Im Dorf gibt es ein Standbild des Trajan zu Pferd.« Benito schlug zur Bestätigung seiner Worte mit dem Stock auf das Kopfsteinpflaster.

»Wie sieht es denn aus?«

»Es ist aus Gold. Ganz aus massivem Gold.«

»Und wo ist sie, diese Statue?«

Ich dachte an ein Museum oder so etwas Ähnliches. Darauf zeigte Benito mit dem Stock in die Luft, zeichnete ein paar Kreise und verkündete: »Dort!«

»Ist es nicht wunderbar? Allerdings … wie kommt es, frage ich mich, dass er jede Einzelheit kennt, wo sie doch noch nicht entdeckt ist«, kommentierte Julián trocken, als errate er meine Gedanken.

»Es wird nicht mehr lange dauern, bis die Abordnung die Statue findet!«, erklärte mir Benito.

Seit jenem Gespräch waren zwei Monate vergangen, und das Standbild des reitenden Trajan war immer noch nicht aufgetaucht. Doch in der Zwischenzeit hatte Julián erfahren – und daher sein Augenzwinkern –, woher Benito seine Information hatte.

»Er hat die Geschichte wahrscheinlich von einem Engel. Was meinen Sie?«

»Dass er ein glücklicher Mensch ist«, sagte ich und schaute zu Benito hinüber.

Er war glücklich. Ein seliges Lächeln verklärte sein Gesicht.

Die sechste Erinnerung

In den Häusern, die nie bewohnt worden sind oder die – wie jene der Sommerfrischler – lediglich dazu bestimmt sind, zu gewissen Jahreszeiten bewohnt zu werden, gibt es meist keine Gespenster. Sie sind zwar leer, wirken aber nicht ausgestorben, und das Geflüster, das nach außen dringt, klingt nie verzweifelt. Diese Häuser bergen in ihrem Innersten die Gewissheit, dass die Einsamkeit nicht ewig dauert. Früher oder später wird jemand kommen, wird die Türen aufschließen, die Lichter werden angehen, neues Leben wird in den Räumen erwachen.

Die ausgestorbenen Häuser hingegen, in denen einst Leben herrschte, wirken einsamer, als sie es tatsächlich sind. Sie pflegen einem gerne zu erzählen, warum sie leer zurückgeblieben sind. Sie erzählen, dass das Leben, das sie in vergangenen Tagen beherbergten, nicht ganz verschwunden sei, und sie zeigen dem Vorübergehenden die zwischen den Ziegeln schwärenden Wunden. Wenn man näher hinschaut, entdeckt man in einer Ecke ein Küchengerät, das auf dem Fußboden herumliegt, oder etwa einen kleinen Spiegel, vor dem sich der frühere Besitzer rasierte, einen Gitterstab, der zu einem Kinderbettchen gehört hatte. Und wenn man gut hinhorcht, hört man das flehende Bitten der verlassenen Häuser: Jemand möge doch die Tür aufschließen und das Haus bewohnen.

Villamediana zählte an die dreihundert Häuser, und fast alle waren fünfzehn oder zwanzig Jahre vor meiner Ankunft verlassen worden. Hinter der Kirche zum Beispiel gab es einen Dorfteil, der eher wie ein Häuserfriedhof aussah. Vergebliche Liebesmüh, in den ausgestorbenen Gassen und Plätzen nach einem Lebenszeichen zu suchen. Nichts rührte sich, nirgends ging ein Licht an. Überall nur Schatten, Gespenster, Stille; und inmitten dieser Stille das gedämpfte Murmeln der verlassenen Häuser, die flehten, *komm, komm,* oder ihr geflüstertes *schließ die Tür auf, schließ die Tür auf.*

Die Leute im Dorf mochten es gar nicht, wenn man das Gespräch auf diesen Teil des Dorfes brachte, und sie taten ihr Möglichstes, um die Erinnerung daran zu verdrängen; sie schämten sich der verfallenen Mauern und der kaputten Dächer. Sie sprachen nur mit Widerwillen darüber. »Dort hausen bloß Ratten und Schlangen«, sagten sie, »eine Schande für das Dorf. Kein Mensch weiß, was damit anfangen. Man müsste das ganze Viertel niederreißen.«

Hinter dieser allgemeinen Auffassung verbarg sich jedoch etwas – so schien es mir wenigstens. Als ich an einem Sonntagnachmittag lesend auf dem Kirchhügel saß, hatte ich plötzlich den Eindruck, ein Kind gehe durch die Gassen. Etwas, wohl irgendein Geräusch, ließ mich vom Buch aufblicken. Und da sah ich die kleine Gestalt, die mit der Gelassenheit eines alten Indianers, die Hände auf dem Rücken verschränkt, durch eine verwinkelte Gasse spazierte, auftauchte, dann wieder hinter einem Haus verschwand. Von Zeit zu Zeit setzte sie sich auf eine Stufe und schlug – auch sie – ein Buch auf.

Diese zwei Einzelheiten – vor allem die Art, die Hände auf dem Rücken zu verschränken – kamen mir nicht außergewöhnlich vor, und so maß ich dem Vorfall keine Bedeutung zu. Ich dachte über das Verhalten der Kinder im Allgemeinen nach, über ihre Neigung, sich hin und wieder in die Einsamkeit zu flüchten, und dass es ihnen in einer solchen Stimmung nichts ausmacht, sich an einem Ort herumzutreiben, wo es von Ratten und Schlangen wimmelt. Ich dachte, dass es sich wohl um ein fremdes Kind handelte, denn eines aus dem Dorf hätte sich nicht in diese Gegend gewagt.

Ein Irrtum, wie ich schon bald feststellen sollte, denn ich wurde ein zweites Mal Zeuge der gleichen Szene. Fast jedes Mal, wenn ich nachmittags lesend vor der Kirche saß, sah ich das Kind durch die leeren Gassen spazieren. Ich fragte mich schließlich, ob es vielleicht dort lebte, ob nicht doch jemand dort unten wohnte. Ich dachte natürlich auch an die Zigeuner.

Es gab nur eine Möglichkeit, mir Gewissheit zu verschaffen: im Schutz der Dunkelheit der Sache nachzugehen. So wie ich nach meiner Ankunft die hell erleuchteten Fenster im Haus der Hirten gesucht hatte, würde ich jetzt die Fenster dieser Menschen suchen, die sich offensichtlich vom übrigen Dorf absonderten. Ein Fenster würde mir enthüllen, ob die Häuser tatsächlich alle verwaist waren oder nicht.

Ein paar Tage später machte ich abends, als ich zur Stammtischrunde der Jäger ging, einen Umweg. Und in der Tat: Jemand schien dort zu wohnen. Doch es war anders, als ich es mir gedacht hatte. Ich hatte mir eine Küche vorgestellt, das Klappern der Teller zur Abendessenszeit, Gesprächsfetzen ... stattdessen entdeckte ich lediglich ein einsames, stummes Licht hinter dem Fenster im Erdgeschoss eines Hauses.

Ich ging darauf zu, versuchte, nicht auf die Brennnesseln zu treten, die um das Haus wucherten. Die Bewohner des Hauses sollten am nächsten Morgen nicht merken, dass sie jemand ausspionierte. Was ich in jenem Moment jedoch am meisten fürchtete, mehr noch als die Ratten und Schlangen, das waren die Hunde. Was würde ich tun, wenn plötzlich zwei oder drei Hunde sich auf mich stürzten? Etwas stehlen und flüchten, antwortete ich mir selbst. So wenigstens ließe sich meine Anwesenheit erklären.

Glücklicherweise störte nichts die Stille, und ich konnte ruhig durch das Fenster schauen. Die kleine Gestalt saß dort, über den Tisch gebeugt, im Licht einer verstellbaren Arbeitslampe in ein Buch vertieft. Auf dem Tisch saß eine Katze, ihre Augen leuchteten in der Dunkelheit.

Als ich kurze Zeit später Daniel auf einem seiner Waldgänge begleitete – es war ebenfalls an einem Sonntag –, erzählte ich ihm, was ich vom Kirchhügel aus beobachtet hatte, unterließ es jedoch, meinen nächtlichen Besuch zu erwähnen.

»Dieses Kind beunruhigt mich«, meinte ich abschließend.

Er schaute mich erstaunt an und brach in Lachen aus.

»Tatsächlich, ein ziemlich außergewöhnliches Kind«, antwortete er.

Ich wollte wissen, was es da zu lachen gebe.

»Auf dem Heimweg schauen wir bei ihm vorbei. Aber es ist so, wie du sagst: Spaziert mit Ratten und Schlangen in den ausgestorbenen Gassen herum. Ich wusste allerdings nicht, dass es sogar dort schläft. Ich werde dich mit ihm bekannt machen. Du wirst sehen: ein ganz und gar ungewöhnliches Kind.«

Und er hörte nicht auf zu lachen.

Wir picknickten im Wald, wie wir das immer taten auf unseren Waldgängen, und dann stiegen wir zum Dorf hinab. Als wir den verlassenen Dorfteil betraten, war es sechs Uhr abends. Im Tageslicht kam mir das Haus kleiner vor. In früheren Zeiten musste es anmutig gewesen sein, es war von einem Laubengang umgeben und hatte einen großen Balkon, wie eines dieser Herrschaftshäuser, die oft in Rathäuser verwandelt werden; und obwohl das erste Stockwerk verfallen war, war es das noch am besten erhaltene Haus in der näheren Umgebung. Am Gitter des Fensters, durch das ich an jenem Abend hineingeschaut hatte, hing ein Sträußchen Fenchelkraut.

Als wir anklopften, hörten wir im Innern des Hauses das Geräusch eines herabfallenden Gegenstandes, gefolgt von einem unterdrückten Schrei. Wir warteten. Endlich hörten wir Schritte. Daniel stieß mich mit dem Ellbogen zwischen die Rippen, als wolle er mich warnen.

Plötzlich ging die Tür auf, jemand schien zornig die Klinke niederzudrücken. Ich glaube, ich erblasste vor Schreck: Vor mir stand ein Zwerg. Zwischen seinen Füßen saß eine Angorakatze; sie schaute uns überrascht an, als frage sie nach dem Grund unseres Kommens.

»Ja?«, sagte das Männchen.

Es reichte mir nicht einmal bis zur Brust. Es handelte sich zweifellos nicht um einen gewöhnlichen Zwerg. Obwohl kleinwüchsig, war er dennoch wohlproportioniert; er hatte keinen Buckel und keine krummen Beine. Sein Kopf war klein – im Unterschied zu den anderen Zwergen, denen ich begegnet war –, klein und zierlich wie der einer Puppe.

Auch seine Kleidung war ungewöhnlich. Er trug Stiefeletten und eine Weste wie die jungen, vornehmen Herren von einst und einen schwarzen Rock mit langen Schößen, eine Art Frack.

Ich konstatierte betreten, dass Daniel das Lachen vergangen war.

»Ich stelle dir einen Freund vor«, fing er an, und zog, sichtlich nervös, meine Vorstellung in die Länge. Ich sei ebenfalls nicht von hier, erklärte er, und zudem ein Büchernarr; es wäre schön, wenn wir uns anfreundeten; das Leben in dieser Gegend sei gar einsam, nicht wahr?

Der Zwerg musterte mich. Seine Augen waren wie die der Angorakatze einmal blau, dann wieder grau. Als ich auf ihn zugehen wollte, wandte er sich verärgert zu Daniel.

»Ich lebe hier, weil es mir so passt! Also lasst mich in Frieden!«

Ich dachte, er werde uns die Tür vor der Nase zuschlagen. Doch ich wollte mich keineswegs geschlagen geben. Ich sagte mir, dies sei das seltsamste Wesen, dem ich in Villamediana je begegnet sei; ich wollte den Zwerg um jeden Preis kennenlernen. Also streckte ich ihm ungeachtet seiner abweisenden Haltung die Hand entgegen und stellte mich vor.

Ich fürchtete, er werde mich ignorieren. Doch nein, er musterte mich erneut, legte seine Hand in die meine; sie war kraftlos wie die eines schlafenden Kindes.

»Enrique de Tassis«, hörte ich ihn sagen.

»Tassis? Wie der Conde?«

Vor mir tat sich ein Weg auf, der mich zu diesem Mann führen würde. Juan de Tassis, Conde von Villamediana, der Dichter, Freund von Góngora, den sie umgebracht hatten, weil er den König herausgefordert hatte. Für die Einheimischen schien Enrique de Tassis offensichtlich nicht zum Dorf zu gehören. Sein Vater hingegen wohl. Man erzählte sich, der Gebäudekomplex neben der Bäckerei sei einst der Palast des ersten Grafen von Villamediana gewesen. Und jetzt stand ich ganz unverhofft vor einem Mann, der den gleichen Namen trug.

»Sie sind wohl mit ihm verwandt?«, fragte ich ihn.

Das war ein Fehler. Er schien verletzt zu sein. Und auch die Augen der Katze funkelten mich beleidigt an.

»Allerdings!«

Es lag so viel Nachdruck in seiner Antwort, dass seine Stimme, die ohnehin schon schrill war, sich überschlug. Jetzt war ich es, der sich unbehaglich fühlte; Daniel versuchte, das Schweigen zu brechen.

»Gehst du nicht mehr in den Wald?«

Es fiel ihm wohl nichts Besseres ein, doch die vertrauliche Anrede war gegenüber Enrique de Tassis eindeutig fehl am Platz.

»Ich gehe oft in den Wald, auch wenn du mich nicht triffst«, antwortete er kühl. »Verzeiht, aber ich bin beschäftigt«, entschuldigte er sich dann. Und er schloss grußlos die Tür und ließ uns draußen stehen.

Wir fühlten beide, dass wir einen Fehler begangen hatten, und als wir in der Kneipe saßen, wurde Daniel plötzlich wütend, was ganz ungewohnt war bei ihm. Vielleicht bereute er es, mir nachgegeben zu haben.

»Hast du gesehen, wie arrogant der sich benommen hat?«, schimpfte er los. Und es kostete mich an jenem Abend viel Mühe, ihn zum Schweigen zu bringen: Wenn er, Daniel, ein solches Kind in die Welt setzen sollte, würde er es dem Leben nie verzeihen; Missgestaltete wie dieser Tassis würden nur geboren, um zu leiden und andere leiden zu machen; und was er dort überhaupt treibe, man müsse diesen Dorfteil dem Erdboden gleichmachen, jawohl, die Bagger sollten den *condesito* gleich mit aus dem Weg schaffen.

Um Daniel zu beruhigen, versuchte ich, den Zwerg zu entschuldigen, erklärte ihm, dass sein Verhalten eigentlich verständlich sei, dass er ein armer Teufel sei und den Menschen misstraue, dass ihm die Neugierde der Leute gewiss peinlich sein müsse. Doch ich muss zugeben, auch ich fühlte mich verletzt. Die Verachtung des Zwerges war für mich eine neue Erfahrung. Ich dachte, dass mich noch nie jemand so von oben herab behandelt hatte.

Ich mied fortan die ausgestorbenen Häuser. Ich war zur Überzeugung gelangt, dass es unmöglich sei, mit Enrique de Tassis zu verkehren. Und letztlich hatte ich keinerlei Veranlassung, ihm nachzulaufen. War meine Verhaltensweise nicht etwas läppisch? Beobachten, plaudern, Notizen machen ... Wie ein Botaniker mit seinen Pflanzen. Ich hatte es aber nicht mit Kräutern zu tun, sondern mit den Bewohnern eines Dorfes, genannt Villamediana. Wenn der Zwerg allein bleiben wollte, so war das sein gutes Recht, niemand konnte es ihm verwehren.

Einen Monat später hatte ich Tassis zwar noch nicht vergessen, hatte aber die Erinnerung an ihn verdrängt. Und so wäre es auch geblieben, wäre ich ihm nicht eines Sommernachmittags begegnet, als ich im Wald auf der Suche nach Daniel war. Offenbar wollte es der Zufall, dass wir uns begegneten, und damit begann unsere Beziehung; eine Beziehung, die sich leider auf sieben gemeinsame Spaziergänge beschränken würde.

Er stand am Waldrand und schaute ins Tal hinab. Seine Rockschöße flatterten im Wind.

Ich grüßte trocken, ohne stehen zu bleiben.

»Ich dachte, Sie würden wiederkommen«, sagte er, als ich an ihm vorbeiging.

Das hatte ich allerdings am wenigsten erwartet.

Er spürte meine Überraschung und schnitt eine Grimasse, die ein Lächeln andeuten sollte.

»Das vorige Mal war ich ziemlich unhöflich, zugegeben. Aber, um ehrlich zu sein, ich mag sie nicht, diese Bauerntölpel; Ihr Begleiter gehört auch dazu. Soll ich Ihnen etwas sagen? Ein kluger Mann, der einst hier vorbeigekommen ist, hat es richtig gesagt: Das

Schlimmste in dieser Gegend sei nicht das Sumpffieber, sondern der Stumpfsinn. Ich pflichte ihm voll und ganz bei.«

Er lachte. Es war ein unangenehmes Lachen, halb das eines Kindes, halb das einer Frau.

»Das ist mir neu«, antwortete ich trocken.

»Aber vom Conde von Villamediana haben Sie gehört, nicht wahr? Das letzte Mal hatte ich den Eindruck, dass Ihnen Juan de Tassis nicht unbekannt sei.« Ich nickte. »Sind Sie nicht auch der Meinung, dass er ein großer Dichter war?«

Ich entgegnete, ich sei nicht besonders bewandert, ich würde nur zwei oder drei seiner Sonette kennen. Wenn Góngora ihm eine Grabinschrift gewidmet habe, so sei er bestimmt ein großer Dichter; ich würde hingegen die näheren Umstände seines Todes kennen, das schon: Als Gerüchte zirkulierten, er habe ein Verhältnis mit der Königin, sei er vor das königliche Paar hingetreten, in einen Umhang gehüllt, in den er Goldmünzen habe einnähen lassen, und mit einem eingestickten Spruch, der verkündete: *Meine Liebe ist Gold wert.* Es sei ein Jammer, dass Philipp IV. sich die Sache so sehr zu Herzen genommen habe, dass er den Spötter habe umbringen lassen.

Tassis lachte, während ich ihm das alles erzählte. Und zwar auf eine Art und Weise, die – wie ein Bauer sagen würde – mir nicht ganz geheuer vorkam.

Dann ging er in den Wald, er rannte fast, und als er die ersten Bäume erreicht hatte, begann er, die Grabinschrift Góngoras zu rezitieren, die berühmte Grabinschrift, die jedes Kind auswendig kennt:

Den Mörder des Herrn Grafen
Sucht ihn nicht
Starb er doch durch Madrids List …

Plötzlich ließ er sich mit ausgebreiteten Armen ins Gras fallen. Ich war verblüfft.

»Wir, die Grafen von Tassis, sind schon immer ungewöhnliche Leute gewesen«, stellte er fest, als er sich etwas beruhigt hatte. Er schien erfreut zu sein. Es war offensichtlich, dass ihn die Geschichte des ermordeten Conde ergötzt hatte. Vielleicht, wer weiß, etwas zu sehr. »Ich gehe jeden Freitag hier oben spazieren, immer zur gleichen Zeit. Ich käme gerne öfter hierher, aber ich lasse Claudia nicht gerne allein«, fügte er in einem versöhnlicheren Ton hinzu.

Ich schloss daraus, dass Claudia die Angorakatze sein musste.

»Wenn Sie am nächsten Freitag kommen möchten ... es würde mich sehr freuen, ein bisschen mit Ihnen zu plaudern. Sie sind ein gebildeter Mensch. Nicht wie die ungeschlachten Bauern im Dorf.«

Ich versprach es ihm, und jeder ging seines Weges.

Am folgenden Freitag stieg ich etwas nervös zum Wald hinauf. Ich fragte mich, worüber wir uns wohl unterhalten würden, wie ich mich gegenüber einem so ungewöhnlichen Menschen zu verhalten hätte, ob ich ihn anblicken dürfe – wohl oder übel von oben herab – oder nicht; ob er meine Hilfe annehmen oder ob er es, im Gegenteil, als Demütigung auffassen würde. Und wenn er wieder in einen seiner Erregungszustände geraten sollte?

Ich befürchtete auch, dass man mich in seiner Begleitung sehen könnte, dass ich vielleicht den guten Ruf verlieren würde, den ich im Dorf genoss. Vor allem, was Daniel anging. Denn Daniel war immer noch wütend auf den condesito.

Als er mich kommen sah, schien Tassis zu erraten, was mir durch den Kopf ging, und schon nach zwei Schritten hatte er das Problem auf seine Art gelöst.

»Wissen Sie, woher das Wort Zwerg stammt?«

Diese Frage geschah mir recht, hatte ich mir doch von Anfang an vorgenommen, dieses Wort nie in den Mund zu nehmen.

»Nein«, stammelte ich. Die Antwort blieb mir im Hals stecken.

»Das alte Wort *dwarf* ist eine Ableitung von *gidrog,* und wissen Sie, was *gidrog* bedeutet?«

»Keine Ahnung.«

Ich tat so, als berühre mich das Thema nicht sonderlich.

»Es bedeutet Gespenst, Trugwesen, Fratze ...«

»Das trifft auf Sie nicht zu. Sie sind nicht hässlich«, widersprach ich ihm.

»Schweigen Sie«, fuhr er mich an.

Ich dachte einen Augenblick lang, er werde wütend auf mich losgehen.

»Schweigen Sie. Mit mir bitte keine Euphemismen. Verstanden?«

»Ich habe nur die Wahrheit gesagt. Sie sind weder missgestaltet noch hässlich. Sie sind sehr klein, zugegeben, aber wohlproportioniert.«

»Ich bin, wie ich bin«, sagte er und verzog den Mund.

»So, und wie sind Sie denn?«

»Ich bin ein Ungeheuer. Das ist das passende Wort. Alles andere sind Dummheiten, Banalitäten.«

Ich habe nie genau gewusst, was von Menschen zu halten ist, die voller Verachtung über sich selbst und über ihr Leben sprechen. Im Allgemeinen aber misstraue ich dieser Härte sich selbst gegenüber. Ich habe oft festgestellt, dass unerbittliche Menschen ausgerechnet dann, wenn sie ihr aus tiefstem Herzen verachtetes Leben beurteilen, die Maske fallen lassen und dass sie sich dann zwangsläufig noch verabscheuenswerter fühlen und folglich ihre Waffen gegen ihren Nächsten richten und nicht gegen sich selbst.

Obschon ich dachte, dies sei auch bei Tassis der Fall, ließ ich mich von seiner Rede nicht beeindrucken. Ich überlegte lediglich, dass er einen guten Personalchef abgeben würde.

Wie auch immer: Er hatte die Regeln für unsere gegenseitige Beziehung aufgestellt, und zwar so, wie es ihm passte. Aufgrund meines ersten Fehlers hatte er beschlossen, die Rolle des Lehrers zu übernehmen – und ich folglich die des Schülers. Er würde sprechen; ich würde zuhören. Ich musste in irgendeiner Form für jenen unverzeihlichen Akt des Erbarmens büßen.

Und wir fügten uns beide wie gute Jesuiten den Spielregeln.

»Menschen wie ich verursachten den Gelehrten vergangener Jahrhunderte etliches Kopfzerbrechen«, fuhr Tassis fort, als wir uns bereits Valdesalce näherten.

»Sie behaupteten, dass die Welt und die ganze Schöpfung von Anbeginn in Gottes Absicht gelegen habe, dass alles, absolut alles, vorausbestimmt gewesen und vor der Schöpfung schon geschehen sei. Und dass sowohl die Vergangenheit als auch die Gegenwart und die Zukunft nichts als eine Sekretion des Geistes Gottes seien. Doch was passierte dann? Es tauchten Ungeheuer auf, wie ich eines bin. Und da fragten sich die Gelehrten erstaunt ...«

Er geriet beim Reden in Erregung, wie voriges Mal, als er Góngoras Grabinschrift rezitiert hatte, und musste stehen bleiben, um Atem zu schöpfen. Die verächtliche Grimasse in seinem Puppengesicht verschwand jedoch nicht. Ich überlegte mir, ob nicht vielleicht seine Gesichtsmuskeln verhärtet seien und es ihn eine große Anstrengung koste, sie in ihre ursprüngliche Stellung zu bringen.

»Sie fragten sich ... ob denn wirklich alles seit Anbeginn in Gottes Absicht gelegen habe, und wenn ja, warum wollte ER, dass es Kranke, Lahme und Ungeheuer gebe? War er denn nicht GUT, unendlich GÜTIG?«

Tassis krümmte sich vor Lachen.

Ich war zwar ein geduldiger Schüler, war aber nicht gewillt, eine Szene wie letztes Mal über mich ergehen zu lassen, und so bat ich ihn, sich zu beruhigen und unseren Spaziergang fortzusetzen.

Er folgte mir, hörte aber nicht auf zu reden. Er erklärte mir, in früheren Zeiten habe man seinesgleichen keine Seele zugebilligt, man habe sie im Übrigen nicht einmal als menschliche Wesen betrachtet. Und daher sei ihnen gegenüber alles erlaubt gewesen.

»Die alte Geschichte«, wandte ich ein. »Als die Spanier in Amerika landeten und beschlossen, alles dem Erdboden gleichzumachen, kamen die Hofphilosophen überein, dass die Indianer keine menschlichen Wesen seien. Und warum kamen sie zu diesem

Schluss? Hören Sie mir gut zu: Weil sie sich auf Aristoteles und andere mehr beriefen. Sie vertraten die These, dass die Indianer Tiere seien und es daher keine Sünde sei, sie umzubringen. Haben Sie den Film *Blade Runner* gesehen?«, fügte ich hinzu.

»Ich mag das Kino nicht«, antwortete er steif.

»Gut, wenn Sie das Kino nicht mögen, ist das Ihre Sache, aber warum sagen Sie das so verächtlich? Nur mittelmäßige Menschen sind stolz auf das, was sie nicht mögen«, sagte ich und fiel damit eindeutig aus meiner Schülerrolle.

»*Touché!*«, lachte er, taumelte zwischen den Bäumen umher und tat so, als sei er tatsächlich getroffen.

»Was ist mit diesem *Blade Runner?*«

»Es geht um ein ähnliches Problem. Oder besser gesagt um die Frage: Wer ist Mensch? Wer hat eine menschliche Natur und wer nicht? Ich meine damit, dass die Frage sich uns schon bald in einer neuen Form stellen könnte. Darf ich einen Roboter töten, wird im Jahre 2200 ein Kind in der Schule den Lehrer fragen. Und die Antwort wird nicht so einfach sein, denke ich.«

»Nein, man darf ihn nicht töten, weil ein Roboter eine Unmenge Geld kostet, wird der Lehrer antworten«, entschied Tassis.

Diesmal lachten wir beide – aus ganzem Herzen.

Jener erste gemeinsame Spaziergang gab den Ton für die folgenden an. Und nicht nur, was unsere Haltung oder den intellektuellen oder unpersönlichen Charakter unserer Gespräche betraf, sondern ebenso hinsichtlich der Form, Dauer und Strecke unserer gemeinsamen Spaziergänge.

Jeden Freitag marschierten wir zwei Stunden lang, von sieben bis neun Uhr abends. Wir ließen die Ebene hinter uns zurück – dieses Stück Weg ging jeder für sich allein –, überquerten den Weidhang auf der rechten Talseite und trafen uns bei der ersten Eiche am Waldrand. Tassis erklärte mir die Etymologie verschiedener Wörter, so wie er es das erste Mal mit dem Wort Zwerg getan hatte, was jeweils das Gesprächsthema unseres Spazierganges durch die engen

Tälchen bestimmte, die den Wald durchschnitten – Valdesalce, Valderrobledo, Valdecina ... Und so gelangten wir, fast ohne dass wir es merkten, zum Weidhang auf der linken Talseite, der sich bis zum Dorf hinabzog. Wir setzten uns ein Weilchen, dann machten wir uns schweigend auf den Rückweg, jeder in seine Gedanken und in den Anblick der Landschaft vertieft, der wir jetzt mehr Beachtung schenkten als früher.

Während unserer sieben Spaziergänge sprachen wir über vielerlei Dinge; ich kann mich nicht mehr an alles erinnern. Ich lernte dabei Tassis von einer anderen Seite kennen, er war weniger selbstsicher als das erste Mal, doch immer redselig und arrogant. Und ich verglich das, was er mir anvertraute, mit dem, was Daniel oder Julián oder Benito mir erzählt hatten, und ich musste zugeben, dass viele ihrer Bemerkungen zutrafen.

Bei unserem letzten Spaziergang allerdings, dem siebten, brachte es Tassis fertig, mich zutiefst zu rühren, und nicht etwa, weil es ein Abschied war. An jenem Tag erfuhr ich viel über ihn.

Wir saßen an der Stelle, wo die beiden Weidhänge aufeinandertreffen; unter uns lag das Dorf, und dahinter breitete sich die Ebene aus.

»Was glauben Sie? Gibt es in Villamediana einen Fluss oder nicht?«, fragte ich ihn.

»Es gibt keinen.«

»Die Leute im Dorf sind sich darüber nicht einig. Die einen sagen, es gebe sehr wohl einen Fluss, aber er führe kein Wasser. Es gebe ein Flussbett, eine Böschung, ein Ufer und sogar Brücken – nur das Wasser fehle.«

»Brücken? Wo denn?«

Er betrachtete mit seinen graublauen Augen die Ebene unter uns. Und da wurde mir klar, dass er wohl nie weiter gegangen war als bis zu dem Laden, der von einer blassen Frau namens Rosi geführt wurde und wo er einzukaufen pflegte. Denn die Brücken (zwei Brücken, um genau zu sein) lagen gleich neben dem Dorfplatz.

»Wenn man von Rosis Laden zu den Hütten der Hirten geht.«

Mit dieser Lüge wollte ich meinen Verdacht bestätigen.

»Ach so, ja. Ich erinnere mich.«

Ich begriff, dass er es vermied, sich dem Gespött der Leute auszusetzen. Ich begriff, dass es schrecklich sein musste, aufzuwachen und nach einem vielleicht fröhlichen Traum festzustellen, dass man immer noch missgestaltet war; dass es für Leidende keinen schlimmeren Moment geben konnte als den anbrechenden Tag.

»Die Leute im Dorf erzählen sogar, dass der Fluss einst über die Ufer getreten sei«, fuhr ich weiter, um die Gedanken zu verscheuchen, die mir durch den Kopf gingen.

Ich hatte erst kürzlich in einem alten Almanach etwas über die Überschwemmung Anfang des Jahrhunderts gelesen, und die merkwürdige Geschichte in diesem Zusammenhang schien ganz auf unser Gespräch zugeschnitten. Der Autor schrieb, dass während der Überschwemmung verschiedene Leute im Dorf einen rot gekleideten Reiter auf einem Schimmel gesehen hätten. Dass der Reiter versucht habe, mit seiner Peitsche die Wasserfluten zurückzudrängen. Doch es sei nicht erwiesen, ob dies tatsächlich der Fall gewesen sei oder ob es sich um ein Hirngespinst der verängstigten Dorfbewohner gehandelt habe.

Was ich an dieser Geschichte am meisten bewunderte, war die Genauigkeit. Sie war so prototypisch, dass sie aus einem Symbollexikon hätte stammen können. Das mit der Peitsche und den Wasserfluten zum Beispiel, das entsprach doch – so erklärte ich Tassis – dem sogenannten Xerxes-Komplex, denn hatte nicht Xerxes ebenso gehandelt? Und was den rot gekleideten Reiter und den Schimmel angehe, so gebe es auch darüber eine Unmenge Literatur.

Ich sah jedoch, dass er mir nicht zuhörte, und so wechselte ich das Thema. Tassis interessierte sich nicht für Symbole, sondern für Etymologien.

»Ich langweile Sie«, sagte ich.

»Nein, nein, durchaus nicht. Doch ich möchte von etwas anderem reden.«

»Wie Sie wünschen.«

»Ich werde Ihnen etwas erzählen, was nicht in den Büchern steht«, meinte er ironisch und gab mir damit zu verstehen, er habe meine neue Angewohnheit bemerkt. Denn seit ich ihn kannte – und wie es sich für einen guten Jünger gehört –, widmete auch ich mich dem Studium der Etymologien. »Ich möchte auf die Frage zurückkommen, ob es in Villamediana einen Fluss gibt oder nicht«, fügte er hinzu.

»Sie sind wohl immer noch der Ansicht, dass es keinen gibt.«

»Genau. Wenn er kein Wasser führt, fehlt die Bewegung, und wenn die Bewegung fehlt, fehlt das Wesentliche. In allen Dingen ist die Bewegung das Entscheidende. Bewegung bedeutet Leben. Ruhe hingegen bedeutet Tod.«

Er lachte laut auf, warf sich in die Brust, als sei er in einem Streitgespräch als Sieger hervorgegangen.

Doch im Unterschied zu anderen Malen gab er mir zu verstehen, dass er Theater spiele, dass ihm nicht ums Lachen sei.

»Alles, was positiv ist, steht mit der Bewegung im Zusammenhang. Oder mit dem Leben, wenn Ihnen das lieber ist. Doch das Leben sieht man nicht, die Bewegung hingegen schon. Man könnte es so formulieren: Bewegung ist der andere Name für Leben.«

»Fahren Sie fort.«

»Wenn ich sage, dass ein Mensch *lebhaft* ist, drücke ich damit viele Dinge gleichzeitig aus. Dass dieser Mensch lebendig ist, Seele oder Geist besitzt zum Beispiel, dass er glücklich ist. Doch das Einzige, was das Wort *lebhaft* tatsächlich ausdrückt, ist Bewegung. Und das Gleiche gilt für das Wort *Belebung*...« Er verstummte, als sei er vom Thema abgekommen. Doch dann fuhr er fort: »Sie werden einwenden: Was ist mit dem Wort Fröhlichkeit? Woher kommt dieses schöne Wort? Hat es etwas mit Bewegung zu tun? Gewiss, es hat sehr viel damit zu tun.«

»Woher stammt es denn?«

»*Frawalih, vrölih, vrö-lecken, frohlocken,* vor Freude springen, Bewegung also.«

Die Dämmerung brach ein, die Stunde, in der alle Tiere auf der weiten Welt verstummen. Eine leichte Brise wehte, im Westen färbten sich die Wolken weinrot. Die Dächer von Villamediana verschwammen langsam.

»Haben Sie etwas von Carlos García gelesen?«, fragte er mich plötzlich.

Nein, ich hatte noch nie etwas von diesem Carlos García gehört.

»Warum fragen Sie mich danach?«

»Einfach so. Weil dieser Carlos García ein paar Gedichte über die Abenddämmerung geschrieben hat, die ähnliche Überlegungen enthalten.«

»Das Wort Abenddämmerung taucht in unzähligen Gedichten auf«, wandte ich ein.

»Die Gedichte jedoch, die ich meine, sind wunderbar«, schrie er mich unvermittelt an. Doch er beruhigte sich gleich wieder ... vielleicht war es die Stimmung um uns herum, die ihn besänftigte, und er fuhr fast flüsternd fort: »Carlos García spricht von der Stille dieser Tageszeit. Er sagt, dass zu dieser Stunde die Vögel verstummen und sich verstecken, dass die Feldwege menschenleer sind und dass durch das verblassende Licht die Landschaft erstarrt wie auf einem Bühnenbild ... und dass selbst der Himmel, wenn die Sonne untergegangen ist ... wenn die Wolken stillstehen ... den Eindruck einer Kulisse vermittelt.«

Er sprach ganz leise, sodass ich Mühe hatte, ihn zu verstehen. Dieser Tassis war mir neu.

»Sprechen Sie weiter«, bat ich.

»Das ist alles. Das Einzige, was ich damit sagen wollte, ist, dass zu dieser Tageszeit viele Dinge ruhen und dass selbst die Zeit stillsteht, weil sie sich auf nichts beziehen kann. So oder so: Es ist immer ein Todesecho, das zu uns dringt.«

Neben mir erblickte ich drei hohe Grashalme. Ich bemerkte, dass die Brise nur einen streifte.

»Irgendetwas bewegt sich immer, wenn auch kaum merklich. Zudem hören wir das Schlagen unseres Herzens, hören unsere Schritte …«

»Ja, natürlich. Genau das ist es, was die Abenddämmerung so besonders macht: dass Leben und Tod miteinander verschmelzen.«

Wir sprachen immer leiser, und er noch leiser als ich. Zwischendurch verstummten wir, saßen lange in unsere Gedanken versunken da.

»Die Geisterstunde, denn Geister bewegen sich nicht«, schloss ich.

»Ich erkälte mich«, sagte Tassis plötzlich. In seiner Stimme schwang etwas Ungewohntes mit. Ich schaute zu ihm hinüber. Seine Augen waren feucht.

Wir machten uns schweigend auf den Heimweg. Keiner sprach ein Wort. Ich hätte ihm gerne etwas gesagt, wusste aber nicht, was.

»Unser Gespräch heute hat Sie traurig gestimmt«, sagte ich zu ihm, als wir uns verabschiedeten.

»Nein, nein!«, beteuerte er.

Ich wusste jedoch, dass er log.

»Möchten Sie mit mir etwas trinken gehen?«

Wir waren noch nie zusammen in einem der Gasthäuser eingekehrt.

»Nein danke, ich habe es eilig. Claudia ist unruhig, wenn ich lange weg bin. Zudem muss ich noch Besorgungen machen.«

Er hatte den Satz kaum beendet, als er schon zu Rosis Laden hastete.

Am folgenden Freitag erschien er nicht zu unserem Waldspaziergang, am übernächsten ebenfalls nicht. Ich glaube, ich hätte ihn aufsuchen müssen, ich hätte ihn bitten müssen, unsere gemeinsamen Spaziergänge wieder aufzunehmen. Doch ich unterließ es und besuchte ihn erst viel später. Und als ich es tat, tat ich es aus ebendem Grund, den er mir untersagt hatte: weil ich Mitleid mit ihm empfand. Das war wohl das Schlimmste, was ich ihm antun konnte.

Eines Tages kamen in einem Haus in Villamediana bei Renovationsarbeiten an der Stelle, wo ein Badezimmer hätte eingebaut werden sollen, Fresken aus dem 18. Jahrhundert zum Vorschein, worauf Madrid Restauratoren ins Dorf schickte.

Ich lernte einen von ihnen in der Jägerkneipe kennen, und er lud mich ein, die freigelegten Malereien zu besichtigen. Das dauerte nicht lange – auf der einen Wand war die Stadt Jerusalem zu sehen, auf der anderen religiöse Szenen –, dann plauderten wir noch eine Weile über dieses und jenes. Wie vorauszusehen war, kamen wir vom Namen Villamediana zum Conde Juan de Tassis und von da – durch mein Zutun natürlich – zu Enrique de Tassis.

»Meinen Sie den Zwerg?«, rief er aus und schaute mich erstaunt an.

»Kennen Sie ihn?«, fragte ich ebenso erstaunt zurück.

»Er studierte mit mir an der Universität. Er ist übrigens in Madrid in gewissen Kreisen ziemlich bekannt.«

»Tatsächlich?«

»Sein wirklicher Name ist Carlos García.«

Ich war sprachlos. Mein Gesprächspartner blickte mich beunruhigt an. Er konnte sich den Grund meiner plötzlichen Verwirrung nicht erklären.

Schließlich bat ich ihn, mir eine kurze Biografie jenes Carlos García zu geben. Er erzählte mir, es handle sich um einen Schriftsteller, er habe bisher zwei Gedichtbände veröffentlicht, die leider keinen großen Publikumserfolg gehabt hätten.

»Er lehrte Philologie. Doch dann behauptete er plötzlich, er stamme vom Conde de Villamediana ab, und mit der Zeit schnappte er über. Das wurde wenigstens behauptet. Offensichtlich lebt er jetzt hier.«

»Ja, aber ich glaube, es ist besser, wenn Sie ihn nicht besuchen.«

Er pflichtete mir bei.

Am folgenden Tag ging ich zum verlassenen Dorfteil und klopfte an die Tür des von Brennnesseln umwucherten Hauses.

Ich musste lange warten, bis er aufmachte, noch länger als das erste Mal, als ich mit Daniel dort gewesen war. Er öffnete die Tür nur einen Spaltbreit.

»Wie geht es Ihnen, Tassis?«, begrüßte ich ihn.

»Wie immer«, antwortete er. Doch er wirkte viel zerbrechlicher als sonst, und, was ganz ungewohnt war, er trug das Haar lang und ungekämmt.

Er versuchte, sich zu entschuldigen, dass er nicht mehr in den Wald gekommen sei. Er sagte, es sei zu kalt, um spazieren zu gehen, er wolle Claudia nicht allein lassen. Ich schlug ihm vor, anderswo spazieren zu gehen.

»Besser, wir verschieben es bis zum Frühling. Zudem löst Reden die Probleme nicht.«

Ich stellte fest, dass er es eilig hatte, die Tür zu schließen, so verabschiedete ich mich und sagte, wenn der Winter vorbei sei, könnten wir unsere gemeinsamen Spaziergänge ja wieder aufnehmen, wenn es ihm Spaß mache. Doch ich wusste selbst, dass dies nicht möglich sein würde. Ich hatte vor, Villamediana an Weihnachten zu verlassen.

»Wissen Sie, wann das Wort *Verlassenheit* zum ersten Mal ausgesprochen wurde?«, hörte ich ihn fragen, als ich aus dem Laubengang trat.

»Nein«, sagte ich und blieb stehen.

»Im Jahre 1612.«

»Sie sollten weniger über solche Wörter nachdenken«, riet ich ihm. Er lächelte und machte die Tür zu.

Im folgenden Frühjahr – ich weilte bereits nicht mehr in Villamediana – erhielt ich einen Brief von Daniel. Er begann mit einem Scherz, versicherte mir, sämtliche Mädchen im Dorf seien nach meinem Weggang verzweifelt gewesen, sie würden mich alle grüßen lassen. Von der zehnten Zeile an änderte sich der scherzhafte Ton des Briefes: *Noch etwas wollte ich dir sagen: Die Katze des Zwerges ist jetzt bei mir,* schrieb Daniel.

Und was er mir berichtete, bestätigte lediglich, was ich nach meinem letzten Besuch bereits vermutet hatte.

Die siebte Erinnerung

Alle jungen Mädchen aus Villamediana zogen weg, in ein anderes Dorf oder in die Stadt, um als Hausmädchen zu arbeiten oder auf eine Schule zu gehen, und kehrten nur während der Ferien in das elterliche Haus zurück. »Es gibt keine Gerechtigkeit auf der Welt«, wie Daniel zu sagen pflegte; die Burschen im Dorf hatten das Nachsehen.

Es gab in Villamediana natürlich Möglichkeiten, den Mangel wettzumachen, und Rosi war wohl am ehesten dazu geeignet, die Lücken zu füllen. Obwohl sie auf die vierzig zuging, wirkte sie dank ihrem eisernen Willen gut zehn Jahre jünger, ein Wunder, das auf die Tatsache zurückzuführen war, dass sie sich selbst als heiratsfähig ansah. Sie trug immer bunte, geblümte Kleider, und im Dorf nannte man sie Rita Hayworth – allerdings nur hinter ihrem Rücken.

Sie stammte aus einer ziemlich wohlhabenden Familie, die große Gemüsepflanzungen bewirtschaftete. Sie kümmerte sich um den Verkauf, verhandelte mit den Kunden und verbrachte ihre Zeit zwischen Möhren und Kartoffelsäcken, in einem Raum, der als Lager und gleichzeitig als Laden diente. Sie bewegte sich flink und elegant; die ländliche Umgebung färbte in keiner Weise auf ihre gepflegte Erscheinung ab, und sie wirkte eher wie eine Hostess als wie eine Ladenbesitzerin. Ich habe an ihr nie weder einen verrutschten Knopf noch eine Falte an ihren farbigen Strümpfen noch einen schiefen Ohrring gesehen.

»Darf ich Ihnen noch ein Sächelchen einpacken?«, fragte sie mich, wenn ich bei ihr einkaufte. Sie liebte Diminutive über alles.

Manchmal hatte ich das Gefühl, dass Rosi darunter litt, schlichte Naturprodukte verkaufen zu müssen, und dass sie die Ladenbesitzer im Dorfzentrum beneidete. Die verkauften nämlich dank ihrem Kühlschrank andere Produkte wie zum Beispiel Butter und Joghurt, *viel gepflegtere Waren,* um es mit Rosis eigenen Worten auszudrücken.

Um ihren Gefühlen Luft zu verschaffen, kehrte sie ein ums andere Mal den Fußboden, damit auch nicht die kleinste Krume liegen bleibe, die die Rüben zurückgelassen hatten; niemand sollte behaupten können, in Rosis Laden auf einen faulen Apfel getreten zu sein, und ihre Auslage war blitzblank wie die eines Juweliergeschäftes.

Manchmal setzte sie sich vor die Tür und betrachtete schweigend die Straße. Wann würde sie das alles hinter sich lassen können? Auch wenn es ihr schwerfiel, die Antwort lautete: nie. Man konnte nicht einfach auf und davon und die Familie zurücklassen. Schließlich musste sich jemand um ihren Vater kümmern, den alten Gemüsegärtner.

»Heute hat mich Rosi etwas Merkwürdiges gefragt«, sagte Tassis einmal zu mir, nachdem er mir erklärt hatte, dass das Wort *Laden* zur Wortgruppe *Latte* gehöre und sich auf das zur Warenauslage dienende Brett beziehe; die *kräme* hingegen sei das Zeltdach, das man früher über die Marktbuden gespannt habe, daraus sei dann das Wort *Kramladen* entstanden.

»Sie hat mich gefragt, wie lange eine Familie benötige, um eine Flasche Tomatenkonzentrat aufzubrauchen.«

»Und was haben Sie geantwortet?«

»Eine Woche, schätzungsweise.«

»Die Frage ist gar nicht so abwegig; vielleicht will sie neue Produkte in ihr Sortiment aufnehmen. Sie klagt ja ständig, sie sei es leid, Kartoffeln zu verkaufen.«

»Ich habe mir das zu wenig überlegt, ein unverzeihlicher Fehler«, meinte Tassis mit seiner üblichen Bitterkeit.

»Um ehrlich zu sein, nicht die Frage an sich war ungewöhnlich, sondern das, was sie anschließend getan hat. Sie hat angefangen zu rechnen. Wie viele Flaschen in einer Kiste Platz hätten und lauter solches Zeug, und dann hat sie gesagt: sechs Monate.«

»Sechs Monate?«

»Ich habe sie das Gleiche gefragt. Sechs Monate wofür? Worauf sie mir erklärt hat, so lange gehe es, bis man in Villamediana eine ganze Kiste Tomatenkonzentrat verkauft habe.«

»Ja, und? Was ist daran so ungewöhnlich?«, stichelte ich. Doch er schien es zu überhören.

»Ich sagte ihr, sie könne ja Tomatenkonzentrat in die Kaserne der Übermittlungstruppen auf dem Hügel liefern, die würden viel mehr verbrauchen, mindestens eine Kiste die Woche.«

»Aber die aus der Kaserne kaufen nicht in Villamediana ein«, gab ich zu bedenken.

»Genau deswegen hat mich ihr Verhalten verwundert. Warum hat sie die Geschichte mit der Kaserne so amüsiert? Ich habe übrigens den Eindruck gehabt, dass sie diese Frage ausgerechnet mir stellte, weil sie sich den Dorfbewohnern gegenüber nicht getraute, nur deswegen. Nicht weil sie mich als einen intelligenten Menschen betrachtet ... so wie es ein erwachsener Mensch tun würde. Ich weiß nicht, ob Sie das auch festgestellt haben, aber Rosi ist alles andere als eine erwachsene Frau.«

Für ihn bedeutete Erwachsensein gleich viel wie Vollkommenheit, und wenn offensichtlich beides fehlte, so war das für ihn ein schwerwiegender Mangel.

Tassis täuschte sich im Allgemeinen nie, und umso weniger, wenn seine Annahmen – wie im Fall von Rosi – schmerzlich waren für ihn. Doch wir dachten nicht weiter darüber nach und vergaßen die Geschichte.

Aber wie es so geht, man vergisst zwar eine Begebenheit, die Erinnerung jedoch lässt sich nicht ganz aus der Welt schaffen. Sie nistet sich irgendwo ein, in irgendeiner Ritze des Gedächtnisses, schlummert dort und erwacht irgendwann wieder. Oft genügt ein Duft. Ein andermal eine Geste. Im Fall von Rosi war es ein Hut.

Ich sah auf einem meiner Spaziergänge einen Mann neben einem kleinen Lieferwagen; er trug einen Hut, und ich blieb stehen, um ihn mir näher anzusehen. Ich dachte, der Hut stehe ihm gut. Der Mann war groß gewachsen, vierzig oder fünfundvierzig Jahre alt, mit einem sicheren Auftreten. »Das muss ein Anwalt sein«, sagte ich mir. Doch nein, das war er bestimmt nicht; der Lieferwagen schien ihm zu gehören. Er öffnete eben die Hecktür.

Dann holte er eine Kiste heraus, auf der eine Tomate abgebildet war, und plötzlich fiel mir die Geschichte wieder ein, das, was Tassis mir erzählt hatte, Rosis sonderbares Verhalten.

Ich war mir meiner Sache ganz sicher, doch ich konnte es mir nicht verkneifen und folgte ihm zum Laden.

»Da kommt ja unser Kistchen«, rief Rosi aus, als sie den Mann erblickte. Sie trug ein rot gemustertes Kleid und war dezent geschminkt. Neben der Kasse stand ein Blumenstrauß.

»Vitamine für die Soldaten«, sagte der Mann.

»Warte einen Moment. Ich möchte zuerst diesen Herrn bedienen«, entschuldigte sich Rosi.

»Ich habe es überhaupt nicht eilig«, meinte der Mann und steckte sich eine Zigarette an.

Der hintere Teil des Ladens lag im Halbdunkel, dennoch konnte man zuhinterst eine ganze Anzahl mit weißem Plastik zugedeckte Kisten erkennen. Zweifellos stapelte sich dort das von Rosi eingekaufte Tomatenkonzentrat.

Die achte Erinnerung

Im sonnenlosen Dezember flieht alles, was da kreucht und fleucht, Kastiliens Erde, und der Wanderer findet niemanden, der ihn auf seinem täglichen Spaziergang begleitet, und er begegnet unterwegs auch niemandem, mit dem er einen kleinen Schwatz halten könnte. Er kann um sich blicken, wohin er will. Die Ebene ist gefroren, der Himmel ebenfalls, und dazwischen liegt nur Einsamkeit: nirgends ein erhobener Arm, der ihn grüßt. Die Bauern haben ihre brachen Felder schon lange verlassen, die nun der jungen Saat harren, und verbringen jetzt die Tage im Dorf, in der Kneipe oder die Wärme der häuslichen Glorie genießend, denn in Kastilien nennt man das Kohlebecken *gloria.* Und die Hirten? Unmöglich, in Erfahrung zu bringen, wo sie sich verstecken. Weit und breit keine Spur von ihnen, weder in den Tavernen noch in der Umgebung des Dorfes, noch im Wald. Irgendwo müssen sie doch sein? Die Hirten – sie verbringen die kalte Jahreszeit in weite Kapuzenmäntel gehüllt, die die Farbe der Erde haben, und es ist, als seien sie unsichtbar geworden.

Die Kälte ist klirrend, doch der Wanderer schreitet tüchtig voran, steigt den Weg bergan, der sich im Himmel verliert. Er bleibt an einer Wegkreuzung stehen, klatscht in die Hände, hüpft herum, stampft ... Vergebens. Wir sind nicht im August, auf den Feldern rührt sich nichts; die Vogelschwärme, die beim kleinsten Geräusch davonflatterten, sind fortgezogen. Und auch die Schlangen – *die grünen, glänzend grünen Strahlen –,* die behände von Feld zu Feld glitten, haben sich in ihre Nester verkrochen, überwintern klamm vor Kälte. Ja, die Ebene ist ausgestorben. Oder was noch schlimmer ist, nur die Krähen flattern herum, hungrig, elender denn je.

Die Spaziergänge werden immer kürzer, und schließlich gibt auch er es auf. Er bleibt zu Hause, verbringt den größten Teil des

Tages im Bett, denn er hat fast kein Holz mehr, um Feuer zu machen, und weil die Stunde des Abschieds naht, will er sich keines mehr besorgen. Also zwingt er sich zu schlafen. Und er schläft. Und träumt.

Träumt, dass er durch Rosis Inneres geht und dass ihm ein blaues Licht, wie ein winziges Butangasflämmchen, den Weg zeigt. Und dass Rosis Inneres aus Glas ist, aus einem Glas, das immer dünner wird, sodass es am Ende bei der kleinsten Berührung zerspringt. Er geht immer weiter, folgt dem blauen Flämmchen, kommt zu einem kleinen, verborgenen Raum, sieht einen Schrank, im Schrank steht eine Reihe Flaschen, und auf den Flaschen ist anstelle von Tomaten ein Hut abgebildet.

Dann erwacht er; er wirft einen Blick durch das Fenster und sieht, dass es schneit. Es vergeht kaum eine Viertelstunde, und er ist wieder eingeschlafen. Und träumt. Träumt, dass er durch den Schnee zur Bäckerei stapft und ihn seine Freunde aus Villamediana – Julián, Benito, Daniel und auch Tassis – stumm grüßen. Sie sind alle in Decken eingemummelt und stampfen auf dem Gehsteig herum.

Er gelangt starr vor Kälte zum Dorfplatz und ist erstaunt, dort keine Kinder anzutreffen. Die Weihnachtsferien, erinnert er sich. Er eilt weiter, rennt in Richtung der Bäckerei.

»Endlich, das Paradies!«, ruft er aus, kaum ist er eingetreten. Doch nicht nur wegen der angenehmen Wärme, die vom Holzofen ausgeht, und auch nicht wegen des Wetters draußen. Oder wenigstens nicht nur deswegen.

Er hat einen anderen, verräterischeren Schrei unterdrücken wollen, der ihm in die Kehle stieg. Denn zwischen den mit Broten gefüllten Körben, inmitten des Duftes von frisch gebackenem Mehl, sitzt ein junges Mädchen, das in Magazinen blättert, und das reizende Geschöpf trägt nur ein kurzes, loses Hemd, ein seidenes Hemd, und darunter zeichnet sich eine Brust ab so groß wie ein Apfel.

Die neunte Erinnerung

Dem Brauch zufolge, dass man sich auch von der Landschaft verabschieden muss, bat ich Daniel, mich auf einem meiner letzten langen Spaziergänge zu begleiten, bevor ich Villamediana für immer verlassen würde. Ich wollte, dass mir alle die vertrauten Plätze in Erinnerung blieben und mir später helfen würden, mich intensiver an alles zu erinnern, was ich dort erlebt hatte.

An jenem Tag – obwohl nur noch drei Tage bis Weihnachten fehlten – war der Himmel klar und blau, fast frühlingshaft, und, was schon lange nicht mehr der Fall gewesen war, die Fenster und Türen der Häuser standen offen. Da und dort schmolz der Schnee, und bis am Nachmittag waren nur in den Felsnischen am Abhang hinter dem Dorf weiße Flecken übrig geblieben. Das sei nicht Kastilien, das sei das Mittelmeer, hatte Daniel gesagt, als wir zu unserem Spaziergang aufgebrochen waren.

Dieses Wetter – so ganz anders als damals, als ich mitten im Winter im Dorf ankam – war Balsam für die Farne und das Moos in meinem Herzen und milderte zudem den berühmten Abschiedsschmerz, der in sämtlichen Liederbüchern besungen wird. Wir wanderten zu all den Plätzen, die ich während meines Aufenthaltes oft besucht hatte: Valdesalce, Valderrobledo, Valdecina, Encomienda, Fontecha, Ramiel … und zwischendurch, wie in Valdesalce zum Beispiel, vertraute ich mich Daniel an. Mir schien, dass wir kein Geheimnis voreinander haben durften.

»Ich habe dir nie etwas davon erzählt, aber ich habe mich mit dem *condesito* angefreundet. Weißt du, er ist ein ganz eigenartiger Mensch«, fing ich an. Und ich erzählte ihm von unseren gemeinsamen Freitagsspaziergängen.

»Du denkst, dass ich ihn hasse, und hast mir deswegen nichts gesagt. Aber ich hasse ihn nicht, überhaupt nicht. Er tut mir einfach leid. Es ist zwar schlimmer, mit jemandem Mitleid zu haben, als ihn zu hassen, aber es ist so. In diesem Moment zum Beispiel – ich bin sicher, dass er kein Holz mehr hat. Zumindest steigt kein Rauch aus seinem Kamin.«

»Du möchtest ihm welches bringen, nicht wahr?«

»Ich habe einen Bund für ihn bereitgestellt. Eigentlich müsste ich zu ihm gehen ...«

Daniel war ein guter Kerl, im wahrsten Sinne des Wortes.

Doch das war nicht der Grundton unseres Gespräches während unseres letzten Spazierganges. Wir mieden unangenehme Themen. Während wir durch den Wald schritten, erinnerten wir uns an jenes Mal, als wir die nächtlichen Spiele der Hasen beobachtet hatten, an die Mahlzeit mit den Hirten und die fröhlichen Gespräche nach Tisch, an die Begegnung mit den Jägern ... Der Südwind trug das Seine dazu bei, uns die Begebenheiten in Erinnerung zu rufen, die wir in den vergangenen Monaten gemeinsam erlebt hatten.

»Bleib hier stehen, Daniel. Diese Stelle ist geheiligt für mich«, sagte ich zu ihm, als wir nach einer Wegbiegung an einem Bienenstock vorbeikamen.

»Bestimmt eine Weibergeschichte.«

»Weiber ja, aber nicht so, wie du es dir vorstellst. Erinnerst du dich? In der ersten Zeit trug ich meistens einen Jogginganzug.«

»Ja, ich erinnere mich.«

»Gut, eines Tages spazierte ich ruhig hier vorbei, als mir plötzlich meine Küche einfiel. Dass ich in der Küche einen Topf auf dem Herd hatte stehen lassen, meine ich. Ich bildete mir ein, das Haus stehe in Flammen, also machte ich kehrt und rannte wie der Blitz nach Hause. Plötzlich tauchten wie aus heiterem Himmel hinter der Wegbiegung sämtliche Frauen von Villamediana vor mir auf. An die dreißig Frauen, mindestens, verheiratete, verlobte, verwitwete, Großmütter ... ich konnte natürlich nicht stehen bleiben, musste meinen Spurt fortsetzen. Und als ich an ihnen vorbeirannte – du kannst dir den Applaus nicht vorstellen, Daniel, eine alte Frau rief mir *Hurra, Hurra* nach – das sagt wohl alles. Ich war richtiggehend gerührt, ehrlich. Das erste Mal in meinem Leben, dass man mich einer sportlichen Leistung wegen hochleben ließ. Ich konnte nachvollziehen, wie Zatopek wohl zumute gewesen war.«

»Was gewisse Frauen angeht«, meinte Daniel ... und kam auf eines seiner Lieblingsthemen.

Wir gelangten schließlich zum Aussichtspunkt über dem Dorf. Julián und Benito saßen dort, wie immer, ganz in die Betrachtung der Ebene vertieft. Ich bedeutete Daniel weiterzugehen. Ich wollte nicht stehen bleiben, fühlte mich nicht in der Lage, mich von den beiden Alten zu verabschieden.

Am Abend – dem Rat der alten Lieder getreu, wenn *die Stunde des Abschieds* gekommen ist – begaben wir uns auf Kneipenkehr. Wir fingen in Villamediana an, gingen anschließend ins benachbarte Dorf, später besuchten wir die Tavernen entlang der Hauptstraße. Als wir auf die Uhr schauten, war Abendessenszeit bereits vorbei, und wir fühlten uns *fröhlich und frei,* wie es in einem anderen Kapitel des Liederbuches beschrieben wird.

»Unternehmen wir etwas Vernünftiges«, sagte Daniel und schloss seinen Wagen auf. Das begann erst einmal mit einer Geschwindigkeitsübertretung. Dann führte er mich in einen Klub.

Im Norden und im Süden die Ebene; im Westen eine Reihe Lagerhäuser, im Osten zwei Lastkraftwagen: Das war *LAS VEGAS,* wie das Leuchtschild mit roten Buchstaben verkündete.

Hinter der Theke standen zwei junge Damen, zwei weitere standen davor. Wir wurden von den zwei hinter der Theke bedient.

Ich erinnere mich nur noch, dass ich die zwei Stunden, die wir dortblieben, mit einer Diskussion über die sozialen und politischen Probleme in der Dominikanischen Republik verbrachte. Die Informationen, die ich erhielt, waren ziemlich aufschlussreich und aus erster Quelle, ich vergaß aber alles gleich wieder.

Daniel seinerseits versuchte, ein paar Brocken Portugiesisch zu lernen; von Zeit zu Zeit brach er in lautes Gelächter aus. Ich weiß nicht, was für Wörter es waren, die ihn so amüsierten. Ich weiß nur noch, dass er den Unterricht mit Bier bezahlte.

»Wenn du Whisky willst, musst du mir interessantere Wörter beibringen«, sagte er zu einer der jungen Damen.

Als wir *LAS VEGAS* verließen, war er glücklich und vergnügt.

»Hast du bemerkt, wie mich die kleine Portugiesin angeblickt hat?«, fragte er mich, während er zum zweiten Mal in dieser Nacht die zulässige Geschwindigkeit überschritt.

»Wie denn?«

»Verliebt, ja, verliebt.«

»Was du nicht sagst.« Wenn er nicht am Steuer gesessen hätte, hätte ich mich vielleicht länger darüber ausgelassen, doch es schien mir nicht ratsam, ihn abzulenken.

»Zumindest nicht wie eine Professionelle. Sie hatte nicht den Blick einer Professionellen. Im Ernst. Glaubst du mir etwa nicht?«

»Aber natürlich glaube ich dir.«

»Und wie ist es dir ergangen?«

»Ich habe keinerlei besonderen Blick feststellen können. Sie kam mir eher vor wie eine Lehrerin. Ich meine damit, dass sie mich wie eine Lehrerin anblickte.«

Der nächtliche Himmel war sternenübersät, auf der Landstraße war keine Seele unterwegs, und auch ich war glücklich.

Wir beschlossen, uns bei mir zu Hause einen letzten Trunk zu genehmigen; wir hielten auf dem Platz über dem Dorf an. Von hier aus konnte man noch mehr Sterne sehen.

»Die Weisen aus dem Morgenland sind unterwegs«, sagte Daniel plötzlich.

DIE SUCHE NACH DEM LETZTEN WORT

Jung und unbeschwert

Eines Tages kam ein Mann zu uns in die Schule. Er trug einen Schnurrbart und eine karierte Mütze und verkündete mit ernster Miene, er sei gekommen, um ein Klassenfoto von uns zu machen. Wir hörten ihm kichernd zu, vor allem die Mütze erregte allgemeine Heiterkeit, und auch das Wort *Klassenfoto* klang für uns Neunjährige geheimnisvoll und aufregend.

Wir räumten unsere Bücher und Hefte zusammen und folgten der Lehrerin zur Kirche, traten unterwegs in die Pfützen, schubsten uns gegenseitig und warfen die Schultaschen in die Luft. Doch kaum waren wir bei der Kirche angelangt, erlitt unsere Freude einen argen Dämpfer – das Glück ist nie vollkommen –, denn dort erwarteten uns bereits die größeren Mädchen, unsere erbittertsten Feindinnen – eingebildete Gänse, die uns auf der Straße keines Blickes würdigten. »Wer keinen Stein nach ihnen geworfen hat, erhebe die Hand«, pflegte der Herr Pfarrer uns zu tadeln, wenn eine von diesen Tratschliesen uns verpetzte. Doch alle Hände blieben zu Fäusten geballt in den Hosentaschen, alle Augen schauten zu Boden.

Und jetzt saßen sie da, honigsüß lächelnd und mit Kamm und Schere bewaffnet, um uns für das Gruppenbild herzurichten.

»Worauf wartet ihr? Stellt euch nicht so ungeschickt an«, ermunterte uns die Lehrerin – die Knaben vor allem – und wunderte sich über unsere verächtliche Miene in Anbetracht dieser *Verschönerungsaktion.* Da sie nicht aus Obaba stammte, ahnte sie nichts vom tobenden Generationenkonflikt.

Während wir gestriegelt und gekämmt wurden, setzte es Kratzer und Knuffe und andere mehr oder weniger unsanfte Zwischenfälle ab, doch schließlich standen alle Mädchen und Knaben brav und einträchtig auf der Kirchentreppe, für immer und ewig auf einem Klassenfoto vereint – Reisende, die kurze Zeit später aufbrechen würden, verschiedenen Zielen entgegen, mitgerissen vom Strom des Lebens und für immer getrennt.

Bereits eine Woche später traf das mit Spannung erwartete dicke Kuvert mit den Fotos ein. Das waren wir nun also: diese ernst dreinblickenden kleinen Mädchen und die noch viel ernster dreinblickenden, nicht mehr so kleinen Jungen; wir strahlten eine Feierlichkeit aus, die römischen Statuen würdig gewesen wäre. Doch der Ausdruck in unseren Gesichtern hatte weder mit Ernsthaftigkeit noch mit Feierlichkeit noch mit sonst irgendetwas zu tun, was üblicherweise mit *-keit* endet, sondern einzig und allein mit grimmiger Entschlossenheit, denn wir hatten Rache geschworen – vor allem die Kraushaarigen. »Es wird noch mehr Steine absetzen«, sagten die ernsten Blicke auf dem Foto. »Wartet nur«, fügten die zusammengekniffenen Lippen hinzu.

Die Lehrerin verteilte die Bilder und legte uns ans Herz, sie sorgfältig aufzubewahren. Später einmal, wenn wir so alt sein würden wie sie, würden wir bestimmt hin und wieder einen belustigten Blick auf das Foto werfen. Und wir, folgsame Schüler, die wir waren, bewahrten es auf, um es, einmal aufbewahrt, gleich zu vergessen. Denn damals waren wir, wie bereits erwähnt, jung und unbeschwert, und die Vergangenheit war uns egal.

In Wirklichkeit war es nämlich so, dass wir vollauf mit der Welt beschäftigt waren. Sie breitete sich vor uns aus wie das schillernde

Rad eines Pfaus und verhieß uns täglich tausend Dinge, versprach uns zudem weitere tausend oder zehntausend oder hunderttausend für die Zukunft. Die Welt …? Sie ließ sich nicht in Worte fassen, doch sie kam uns riesig vor, grenzenlos, sowohl in der Zeit als auch im Raum. Daher waren die Adressen auf unseren Briefen so ausführlich und kompliziert.

Wir begnügten uns nicht einfach damit, dem Postbeamten den Vor- und Nachnamen eines Vetters anzugeben sowie den Namen der Stadt, in der er wohnte, nein, wir setzten – man weiß ja nie – auch die Provinz darunter, in der sich die Stadt befand, und das Land, in dem die Provinz lag, und den Kontinent, zu dem das Land gehörte. Schließlich fügten wir noch in großen Buchstaben *PLANET ERDE* hinzu. Damit der Postbote sich nicht etwa in der Milchstraße irrte.

Es vergingen Winter, und es vergingen Sommer, und wir wagten uns, wie der Spieler im Gänsespiel, über das erste Feld hinaus, ließen es hinter uns zurück, rückten einmal schnell, einmal langsam vor, hüpften zwischendurch von Gans zu Gans, gerieten auf Abwege, verloren die verlockenden Landschaften aus den Augen, landeten im Kerker oder in der Hölle. Und es kam der Tag, an dem wir eines Morgens im Spiegel feststellten, dass wir nicht mehr neun Jahre alt, sondern zwanzig oder fünfundzwanzig Jahre älter waren; dass wir vielleicht immer noch jung, aber nicht mehr unbeschwert waren.

Erstaunt ließen wir unser Leben in Gedanken an uns vorbeiziehen. Wie waren wir hierhergelangt? Wie hatten wir es so weit gebracht? Gewiss, wir waren nicht mehr so übermütig wie damals, als wir noch die Schulbank drückten. Gewiss, die geografischen Angaben auf unseren Briefen waren knapper geworden. Aber davon abgesehen – was hatte sich geändert? Die Frage war komplex, und so hielten wir es vorerst einmal wie die Helden im Kasperltheater: Nachdem wir lange darüber nachgedacht hatten, dachten wir, das Beste sei wohl, später nochmals darüber nachzudenken.

In unserer Ratlosigkeit erinnerten wir uns – wie die Lehrerin es vorausgesagt hatte – an jenes erste Klassenfoto, das wir zwischen den alten Schulheften aufbewahrt hatten. Wir holten es hin und wieder hervor in der Hoffnung, es möchte uns den Sinn unseres Daseins enthüllen. Und das Bild erzählte; erzählte zum Beispiel von Schmerz: »Schau dir Anna und Maria genauer an, die zwei Schwestern, erinnerst du dich an sie? Sie sind auf dem Großen Spielbrett für immer auf dem Feld mit der Zahl Zwölf stecken geblieben.« Oder es forderte uns auf, über das Schicksal von José Arregui nachzudenken, unserem einstigen Klassenkameraden, jenem lächelnden Jungen auf der Steintreppe vor der Kirche, der zu einem gequälten Mann herangewachsen und schließlich auf einer Polizeiwache gestorben war.

Doch die Antworten des Fotos waren nicht immer traurig. Im Allgemeinen beschränkte es sich auf das alte Sprichwort, das besagt, Zeit bringe Rat, und beim Wort »Rat« mussten wir unwillkürlich über das Paradoxon lächeln, das es enthielt. Manuel, unser grimmigster Kämpfer, wenn es um die Mädchen aus der Realschule ging, hatte schließlich eine von ihnen geheiratet und stand im Ruf, ein unterwürfiger Ehemann zu sein. Und was war mit Martín und Pedro María, den zwei Brüdern, die nie den Religionsunterricht besucht hatten? Sie waren Missionare geworden und lebten nun in Afrika.

Wie auch immer – mit der Zeit erlosch mein Interesse für das alte Foto. Seine Antworten waren ein wenig naiv und abgedroschen. Ich musste weiter fragen, ja, aber ich musste die Frage anders formulieren, die Antwort anderswo suchen.

Es blieb ein ganzes Jahr im Nachttisch und wäre wohl für immer dortgeblieben, hätte mich nicht ein Arbeitskollege eines Tages gebeten, es ihm zu borgen. Er erklärte mir, er habe bei sich zu Hause eine Dunkelkammer eingerichtet, und er würde mir eine fünf- oder sechsfache Vergrößerung davon machen.

»Du kannst es dann an die Wand hängen«, meinte er.

Wenig später brachte er mir den Abzug, und erst jetzt begann es, wirklich zu sprechen, das alte Klassenfoto, und gab sein Geheimnis preis. Denn auf der Vergrößerung entdeckte ich ein Detail, das mir bisher entgangen war, und dieses überraschende Detail war es, das mich zwang, einer eindeutigen Spur zu folgen.

Zugegeben, es ist unüblich, dass ein Schriftsteller zum Zeugen oder Komplizen einer Geschichte wird, die es wert ist, erzählt zu werden; das mag der Grund dafür sein, warum er sich üblicherweise den Kopf zerbrechen muss, um Geschichten zu erfinden. Dennoch wird er sich für einmal nicht an dieses Gesetz halten. Der Autor wird den Stoff für seine Geschichte aus seiner eigenen, erlebten Wirklichkeit schöpfen. Er wird also nicht die Rolle des Autors übernehmen, sondern einzig und allein die des Transkriptors – was ungeachtet des Reimes nicht das Gleiche ist.

Der Prolog ist zu Ende.

Gehen wir zur Schilderung der Ereignisse über, um, Wort für Wort, bis zum letzten vorzudringen.

Die Vergrößerung, die mein Freund angefertigt hatte, war, wie ich bereits erwähnt habe, rund fünfmal größer als das Original, was bewirkte, dass man deutlich die Knöpfe am Rock eines Jungen oder das zwischen den Rissen und Fugen der Steintreppe wuchernde Unkraut erkennen konnte – alles Details, die vorher höchstens als Flecke wahrnehmbar gewesen waren.

Als ich mir das Foto näher anschaute, blieb mein Blick zufällig am rechten Arm eines Mitschülers hängen; Ismael hieß er, und er galt allgemein als *Klassenschreck.* Er versteckte den Arm in der Schultasche, die er auf Brusthöhe hielt, auf der anderen Seite jedoch kam seine Hand zum Vorschein. Man konnte ganz deutlich die Finger erkennen, die etwas festhielten. Aber was? Ein Klappmesser? Ich erinnerte mich, dass er immer eines bei sich getragen hatte. Nein, das konnte es nicht sein, es schien sich nicht um einen spitzen Gegenstand zu handeln. Ich nahm eine Lupe zu Hilfe. Tatsächlich: Ismael hielt eine Eidechse in der Hand. Ein Irrtum war ausgeschlossen.

Ich erinnerte mich an die panische Angst, die wir vor Eidechsen hatten. »Er wollte wohl dem Jungen in der Reihe vor ihm einen Schreck einjagen«, sagte ich mir.

»Schlaft nie im Gras«, mahnten unsere Eltern, »sonst kommt eine Eidechse und nistet sich in eurem Kopf ein.«

»Wie macht sie das?«, fragten wir.

»Sie schlüpft durchs Ohr in den Gehörgang.«

»Warum?«, fragten wir weiter.

»Warum? Um euer Gehirn zu fressen. Die Eidechsen sind ganz gierig auf das menschliche Gehirn.«

»Und was passiert dann?«

»Dann verblödet man, so wie Gregorio.« Gregorio, der *Dorftrottel,* war eine bekannte Gestalt in Obaba. »Er hat aber Glück gehabt«, fügten unsere Eltern hinzu, »die Eidechse hat es bloß angeknabbert.«

Um uns nicht noch mehr zu ängstigen, erklärten sie uns, es gebe zwei Möglichkeiten, um sich vor dieser Gefahr zu schützen. Die eine, nicht im Gras zu schlafen; die andere – falls das Tier sich doch im Kopf eingenistet haben sollte –, so schnell wie möglich in sieben Dörfer zu eilen und die Priester zu bitten, alle Glocken zu läuten; die Eidechsen könnten so viel Glockengeläute nicht ertragen, würden aus dem Kopf hervorkommen und entsetzt das Weite suchen.

All das ging mir durch den Kopf, während ich das Foto betrachtete, und ich dachte mir, dass es sich bestimmt um einen mutwilligen Streich gehandelt habe. Dieser Teufel von Ismael habe die Eidechse wohl an das Ohr des Jungen in der vorderen Reihe gehalten – Albino María hieß er –, damit sich dieser im entscheidenden Moment aus Angst oder Abscheu bewege und dadurch die Gesamtwirkung des Bildes verderbe. Albino María hatte sich jedoch aus irgendeinem Grund beherrscht. Die Aufnahme musste nicht wiederholt werden.

Diese Erklärung vermochte mich nicht ganz zu befriedigen. Da war doch noch etwas …? Und dieses Etwas war die Erinnerung an Albino Marías Schicksal. Er war einer der aufgewecktesten Schüler der Klasse gewesen, war dann plötzlich, innerhalb kurzer Zeit, zum einfältigsten geworden; es wurde immer schlimmer mit ihm, und schließlich konnte er nicht einmal mehr lesen und schreiben: ein trauriger Zerfall, der erst ein paar Jahre später zum Stillstand kam, als Albino María bereits zum Dorftrottel verkommen war.

Während ich das Foto betrachtete, dachte ich an die Ironie des Lebens, und mir schien, dass die Eidechse neben Albino Marías Ohr das unergründliche Schicksal ankündete, das ihm später beschieden sein sollte. Ismael verband in einer symbolischen Geste gewissermaßen die Zukunft mit der Vergangenheit.

Doch war diese Verbindung tatsächlich rein symbolisch?

Es gibt Situationen, in denen man sich, ganz unerwartet, Fragen stellt: während man durch die Straßen geht ... inmitten einer Menschenmenge ..., wenn es dunkel wird ... Diese Frage zum Beispiel tauchte jedes Mal in mir auf, wenn ich das Haus verließ. War jene symbolische Geste doch *physischer* gewesen, als es auf den ersten Blick den Anschein machte? War die Eidechse tatsächlich in Albino Marías Ohr geschlüpft? Nein! Nein, das war unmöglich.

Doch wider Erwarten nahm diese Hypothese an Wahrscheinlichkeit zu. Eines Tages, als ich mir das Foto zum wiederholten Male genauer ansah, entdeckte ich, dass es sich bei der Eidechse in Ismaels Hand um ein winziges Exemplar handelte, das mühelos in einem Ohr Platz fand. Worauf ich Lexika und einschlägige Literatur konsultierte, in denen erklärt wurde, dass die Gattung der *Lacerta viridis* für den Menschen gefährlich sein konnte, wobei allerdings – zumindest in den von mir zurate gezogenen Büchern – nicht näher erläutert wurde, worin diese Gefahr bestand.

Und das Trommelfell?, fiel mir plötzlich ein. Wenn die Eidechse tatsächlich durch das Ohr in Albino Marías Kopf geschlüpft war, musste sein Trommelfell beschädigt sein.

Ich bin von Natur aus ein ungeduldiger Mensch, also wollte ich so schnell wie möglich nachprüfen, was an dieser Überlegung richtig oder falsch sei. Ich ging zum Telefon und rief meinen alten Onkel an, der viele Jahre in Übersee gelebt hatte und nun in Obaba wohnte.

»Du weißt, ich gehe selten aus. Du wirst jemand anderen fragen müssen«, antwortete er. Meine Frage schien ihn überhaupt nicht zu verwundern. Ihn interessierten bekanntlich nur die literarischen Dispute, die jeweils am ersten Sonntag des Monats in seinem Haus stattfanden.

»Du hast doch unsere Zusammenkunft nicht etwa vergessen? Ich erwarte dich am kommenden Sonntag, abgemacht?«, fügte er hinzu.

»Keine Sorge. Ich werde kommen. Und bringe mindestens vier neue Geschichten mit.«

»Eine gute Nachricht für den Onkel aus Montevideo.«

So nannte er sich gerne: der *Onkel aus Montevideo.* Er hatte lange Jahre in Südamerika gelebt und besaß immer noch irgendwelche Geschäfte dort: ein paar Buchhandlungen und eine Bäckerei.

»Bist du sicher, dass es eine gute Nachricht ist? Meine Erzählungen sind deiner Meinung nach lauter Plagiate!«

»Stimmt das etwa nicht? Die modernen Schriftsteller plagiieren bloß. Da aber die Hoffnung das Letzte ist, was man aufgibt ...«

»Gut. Am Sonntag mehr darüber.«

»Bring doch noch ein paar Schriftsteller mit, Neffe. Je zahlreicher wir sind, desto spannender der Disput.«

»Mal sehen, was ich tun kann, Onkel. Doch ich verspreche nichts, denn die Leute haben einen Heidenrespekt vor dir. Sie fragen sich, ob es auf dieser Welt überhaupt etwas gebe, was deine Zustimmung findet. Abgesehen von den Romanen aus dem 19. Jahrhundert natürlich.« Mein Onkel brach in Lachen aus. »Wen könnte ich wegen Albino María fragen?«, fügte ich hinzu.

»Warum rufst du nicht die Bar an? Du brauchst nur zu sagen, du würdest eine Umfrage über geistig Behinderte machen. Das Wort *Umfrage* bewirkt Wunder heutzutage.«

Ich befolgte den Rat meines Onkels – mit genau dem Resultat, das er mir vorausgesagt hatte. Die Besitzerin zeigte sich höchst interessiert.

»Doch, ja, ich glaube, er ist tatsächlich taub. Warten Sie einen Moment. Ich frage einen der Gäste an der Theke«, antwortete sie.

Während ich am Telefon wartete, dachte ich, dass Geschichten oft dazu neigen, sich zu komplizieren.

»Sind Sie noch da? Ja, er ist auf dem rechten Ohr taub«, hörte ich am anderen Ende der Leitung sagen.

Mir schien, der Moment sei gekommen, in dieser Angelegenheit einen Arzt zu befragen. Denn die Eidechse konnte nur ins rechte Ohr geschlüpft sein – wenn überhaupt.

Was anschließend geschah, lässt sich in wenigen Worten zusammenfassen: Der Arzt, den ich in dieser Sache konsultierte – ein alter, literaturbegeisterter Freund –, meinte, das sei unmöglich. Doch meine Frage reizte seine Forscherneugierde.

»Ich werde in der Bibliothek nachsehen, ob es irgendwelche klinischen Studien zu diesem Thema gibt. Möglich, dass im Zusammenhang mit Tropenkrankheiten etwas zu finden ist. Ruf mich in ein paar Tagen an.«

Doch ich brauchte ihn gar nicht erst anzurufen. Er war es, der sich bereits am nächsten Morgen bei mir meldete.

»Tatsächlich. Es könnte tatsächlich der Fall gewesen sein«, sagte er ohne lange Umschweife.

»Meinst du das im Ernst?«

Es war ein heißer Sommertag, doch der Schweiß an meinen Händen hatte nichts mit der Temperatur zu tun.

»Massieu, Péreire, Spurzhein, Bishop …«

Er las wohl die Namen vom Computerbildschirm ab.

»Wer ist das? Die Wissenschaftler, die sich mit diesem Thema befasst haben?«

»Mit Tropenkrankheiten im Allgemeinen. Auf dem Bildschirm erscheinen die betreffenden Kapitel aus ihren Werken, und alle haben in irgendeiner Form mit Verletzungen durch Eidechsen zu tun. *On lizards and mental pathology* …«

Er konsultierte wieder den Bildschirm.

»Ich habe bereits mit meinen Kollegen darüber gesprochen«, fuhr er fort, »sie sind alle meiner Meinung. Wenn das, was du vermutest, stimmt, warum denn …«

»Eben. Das meine ich auch. Bloß eine Vermutung allerdings«, wandte ich ein.

»Genau. Wie ich bereits gesagt habe: Das wäre der erste in Europa diagnostizierte Fall. Interessant, nicht wahr?«

»Kommst du am nächsten Sonntag nach Obaba zum literarischen Zirkel?«, unterbrach ich ihn. »Du erinnerst dich doch an meinen Onkel aus Montevideo?«

»Und ob! Er hat meine Erzählung innerhalb von fünf Sekunden schonungslos zerrissen. Es kümmerte ihn nicht im Geringsten, dass es mein erster Versuch war«, antwortete er lachend.

»Also, hör zu, ich habe mir Folgendes überlegt: Wir fahren am Samstag gegen Abend hier weg, halten unterwegs in einem Dorf an der Küste an. Nein, nein, ich verrate dir nicht, um was für ein Dorf es sich handelt. Nur, dass wir dort jemanden aufsuchen. Ismael, ja. Ich sehe schon, dir gegenüber kann man keine Geheimnisse haben. Ja, er wohnt dort; er besitzt ein Pub am Strand. Und anschließend fahren wir nach Obaba. Und wenn wir Zeit und Lust haben, gehen wir noch schwimmen. Einverstanden?«

Am anderen Ende der Leitung blieb es einen Moment lang still.

»Wird deinem Onkel ein Plagiar meiner Sorte überhaupt willkommen sein?«

»Für ihn ist alles Plagiat, was nach dem 19. Jahrhundert geschrieben worden ist. Darüber brauchst du dir keine Gedanken zu machen.«

»Also gut. Ich bin wirklich neugierig, diesen Albino María kennenzulernen.«

Seine Neugierde war ihm anzuhören, doch es war nicht die Neugierde eines Arztes, sondern die eines Literaturliebhabers.

»Bestens. Ich werde dich am Samstag gegen neunzehn Uhr abholen. Und wenn etwas dazwischenkommt, ruf mich an.«

Doch es kam nichts dazwischen. Am folgenden Samstag bog unser Wagen ein paar Minuten vor sieben in die Autobahn ein.

Die Reise nach Obaba hatte begonnen.

Das Dorf an der Küste lag etwas weniger als eine Autostunde von der Stadt entfernt, und wir nutzten den klaren Abend, um in der Nähe des Hafens im Freien zu Abend zu essen. Anschließend – es war bereits elf Uhr – machten wir uns auf den Weg zum Strand, wo das Pub meines ehemaligen Schulkameraden lag.

»Hast du den Namen des Lokals gesehen?«, fragte mein Freund und deutete auf die Leuchtschrift.

»DIE EIDECHSE«, las ich laut.

»Ismael scheint nach wie vor etwas für Eidechsen übrigzuhaben.«

»Es macht ganz den Eindruck.«

Im überfüllten Pub drängten sich vor allem Halbwüchsige; wir hatten etliche Mühe, einen Platz zu finden, von wo aus man das Lokal überblicken konnte. Schließlich räumten ein paar nette Motorradfahrer ihre Helme und Handschuhe weg und machten uns am äußersten Ende der langen Theke Platz. Wir setzten uns auf einen Barhocker und beobachteten Ismael.

Er war immer noch so schlank wie früher, doch er machte nicht mehr den Eindruck des ungezügelten Jungen von einst. Er hatte sich sehr verändert. Er trug ein orangefarbenes, mit englischen Wörtern bedrucktes Hemd, in seinem dunklen Haar leuchteten ein paar gelbe Strähnen. Als er uns erblickte, eilte er herbei, um uns zu begrüßen.

»Was für eine Überraschung! Was macht ihr in dieser Gegend?«

Nicht nur sein Äußeres hatte sich verändert, sein ganzes Benehmen war ruhiger geworden; sein Lächeln wirkte aufrichtig. Was würde das Foto sagen, wenn ich es das nächste Mal befragte? Wahrscheinlich nichts. Es hatte mir schon oft wiederholt, dass *Zeit und Rat* Synonyme sind.

»Du siehst, auch unsereins geht ab und zu aus«, antworteten

wir. Wir mussten jedoch unser Gespräch unterbrechen, denn eine Gruppe junger Leute rief ungeduldig nach der Bedienung.

Bevor er uns allein ließ, bot er uns ägyptische Zigaretten an, zeigte auf eines der vielen Motorboote am Strand und machte eine Bemerkung hinsichtlich der Verschmutzung des Meeres.

»Ich hätte nie gedacht, dass sich Ismael zum Umweltschützer bekehren würde«, sagte ich.

»Er surft bestimmt«, flüsterte mir mein Freund zu.

Das Lokal füllte sich immer mehr, daher schnitten wir nach einer Stunde behutsam das Thema an, das uns hergeführt hatte. Wir erklärten ihm, wir würden uns für die Einzelheiten eines Vorfalls aus unserer gemeinsamen Schulzeit interessieren, eine Belanglosigkeit; unser Interesse sei – um es so auszudrücken – rein wissenschaftlicher Natur.

In Ismaels Augen blitzte so etwas wie Angst und Misstrauen auf. Es war der gleiche lauernde Blick, den er schon als Neunjähriger gehabt hatte. In dieser Hinsicht hatte er sich nicht verändert.

»Und worum geht es?«

»Du hegst doch eine besondere Vorliebe für Eidechsen, nicht wahr?«, fragte ich ihn so ganz nebenbei.

»Warum fragst du das? Weil ich mein Lokal so benannt habe?«

Seine Stimme klang abweisend, fast drohend. Ich wusste jedoch, dass er ein Feigling war, wusste es seit unserer Kindheit. Er war der Klassenschreck gewesen, ja, trug immer ein Stellmesser in der Hosentasche, aber auf einen Kampf von Angesicht zu Angesicht hatte er sich nie eingelassen.

»Nein, damit hat meine Frage nichts zu tun. Es geht um die Eidechse auf dem Klassenfoto, genauer gesagt um jene, die du damals an Albino Marías Ohr hieltest. Was wir wissen möchten, ist, ob die Eidechse in sein Ohr geschlüpft ist.«

»Was soll das? Du Idiot«, schrie er mich wütend an.

Dann kehrte er uns den Rücken zu und begann, Gläser zu spülen.

»Du hast ihn verletzt«, meinte mein Freund.

Doch Ismael hatte sich inzwischen wieder beruhigt.

»Ich hätte mehr von euch erwartet. Unglaublich, dass gebildete Männer einen solchen Unsinn erfinden. Ehrlich, ihr enttäuscht mich.«

Ismael sprach laut, verächtlich.

Die Motorradfahrer an der Theke schauten neugierig zu uns herüber. Es herrschte dicke Luft im Raum.

»Reg dich nicht auf, Ismael«, antwortete ich und ahmte die Sprechweise der Leute von Obaba nach. Ich war in Hochstimmung. Die zwei Genever, die ich intus hatte, begannen zu wirken.

»Ich bin hier mein eigener Herr und Meister und kann mich aufregen, soviel ich will. Und ich lasse es nicht zu, dass mir jemand mit so idiotischen Verdächtigungen kommt.«

Ich beschloss also, mich so zu verhalten, wie man es in Obaba zu tun pflegt: Ich nahm seine Hand zwischen meine Hände. Diese Geste sollte bedeuten, dass ich auf seiner Seite sei, dass ich ihn mochte wie einen Bruder. Stammten wir etwa nicht aus dem gleichen Ort? Waren wir nicht beide auf dem Klassenfoto vereint? Genügte ihm das nicht? Warum misstraute er mir?

»Du weißt genau, dass ich nichts gegen dich habe!«, versicherte ich ihm.

»Wir möchten einfach eine Kleinigkeit in Erfahrung bringen, Mann. Ich behandle Albino Marías Taubheit und möchte wissen, was an jenem Tag tatsächlich passiert ist.«

Die Geistesgegenwart meines Freundes verblüffte mich. Das war zweifellos das beste Argument, um etwas in Erfahrung zu bringen.

Die Reaktion ließ nicht auf sich warten. Ismaels Blick heiterte sich auf.

»Und was habe ich damit zu tun?«, fragte er.

»Seine Mutter behauptet, Albino María habe von jenem Tag an begonnen, schlecht zu hören, das ist alles.«

Ich staunte über die geschickte Lüge meines Freundes.

»Gut, ich werde euch die Wahrheit sagen. Aber ich glaube nicht, dass sie euch weiterhilft«, sagte Ismael, während er sich mit einem Lappen die Hände trocknete.

»Ich weiß nicht, was mit der Eidechse passierte. Es stimmt, dass ich sie in der Hand hielt … ich nehme an, um irgendeinen Streich zu spielen, wie gewohnt … damit das Foto misslingt … die Schüler in der vorderen Reihe gestikulierend und verwackelt … ich wollte wohl einen Witz machen, das ist alles. Was dann geschah … ich weiß es wirklich nicht. Ich erinnere mich, dass sie mir entwischte, das ja. Ich glaube aber nicht, dass sie in Albino Marías Ohr schlüpfte. Ehrlich gesagt, das scheint mir unmöglich.«

»Auch uns kommt das unwahrscheinlich vor. Weißt du, wir sind ganz zufällig hier vorbeigefahren und haben uns gedacht, wir schauen mal rein und fragen dich danach. Vergiss es!«

Die Stimme meines Freundes klang versöhnlich.

»Ich war ein schlimmer Kerl, das ist bekannt. Ein ganz schlimmer Kerl«, sagte Ismael lächelnd.

»Na ja, ob du es glaubst oder nicht, hier, genau an dieser Stelle, habe ich das Haus meines Großvaters in Brand gesteckt. Natürlich nicht absichtlich«, wandte mein Freund ein.

»Mach keine Witze.«

Es war offensichtlich, dass dieses Geständnis ganz nach Ismaels Geschmack war. Es erleichterte wohl sein Gewissen.

Wir verabschiedeten uns, verließen das Pub und gingen zum Parkplatz am Hafen.

Als wir wieder im Wagen saßen – ein bisschen enttäuscht allerdings –, erinnerten wir uns an Balzacs Feststellung: dass das Leben nie abgerundete Geschichten erfindet, nämlich, dass man nur in den Büchern einleuchtende und endgültige Folgerungen zieht.

»Wir werden nie erfahren, was mit der Eidechse geschehen ist«, stellte ich fest.

»Es ist noch nicht aller Tage Abend. Bevor wir den Fall zu den Akten legen, sprechen wir noch mit Albino María«, entgegnete mein Freund.

»Wir könnten ihn morgen aufsuchen. Er verlässt Obaba nie.«

»*Ojala,* so Gott will.«

»Und wenn wir schon bei Balzac und den einleuchtenden Folgerungen sind, welches ist deiner Meinung nach die beste Geschichte? Die Geschichte mit der besten Pointe?«

Der Gedanke war mir ganz plötzlich gekommen.

Zu dieser nächtlichen Stunde herrschte nur noch spärlicher Verkehr, die Einsamkeit der Autobahn schien Geständnissen förderlich zu sein.

»So auf Anhieb wüsste ich keine Antwort.«

»Gut, willst du wissen, was Boris Karloff geantwortet hätte? Wetten, dass du nicht errätst, welche Geschichte für Boris Karloff die beste Geschichte der Welt war.«

»Keine Ahnung, bestimmt irgendeine Gruselgeschichte.«

»Nein, es war die des Dieners des reichen Kaufmanns zu Bagdad.«

»Und was ist das für eine Geschichte?«

»Wenn du Lust hast, erzähle ich sie dir. Ich brauche allerdings dringend eine Tasse Kaffee.«

»Einverstanden. Als Vorbereitung auf die Sitzung von morgen. Mit deinem Onkel als Schiedsrichter kann man sich nicht genug vorsehen.«

Wir hielten an einer Autobahnraststätte an, setzten uns in eine ruhige Ecke, und ich rief mir die alte Sufi-Geschichte in Erinnerung, um sie meinem Freund zu erzählen.

Die Geschichte der Eidechse und das letzte Wort – sie konnten warten.

Der Diener des reichen Kaufmanns zu Bagdad

Es war einmal ein junger Bursche, der in der Stadt Bagdad einem reichen Kaufmann diente. Eines Tages ging er frühmorgens auf den Markt, um einzukaufen. Doch es war nicht ein Morgen wie jeder andere, denn an jenem besonderen Morgen erblickte er in der Menge den Tod, und der Tod gab ihm ein Zeichen. Von Entsetzen gepackt, eilte der Diener in das Haus seines Meisters zurück.

›Herr‹, sagte er zu ihm, ›borgt mir Euer schnellstes Pferd. Ich will nach Isfahan reiten, denn wenn es Nacht wird, muss ich Bagdad weit hinter mir zurückgelassen haben.‹

›Warum, sag, warum willst du denn fliehen?‹

›Weil ich auf dem Markt den Tod gesehen habe, und der Tod hat mir ein Zeichen gegeben.‹

Der Kaufmann hatte Erbarmen mit seinem Diener und überließ ihm das Pferd; der Bursche ritt eiligst davon, aus tiefster Seele hoffend, dass er vor Einbruch der Dunkelheit in Isfahan eintreffen würde.

Am späten Nachmittag ging der Kaufmann seinerseits auf den Markt, und auch er begegnete dort dem Tod. Er ging auf ihn zu und sagte: ›Tod, warum hast du meinem Diener ein Zeichen gegeben?‹

›Ein Zeichen gegeben?‹, entgegnete der Tod. ›Nein, ich habe ihm kein Zeichen gegeben, ich war bloß erstaunt, ihm hier, in Bagdad, zu begegnen, wo ich ihn doch heute Nacht in Isfahan holen muss.‹ «

Das ist die Geschichte vom *DIENER DES REICHEN KAUFMANNS ZU BAGDAD,* so, wie ich sie in jener Nacht meinem Freund erzählte.

Rund um das Geschichtenerzählen

Als die Geschichte zu Ende war, verharrte mein Freund in Nachdenken versunken. Er starrte in die Kaffeetasse, als versuche er, aus dem Kaffeesatz die Zukunft zu lesen.

»Ich stimme Boris Karloff zu. Es ist wirklich eine gute Geschichte«, meinte er dann.

Und wie immer bei nächtlichen Gesprächen, die diesen Namen verdienen, zog dieser Kommentar eine eher metaphysische, nicht einfach zu beantwortende Frage nach sich.

»Was ist es letztlich, was eine gute Geschichte ausmacht?«

»Ich weiß eine noch viel bessere Geschichte«, mischte sich jemand mit ausländischem Akzent in unser Gespräch.

Wir drehten uns um, erstaunt über die Anwesenheit eines unerwarteten Zeugen.

»Ich bin es«, stellte sich dieser lakonisch vor.

Doch wir kannten ihn überhaupt nicht. Es war ein älterer Mann mit weißem Haar und weißem Bart. Obwohl er sich fast kauernd zu uns herüberbeugte, hatte ich den Eindruck, er sei sehr groß, an die zwei Meter.

»Ich weiß eine noch viel bessere Geschichte«, wiederholte er. Sein Atem roch nach Whisky.

»So erzählen Sie uns doch Ihre Geschichte«, forderten wir ihn schließlich auf. Ich fragte mich, aus welchem Land der Mann wohl stammen mochte. Seine Kleidung verriet den Ausländer. Er hob feierlich die Hand und bedeutete uns, einen Moment zu warten, stand auf und ging zur Theke; er überragte die Menge der Gäste im Lokal um einen ganzen Kopf. Er war wirklich eine imposante Gestalt.

»Wir müssen wohl anderswo hingehen«, sagte ich zu meinem Freund. Denn ich befürchtete, wir würden kaum in Ruhe weiterdiskutieren können.

Der weißhaarige Alte schien ein interessanter Mann zu sein, obwohl er ganz offensichtlich ziemlich beschwipst war. Wir hatten aber noch vor, bis nach Obaba zu fahren.

»Hast du mit deinem Onkel aus Montevideo gesprochen? Weiß er, dass du mich mitbringst?«

»Ja, ich habe es ihm mitgeteilt. Als ich ihm gesagt habe, du würdest ebenfalls eine Geschichte mitbringen, hat er sich sehr gefreut. Du weißt ja, wie er ist: je zahlreicher die Opfer, desto mehr genießt er es.«

»Dann ist es wohl besser, wir machen uns auf den Weg. Der morgige Tag verspricht anstrengend zu werden.«

»Gut, gehen wir«, pflichtete ich ihm lachend bei.

Doch der groß gewachsene Kerl stand bereits wieder vor uns. Er hatte jetzt den Hut auf und hielt einen Whisky in der Hand.

»Meine Geschichte ist sehr ungewöhnlich, ich meine es ernst«, beharrte er. Als er sich hinsetzen wollte, stolperte er und wäre beinahe auf uns gefallen. *»I'm sorry«,* entschuldigte er sich.

»Wir sind ganz Ohr«, ermunterte ihn mein Freund.

Der Mann zog ein kleines Tonbandgerät aus seiner Rocktasche und legte es auf den Tisch.

»Die Geschichte trägt den Titel *El monkey de Montevideo.* Oder besser gesagt: *der Affe aus Montevideo*«, erklärte er, nachdem er die Aufnahmetaste gedrückt hatte. Doch er konnte nicht weitererzählen. Das Sprechen machte ihm Mühe, er lallte ein paar unverständliche Worte, die wohl englisch sein mochten. Er schaltete das Tonbandgerät aus und seufzte. »Zu laut hier drinnen«, entschuldigte er sich und hielt immer wieder die Hand ans Ohr.

»Ja, das stimmt. Es ist wirklich laut hier«, pflichtete ihm mein Freund bei.

»Und zudem müssen wir leider gehen. Ein andermal.«

Wir standen auf.

»*It's a pity*«, seufzte er, als wir uns verabschiedeten.

»Es tut uns wirklich leid. Vielleicht begegnen wir uns gelegentlich wieder. Es wird uns ein Vergnügen sein, uns Ihre Geschichte anzuhören.«

Ich war beinahe versucht, ihn zum morgigen literarischen Disput im Hause meines Onkels einzuladen, getraute mich aber schließlich doch nicht, obwohl ich wusste, dass unerwartete Gäste meinem Onkel jederzeit höchst willkommen waren. Die Alkoholfahne des Alten hielt mich wohl davon ab. Als wir an der Theke bezahlen wollten, sagte der Kellner, unsere Getränke seien bereits beglichen.

Wir winkten dem weißhaarigen Alten dankend zu; er hob zum Gruß die Hand an die Krempe seines Hutes. Wir verließen die Raststätte und gingen zu unserem Wagen.

»Wir waren bei der Frage stehen geblieben, was eigentlich eine gute Geschichte ausmacht«, sagte mein Freund, als wir noch kaum einen Kilometer gefahren waren. Es war offensichtlich: Das Thema beschäftigte ihn.

Ich hänselte ihn ein wenig, scherzte über seine Vorliebe für tiefschürfende Gespräche. In Wirklichkeit bewunderte ich jedoch seine neugierige, nie oberflächliche Art, die er schon als Junge gehabt hatte und die nun im Arzt weiterlebte. Er wirkte überhaupt nicht wie ein Mann des ausgehenden 20. Jahrhunderts.

»Zählen wir ein paar gute Geschichten auf, um festzustellen, ob wir gleicher Meinung sind«, schlug ich vor, während ich die Scheinwerfer abblendete, um den roten Lancia, der uns eben überholt hatte, nicht zu behindern.

»War das nicht Ismael?«

»Wie bitte?«

»Ich glaube, es war Ismael, der am Steuer des Lancia saß. Vielleicht habe ich mich geirrt.«

»Er wird den Sonntag wohl auch in Obaba verbringen.«

»Die Geschichte mit der Eidechse beschäftigt ihn wohl; dachte ich es mir doch«, lachte mein Freund.

»Wie die Geschichte des Alten, die vom Affen aus Montevideo. Ich habe das Gefühl, dass wir sie früher oder später doch noch hören werden.«

»Und sind einmal mehr dort angelangt, wo wir stehen geblieben waren. Wir müssen unbedingt zu einem Fazit kommen, bevor er uns wieder über den Weg läuft. Wie können wir sonst beurteilen, ob seine Geschichte gut oder schlecht ist? Der Alte wäre bestimmt enttäuscht.«

Ich stellte fest, dass mein Freund sich zusehends ereiferte.

»Du fängst an. Nenne mir ein paar Erzählungen, die du gut findest.«

»Eine Kurzgeschichte von Tschechow«, schlug er vor.

Und er begann zu erzählen: »Van'ka, eine junge Zofe, die in einem herrschaftlichen Haus diente, konnte nachts nie schlafen, denn das kleine Kind, das man ihrer Obhut anvertraut hatte, ein schlafloses Baby, weinte jeweils stundenlang und wollte nicht aufhören zu weinen. Sie wiegte es und sang ihm Schlaflieder, doch es half nichts. Und je erschöpfter sie war, desto verzweifelter schrie das Kind. Und so ging das Nacht für Nacht, bis schließlich die Eltern eines Morgens, als sie sich über die Wiege beugten, um ihrem Kind guten Tag zu wünschen, mit Schrecken feststellten ...«

Dann war ich an der Reihe. Ich wählte *Mr Lovedays kleiner Spaziergang,* eine Erzählung von Evelyn Waugh: »Eine vornehme Dame erbarmte sich eines armen Teufels, der seit fünfundzwanzig Jahren in einer Irrenanstalt eingesperrt war.

›Warum sperren Sie ihn ein? Er macht doch so einen harmlosen Eindruck, einen so ganz und gar normalen Eindruck‹, sagte die Dame zum Arzt.

›Was wollen Sie, er bleibt aus freien Stücken hier‹, antwortete der Arzt. ›Er will gar nicht hinaus. Früher war er wohl nicht so harmlos, denn, wie man mir erzählt hat, soll er ein junges Mädchen umgebracht haben, das auf dem Fahrrad an ihm vorbeifuhr … einfach so, grundlos. Doch heute ist er ein ganz anderer Mensch geworden. Er könnte schon längst wieder frei herumlaufen, nach all der Zeit …‹

Worauf die Dame versuchte, den Alten davon zu überzeugen, dass es draußen viel schöner sei, dass die Freiheit etwas Wunderbares sei, und sie bot ihm ihre Hilfe an, anerbot sich, die notwendigen Formalitäten zu erledigen.

›Ich habe zwar keine besondere Lust, von hier wegzugehen‹, sagte der Alte zu ihr, ›doch Sie haben mich überzeugt. Ja, ich denke, dass mir eine Luftveränderung guttäte. Und ich möchte mir noch einen Wunsch, einen einzigen Wunsch erfüllen – das schon.‹

Und so erlangte der harmlose, arme Teufel seine Freiheit wieder. Wenige Stunden, nachdem er das Irrenhaus verlassen hatte, stand er jedoch wieder vor der Tür.

Was war geschehen?

Mittlerweile hatte ein Lastwagenfahrer ein auf der Landstraße liegendes Fahrrad gefunden und …«

»Sehr gut. Eine zweifellos überaus gekonnt konstruierte Geschichte. Jetzt erzähle ich dir die Geschichte vom verlorenen Perlenhalsband. Kennst du sie?«

»Von Maupassant? Ich habe sie vor langer Zeit gelesen«, entgegnete ich, während wir einen Lastzug überholten. »Die Heldin heißt Mathilde Loisel, nicht? Jetzt erinnere ich mich.«

Der Fahrer des Lastzuges – verärgert, weil wir ihn überholt hatten, oder aus reinem Übermut – gab Gas, bis er uns auf der linken Fahrspur gefährlich einholte; im Höllenlärm, den das Ungetüm verursachte, konnte man einen Moment lang sein eigenes Wort nicht mehr verstehen.

Ich drosselte die Geschwindigkeit und ließ ihn überholen. Wir brauchten Stille um uns herum.

»Gute Reise und viel Spaß in Frankreich«, riefen wir ihm nach, als wir sahen, dass der Laster ein französisches Kennzeichen trug.

»Mathilde Loisel ging ebenfalls nach Frankreich. Sie lebte in Paris«, fuhr mein Freund fort. »Im vergnügungssüchtigen Paris des 18. Jahrhunderts. Sie war mit einem kleinen, spießigen Beamten verheiratet, und ihr Leben an seiner Seite bestand aus lauter Trübsal. Eines Tages nun erhielt sie eine Einladung zu einem Ball im Hause des Ministers Ramponneau. Diese Einladung bewirkte, dass Mathilde nur noch tiefer in Schwermut versank. Sie wünschte sich natürlich aus tiefstem Herzen, zum Ball zu gehen, doch wie? Was würde sie anziehen? Woher den Schmuck nehmen? Da erinnerte sie sich plötzlich an eine Jugendfreundin, die mit einem reichen Mann verheiratet war. Es ist doch nichts Schlechtes dran, wenn ich sie um ein paar Schmuckstücke bitte – oder? Was sie denn auch tat. Die Freundin lieh ihr bereitwillig den Schmuck. Darunter war ein kostbares ...«

»Jetzt erinnere ich mich wieder: Mathilde Loisel genoss den Ball bis zur Erschöpfung, doch plötzlich stellte sie erschrocken fest, dass das Perlenhalsband verschwunden war. Sie hatte es verloren ...«

»Genau, Mathilde hatte das Halsband verloren. Doch sie konnte es ihrer Freundin nicht sagen. Sie musste es um jeden Preis zurückgeben. Und so verpfändete sie alles, was sie besaß, sogar ihr Leben, um ein zweites Halsband kaufen zu können.«

»Eine richtiggehende Tragödie. Die arme Mathilde rackerte sich ab, Tag und Nacht, um das notwendige Geld zusammenzutragen. Und wie es so geht im Leben, ein paar Jahre später begegnet sie auf der Straße ihrer Freundin. Und was erfährt sie bei dieser Gelegenheit? Dass das Perlenhalsband falsch war, dass es bloß billige Klunker waren. ›Du wirst es nicht glauben, Mathilde‹, erzählte ihr die Freundin, ›aber seit du an jenem Abend das Halsband getragen hast, haben die Perlen einen ganz anderen Glanz, sie schimmern, als seien sie echt.‹«

Auf die Geschichte von Maupassant folgte eine von Schwob, und auf die von Schwob eine von Chesterton. Und so, von Geschichte zu Geschichte, verließen wir schließlich die Autobahn und bogen in die kurvenreiche Landstraße ein, die zwischen Hügeln und Bergen nach Obaba hinaufführt. Wir kurbelten das Fenster herunter.

»Als wir noch Kinder waren, nannten wir diese Strecke *den Schmetterlingswald*«, sagte ich zu meinem Freund.

»Das wundert mich nicht, schau ...« Im Licht der Scheinwerfer flatterten zahllose weiße Schmetterlinge vor uns her. »Wie Schneeflocken«, fügte er hinzu.

»Wir fuhren oft hier vorbei. Mit dem Fahrrad natürlich, wie die jungen Mädchen in Waughs Geschichte. Wir verbrachten mehr oder weniger den ganzen Sommer auf dem Fahrrad.«

»Woher kommen all diese Schmetterlinge?«, wunderte sich mein Freund.

»Man sagt, diese Schmetterlingsart würde sich vom Kreuzkraut ernähren, das hier in Hülle und Fülle wächst. Wahrscheinlich vermehren sie sich deswegen so prächtig.«

Von meinen eigenen Worten angeregt, streckte ich den Kopf aus dem Autofenster und atmete tief die laue, sommerliche Nachtluft ein. Ja, der Wald duftete noch immer nach Kreuzkraut.

Wir fuhren schweigend zwei oder drei Kilometer, jeder in seine Gedanken vertieft, folgten mit dem Blick den Schmetterlingen. Wenn die Straße hin und wieder aus der undurchdringlichen Dunkelheit des Waldes auftauchte, konnten wir die fernen, einsam blinkenden Lichter der Häuser an den Berghängen sehen. Als wir nur noch etwa eine halbe Stunde von Obaba entfernt waren, bildete sich plötzlich ein weißes Wölkchen zwischen den Sternen. Auf das Wölkchen folgte der Knall eines Feuerwerkskörpers.

»Irgendwo findet wohl ein Dorffest statt«, stellte mein Freund fest.

»Nicht weit von hier«, antwortete ich und zeigte auf den Kirchturm, der schlank hinter dem Wald aufragte.

»Es sieht ganz so aus, als ob die Schmetterlinge nicht viel für Feuerwerke übrighaben. Schau, sie sind verschwunden.«

Tatsächlich: Im Scheinwerferlicht blitzten nur noch die bunten Wimpel entlang der Landstraße auf.

Wir parkten den Wagen auf einer Anhöhe ganz in der Nähe des Dorfes. Von dort aus konnten wir, wie von einem hoch gelegenen Balkon aus, den Festplatz überblicken. Die Klänge der Tanzkapelle drangen, vom Wind getragen, einmal leise, einmal laut, bis zu uns herauf.

»Nun, wo waren wir stehen geblieben mit unseren Geschichten?«, fragte mein Freund.

Bevor die Frage nicht wenigstens teilweise geklärt war, wollte er sich nicht unter die fröhliche Menge mischen. Und, um ehrlich zu sein, mir erging es ebenso. Ich verspürte das Bedürfnis, mir eine Zigarette anzustecken, mit offenen Augen zu träumen, die laue Nacht in mir aufzunehmen.

Was bezweckten so meisterliche Schriftsteller wie Tschechow, Waugh oder Maupassant mit ihren Erzählungen? Ein unerschöpfliches Thema; doch schließlich fanden wir eine einigermaßen befriedigende Antwort auf diese Frage: Wir glaubten, definieren zu können, worin das Besondere dieser literarischen Gattung lag. Schließlich hatten wir das befriedigende Gefühl, ein sehr fruchtbares Gespräch geführt zu haben.

Erstens erschien uns die Parallele zwischen Erzählung und Gedicht offensichtlich. Mein Freund fasste zusammen: »Sowohl die Erzählung als auch das Gedicht stammen aus der mündlichen Überlieferung und sind meist knapp. Zudem müssen beide, vielleicht eben aufgrund dieser Charakteristika, eine klare Aussage enthalten. Beweis dafür ist, dass schlechte Erzählungen und schlechte Gedichte – wie jemand geschrieben hat – *kläglich, eitel und leer* sind. Von diesem Standpunkt aus betrachtet, besteht das Geheimnis nicht darin, eine Geschichte zu erfinden. Geschichten gibt es in rauen Mengen. Der Schlüssel liegt im Blick des Autors, in seiner ganz besonderen Art, die Dinge zu sehen. Wenn es sich um einen wirklich guten Autor handelt, wird er seine eigene Erfahrung als Stoff für seine Geschichten verwenden und das Wesentliche einfangen; er wird daraus das ableiten, was für jedermann Gültigkeit hat. Handelt es sich um einen schlechten Schriftsteller, wird er die Grenze des rein Anekdotischen nie überschreiten. Das ist der Grund, warum die Geschichten, an die wir uns heute erinnert haben, gut sind: weil sie wesentliche Dinge wiedergeben und nicht bloß Anekdoten.«

Das Tanzorchester, die Hauptattraktion einer jeden Kirmes, spielte ein langsames, schmachtendes Stück. Die Paare, die eben noch herumgehopst waren, tanzten nun eng umschlungen, sie schienen sich kaum von der Stelle zu rühren.

Ich nahm den Faden unseres Gesprächs wieder auf.

»Daher drehen sich so viele Erzählungen um wesentliche Themen. Ich will damit sagen, dass sie immer Themen wie den Tod, die Liebe und Ähnliches beinhalten. Übrigens genau wie die Lieder.«

»Hat dir Valentin nicht einen Beitrag geschickt, der sich genau auf diesen Punkt bezieht?«

»Wer? Der in Alaro lebt?«

»Genau.«

Mein Freund bezog sich auf einen Schriftsteller, mit dem wir früher öfters ausgegangen waren.

»Stimmt. Er hat mir eine Abhandlung von Foster Harris geschickt. Wenn ich mich richtig erinnere, vertritt Harris darin eine sehr persönliche These hinsichtlich der Erzählung. Seiner Meinung nach ist die Erzählung nichts anderes als eine arithmetische Aufgabe. Nicht eine Operation mit Zahlen natürlich, sondern das Resultat von Additionen und Subtraktionen von gegebenen Größen wie zum Beispiel *Erbarmen plus Kindesliebe.* Bei der Geschichte von Eva hingegen handle es sich um eine reine Subtraktion: *göttliche* Liebe minus *weltliche* Liebe. Laut Harris würden die Additionen Erzählungen mit einem glücklichen Ende ergeben. Die aus Subtraktionen entstandenen hingegen pflegten tragisch zu enden.«

»Was mehr oder weniger unserer Theorie entspricht, oder nicht?«

»Doch, aber seine ist noch restriktiver. Wie auch immer ... vielleicht, wer weiß, sind wir bloß arme Teufel, nicht mehr und nicht weniger, von den elementarsten arithmetischen Grundsätzen regiert.«

»Und dennoch, ich glaube nicht, dass damit alles erklärt ist. Es genügt nicht, mit dem Blick das Wesentliche zu erfassen. Eine gute Geschichte muss zudem ein einleuchtendes Ende haben; ich sehe es wenigstens so«, wandte mein Freund ein.

»Ich bin ganz deiner Meinung: Ein einleuchtendes Ende ist unabdingbar. Ein Ende, das die Folgerung des Vorangegangenen ist. Und diese Notwendigkeit erklärt, glaube ich, die vielen Erzählungen, die mit dem Tod enden. Weil der Tod eine endgültige Tatsache ist, eine unwiderrufliche.«

»Zweifellos. Du brauchst dich nur an die Erzählung von Tschechow zu erinnern ... oder an die von Waugh ... oder an die des Dieners des reichen Kaufmanns zu Bagdad, die du mir in der Autobahnraststätte erzählt hast. Jede ist voller Andeutungen, und alle haben ein eindrückliches Ende. Die von Bagdad erinnert mich an das, was García Lorca widerfuhr. Er flieht aus Madrid, weil er befürchtet, man könnte ihn umbringen, um dann ... eine wunderbar prophetische Geschichte. Die beste dieser Nacht.«

Ich lächelte. Mein Freund kam – endlich – auf die Geschichte zurück, die ich ihm in der Autobahnraststätte erzählt hatte. Der Augenblick war gekommen, die Karte hervorzuzaubern, die ich im Ärmel versteckt hielt.

»Ja, eine gute Geschichte, zweifellos. Doch ich persönlich würde den Schluss ändern. Ich mag diesen Fatalismus nicht.« Mein Freund schaute mich erstaunt an. »Ich meine es ernst, ich mag den unerbittlichen Fatalismus dieser Geschichte nicht. So, wie ich es nicht mag, wenn man sagt, das Leben sei wie ein Würfelspiel. Was man uns damit eintrichtern will, ist, dass wir von Geburt an mit unserem Los behaftet sind und dass unser Wille dagegen nichts ausrichten kann. Es gibt kein Entrinnen, ob wir wollen oder nicht. Dass der Tod uns immer und überall einholt. *Ergo* bleibt uns nichts anderes übrig, als zu sterben.«

Mein Freund zuckte die Schultern, was bedeuten sollte, dass er keine andere Möglichkeit sehe. »Wie du meinst, mir scheint jedoch, dass diese Geschichte gar nicht anders ausgehen könnte.«

»Das sagst du; bei mir jedoch endet sie anders.«

»Hast du etwa eine Variante geschrieben?«, fragte er stirnrunzelnd.

»Genau. Schau, da ist sie.«

Und ich zog zwei eng beschriebene Blätter aus der Aktentasche, die auf dem Rücksitz lag.

Mein Freund brach in Lachen aus.

»Jetzt ist mir alles klar. Als du mit den literarischen Neigungen von Boris Karloff und all dem Drum und Dran anfingst, hätte ich misstrauisch werden sollen. Wir unterhielten uns über Eidechsen und Ismaels Streiche – und plötzlich wechselst du abrupt das Thema. Natürlich. Du konntest den Moment nicht erwarten, mir deine Geschichte zu zeigen. Nicht zu glauben. Du bist und bleibst immer der Gleiche!«

Letzteres sagte er in Anspielung auf meinen schlechten Ruf. Sämtliche meiner Freunde waren sich nämlich darin einig, dass ich zu jeder List fähig sei, wenn es darum ging, einen Vorwand zu finden, um meine Arbeiten vorzulesen.

»Herr, verzeih diesem deinem unverbesserlichen Diener!«, sagte ich und hob die Augen zum Himmel.

»Einverstanden, doch zuerst möchte ich ins Dorf hinuntergehen. Ohne ein Glas Bier in der Hand bin ich nicht in der Lage, mir deine Geschichte anzuhören.«

»Was bedeutet, dass ich das Bier werde spendieren müssen.«

»Versteht sich von selbst.«

»Du musst zugeben: Das Leben eines Schriftstellers ist eine harte Fron. Man muss sogar die Leute bestechen, damit sie einem zuhören.«

Als wir auf dem Dorfplatz ankamen, hatten die Musikanten eben aufgehört zu spielen und machten Pause, während ein Akkordeonspieler sie auf der Bühne ablöste. Die Leute drängten sich lachend und lärmend in die zwei, drei Bars rund um den Platz.

Sich zu trinken zu besorgen, war fast komplizierter, als das Wesen einer Erzählung zu definieren. Als wir endlich zu unserem Bier gekommen waren, flüchteten wir eilends aus dem Gedränge und setzten uns auf eine ruhige Bank neben der Friedhofsmauer.

Wir fühlten uns beide glücklich und zufrieden. Die Nacht erinnerte mich, je weiter sie fortschritt, an das alljährliche nächtliche Fest der Mitglieder der *Other Society*. Der einzige Unterschied bestand darin, dass wir uns nicht in einem Hotel am Piccadilly versammelten und dass unsere Geschichten – in einem gewissen Sinn zumindest – nicht gotischer Natur waren.

Und an dieser Stelle angelangt, unterbreche ich meine Reise, um die Variation festzuhalten, die ich meinem Freund erzählte, und nach einer kurzen Atempause die Suche nach dem letzten Wort wieder aufzunehmen.

Dayoub, der Diener des reichen Kaufmanns zu Bagdad

Es war einmal ein junger Bursche, der in der Stadt Bagdad einem reichen Kaufmann diente. Eines Tages ging er frühmorgens auf den Markt, um einzukaufen. Doch es war nicht ein Morgen wie jeder andere, denn an jenem besonderen Morgen erblickte er in der Menge den Tod, und der Tod gab ihm ein Zeichen. Von Entsetzen gepackt, eilte der Diener in das Haus seines Meisters zurück.

›Herr‹, sagte er zu ihm, ›borgt mir Euer schnellstes Pferd. Ich will nach Isfahan reiten, denn wenn es Nacht wird, muss ich Bagdad weit hinter mir zurückgelassen haben.‹

›Warum, sag, warum willst du denn fliehen?‹

›Weil ich auf dem Markt den Tod gesehen habe, und der Tod hat mir ein Zeichen gegeben.‹

Der Kaufmann hatte Erbarmen mit seinem Diener und überließ ihm das Pferd; der Bursche ritt eiligst davon, aus tiefster Seele hoffend, dass er vor Einbruch der Dunkelheit in Isfahan eintreffen werde.

Das Pferd war schnell und kräftig, und als die ersten Sterne am Himmel funkelten, ritt der Bursche durch das Stadttor von Isfahan. Er ging von Haus zu Haus, klopfte an und bat um Obdach.

›Ich bin auf der Flucht vor dem Tod, bitte, lasst mich herein‹, beschwor er die Leute.

Doch als sie das Wort Tod hörten, erschraken sie, verriegelten die Tür und ließen ihn draußen stehen.

Der Diener des reichen Kaufmanns ging drei, vier, fünf Stunden durch die Gassen der Stadt, klopfte überall an, doch niemand erbarmte sich seiner. Endlich, kurz vor dem Morgengrauen, gelangte er zum Haus eines Mannes namens Kalbum Dahabin.

›Der Tod hat mir heute Morgen auf dem Markt ein Zeichen gegeben, daher bin ich aus Bagdad geflohen. Ich beschwöre dich, gewähre mir Obdach.‹

›Wenn dir der Tod in Bagdad gedroht hat‹, antwortete Kalbum Dahabin, ›so wird er wohl kaum dort auf dich warten. Er ist dir bestimmt nach Isfahan gefolgt, das kannst du mir glauben. Ich nehme an, er weilt bereits in der Stadt, denn die Nacht geht zur Neige.‹

›So bin ich denn verloren?‹, rief der Bursche.

›Es gibt noch Hoffnung‹, entgegnete Kalbum. ›Wenn du bei Sonnenaufgang noch am Leben bist, bist du gerettet, denn wenn es dem Tod nicht gelingt, dich in der vorbestimmten Nacht zu holen, wird er dich nie mehr dahinraffen können. So will es das Gesetz.‹

›Was soll ich tun?‹, fragte der Bursche.

›Komm, wir laufen so schnell wie möglich zu meiner Werkstatt, die gleich neben dem Marktplatz liegt‹, befahl ihm Kalbum, während er die Tür hinter sich zuzog.

Derweil näherte sich der Tod der Stadt. Am Horizont wurde es bereits heller.

›Die Morgenröte wird gleich aufsteigen‹, dachte er. ›Ich werde mich beeilen müssen, sonst entgeht mir der Bursche.‹

Er betrat die Stadt, folgte den tausend Gerüchen in den engen Gassen, um die Spur des jungen Burschen zu finden, der aus Bagdad geflohen war. Schließlich entdeckte er ihn: Er hielt sich in der Werkstatt von Kalbum versteckt. Und so beeilte er sich, denn die Zeit drängte.

Feiner Dunst überzog den morgendlichen Himmel. Die Sonne nahm langsam von der Erde Besitz.

Er öffnete die Tür zu Kalbums Werkstatt – und konnte sich vor Staunen kaum fassen. Denn dort erblickte er nicht nur einen, sondern fünf, sieben, zehn Burschen, die alle haargenau gleich aussahen.

Er schielte zum Fenster hinüber. Die ersten Sonnenstrahlen drangen bereits durch die Ritzen der Mushrabije. Was war hier los? Warum sahen alle gleich aus?

Er hatte keine Zeit zu verlieren. So packte er kurzerhand einen der Burschen und trat auf die Straße hinaus. Das Licht überflutete den Himmel.

Kalbums Nachbar, der direkt dem Laden gegenüber wohnte, war an jenem Morgen zornig und aufgeregt.

›Als ich heute Morgen nach dem Aufstehen aus dem Fenster schaute, sah ich einen Dieb mit einem Spiegel unter dem Arm davonrennen. Fluch über ihn, tausendfacher Fluch. Einen so großmütigen Mann wie Kalbum Dahabin, den Spiegelmacher, zu bestehlen.‹«

Mister Smith

Jemand kam winkend den Weg entlang, der zum Friedhof führte. Da es ziemlich dunkel war, konnten wir zuerst nicht erkennen, wer es war, und dachten – zumal wir im Dorf fremd waren –, es handle sich um einen dieser jovialen Kerle, die man auf jedem Dorffest antrifft und die sich gleich bei jedermann anbiedern. Doch je näher sie kam, desto deutlicher war die groß gewachsene Gestalt zu erkennen.

»Der ist mindestens zwei Meter groß«, sagte ich zu meinem Freund.

»Und hält einen Hut in der Hand.«

»Und ist weißhaarig und trägt einen weißen Bart.«

»Demnach …«

»… ist es der Alte aus der Autobahnraststätte«, folgerten wir und brachen in Lachen aus.

Der Alte lehnte sich an eine Straßenlampe.

»Ich weiß eine viel bessere Geschichte«, begrüßte er uns.

»Er verfolgt uns wohl, wie der Tod den Diener des reichen Kaufmanns zu Bagdad«, flüsterte ich meinem Freund zu.

»Nicht ganz«, antwortete dieser. »Offensichtlich will auch er seine Geschichte um jeden Preis loswerden. Eine verwandte Seele, meinst du nicht auch?«

»*Hombre,* setzen Sie sich doch zu uns!«, forderte er den Alten auf. Dieser trat näher, gab uns jedoch mit einer Handgebärde zu verstehen, dass er es vorziehe, stehen zu bleiben. »Möchten Sie ein Bier?«, fragte ihn mein Freund.

Er schüttelte den Kopf.

»Ich ziehe Whisky vor«, entgegnete er.

»Sie behaupten also, eine viel bessere Geschichte zu kennen. Besser als welche?«, wandte ich mich an ihn.

Ich wollte herausfinden, ob er überhaupt wusste, wovon er redete.

»Bagdad, Isfahan … lauter Belanglosigkeiten«, antwortete er.

Mein Freund und ich blickten uns erstaunt an. Er war also doch nicht ganz so wirr, wie wir gedacht hatten.

»Wie heißen Sie?«, fragten wir ihn.

»Smith. Mein Name ist Smith.«

Jetzt war die Reihe an ihm zu lachen.

»Sagen Sie uns doch wenigstens, woher Sie kommen. Ich vermute, Sie sind nicht ganz fremd hier. Sie stammen wohl aus der Gegend, nicht wahr?«

»*Silence! Smith!*«, rief der Alte besorgt aus und legte den Zeigefinger an die Lippen.

»Setzen Sie sich zu uns, Mister Smith«, lud ihn mein Freund ein, »und erzählen Sie uns Ihre spannende Geschichte. Sie finden in uns mehr als nur aufmerksame Zuhörer. Wir versprechen Ihnen zudem, dass wir Sie nie nach Ihrem wirklichen Namen fragen werden.«

Wir rückten etwas zusammen, um ihm Platz zu machen, doch er setzte sich wie ein Teenager auf die Rücklehne eines Stuhles.

»Meine spannende Geschichte … nein, die Geschichte vom Affen aus Montevideo, die kann ich Ihnen jetzt nicht erzählen. *Sorry, my friends.*«

»Spielt keine Rolle, dann erzählen Sie uns eben eine andere Geschichte, irgendein Erlebnis … So viel versprechen, um dann nichts zu erzählen – das können Sie nicht machen mit uns.«

»*Okay, my friends.* Eine Geschichte also. Nicht die beste, aber die wahrheitsgetreuste. Eine wahre Geschichte, die sich vor ziemlich langer Zeit zugetragen hat.«

»Wir hören.«

Er stand wieder auf, klopfte den Staub aus seinem Rock, zupfte sich die Hose zurecht, zog ein kleines Tonbandgerät aus der Tasche, hantierte daran herum und drückte die Aufnahmetaste. Das rote Anzeigelämpchen blinkte auf.

Mister Smith holte Atem, setzte sich in Positur und begann zu erzählen – zu rezitieren vielmehr.

Der Weg bis zum letzten Wort ist lang. Also lege ich wieder eine Pause ein, um die Geschichte zu Papier zu bringen, die uns Mr Smith in jener Nacht unter der Straßenlampe neben der Friedhofsmauer erzählte. Das bin ich ihm schuldig. *Auf dass nichts Erlebtes dem Vergessen anheimfalle,* hat jemand einst gefordert.

Ich habe mich möglichst an den Wortlaut der Tonbandaufzeichnung gehalten, habe lediglich ein paar englische Wörter und Ausdrücke ersetzt – oder besser gesagt, übersetzt –, weil sie, wie mir schien, den Fluss der Erzählung störten.

Und noch etwas: Die Geschichte hatte keinen Namen, und so gaben ihr mein Freund und ich den folgenden Titel: *MIT LEDIGEM NAMEN LAURA SLIGO.*

Ich verstumme.

Mr Smith hat das Wort.

Mit ledigem Namen Laura Sligo

Laura Sheldon – mit ledigem Namen Laura Sligo – ließ ihren Blick über den grenzenlosen Urwald schweifen, während sie dem Gesang der zahllosen Bewohner des oberen Amazonasbeckens lauschte; sie lauschte dem Gesang des *arambasa,* dem Gesang des *papasí,* dem Gesang des *carachupausa,* dem der wilden Ente, die man hier *mariquiña* nennt, und dem des schüchternen *panguana,* der fünf Eier legt und dann stirbt; dem des Blauen Papageis, den man *marakana* nennt. Und dem des *huapapa* und dem des *wankawi* und dem des großen *yungururu.* Und auch dem weinerlichen Gesang des jammernden *ayaymaman,* der schluchzt wie ein verirrtes Kind.

Sie lauschte dem Gesang all dieser Vögel und dem von hundert anderen und Aberhundert anderen.

Doch sie lauschte nicht nur den Vögeln; sie lauschte auch den Fischen im Unine, im Mapuya und in den anderen Flüssen, während sie vor einer Eingeborenenhütte in der kleinen Siedlung La Atalaya saß, viele Kilometer von Iquitos entfernt, und gedankenverloren den Urwald betrachtete, das undurchdringliche Hochland vor allem, wo der Fluss Unine entspringt, denn dorthin führten die Spuren, die ihr Mann, Thomas Sheldon, zurückgelassen hatte, bevor er verschollen war. Der Nachmittag ging zur Neige, und Laura Sheldon – mit ledigem Namen Laura Sligo – stellte sich vor, wie er dort dem Gesang der Vögel und auch dem der Fische lauschend durch den Urwald gegangen war; dem Gesang des bunt glitzernden *akarawasu* lauschend, dem Gesang des *gamitana,* dem Gesang des *shiripirare* und auch dem des *paichea,* der eine knöcherne Zunge hat und drei Meter misst, und dem des Aals *añashua,* der mit einem einzigen Schwanzschlag tötet, und dem des *shuyua,* der auf dem Festland gehen kann, und dem des *paña* oder *piraña* und dem des *maparate* und dem des *palometa,* der übrigens gebraten wie eine Taube schmeckt.

Sie lauschte dem Lied all dieser Fische und dem von hundert und Aberhundert anderen.

Doch sie lauschte nicht nur den Fischen und Vögeln; sie lauschte auch den Schlangen, die die Baumstämme hinauf- und hinuntergleiten, während sie vor einer Eingeborenenhütte saß und den Blick über das Dickicht schweifen ließ und an den Brief dachte, den sie vor einem Jahr in Dublin erhalten hatte; *If lost return to sender – Dr. Thomas Sheldon – Napo Street – Iquitos – Perú* lautete der Vermerk auf dem Brief, und in dem Brief hatte ihr Mann ihr eröffnet, er gedenke, in den Dschungel vorzudringen. Er wollte die Gesichter der Soldaten vergessen, die er in Verdun und Arras hatte sterben sehen, er wollte die schrecklichen Wunden vergessen, die er – *God knows* – nicht zu heilen vermocht hatte; er fühlte sich grausam enttäuscht – enttäuscht über sich selbst und von der Welt enttäuscht; er wollte die Medaille, die man ihm für seine Verdienste als Medical Captain verliehen hatte, so schnell wie möglich in den Amazonas werfen. Ein Jahr war es her, dass sie in Dublin den Brief erhalten hatte, und seither nichts mehr ... wochenlanges, monatelanges Schweigen. Und Laura Sheldon – mit ledigem Namen Laura Sligo – befürchtete, dass Thomas tot sei und im Quellgebiet des Unine ruhte, und ihr Blick verlor sich im undurchdringlichen Dschungel, während sie den Fischen, den Vögeln und den Schlangen lauschte; sie lauschte der *afaninga,* die pfeift wie ein Junge, und der zehnfarbigen *mantona* und der *naka,* die zwar klein, aber umso giftiger ist, und auch der schwarzen *chusupe,* die fünf Meter lang ist und nach einem schnappt wie ein bissiger Hund, und der *aguajemachuy,* die nach Palmfrucht schmeckt, und der riesigen *yanaboa,* die den Umfang eines kräftigen Mannes hat, und der *sachamana* und der *yakumana.*

Laura Sheldon – mit ledigem Namen Laura Sligo – lauschte, wie der Gesang all dieser Schlangen – und der von hundert und Aberhundert anderen – mit dem Lied der Fische und dem der Vögel verschmolz, während sie dort saß, vor einer Eingeborenenhütte in La Atalaya, und an ihren Mann dachte und weder meinen noch César Calvos Worten Beachtung schenkte.

»Meiner Ansicht nach ist der Doktor den Ucayali aufwärtsgefahren und von da aus links in Richtung des Unine weitergegangen«, sagte César Calvo zu ihr, der erfahrene Alte aus Iquitos. »Und wenn das stimmt, brauchen Sie sich keine Sorgen zu machen. Der Doktor ist jetzt sicher bei den *ashaninka,* die bekanntlich friedliche Menschen sind. Die *ashaninka* greifen keine *viracochas* an. Weiße, wie Ihr Mann, die nicht in kriegerischer Absicht kommen, meine ich.«

César Calvo war nicht nur ein erfahrener Mann, der sich wie niemand sonst im Dschungel auskannte, César Calvo war zudem ein rücksichtsvoller Mann – ein vorsichtiger Mann. Er erzählte von den *ashaninka,* unterließ es aber, die *amawaka* zu erwähnen, einen

Stamm, der auf der anderen Seite des Ucayali lebt, am Ufer des Urabumba, und der einem *viracocha* zum Verhängnis werden konnte, egal, in was für einer Absicht dieser kam.

»Gib die Hoffnung nicht auf, Laura; ausgerechnet jetzt, wo wir seit drei Monaten zum ersten Mal eine sichere Fährte gefunden haben. Ich bin davon überzeugt, dass wir morgen oder übermorgen deinen Mann finden werden. Ganz sicher, du musst mir glauben«, sagte ich zu ihr – ich, der Mann, den sie in Cuzco als Führer und Begleiter angeheuert hatte, als sie noch nicht eine niedergeschlagene, im Dschungel verwelkte Frau gewesen war, sondern ein *beautiful girl* und erst kürzlich aus Dublin angekommen. Ich liebte sie, fühlte mich ihr freundschaftlich verbunden, und ich hätte alles gegeben, um sie zu trösten.

Doch sie hörte uns offensichtlich nicht; sie hörte nur die Bewohner des Urwaldes: die Stimme des *carachupausa,* die Stimme des *papasí,* die des *huapapa* und die des *yungururu* und die des *ayaymaman;* und die der *yanaboa* und die der *naka;* und auch die des Affen *makisapa* und der Kröte *wapo* und der Schildkröte *cupisu.*

Doch plötzlich verstummten alle Stimmen im Urwald. Die Vögel verstummten, die Fische verstummten, und die Schlangen verstummten, und alle anderen Tiere verstummten, und in der tiefen Stille hörte man nur noch das gelegentliche Schluchzen des *ayaymaman,* der jammerte wie ein verirrtes Kind. Die Nacht hatte sich über Amazonien gelegt.

Laura Sheldon – mit ledigem Namen Laura Sligo – wandte den Kopf und schaute in die Richtung, aus der die klagende Stimme zu kommen schien, dann kauerte sie sich auf ihrem Stuhl zusammen und brach in Weinen aus. Und lange Zeit hörte man in der Unendlichkeit des Urwaldes nur noch zwei Stimmen: Lauras Schluchzen und das Schluchzen des *ayaymaman.*

Es war schon tiefe Nacht, als César Calvo, der rücksichtsvolle Mann aus Iquitos, vor sie hintrat und wie ein Bruder beruhigend auf sie einsprach.

»Wir werden ihn finden. Doch Sie müssen jetzt schlafen. Der morgige Tag wird sehr anstrengend sein, sieben Stunden bis zum Unine und ebenso viele bis zum Territorium der *ashaninka.* Sie müssen schlafen. Ich will nachsehen, ob die Pirogen bereit sind, und mit den Indios verhandeln. Ich hoffe, sie sind willens, uns flussaufwärts zu rudern«, fügte er hinzu und verschwand zwischen den Hütten von La Atalaya.

Dann wandte ich mich an Laura, doch nicht wie ein Bruder, sondern wie ein Mann, der sich nicht erinnern konnte, jemals eine Frau wie sie kennengelernt zu haben – so klug, so tapfer, so *very nice.*

»Kopf hoch, Laura. Morgen werden wir deinen Mann finden, ganz bestimmt. Und wenn du ihm um den Hals fällst, wirst du endlich wieder lachen, ich habe dich noch nie lachen sehen, Laura, es wird langsam Zeit, findest du nicht auch?«

Sie zwang sich zu einem Lächeln und legte mir die Hand auf den Arm: Ich solle mir keine Gedanken machen, sie fühle sich bereits besser.

Kurze Zeit später kehrte César zurück, sagte, alles sei geregelt, jeder von uns würde eine Piroge mit zwei Ruderern zur Verfügung haben, bis zum Unine zumindest.

»Nur bis zum Unine?«, fragte ich.

»Ja, nur bis zum Unine. Von dort aus werden wir auf eigene Faust weitergehen müssen. Die Indios hier in La Atalaya wollen nichts mit den *ashaninka* zu tun haben.«

Wir blieben noch eine Weile in der sternenlosen Nacht sitzen, schauten in Richtung des Hochlandes, das zu erkunden wir vorhatten. Dann gingen wir in die Hütte und legten uns in eine Plane gehüllt schlafen; man musste sich vor den *piri* in Acht nehmen, den winzigen Fledermäusen, den gierigsten Blutsaugern im ganzen Dschungel.

Es war jedoch nicht die Angst vor den *piri,* die mich die halbe Nacht wach hielt, es war die bevorstehende Regenzeit, die mir Sorge machte. César Calvo, der erfahrene Mann aus Iquitos, verlor kein

Wort darüber, doch ich ahnte, dass auch er beunruhigt war. Wenn wir uns nicht beeilten, würden uns die Regenfälle den Rückweg abschneiden; wir würden bei den *ashaninka* warten müssen, von der Zivilisation abgeschnitten, bis die Flüsse wieder schiffbar wären.

Die *ashaninka* waren zweifellos friedfertige Menschen – doch friedfertige Menschen, was heißt das schon? Denn seit dem Auftauchen der Gummizapfer mit ihren Winchester war nichts mehr so wie früher. Es war klüger, kein Risiko einzugehen und Hin- und Rückreise so rasch wie möglich hinter uns zu bringen.

Am nächsten Morgen bestiegen wir die drei Pirogen, die César Calvo geheuert hatte, und unsere Reise den Ucayali aufwärts begann; wir fuhren hintereinander, Laura und ihre zwei Ruderer saßen im mittleren Boot. Sieben Stunden später erreichten wir ohne Zwischenfälle den Unine, die Stelle, wo sein gelbes Wasser sich mit den Fluten des Ucayali vermischt. Der entscheidende Augenblick nahte: Wir würden bald auf die *ashaninka* stoßen. Laura würde endlich erfahren, was für ein Schicksal ihr Mann erlitten hatte.

Kurze Zeit später deuteten die Indios mit den Rudern auf die roten Bäume, die auf einer der kleinen Inseln im Fluss vor uns auftauchten. Es handelte sich – wie César uns erklärte – um *palosangre,* einen Baum, der an der Mündung des Unine heimisch war.

Die Indios waren sichtlich nervös, sie tauchten ihre Ruder wieder ins Wasser und fuhren uns hastig ans Ufer. Was sie betraf, war die Reise zu Ende.

»Will keiner von euch mit uns weitergehen?«, fragte César, als er ihnen das in La Atalaya versprochene Geld ausgehändigt hatte. »Wenn ihr uns bis zur Quelle des Unine bringt, bezahle ich euch das Doppelte«, fügte er hinzu.

Doch es war zwecklos; sie machten einen sehr verängstigten Eindruck. Sie verabschiedeten sich kurz, bestiegen zwei Pirogen und ruderten in ihr Dorf zurück. Hunderte von Affen – die närrischen *makisapa* des oberen Amazonas – kreischten um uns herum.

César Calvo, der erfahrene Mann aus Iquitos, schaute zum

Himmel und sagte: »Es ist noch genügend hell, es ist wohl am besten, wenn wir unsere Reise entlang dem Ufer des Unine fortsetzen, so umgehen wir die Stromschnellen an der Flussmündung.«

»Einverstanden«, sagte ich und nahm die Machete, um uns damit einen Pfad durch das Dickicht zu bahnen. César und Laura folgten, die Piroge hinter sich herziehend, die uns die Indios zurückgelassen hatten.

Wir marschierten vier Stunden lang, immer den Unine entlang, denn das Rauschen der Wassermassen zeigte uns den Weg. Dann suchten wir eine flache Uferstelle, wo wir die Nacht verbringen konnten – unsere erste Nacht auf dem Territorium der *ashaninka*.

Als das Zelt aufgestellt war und die Feuer darum herum brannten, fragte Laura Sheldon, mit ledigem Namen Laura Sligo: »Wer wird als Erster Wache halten?«

»Ich übernehme zwei Wachen, deine und meine«, antwortete ich.

Sie schüttelte den Kopf und runzelte die Stirn – wie immer, wenn sie zornig war.

»Ich dulde keine Widerrede«, sagte ich zu ihr und setzte mich auf einen Baumstrunk, was unmissverständlich heißen sollte, dass ich meine Wache aufgenommen hatte.

»Er ist jung und kräftig; er wird es überstehen«, lächelte César Calvo, der gütige Mann aus Iquitos, und das Thema war erledigt. Kurze Zeit später schliefen beide im Zelt.

Im Urwald herrschte tiefe Stille, nur das Rauschen des Unine war zu hören und das Knistern der Flammen, die das Zelt vor wilden Tieren schützten. Wo waren die Vögel und die Schlangen, deren Gesang uns den ganzen Tag begleitet hatte? Wo waren die zankenden *makisapa?* Vielleicht versteckten sie sich in den Ästen der *palosangre* am Ufer, lauerten, warteten auf die kleinste Unachtsamkeit, um aus ihren Schlupfwinkeln hervorzukommen und über uns herzufallen. Ich hatte allerdings nicht die Absicht, mich von ihnen überlisten zu lassen. Ich starrte in den Wald, achtete auf das leiseste

Flüstern, auf das leiseste Plätschern von Indianerrudern; ab und zu stand ich auf, um mir die Beine zu vertreten, schaute zum Zelt hinüber und dachte an Laura, was mir wieder frischen Mut gab. Ich bewachte ihren Schlaf, und das machte mich glücklich.

Ich war in Gedanken immer noch bei ihr, als mich das triumphierende Gekreische eines *makisapa* aus meinen Gedanken schreckte. »Die Morgenröte«, dachte ich beruhigt. Und in genau dem Moment durchbrach eine giftige *naka* den schützenden Glutkreis und schlug ihre zwei kleinen, spitzen Zähne in den Knöchel meines rechten Fußes.

»Was ist los«, rief César Calvo und stürzte erschrocken aus dem Zelt.

Ich zeigte auf die Viper, die einen Meter von mir entfernt auf der Erde lag. Ich hatte sie mit der Machete entzweigeschnitten.

»Eine *naka*«, rief César und riss die Augen auf. Dann packte er die Machete und fügte mir an der Bissstelle eine tiefe Schnittwunde zu.

»Was ist los?«, fragte Laura, die ebenfalls aus dem Zelt gekommen war. Ihre Frage blieb unbeantwortet in der Luft hängen, denn César hatte sich über mich gebeugt und saugte das Blut aus der Verletzung.

»*Oh, my God!*«, sagte Laura, als sie feststellte, was passiert war. Und es lag so viel Sorge in ihrer Stimme, dass ich für einen Augenblick den Schmerz vergaß, denn ich schloss aus ihren Worten, dass auch sie mich mochte.

Inzwischen war es Tag geworden, und der Gesang der Dschungelbewohner umfing uns wieder. Neben dem Zelt versickerte ein großer dunkler Fleck im trockenen Lehm des Ufers; es war das Blut aus meiner Wunde.

»Tut es weh?«, fragte Laura.

»Es geht«, log ich.

Ich war fest entschlossen, die Reise fortzusetzen, und so begann ich, das Zelt abzubrechen und unsere Sachen zusammenzutragen, die in der Piroge verstaut werden mussten. Ich fühlte mich unternehmungslustiger denn je – als ob mir der Biss neue Kraft gegeben hätte.

»Gehen wir?«, sagte ich.

Meine zwei Gefährten blickten mich besorgt an, sie fürchteten, ich könnte jeden Moment das Bewusstsein verlieren. Doch – wie César richtig gesagt hatte – ich war jung und kräftig. Ich würde dem Gift widerstehen, das immer noch in mir steckte.

Wir zogen die Piroge ins Wasser und ruderten alle drei flussaufwärts bis zum Quellgebiet des Unine, wo wir Doktor Sheldon zu finden hofften. Wir waren etwa zwei Stunden auf dem Fluss unterwegs, als wir zwischen den vertrauten Stimmen der Urwaldbewohner eine neue zu erkennen glaubten, eine dumpfe, monotone, rhythmische ...

Der erfahrene Mann aus Iquitos hob angespannt lauschend den Kopf.

»Die *manguare* haben zu trommeln angefangen«, sagte er dann und erklärte uns, die *manguare,* das seien die hölzernen Trommeln der *ashaninka.*

»Wir sind also bald da.«

Ich atmete auf, denn ich fühlte mich zusehends schwächer, und mein Knöchel war gefährlich angeschwollen. Ich war nicht mehr so sicher, dass ich das Gift der *naka* würde überstehen können.

Der gütige Mann aus Iquitos nickte. Ja, die *ashaninka* würden bestimmt gleich auftauchen. Dann – dann fügte er etwas hinzu, was er uns bisher verschwiegen hatte: »Die *ashaninka* sind gute Krieger, man kann ihnen trauen. Sie greifen nie aus dem Hinterhalt an.«

Laura und ich blieben stumm.

»Das von ihnen benützte Gift wirkt nicht wie das *curare*«, fuhr er fort, »es ist nicht so heimtückisch und schmerzhaft wie zum Beispiel das Gift, das die *amawaka* den Schlangen entnehmen. Die *ashaninka* benützen das Gift des *tohé*-Baumes, das auf der Stelle und schmerzlos tötet.«

Ich glaube, Laura und ich wurden uns in jenem Moment zum ersten Mal der Gefahr bewusst, in der wir tatsächlich schwebten.

Das musste man ihm lassen: César Calvo verstand es, die Dinge im rechten Moment beim richtigen Namen zu nennen.

»Wie auch immer, ich glaube nicht, dass sie uns etwas anhaben werden. Wie ich euch bereits gesagt habe: Sie greifen keine friedlichen *viracochas* an«, beschwichtigte er uns.

Derweil dröhnten die *manguare* weiter. Das Trommeln im Urwald wurde immer lauter, der Unine wurde zusehends schmäler.

Plötzlich fielen mir die Ruder aus der Hand. Ich konnte nicht mehr. Ich hatte keine Kraft mehr in den Armen, und der Fuß schmerzte mich bei der kleinsten Bewegung. Und dennoch: Ich war nicht traurig; die Schmerzen waren mir gleichgültig. War ich etwa nicht bei Laura, dem *beautiful girl,* das ich in Cuzco kennengelernt hatte? Der Frau, die ich verehrte wie niemanden sonst auf der Welt? Sie musste, koste es, was es wolle, ihren Doktor Sheldon finden und vor Anbruch der Regenzeit mit ihm zurückkehren, damit sie nicht bei den *ashaninka* bleiben musste, denn die *ashaninka* waren ein sehr lärmiges Volk ... ständig mit ihren Trommeln ... ständig mit ihren *manguare* ... das war nichts für Laura, nein, ich mochte es nicht, wenn sie Tag und Nacht weinte wie der jammernde *ayaymaman.*

»Ich weine ja gar nicht«, hörte ich darauf Laura sagen.

Ich öffnete die Augen und richtete mich etwas auf. Ich war nicht mehr in der Piroge, sondern lag irgendwo am Ufer des Unine. Und tatsächlich: Laura weinte nicht mehr; sie lächelte, während sie mir mit einem weißen Taschentuch den Schweiß von der Stirn trocknete.

»Wir haben dir Chinin gegeben, das Fieber ist stark zurückgegangen«, erklärte sie mir. Sie lächelte immer noch.

Ich war verlegen. Was hatte ich in meinen Fieberfantasien wohl alles gesagt? Und wenn ich ihr meine wahren Gefühle verraten hatte?

»Hören Sie die Trommeln?«, fragte mich César Calvo und kniete sich neben mich. Es war unmöglich, sie zu überhören. Das Getöse der *manguare* erfüllte den ganzen Urwald. »Hoffentlich finden uns die *ashaninka* bald. Nur ein *shirimpiare* kann Ihnen das Leben retten«, fügte er hinzu.

»Ein *shirimpiare?*«, fragte ich.

»So nennen sie ihre Medizinmänner.«

Ich versuchte aufzustehen, doch vergebens. Meine Kräfte ließen nach. Ich dachte, die Stunde des Abschieds sei gekommen.

»Laura, César, bitte, hört mir zu«, sagte ich zu ihnen. »Es ist besser, ihr lasst mich hier zurück. Geht allein weiter, sucht Doktor Sheldon, bevor die Regenfälle einsetzen. Ehrlich, es hat mich sehr gefreut, euch kennenzulernen.«

»Crazy boy!«, rief Laura lachend aus, und auch der rücksichtsvolle Mann aus Iquitos lachte. Sie dachten nicht im Traum daran, mich zurückzulassen, auf gar keinen Fall.

Ich schlief wieder ein, doch diesmal war es ein ruhiger, ein erholsamer Schlaf; ich träumte, dass wir drei – Laura, César und ich – ein fröhliches Fest feierten und einen *makisapa* brieten. Doch um uns herum ging es unheimlich laut zu und her. Wir waren offensichtlich nicht allein; ich hatte das Gefühl, als seien wir von vielen Menschen umgeben, und alle diese Menschen aßen, alle sangen, alle schrien …

Als ich – beunruhigt über das, was um mich herum geschah – die Augen wieder aufschlug, waren die sehnlich erwarteten Eingeborenen offensichtlich eingetroffen. Vor mir standen drei *ashaninka,* und hinter ihnen weitere zehn, und hinter ihnen weitere hundert, weitere tausend … Sie belagerten das ganze Ufer des Unine, gestikulierten, schwenkten ihre Pfeilbogen. Sie gingen nackt; ihre Körper waren rot und schwarz bemalt.

César Calvo und Laura versuchten, sich mit einem Mann zu verständigen, der offensichtlich ihr Anführer war. Sie zeigten immer wieder auf mich, und ich glaubte, immer die gleichen zwei Wörter zu verstehen, die offensichtlich etwas mit mir zu tun hatten: *naka, shirimpiare.* Dann verlor ich wieder das Bewusstsein.

Ich kam erst viele Tage später wieder zu mir. Ich weiß also nicht, was von dem Moment an geschehen war, als die *ashaninka* einwilligten, uns in ihr Dorf zu bringen. Wie mir César Calvo später erzählte, hielten wir unter allgemeiner Heiterkeit und von Kindern umringt im Dorf der *ashaninka* Einzug. Die *ashaninka* fanden Lauras blondes Haar offenbar sehr komisch; wenn es einer von ihnen neugierig berührte, brachen alle in riesiges Gelächter aus.

Dann trat Pullcapa Ayumpari auf, der *shirimpiare,* ein Ehrfurcht gebietender Mann, der einzige *ashaninka,* dem das Recht zustand, seinen Körper nicht nur mit roter und schwarzer Farbe zu bemalen wie die gewöhnlichen *ashaninka,* sondern auch noch weiß.

»Ich stellte gleich fest, dass er uns wohlgesinnt war. Er schaute sich stirnrunzelnd deinen Knöchel an und kniff die Augen zusammen; die Geschwulst beunruhigte ihn offensichtlich«, erzählte mir César später. »Jeder *ashaninka* baut sich zwei Hütten; eine, die man *tantootzi* nennt und die von der Familie bewohnt wird, und eine zweite, *kaapa* genannt, wo man die Gäste unterbringt. Pullcapa Ayumpari befahl, man solle dich in seine *kaapa* bringen. Laura und mir wies man eine Hütte am anderen Ende des Dorfes zu. Erinnerst du dich tatsächlich an gar nichts mehr?«, fragte er mich.

»An fast nichts mehr«, antwortete ich. »Ich erinnere mich zwar, dass die *ashaninka* mich pflegten und dass ich mich von Tag zu Tag besser fühlte. Aber sonst erinnere ich mich nur noch an den Regen. An das Prasseln des Regens auf dem Dach der *kaapa,* wenn ich zwischendurch erwachte.«

»Das wundert mich nicht. Du hast zwanzig Tage zwischen Leben und Tod geschwebt. Und in der Zwischenzeit setzte die Regenzeit ein.«

César Calvo sprach die Wahrheit: Ich blieb zwanzig Tage im Hause des *shirimpiare* Pullcapa Ayumpari, und als ich es verließ, war ich geheilt. Eine alte Frau bedeutete mir, ihr zu folgen, und führte mich zu der Hütte, wo meine zwei Gefährten untergebracht waren. Kaum war ich eingetreten, erblickte ich Laura, und mein Herz machte einen Freudensprung: Sie war wieder wunderschön, war wieder das *beautiful girl,* das ich in Cuzco kennengelernt hatte. Die *ashaninka* hatten sich offensichtlich auch um ihre Gesundheit gekümmert, auch sie hatte sich erholt.

Laura stieß einen Schrei aus und fiel mir um den Hals. Sie weinte und lachte gleichzeitig und wiederholte ein ums andere Mal, sie sei so glücklich, mich wiederzusehen, hatte sie doch das Schlimmste befürchtet.

Doch sie war immer noch bedrückt. Sie hatte nichts über ihren Mann in Erfahrung bringen können. Im Dorf sei nicht die kleinste Spur von Doktor Thomas Sheldon zu finden, erklärte sie mir.

»Die Indianer wollen uns nichts sagen«, warf César Calvo ein. »Sie wollen nicht oder dürfen nicht. Immer, wenn ich das Gespräch darauf bringe, fangen sie an zu lachen. Auch die alte Frau, die uns der *shirimpiare* zur Verfügung gestellt hat. Ich habe wiederholt versucht, etwas aus ihr herauszubekommen, doch vergebens. Sie lacht und tut, als habe sie nichts gehört.«

»Sie wissen etwas, ich bin ganz sicher«, seufzte Laura. Doch sie schien an ihren eigenen Worten zu zweifeln.

So hatten wir uns den Ausgang unserer Reise nicht vorgestellt. Wir waren auf Gefahren vorbereitet gewesen, ja, sogar auf den Tod, hatten aber zugleich gehofft, ein Lebenszeichen von Lauras Mann zu finden. Das Gegenteil war jedoch der Fall: Man behandelte uns wie willkommene Gäste, aber man verriet uns nichts, rein gar nichts.

Währenddessen hörte es nicht auf zu regnen. Der Regen hüllte alles ein, die Hütten, die Bäume, die kleinen Äcker. Nur noch der Gesang des Regens war im Urwald zu hören.

»Wir müssen wohl oder übel hierbleiben«, erklärte der erfahrene Mann aus Iquitos, »denn der Unine steigt stark an, es ist unmöglich, flussabwärts zu rudern. Sobald der Regen aufhört, begleiten uns die *ashaninka* nach La Atalaya zurück.«

Ich trug mich heimlich mit dem Gedanken, den *tantootzi* des Pullcapa Ayumpari zu durchsuchen. Wenn Doktor Sheldon den Unine aufwärtsgefahren war – und wir wussten, dass dies sehr wahrscheinlich der Fall gewesen war –, musste es im Dorf Spuren von ihm geben. Ich brauchte also nur das *tantootzi* genauer unter die Lupe zu nehmen, den geeignetsten Ort, um herauszufinden, was mit ihm passiert war.

Ich sprach mit César Calvo darüber.

»Laura darf nicht mit leeren Händen zurückkehren. Es gibt nichts Schlimmeres als die Ungewissheit. Sie muss wissen, ob ihr Mann noch lebt oder ob er tot ist«, sagte ich zu ihm.

»Ein gewagtes Unterfangen. Ein *ashaninka* verzeiht nicht, wenn jemand sein Haus betritt, um zu stehlen. Die Strafe ist der Tod. Immer. Ausnahmslos.«

Er starrte lange schweigend in den Regen.

»Die Regenzeit ist bald zu Ende; dann feiern die *ashaninka* ein Fest. Doch nicht im Dorf. Sie gehen zum Ufer des Unine. Das ist die einzige Gelegenheit, wenn wir nicht überrascht werden wollen«, flüsterte mir der erfahrene Mann aus Iquitos zu.

»Ich versuche es«, sagte ich.

César Calvo, der verständnisvolle Mann aus Iquitos, nickte lächelnd.

»Sonst verliert Laura noch den Verstand«, rechtfertigte ich mich. »Sie ist von Tag zu Tag niedergeschlagener. Sie sitzt stundenlang da, stumm in den Anblick des Urwalds versunken.«

»Ja, es muss etwas geschehen«, ermunterte mich César.

Es verging kaum eine Woche, und der Himmel heiterte sich auf und breitete sich strahlend blau über dem Amazonas aus. Die *ashaninka* begrüßten die Sonne mit Lachen und Schreien, mit einer Begeisterung, die uns Bewohnern einer anderen Welt kindisch vorkam. Doch wie auch immer, ihr Gemüt war beneidenswert. Sie waren glücklich, wir nicht. Der Vergleich drängte sich unwillkürlich auf.

Die Vorbereitungen für das Fest begannen am frühen Morgen. Die Krieger, die Alten, die Kinder – sie ließen sich alle von den Frauen festlich herausputzen. Pullcapa Ayumpari saß stolz wie ein Pfau auf der Schwelle seines *tantootzi.* Er war zweifellos die Hauptperson des Festes.

Am Mittag war das Dorf praktisch ausgestorben. Nur drei Krieger waren am Dorfeingang als Wache postiert; sie waren jedoch so betrunken vom *chuchuwasi,* dass sie ihren Verpflichtungen kaum hätten nachkommen können. Die Zeit zum Handeln war gekommen.

»Ich will die Hütte des *shirimpiare* durchsuchen. Vielleicht entdecke ich dort etwas«, sagte ich zu Laura. Sie lag mit geschlossenen Augen auf ihrer Pritsche, niedergeschlagener denn je.

Sie schlug die Augen auf.

»You are a brave boy«, sagte sie zu mir und lächelte schwach. Ich bewahrte ihr Lächeln in der Tiefe meines Herzens und war entschlossener denn je, endlich etwas herauszukriegen.

Im *tantootzi* von Pullcapa Ayumpari war es viel dunkler, als man es an einem so strahlenden Tag hätte erwarten können, und es verging geraume Zeit, bis sich meine Augen an die Dunkelheit gewöhnt hatten und die Gegenstände erkannten, die überall verstreut herumlagen. Ich sah die Tontöpfe, in denen der *shirimpiare* seine Salben aufbewahrte, und auch ein paar Masken, die wohl für religiöse Zeremonien dienten, die er in meiner Anwesenheit allerdings nie benutzt hatte. Ich ging ein paar Schritte auf die Pritsche zu, die weder größer noch komfortabler war als die in unserer Hütte. Ich blieb plötzlich stehen. Etwas stimmte nicht. Meine Augen hatten etwas entdeckt. Doch was? Ich konnte mich nicht erinnern, was es gewesen war. Ich ließ meinen Blick durch die Hütte schweifen, erforschte den hintersten Winkel ... vergebens.

»Es muss beim Betreten der Hütte gewesen sein«, dachte ich und wandte mich dem Eingang des *tantootzi* zu. Ja, genau, das war es gewesen: ein rechteckiger Gegenstand zwischen den Salbetöpfen. Etwas, das aussah wie ein Buch!

Ich fuhr mit den Fingern darüber. Tatsächlich: *Discours sur les sciences et les arts. Jean-Jacques Rousseau* war auf dem Einband zu lesen. Und auf der dritten Seite stand in einer kleinen Handschrift das geschrieben, was zu lesen ich so begierig war: *If lost return to Thomas Sheldon, Medical Captain, Fleury, Normandie.*

Ein Lichtstrahl zuckte über die gegenüberliegende Wand, wie ein Sonnenstrahl, der durch das Dach des *tantootzi* gedrungen war. Ich hob die Augen: Das Licht kam nicht vom Dach her, sondern durch die Tür. Sie stand einen Spaltbreit offen, eine rote Hand stieß sie langsam, langsam auf. Bevor ich Zeit fand, mich zu fassen, stand ein *ashaninka* vor mir. Sein Gesicht und sein Körper waren bunt bemalt.

»Pullcapa!«, rief ich aus. Jedoch nicht aus Furcht ... nicht aus Angst vor der Strafe, die mich erwartete, ... sondern weil ich mich schämte. Es war ungehörig, den Mann zu verraten, der einem das Leben gerettet hatte.

»Ich habe es wegen Laura getan«, sagte ich und deutete auf das Buch.

Pullcapa Ayumpari hielt mir die Hand hin, so wie ein Vater seinem kleinen Sohn die Hand hinhält, liebevoll, ohne ein Zeichen von Verachtung oder Zorn. Und ich gehorchte, nahm seine Hand. Es war, als ob ich wieder fünf Jahre alt sei.

»Jetzt weiß ich, was ein *shirimpiare* ist«, dachte ich, während wir einen schmalen Pfad entlanggingen, der in den Dschungel führte. »Ein Vater für alle, ein großer Baum, ein guter Fluss; ein Mann, der einsam gelitten hat, um zu lernen, die Großen Feinde zu besiegen, die seine schwächeren Brüder vernichten.« Ich erinnerte mich, was César Calvo mir gesagt hatte, doch ich fürchtete keine Sekunde um mein Leben.

Schweigend führte mich Pullcapa Ayumpari zu einer Lichtung, über die viele kleine Hügel aus Flusskiesel verstreut waren. Jeder Hügel war mit weißen Blumen geschmückt und von Pfeilen und Bögen umgeben. Hier, an dieser Stelle, wurden die Krieger der *ashaninka* begraben.

Pullcapa ließ meine Hand los und bedeutete mir, ich solle weitergehen. Und auch diesmal gehorchte ich.

Etwa zwanzig Schritte weiter weg erhob sich ein einsamer Hügel. Es lagen keine Blumen darauf, sondern ein goldener, mit drei Bändern geschmückter Gegenstand.

»Er hat ihn also doch nicht in den Fluss geworfen«, dachte ich traurig. Denn der goldene Gegenstand war nichts anderes als die Medaille, die die *Royal Army Thomas Sheldon, Medical Captain,* verliehen hatte. Das längste Band trug das Kreuz und die Farben der Union Jack. Die anderen zwei stellten das Red Cross und die Republik Frankreich dar.

Ich kniete mich hin und betete: »Du hast viel gelitten, mögest du nun in Frieden ruhen.«

Als ich zu der Stelle zurückkehrte, wo Pullcapa gestanden hatte, war er verschwunden. Ich war allein. Der *shirimpiare,* der gütige Vater aller *ashaninka,* war zu seinem feiernden Volk am Ufer des Unine zurückgekehrt.

»Ich möchte, dass du es ihr sagst. Ich kann es einfach nicht«, beschwor ich César Calvo. Mein Bericht hatte ihn sehr überrascht. Das Verhalten Pullcapas war ihm unerklärlich.

»Wer weiß, vielleicht ist es besser so. Ich gehe gleich zu Laura«, sagte er schließlich.

Ich streifte den ganzen Nachmittag durch den Busch in der Umgebung des Dorfes. Ich beneidete die *ashaninka,* deren Stimmen und Lachen vom Ufer des Flusses herüberdrangen, und ich fühlte mich unglücklich, weil ich nicht so unschuldig, so unbeschwert war wie sie.

Ich fragte mich, wie Laura wohl auf die Nachricht vom Tode ihres Mannes reagiert hatte. Das war aber nicht die einzige Frage, die ich mir stellte. Wie sollte ich mich verhalten? Mit Laura sprechen, bevor wir uns trennten und sie nach Dublin zurückkehrte? Und wenn sie für mich nichts empfand? Es gab keine andere Antwort auf diese Fragen, als weiter darüber nachzudenken, weiterzusuchen, nicht stillzustehen ...

Bei Einbruch der Nacht kehrte ich ins Dorf zurück; dort boten mir ein paar *ashaninka*-Krieger *chuchuwasi* an. Sie waren glücklich, unendlich glücklich, und wollten, dass auch ich es sei. Ich folgte ihrer Einladung und nahm einen tüchtigen Schluck.

»Nicht schlecht«, lobte ich ihren *chuchuwasi.*

Er schmeckte gar nicht schlecht, wie Cherry-Brandy. Ich nahm einen zweiten Schluck, einen dritten, einen vierten ... Zwei Stunden später war ich völlig betrunken und ebenso unendlich glücklich wie sie.

Ich weiß nicht, wie ich zu meiner Pritsche zurückfand, und auch nicht, was ich während der Stunden in Gesellschaft der *chuchuwasi*-trinkenden Krieger gemacht hatte. Doch den spöttischen Blicken nach zu schließen, die mich am nächsten Morgen begrüßten, musste ich mich recht unziemlich benommen haben.

»Endlich«, sagte César.

»Ich wusste gar nicht, dass mein Kopf aus gemahlenem Glas besteht«, stöhnte ich. Die kleinste Bewegung löste stechenden Schmerz in den Schläfen aus. Es blieb mir nichts anderes übrig, als mich wieder auf meine Pritsche zu legen.

»Ich kann mir gar nicht erklären, warum du Kopfschmerzen hast. Ehrlich, was hast du denn gemacht gestern Abend?«, meinte Laura ironisch.

Sie lächelte, und ich stellte erleichtert fest, dass sie nicht mehr niedergeschlagen war wie in den vorangegangenen Tagen.

Das Schlimmste ist die Ungewissheit, dachte ich. Jetzt, wo sie weiß, was mit ihrem Mann passiert ist, fühlt sie sich wohler.

»Ich glaube, ich lege mich nochmals aufs Ohr«, verkündete ich.

»Unmöglich«, sagte César. »Wir brechen auf. Die *ashaninka* begleiten uns nach La Atalaya zurück.«

»Wann?«, rief ich aus und richtete mich auf. Meine Kopfschmerzen waren wie weggeblasen.

»Jetzt gleich. Die Pirogen stehen schon bereit«, sagte Laura und zeigte zum Fenster hinaus.

Ich stand auf und schaute zum Platz in der Mitte des Dorfes hinüber.

Die Männer, die ausersehen waren, uns zu begleiten, warteten vor dem *tantootzi.* Ich zählte sechs Pirogen und fünf Ruderer.

»Ein ganzes Gefolge, wie es scheint«, sagte ich.

»Wie Fürsten«, lächelte César Calvo.

Laura umarmte die Alte, die unseren Haushalt besorgt hatte, und schenkte ihr eine Strähne ihres blonden Haares: Sie solle sie als Andenken aufbewahren, wir würden sie nie vergessen ... Dann schlossen wir uns den *ashaninka* an, die uns den Unine abwärts begleiten würden.

Bevor wir im Urwald verschwanden, warfen wir einen letzten Blick zum *tantootzi* von Pullcaba Ayumpari. Er stand unter der Tür, schaute uns nach.

»Wartet einen Moment. Ich möchte mich bei ihm bedanken, ein letzter Höflichkeitsakt«, sagte der erfahrene Mann aus Iquitos. Er bat einen der Ruderer, ihn zu begleiten.

»Was hat er gesagt?«, fragten wir, als er zurückkam.

»Er wünscht uns eine gute Reise«, seufzte César Calvo. Mir kam es vor, als schmerze ihn der Abschied vom guten Vater der *ashaninka.*

Wir schauten ein letztes Mal zum Dorf hinüber, winkten den Männern und Frauen, die sich auf dem Platz versammelt hatten. Dann machten wir uns in Richtung des Flusses auf den Weg.

Der Urwald, der während der Regenzeit geschwiegen hatte, war wieder mit Leben erfüllt. Wir fuhren den Unine abwärts und lauschten dem Gesang der zahllosen Bewohner des oberen Amazonas; lauschten dem Gesang des *arambasa,* dem Gesang des *papasí,* dem Gesang des *carachupausa* und auch dem der Ente, die man hier *mariquiña* nennt; und dem des scheuen *panguana,* der stirbt, wenn er fünf Eier gelegt hat, und dem des Blauen Papageis, den man *marakana* nennt. Und dem des *huapapa* und dem des *wankawi* und dem des großen *yungururu.*

Wir ruderten mit der Strömung und lauschten dem Gesang all dieser Vögel und dem von hundert anderen und Aberhundert anderen.

Doch wir lauschten nicht nur den Vögeln; wir lauschten auch den Fischen im Fluss, die sich hin und wieder unseren Pirogen näherten und hartnäckig hinter uns herschwammen, so hartnäckig wie meine Erinnerungen, die mich nicht loslassen wollten: die Erinnerung an ein *tantootzi* und an einen *shirimpiare* und an die Hände, die meinen Knöchel geheilt hatten, und an ein Buch von Rousseau und an eine Medaille der Royal Army auf einem Hügel aus Flusskieseln in einer einsamen Urwaldlichtung.

Plötzlich übertönte das Gezeter eines *makisapa* alle anderen Stimmen im Urwald; ich fuhr erschrocken auf.

»Die Medaille!«, rief ich aus, und die beiden *ashaninka,* die meine Piroge ruderten, brachen in Lachen aus.

Endlich hatte ich das fehlende Teil im Puzzle meiner Erinnerungen gefunden. Wie war es möglich, dass die Medaille immer noch golden glänzte? Und die Bänder? Warum waren die bunten Bänder im feuchten Klima des Amazonas nicht verblasst? War etwa nicht ein Jahr vergangen, seit Doktor Sheldon im Urwald verschollen war? Alle Antworten deuteten in die gleiche Richtung.

Als wir den Ucayali erreichten, verabschiedeten sich die *ashaninka,* überließen uns die beste Piroge und zeigten uns, wie wir die Ruder handhaben mussten, um die Flussstrecke sicher zurückzulegen. Dann entfernten sie sich stromaufwärts, lachend, glücklich, in ihr Dorf zurückzukehren.

»Wie fröhlich sie sind«, sagte Laura.

César Calvo lächelte und kletterte in die Piroge.

»Die einen rudern flussaufwärts, die anderen flussabwärts«, meinte er.

»In Richtung La Atalaya!«, pflichtete ich ihm bei und versuchte, möglichst ungezwungen zu wirken.

Doch die Antwort, die ich auf meine Fragen gefunden hatte, vermochte mich nicht ganz zu befriedigen. Ich war düsterer Stimmung.

Wir ruderten langsam und vorsichtig, denn wir wollten nicht Gefahr laufen, mit den Bäumen zusammenzustoßen, die von den Fluten flussabwärts getrieben wurden. Als wir schließlich in La Atalaya anlangten, war es bereits fast Nacht.

Wenig später saß ich an der gleichen Stelle, wo Laura vor unserer Expedition in das Quellgebiet des Unine weinend gesessen hatte, in den Anblick des Urwaldes versunken und dem weinerlichen Gesang des *ayaymaman* lauschend. Doch ich fand keine Ruhe.

Der erfahrene Mann aus Iquitos trat aus der Hütte und setzte sich neben mich.

»Auch ich muss immerzu an ihn denken«, sagte er.

»An Pullcapa Ayumpari?«

»Ja.«

»Thomas Sheldon«, sagte ich traurig.

César Calvo nickte.

»An jenem Tag, als er dir verzieh, schöpfte ich Verdacht. Ein richtiger *ashaninka* hätte das niemals tun dürfen. Das ist der Grund, weshalb ich heute Morgen zurückgekehrt bin, um mich nochmals bei ihm zu bedanken: Ich wollte sein Gesicht sehen. Gefärbter Lehm kann zwar eine blasse Haut überdecken, aber nicht die Augen. Sie waren blau. Die typisch blauen Augen eines Engländers.«

»Doch wie schaffte er es, *shirimpiare* zu werden?«

»Er ist Arzt, nicht wahr? Er gelangte wohl in das Dorf der *ashaninka* und brachte dem damaligen *shirimpiare* seine medizinischen Künste bei, worauf ihn dieser an Sohnes statt annahm und zu seinem Nachfolger bestimmte. So muss es sich wohl abgespielt haben.«

»Was meinst du, César, soll ich es Laura sagen? Du weißt bestimmt, was ich damit meine.«

Hinter uns hüstelte jemand.

»César hat recht. Thomas heilte den alten *shirimpiare,* und dieser überließ ihm seinen Platz. Er teilt es mir in diesem Brief mit, den ich soeben in meinem Gepäck gefunden habe.«

Laura stand hinter uns und hielt ein Blatt Papier in der Hand.

»Ich dachte, du würdest bereits schlafen!«, rief ich aus.

»Ich habe alles mit angehört«, sagte Laura und schaute mir tief in die Augen.

Einen Augenblick lang schwiegen wir alle drei.

»Wie sollen wir dich von jetzt an nennen?«, fragte ich schließlich.

»Mit meinem Mädchennamen. Laura Sligo.«

Dann sagte sie ohne lange Umschweife zu mir: »Thomas schreibt, du seist in mich verliebt. Stimmt das? Und vergiss nicht, César Calvo ist unser Zeuge.«

Einen Monat später waren wir beide in Dublin.

Finis coronat opus

Finis coronat opus, sagte Mr Smith und schaltete sein kleines Tonbandgerät aus. Er bedankte sich fürs Zuhören, und bevor mein Freund und ich etwas einwenden konnten, entfernte er sich eilig in Richtung des Dorfplatzes.

»Wohin gehen Sie, warten Sie doch!«, riefen wir ihm nach. Doch er schaute nicht zurück, schien es nur noch eiliger zu haben. Mit seinem weißen Anzug und den weit ausholenden Schritten wirkte er wie ein Zeremonienmeister, der auf dem Fest erwartet wird.

»Wer ist das wohl?«, sagte ich.

»Keine Ahnung. Ein Schriftsteller jedenfalls«, meinte mein Freund. Auch er schien verblüfft zu sein.

Von unserem Platz aus kam uns die Welt still und friedlich vor. Der Wind aus Süden – der Wind der Sonderlinge und der Rastlosen, der Wind der Tagträumer, der Wind der Armen im Geiste und aller, die keinen Bettgespan haben – weckte in uns die Illusion, dass alles, Dinge und Lebewesen, an der richtigen Stelle sei, dort, wo es hingehört: die Sterne hoch oben und in unendlicher Entfernung; die friedlich schlummernden Hügel und Wälder in der Nähe; und auch die Tiere schlafend und irgendwo verkrochen – die einen im

Gras, andere auf dem Grund des Flusses, die Mäuse und Maulwürfe in ihren Höhlen unter der Erde.

Wir hätten stundenlang dortbleiben mögen, denn die Gegend erinnerte uns – verglichen mit dem feuchten Amazonas, wo Laura Sligo und ihre Gefährten durch den Urwald stapften – an einen Garten aus einem alten Märchen. Aber um uns beim morgigen literarischen Disput bewähren zu können, mussten wir ausgeruht und ausgeschlafen sein. Noch ein Bier, und die Nacht war für uns zu Ende.

Wir legten schweigend den Weg zwischen dem Friedhof und dem Dorfplatz zurück, davon überzeugt, dass die sich in uns regenden schöpferischen Geister durch leeres Geschwätz verärgert, aufgeschreckt durch den offenen Mund entfliehen würden – in geheimnisvolle, unsichtbare Gegenden. Vor uns lag noch viel Zeit, der Sommer hatte erst begonnen. Es würde sich bestimmt eine Gelegenheit bieten, Mr Smiths Geschichte zu kommentieren.

Als wir wieder auf dem Dorfplatz waren, inmitten des allgemeinen Festtrubels, schauten wir uns überall um, suchten mit dem Blick jeden Winkel ab: Doch weit und breit war kein weißer Anzug zu sehen, nirgends ein breitrandiger Hut, der die Menschenmenge überragte.

»Dieser Mr Smith taucht auf und verschwindet wie durch einen Zauber«, sagte mein Freund.

»Trinken wir ein letztes Bier auf sein Wohl«, antwortete ich.

»Einverstanden. Ich hole uns ein paar Flaschen.«

Es war diesmal einfacher, sich zu trinken zu besorgen, und wir setzten uns auf die Brüstung vor der Kirche. Die Uhr am Turm zeigte zwei Uhr morgens.

Ich nahm einen Schluck und zeigte auf den Festplatz: »Schau, jedem sein Vergnügen«, sagte ich zu meinem Freund.

Während die einen in der Taverne tranken und lärmten, sonderten sich andere ab; da und dort erkannte man in der Dunkelheit die undeutliche Silhouette eng umschlungener Pärchen.

»Wer drinnen ist, will hinaus, und wer draußen ist, möchte hinein«, stellte mein Freund fest.

»Wie bitte?«

»Nichts, nur ein Scherz«, entschuldigte er sich.

Eine Bemerkung, die mich an meinen Großvater erinnerte. Er pflegte oft zu sagen, dass die Verheirateten die Ledigen beneiden und die Ledigen die Verheirateten. Mit anderen Worten: Wer drinnen ist, gäbe alles, um herauszukommen, und wer draußen ist, würde alles tun, um hineinzugehen.

»Wie kommst du gerade jetzt darauf?«, fragte ich.

»Weil ich denke, dass jene, die auf dem Dorfplatz tanzen, lieber in der Taverne säßen, während manch einer, der in der Taverne sitzt, lieber draußen tanzen würde. So ist das Leben«, seufzte er theatralisch.

»Mein Vater sagte immer, im Himmel warte ein riesiger Kuchen auf die Verheirateten, die es nicht bereuten, geheiratet zu haben, der Kuchen sei aber noch nie angeschnitten worden.«

Wir lachten über den Skeptizismus unserer Väter. Sie schienen eine ganz andere Auffassung von der Liebe gehabt zu haben als Mr Smith, auf dessen Wohl wir tranken.

Wir waren jedoch nicht zum Scherzen aufgelegt. Ein Dorffest ist immer eine angenehme Abwechslung, gewiss, wir wollten uns aber von der fröhlichen Stimmung nicht anstecken lassen – nicht in jener Nacht jedenfalls. Mein Freund und ich, wir gehörten zu einer anderen, zu einer dritten Gruppe. Und so verstummten wir wieder, saßen nachdenklich da, lauschten zwischendurch den sanften, langsamen Melodien des Orchesters. Und als die Glocke am Turm halb drei schlug, tranken wir unser Bier aus und gingen zum Wagen.

»Wann beginnt die Lesung?«, fragte mein Freund.

»Mein Onkel hat nichts gesagt, ich nehme an, so gegen zehn.«

»So früh?«

»Um zehn das Frühstück. Die Lesung wird auf elf Uhr angesetzt sein.«

»Wie viele Geschichten gedenkst du vorzutragen?«

»Vier, denke ich. Und du?«

»Ich weiß es noch nicht. Ich glaube, bloß eine. Ich ziehe es vor zuzuhören. Und dein Onkel? Wird auch er etwas vorlesen?«

»Er hat nichts darüber verlauten lassen. Er wird aber bestimmt etwas zum Besten geben. Wahrscheinlich eines seiner kurzen Essays im Stil ›Warum das 19. Jahrhundert als das zweite und letzte goldene Zeitalter der Literatur gilt‹ oder sonst etwas in der Art.«

»Wir werden uns also bestens unterhalten.«

»Ich hoffe es. Und zudem, du weißt ja, wie gut man bei meinem Onkel bewirtet wird.«

»Wie Fürsten!«, rief mein Freund emphatisch aus.

Wir langten beim Auto an. Die Musik und der Festlärm drangen nur noch leise zu uns herauf; mein Freund und ich rauchten eine letzte Zigarette – ruhig, erleichtert und tief die nächtliche Stille einatmend. Unsere abschließenden Betrachtungen galten – wie hätte es anders sein können – Mr Smith.

»Wirklich schade, dass er sang- und klanglos verschwunden ist. Er wäre ein anregender Gesprächsteilnehmer gewesen bei der morgigen Sitzung«, meinte mein Freund.

»Es ist meine Schuld. Ich hatte zwar vor, ihn einzuladen, aber dann traute ich mich doch nicht«, gestand ich.

»Eine ganze Menge Überraschungen diese Nacht, findest du nicht auch? Zuerst Ismaels Eidechsen, dann Mr Smith und seine Geschichte …«

»Du sagst es! Ich habe schon lange nicht mehr eine so aufregende Nacht erlebt.«

»Mir geht es ähnlich. Doch ich habe es genossen: Nächte wie diese machen das Leben erträglich.«

»Gehen wir«, sagte ich und ließ den Motor an.

Bis Obaba mussten wir noch einhundertsiebenundzwanzig Kurven zurücklegen: achtzig, die sich in sanften Windungen einen langen Hang hinaufzogen, von dort aus weitere siebenundvierzig auf der anderen Seite den Berg hinunter. Für diese Strecke benötigte man etwas mehr als eine halbe Stunde; die Straße zweigte an der Küste landeinwärts ab und führte größtenteils durch den Wald.

Wir fuhren in gemächlichem Tempo die Schmetterlingsstraße entlang; die Scheinwerfer der spärlichen entgegenkommenden Wagen waren schon von Weitem zu sehen.

»Wieso weißt du, dass es genau hundertsiebenundzwanzig Kurven sind?«, fragte mein Freund, als wir ungefähr zwanzig hinter uns gelassen hatten.

»Ich habe dir ja erzählt, dass ich in dieser Gegend aufgewachsen bin und fast meine ganze Kindheit auf dem Fahrrad verbracht habe. Wie oft bin ich hier vorbeigefahren, kräftig in die Pedale tretend und laut zählend – *vierzig! Einundvierzig! Zweiundvierzig!*«

»Ich kenne diese Strecke im Schlaf. Siehst du die Kurve dort vorn? Wenn du die Kurven von Obaba aus zählst, ist das die hundertste. Wenn du sie aber vom Dorf aus zählst, wo wir herkommen, ist es die siebenundzwanzigste.«

»Ich kann mir denken, dass dies für dich eine ganz besondere Gegend ist«, sagte mein Freund lächelnd.

»Aber nicht nur, weil es die hundertste Kurve ist. Sondern auch wegen der Quelle an der höchsten Stelle. Du hast bestimmt das Rinnsal gesehen, das über die Straße floss«, antwortete ich und fiel unwillkürlich in die Vergangenheitsform, denn die hundertste Kurve lag bereits hinter uns.

Mein Freund schwieg, und ich ließ mich vom Strom der Erinnerungen fortreißen.

»Diese Straße war unsere Welt. Und das Fahrrad natürlich auch. Lernen, mit dem Fahrrad umzugehen – das war für die Siebenjährigen aus Obaba die wichtigste Beschäftigung. Was man uns in der Schule beizubringen versuchte, Rechnen und Grammatik, interessierte uns wenig, die Bibel, von der man uns in der Sakristei erzählte, ebenso wenig. Das Einzige, was uns interessierte, war das Fahrrad, in dessen Geheimnisse uns die älteren Jungen einführten, nach der

Schule, auf dem Dorfplatz, damit auch wir zu den Auserwählten gehörten, die auf zwei Rädern die Welt entdeckten. Und wenn man mit neun oder zehn dazu nicht imstande war, blieb man für immer ein Außenseiter, wurde man unweigerlich zu einem Jungen zweiter Klasse degradiert.«

Ich unterbrach für einen Moment den Faden meiner Erinnerungen und zeigte mit der Hand nach links. Wir bogen eben in die kurze, gerade Strecke ein, die – immer von Obaba aus gezählt – zur Kurve Nummer achtundachtzig führt, an einem natürlichen Aussichtspunkt vorbei, von wo aus man tagsüber in ein breites Tal hinabsehen und in der Ferne die Küste erkennen konnte.

»Der Ausblick ist auch nachts beeindruckend«, stellte mein Freund fest.

»Siehst du die Lichter in der Ferne?«, fragte ich ihn.

»Was sind das? Häuser oder Schiffe?«

»Schiffe.«

Wir fuhren langsamer und betrachteten die Lichter in der Ferne, erstaunt über die Nähe der Küste, die durch die klare Nachtluft noch näher zu sein schien.

»Wie weit ist es bis zum höchsten Punkt?«, fragte mein Freund anschließend. Die Straße führte wieder bergan.

»Vierzig Kurven ungefähr. Von oben überblickt man das ganze Tal von Obaba. Noch ein paar Kurven, und wir sind dort. Die Strecke zieht sich, nicht wahr?«

»Und wie. Und du behauptest, du hättest sie früher mit dem Fahrrad zurückgelegt ...«

»Ein paar Mal die Woche sogar.«

»Ein richtiggehender Radrennfahrer also.«

»Nicht so berühmt wie Hilario allerdings ...«

»Hilario?«

»Ja, Hilario. Der beste Radrennfahrer der Welt. Und außerdem in Obaba geboren.«

Mein Freund konnte natürlich nicht wissen, wer Hilario war, und so erzählte ich ihm die x-te Erinnerung ... zu viele Erinnerungen, wer weiß, für eine einzige Nacht, zu viele, überdies, für ein einziges Buch ... Mein Erinnerungsvermögen glühte jedoch wie Zunder, und die Wärme, die von der Erde aufstieg, entflammte es nur noch mehr.

»Er besaß ein hellblaues Rennrad, ein ganz leichtes, eines von denen, die man mit einem einzigen Finger aufheben kann«, begann ich zu erzählen, nachdem ich mich für meinen Hang, in Erinnerungen zu schwelgen, entschuldigt hatte.

»Also, er besaß ein hellblaues Rennrad, und jeden Nachmittag zog er seine *culottes* an, streifte sein grellfarbenes Trikot über und trainierte in der Umgebung des Dorfes. ›Schau, dort fährt Hilario!‹, schrien wir, wenn wir ihn vorbeifahren sahen. Und wenn er uns auf der Straße überholte, auf dieser Straße hier, konnten wir uns vor Bewunderung kaum fassen: ›Habt ihr gesehen, wie er uns überholt hat? Wie ein Pfeil ist er an uns vorbeigeflitzt!‹ Kurz: Wir bewunderten ihn über alle Maßen. Jene unter uns, die mit der Nase auf der Lenkstange bergabwärts fuhren, waren an sich schon Spitzenklasse, sie waren den Memmen, die sich darauf beschränkten, im Kreis um den Dorfplatz herumzufahren, mindestens um fünf Kategorien überlegen; verglichen mit Hilario jedoch war das nichts. Er war über jegliche Kategorie erhaben. Und wenn einer es wagte zu behaupten, so gut sei er gar nicht, dieser Hilario, fielen wir empört über den Ketzer her: ›Was sagst du da, nicht gut? Warum erlaubt man ihm denn, ein buntes Trikot zu tragen? Sag?‹ Und wenn der andere hämisch einwandte: ›Ein buntes Trikot kann jeder tragen‹, lachten wir ihn aus. ›So? Und warum trägst du keines? Geh doch und schau, ob man dir auch eines gibt ...!‹ Wenn man jung ist, sind alle Argumente *ad hominem,* weil man glaubt, der Motor der meisten menschlichen Handlungen sei die Missgunst – was, nebenbei bemerkt, gar nicht so abwegig ist.«

»Doch wie auch immer: Wir hielten noch mehr Trümpfe in der Hand. Da waren zum Beispiel die drei Fotos, die die Wand der vornehmsten Bar in Obaba schmückten: der lächelnde Hilario, Hilario mit erhobenen Armen in Siegerpose, Hilario über das Zielband fahrend ... Die Neider im Dorf vermochten uns nicht zu überzeugen. Unser Glaube an Hilario war unerschütterlich.«

»Und eines schönen Tages – wir hatten noch keine Zeit gehabt, älter und klüger zu werden – wurde ein Radrennen angekündigt. Es würde durch Obaba führen – auf dieser gleichen Straße, auf der wir jetzt fahren. ›Hilario nimmt ebenfalls daran teil‹, sagte jemand so nebenbei. Und die Nachricht verwandelte sich in eine Melodie, die zu wiederholen wir nicht müde wurden.«

»Der große Tag brach an, es war ein Sonntag, und wir begaben uns alle zum höchsten Punkt – wir sind gleich dort –, zu Fuß allerdings, denn unsere Eltern hatten uns wegen der vielen Autos der Begleitkolonne nicht erlaubt, mit dem Fahrrad hinzugehen; kaum waren wir oben angelangt, setzten wir uns auf jenen Hügel dort drüben – siehst du ihn?«

»Ja, ich sehe ihn«, sagte mein Freund.

»Von dort aus hatten wir einen besseren Überblick über das Rennen, und zudem war dies die letzte steile Teilstrecke, die die Rennfahrer bewältigen mussten.«

»Und was geschah dann?«

»Wir saßen nun also gespannt auf dem Hügel, als plötzlich ein Raunen durch die Menge ging; man hörte nahendes Gehupe, eine Rakete knallte, der Rennfahrertross nahte: ›Drei haben die Flucht ergriffen; drei haben die Flucht ergriffen!‹, schrie jemand, und wir streckten die Hälse und dachten, Hilario würde als Erster auftauchen. Denn für uns galt es als ausgemachte Sache, dass er unter den Ersten sein würde; wir zweifelten keine Sekunde daran. Wir warteten aufgeregt, und – ›da sind sie ja!‹ – die drei Rennfahrer tauchten in einer Kurve auf und setzten zum Endspurt um den Bergpreis an. ›Gib ihm, Hilario!‹, schrie einer von uns. Doch – wem galt dieses ›gib ihm, Hilario‹? War er dabei? Nein. Er war ganz offensichtlich nicht dabei. Es war unfassbar, aber keiner der drei Flüchtenden wies auch nur die kleinste Ähnlichkeit mit Hilario auf. ›Habt ihr gesehen, wie die gefahren sind? Die waren total am Ende!‹, brach einer das allgemeine Schweigen. ›Stimmt, sie sind erledigt. Das Feld holt sie bestimmt noch ein‹, pflichtete ein anderer bei. ›Hilario spart seine Kräfte. Eine gute Taktik … mit seinem Sprint, das macht ihm so schnell keiner nach!‹ «

»Und das Hauptfeld zog vorüber … und weit und breit kein Hilario«, schloss mein Freund und zeigte auf die Lichter unten im Tal: Es waren die Lichter von Obaba.

»Wir zumindest fieberten vergeblich. Wir sahen die Karawane der Reklamewagen an uns vorüberfahren, wir sahen Motorradfahrer in schwarzen Lederanzügen an uns vorüberfahren, wir sahen Rennfahrer in allen Größen und Farben an uns vorüberfahren – doch von Hilario, von unserem Hilario, nicht die kleinste Spur. Und als das Hauptfeld an uns vorbeizischte und die Talfahrt antrat, blieben wir ratlos zurück und wussten nicht, was davon halten. ›Eine blöde Geschichte ist das; wenn ausnahmsweise einmal ein Rennen durch Obaba führt, fällt ihm nichts Besseres ein, als zu stürzen‹, schimpfte plötzlich einer los. Denn für uns bedeutete das Ganze nicht bloß eine Niederlage Hilarios – wir empfanden es als bitteren Scherz, den das Schicksal sich mit uns erlaubt hatte. ›Gestürzt, sagst du?‹, riefen wir im Chor. ›Natürlich ist er gestürzt! Warum hätte er sonst aufgegeben? Hilario gibt nicht so leicht auf, es muss sich um einen bösen Sturz handeln.‹ – ›Er hat sich doch hoffentlich nicht verletzt?‹, fragte der Jüngste besorgt.

Wir traten den Heimweg an, traurig über das Unglück, das dem Stolz von Obaba, unserem tapferen Hilario, widerfahren war. Und als wir die offene Kurve erreicht hatten, an der wir soeben vorbeigekommen sind, hörten wir Gehupe hinter uns. Wir schauten zurück und … weißt du, was wir sahen? Wir sahen einen klapprigen Lastwagen und vor dem Wagen …«

»Hilario«, folgerte mein Freund.

»Genau, Hilario mit seinen schwarzen *culottes!* Hilario mit seinem bunten Trikot.«

»Uns wurde ganz flau im Magen. ›Er kommt als Letzter!‹, riefen wir im Chor. Wir waren den Tränen nahe. Und in dem Moment – vielleicht, um uns nicht zu blamieren – versteckte sich die Sonne hinter den Wolken. Ich weiß nicht, wie lange wir dort standen, mit offenem Mund und einer blutenden Wunde im Herzen. Ich kann mich gut erinnern, es kam mir endlos vor. Und schließlich, als sowohl der Begleitwagen als auch der einsame Rennfahrer auf unserer Höhe anlangten, entrang sich ein weher Schrei unserer Kehle: ›Gib ihm, Hilario …‹ Und mit diesem Aufschrei ging das Radrennen zu Ende – und auch unsere Kindheit.«

Mein Freund meinte, das sei eine gute Geschichte, er riet mir, sie zu veröffentlichen. Sie sei seiner Ansicht nach weder eitel noch leer und kläglich und erfülle daher die Ansprüche, die man an gute Literatur stelle. Jeder Leser könne sich in diesem Spiegel voller Kinder und Fahrräder selbst erkennen. Auch wenn ich meinem Freund für seine Ermunterung dankbar war, so war ich dennoch nicht bereit, seinen Rat zu befolgen. Es schien mir nicht der richtige Zeitpunkt, die Erinnerungen an mein Rennfahreridol zu veröffentlichen, vor allem, weil mich – in meinem speziellen Fall – die Suche nach dem letzten Wort zusehends beunruhigte; die Suche nach dem letzten Wort der anderen Geschichte, der mit den Eidechsen.

Da geschah jedoch etwas Ungewöhnliches: »Die Geschichten, die der blinde Zufall zusammenträgt, soll der Autor sich merken«, dachte ich. Und handelte – wohl oder übel – entsprechend.

Wenden wir uns also der Schilderung dieses weiteren nächtlichen Vorfalls zu, der sich nach einer der letzten Kurven ereignete. Vorher – das ist wichtig – möchte ich auf einen Brief zurückkommen, den der Schriftsteller Théophile Gautier kurz nach einer Reise durch ein Dorf wie Obaba schrieb; denn was in diesem Brief steht, drückt sehr gut die Gefühle aus, die mein Freund und ich in jenem Moment empfanden.

Gautier erzählt seiner verehrten Freundin Madame Devilier Folgendes:

Als ich ankam, war das Dorf in Feststimmung, auf dem Platz waren viele Menschen versammelt. Ich gesellte mich zu den einfachen Männern und Frauen, und – Sie werden es nicht glauben, teure Freundin – was erblickte ich dort? Ein Gefäß aus feinem Glas, und ein Tänzer mit flinken, aber recht muskulösen Beinen wirbelte darum herum. Er entfernte sich, zog weite, dann wieder ganz enge Kreise um das zerbrechliche Objekt; manchmal, vor allem, wenn er hüpfte und sprang, hatte man den Eindruck, er werde demnächst darüberfallen und das Gefäß in Scherben verwandeln. Doch im letzten Moment grätschte er die Beine und tanzte weiter, lächelnd und unbeschwert, als sei dies die einfachste Sache der Welt. Und er wirbelte herum, zog weite Kreise, zog enge Kreise, zog immer engere Kreise ... Natürlich dachte jedermann, er würde darüber stolpern, sodass schließlich alle Anwesenden aufgeregt oder erleichtert im Takt der Schellen atmeten, die der Tänzer an seinen Knöcheln befestigt hatte.

Plötzlich verstummte die Menge auf dem Platz, und auch die Schellen verstummten; der Tänzer kreiste nun ganz eng um das Gefäß, er streifte es fast. Ich wusste, dass dies der letzte Sprung sein würde, ich schloss die Augen, als ob demnächst das tödliche Beil eines Henkers niedersauste. Und dann hörte ich den tobenden Applaus. Ich öffnete die Augen und ... dort stand das gläserne Gefäß, unversehrt, und der Tänzer hob es strahlend auf und trank den weißen Landwein, den es enthielt.

Dieser Tanz ergriff mich zutiefst. Ich dachte, dass Frauen wie Sie, verehrte Freundin, und Männer wie ich jenem gläsernen Gefäß ähnlich sind und dass wir oft spüren, wie ein unsichtbarer Tänzer enge Kreise um uns zieht – ein Gaukler, der das Leben gibt, es beherrscht und es einem wieder nimmt, der eines Tages stolpern und uns in Scherben verwandeln wird.

Das Ereignis war für Gautiers Leben entscheidend. Beweis dafür ist folgende Stelle im neunten Kapitel seiner Lebenserinnerungen.

Einmal, als ich mich in Madame Cassis' Haus aufhielt, erinnerte ich mich unwillkürlich an einen alten Freund. Und als ich seinen

Namen erwähnen wollte, tauchte dieser Freund, den ich in Griechenland wähnte, wie durch einen Zauber auf. Ein Schauder packte mich, denn ich hatte in der gleichen Woche zwei weitere coups de hasard *gehabt. Ich hatte das bestimmte Gefühl, dass geheime Kräfte hinter mir herliefen und ihren Scherz mit mir trieben – wie ein Tänzer, der um ein zerbrechliches gläsernes Gefäß tanzt.*

Diesen Text habe ich bei Théophile Gautier entlehnt; zwei Zitate, die ich einer besonderen Empfindung habe voranstellen wollen. Kehren wir nun – von hinten nach vorn – zur nächsten Kurve zurück, zu dem, was geschah, als mein Freund und ich bereits in Obaba angelangt waren und die Palme erblickten, die mein Onkel aus Montevideo – wie immer, wenn er Besuch erwartete – beleuchtet hatte.

Wir fuhren mitten auf der Straße, plauderten über diese Angewohnheit meines Onkels, als wir plötzlich – nach der Kurve Nummer zwölf war es – einen am Straßenrand geparkten Wagen erblickten. Es war ein roter Lancia.

»Ist das nicht ...?«, wollte ich eben fragen, doch ich hatte den Satz noch nicht beendet, als die Person, die ich meinte, hinter einem Gebüsch auftauchte.

»Ismael!«, rief mein Freund erstaunt aus.

Ismael stand im vollen Scheinwerferlicht unseres Wagens, und man konnte ganz deutlich das flache Köpfchen und die runden Knopfäuglein sehen, die zwischen seinen hohlen Händen hervorlugten.

»Hast du das gesehen?«, fragte ich.

»Eine Eidechse, ganz eindeutig«, seufzte mein Freund.

In jenem Moment spürten wir beide die Anwesenheit des Gauklers, der das Leben schenkt, beherrscht und nimmt.

Ich weiß nicht, bis zu welchem Punkt die Müdigkeit und die vielen Erinnerungen jener Nacht daran schuld waren. Vielleicht hatten wir zu viel gesprochen und zu viel getrunken, doch wie auch immer: Tatsache ist, dass wir ziemlich bestürzt waren. Es kam uns vor, als ob auch wir dem Diktat dunkler Mächte ausgeliefert seien, als ob diese gleichen Mächte hinter gewissen Vorfällen steckten, die – vor jener Nacht – unsere Neugierde geweckt und dazu geführt hatten, dass das Klassenfoto zufällig vergrößert worden war, die unseren Blick auf die Eidechse neben Albino Marías Ohr gelenkt hatten, die uns auf die Abhandlung hatten stoßen lassen, die von den *lizards* handelte und von der *mental pathology*.

»Was zum Teufel macht der Mann hier?«, fragte mein Freund.

»Ich weiß es nicht und will es auch nicht wissen. Mir genügt es vollauf mit dem, was heute Nacht alles passiert ist«, antwortete ich, während ich auf das Gaspedal trat. Ich hatte nur noch einen Wunsch: vor meinem einstigen Schulgefährten fliehen, so schnell wie möglich. Ich wollte ihn nicht grüßen, nicht einmal vom Auto aus. »Wir werden uns morgen damit befassen«, fügte ich hinzu.

»Du hast recht: alles der Reihe nach.«

Auch mein Freund wollte den Vorfall offensichtlich vergessen.

»Wir müssen in Form sein für die Lesung. Sieh doch, wie hell erleuchtet die Palme ist. Wir dürfen den Onkel aus Montevideo nicht enttäuschen.«

»Auf gar keinen Fall. Spiele muss man ernst nehmen.«

Und so wurde der Vorfall mit Ismael verdrängt. Verdrängt, aber nicht vergessen. *Ad maiorem literaturae gloriam,* hoffte ich.

Wir parkten den Wagen an einer Ecke des Gartens unter der beleuchteten Palme.

»Sehen wir nach, ob etwas im Briefkasten ist«, sagte ich zu meinem Freund und steckte die Hand in den hölzernen Kasten. Ich fischte ein Blatt Papier heraus.

»Das Programm?«, wollte mein Freund wissen.

»Natürlich, das gleiche Zeremoniell wie immer, wie du siehst.«

Und wir lasen im Licht der Palme die Mitteilung meines Onkels.

»Frühstück um zehn: Orangensaft, frische Croissants, Pancakes mit Butter, Kaffee oder Tee; Marmelade gibt es keine dazu, weil ich keine gefunden habe, die mir schmeckt. Von elf bis eins Vortrag auf der Veranda hinter dem Haus, zu dieser Tageszeit ist es dort am kühlsten. Um eins Aperitif im Garten: Martini mit einer Olive und einer Zitronenscheibe. Es ist untersagt, über die vorgängig vorgetragenen Geschichten zu sprechen, was zu einer hitzigen Diskussion und folglich zu Verdauungsstörungen führen könnte. Stattdessen wird man sich über Belanglosigkeiten unterhalten. Zwei Uhr: Mittagessen: top secret. Nur so viel sei verraten: Antonia, die aus dem Hause Garmendia, ist bereits aufgeboten. Um vier Kaffee und dazu den ersten Kognak. Um fünf zweiter Kognak und Analyse der am Morgen vorgetragenen Geschichten. Zur Information: Ich habe meine Meinung geändert; ich bin nicht mehr gegen das Plagiieren. Bis morgen.«

»Er führt bestimmt etwas im Schilde«, meinte ich, als ich zu Ende gelesen hatte.

Wir schlichen auf Zehenspitzen zu unseren Schlafzimmern im oberen Stockwerk. Es war Viertel nach drei. Fünf Minuten später schliefen wir fest.

Am nächsten Morgen

Eine interne Treppe verband die zwei Stockwerke im Haus meines Onkels, und diese Treppe gingen mein Freund und ich – frisch geduscht und sauber rasiert – am nächsten Morgen um Viertel vor zehn hinunter. Mein Onkel war noch nicht zurück; er war die frischen Croissants – integrierender Bestandteil des Programms – holen gegangen. In der Luft lag diese ganz besondere träge Sonntagmorgenstimmung. *Im ganzen Land sonniges und warmes Wetter; Höchstwerte, vor allem in den Küstenregionen, um dreißig bis fünfunddreißig Grad,* tönte es aus dem Radio in der Küche. Die Stimme des Nachrichtensprechers weckte uns endgültig.

Wir blieben einen Moment in der Bibliothek stehen, setzten uns dann auf die Veranda hinter dem Haus. Mein Freund schlug das Buch auf, das er im Vorbeigehen aus dem Regal mit den gesammelten Werken von Zola genommen hatte.

»Eine *NANA* von 1928«, sagte er. Doch ich war mit meinen Gedanken anderswo. »Was hast du?«, fügte er hinzu.

»Verzeih – aber sieh dir das an!«

»Hat dein Onkel das geschrieben?«

»Ich glaube, es sind Übersetzungen, die er mit irgendwelchen Hintergedanken vorbereitet hat. Wenn ich nicht irre, geht es um das ewige Thema des Plagiierens. Um ein Plagiat, das – wie könnte es anders sein – in diesem unbedeutenden 20. Jahrhundert geschrieben worden ist!«

Ich reichte meinem Freund die zwei Blätter.

»Darf ich sie lesen – oder verletze ich damit das Protokoll?«

»Zweifellos; da er jedoch noch nicht zurück ist, erlauben wir uns den Luxus. Pass aber auf: Wenn du die Tür gehen hörst, leg die Blätter sofort auf den Tisch zurück und schau zum Fenster hinaus, als ob nichts wäre.«

»Ich werde überdies auf den Apfelbaum im Garten zeigen und deklamieren: *One apple a day, keeps the doctor away.* Dein Onkel wird nicht den geringsten Verdacht schöpfen.«

»Sehr gut.«

»Hör dir die Überschrift des ersten Textes an: *Odin oder die kurze Geschichte eines Autors, der zurzeit in aller Leute Mund ist, übersetzt vom Onkel aus Montevideo.*«

Und er las weiter: *König Olaf Tryggvason hatte den neuen Glauben angenommen.*

Eines Nachts erschien ein alter Mann am königlichen Hof; er war in einen dunklen Umhang gehüllt und trug einen großen Schlapphut, der die Hälfte seines Gesichtes verdeckte. Der König fragte ihn, was für eine Kunst er beherrsche. Der Fremde antwortete, er spiele die Fidel und könne Geschichten erzählen. Also spielte er alte Weisen auf seiner Fidel und erzählte dem König die Geschichte von Gudrun und Gunnar, und anschließend erzählte er noch die Geschichte von Odins Geburt: Drei Feen seien erschienen, das Kind zu beschauen; die zwei ersten hätten ihm Glück verheißen, während die Dritte zornig verkündet habe: »Dieses Kind wird nur so lange leben, bis die Kerze an seiner Seite niedergebrannt ist.« Da bliesen Odins Eltern die Kerze aus, damit Odin nicht sterbe. Olaf Tryggvason wollte die Geschichte nicht glauben. Der Fremde beteuerte, er spreche die Wahrheit, worauf er eine Kerze nahm und sie anzündete. Alle Anwesenden blickten in die flackernde Flamme, und der Alte sagte, es sei spät geworden, er müsse gehen. Als die Kerze niedergebrannt war, befahl der König, man solle den Alten suchen gehen. Nicht weit vom königlichen Palast entfernt lag Odin. Er war tot.

Mein Freund legte das erste Blatt auf den Tisch und schickte sich an, die zweite Geschichte zu lesen. Ich drängte ... er solle sich beeilen ... Das Radio in der Küche meldete zehn Uhr.

»Er wird jeden Augenblick kommen«, sagte ich zu meinem Freund, wusste ich doch, dass mein Onkel ein sehr pünktlicher Mann war.

»Hör zu: Die Überschrift auf dem zweiten Blatt lautet: *Einzelne Abschnitte aus verschiedenen Lexika, die besagter Schriftsteller, der zurzeit in aller Leute Mund ist, offenbar auswendig kennt.*«

»Dein Onkel scheint eine besondere Vorliebe für lange Überschriften zu haben.«

»Die drei ersten Abschnitte handeln vom Jäger Meleagros ... *Es ging das Gerücht* – beginnt der erste –, *Meleagros sei nicht der Sohn von König Oineus, sondern der Gott Ares sei sein Vater. Sieben Tage nach der Geburt des Kindes kamen die Moiren zu seiner Mutter Althaia und verkündeten, dass ihres Sohnes Leben enden werde, wenn das im Herd brennende Holzscheit vom Feuer verzehrt sei. Althaia sprang auf, löschte die Flamme und verbarg das Holz, um Meleagros das Leben zu erhalten ...*«

»Lies weiter«, bat ich meinen Freund.

Und er fuhr fort: *Und die Moiren, Gevatterinnen des Schicksals, suchten ein weiteres Mal Althaia auf und verhießen, dass ihr Sohn sich verzehren und zu Staub zerfallen werde, wenn das Scheit im Herd verzehrt und zu Staub zerfallen sei. Und so entfernte Althaia das Scheit, löschte es aus und bewahrte es in einer Truhe auf. Doch Meleagros, der in Kalydon auf der Jagd war, tötete seine Oheime, die Althaias Brüder waren. Als Althaia davon erfuhr, warf sie das Scheit, das mit dem Leben ihres Sohnes verknüpft war, mit eigenen Händen in die Flammen. In demselben Augenblick endete Meleagros Leben ...*

»Ich glaube, er kommt«, sagte ich zu meinem Freund.

»Der dritte Abschnitt ist ganz kurz«, antwortete er.

»Beeile dich bitte.«

In den keltischen Dörfern erscheint der Name Odin unter dem Namen von Arthus oder Artur, wie aus den normannischen »chasses du roi« hervorgeht. Laut Dontenville liegt all diesen Sagen die Meleagros-Sage zugrunde.

»Die Lesung beginnt um zehn«, sagte in diesem Moment jemand hinter uns.

Ein Romanschriftsteller aus dem 19. Jahrhundert – dem von ihm so gerühmten 19. Jahrhundert – hätte meinen Onkel als einen »ungefähr sechzig Jahre alten, kräftigen, beleibten Mann« beschrieben, »von gesunder Hautfarbe und mit einer prächtigen Glatze, der meistens blau oder gelb gekleidet war«. Eine Karikatur, die in seiner Bibliothek hing, stellte ihn halb als *bon vivant,* halb als römischen Senator dar; seinen charakteristischen Zug jedoch vermochte sie nicht wiederzugeben: seine kleinen, schwarzen, vor Lebhaftigkeit sprühenden Augen. Der Blick meines Onkels war nie verdrossen oder skeptisch, wie das oft bei Menschen der Fall ist, die vieles erlebt haben und nichts mehr sehen wollen, nein, er schaute immer vergnügt und abenteuerlustig in die Welt, mit der erwartungsvollen Begeisterung eines jungen Mannes, der zum ersten Mal zu einem Fest geht. Diese geistreiche Vitalität, die sich in seinen Augen widerspiegelte, erklärte seine Vorliebe für literarische Dispute, seinen

Hang zum Zeremoniell, die beleuchtete Palme im Garten, erklärte seinen Kampf gegen alles Vulgäre auf dieser Welt.

»Wozu stellt man Programme zusammen?«, fragte mein Onkel vorwurfsvoll lächelnd.

Die Frage bedurfte allerdings keiner Antwort, und er kam mit ausgebreiteten Armen auf uns zu und begrüßte uns scherzend.

»Und im Übrigen«, fuhr er fort, »die Texte, die ihr eben gelesen habt, sind inzwischen überholt. Ich würde mir heute nicht mehr anmaßen, über jemanden zu spotten, der so gekonnt zu plagiieren versteht.«

»Wir haben von deinem Gesinnungswandel erfahren, was uns – ehrlich gesagt – sehr erstaunt hat.«

»Und wie habt ihr davon erfahren, wenn ich fragen darf?«

»Du hast uns doch eine Notiz hinterlassen.«

»Ach, richtig. Ich bin von meiner Bekehrung so begeistert, dass ich es mir nicht verkneifen kann, jede Gelegenheit zu nutzen, die frohe Botschaft zu verkünden. Doch wir unterhalten uns später darüber. Zuerst wollen wir frühstücken.« Es war ihm anzusehen, dass er beim Sprechen in seinem Innersten kicherte.

»Er führt etwas im Schilde«, sagte ich zu meinem Freund, als mein Onkel in der Küche verschwunden war.

Kurz darauf hörten wir ihn sagen: »Das Plagiat ist das Huhn mit den goldenen Eiern. Und ob!«

Während des Frühstücks plauderten wir über alltägliche Dinge. Und als auf dem Tablett auch nicht das kleinste Krümelchen von den Croissants, den Pancakes und Brötchen übrig geblieben war, nahm jeder von uns seine zweite oder dritte Tasse Kaffee in die Hand, und unser literarischer Disput konnte beginnen.

Ich machte den Auftakt und las zuerst meine vier Geschichten vor: *HANS MENSCHER – WIE MAN IN FÜNF MINUTEN EINE GESCHICHTE SCHREIBT – KLAUS HAHN – MARGARETHE UND HEINRICH, ZWILLINGE.* Dann war die Reihe an meinem Freund, der *ICH, JEAN-BAPTISTE HARGOUS* las.

Zuletzt trug mein Onkel seine neueste Theorie vor, die er unter dem Titel *KURZE EINFÜHRUNG IN DIE KUNST DES PLAGIATS ANHAND EINES ANSCHAUUNGSBEISPIELS* zusammengefasst hatte.

Das letzte Wort wird sich einmal mehr gedulden müssen. Es wäre wenig sinnvoll, die Suche fortzusetzen, bevor die oben erwähnten Arbeiten nicht schriftlich festgehalten sind.

Hans Menscher

In Hamburg, nicht weit von der Binnenalster entfernt, gibt es ein verlassenes Haus, das sich aufgrund seines verwahrlosten Zustandes von den übrigen Häusern in der Umgebung unterscheidet; es würde einem kaum auffallen, wären da nicht die Rosensträucher, die noch immer im Garten blühen und den Gartenzaun überwuchern, der sie von der Vertriebstraße trennt, die vom Eichendorff-Platz zur Alster führt.

Dem müßigen Betrachter, der durch die Stadt flaniert und zufällig vor dem Haus stehen bleibt, fällt die abblätternde Fassade auf, die verblasste Haustür und die von der Sonne gebleichten Jalousien, und er spürt, dass die Wehmut, die immer von verlassenen Häusern ausgeht, an sein Herz rührt, das – wer weiß – vielleicht auch ein verlassenes Haus ist. Er entdeckt kein Schild, keine Statue ... nichts, was seine Neugierde weckt, und der müßige Betrachter, der durch die Stadt flaniert, bleibt etwas länger stehen, denkt, wie entzückend die Rosensträucher einst ausgesehen haben mögen; dann geht er weiter, gelangt zum Ufer der Alster, setzt sich an der Anlegestelle auf eine Bank und betrachtet die zerbrechlichen Segelschiffe ... wie sie sanft schaukelnd aneinanderstoßen ... wie sie auf und ab hüpfen, wenn ein Motorboot Kreise zieht im Wasser ... und die Gedanken des müßigen Betrachters schweifen ab, er vergisst das verlassene Haus in der Vertriebstraße, vor dem er stehen geblieben war. Und so wird er nie erfahren, dass einst der Maler Hans Menscher dort gewohnt hatte, den man am 27. Juli 1923 tot in seinem Garten fand.

Wäre der müßige Betrachter, der durch die Straßen der Stadt flanierte, etwas neugieriger gewesen ... hätte es ihn gereizt zu erfahren, warum jenes Haus so verlassen wirkt ... hätte er nähere Einzelheiten über das Haus in Erfahrung bringen wollen, so hätte vielleicht jemand versucht, sich zu erinnern – wie es mir an einem Julimorgen passiert war –, um dann mit einer Handbewegung, die besagen sollte, man könne sich mit dem besten Willen nicht mehr erinnern, auf das Gebäude der Stadtbibliothek zu zeigen.

»Wenn Sie Näheres über Menschers Tod erfahren wollen, suchen Sie in den Zeitungen von damals. Dort finden Sie bestimmt etwas.«

Warum nicht? Der müßige Betrachter würde den Rat befolgen, war er doch wie irgendein anderer müßiger Betrachter durch die Straßen flaniert in der Hoffnung, etwas zu entdecken, was die Monotonie seines Lebens zu mildern vermöchte, ohne jedoch genau zu wissen, was dieses Etwas sein könnte. Warum also nicht, um die Zeit totzuschlagen, den Spuren des Malers Hans Menscher folgen? Und so – immer von unserer Annahme ausgehend – würde der müßige Betrachter, der durch die Straßen der Stadt flanierte, schon kurze Zeit später vor einer der vielen Zeitungen sitzen, die – am Tag danach – über den Vorfall in der Vertriebstraße berichteten.

Der Maler Hans Menscher – würde der müßige Betrachter, der durch die Stadt flaniert war, in der gleichen Zeitung lesen, in der auch ich geblättert hatte, in der BILD ZEITUNG nämlich –, *der ein enger Freund von Munch gewesen war, konnte den Hoffnungen, die seine Arbeiten anfänglich geweckt hatten, nicht gerecht werden. Wir gehen wohl nicht falsch in der Annahme, dass Menscher von dem Tag an, als Zeichen von Geistesgestörtheit sich bei ihm bemerkbar machten, für die Malerei verloren war, und es dauerte nicht lange, bis er zur Zielscheibe des allgemeinen Gespötts wurde, wenn er jeweils malend in seinem Garten saß.*

Die erste Reaktion des müßigen Betrachters, der durch die Straßen der Stadt flaniert war und nun zum Leser geworden ist, würde Verwunderung sein. Er würde sich wahrscheinlich an die Namen der Maler erinnern, deren Genialität sie an die Schwelle des Wahnsinns brachte, ohne dass ihr Werk darunter gelitten hätte, ganz im Gegenteil, und er würde nähere Einzelheiten über die Krankheit Menschers erfahren wollen, die ihn nicht nur als Maler scheitern ließ, sondern ihn überdies zu einer lächerlichen Gestalt degradiert hatte, ihn zur Zielscheibe des allgemeinen Gespötts hatte werden lassen.

Diese näheren Einzelheiten werden im Zeitungsbericht natürlich ebenfalls erwähnt.

Der müßige Betrachter, der durch die Straßen der Stadt flaniert war und der aus eigener Erfahrung weiß, dass das Leben aus Trübsal besteht, dem es aber zuwider ist, in dieser Trübsal zu wühlen, wird die meisten Anekdoten bloß überfliegen, die vielen Nebensächlichkeiten, die der Berichterstatter – mit der Arglist, die normale Menschen gegenüber ihren Mitmenschen anzuwenden pflegen, die anders sind als sie selbst – in seinen Bericht eingestreut hatte.

Und wenn der müßige Betrachter, der durch die Straßen flaniert war, schließlich erfahren würde, warum der Berichterstatter behauptet, Menscher sei geistesgestört gewesen, würde ihm dieser Grund banal vorkommen, denn Hans Menschers Geistesgestörtheit bezog sich offensichtlich auf seine Art zu malen, die, nebenbei erwähnt, heute überhaupt nicht mehr aus dem Rahmen fallen würde – zu malen nämlich, wie es einem die Vorstellungskraft diktiert.

Viele Hamburger, die an seinem Haus vorbeigingen, stellten fest – schreibt der Berichterstatter –, *dass der Maler offenbar nicht mehr in der Lage war, die Dinge so zu sehen, wie sie in Wirklichkeit waren: Er studierte zum Beispiel aufmerksam die Rosensträucher in seinem Garten, griff dann zum Pinsel und malte ein paar Striche, die eine Mittelmeerlandschaft darstellten, einen Hain mit Mandelbäumen zum Beispiel. Und wenn er die Straße malte, die an seinem Haus vorbeiführt, entstand auf seiner Leinwand ein griechischer Platz oder irgendeine exotische Gegend. Doch das war nicht das Schlimmste ...*

Das war tatsächlich nicht das Schlimmste. Das Schlimmste war, dass die Leute – seine fantasielosen Mitbürger – nicht aufhörten, ihm vom Gehsteig aus Fragen zu stellen, und der unglückselige Hans – denn wer die Arglist der anderen nicht erkennt, ist ein unglückseliger Mensch – antwortete, als ob er *tatsächlich von einer Mittelmeerlandschaft umgeben gewesen wäre, voll und ganz, mit Leib und Seele; mit der Zeit sprach er sogar in einem Kauderwelsch, das italienisch oder griechisch klang ...* Der kursive Text stammt natürlich aus der Feder des Berichterstatters.

Das Schlimmste war, dass Menscher zu einem *village character* geworden war, wie die Engländer es nennen, und daher – ich überlasse das Wort wieder dem Berichterstatter – *machte sich niemand Gedanken über die Folgen, die diese Ablehnung der Wirklichkeit haben könnte.*

Die Folgen? Sein tragischer Tod an jenem Julimorgen.

Der Reporter der BILD ZEITUNG berichtet mit einer Art heimlicher Freude über den Vorfall:

In den letzten Monaten vor seinem Tode – wie uns von vielen bestätigt wurde, die ihn in seinem Haus an der Vertriebstraße besuchten – kreiste Menschers Malerei um ein einziges Thema: Alle seine Bilder stellten eine arabische Stadt dar, immer die gleiche arabische Stadt ... weiße Straßen, Moscheen, Bazare, Männer in langen Burnussen, Frauen mit verschleiertem Gesicht ... Diese Manie löste bei ihm ein ungewöhnliches Glücksgefühl aus, eine Heiterkeit, die viele als pathologisch bezeichneten. Wenn man ihn nach dem Grund seiner Gemütsverfassung fragte, erklärte der Maler – als handle es sich um die natürlichste Sache der Welt –, er habe ein Liebesverhältnis mit Nabilah, mit einer Frau, die er in Jaddig kennengelernt habe, in der Stadt also, die er auf seinen Bildern immer wieder darstellte. Zum besseren Verständnis: Jaddig liegt an der arabischen Küste.

Ich sehe Menscher vor mir, wie er durch den Gartenzaun spricht, sehe die Gesichter seiner Zuhörer ... Ein schmerzliches, unerträgliches Bild. Menscher war vielleicht tatsächlich geistesgestört, denn nur Geistesgestörte sind in der Lage, das spöttische Lächeln ihres Gegenübers zu ertragen.

Wie es scheint – schreibt der Berichterstatter weiter, und man kann sich gut vorstellen, dass auch er spöttisch lächelte –, *soll das Verhältnis zwischen Menscher und Nabilah sehr leidenschaftlich gewesen sein. Ein alter Freund des Malers, der mich bat, seinen Namen nicht zu nennen, erklärte mir, Menscher habe ihm diese Leidenschaft in allen Einzelheiten geschildert, die intimsten mit eingeschlossen – Einzelheiten, auf die wir an dieser Stelle aus verständlichen Gründen nicht näher eingehen können.*

Der Berichterstatter wiederholt sich dann: *Wie mir sein Jugendfreund erzählte, sprach der Maler von seiner Beziehung zu Nabilah, als habe er »tatsächlich, mit Leib und Seele« mit ihr auf irgendeiner ärmlichen Pritsche in Jaddig geschlafen. Es ist anzunehmen, dass Menscher bis zu seinem Tod daran glaubte ... Bis er starb oder bis ihn jemand umbrachte, denn auch diese Möglichkeit ist nicht von der Hand zu weisen.*

Der Berichterstatter ist auf dem Terrain angelangt, das er meisterlich beherrscht. Er weiß, dass die Leser das tief empfundene Mitgefühl schätzen, das sich eines traurigen Vorfalls geziemt, also bemüht er sich, den richtigen Ton zu treffen.

Vor ein paar Monaten – schreibt er – *war eine plötzliche Veränderung im Verhalten des Malers festzustellen. Die Heiterkeit war aus seinem Herzen gewichen. Er machte einen gehetzten, erschöpften Eindruck. Wenn jemand ihn nach dem Grund dieser Veränderung fragte, antwortete Menscher, er habe auf unverzeihliche Art und Weise die alten Gesetze Arabiens verletzt; Gesetze, die nicht nur den vorehelichen Verkehr untersagen, sondern auch jegliche Beziehung zwischen einer arabischen Frau und einem Fremden; er und Nabilah seien entdeckt worden, ihre Familie würde ihn suchen, um ihn zu ermorden.*

Natürlich glaubte ihm niemand. Viele hatten Mitleid mit ihm, zeigten ihm ihr Mitgefühl, dachten jedoch, er würde die Angelegenheit vergessen ...

Leider war das Gegenteil der Fall. Menschers Angst verwandelte sich in Panik, und diese Panik führte schließlich dazu, dass er schreiend in seinem Garten hin und her rannte. Menscher flehte die Vorübergehenden, die ihn ratlos vom Gehsteig aus beobachteten, um Hilfe an, und die Leute wussten nicht, ob weinen oder lachen. Heute allerdings, wo Menscher tot ist, weiß man, dass Ersteres der Situation angemessen gewesen wäre. Hans Menscher wurde gestern Morgen erdolcht in seinem Garten aufgefunden. Der Dolch, der seinem Leben ein Ende setzte – dieses Detail löste in allen Kaffeehäusern der Stadt wilde Spekulationen aus –, war arabischer Herkunft; es soll sich um einen Dolch mit breiter Klinge und verziertem Griff gehandelt haben.

Der müßige Betrachter, der durch die Straßen der Stadt flanierte und anschließend die Bibliothek aufsuchte, ist nicht enttäuscht worden. Seine Neugierde hat ihm einen unterhaltsamen Nachmittag beschert, er würde beim Abendessen etwas zu erzählen haben. So schreitet er zufrieden die breite Freitreppe vor dem Gebäude hinunter und verschwindet in der Menge.

Allerdings: Der müßige Betrachter, der eines Nachmittags durch die Straßen flaniert war, hatte – im Gegensatz zu mir – nicht das Glück gehabt, die Hintergründe von Hans Menschers Geschichte zu erfahren.

Eines Tages war ich, zufällig, bei einem Richter im Ruhestand eingeladen, der mir nebenbei erzählte, er arbeite an einem Buch über ungelöste Kriminalfälle. Ich nutzte die Gelegenheit und fragte ihn nach dem geistesgestörten Maler und dem arabischen Dolch, dem er, wie es hieß, zum Opfer gefallen sei.

»In der Tat«, antwortete er, »dieser Fall ist nie aufgeklärt worden.«

Als er sah, dass ich gerne mehr darüber erfahren hätte, bedeutete er mir, ihm zu folgen. Er führte mich in sein Arbeitszimmer, holte ein Dossier aus dem Schrank und überreichte mir ein Kuvert mit einer Aufschrift. Meine Hände zitterten: Es war mit arabischen Zeichen beschriftet.

»Lesen Sie, was in dem Brief steht«, forderte mich mein Gastgeber auf.

Der Brief war in Englisch geschrieben, einer Sprache, die ich nicht sehr gut beherrsche, doch immerhin genügend, um zu verstehen, dass die Polizeibehörden von Jaddig um Informationen über den deutschen Staatsbürger Hans Menscher ersuchten und ihr Ersuchen damit begründeten, dass eine Frau namens Nabilah Abauati eine Anzeige erstattet habe. Nabilah Abauati habe zu Protokoll gegeben, dass drei Mitglieder ihrer Familie in der Nacht vom 26. zum 27. Juli des gleichen Jahres – 1924 – den genannten deutschen Staatsangehörigen ermordet hätten.

»Und dann?«, fragte ich. »Was geschah an jenem 27. Juli tatsächlich?«

»Vergessen Sie nicht, dass ich mich nur mit unaufgeklärten Fällen befasse«, antwortete der Richter lächelnd.

Dann entschuldigte er sich, er müsse sich um seine Gäste kümmern – und verließ den Raum.

Wie man in fünf Minuten eine Geschichte schreibt

Um in fünf Minuten eine Geschichte zu schreiben, besorge man sich – außer der unentbehrlichen Feder und einem weißen Blatt natürlich – eine kleine Sanduhr, die sowohl das Verrinnen der Zeit als auch die Nutzlosigkeit und Eitelkeit des Lebens deutlich veranschaulicht, die konkrete Anstrengung also, der man sich soeben unterzieht.

Man setze sich auf keinen Fall einer dieser modernen, monotonen, einfarbigen Fassaden gegenüber, auf gar keinen Fall: Der Blick muss über die weite Landschaft schweifen können, die sich vor dem Fenster ausbreitet, muss sich in der Grenzenlosigkeit des Himmels verlieren, wo die Möwen und andere mittelgroße Vögel übermütig die Geometrie ihrer halsbrecherischen Flugkünste vorführen. Auch ein bisschen Musik gehört dazu – obwohl das von Fall zu Fall verschieden ist –, irgendein Lied mit einem unverständlichen Text, ein russisches zum Beispiel.

Sind diese Vorbereitungen getroffen, gehe man in sich, beiße sich in den Schwanz, forsche mit einem besonders empfindlichen Teleskop in der Tiefe der lautlos wirkenden Eingeweide, frage den Körper, ob ihm kalt sei, ob er durstig sei oder beides, kalt und durstig, oder ob er sonst ein Bedürfnis verspüre. Sollte es sich jedoch bloß um einen allgemeinen Kitzel handeln, schenke man dem keine Beachtung, bloß nicht, denn sonst lässt sich die Arbeit unmöglich auf Anhieb richtig anpacken.

Man konsultiere die Sanduhr, deren unterer Teil noch fast leer ist, und man wird feststellen, dass keine halbe Minute vergangen ist. Kein Anlass also, nervös zu werden; man gehe ruhig, mit langsamen Schritten in die Küche – meinetwegen auch schlurfend, wenn einem das Spaß macht. Man trinke einen Schluck Wasser – wenn es kühl aus dem Hahn fließt, nutze man die Gelegenheit, den Nacken zu netzen –, und bevor man sich wieder vor das weiße Blatt Papier setzt, uriniere man noch, lang und ausgiebig (auf der Toilette natürlich, denn im Flur zu urinieren, gehört nicht unbedingt zu den literarischen Gepflogenheiten).

Die Möwen ziehen noch immer ihre Kreise am Himmel, die Spatzen flattern noch immer herum, und auf dem Regal links steht noch immer das dicke Wörterbuch. Man nehme es mit größter Behutsamkeit in die Hand ... als sei es elektrisch geladen ... als ob es sich um eine Wasserstoffblonde handle. Dann schreibe man – und lausche dabei aufmerksam dem kratzenden Geräusch der Feder – den folgenden Satz: *Um in fünf Minuten eine Geschichte zu schreiben, braucht man …*

Der Anfang wäre gemacht, was schon viel ist, und seit man mit der Arbeit begonnen hat, sind noch kaum zwei Minuten vergangen. Nicht nur der Anfang wäre gemacht: Im dicken Wörterbuch, in dem man jetzt mit der linken Hand blättert, findet man alles, was man braucht. Es steht alles drin, absolut alles; die Macht dieser Wörter, glaubt mir, ist unendlich.

Man lasse sich vom Instinkt treiben und stelle sich vor, dass man – warum nicht? – der Golem sei, ein Mann oder eine Frau, aus Buchstaben geschaffen, oder besser gesagt, aus Zeichen. Dass diese Buchstaben, aus denen man zusammengesetzt ist, ihre Brüder suchen – wie Feuerwerkskörper, die aus reiner Sympathie explodieren –, sie suchen ihre schlaftrunkenen Brüder, die im Lexikon vor sich hin dösen.

Man hat den Eindruck, als ob schon viel Zeit vergangen sei, ein Blick auf die Uhr jedoch zeigt, dass einem noch mehr als die Hälfte der vorgesehenen Minuten zur Verfügung steht.

Und plötzlich erwacht der erste Bruder – wie ein Meteorit –, flattert einem zu, nistet sich im Kopf ein und schmiegt sich unterwürfig an das Hirn. Man schreibe es sofort auf, dieses Wort, und zwar mit großen Buchstaben, ist es doch während seiner Reise gewachsen. Es handelt sich um ein sanftes, schmeichelndes, geheimnisvolles Wort: das Wort SCHLEIER.

Und genau dieses eine Wort ist es, das alle anderen in Aufregung versetzt; ein Geräusch – wie das Geräusch einer aufgehenden Tür während einer Zeichenstunde – macht sich im Zimmer breit. Pass auf, mein Freund, du hast dich unfreiwillig in einen Zauberer verwandelt. Es dauert nicht lange, bis ein weiteres Wort aus deinem rechten Ärmel auftaucht. (Gestatte, dass ich dich duze, doch schließlich sind wir Reisegefährten, du und ich.) Ein weiteres Wort taucht also aus deinem rechten Ärmel auf. Dieses zweite Wort hält sich mit beiden Händen am Federkiel fest, gleitet abwärts, hüpft dann in die Feder und hinterlässt ein Tintengekritzel auf dem Blatt. Das Gekritzel lautet: HÄNDE.

Ziehe jetzt am Ende des Fadens, als ob du eine Wundertüte aufreißen würdest. Ziehe kräftig. Begrüße das neue Bild, heiße den neuen Satz willkommen, der in eine Klammer eingewickelt zum Vorschein kommt. *(Ja – an dem Tag, als ich mir die Hände verbrühte, verhüllte ich mein Gesicht mit diesem dichten Schleier.)*

In diesem Moment sind genau drei Minuten vergangen. Doch siehe da: Du hast den Satz kaum zu Ende geschrieben, und schon stürzt eine Unmenge von weiteren Sätzen auf dich ein – wie ein Schwarm Nachtfalter, angezogen vom Licht einer Gasflamme. Du musst dich entscheiden; auch wenn es wehtut, du musst dich entscheiden. Also überleg es dir gut, öffne die Schlussklammer und füge dem vorangegangenen Satz den nächsten hinzu: ([...] *Die Leute hatten Mitleid mit mir. Sie hatten Mitleid, weil sie dachten, dass auch mein Gesicht von Brandwunden entstellt sei; aber ich war davon überzeugt, dass ich durch mein Geheimnis allen überlegen war, dass ich dadurch ihre Krankhaftigkeit überlistete.*

Es bleiben dir noch zwei Minuten. Du brauchst jetzt das Wörterbuch nicht mehr; leg es weg. Es lauert nur darauf, dich zu verunsichern, den ansteckenden, krankhaften Wortschwall einzudämmen, der in dir wächst und wächst und nicht aufhört zu wachsen. Beeile dich bitte mit dem Niederschreiben des dritten Satzes! [...] *Sie wissen, dass ich eine schöne Frau war und dass mir zwölf verschiedene Männer täglich Blumen schickten.*

Halte gleich auch den vierten Satz fest, der dem vorangegangenen auf den Fersen folgt und der lautet: [...] *Nun aber verbrühte sich einer dieser zwölf Männer das Gesicht, weil er dachte, dass wir dann in der gleichen tragischen Situation sein würden. Er schrieb mir einen Brief, um mir mitzuteilen, dass wir beide gleichermaßen litten, ich solle seine Tat als Beweis seiner Liebe betrachten.*

Und wenn du beim zweitletzten Satz anlangst, leert sich die letzte Minute: [...] *Ich weinte viele Nächte lang bitterlich. Weinte über meinen Hochmut und die Hingabe meines Geliebten; ich dachte, dass es nur folgerichtig sei, wenn ich das Gleiche täte und ebenfalls mein Gesicht verbrühte.*

Für den Schluss stehen dir noch knapp vierzig Sekunden zur Verfügung; die Zeit ist um! [...] *Ich tat es dennoch nicht, nicht etwa, weil ich davor zurückschreckte, weil ich die physischen Schmerzen fürchtete, sondern weil mir klar wurde, dass eine Beziehung, die mit einer solchen Leidenschaft begonnen hatte, zwangsläufig eine viel prosaischere Fortsetzung haben würde. Andererseits konnte ich es nicht zulassen, dass er mein Geheimnis entdeckte, das wäre grausam, zu grausam gewesen. Also bin ich heute Nacht zu seinem Haus gegangen. Auch sein Gesicht war verhüllt. Ich habe seine Hände genommen und auf meine Brüste gelegt, und wir haben uns stumm geliebt; als ich ihm mit diesem Dolch das Herz durchbohrte, war er glücklich.* Und in dem Augenblick, wenn das letzte Sandkorn fällt – [...] *Und jetzt bleibt mir nichts anderes übrig, als über mein grausames Los zu weinen.)* –, schließe die Klammer. Was bedeutet, dass die Geschichte zu Ende ist.

Klaus Hahn

Draußen war es noch dämmerig an diesem Montag, dem 2. September. Klaus Hahn fuhr aus dem Schlaf, als die drei Wecker, die in einer Reihe neben seinem Bett auf dem Teppich standen, zu klingeln anfingen ... zuerst einer, dann der zweite ... dann der dritte ... sie klingelten und klingelten und befahlen ihm, aufzustehen ... es sei höchste Zeit, aufzustehen und zur Arbeit zu gehen.

Die Wecker zeigten Viertel nach fünf. Die Botschaft war schrill, brutal.

Als Klaus Hahn sich erinnerte, dass heute ein besonderer Tag war, seufzte er missmutig und schloss die Augen wieder. Die Wecker hätten ihn nicht zu wecken brauchen, nicht an diesem Montag, nicht an diesem 2. September: Hatte er sich denn nicht vorgenommen, an genau diesem Tag ein *NEUES LEBEN* anzufangen? Dieser 2. September war nicht nur der Tag seines siebenundvierzigsten Geburtstags, sondern gleichzeitig der Beginn eines *NEUEN, GROSSARTIGEN LEBENSABSCHNITTS.* Nein, die drei Wecker, ohne die er sonst nicht aufwachte – er schlief immer tief und traumlos –, hätten ihn nicht aus dem Bett zu klingeln brauchen. Er hatte sie wohl am Abend vorher versehentlich gestellt.

Er streckte die Hand unter dem Leintuch hervor und tastete, ohne das Licht anzumachen, den Teppich ab. Als er jedoch den ersten Wecker abgestellt hatte, gab er es auf und drehte sich auf die andere Seite. Sollen sie klingeln ... im Grunde erfüllte ihn das Schrillen mit Genugtuung; es unterstrich den großen Moment, ließ ihn die Bedeutung – die glückliche Bedeutung natürlich – dieses soeben angebrochenen *neuen Lebensabschnitts* nur noch deutlicher spüren. Sollen sie nur klingeln, sollen sie nur schrillen und rasseln und laut verkünden, dass es Viertel nach fünf sei, Zeit zum Aufstehen, ob er noch müde war oder nicht, Zeit, zur Arbeit zu gehen, ob er Lust hatte oder nicht ... Künftig würde ihm das gleichgültig sein. Es kümmerte ihn nicht mehr. Sollen sie ruhig klingeln, er würde nicht gehorchen, weder heute noch morgen ... nie mehr.

»Wer soll dich daran hindern, im Bett zu bleiben, Klaus?«, fragte sein jüngerer Bruder Alexander.

Alexander war tot, war seit vielen Jahren tot. Zumindest behaupteten die Leute das: Er sei im Röhricht der Elbe ertrunken, damals, als sie beide mit ihren Schulkameraden auf einem Ausflug waren. Doch er glaubte ihnen nicht. Er wusste, dass Alexander bloß anderswohin gegangen war, dass er seither in ihm lebte; die Leute sahen ihn nicht, aber Alexander lebte in ihm drin. Von Zeit zu Zeit unterhielten sie sich miteinander, vor allem, wenn es etwas Wichtiges zu besprechen gab. Es machte ihn glücklich, die kindliche Stimme seines Bruders zu hören. Er legte Wert auf seinen Rat und befolgte ihn meistens, denn er liebte ihn sehr, liebte ihn über alles.

»Niemand, Alexander, niemand kann mich daran hindern«, antwortete er lächelnd. Dann kehrte er sich auf die andere Seite und schlief wieder ein.

Ein paar Stunden später, als die Sonne ihm voll ins Gesicht schien und ihn aus dem zweiten Schlaf riss, fühlte er sich ganz plötzlich von widersprüchlichen Gefühlen, von einer Art rasendem Herzklopfen überwältigt. Er war aufgeregt und glücklich, denn sein Erwachen bestätigte ihm, dass dieses *ANDERE LEBEN* tatsächlich begonnen hatte; doch, leider, war auch die Angst da. Eine dumpfe, unbestimmte Angst, die im Laufe des Tages vielleicht noch zunehmen würde, nach und nach, so wie Kopfschmerzen, die schließlich unerträglich sind. Was würde ihm die Zukunft bringen? Würde sie ihm alles bringen, was er zum Leben brauchte? Er wusste es nicht, und auch sein Bruder Alexander schien keine beschwichtigende Antwort zu finden. Doch wie auch immer: Er war eher zuversichtlich, dachte, dass die Arbeit der vergangenen Monate schließlich Früchte tragen werde. Hauptsache war, sich von der Angst nicht unterkriegen zu lassen. Es war ja der Morgen des 2. Septembers; vierundzwanzig Stunden später würde er außer Gefahr sein.

Klaus Hahn zog den Rollladen hoch und sah, dass der Himmel an seinem *SCHICKSALHAFTEN TAG* klar und wolkenlos war. Ein gutes Omen. Blau war, gleich nach Weiß, eine seiner Lieblingsfarben.

Er stand auf und ging ins Wohnzimmer.

»Klaus Hahn?«, fragte er, als er den Raum betrat.

Der große Spiegel im Wohnzimmer rahmte ihn ganz ein, von Kopf bis Fuß. Es war ein ovaler, holzgerahmter Spiegel, der dank einer Verstellvorrichtung nach vorn oder nach hinten geneigt werden konnte. An diesem Morgen war er nach vorn geneigt, und Klaus sah darin kleiner aus, als er in Wirklichkeit war.

Das Spiegelbild nickte lächelnd.

»Nun denn, viel Glück«, sagte Klaus und verbeugte sich.

Die Gestalt im Spiegel verbeugte sich ebenfalls, musterte dann ernst, prüfend sein Gesicht. Ja, es gab nichts daran zu rütteln, er war siebenundvierzig Jahre alt. Die Falten bewiesen es, die Geheimratsecken über seinen Schläfen bewiesen es, selbst sein Gesicht ließ keine Zweifel offen. Und wenn man es sich überlegte, so war es schwierig, geradezu absurd, all die Jahre mit dem Anagramm seines Lebens in Einklang bringen zu wollen. Denn, wo waren die Ereignisse, die all die Jahre hätten ausfüllen sollen? Er konnte sie nicht finden, und auch sein Bruder konnte seinem Spiegelbild diesbezüglich nicht helfen, denn Alexander – schließlich war er ja noch ein Kind – wusste nichts über die Vergänglichkeit des Lebens. Wie auch immer: Die Zahlen irren sich nie. Er war siebenundvierzig Jahre alt. Vielleicht war es zu spät, um ein neues Leben anzufangen.

»Ist es zu spät, Klaus?«, fragte er den Spiegel.

Doch noch bevor jemand auf die Frage antworten konnte, entvölkerte sich der Spiegel, und das Gespräch wurde unterbrochen. Der ohrenzerreißende Lärm von Hunderten von Autohupen drang von der Straße herauf.

»Ein Verkehrsstau«, stellte Alexander fest.

»Ein köstliches Schauspiel, nicht wahr?«, fügte er hinzu, als Klaus das Fenster öffnete und sich hinauslehnte.

»Tatsächlich«, pflichtete er ihm bei.

Die Ampeln an der Straßenkreuzung wechselten inmitten eines Chaos von hupenden Autos von Grün zu Rot, von Rot zu Grün. Ein Brotausträger auf dem Gehsteig gegenüber fluchte, weil sein Lieferwagen zwischen zwei Autobussen eingeklemmt war.

Klaus Hahn ließ den Blick auf dem Lieferwagen verweilen und dachte, dass ihm das Schicksal an diesem Morgen zum dritten Mal – zuerst die Wecker, dann der blaue Himmel – ein Zeichen gab, um ihm zu helfen, sich der Vorteile seines neuen Lebens bewusst zu werden. War nicht auch er in der Vergangenheit, die er eben hinter sich zurückgelassen hatte, ein armer Brotausträger gewesen? Von sechs Uhr früh bis fünf Uhr abends – jeden Tag, sogar am Samstag. Brot austragen – das war sein Leben gewesen –, gewöhnliches Brot für die Lebensmittelgeschäfte, Brötchen für die Herrschaftshäuser in den vornehmen Stadtvierteln. Er kannte die Staus aus eigener Erfahrung, die seine Tour durcheinanderbrachten und den Arbeitstag verlängerten. Er hätte sich an ebendiesem Montag in der gleichen Lage befinden können wie der Brotausträger, der verärgert und ungeduldig im Lieferwagen saß. Doch der Zufall wollte es, dass seine drei Wecker zehn Minuten nach zehn zeigten und er nicht in der Haut des andern steckte. Nein, er war nicht unterwegs, sondern zu Hause. Zudem hatte er das Telefon ausgesteckt. Unmöglich, ihn anzurufen, ganz unmöglich, niemand konnte sich erkundigen, warum er nicht zur Arbeit erschienen war.

Das Schicksal begünstigt jene, die es verdienen, und er hatte es verdient. Er würde nie mehr einen Lieferwagen fahren!

Der 2. September sollte ein ganz besonderer Tag werden, ganz anders als bisher, bis in die kleinste Einzelheit, und so nahm Klaus Hahn anstatt der täglichen Dusche ein erfrischendes Bad mit einer Wassertemperatur von 23 Grad. Dann ging er ins Wohnzimmer zurück, frühstückte, nackt auf dem Sofa sitzend, mit Tee, gerösteten Brotscheiben und Butter. Er wollte sich von der Sonne trocknen lassen, ganz langsam. Von jetzt an würde er immer so leben, ruhig und zufrieden – wie ein Fisch im Wasser, der sich von der Strömung treiben lässt.

Als er fertig gefrühstückt hatte, schaltete er das Telefon wieder ein und rief ein Taxi. Er zog sich an, obwohl seine Haut noch etwas feucht war, und verließ das Haus.

Eine halbe Stunde später betrat er ein vornehmes Herrenausstattungsgeschäft in der Kieler Straße. Er sagte, er wolle sich nach eleganten Kleidern umsehen, und die Verkäuferin, die ihn erstaunt über ihre Brillengläser angeblickt hatte, als er das Geschäft betrat, fragte, was es denn sein dürfe.

Klaus erklärte ihr, er wolle sich neu einkleiden, von Kopf bis Fuß, Unterwäsche, Socken, ein blaues Hemd und blaue Schuhe, und – das war das Wichtigste – einen weißen Sommeranzug. Er wünsche, alles gleich anzubehalten. Wenn es ihnen nichts ausmachte – er wusste, dass es ihnen nichts ausmachen würde –, würde er alles, was er anhatte, dort lassen.

»Wollen Sie wirklich einen weißen Anzug? Der Sommer ist kurz«, meinte die Angestellte unerwartet zuvorkommend. Sie zeigte auf den kleinen Kalender neben der Kasse: Der Herbst, die kühle Jahreszeit, stand vor der Tür.

»Auf der Insel der Schildkröten ist es das ganze Jahr über Sommer«, sagte Klaus und erwiderte das komplizenhafte Lächeln der Verkäuferin.

»Pass auf, was du sagst, Klaus!« Alexanders Stimme klang hart, vorwurfsvoll.

Das Lächeln in Klaus' Gesicht verschwand. Den Satz mit der Insel der Schildkröten – es war der Werbeslogan einer Reiseagentur – konnte man auf allen Plakatwänden der Stadt lesen, in Riesenbuchstaben vor einem Palmenhintergrund. Die Angestellte verfügte nun über eine Information, die für sein *NEUES LEBEN* verhängnisvoll sein konnte.

»Das war unvorsichtig von dir, Klaus. Die Frau wird sich an deine Antwort erinnern. Hoffen wir, dass gewisse Leute nichts davon erfahren«, flüsterte Alexander ihm zu.

Sein kleiner Bruder hatte recht: Er wollte künftig leben wie ein schlafender Fisch, ruhig und zufrieden, und sich von der Strömung treiben lassen, doch schlafende Fische halten immer eine Zelle ihres Gehirns in Alarmbereitschaft, um zu verhindern, dass ihre Träume ein abruptes Ende nehmen. Er sollte sich ein Beispiel an ihnen nehmen, er durfte nicht vergessen, dass es auch andere Fische gab, wachsame, die nicht schliefen und stärker waren als er; Fische, die

Blut rochen und der Blutspur folgten. Er musste sich vor ihnen in Acht nehmen. Vierundzwanzig Stunden später würde er in Sicherheit sein. Bis dahin war Vorsicht geboten.

»Moment mal«, rief Klaus, als er sah, dass die Verkäuferin zum Telefon ging, das hinter dem Ladentisch an der Wand hing. In seinen Gesichtszügen widerspiegelte sich Angst.

»Sie ruft die Polizei! Bring sie um, Klaus! Bring sie um, schnell!«, rief ihm Alexander zu.

Da Alexander noch ein Kind war, konnte er gut von bös nicht unterscheiden, und manchmal benahm er sich wirklich läppisch. Vor allem, wenn er Angst hatte.

»Verlier jetzt nicht die Nerven, Alexander«, rief ihm Klaus zu. Dann folgte er mit schweißfeuchten Händen der Angestellten zum Telefon. Sie lächelte ihm freundlich zu. Sie schien überhaupt nicht misstrauisch zu sein.

»Ich muss kurz im Untergeschoss nachfragen, ob das Gewünschte an Lager ist«, erklärte sie.

»Haben wir blaue Schuhe an Lager?«, fragte sie dann, hielt die Lippen ganz nahe an der Sprechmuschel und blickte halb abgewandt zu Boden. Dann legte sie den Hörer auf und machte eine zustimmende Geste. Ja, kein Problem. Es sei alles vorrätig. Einen kleinen Moment, bitte, sie würde die Sachen holen.

Klaus nutzte die Abwesenheit der Verkäuferin, um sich mit seinem kleinen Bruder zu unterhalten. Sie durften jetzt den Kopf nicht verlieren und sich nicht von der Angst hinreißen lassen; die Angst ist eine schlechte Begleiterin, sie verdunkelt den Weg des Heils, beleuchtet hingegen den Pfad, der geradewegs in den Abgrund führt. Und im Übrigen war seine Bemerkung von der Schildkröteninsel eine Ausnahme gewesen.

»Im Allgemeinen bin ich vorsichtig, das weißt du, Alexander. Sonst hätte ich das Flugticket für heute Abend nicht sechs Monate im Voraus bestellt.«

Doch die Verkäuferin war bereits wieder zurück. Klaus unterbrach das innere Gespräch und ging in die Anprobekabine. Als er schließlich das Geschäft verließ, war es bereits nach zwölf, und die Sonne stand senkrecht über der breiten Kieler Straße. Die vielen Menschen auf dem Gehsteig strebten zur Binnenalster, wo sie die Mittagspause in den Parkanlagen verbringen wollten.

Klaus lenkte seine Schritte in die entgegengesetzte Richtung; er wollte zu *SEBASTIAN,* dem bekanntesten Herrenkosmetiksalon in der Bauerstraße in St. Pauli.

Es war nicht das erste Mal, dass er diesen Weg ging, dennoch, seit er das Haus verlassen hatte, war ihm, als sei alles ganz anders, ganz neu: was er sah, was er hörte, was er fühlte ... Das Neue war jedoch nicht nur um ihn herum, sondern ebenso in ihm selbst, und das machte ihn glücklich. Der Klaus Hahn dieses 2. Septembers – wenn er einen schrägen Blick in ein Schaufenster warf, konnte er sich je länger, je mehr davon überzeugen – hatte nichts mit dem einstigen Brotausträger gemein, der jeweils am späten Samstagnachmittag *SEBASTIAN* aufsuchte und sich mit dem billigsten Angebot zufriedengab, denn die vervielfachten Reflexe in den Auslagen gaben immer das gleiche Bild wieder: das Bild eines reichen Mannes in einem weißen Anzug, der durch die sommerlichen Straßen flanierte.

»Klaus Hahn?«, fragte er und blieb auf dem Gehsteig stehen.

Alexander machte ihn darauf aufmerksam, dass es etwas ungewöhnlich sei, mit der Auslage eines Blumengeschäftes zu sprechen, dass die Leute sich vielleicht Fragen stellten. Doch die Meinung der Leute interessierte ihn nicht. Nur eines interessierte ihn: jener neue Mann mit einer Tulpe auf Brusthöhe, der ihm entgegenblickte.

»Klaus Hahn, du bist es tatsächlich!«, rief er erstaunt aus.

Die Gestalt im Schaufenster nickte lachend; es war kein lautes Lachen, sondern eher ein sanftes Erschauern, das aus einem verborgenen Winkel seines Herzens aufstieg und sich von innen nach außen ausbreitete und auf seiner Haut eine Art Prickeln hervorrief. Ein Lachen, das seit seinem sechsten oder siebten Lebensjahr verschüttet gewesen war und nun endlich wiederauflebte.

»Warum lachst du nicht, Alexander?«, fragte er, als er weiterging.

»Siehst du denn nicht, dass ich lache?«, antwortete sein Bruder.

Ehe er sichs versah, stand er vor dem Eingang des *SALON SEBASTIAN.* Die gute Stimmung verkürzte den Weg, ein fröhliches Herz kennt keine Ermüdung.

»Maniküre, französische Hautpflege, Gesichtsmassage nach orientalischer Methode, *exclusiv importiert*«, verkündete ein Plakat. Klaus studierte amüsiert die Preisliste und stieß entschlossen die Tür auf. Er wollte alles, wollte jede einzelne Spezialität des Hauses ausprobieren.

Eine junge Dame führte ihn in einen Raum, der wie eine Künstlergarderobe aussah.

»Machen Sie mich größer«, scherzte er. Die junge Dame war in der Tat sehr groß gewachsen.

»Wunder kann ich zwar keine bewirken. Doch ich werde Sie hübscher machen«, antwortete sie, während sie seine Gesichtshaut mit einer rötlichen Flüssigkeit abtupfte. Ihr Akzent erinnerte an die unmittelbare Nähe der Nachtlokale von St. Pauli.

»Damit bin ich schon zufrieden«, meinte Klaus. In Wirklichkeit wollte er gar nicht besonders groß sein. Wenn das stimmte, was der Prospekt der Reiseagentur sagte, so waren die Einwohner der Schildkröteninsel eher von kleinem Wuchs.

»Zuerst mache ich Ihnen eine Vollmassage. Hängen Sie Ihren hübschen Anzug und Ihr Hemd auf die Bügel hier, und legen Sie sich hin«, befahl die junge Dame in entschieden professionellem Ton.

Sie zeigte ausdrucksvoll *auf die Bügel hier* – wie eine Airhostess, die auf die Notausgänge zeigt. Ihre Handbewegung erinnerte Klaus Hahn an seine bevorstehende Reise, und seine Gedanken schweiften ab: Er dachte an den Flughafen … an die Koffer, die er gestern aufgegeben hatte … an die zwanzig Gürtel, die in Geschenkpapier eingewickelt in den Koffern verstaut waren … an die zehntausend Mark, dic gefalzt und nochmals gefalzt in den Gürteln versteckt waren … zwanzig Gürtel, zweihunderttausend Mark, die kostbare Grundlage seines *NEUEN LEBENS*.

Er dachte an seine Ersparnisse, die es ihm ermöglichen würden, diesen Schatz eine gewisse Zeit nicht anzutasten. Eine reine Vorsichtsmaßnahme. Dort unten, auf der fernen Insel der Schildkröten. In acht Stunden würde es Nacht werden, und das blinkende rote Licht eines Flugzeuges würde sich einen Weg durch die Dunkelheit bahnen.

Die Hände der Masseurin kneteten seinen Körper, lösten leichte Muskelkrämpfe aus, die zwar schmerzten, letztlich aber angenehm waren. Er schloss die Augen, um im Geist der Route des Flugzeugs zu folgen … bis es auf der Insel der Schildkröten landete. Das Glücksgefühl in seinem Herzen war so überwältigend, dass er keinen vernünftigen Gedanken zu fassen vermochte. Es war so blendend wie die Sonne, wenn man in ihr volles Licht schaut.

Mit dem Besuch bei *SEBASTIAN* war alles erledigt, was Klaus sich für den Morgen seines Geburtstages vorgenommen hatte. Als er wieder in der Brauhausstraße stand, blieb er einen Moment lang auf dem Gehsteig stehen. Und jetzt, wohin? Er schaute auf die Uhr. Es war zwei Uhr nachmittags.

»Welches ist das beste Restaurant in dieser langweiligen Stadt, Alexander?«, fragte er, während sein Blick über die jetzt ausgestorbene Straße schweifte. Doch die Banalitäten der Welt waren seinem Bruder unbekannt, also blieb die Frage unbeantwortet. »Gehen wir ins *PARIS*«, beschloss Klaus schließlich.

Das *PARIS* wurde von den Geschäftsleuten besucht, die in den vornehmen Stadtvierteln wohnten, von jenen Herren, die Brötchen für das Frühstück im Familienkreis bestellten. Das Restaurant hatte einen sehr guten Ruf. Zudem lag es im Stadtpark, nicht weit von der Brauhausstraße entfernt.

Klaus hob den Arm, um ein Taxi anzuhalten.

»Zum *PARIS,* bitte«, sagte er mit gespielter Gleichgültigkeit zum Fahrer, um seinen Akzent zu überspielen.

»Du brauchst gar nicht so affektiert zu sprechen, Klaus. Du bist so parfümiert, dass niemand auch nur eine Sekunde an deiner gesellschaftlichen Stellung zweifelt«, sagte Alexander und kicherte dabei ironisch – zumindest kam es Klaus so vor.

Der Speisesaal im *PARIS* war durch vergoldete Säulen unterteilt, und die Tische – ungefähr zwanzig, nicht mehr – waren um ein großes gläsernes Aquarium angeordnet. Vor den Fenstern sah man die bereits golden gefärbten Blätter der Bäume im Stadtpark. Die Servietten – aus feinem Leinen – waren blau und die Tischdecken weiß.

Klaus Hahn setzte sich – mit dem Rücken gegen die anderen Gäste – an einen Tisch in der Nähe des Aquariums. Er wollte beim Essen die exotischen Fische betrachten, die im Aquarium hin und her schwammen.

»Es kann nicht schaden, wenn wir uns langsam an die Landschaft der Schildkröteninsel gewöhnen, Alexander«, erklärte er.

»Wie heißen Sie?«, fragte er dann mit selbstsicherer Stimme. Die Frage war an den Kellner gerichtet, der ihm die Speisekarte hinhielt.

»Marcel, Monsieur«, antwortete der Kellner etwas erstaunt.

»*Très bien,* Marcel. Was empfehlen Sie mir? Ich habe heute Geburtstag.«

Klaus studierte aufmerksam die Speisekarte. Obwohl die Zutaten jedes einzelnen Gerichts, klein gedruckt und allgemein verständlich, in Klammern angegeben waren, wurde er nicht klug daraus, denn die meisten Bezeichnungen waren ihm unbekannt.

»Unser Savarin ist ausgezeichnet, Monsieur«, half ihm der Kellner, nachdem er ein paar Glückwünsche gemurmelt hatte.

»Dann nehme ich den Savarin.«

Klaus versuchte, besagten Savarin auf der Speisekarte zu identifizieren. Doch er konnte ihn nicht finden. Er fand sich in der verwirrenden Speisekarte nicht zurecht.

»Ist das nicht ein eher seltener Name für ein Fleischgericht?«, tastete er sich behutsam vor.

»Verzeihung, Monsieur, aber es handelt sich um eine Fischspezialität. Sie haben zweifellos recht. Es ist eine eher ungewöhnliche Bezeichnung«, pflichtete ihm der Kellner liebenswürdig lächelnd bei.

»Genau, genau ...«, antwortete Klaus hastig.

»Du hast dich lächerlich gemacht, Klaus«, hörte er darauf Alexander sagen. Die Stimme seines Bruders klang hart, ironisch – wie immer, wenn er ihn ärgern wollte.

Sie waren Brüder, sie liebten sich, doch manchmal schien ihn Alexander nicht zu verstehen.

»Du kannst dir ja vorstellen, was Marcel in der Küche erzählen wird«, fuhr er hartnäckig fort. »Er wird allen erzählen, der Gast am Tisch neben dem Aquarium sei ein Angeber, ein ungebildeter Kerl, der sich als reicher Mann aufspielt. Wirklich, Klaus, wie kannst du dich nur so lächerlich machen.«

Klaus brach der kalte Schweiß aus. Er suchte verzweifelt den sogenannten Savarin auf der Speisekarte.

»Hier, Monsieur«, half ihm der Kellner und neigte sich über die Karte.

»Ich habs gefunden, ich habs gefunden!«, verwies ihn Klaus barsch. Das Gericht *(Savarin scandinave avec brocoli à l'aneth)* war auf einer separaten Karte aufgeführt, es gehörte zu den zehn vom Küchenchef *speziell* empfohlenen Tagesspezialitäten.

Der Preis ließ ihn zweimal hinschauen. Der Savarin kostete so viel wie zehn Menüs seines langen früheren, nicht weit zurückliegenden Lebens.

»Sehr gut. Den Savarin, bitte«, wandte er sich an den Kellner.

Der Preis hatte ihm einen Moment lang den Atem geraubt, er musste sich anstrengen, es sich nicht anmerken zu lassen.

»Du räsonierst wie ein armer Schlucker, Klaus. Bist reich und räsonierst wie ein armer Schlucker. Du wirst immer der Gleiche bleiben«, sagte die harte Stimme vorwurfsvoll.

»Sei still, Alexander!«

So viele Jahre waren sie nun schon zusammen, doch er verstand die Art seines kleinen Bruders immer noch nicht. Alexander benahm sich manchmal störrisch, einfach so, ohne Grund. Es war, als ob es ihm Spaß machte, ihn zu quälen.

»Und als Vorspeise, Monsieur?«

»*Crêpes au Roquefort*«, antwortete Klaus, ohne genau zu wissen, was er da bestellte.

»Ein weißer Wein aus der Gegend? Ein Rheinwein vielleicht?« Der Kellner lächelte ihm zu, doch – wie es Klaus schien – nicht mehr so offen. Einen Augenblick lang glaubte er, in seinem Blick einen Anflug von Spott zu erkennen.

»Bestens! Genau das ist es, was ich brauche! Einen Rheinwein«, stimmte Klaus lebhaft zu. Doch seine Begeisterung war gespielt.

Als der Kellner zwischen den Säulen verschwunden war, versuchte Klaus, sich auf die exotischen Fische im Aquarium oder auf die Bäume im Stadtpark zu konzentrieren, die golden in der Sonne leuchteten. Doch auch das vermochte ihn nicht auf andere Gedanken zu bringen. Die Blamage mit dem *Savarin scandinave* wollte ihm nicht aus dem Kopf.

Den ganzen Morgen über war er der schlafende Fisch gewesen und hatte geglaubt, in einer sanften Strömung zu treiben. Ein Traum, nur ein Traum. Es hatte nur eines leichten Wellengekräusels bedurft, um ihn aus seinem Traum zu reißen. Er war nicht im Meer; er war nicht in einem Fluss; er schwamm in einem Fischbecken, genau wie die exotischen Fische im Aquarium vor ihm. Nur, dass das Fischbecken, in dem er steckte, enger war. Er drohte darin zu ersticken; es wurde ihm heiß.

»Selber schuld, Klaus«, sagte die harte, spöttische Stimme in ihm.

Alexanders Vorwürfe steigerten seine Panik, und als er die Stimme des Kellners hörte, der ihm die Flasche mit dem Rheinwein hinhielt, atmete er erleichtert auf.

»Möchten Sie ihn probieren, Monsieur?«

Klaus nickte. Der Wein war bernsteinfarben.

»Hätten Sie mir vielleicht etwas Papier?«, fragte er den Kellner, nachdem er den Wein gekostet hatte.

»Papier, Monsieur?« Der Kellner blickte ihn verständnislos an.

»Ich möchte mir ein paar kurze Notizen machen. Meine Zeit ist kostbar. Leider.«

»Sehr gut, Klaus. Jetzt hast du den richtigen Ton gefunden«, hörte er in seinem Innern sagen.

Und Klaus lächelte selbstzufrieden. Alexanders Stimme klang nicht mehr hart und spöttisch.

»Dürfen es auch Postkarten sein?«, fragte der Kellner und ging zur Anrichte, die um das Aquarium herumlief.

»Das Restaurant ist darauf abgebildet«, erklärte er und legte ein paar Postkarten neben Klaus' Gedeck.

»Sehr gut, Marcel. Vielen Dank. Geht in Ordnung.«

Er schenkte sich etwas Wein ein und begann zu schreiben.

Die erste Karte war an den Personalchef seiner Firma gerichtet. Er entschuldigte sich für sein Wegbleiben – und für seine Anwesenheit in einem Luxusrestaurant –, erklärte, er habe plötzlich beschlossen zu heiraten. Er zähle auf sein Verständnis und versichere ihm, er werde so bald wie möglich zum Lieferwagen zurückkehren.

In den letzten zwei Zeilen änderte sich der Ton allerdings. Das Postskriptum lautete:

Ich denke, es wird nicht länger als dreißig Jahre dauern. Und ich wäre Ihnen sehr verbunden, wenn Sie inzwischen gestorben sein werden.

Klaus hörte Alexanders Gekicher in seinem Innern, und auch er musste lachen. Er kannte seinen Personalchef, und ob, und er konnte sich sein hysterisches Geschrei vorstellen, wenn er den Brief gelesen haben würde. Wenn er sich die Mühe nahm, ihm zu schreiben, so aus einem einzigen Grund: um ihm ein Stück seines Lebens zu vergällen.

»Du hättest ihn umbringen sollen, Klaus«, flüsterte ihm Alexander zu.

»Sei still, du Dummkopf«, bat ihn Klaus, jedoch fast zärtlich, wie man ein Kind um einen Gefallen bittet. Der bernsteinfarbene Wein versetzte ihn in Stimmung.

Die zweite Mitteilung fiel ihm nicht so leicht, und als die *Crêpes au Roquefort* auf dem Tisch standen, war er immer noch nicht fertig damit.

Dein kleiner Fischmann verabschiedet sich für immer. Wenn du diese Zeilen erhältst, bin ich bereits weit weg. Ich weiß, dass du es nicht verstehen wirst, aber es spielt keine Rolle. Ich glaube nicht, dass ich dich vermissen werde. Umso besser. Ich würde dir gerne etwas ausführlicher über meine Pläne schreiben, aber ich kann nicht schreiben, das weißt du ja. Lass es dir gut gehen.

Er setzte seine Unterschrift darunter, adressierte die Postkarten und händigte sie dem Kellner aus. »Könnten Sie dafür sorgen, dass sie abgeschickt werden, Marcel?«

»Aber natürlich, Monsieur. Wir werden sie gleich morgen früh zur Post bringen.«

»Danke, Marcel.«

»Möchten Sie noch etwas Wein, Monsieur?«, fragte der Kellner und zeigte auf die fast leere Flasche auf dem Tisch.

»Ja, bringen Sie mir bitte noch eine Flasche. Ein bisschen Aufmunterung tut gut beim Schreiben«, lächelte Klaus. Der Kellner lächelte zurück und schenkte ihm den Rest Wein nach, der noch in der Flasche war.

Weder der Wein noch das Essen bekamen ihm. Er fühlte sich zusehends unbehaglicher, versuchte verzweifelt, den Savarin hinunterzukriegen, und als er den Rock auszog und über die Stuhllehne hängte, stellte er angewidert fest, dass sich auf dem blauen Hemd unter den Achselhöhlen dunkle Schweißflecken abzeichneten. Die Flecken waren sogar auf dem verzerrten Spiegelbild sichtbar, das ihm von einer vergoldeten Säule entgegenblickte.

»Die Rechnung, bitte«, schrie er plötzlich, und sämtliche Gäste, die sich noch im Lokal aufhielten, schauten zu ihm hinüber. Er wollte nichts mehr wissen von diesem widerlichen Savarin, er wollte das Lokal so schnell wie möglich verlassen. Er brauchte dringend frische Luft ... er würde sonst noch ersticken ...

»Die Rechnung, Marcel!«, wiederholte er.

Der Kellner eilte mit kleinen, hastigen Schritten herbei, versuchte, sich seine Verwunderung nicht anmerken zu lassen.

»Monsieur wünscht zu gehen? Wollen Sie nichts mehr trinken?« In seinem Blick lag Bestürzung.

»Bitte, ich möchte gehen!«

Klaus' rechte Hand zerknüllte den Saum der Tischdecke.

»Einen kleinen Moment, Monsieur. Ich bringe Ihnen gleich die Rechnung. Es tut mir wirklich sehr leid, Monsieur ...«

»Es tut mir auch leid, aber ich muss nach Hause«, entschuldigte sich Klaus etwas ruhiger. Er fühlte sich kraftlos und leer. Er hatte Kopfschmerzen.

»Ich bin gleich zurück, Monsieur.«

Er hatte nicht nur Kopfschmerzen, um ihn herum drehte sich alles im Kreis. Er stand torkelnd auf, stieß ein paar Mal gegen das Aquarium, beschloss dann, sich an eine Säule zu lehnen, während er darauf wartete, dass man ihm die Rechnung brachte.

»Hübsch, die Fische, Marcel«, bemerkte er, als der Kellner mit der Rechnung kam. Er bezahlte mit zwei Hundertmarkscheinen.

»Der Rest ist für Sie, Marcel.«

Es waren vierzig Mark.

»Warum plötzlich so großzügig, Klaus? Du bist offensichtlich betrunken.« Alexanders Stimme klang jetzt ganz eindeutig spöttisch.

»Vielen Dank, Monsieur«, sagte der Kellner und deutete eine Verbeugung an.

»Und bitte, vergessen Sie die Postkarten nicht. Sie sind sehr wichtig. Wirklich, Marcel. Frauen ... Immer die gleiche Geschichte, nicht wahr?«

Er stammelte; das Sprechen machte ihm Mühe.

»Machen Sie sich keine Sorge, Monsieur. Ich werde es bestimmt nicht vergessen.«

Der Kellner fasste ihn unter und begleitete ihn zur Tür, ganz langsam und vorsichtig.

»Eins jedoch möchte ich noch sagen«, lallte Klaus.

Er blieb stehen und wandte sich um.

»Auf der Schildkröteninsel schmecken die Fische viel besser. Tatsache. Viel, viel besser. Unglaubliche Fische.«

»Aber natürlich, Monsieur. Soll ich Ihnen ein Taxi rufen? Soll ich Ihnen nicht ein Taxi rufen, Monsieur? Es dauert nur einen Augenblick.«

»Ich habe Ihrem Savarin wohl nicht die gebührende Ehre angetan, Marcel«, sagte Klaus und setzte ein verzweifeltes Gesicht auf. »Verzeihen Sie. Wenn Sie wüssten ...« Dass er den Savarin nicht hinuntergebracht hatte, kam ihm je länger, je bezeichnender vor: eine Niederlage, ja, die für alle Niederlagen seines Lebens bezeichnend war.

»Ein andermal, Monsieur. Kommen Sie ein andermal wieder. Und Sie werden sehen, wie gut er Ihnen dann schmeckt. Wir haben alle hin und wieder einen schlechten Tag«, tröstete ihn der Kellner seufzend.

»Ich denke nicht, dass ich dazu Gelegenheit haben werde. Ich meine es ernst. Mehr als ernst. In wenigen Stunden ...«

»Sei still, Klaus. Du bist ein Dummkopf. Du bist immer ein Dummkopf gewesen«, hörte er die Stimme in seinem Innern.

Klaus war wild entschlossen, dem Kellner von seinen Reiseplänen zu erzählen, allen und allem zum Trotz ... auch Alexander zum Trotz. Doch ein Blick in Richtung des Aquariums hielt ihn davon ab. Die exotischen Fische drängten sich in einer Ecke des Fischbeckens und beobachteten ihn nachdenklich. Auch ihnen kam wohl sein Verhalten suspekt vor. Warum musste er ständig sprechen? Konnte er denn nicht den Mund halten? Sein Hirn war eines Fisches unwürdig. Es vernahm die Alarmzeichen nicht.

Klaus hielt sich den Zeigefinger vor den Mund.

»Sei endlich still«, sagte er zu sich selbst.

»Soll ich Ihnen ein Taxi rufen, Monsieur?«, wiederholte der Kellner.

»*Merci beaucoup,* Marcel. Sie sind sehr liebenswürdig. Ich fühle mich tatsächlich krank.«

Der Kellner eilte zum Telefon.

»Du fühlst dich also krank. Dass ich nicht lache, Klaus«, sagte die harte, spöttische Stimme.

»Manchmal bist du grausam, Alexander. Gut, ja, ich habe mir ein Glas genehmigt. Schließlich habe ich heute Geburtstag«, antwortete Klaus reumütig.

Die exotischen Fische schwammen wieder im Fischbecken hin und her, von einem Ende zum anderen. Klaus zwinkerte ihnen verschwörerisch zu.

»Ich bin nicht so kopflos, wie ihr denkt, Freunde.«

»Das Taxi wird gleich hier sein, Monsieur, es wartet am Eingang zum Park«, teilte ihm der Kellner mit.

»Vielen Dank, Marcel, vielen Dank«, sagte Klaus und klopfte ihm auf die Schulter. Dann stolperte er aus dem Restaurant und ging zum Taxi.

Eine Stunde später schloss er seine Wohnungstür auf. Er hatte im Taxi das Fenster heruntergekurbelt und fühlte sich jetzt etwas besser. Zum Glück war alles vorbereitet. Der Großteil – der wichtigste Teil – seines Gepäcks war bereits am Flughafen. Der Rest, bloß eine Reisetasche, wartete in einer Ecke des Wohnzimmers. Es blieb ihm noch Zeit, sich etwas auszuruhen, sich von seiner bescheidenen Wohnung zu verabschieden. Er hatte sie zwar nie gemocht, nein, doch schließlich hatte er siebenundvierzig Jahre hier gelebt.

Bevor er sich auf das Sofa setzte, holte er zuerst die drei Wecker aus dem Schlafzimmer und dann die Jagdflinte aus dem Schrank, wo er sie am Abend vorher versorgt hatte. Klaus küsste die Waffe und lachte.

»Du bist betrunken, Klaus«, stellte die ironische Stimme trocken fest.

»Vielen Dank«, sagte er und legte die Waffe an.

Er hatte sie vor zwei Jahren von einem Arbeitskollegen gekauft; er hatte sie seither nur einmal benützt.

»Gestern Vormittag«, dachte Klaus erstaunt. Es war ihm, als sei das viel länger her … seit er sie benützt hatte, um die Familie eines Bankdirektors in Schach zu halten. Aber es lagen tatsächlich nur vierundzwanzig Stunden dazwischen. *Ich rufe von Ihrem Haus an. Sie haben eine Frau und zwei Töchter, nicht wahr? Ich nehme an, dass Ihnen wenigstens an den Töchtern etwas liegt. Ich brauche zweihunderttausend Mark. Ich überlasse es Ihnen, ob Sie sie mir bringen wollen oder nicht. Ich denke, es ist besser, Sie halten den Mund. Ach ja, beinahe hätte ich es vergessen: Ich halte ein geladenes Gewehr in der Hand, sechs Kugeln sind im Magazin. Bringen Sie das Geld her, und es passiert weiter nichts.* »Leider«, dachte Klaus traurig, »leider habe ich sie alle umbringen müssen« – nicht, weil er es so gewollt hatte, sondern wegen seines kleinen Bruders; weil Alexander, der noch ein Kind war, nicht wissen konnte, wie schrecklich der Tod ist. Üblicherweise hörte er nicht auf ihn, weigerte sich rundweg, wenn er ihm befahl zu töten. Er gehorchte nur, wenn Alexander sehr aufgebracht war. »Er war gestern wirklich sehr aufgebracht, es blieb mir nichts anderes übrig«, dachte Klaus gähnend.

»Du hast zu viel Wein getrunken, Klaus. Du quasselst dummes Zeug«, sagte die harte Stimme.

»Ich habe Schlaf, Alexander«, antwortete er. Die Augen fielen ihm zu.

»Steh endlich auf, Klaus! Auf der Schildkröteninsel kannst du so lange schlafen, wie du willst«, brüllte ihn Alexander an. »Betrachte dich doch einmal im Spiegel. Du solltest dich schon ein bisschen um deine neue Person kümmern«, fügte er etwas ruhiger hinzu.

»Ja, Alexander, gleich.«

Manchmal war ihm sein kleiner Bruder lästig. Warum sollte er aufstehen, wo doch selbst sein weißer Anzug zu schwer war? Er verstand nicht, wie Alexander so anspruchsvoll sein konnte.

Er stellte sich vor den Spiegel.

»Klaus Hahn?«, fragte er.

Die Gestalt im Spiegel nickte, doch nicht so begeistert wie am Morgen, nicht so, wie er es erwartet hatte. Der weiße Anzug stand ihm gut, das Gewehr, das er über der Brust hielt, stand ihm gut. Doch alles andere wirkte eher bedenklich. Das Gesicht vor allem. Der Schweiß hatte die Wirkung der Cremes zerstört. Die roten Flecken waren wieder deutlich sichtbar.

»Die fette Haut und die Flecken«, hatte der Arzt gesagt, »sind vegetativer Natur.«

Er erinnerte sich, dass noch eine Kugel im Magazin war; er richtete die Waffe gegen sein Spiegelbild, gegen die roten Flecken in seinem Gesicht. Und er legte an – sicher, ruhig –, kniff ein Auge zusammen. Der andere Schütze, direkt ihm gegenüber, zielte ebenfalls, bedächtig, abwägend.

Eine ironische Symmetrie.

»Ich kriege dich!«, schrie Klaus und brach in schallendes Gelächter aus; er warf das Gewehr auf den Fußboden. Und die Gestalt im Spiegel lachte ebenfalls und gab das Duell auf. Beide waren offensichtlich betrunken.

Er wollte eben das Gewehr aufheben, als das Telefon klingelte. Er zuckte zusammen, wirbelte um sich selbst und ließ sich auf das Sofa fallen.

»Ich will nicht mit dir sprechen«, brüllte er. »Ich habe dir auf der Postkarte alles erklärt.«

Das Telefon klingelte und klingelte, wollte nicht aufhören zu klingeln. Er wurde wütend.

»Ich habe meinen Geburtstag gefeiert. Ich habe Savarin gegessen.«

Bei der Erinnerung an den Savarin brach er erneut in Lachen aus.

Sowohl das Lachen als auch das Klingeln des Telefons verstummten gleichzeitig. Klaus nutzte die eingetretene Stille, um auf die drei Wecker zu schauen. Es fehlten noch ein paar Minuten bis siebzehn Uhr.

»Vier Stunden bis zum Abflug«, dachte er gereizt. Vier endlose Stunden. Er stellte fest, dass die Kopfschmerzen sich wieder bemerkbar machten. »Noch vier Stunden«, seufzte er und rieb sich die Augen. Er könnte zum Flughafen gehen, aber das wäre unvorsichtig. Zudem hatte er keine Lust, etwas zu unternehmen.

»Steh augenblicklich auf, Klaus!«, befahl ihm Alexander, als er sah, dass er den Kopf auf die Armlehne des Sofas legte.

»Stell die Wecker, bevor du einschläfst«, riet er dann.

Alexanders Rat schien ihm vernünftig. Ob er wollte oder nicht, er würde bestimmt einschlafen, es war also klüger, entsprechende Vorsichtsmaßnahmen zu treffen. Ja, er würde ein paar Stunden schlafen und anschließend zum Flughafen gehen. In seiner Lage war das wohl das Vernünftigste. Die letzten Schritte erforderten einen kühlen Kopf.

Er blieb auf dem Sofa liegen, streckte die Arme aus und drehte an den Zeigern der drei Wecker. Er stellte den ersten auf zwei Minuten vor sieben. Den zweiten auf eine Minute vor sieben. Den dritten auf Punkt sieben. Einer der drei würde ihn bestimmt wecken.

Er legte sich der Länge nach auf das Sofa, wusste, dass der Schlaf nicht lange auf sich warten lassen würde; er zwang sich, an die traumhafte Insel der Schildkröten zu denken.

Die Insel war nicht sehr groß und schneckenförmig. Allerdings – wenn die Auskunft der Reiseagentur stimmte – mangelte es dort an nichts, die Insel war für Luxustouristen bestens eingerichtet. Es gab dort zwei Hotels, rund zweihundert Bungalows, hundert Villen. Zudem: Garagen und Autowerkstätten, Cafeterias und Restaurants, drei Kinos, einen kleinen Hafen mit vielen weißen Jachten. Die Insel war lebendig und farbig, und die Lebensfreude der Inselbewohner war so überschwänglich, dass sie den ganzen Tag sangen. Und auch die Palmenhaine waren sehenswert. Es gab dort die höchsten Palmen der Welt, und sie zogen sich bis zum Strand hin. Und der Strand – das war das Wunderbarste – lief wie ein Ring um die ganze Insel herum. Das Meer war am Morgen blau und am Nachmittag smaragdfarben, und Tausende von roten Fischen schwammen darin herum.

Klaus betrachtete aufmerksam die roten Fische. Er ließ sich von den smaragdfarbenen Wellen treiben, die ihn ins Meer hinaustrugen und wieder an den Strand spülten. Es war, als ob ihn das Meer in den Schlaf wiegte.

»Sie hatten recht, Monsieur. Sie sind wirklich hübsch, diese Fische. Viel hübscher als die im Restaurant«, sagte jemand neben ihm. Klaus machte die Augen auf und sah, dass es Marcel war, der Kellner aus dem Restaurant PARIS. Er hatte immer noch seine schwarze Fliege umgebunden, trug aber eine weiße Badehose mit schwarzen Noppen.

»Auf dieser Insel isst man keinen Savarin, Marcel«, erklärte ihm Klaus. Doch der Kellner war bereits verschwunden.

»Er wird wohl schwimmen gegangen sein«, dachte er und schaute auf das smaragdfarbene Meer hinaus. Doch dort schwammen bloß die roten Fische.

»Vielleicht ist er ertrunken«, sagte er sich. Er spürte die Wärme der Sonne auf dem Gesicht, vor allem auf den Augenlidern.

»Steh augenblicklich auf, Klaus!«, hörte er kurze Zeit später. An der gleichen Stelle, wo eben der Kellner gestanden hatte, stand nun ein Kind. Es trug einen gelben Badeanzug und lächelte ihn von oben herab an.

»Was machst du da draußen, Alexander?«, fragte Klaus und wandte den Blick ab, das Lächeln seines Bruders war ihm unerträglich.

Genau in dem Moment ging ein schrilles Klingeln los.

»Was schrillt denn so?«, fragte er. Doch niemand antwortete.

Und gleich darauf hörte er ein zweites Klingeln, ebenso schrill wie das erste. Und kurz darauf ein drittes.

»Steh augenblicklich auf, Klaus! Steh auf, du Idiot!«, schrie Alexander und gab ihm einen Rippenstoß.

»Warum schlägst du mich, Alexander? Wenn du mich schlägst, werfe ich dich ins Wasser, und du ertrinkst. Wie damals. Auf unserem Ausflug an die Elbe«, wimmerte Klaus.

»Ich hasse dich, Klaus.«

»Es war deine Schuld, Alexander! Ich habe dich ins Wasser geworfen, weil du mich geschlagen hast!«

Klaus wandte den Kopf ab; er weinte hemmungslos. Er wollte die Stimme seines kleinen Bruders nicht hören.

Er erblickte sie gleich: Es waren drei riesige Schildkröten. Sie standen auf einer Klippe, streckten den Hals und zischten pfeifend.

»Die Schildkröten waren das also. Ich hätte nicht geglaubt, dass sie so singen können«, dachte Klaus. Doch irgendwie behagte ihm das nicht. Er hatte sich nicht vorgestellt, dass er auf der Insel etwas Unangenehmes antreffen könnte.

Eine der Schildkröten verstummte.

»Jetzt wird auch die große aufhören«, dachte er. Und so war es: Die große Schildkröte verstummte ebenfalls. Nur die kleinste, die zuoberst auf der Klippe stand, kreischte noch.

»Das muss wohl die Älteste sein«, überlegte er sich.

»Hör endlich auf, altes Biest!«

Sie hörte nicht gleich auf, doch schließlich verstummte auch sie. Klaus atmete erleichtert auf und ging seinen kleinen Bruder suchen. Der Strand lag jedoch ausgestorben da.

»Du hast recht gehabt, dich in mir zu verstecken, Alexander. Du bist dort besser aufgehoben. Wenn du herauskommst, kriegen wir jedes Mal Streit, und das gehört sich nicht unter Brüdern«, sagte er zu ihm.

Die Sonne stand hoch am Himmel, und nach dem schrillen Pfeifen der Schildkröten hörte sich das Rauschen der Wellen wohltuend an. Sie wiegten ihn in den Schlaf, sanft, unendlich sanft, und trugen ihn ins offene Meer hinaus, weit, immer weiter weg …

Margarethe und Heinrich, Zwillinge

Nehmen wir an, dass dies der Anfang einer zehn- oder zwölfseitigen Geschichte oder eines Berichtes sei, fügen wir dieser Annahme hinzu, dass die in der Überschrift erwähnten Personen die Protagonisten dieser Geschichte sein werden, Margarethe und Heinrich also; Zwillingsgeschwister, die zu dem Zeitpunkt, als die zu erzählenden Begebenheiten sich zutrugen – im Herbst des Jahres neunzehnhundertvierunddreißig –, voneinander getrennt in zwei verschiedenen Städten Deutschlands lebten.

Lebten, haben wir gesagt, und dabei mit Absicht die dritte Person Plural des Präteritums verwendet, weil sich diese Verbform sowohl auf die Zwillinge als auch auf einen ganzen Herbst bezieht. In diesem zweiten Abschnitt soll das eingangs Gesagte näher umschrieben werden, ist doch der Tod eines der Zwillinge – genauer gesagt, der Tod Margarethes – eine der Prämissen, auf der unsere Annahme basiert. Halten wir zudem fest, dass Margarethe Anfang des erwähnten Herbstes in einem Bahnhof den Tod fand; dass sie sozusagen über Nacht verschwand, ganz plötzlich, wie ein Meeresvogel, der spürt, dass er tödlich verwundet ist, und der seine luftige Welt verlässt, um für immer im Meer unterzutauchen.

Der Tod jedoch – auch der Tod, von dem hier die Rede ist und der sich langsam verdeutlicht – kann nicht geheim bleiben; um endgültig zu sein, bedarf es einer Person, die ihn amtlich bescheinigt und bekannt gibt. Fügen wir also dem Dargelegten noch ein paar Einzelheiten hinzu: zuerst den Inhalt eines Briefes, den ein Untersuchungsrichter aus Bayern an Heinrich schrieb; dann, wann, wo und unter welchen Umständen besagter Brief gelesen wurde. Und bedienen wir uns eines grammatischen Modus, der nicht die Hypothese ausdrückt, sondern die Realität, und daher viel einfacher anzuwenden ist.

Der Untersuchungsrichter aus Bayern schrieb Folgendes:

Ich habe die Pflicht, Sie davon in Kenntnis zu setzen, dass Ihre Schwester Margarethe Wetzel am 22. September um 0.15 Uhr verschieden ist. Die Ermittlungen haben ergeben, dass sie unter die Räder eines Zuges geriet, der eben in den Bahnhof einfuhr. Sobald die Untersuchung abgeschlossen ist, werden wir Ihnen Näheres mitteilen. Wir schließen die Möglichkeit eines Mordes nicht aus.

Umstände, die indirekt mit diesem Tod zu tun haben: zuerst einmal der Hafen von Hamburg, wo Heinrich am Kai Nr. 8 einen Kran bediente. Genauer: das Kranführerhaus aus bruchsicherem Glas, von wo aus er mühelos das Deck des Schiffes überblicken konnte, das eben befrachtet wurde. Und hinsichtlich des Wetters: der Nachmittag jenes 2. Oktobers war regnerisch. Ferner ein Detail, das in den Bereich des Hintergründigen fällt, eine Vergesslichkeit, denn Heinrich – der einem offensichtlich amtlichen Brief keine Bedeutung beigemessen hatte – erinnerte sich erst ein paar Tage später daran, dass er den Brief ungelesen in eine Tasche seines Overalls gesteckt hatte.

An dieser Stelle muss der Leser sich *etwas in Geduld* üben – wie die Bänkelsänger zu sagen pflegen –, bis der Autor sich ganz von der anfänglichen Annahme gelöst hat, denn sonst würde er unweigerlich in einen Modus zurückfallen, der den erzählerischen Fluss stört.

Wenden wir uns also wieder unserem Bericht zu, erzählen wir die Geschichte so, als ob sie sich tatsächlich zugetragen hätte.

Als Heinrich den Brief gelesen hatte, lehnte er sich weit zurück, bis sein Kopf die Stahlplatte im hinteren Teil des Führerhauses berührte, er spürte, wie sein Herz heftig pochte und rasend Blut in die Adern pumpte, als wolle es den heftigen Schlag, den es beim Lesen des amtlichen Briefes verspürt hatte, auf den ganzen Körper übertragen. Der Schmerz breitete sich in der Lunge, im Unterleib aus bis in die Knie.

Heinrich blieb wie betäubt sitzen, sah nicht mehr, was um ihn herum geschah, hörte den Regen nicht, der an die Scheiben des Führerstandes prasselte, hörte die Zurufe der anderen Arbeiter nicht, die zu ihm heraufschauten. Als er schließlich aus seiner Betäubung erwachte, hörte er das Kreischen einer Möwe, und instinktiv folgte er mit dem Blick ihrem Flug. Die Möwe ließ sich steil fallen und setzte sich auf die Reling des Schiffes. Und Heinrich las ... THREE SISTERS.

Er verlor den Vogel aus den Augen, sein Blick blieb erstaunt an den zwölf Buchstaben hängen, aus denen der Name des Schiffes bestand.

»Ich hatte nur eine«, dachte er. Die bittere Ironie des Schicksals brachte ihn in die Wirklichkeit zurück.

Er schaute hinunter. Seine Kollegen gestikulierten wütend, bedeuteten ihm, dass die Ladung festgemacht sei. Worauf wartete er? Sah er denn nicht, dass sie nass wurden? Er wischte das Kabinenfenster ab und setzte den Ausleger in Bewegung, mechanisch, abgestumpft, ohne zu wissen, was er tat. Als die Fracht verstaut war, kletterte er die Leiter hinunter und ging auf seine Kollegen zu.

»Ich gehe, ich fühle mich nicht gut«, murmelte er mit erstickter Stimme.

Die zehn Männer jedoch, die am Kai standen, hatten den Brief gesehen, der aus seiner Gesäßtasche hervorschaute, und dachten, es handle sich um eine Ausrede.

»Kopf hoch, Heinrich. Die Frauen sind alle gleich. Du wirst bestimmt bald eine andere finden«, meinte der Vorarbeiter aufmunternd; die andern lachten.

Denn die als Trost gedachte Bemerkung beruhte nicht nur auf einem dummen Missverständnis, sondern sie war zugleich – und vor allem – eine spöttische Anspielung auf Heinrichs wenig männliches Aussehen. Die Arbeiter am Verladekai mochten den höflichen, ernsten jungen Mann nicht besonders, der über ihren Köpfen den Kran bediente. Er passte nicht zu ihnen. Am Hafen brauchte es Männer – richtige Männer, die ihren Wochenlohn in den Bordellen von St. Pauli durchbrachten.

Heinrich überhörte den Spott; er verließ den Kai, und nachdem er sich umgezogen hatte, überquerte er einen eisernen Steg und trat auf die belebte Straße hinaus. Sein Kopf war leer. Er hörte nur das Kreischen der Möwen über seinem Kopf.

Heinrich war seit drei Jahren in Hamburg, seit drei langen Jahren, doch er hatte keine Freunde, weder unter seinen Kollegen am Hafen noch in der Nachbarschaft. Er suchte im Grunde auch keine Freunde, denn die Einsamkeit, die sein Leben seit seiner Ankunft umgab, empfand er nicht etwa als Last, sondern eher als Erholung, als eine Art Befreiung; einzig die Briefe seiner Schwester brachten ab und zu eine heitere Note in sein Leben.

An jenem Tag allerdings bedauerte er, dass er es so weit hatte kommen lassen, und während er auf den Autobus wartete, suchte er in seinem Gedächtnis verzweifelt nach einem Namen, nach einem Gesicht; er ließ sich von der Vorstellungskraft hinreißen und sah sich im Wohnzimmer eines *Freundes* vor einer Tasse Kaffee sitzen, von Margarethe erzählend, die für ihn nicht nur die einzige Schwester gewesen war, sondern seine ganze Familie verkörpert hatte ... seit vielen Jahren ... seit sie beide Waisen geworden waren ... dass sie vierundzwanzig Jahre alt war, sehr blond und ganz anders als er ... eine fröhliche junge Frau, immer vergnügt und gesellig, und »weißt du, sie hatte eine richtiggehende Schwäche für Regenmäntel und auch für Schirme, du kannst dir gar nicht vorstellen, wie elegant angezogen sie stets war, und einmal, als wir ziemlich gut bei Kasse waren, verbrachten wir zwei Wochen in einem Dorf an der französischen Küste, und sie sagte zu mir: ›Du hast recht, Heinrich, das ist wirklich ein hübsches Dorf, doch findest du nicht auch, dass es langweilig ist, wenn es nie regnet?‹ Und dann sprachen wir über die Möwen ...« Und Heinrich betrachtete durch das Autobusfenster die Möwen, wie sie über den Anlegestellen Kreise zogen, wie sie zwischen dem morschen Holz und den Schrottbergen am Kai Nahrung suchten. Doch das waren andere Möwen. Er fand in seiner Erinnerung keinen Namen für sie. Er fand in seiner Erinnerung keinen Freund.

Er stieg aus und eilte nach Hause. Er wollte sich verkriechen, wollte vor den Menschen fliehen, die an jenem Regennachmittag vor den Schaufenstern Schutz vor dem Regen suchten oder sich an den Kinokassen drängten. Sie kamen ihm albern und widerwärtig vor, alle, ausnahmslos. Albern, weil sie nichts von Margarethes Tod wussten; widerwärtig, weil er in ihren Gesichtern nur Gleichgültigkeit sah, weil er wusste, dass keiner von ihnen bereit gewesen wäre, an seinem Schmerz Anteil zu nehmen.

Heinrich lag über eine Stunde auf seinem Bett, das Gesicht im Kopfkissen vergraben. Als er sich schließlich etwas beruhigt hatte, stand er auf und suchte in den Schubladen all die Gegenstände, die ihn an seine Schwester erinnerten: Fotos, ein Kästchen mit einer Haarlocke, ein bunt eingebundenes Heft, das sie ihm anlässlich ihrer gemeinsamen Reise an die französische Küste geschenkt hatte. Er stellte alles auf dem Tisch zu einem kleinen Altar zusammen. Er zog einen Stuhl heran und setzte sich davor.

»Hast du den Zug nicht kommen sehen, Margarethe?«, fragte er.

Und mit dieser Frage begann eine feierliche Andacht, die sich bis zum frühen Morgen hinzog.

Der kleine Altar vermochte ihn jedoch nicht zu trösten. Im Gegenteil, er bewirkte, dass die Leere in seinem Herzen nur noch größer wurde. Die Gegenstände blieben stumm, weigerten sich, die schönen Zeiten heraufzubeschwören, die die Geschwister Wetzel miteinander verbracht hatten; sie sprachen nur – herzzerreißend – von Margarethes Abwesenheit.

Er wollte die Andacht gerade beenden, als er feststellte, dass etwas fehlte. Etwas Wesentliches: das Kleid, das Margarethe bei ihrem letzten Besuch vergessen hatte. Es hing noch in seinem Schrank.

»Ich werde es anziehen«, beschloss er. Waren sie etwa nicht

Zwillinge? Hatte man sie nicht lange Zeit kaum voneinander unterscheiden können? Warum also auf tote Gegenstände zurückgreifen, wenn doch ein Teil von Margarethe in ihm selbst war.

Als er in den Flur hinaustrat, konnte er nicht wissen, dass dieser plötzliche Einfall sein Leben von Grund auf verändern würde. Er wollte lediglich seine Schwester für einen kurzen Moment dem Tod entreißen, um seine Andacht damit zu beschließen. Danach würde er wieder in seinen Alltag zurückkehren.

Doch in dem Moment, als der Stoff des Kleides seine Haut berührte, trat die Verwandlung ein – wie im Märchen, wenn die Fee mit einem Zauberstab eine ärmliche Hütte in einen Palast verwandelt. Denn als er sich im Spiegel betrachtete, blickte ihm eine Frau entgegen, die große Ähnlichkeit mit Margarethe aufwies, und da kam es wie eine Erleuchtung über ihn; plötzlich konnte er sich alles erklären, auch das Unbehagen, das er früher in seiner Geburtsstadt verspürt hatte, auch die Einsamkeit, unter der er später gelitten hatte, auch die Abneigung seiner Kollegen am Hafen …

Heinrich fühlte sich grenzenlos erleichtert. Er war jahrelang wie ein im Wald verirrtes Kind gewesen, das, von den Dornen zerkratzt, um Hilfe ruft, aber niemand hört es. Es würde in Zukunft keine blutigen Kratzer und keine Hilferufe mehr geben. Er hatte den Pfad entdeckt, der ihn aus dem Wald herausführte, er sah bereits das Sonnenlicht zwischen den Bäumen und das weite, liebliche Land, das ihn erwartete.

»Von jetzt an werden wir eins sein, Margarethe«, flüsterte er.

Worte, die aus der Tiefe einer erschöpfenden Schlaflosigkeit an die Oberfläche drangen, die jedoch Heinrichs wahres Wesen widerspiegelten: Von jenem Tag an würde er eine Frau sein.

»Ich werde dich nie vergessen, Schwesterherz«, fügte er hinzu. Und der Entschluss, den er soeben gefasst hatte, war mit diesem Versprechen besiegelt.

Er setzte sich wieder an den Tisch und schrieb zuerst einen Brief an die Hafenbehörde, den er mit Margarethe Wetzel unterschrieb und in dem er den Tod Heinrich Wetzels mitteilte und bat, man möge den ihm noch zustehenden Lohn überweisen. Dann stellte er eine Liste all der Dinge zusammen, die er am folgenden Tag besorgen wollte, darunter ein Lippenstift.

Bevor er sich zu Bett legte, schaute er zum Fenster hinaus. Die Stadt schlief noch, da und dort kündigte sich jedoch bereits das Morgengrauen an – schräge Strahlen, die durch die Wolken drangen, der gelbe Widerschein der Sonne in den Fenstern der Bürogebäude. Bald würden die Wecker in den Schlafzimmern der Häuser klingeln. Und dann würden alle – Männer und Frauen, Alt und Jung – zur Arbeit eilen.

Er seufzte tief. Zum ersten Mal in seinem Leben verspürte er Lust, sich unter die Menge zu mischen.

Er war so glücklich über die Veränderung in seinem Leben, dass ihm überhaupt keine Zweifel kamen. Er vertraute auf die Zukunft, oder besser gesagt: Er stellte sich die Zukunft strahlend vor. Er war davon überzeugt, dass Margarethes Geist ihn leiten würde und dass ihre Hand – wie die Hand einer guten Fee – ihn künftig in liebliche Gegenden, in gastfreundliche Häuser führen würde, wo ihn gesellige Freunde erwarteten.

Und tatsächlich schien die Zukunft seine Hoffnungen zu bestätigen: Wenn er durch die Straßen der Stadt spazierte, konnte es geschehen, dass er in ein herrschaftliches Haus eingeladen wurde, wo gerade ein Empfang stattfand; an einem anderen Tag wiederum besuchte er ein Bierlokal und wurde aufgefordert, das Wochenende in einem Landhaus zu verbringen; und auch zärtliche Briefe blieben nicht aus.

Seine Agenda, die früher immer leer war, füllte sich zusehends, und schon bald fanden die Namen und Telefonnummern keinen Platz mehr. Noch kein Monat war vergangen, seit er das Kleid seiner Schwester übergestreift hatte, als er bereits im *ATROPOS* zugelassen wurde, im exklusivsten Privatklub von St. Pauli. Manchmal bestieg er sogar das Podium und sang vor den anwesenden Gästen.

Eines Tages wurde er im *ATROPOS* Walter vorgestellt, einem Universitätsprofessor um die vierzig. Er war groß gewachsen, mit schwarzem Haar und schwarzen Augen. Er trug ein rotes Seidenfoulard um den Hals geschlungen.

»Darf ich Ihnen ein Glas Champagner anbieten?«, fragte Walter.

»Sehr gerne, obwohl ich sonst keinen Champagner trinke«, antwortete Heinrich.

»Ich freue mich sehr, Ihre Bekanntschaft zu machen; ich meine es aufrichtig, ich habe mich schon lange nicht mehr so über eine neue Bekanntschaft gefreut.« Die schwarzen Augen lächelten.

Heinrich konnte dieses Lächeln zwei Tage lang nicht aus seinen Gedanken verdrängen. Am dritten Tag rief Walter an.

Am vierten Tag beschlossen sie während eines Spazierganges im Park, eine feste Verbindung einzugehen.

Für Heinrich brach die glücklichste Zeit seines Lebens an. Walter war seine erste Liebe, und vielleicht war es gerade deswegen eine Liebe, in der die Zeit nicht zählte, eine unumschränkte Liebe, die sein ganzes Wesen gefangen hielt. Er lebte nur noch für diese schwarzen Augen.

»Wie fühlst du dich?«, fragte Walter eines Tages, als er ihm ein wissenschaftliches Werk widmete, das er kürzlich veröffentlicht hatte. Sie speisten im *D'ANGLETERRE* und stießen mit französischem Champagner an.

»Seit ich dich kenne, sehr gut.«

»Sehr gut, ja, aber was sonst? Wie ist dein Leben?«

»Wie ein Roman«, antwortete Heinrich prompt.

»Umso besser! Romane sind viel kurzweiliger als Essays!«, lachte Walter und zeigte auf sein Buch.

Heinrich irrte sich jedoch. Sein Leben war weit davon entfernt, ein langer Roman zu sein, ein Roman mit fünfzehn, zwanzig oder vierzig Kapiteln. Es war vielmehr eine Kurzgeschichte, die ihrem Ende entgegenstrebte. Vielleicht hatte er, voll und ganz von seiner

Liebe in Anspruch genommen, Margarethe, seine einzige Schwester, vergessen, leider, und dadurch – eine Bestätigung des ehernen Gesetzes, das die Feen in den Märchen unweigerlich auf jene anwenden, die ein Versprechen nicht einhalten – eine exemplarische Bestrafung auf sich gezogen.

Die Wolke – die Wolke, in der er schwebte und auf die er sein Leben stützte – begann sich eines Nachts zu verflüchtigen. Er kehrte nach einem Theaterbesuch mit Walter durch die schweigenden Straßen – auch sie schwiegen – nach Hause zurück, als ein lang gezogenes Pfeifen die Stille zerriss.

»Der Zug«, stellte Walter fest. Und ging weiter.

Heinrich jedoch blieb, von Schrecken gepackt, wie angewurzelt mitten auf dem Gehsteig stehen. Dieses durchdringende Pfeifen war bloß ein Zeichen, ein harmloses Zeichen; doch er hatte geglaubt, eine Stimme zu vernehmen, eine mächtige, düstere Melodie.

»Was hast du?«, fragte Walter und ging auf ihn zu.

»Ich möchte es ein zweites Mal hören«, antwortete er mit kraftloser Stimme.

Gleich darauf ertönte das zweite Pfeifen, und Heinrich kamen die Tränen.

»Was ist denn mit dir los? Warum weinst du?«, sorgte sich Walter. Er nahm Heinrichs Kopf zwischen seine Hände.

»Es ist nichts. Mir ist nur ganz plötzlich etwas Trauriges eingefallen« – und er suchte an der Brust seines Freundes Schutz.

Als er sich wieder beruhigt hatte, brachte Heinrich den Vorfall mit dem geheimnisvollen Tod seiner Schwester in Zusammenhang.

»Warum hat mich das so getroffen? Warum hat mich das Pfeifen an meine Schwester erinnert?« Er hatte in letzter Zeit nicht mehr oft an sie gedacht.

»Es wird nicht mehr passieren«, fügte er hinzu.

Diese an sich vernünftige Erklärung – auch Walter war dieser Meinung und erwähnte ähnliche Fälle – sollte jedoch keine Bestätigung finden. Heinrich irrte von da an nachts durch die Stadt, wie ein Schlafwandler, und wartete auf das Pfeifen der durchfahrenden Züge. Ein Ritual, das sich jede Nacht wiederholte, gleichgültig, was oder wen er verlassen musste, um sich diesem Ritual zu unterziehen. Ob im Freundeskreis, ob bei Walter zu Hause … wenn es Zeit wurde, stand er auf und ging weg. Er konnte der magischen Kraft dieser Melodie nicht widerstehen.

In Heinrichs Leben hatte sich die Heiterkeit der ersten Tage verdüstert. Er war wieder schweigsam geworden.

»Hab etwas Geduld, ich mache eine schwere Zeit durch«, gestand er eines Tages, als Walter ihn besuchte. Heinrich war schon lange nicht mehr im *ATROPOS* erschienen.

»Und zu mir kommst du auch nicht mehr? Auch bei mir willst du nicht bleiben?«

»Hab etwas Geduld; lass mich aus meinem Tief herauskommen.«

»Hast du jemanden kennengelernt?«, fragte Walter und senkte den Blick.

»Nein, das hat nichts damit zu tun. Ich muss allein bleiben, das ist alles.«

Walter weinte, doch es war vergebens. Heinrichs Entschluss stand fest.

Es wurde Winter, und die Stadt wirkte noch trostloser. Nach Einbruch der Dunkelheit schienen in der Bahnhofshalle nur noch die Betrunkenen lebendig zu sein. Einige – die meisten – tranken und randalierten auf den Bahnsteigen; andere versuchten, mit der einzigen Frau anzubändeln, die sich dort blicken ließ.

»Schau doch nicht immerzu auf die Räder der Züge. Schau lieber uns an«, neckten sie.

Doch Heinrich hörte sie nicht einmal. Er wartete bange auf das Pfeifen, das näher, immer näher kam. Sein ganzes Leben kreiste nur noch um die einfahrenden Züge.

Kurz vor Weihnachten traf ein amtlicher Brief ein. Der Untersuchungsrichter in Bayern teilte ihm mit, die Ermittlungen hätten ergeben, dass Margarethes Tod nicht mit einem Mord in Zusammenhang stehe. *Daher müssen wir von der Annahme ausgehen, dass es sich um Selbstmord handelte,* schloss er.

Heinrich zerriss den Brief und warf ihn in den Papierkorb. Er brauchte diese Bestätigung nicht. Dann ... zum letzten Mal vielleicht ... ging er zum Bahnhof.

Ich, Jean-Baptiste Hargous

Ich, Jean-Baptiste Hargous, Soldat seit meinem dreizehnten Lebensjahr, verließ meine Vaterstadt Nancy am fünften Tag des Heilsmondes des Jahres achthundertsiebenundsechzig nach der Menschwerdung unseres HERRN und zog unter dem Banner Lothringens, das blau und weiß war, gegen die Normannen in den Krieg. Denn die Normannen hatten die Städte Blois und Orléans geplündert, unsere engsten Verbündeten, und Herzog Lothar, Herrscher über das Reich und über unsere Leben, war ein aufbrausender Mann, also beschloss er, sich nicht bloß auf die Verteidigung der Schutzwälle zu beschränken. Und so kam es, dass wir – wie ich bereits gesagt habe – am fünften Tag des Heilsmondes in den Krieg zogen, zweitausend Männer und siebenhundert Pferde an der Zahl.

Doch es sollte sich bald erweisen, dass unser HERR den Herzog nicht hatte erhören wollen – oder dass der Herzog nicht auf unseren HERRN hatte hören wollen –, denn es war kalter Winter, und der Regen weichte die Wege auf, und der Schnee lag auf den Baumkronen und auf den Dächern der Häuser, und die Winde bliesen eisig. Und obwohl wir beteten, dass die Sonne wieder hervortreten und der Himmel über uns wieder klar und mild werden möge, wollte der Winter nicht nachgeben und beutelte uns arg.

Nach ungefähr zehn Tagen, als wir die Grenzen unserer geliebten Heimat Lothringen schon weit hinter uns gelassen und unterwegs an die vierzig Mann und über zwanzig Pferde verloren hatten, die durch Krankheit hinweggerafft wurden oder an einem bösen Fluch gestorben waren, erhielten wir aus dem Mund von Pilgern zum ersten Mal Kunde über unsere Feinde, die Normannen.

»Sie sind stark und grausam«, sagte man uns. »Sie werden euch zu Tode hetzen, wie die Hunde den Hirsch, und werden dann euer Banner in Flammen aufgehen lassen.«

Und weil wir erschöpft waren und auf fremder Erde, fern von der Heimat, verzagten wir und verloren den Mut, vor allem die Jüngsten unter uns, und alle wollten wir umkehren und dorthin zurück, von wo wir gekommen. Doch Herzog Lothar wusste nichts von unseren Wünschen – oder er wusste es, wollte es aber nicht wissen – und befahl uns weiterzugehen, bis das Schlachtfeld uns winkte, und während er dies sagte, lachte er, als ob ihm der Sieg schon sicher wäre und er auf dem Schnee das rote Blut der normannischen Soldaten sähe. Doch außer ihm sah niemand etwas, und je weiter wir vorrückten, desto größer wurde der Schaden, den der Ruf des Feindes in unserem Heer anrichtete. In den Dörfern, durch die wir zogen, standen die Weiber am Fenster und baten und flehten, wir sollten umkehren, und ein paar von ihnen traten auf die Straße hinaus und stellten sich den Hauptleuten in den Weg und klagten, es sei eine Sünde, so viele junge Soldaten in den Tod zu schicken. Und wenn wir in einem Kloster rasteten, blickten uns die Nonnen an, als ob wir Lämmer wären, die ihrem Schlächter entgegeneilen, und sie beteten für das Heil unserer Seelen, als wären wir bereits tot.

Doch Gott, unser HERR, hält uns immer in seiner Hand, und selbst im größten Unglück lässt er uns in seiner unendlichen Güte etwas Glück zuteilwerden, und das war es, was mir inmitten jenes Winters geschah. Denn er stellte mir einen guten, aufrichtigen Kameraden an die Seite: Pierre de Broc.

Ich war ihm zum ersten Mal im Hospiz des Klosters von Saint-

Denis begegnet, als ich eines Nachts keinen Schlaf finden konnte. Er saß allein in der kalten Stube vor dem erloschenen Herd und spielte die Sackgeige und sang dazu, und er beherrschte diese zwei Künste meisterlich, auch wenn ihm die Männer vor Erschöpfung und Kälte nicht zuhören mochten.

»Warum singst du? Warum schläfst du nicht?«, fragte ich ihn.

»Weil ich Angst habe«, antwortete er mir.

»Auch ich habe Angst. Auch ich kann nicht schlafen«, gestand ich.

»Also lass uns zusammen singen«, forderte er mich auf.

»Wir haben Angst, weil wir noch so jung, und nicht etwa, weil wir feige sind.«

»Wie alt bist du?«

»Siebzehn.«

»Siebzehn, wie ich.«

Wir umarmten uns in der kalten Stube und trösteten uns mit den Liedern unserer geliebten Heimat Lothringen.

Es gibt Freunde, mit denen geht man nur ein kurzes Stück Weg, und es gibt Freunde, mit denen setzt man sich an einen Tisch, und es gibt Freunde, die nur in den fröhlichen Tagen des Überflusses an deiner Seite erscheinen. Pierre de Broc und ich, Jean-Baptiste Hargous, hingegen, wir waren nicht von dieser Art; von jenem Tag an waren wir Brüder und Weggefährten und Gefährten im Leid und in der Mühsal, und immer trösteten wir uns gegenseitig und wollten uns nie trennen.

Vierzig Tage, nachdem wir Nancy verlassen hatten, als der Winter auf dem Höhepunkt stand und die Felder unter einer Schneedecke lagen, gelangten wir zu einem Dorf mit dem Namen Aumont, und ein Jude, der aus Orléans geflohen war, sprach mit einem der Hauptleute und tat ihm kund, dass das normannische Heer in einer Entfernung von weniger als fünfzehn Meilen stehe und dass, ungeachtet der schlechten Witterung, ein Mann zu Pferd in einem Nachmittag bis dorthin zu gelangen vermöchte.

Herzog Lothar befahl alsgleich, das Lager abzubrechen, und schickte einen Kundschafter aus, die Normannen auszuspähen. Der Graf wollte wissen, wie viele Mann dort stünden und wie viele Pferde, und ob sie tatsächlich so stark und unbesiegbar seien. Und der Späher ritt davon, und die Hufe des Pferdes wirbelten eine weiße Schneewolke auf, und Pierre und ich setzten uns ins Zelt und spielten die Sackgeige und sangen dazu.

Es verging jedoch ein Tag, es vergingen zwei Tage, es vergingen drei Tage, und der Späher kehrte nicht zurück; und als eine Woche vergangen war, dachten wir alle, er sei wohl tot. Der Koch aber, der wollte dem nicht Glauben schenken und meinte, der Mann sei wohl eher geflohen als gestorben, und er beschuldigte den Späher, den Herzog Lothar unter seinen besten Männern auserkoren hatte, ein Verräter, ein Feigling zu sein, und so kam es, dass ein Offizier, der ein Freund jenes war, den man ausgeschickt hatte, den Koch mit dem Schwert umbrachte. Die älteren Soldaten beklagten diese allzu gestrenge Strafe, und schon bald gab ihnen die Zeit recht, denn von jenem Tag an wurde das Essen immer karger.

Herzog Lothar schickte einen zweiten Späher aus, der aber kehrte bereits nach zwei Tagen zurück. Weder Pierre noch ich sahen ihn von Angesicht, doch alle, die ihn gesehen hatten, versicherten, er sei von Krankheit und vom Tode gezeichnet in das Lager zurückgekehrt, blass und mit verstörtem Blick, und die Fliegen seien um seinen Kopf geschwirrt, was ein Wunder war in einem so eiskalten Winter. Und dem Herzog Lothar nutzte auch jener zweite Späher wenig, denn er redete sinnloses Zeug daher, wie einer, den das Fieber erwischt hat. Worauf der Herzog uns alle zusammenrief; er forderte die Männer auf, sich freiwillig zu melden, er sagte, er würde sich erkenntlich zeigen und ihnen viel Gunst erweisen, wenn sie ihm Kunde vom normannischen Heer brächten.

Es meldete sich der Offizier, der den Koch umgebracht hatte, und mit ihm zwei weitere Soldaten, und die Späher ritten gleich auf und davon. Doch das machte uns keinen Mut, und an jenem Tag, kaum waren die Auskundschafter davongeritten, wurden die ersten Fahnenflüchtigen gemeldet, und einmal hieß es, es seien zwanzig Männer geflohen, dann wiederum hieß es, es seien deren viel mehr, und in den Pferchen würden mindestens hundert Pferde fehlen.

Der Offizier und die zwei Soldaten kehrten lange nicht zurück; es vergingen zehn Tage, bis sie endlich am Waldrand auftauchten, und wir waren alle sehr verwundert, als wir sahen, dass sie lachend und scherzend zurückkehrten und sich wie Kinder gegenseitig schubsten und neckten.

»Sie haben den Verstand verloren, Jean-Baptiste«, flüsterte mir Pierre ins Ohr.

»Kannst du dir vorstellen, was sie so sehr erschreckt hat, dass sie darob den Verstand verloren haben?«, fragte ich ihn.

»Die Normannen, Jean-Baptiste, die Normannen sind es gewesen.«

»Dann stimmt das wohl, was die Frauen in Aumont erzählt haben.«

In Aumont hatten uns die Frauen erzählt, die Normannen würden gezähmte Raubtiere in Käfigen halten, wie Hunde, und dass, wer sie einmal erblickt, den Anblick niemals vergesse, denn diese Tiere seien so groß wie Kühe, doch sie hätten Hufe wie Pferde und den Rachen eines Wolfes, und wenn wir in die Schlacht zögen, würden wir von den Ungeheuern in Stücke gerissen und verschlungen.

»Gott erbarme sich unser, Jean-Baptiste«, seufzte Pierre.

Und wir gingen zu unserem Zelt, um unsere Stockgeige zu holen, als ein hinkender Veteran, der ständig hinter uns herlief und der wütend war, weil wir seine Gesellschaft mieden, uns einen Vogel nachschleuderte, so als handle es sich um einen Stein, und der Vogel streifte uns an der Brust, zuerst Pierre, dann mich. Der Vogel hatte gelbe Flügel und war vor Kälte starr und hielt die Augen fest geschlossen, und dass er uns gestreift hatte, kam uns als ein böses Omen vor.

Herzog Lothar schloss sich in seinem Zelt ein, um nachzudenken, und alle Soldaten baten Gott, unseren HERRN, er möge den Herzog einsehen lassen, dass es keinen anderen Ausweg gebe als den Rückzug und dass Lothringen, unsere geliebte Heimat, auf die Rückkehr seiner Söhne warte. Der Herzog jedoch dachte keineswegs an Rückzug, sondern ließ einen neuen Späher suchen. Und so kam es, dass Guillaume dazu ausersehen wurde, ein kleiner Bastard aus dem Dorf Aumont, der sich ständig im Lager herumtrieb; der Herzog dachte, die Normannen würden ein neunjähriges Kind nicht verdächtigen. Und Guillaume willigte freudig ein, denn er wollte einst Soldat werden, und weil der Herzog ihm einen silbernen Dolch versprochen hatte als Entgelt für die Kunde, die ihm keiner seiner Auskundschafter hatte zurückbringen können.

Nachdem er sich auf dem Fest vergnügt hatte, das ein paar Soldaten zu seinen Ehren hatten geben wollen, machte sich Guillaume vergnügt auf den Weg und schien überhaupt keine Furcht zu haben. Und auch Pierre und ich hatten an dem Fest teilgenommen, denn uns wollte es scheinen, als liege unser Schicksal in den Händen dieses Kindes. Und wir baten Gott, unseren HERRN, er solle seine Schritte lenken und es zu den Käfigen führen, wo die Normannen die Kühe mit dem Wolfsrachen und den Pferdehufen eingesperrt hatten. Und ich brauche wohl nicht zu erwähnen, dass kein Soldat gegen die Ungeheuer kämpfen wollte und dass der Herzog würde nachgeben und den Rückzug befehlen müssen.

Währenddes wollte der Winter nicht weichen. Viele Soldaten wurden krank. Andere stahlen ein Pferd und desertierten. Es vergingen ungefähr zwei Wochen, da kehrte Guillaume zurück und war ebenso vergnügt wie zuvor. Und als er auf das Zelt unseres Herrn Lothar zuging, liefen alle Soldaten hinter ihm her.

»Jetzt werden wir endlich etwas über die Normannen erfahren«, sagte ich zu Pierre.

Doch als Guillaume auf eine Karre stieg und laut und gestikulierend zu berichten begann, was er im Lager des Feindes gesehen hatte, schauten wir uns alle verblüfft an, denn wir verstanden kein

Wort von dem, was das Kind da erzählte. Es sprach in einer fremden Sprache, und es war auch nicht Latein. Und als unser Herr Lothar ihm Fragen stellte, schaute ihn das Kind ebenso verständnislos an. Auch es verstand unsere Fragen nicht.

»Weißt du, was das für eine Sprache ist, Jean-Baptiste?«, fragte mich Pierre verzagt.

»Nein, ich hab solch eine Sprache nie gehört.«

»Es ist Normannisch. Das Kind hat seine Muttersprache vergessen und die ihre angenommen – und das in bloßen zwei Wochen. Sie sind viel mächtiger, als wir gedacht haben, Jean-Baptiste. Ihr Heer muss mindestens an die zwanzigtausend Mann zählen.«

»Meinst du wirklich, Pierre? Kinder sind sehr gelehrig. Sie nehmen neue Wörter mit großer Leichtigkeit auf.«

Doch wir konnten nicht weiterreden, denn aus dem allgemeinen Murren, das Guillaumes Worte ausgelöst hatten, drang ein Schrei, zuerst nur einer, dann noch einer, und dann noch einer, und schließlich waren es tausend Soldaten aus Lothringen, die brüllten und schrien, und tausend andere rannten zu den Pferden, stießen und prügelten sich, denn es gab nicht genug Pferde für alle.

»Lass uns auch fliehen, Pierre«, sagte ich zu meinem Freund.

»Die Stockgeige! Ich habe die Stockgeige im Zelt vergessen, Jean-Baptiste«, rief er mir zu und eilte davon.

»Pierre!«, rief ich ihm nach.

Ich wollte ihm sagen, er solle die Stockgeige dort lassen, wo sie war, er solle sich nicht unter den wilden Haufen der Soldaten mischen, die außer sich vor Angst die Flucht ergriffen. Und dann glitt Pierre vor meinen Augen im Matsch aus, und die Hufe eines Pferdes galoppierten über ihn hinweg, dann drei weitere Pferde und ein paar Dutzend Soldaten.

»Pierre«, rief ich nochmals.

Doch er war tot.

Ich brach in Tränen aus und hatte keine Lust, mich von der Stelle zu rühren, und als der hinkende Veteran, der ständig hinter uns herlief, mich in den Schlamm stieß, ließ ich es geschehen. Denn ich, Jean-Baptiste Hargous, wollte sterben wie mein Freund Pierre de Broc, von den Hufen eines Pferdes zermalmt.

Die Kunst des Plagiats

Gestattet mir, Freunde, meine Ausführungen mit der Schilderung eines Traumes zu beginnen, und werdet nicht ungeduldig, wenn ich, eurer wohlwollenden Zustimmung gewiss, die Betrachtungen, die sich auf das eigentliche Plagiieren beziehen, hintanstelle; ich bezwecke damit nicht etwa, müßig abzuschweifen, sondern mir liegt vielmehr daran, das Thema besser einzukreisen und – so hoffe ich – möglichst anschaulich darzustellen. Wisset zudem, dass besagter Traum in mir eine Sinnesänderung bewirkt und dazu geführt hat, dass ich heute Ansichten und Strömungen vertrete, die ich bis vor Kurzem noch ablehnte und gering schätzte, war ich doch früher, wie ihr alle wisst, ein kategorischer Feind jeglicher Form des Plagiierens.

Eines Nachts nun hatte ich einen beängstigenden Traum, in dem ich mich selbst inmitten eines unwegsamen, dichten, gespenstigen Waldes sah. Es war finstre Nacht, und ringsumher wimmelte es von wilden Tieren; ich dachte, meine Tage seien gezählt, und war sehr erschrocken. Dennoch ließ ich mich nicht von der Angst überwältigen; ich versuchte, mir einen Weg durch das Dickicht zu bahnen, und gelangte schließlich zu einem steilen Hügel, der sich am Ende des dicht bewaldeten Tales erhob. Die Mühe war nicht vergebens gewesen, denn zwischen den Baumwipfeln erblickte ich das strahlende Licht des Gestirns, das uns Wärme und Licht spendet, und mir wurde ganz heiter ums Herz: Wenn ich es schaffte, die helle Lichtung zu erreichen, würde ich gerettet sein.

Von dieser Hoffnung beseelt, begann ich den Aufstieg und ließ die Finsternis des Waldes hinter mir zurück. Doch oben blieb ich überrascht stehen, denn weit und breit war keine Spur von Leben zu entdecken, und aus der kargen Erde wuchs auch nicht der schmächtigste Halm. Ich war verzweifelt und verzagt und wusste nicht, in welche Richtung gehen. Ich saß niedergeschlagen auf einem Felsen und stützte den Kopf in die Hände, als sich mir jemand näherte.

»Erbarme dich meiner, wer du auch immer sein magst«, bat ich.

Die Gestalt blieb stehen, schaute mich wortlos an.

»Wer bist du? Ein Schatten oder ein Mensch aus Fleisch und Blut?«, fragte ich.

Worauf die Gestalt antwortete: »Ich bin kein Mensch, obwohl ich einst einer war. Meine Eltern wurden in Urdax in der Provinz Navarra geboren. Was meine Reise auf dieser Erde angeht, so wisse, dass ich mich – nachdem ich in Salamanca und verschiedenen anderen Orten geweilt –, dem Willen meines verehrten Herrn Bertrand de Echaus gehorchend, schließlich im Dorf Sara niederließ, und dort verbrachte ich denn auch die Jahre, die Gott, unser Herr, mir zu leben gegönnt: Achtundachtzig waren es alles in allem.«

Ich starrte ihn verblüfft und erschrocken aus weit geöffneten Augen an, konnte aber eine gewisse Heiterkeit nicht unterdrücken.

»Wenn dem so ist, so seid Ihr Pedro Daquerre Azpilicueta, der große Meister und Lehrer, der unter dem Namen *Axular* Berühmtheit erlangt hat. Der vortreffliche *Axular,* die höchste Autorität und der erste baskische Autor überhaupt. Ich bereue es nicht, Euer ganzes Werk gelesen zu haben. Ihr seid mein Vorbild und der Autor, den ich allen anderen vorziehe. Helft mir, ich bitte Euch. Schaut, wie hilflos und verloren ich inmitten dieser Wüste bin! Rettet mich aus meiner verzweifelten Lage, o gütiger, o weiser Meister!«

»Zuerst will ich dir etwas zeigen«, sagte er zu mir und schickte sich an, einen Hang hinaufzuklettern, der um etliches steiler war als der vorangehende und der zu einem noch höheren Gipfel führte. Ich folgte ihm vertrauensvoll.

Als wir auf dem zweiten Gipfel oben ankamen, stellte ich fest, dass wir auf einer einsamen Insel standen, um uns herum breitete sich unendlich das Meer aus. Es war eine winzige Insel, und keine Spur von Leben war zu entdecken. Ein schwarzes Schiff segelte darauf zu.

»Wie klein und karg ist diese Insel«, sagte ich zu ihm, und mir wurde ganz weh ums Herz. »Und wie groß die Einsamkeit«, fügte ich hinzu.

Der Meister nickte.

»Die meisten bekannten Sprachen und Ausdrucksweisen, die es auf der Welt gibt, haben sich vermischt und sind untereinander verwandt. Doch das Euskara ist einzigartig und unterscheidet sich von allen anderen Sprachen. Daher die große Einsamkeit.«

Als ich seine Worte hörte, begriff ich, dass diese Insel nicht mit der Insel Sardinien oder mit der Insel Sizilien vergleichbar war, sondern dass sie aus einem anderen Stoff bestand.

Und so unglaublich es auch klingen mag: Dieser geografische Zufall, der sich vor mir ausbreitete, war nichts anderes als meine eigene Sprache. Ich spürte, dass der Meister mir noch etwas sagen wollte, und so brach ich meine wirren Überlegungen ab, um später weiter über den Vorfall nachzudenken.

»Es gab eine Zeit, da war dies ein lieblicher Ort, während es heute eine kahle, ausgestorbene Gegend ist. Daher kommt dir die Insel so klein und eng vor. Wenn so viele Bücher in Euskara geschrieben worden wären wie in Französisch oder sonst einer Sprache, wäre auch unsere Sprache eine reiche und vollkommene, doch nicht die Insel ist an dieser Armut schuld, sondern die Euskaldunes selbst.«

Der gelehrte Doktor Angélico aus Euskal Herria schien traurig zu sein, und ich sagte eine Weile nichts, um ihn nicht noch mehr zu betrüben. Ich stellte aber fest, dass das schwarze Schiff immer näher kam, ich konnte bereits die Leute erkennen, die sich auf dem Deck tummelten. Da konnte ich die Frage nicht mehr unterdrücken, die mir in der Kehle brannte und die sich um jeden Preis Luft machen wollte.

»Was ist das für ein Schiff, Meister?«, fragte ich ihn.

Bevor er mir antwortete, seufzte er tief.

»Dieses Schiff ist wie die *GRAND SAINT ANTOINE,* die einst im Hafen von Marseille Anker warf.«

»Ich habe diesen Namen noch nie gehört, Meister«, gestand ich kleinlaut.

»Die *GRAND SAINT ANTOINE* war jenes Schiff, das die Pest nach Marseille brachte.«

»Und wer sind denn die vielen Menschen auf dem Schiff?«, fragte ich erschrocken.

»Siehst du das Grüppchen dort am Bug?«

»Ja; es macht den Anschein, als seien sie ganz vergnügt. Sie hissen Flaggen und lassen Hochrufe ertönen, als wollten sie die Insel freudig begrüßen.«

»Traue ihnen nicht. In Wirklichkeit sind es Heuchler, sage ich dir, und alles, was sie tun, ist bloßer Schein. Sie führen große Reden im Mund, doch was die Taten angeht ... du wirst sie nie zupacken sehen. Sie produzieren schwere Lasten, die fast nicht zu heben sind, und bürden sie den Schultern ihres Nächsten auf, derweil sie selbst keinen Finger rühren. Alles, was sie unternehmen, zielt nur darauf hin, die Aufmerksamkeit der Leute auf sich zu lenken. Die einen prahlen mit Sinnsprüchen und Wappen, die sie, auf ihre Gewänder gestickt, zur Schau tragen; die anderen schmücken die Giebelseite ihres Hauses mit einer Inschrift, die sie auf der Insel gefunden haben; andere wiederum pochen darauf, ihren Namen an erster Stelle zu sehen, wenn es um die Unterzeichnung eines Aufrufs geht. Doch das ist alles hohles Getue. Ihre Worte sind wie die Münzen von Gevatter Adam lauter leere Versprechen.«

»Und die dicht gedrängt hinter ihnen stehen? Was für Leute sind das denn?«

»Meinst du jene, die hingebungsvoll ihre Kontobücher in den Armen wiegen?«

»Ja, Meister.«

»Das sind die Banausier, mein Sohn, unglaublich gierige, törichte Menschen ohne jeglichen geistigen Anspruch. Die sind immer am Rechnen und Zählen und verstehen es wie niemand sonst, aus der Insel Profit zu ziehen. In Wirklichkeit, merk dir das, muss man sich vor ihnen fürchten, denn – wie allen ihresgleichen – kommt es ihnen sehr gelegen, dass die Insel so bleibt, wie sie ist: klein und begrenzt. Wenn sie eines Tages aufblühen sollte, würde es sie viel mehr Anstrengungen kosten, die Rechnung aufgehen zu lassen.«

Je länger er die Zukunft der Insel schilderte, desto schwerer wurde mir ums Herz. Doch ich konnte nicht schweigen. Es gab so vieles, was ich nicht wusste.

»Und jene, die neben dem großen Mast stehen?«, fragte ich weiter.

»Die mit der gelblichen Haut?«

»Ja, genau die meine ich, Meister.«

»Die kommen auf die Inseln, um zu sehen, ob es hier Wiesen gibt. Falls sie Wiesen fänden, würden sie sogleich Zwietracht oder anderes Unkraut säen. Sie können es nicht lassen, schlechte Saat zwischen den Weizen zu streuen. Überall dort, wo schale, unfruchtbare Reden geführt werden, überall dort, wo sie glauben, Ärger und Feindschaft zum Gedeihen zu bringen – überall dort wirst du sie im Namen des Volkes oder seiner Stimme versammelt sehen.«

»Und jene, die auf den Mast geklettert sind? Warum schneiden die solche Grimassen?«

»Sie sind nicht auf den Mast geklettert, sie sind mit Stricken daran festgebunden. Wäre dem nicht so, würde der Wind sie forttragen wie Luftballone. Denn du musst wissen, sie stammen wie die Unken aus der Familie der Aufgeblasenen. Sie fühlen sich erhaben und machen sich ständig über die Insel lustig oder verleumden sie, weil sie sich durch ihre Erhabenheit dazu befugt glauben. Doch sie sind überhaupt nicht erhaben, sondern gemein und niederträchtig. Sie halten sich für überlegen, wo sie doch bloß arrogant sind; Mut ist ihre Sache nicht, sie fallen über die Insel her, weil sie so blass und kraftlos vor ihnen liegt. Wäre das Gegenteil der Fall, würden sie sich irgendeine Lagune unter dem Schutz der Obrigkeit aussuchen und sich dort niederlassen.«

Diesmal war die Reihe an mir zu seufzen.

»Ich will Euch eine letzte Frage stellen, Meister, obwohl ich noch viele andere auf dem Schiff sehe, aber ich möchte Euch nicht länger belästigen. Sagt mir, wer sind die zuhinterst ... die auf der anderen Seite des Schiffes stehen und weinen und klagen?«

»Da ich ein Schatten bin, kenne ich die Müdigkeit nicht. Du hingegen wohl. Ich sehe, dass du am Ende bist und dir die Kräfte schwinden, daher werde ich nur noch über jene berichten und dann schweigen. Schau sie dir gut an! Das sind die *Traurigen.* Sie sind wie verzagte Liebespaare, haben für die Insel nichts anderes übrig als ihren Kummer und machen dadurch alles nur noch schlimmer. Sie flüstern wie Ikarus' Vater jedem, der abzustürzen droht, ins Ohr: ›Du bist auf einem schlechten, auf einem sehr schlechten Weg.‹ Wenn einer jedoch Glück hat und seine Flügel ausbreitet, dann schauen sie ihn vorwurfsvoll an, schütteln den Kopf und geben ihm zu verstehen, dass es ja doch zwecklos sei, er solle jede Hoffnung begraben. Wäre die Insel in ihren Händen – Gethsemane wäre im Vergleich dazu lauter Fröhlichkeit.«

Wir schauten beide eine Weile lang stumm zum schwarzen Schiff hinüber. Dann nahm er mich bei der Hand und führte mich hügelabwärts zu einer der wenigen grünen Stellen, die auf der Insel übrig geblieben waren. Die Erde war mit hohem Gras bewachsen, und ringsumher standen mit Früchten voll behangene Feigenbäume.

»Meister, bitte, bleibt noch etwas«, bat ich, als ich sah, dass er meine Hand loslassen wollte.

»Was erhoffst du dir von mir? Dass ich dir ein Heilmittel gebe?«, las er in meinen Gedanken.

Ich nickte.

»Ich habe es dir ja bereits gesagt: Wenn so viele Bücher in Euskara geschrieben worden wären ...«

»Aber es sind doch unser so wenige – wenige Schriftsteller meine ich, Meister! Und zudem haben sie nicht Euer Format.«

Der Meister pflückte eine Feige vom Baum und hielt sie mir hin. Während ich sie aß, verharrte er nachdenklich.

»Und Plagiare? Gibt es unter euch keine Plagiare?«, fragte er mich dann.

»Verstehe ich Euch richtig …?«, antwortete ich ausweichend.

»Was ich wissen möchte, ist, ob es niemanden gibt, der einen guten Schriftsteller über alles schätzt und sich daher bemüht, so zu schreiben wie sein Vorbild. Zu meiner Zeit entstanden alle guten Bücher auf diese Weise.«

Mir schien, dass dies einer Klarstellung bedurfte: »Ich glaube nicht«, erwiderte ich; »zudem haben sich die Zeiten geändert. Das Plagiieren ist seit dem 19. Jahrhundert sehr in Verruf geraten. In Verruf wie das Stehlen. Heutzutage muss das Werk eines Schriftstellers den Eindruck erwecken, als sei es aus dem Nichts geschaffen worden. Mit anderen Worten: Es muss unverwechselbar sein.«

Er schaute mich prüfend an, als versuche er zu verstehen. Dann nahm er eine Schale und begann, die am Boden liegenden Feigen aufzulesen.

»Das ist nicht gut; das ist gar nicht gut«, meinte er dann, während er zwischen den Bäumen umherging. »Meiner Ansicht nach hat das Plagiat im Vergleich zur schöpferischen Arbeit viele Vorteile. Es lässt sich einfacher und mit weniger Mühe verwirklichen. Man kann innerhalb der Zeit, die man sonst für ein einziges eigenständiges Werk aufwenden muss, zwanzig Plagiate zum Abschluss bringen. Und zuweilen erntet man damit sehr gute Resultate – was bei schöpferischen Werken selten der Fall ist –, denn die Qualität der Vorlage dient einem als Leitfaden und Hilfe. Wenn du meine Meinung hören willst: Das sind lauter Vorurteile, die Geschichte mit dem Diebstahl; Vorurteile, die uns des besten Instrumentes berauben, über das wir überhaupt verfügen, um die Insel zum Leben zu erwecken.«

Obwohl er einen verärgerten Eindruck machte, legte er die Feigen eine nach der anderen sorgsam in die Schale. Ich schaute ihm schweigend zu, ich wollte ihn nicht vom Thema abbringen, das ihn offenbar so sehr beschäftigte.

»Es schickt sich zwar nicht, dass jemand wie ich so etwas sagt ... doch wenn der Diebstahl mit Kunstverstand ausgeübt wird?«, fragte er mich und schaute zu mir herüber; ein flüchtiges Lächeln huschte über sein Gesicht.

»Ein Plagiat begehen, ohne zuzugeben, dass es sich um ein Plagiat handelt? Ist es das, was Ihr damit sagen wollt, Meister?«, begehrte ich auf.

»Genau.«

»Dazu bedarf es einer gewissen Kunstfertigkeit, möchte ich sagen, und zudem ...«

Er legte mir die Hand auf die Schulter.

»Mein Sohn, antworte mir aufrichtig, liebst du diese Insel?«, fragte er eindringlich.

»Über alles, Meister«, antwortete ich; mir war etwas unbehaglich zumute.

»Und wärst du bereit, für sie Gefahren auf dich zu nehmen und etwas zu riskieren?«

Wie hätte ich seinem Blick widerstehen und ihm mit Nein antworten können ...

»So schau dich in der Welt um und übe dich in dieser Kunst. Mögen künftige Generationen meisterliche Plagiate zu einem guten Ende führen. Auf dass die Insel neue Bücher hervorbringe.«

Und mit diesen Worten überreichte er mir die mit Feigen gefüllte Schale. Worauf er in einer Wolke, die bis auf die Erde herabstieg, meinen Blicken entschwand.

Ich erwachte und schlug die Augen auf.

Obwohl ich vor dem Fenster die vertrauten Hügel sah, kostete es mich etliche Mühe, meine Umgebung zu erkennen. Die Gegenstände im Zimmer, die Bilder, die Bücher, meine Kleider, alles kam mir fremd vor, denn die Wirklichkeit war nicht stark genug, um den Traum zu zerstören. Ich hielt zwar die Augen offen, stand aber immer noch im Banne des Meisters, stand mit ihm auf dem Gipfel des Berges und betrachtete die Insel, ging mit ihm im Obstgarten zwischen den Feigenbäumen hin und her.

»Ich habe ihm versprochen, eine Anleitung für die Kunst des Plagiierens zu entwickeln«, erinnerte ich mich, als ich vollständig wach war.

Es kostete mich unendliche Mühe, in die Wirklichkeit zurückzukehren, denn das gegebene Versprechen beunruhigte mich, und ich wäre am liebsten wieder eingeschlafen. Doch Zweifel hatten sich in meinem Herz eingenistet, und ich wurde zusehends munterer. Ich dachte, ich würde es niemals fertigbringen, nach einer solchen Anleitung zu schreiben, und dass demzufolge das ihm gegebene Wort keine Gültigkeit habe. Doch es handelte sich nicht um irgendein Versprechen, sondern um ein dem leibhaftigen Axular, Doktor Angélico de Euskal Herria, höchstpersönlich gegebenes. Und mein Unbehagen war so groß, dass mir die Feige, die ich mir zu Gemüte geführt hatte, im Hals stecken blieb. *Ein Plagiar muss sich einen Text mit einem allgemein verständlichen Thema aussuchen, überlegte ich mir anschließend. So müsste die erste Regel einer Anleitung zur Kunst des Plagiierens lauten.*

Einigermaßen erstaunt, gleichzeitig aber auch glücklich über diesen plötzlichen Einfall, nahm ich ein Heft aus dem Nachttisch und hielt meine Überlegung darin fest. Und fügte gleich noch einen Kommentar hinzu:

Mit anderen Worten: Man muss sich Erzählungen oder Romane aussuchen, deren Inhalt sich in verschiedenen Ereignissen oder Handlungen rekapitulieren lässt. Vorbilder in der Art eines Robbe-Grillet oder eines Faulkner eignen sich daher für einen Plagiar kaum, denn in den Werken dieser Autoren ist die eigentliche Geschichte sozusagen Nebensache. Sehr nachahmenswert hingegen sind Schriftsteller wie Saki, Buzzati oder selbst Hemingway. Allgemein ausgedrückt: Je älter das ausgesuchte Vorbild ist, desto besser für den Plagiar; aus einer gekürzten Fassung von Tausendundeiner Nacht *lassen sich tausend Geschichten als Vorlage nehmen, aus einer Anthologie avantgardistischer Literatur jedoch keine einzige.*

Ich las das Geschriebene durch. Gar nicht schlecht, dachte ich, einen Leitfaden für die Kunst des Plagiierens zusammenzustellen, war vielleicht gar nicht so schwierig, wie ich es mir vorgestellt hatte.

Und um mein mutiges Vorgehen zu feiern, nahm ich mir eine weitere Feige und verschlang sie genüsslich.

Um zu plagiieren, muss man seltene Bücher meiden, worum es sich dabei auch immer handeln mag, folgerte ich weiter, wobei ich mich über diese Feststellung mehr wunderte als über meine erste, spontane Überlegung. Ich war an jenem Morgen offensichtlich inspirierter denn je. Freilich, so groß mein Erstaunen auch sein mochte, diesen Gedanken konnte ich mir nicht entfallen lassen. So nahm ich mein Heft wieder zur Hand und hielt die zweite Regel fest:

Der Plagiar soll sich vor seltenen Büchern hüten und erst recht vor solchen, die nicht in seine Sprache übersetzt worden sind. Er soll, nur um ein Beispiel zu nennen, die Finger von jenem Roman lassen, den seine Eltern in einer Buchhandlung am Lenin-Platz gekauft und ihm von ihrer Reise nach Moskau mitgebracht haben – auch wenn ein polyglotter Freund sich anerbietet, eine verlockende Synopse des Inhaltes anzufertigen. Denn schließlich, was weiß er über die jüngste Literatur Russlands? Und seine Eltern: Sind sie in ihrer Unschuld vielleicht auf jemanden gestoßen, der im Begriff stand, sich zu bekehren und ein Dissident zu werden? Wozu würde das führen? Dass dieser Jemand zwei Jahre später in allen Massenmedien herumgereicht werden würde, und selbst die Universitätsstudenten würden sämtliche Themen seines literarischen Werkes in- und auswendig kennen. Das Plagiat wäre somit in höchstem Maße gefährdet – ein einleuchtendes Argument.

Nein, um geschickt sein Ziel zu erreichen, muss sich der Plagiar vor Extravaganzen hüten, er darf seine Schritte nicht wie ein Gelegenheitsdieb durch dunkle Gassen oder verrufene Stadtviertel lenken, sondern er muss sich im hellen Sonnenlicht bewegen, auf den bevölkerten Plätzen im Herzen der Stadt. Er muss sich zum Boulevard Balzac *begeben oder zu den* Hardy Gardens *oder in die* Hoffmann-Straße *oder auf den* Pirandello-Platz … *was, mit anderen Worten ausgedrückt, bedeutet, dass er sich seine Vorbilder unter den Autoren aussuchen muss, die in aller Munde sind. Und er soll sich darüber keine Gedanken machen: Man wird ihn nie entlarven; denn die Klassiker sind nur dem Namen nach und von den Kupferstichen her bekannt.*

Ich hatte zwei Regeln für die Kunst des Plagiierens aufgestellt, und da ich mich inzwischen beruhigt hatte, ließ ich meinen Blick über die Hügel von Obaba schweifen, betrachtete die Gesten der auf den Feldern arbeitenden Bauern. Ich hätte wie gewohnt aufstehen wollen, um eine Tasse Kaffee zu trinken, doch der bloße Gedanke daran, das Bett verlassen zu müssen, hielt mich davon ab. Und wenn mich beim Aufstehen die Inspiration verließe? Woher kamen mir plötzlich die vielen Einfälle? War ich etwa nicht ein blutiger Anfänger in Sachen Plagiate? Etwas Seltsames ging in mir vor.

»Woher kommen diese Feigen?«, fragte ich mich plötzlich erstaunt; zu dieser Jahreszeit gibt es doch gar keine Feigen in Obaba.

Ich nahm die weiße Schale in die Hand und schaute sie mir genauer an. Kein Zweifel war möglich: Die sorgfältig angeordneten Früchte – das war augenfällig – waren die gleichen, die Axular auf der Insel gesammelt hatte.

Schließlich erkannte ich klar, was mir geschehen war. Nein; mein Traum war kein Zufall, sondern war ausdrücklicher Wille des Meisters gewesen, damit ich die frohe Botschaft des Plagiats verbreite. Und folglich waren die Feigen in der Schale keine gewöhnlichen Feigen, sondern Feigen der Weisheit, und die Feigen waren es, die – wie ich bereits festgestellt hatte – mir die Regeln für die Kunst des Plagiierens einflüsterten.

Ich dachte eine Weile über den Vorfall nach, voller Bewunderung für die Macht, mit der die Bewohner des Parnasses offensichtlich ausgestattet sind. Doch neben mir lag das Heft, und sein

Vorhandensein erinnerte mich an die Aufgabe, die meiner harrte. Ich griff also zur Feder und machte mich an die Erläuterung der dritten und der vierten Regel.

Ein Beispiel vermag wohl besser als jede weitschweifige Darlegung zu zeigen, wie das Problem der Zeit und des Raumes gelöst werden muss. Nehmen wir an, dass die zu plagiierende Geschichte sich in Arabien oder im Mittelalter abspielt und dass es sich bei den Protagonisten – die in eine Auseinandersetzung über ein Kamel verwickelt sind – um Ibu al Farsi und Ali Rayol handelt. Nun gut, der Plagiar muss zwar die Geschichte als Ganzes so belassen, wie sie ist, aber er kann sie – nehmen wir einmal an – in das heutige England versetzen, die Helden verwandeln sich also in Anthony Northmore und Philip Stevens, und der Grund des Zwistes ist kein Kamel, sondern ein Auto. Diese Änderungen, das ist leicht vorauszusehen, ziehen tausend andere Veränderungen nach sich, was schließlich dazu führt, dass die Geschichte am Schluss praktisch für niemanden erkennbar ist.

Da ich den Quell meiner Inspiration entdeckt hatte, hinderte mich nun nichts mehr daran, endlich aufzustehen; ich ging also in die Küche hinunter, um mir einen Kaffee zuzubereiten. Es herrschte bereits reger Betrieb im Dorf zu dieser Tageszeit, und die Gutentag und Aufwiedersehen der Leute drangen bis zu meinem Haus. Die Sonne trieb die spärlichen Wolken am Himmel auseinander. Kurze Zeit später kündigte mir der Türklopfer am Eingang die Ankunft der Morgenzeitung an. Ja, das Rad des Lebens drehte sich unaufhaltsam weiter, und ich fühlte mich so glücklich wie nie zuvor.

Eine Stunde später goss ich mir eine zweite Tasse Kaffee ein, aß nacheinander drei Feigen und schickte mich an, die letzten Regeln niederzuschreiben.

Ein gutes Verteidigungsargument parat halten ist von größter Wichtigkeit für den Plagiar. Dann fügte ich dieser Präambel die folgenden vierzig Zeilen hinzu:

Es kann passieren, dass ein Plagiar die ersten vier Regeln Punkt für Punkt befolgt und das Plagiat dennoch als solches erkannt wird. Jeder kann einmal Pech haben, und erst recht innerhalb eines eingeschränkten Kulturkreises, denn auf engem Raum pflegen die Kontakte – vor allem die literarischen – von Intrigen, Bosheit und Hass geprägt zu sein.

Doch dieser Schicksalsschlag muss für den Plagiar nicht zwangsläufig präjudizierend sein, nein, er kann sich dadurch vielleicht sogar bestärkt aus den Netzen seiner Feinde befreien. Dazu ist erstens absolut unerlässlich, dass er in seinem ganzen Werk Spuren *seines Vorbildes zurücklässt; zweitens muss er etwas von Metaliteratur verstehen; und drittens und letztens muss er bereits eine gewisse Berühmtheit erlangt haben. Erst wenn diese drei Bedingungen erfüllt sind, kann ihm nichts mehr passieren.*

Nehmen wir an – um die zwei ersten Verteidigungs-Grundsätze näher zu erläutern –, der Plagiar habe sich für seine Zwecke einer Erzählung von Kipling bedient, dass er zudem die Geschichte zeitlich weit vorgerückt und sie in die Umgebung des Planeten Uranos versetzt habe. Was liegt näher für den Plagiar, als den Astronauten Kim zu nennen?

»Gestatten Sie mir, dass ich Ihnen bei der Gelegenheit eine indiskrete Frage stelle«, wird ein Journalist ein paar Tage nach Erscheinen des Werkes versuchen, ihn in die Falle zu locken. »Es wird behauptet, dass die Geschichte, die Sie in Ihrem Buch erzählen, eine verblüffende Ähnlichkeit mit einer Geschichte des Schriftstellers Piking haben soll. Gewisse Leute gehen sogar so weit und sprechen von einem Plagiat. Was haben Sie zu dieser Anschuldigung zu sagen?«

»Verzeihung, mein Herr, es handelt sich nicht um Piking, sondern um Kipling«, wird der Plagiar würdevoll erwidern.

Und dann mit einem verächtlichen Lächeln um die Mundwinkel hinzufügen:

»Wenn diese Verleumder anständige Leser wären und, anstatt Maulaffen feilzuhalten, das Gesamtwerk Kiplings gelesen hätten, würden sie feststellen können, dass mein Werk nichts anderes als eine Würdigung ebendieses Meisters ist. Aus diesem Grund – und aus keinem anderen – habe ich den Astronauten Kim getauft: weil eines der Werke

aus der Feder dieses großartigen Imperialisten genau diesen Titel trägt. Schließlich scheint mir diese Anspielung nicht so schwer verständlich. Doch wie ich Ihnen schon gesagt habe, diese Leute, die alles besser zu wissen glauben, haben nicht die geringste Ahnung von Literatur.«

»Mir ist – bitte korrigieren Sie mich, wenn ich mich irre –, als habe ich großartiger Imperialist *gehört, also, bitte verzeihen Sie, doch diese zwei Wörter miteinander in Zusammenhang zu bringen … hört sich doch ziemlich befremdend an …«, wird der Journalist hartnäckig von einer anderen Seite anzugreifen versuchen.*

Natürlich wird es ihm der Plagiar nicht so einfach machen, und sich der zweiten Verteidigungsregel erinnernd, wird er sich von Neuem dem Feind stellen.

»Im Übrigen muss ich feststellen, dass alle jene, die um jeden Preis das Haar in der Suppe suchen, um ihren Nächsten zu diskreditieren, sehr im Rückstand sind, was die moderne Linguistik angeht. Wahrscheinlich haben Sie von Metaliteratur noch nie auch nur ein Wort gehört …«

»Ich habe natürlich schon etwas darüber gehört, ich erinnere mich nur nicht …«

»Also gut, unter diesem Begriff versteht man …, dass es letztlich weder unter der Sonne noch in der Literatur etwas Neues gibt. All das Zeug, das die Romantiker sich ausgedacht haben …«

»Gewiss, die Liebe und all das …«

»Nein, doch, ja … auch ihre Auffassung von der Liebe, doch ich beziehe mich auf ihre literarischen Vorstellungen – die Romantiker also waren der Ansicht, dass ein Werk der Ausdruck einer besonderen und einzigartigen Persönlichkeit sei und dergleichen Unsinn mehr.«

»Und was hat die Metaliteratur damit zu tun?«

»Die Metaliteratur? Bedeutet nichts anderes, als dass wir Schriftsteller nichts Neues erschaffen, dass wir alle die gleichen Geschichten schreiben. Wie man so schön zu sagen pflegt: Die guten Geschichten sind alle schon einmal geschrieben worden – und wenn sie nicht geschrieben worden sind, so ist das ein Zeichen, dass sie schlecht sind. Die

Welt ein riesiges Alexandria, das ist alles, und wir, die darin leben, haben offenbar keine größeren Sorgen, als uns darüber zu unterhalten, was bereits geschaffen worden ist und was nicht. Läppisch. Der romantische Traum hat sich schon lange in Luft aufgelöst.«

»Warum also überhaupt noch schreiben? Wenn doch alle guten Geschichten bereits geschrieben worden sind?«

»Weil – ich weiß nicht mehr, wer das gesagt hat –, weil die Leute sie vergessen. Und jede neue Generation Schriftsteller ruft sie ihnen wieder ins Gedächtnis. So einfach ist das.«

Es liegt auf der Hand, dass die Ehrbarkeit des Plagiars nach all dem bisher Gesagten über jeden Zweifel erhaben ist. Doch für alle Fälle – wenn man davon ausgeht, dass niemand einem Unbekannten glaubt – ist es zweckmäßig, auch die Bedingungen der dritten Verteidigungsregel zu erfüllen. Mit anderen Worten ausgedrückt: Der Autor muss einen gewissen Berühmtheitsgrad erlangt haben. Denn wenn sein Name bekannt ist und weitherum einen guten Klang hat, werden die eingangs erwähnten Gründe umso mehr einleuchten und zusätzlich an Durchschlagskraft gewinnen.

Es soll niemand die Mühe scheuen, sich einen Namen zu schaffen! So hart dies am Anfang auch scheinen mag. Durch das Vorhandensein einer Flut von Zeitungen und Nebensächlichkeiten – was dieser oder jener Politiker gesagt oder zu sagen unterlassen hat, ob die Karnevalsveranstaltungen zur richtigen Zeit stattfinden oder nicht, ob die Verkehrsprobleme oder die Probleme sonstigen Verkehrs gelöst sind oder nicht – ist es für den Plagiar (durch die Beantwortung öffentlicher Umfragen, durch die Unterzeichnung von Manifesten und so weiter) gleichsam ein Kinderspiel, zu erreichen, dass sein Name allwöchentlich vor den Augen der öffentlichen Meinung erscheint.

Als ich die letzten Zeilen der Anleitung zur Kunst des Plagiierens fertig geschrieben hatte, stand die Sonne auf dem höchsten Punkt, und der Rauch, der aus den Herden von Obaba aufstieg, zeigte mir an, dass es bereits Essenszeit sei. Doch ich hatte so viele Feigen gegessen, dass ich keinen Hunger mehr verspürte, und so beschloss ich, mich gleich einer praktischen Übung zuzuwenden. Ich musste die Wirksamkeit meines Leitfadens anhand eines Beispiels beweisen. Also ging ich in die Bibliothek und suchte mir aus einem Buch mit vielen Auflagen auf dem Buckel eine Geschichte mit einem allgemein verständlichen Thema heraus. Noch bevor es Nacht wurde, war das Plagiat, auf das ich anschließend näher eingehen werde, fertig und ins Reine geschrieben: *IN DER GLETSCHERSPALTE.*

Möge der Wunsch des weisen Axular sich erfüllen.

In der Gletscherspalte

Als Sherpa Tamng mit der Nachricht zurückkehrte, Philippe Auguste Bloy sei in eine Gletscherspalte gestürzt, huschte ein Todesengel durch das Basislager Eins. Das Gelächter und die angeregten Gespräche während der Mahlzeit verstummten augenblicklich, die Tassen mit dem heißen Tee standen unberührt im Schnee. Keiner der Expeditionsteilnehmer getraute sich, nach näheren Einzelheiten zu fragen, niemand brachte ein Wort heraus.

Sherpa Tamng dachte, man habe ihn nicht verstanden; und er wiederholte die Nachricht: Das Eis habe Philippe Auguste mitgerissen, die Gletscherspalte scheine sehr tief zu sein.

»Hast du ihn nicht herausholen können, Tamng?«, fragte schließlich der Expeditionsleiter. Es war Matthias Reimz, ein Genfer, der dank seiner Besteigung des Dhaugaliri in allen alpinistischen Enzyklopädien erwähnt war.

Der Sherpa schüttelte den Kopf.

»*Chiiso,* Mister Reimz. Fast Nacht«, sagte er.

Ein triftiger Grund. Wenn es Nacht wurde, sank die Temperatur – *chiiso* – in der Gegend des Lothse auf vierzig Grad unter null;

eine Temperatur, die an sich schon tödlich sein konnte und die außerdem dazu führte, dass sich die gewaltigen Eismassen veränderten: Neue Gletscherspalten öffneten sich, andere hingegen, ältere, schlossen sich für immer. Eine Rettung schien unmöglich.

»Womit hast du die Stelle gekennzeichnet, Tamng?«

Der Sherpa wandte sich um und deutete auf seinen Rücken. Ja, er hatte den roten Nylonrucksack, den er immer mithatte, mit Bolzen gut im Eis verankert, dort zurückgelassen.

»War er noch am Leben?«

»Not now, Mister Reimz. Not now.«

Jedermann im Lager dachte, Reimz beabsichtige, am nächsten Morgen in aller Frühe mit einer Rettungsexpedition aufzubrechen. Zur allgemeinen Überraschung schickte sich Matthias Reimz jedoch an, die Steigeisen anzuschnallen; er bat, man solle ihm Seile und eine Laterne bringen. Der Genfer hatte offensichtlich die Absicht, sofort aufzubrechen.

»Lemu mindu!«, rief ein alter Sherpa vorwurfsvoll: Er billigte Reimz' Entschluss nicht; was er vorhatte, grenzte an Selbstmord.

»Der Mond wird mir den Weg weisen, Gyalzen«, antwortete Reimz und schaute zum Himmel hinauf. Der Mond war fast voll. Sein Licht beschien den frisch gefallenen Schnee und ließ ihn noch blasser erscheinen.

Dann wandte sich Reimz an seine Gefährten und erklärte, er wolle nicht, dass ihn jemand begleite, er gehe lieber allein, er wisse um die Gefahr, aber es sei seine Pflicht als Expeditionsleiter.

Matthias Reimz und Philippe Auguste Bloy arbeiteten zusammen in einem Winterkurort in der Nähe von Genf, daher erklärten sich die anderen Expeditionsmitglieder seine Entscheidung mit der langjährigen Freundschaft, die die beiden verband. Die Sherpas hingegen, die nichts über die Hintergründe wussten, dachten, er sei es seiner Stellung schuldig.

Als der orange Schatten von Reimz' Anorak im Schnee und in der Dunkelheit verschwunden war, erhob sich anerkennendes

Stimmengemurmel im Basislager Eins. Eine großartige Haltung, sein Leben aufs Spiel zu setzen, um das Leben eines Gefährten zu retten. Die einen erwähnten die Macht der Freundschaft, die Herzensgüte. Andere wiederum den Geist, der die Alpinisten verbinde, den Mut, die Solidarität. Der alte Gyalzen schwenkte sein weißes Gebetstuch: Das Glück möge ihn begleiten, der große Vishnu möge ihn beschützen.

Niemand ahnte die Wahrheit. Niemand kam auf den Gedanken, dass Reimz aus Hass gehandelt haben könnte.

Philippe Auguste Bloy spürte die Schmerzen in seinem gebrochenen Bein und die tiefe Schnittwunde am Brustkorb. Doch das von der Kälte hervorgerufene Bedürfnis zu schlafen war stärker als sein Wille. Er konnte die Augen kaum mehr offen halten. Er spürte bereits die betäubende Wärme, die dem sanften Bergtod immer vorausgeht.

Er lag auf dem Eis, strengte sich verzweifelt an, die in der Gletscherspalte herrschende Finsternis von der Finsternis des Schlafs zu unterscheiden, und so bemerkte er die Seile nicht, die von oben heruntergelassen wurden und auf seinen Bergschuhen aufprallten. Und ebenso wenig erkannte er den Mann, der sich an den Seilen heruntergelassen hatte und nun neben ihm kniete.

Als ihm der Mann mit der Laterne ins Gesicht leuchtete, schreckte Philippe Auguste mit einem Aufschrei zusammen.

»Nimm die Laterne weg, Tamng«, rief er, musste dann aber selbst über seine Reaktion lächeln. Er war gerettet.

»Ich bin es, Matthias«, hörte er jemanden sagen. Die Stimme klang drohend.

Philippe Auguste wandte sich ab, weil ihn das Licht der Laterne blendete. Doch das Licht verfolgte ihn; es schien ihm wieder voll ins Gesicht.

»Was hast du vor?«, fragte er schließlich.

Matthias Reimz' raue Stimme widerhallte in der Gletscherspalte. Er sprach ganz langsam, wie ein zu Tode erschöpfter Mann.

»Ich spreche als Freund zu dir, Phil, von Mann zu Mann. Was ich dir zu sagen habe, kommt dir vielleicht lächerlich vor, aber du ahnst nicht, wie sehr ich leide.«

Philippe Auguste war auf der Hut. Er hörte hinter Matthias' Worten das Zischen einer Schlange.

»Vera und ich, Phil, wir lernten uns kennen, als wir beide noch sehr jung waren«, fuhr Matthias fort.

»Wir waren ungefähr fünfzehn, sie fünfzehn und ich sechzehn. Nein, sie war nicht besonders hübsch. Sie war sogar hässlich, Phil, wirklich, knochig und zu groß für ihr Alter. Trotzdem, ich verliebte mich gleich in sie. Mir ist, als sei das alles erst gestern gewesen ... ich hätte am liebsten geheult, einen Moment lang flimmerte es violett vor meinen Augen. Ob du es glaubst oder nicht, Phil, alles war violett. Der Himmel war violett, die Berge waren violett, auch der Regen war violett. Ich weiß nicht, vielleicht verändert das Verliebtsein die Sehschärfe. Und es ist immer noch so, Phil, die Gefühle von damals sind nicht erloschen; auch als wir heirateten, änderte sich nichts an meiner Liebe zu Vera, obwohl man behauptet, dass Heiraten die Liebe töte. Ich bin noch immer in sie verliebt, Phil, ich trage sie noch immer in meinem Herzen. Darum schaffte ich es, den Dhaugaliri zu bezwingen, Phil, weil ich immer nur an sie dachte, Tag und Nacht.«

Er verstummte, und die Einsamkeit in der Gletscherspalte war bitterer als zuvor.

»Wir haben nie miteinander geschlafen, Matt!«, schrie plötzlich Philippe Auguste. Seine Worte widerhallten von den Eiswänden.

Matthias brach in spöttisches Lachen aus.

»Ich bin beinahe wahnsinnig geworden, Phil, als man mir die Fotos zeigte. Vera und du am 16. März, Hand in Hand vor dem Hotel Ambassador in München. Oder am 10. und 11. April im Tivoli in Zürich. Selbst in Genf, im Apartmenthaus Trummer, am 12., 13. und 14. Mai. Und dann in Villette bei Lausanne, eine ganze Woche in einem Hotel am See, während ich unsere Expedition vorbereitete.«

Philippe Auguste schluckte leer. Die Muskeln seines vor Kälte erstarrten Gesichtes verkrampften sich.

»Du nimmst das alles viel zu ernst, Matt, da war nichts …«

Doch niemand schien ihn zu hören. Nur das Auge der Laterne starrte ihn erbarmungslos an.

»Ich habe lange darüber nachgedacht, Phil. Ich bin kein Mörder. Ich habe mir oft vorgenommen, dich umzubringen, doch ich habe es nicht über mich gebracht. Ich hätte es in Katmandu beinahe versucht. Und auch, als wir in Lukla landeten. Doch diese Stätten sind mir heilig, Phil, ich wollte sie nicht mit deinem Blut beflecken. Nun hat der Berg an meiner Stelle gehandelt, Phil, darum liegst du jetzt hier unten, weil der Berg dich verdammt hat. Ich weiß nicht, ob er dich mit dem Tod bestrafen wird, ich weiß es nicht. Vielleicht überlebst du die Nacht, und die anderen holen dich morgen heraus. Doch ich bezweifle es, Phil, ich habe den Eindruck, dass du für immer und ewig in dieser Gletscherspalte wirst bleiben müssen. Darum bin ich gekommen, damit du nicht von dieser Welt gehst, ohne zu erfahren, wie sehr ich dich hasse.«

»Bring mich hier heraus, Matt!«

Philippe Augustes Unterlippe zitterte.

»Das liegt nicht in meiner Macht, Phil, ich habe es bereits gesagt, der Berg wird entscheiden.«

Philippe Auguste atmete tief. Es blieb ihm nichts anderes übrig, als sich in sein Schicksal zu ergeben.

In seiner Stimme lag grenzenlose Verachtung: »Du glaubst, du seist besser als alle andern, Matt. Ein mustergültiger Bergkamerad, ein mustergültiger Gatte, ein mustergültiger Freund. Doch du bist bloß ein elender Heuchler. Niemand, der dich etwas näher kennt, kann dich leiden.«

Zu spät. Matthias Reimz hisste sich bereits an den Seilen hinauf.

»Vera wird um mich weinen! Um dich jedoch wird sie keine Träne vergießen«, schrie ihm Philippe Auguste mit letzter Kraft nach.

Und in der Gletscherspalte herrschte wieder Finsternis.

Die Erregung, die der Besuch in ihm ausgelöst hatte, weckte Philippe Augustes Lebensgeister wieder. Sein Herz schlug heftig, und das Blut, das schon fast zu Eis erstarrt war, durchströmte seine Muskeln. Er vermochte wieder klar zu denken, erinnerte sich, dass die Alpinisten die Seile, die sie benützen, um in eine Gletscherspalte zu klettern, meistens zurücklassen; sie sind nur hinderlicher Ballast auf dem Rückweg ins Lager. »Ja, Matthias ...«, dachte er. Verzweifelte Hoffnung flammte in ihm auf.

Er erhob sich mühsam und tastete in der Dunkelheit die Eiswände ab. Er war von seiner Entdeckung so überwältigt, dass er vor Freude laut lachte: Er hatte sie gefunden, die drei Seile, die Matthias Reimz aus alter Gewohnheit zurückgelassen hatte.

Er stöhnte vor Schmerz, doch er wusste, dass ihn in der Tiefe der Gletscherspalte ein noch viel unbarmherzigerer Schmerz erwartete – der schrecklichste Schmerz überhaupt. Philippe Auguste biss die Zähne zusammen, packte die Seile und begann, langsam nach oben zu klettern, behutsam, um sich nicht an den eisigen Wänden zu stoßen. Wenn sich die Spalte verengte, lehnte er sich zurück und stemmte sich mit dem unverletzten Bein gegen die Eiswand, um etwas Atem zu schöpfen. Nach einer Stunde hatte er bereits die ersten zehn Meter bewältigt.

Als er ungefähr achtzehn Meter zurückgelegt hatte, löste sich ein Schneebrett, und er hätte beinahe den Halt verloren; die herabstürzenden Schneemassen schleuderten ihn gegen einen Eisvorsprung; der Schmerz trieb ihm die Tränen in die Augen. Einen Augenblick lang dachte er an den süßen Tod, der ihn in der Tiefe der Spalte erwartete. Doch die Hoffnung in seinem Herzen war noch nicht erloschen und flüsterte ihm ein unüberhörbares »vielleicht« zu ... vielleicht ... vielleicht hatte er Glück. Das Schicksal hatte ihm eine Chance gegeben. Er durfte die Hoffnung nicht aufgeben. Zudem war der gelockerte Schnee Beweis dafür, dass das Ziel nicht mehr weit sein konnte.

Eine halbe Stunde später schimmerten die Eiswände zuerst grau, dann weiß. Philippe Auguste dachte, das Schicksal, das ihn gegen einen Eisvorsprung geschleudert hatte, habe ihm eine Prüfung auferlegen wollen und belohne ihn jetzt.

»Der Himmel«, rief er aus. Und tatsächlich – über ihm breitete sich der zartrosafarbene Morgenhimmel aus. Ein neuer, strahlender Tag brach über Nepal an.

Der Schnee glitzerte in der Sonne. Er blickte um sich. Links, im Norden, erhob sich das gewaltige Massiv des Lhotse. Rechts erkannte er den Zickzackpfad, der zum Basislager Eins hinabführte.

Philippe Auguste atmete tief, er spürte, wie die klare Morgenluft seine Lunge durchströmte. Er breitete überwältigt die Arme aus, hob die Augen zum tiefblauen Himmel, murmelte ein paar Dankesworte an die Adresse des Berges.

So stand er da, als plötzlich eine seltsame Unruhe sich seiner bemächtigte; es war ihm, als ob seine ausgebreiteten Arme sich verkrampften, als ob sie ihn ohne sein Zutun umschlangen. Doch – was war das? Stand jemand hinter ihm? Er wandte sich erstaunt um; sein Gesicht erstarrte vor Schrecken. Hinter ihm stand Matthias Reimz; er lächelte spöttisch.

»Bist in die Falle gelaufen, Phil«, hörte er ihn noch sagen, bevor er den Stoß spürte. Den Bruchteil einer Sekunde lang erkannte Philippe Auguste Bloy den Sinn seiner letzten Lebensstunden: Alles – Matthias' Auftauchen, die vergessenen Seile –, alles war bloß eine von langer Hand vorbereitete Folter gewesen: Matthias Reimz hatte ihm auch die letzte verzweifelte Hoffnung nehmen wollen.

Ein kühler Rheinwein

Was meint ihr, wollen wir den im Tagesprogramm vorgesehenen Martini für eine andere Gelegenheit aufsparen?«, schlug der Onkel aus Montevideo vor, während er seine Unterlagen ordnete und aus seinem ledernen Armsessel aufstand. Die Lesung in der Veranda war zu Ende.

»Das hängt ganz davon ab, was du uns als Ersatz anbietest«, scherzten wir.

»Einen spritzigen Rheinwein aus meinem Keller zum Beispiel. Beim Anhören der Geschichte von Klaus Hahn habe ich Lust darauf bekommen. Hat jemand etwas dagegen? Ich stelle die Flaschen zum Kühlen in meinen *Quellfrisch.*«

Der *Quellfrisch,* das war ein Ziehbrunnen im Haus, gleich neben der Küche.

»Für meinen Teil, sehr gern sogar. Um ehrlich zu sein, ich habe in meinem Leben noch nie Rheinwein getrunken.«

»Was? Und du schreibst darüber, ohne ihn je probiert zu haben? Eine Schande ist das!«, sagte mein Onkel lachend und schüttelte den Kopf.

»Jetzt ist er wieder ganz der Mann des 19. Jahrhunderts! Lebenserfahrung, Ideenreichtum – und wenn möglich, in jeder Geschichte zwei oder drei Ehebrüche. Und da soll einer an seine Bekehrung glauben! Ich wette, Onkel, dass die Geschichte, die du plagiiert hast, ebenfalls aus dem 19. Jahrhundert stammt!«

»Jetzt, wo du es sagst« – unterbrach mich mein Freund –, »auf welchen Autor haben Sie sich für Ihre Geschichte von der Gletscherspalte gestützt? Das haben Sie uns schließlich doch nicht verraten.«

Mein Onkel ging zur Tür – wie ein Kind, das sich in Szene setzt. Er wusste genau, dass uns seine Geschichte beeindruckt hatte.

»Ich verrate nichts, kein Sterbenswort; laut Programm sind Fragen und Kommentare erst beim zweiten Kognak zugelassen. Also bleibt uns nur noch, entweder zu schweigen oder über Belanglosigkeiten zu plaudern. Und jetzt setzt euch an den Tisch draußen im Garten. In fünf Minuten wird der Wein kühl genug sein.«

»Wie der *Herr der Feigen* befiehlt, Euer Ehren.«

»Ich hoffe, der Tisch steht im Schatten«, bemerkte mein Freund und warf einen Blick in den Garten. Draußen musste die Temperatur mittlerweile auf 35 Grad gestiegen sein, wie das Radio vorausgesagt hatte.

»Er steht unter dem Magnolienbaum. Vielleicht habe ich ihn etwas zu voreilig dort hingestellt. Ich kann wohl nicht verlangen, dass ihr euch wie die blassen jungen Damen des 19. Jahrhunderts verhaltet. Wenn es euch lieber ist, stellen wir ihn woandershin – um den modernen Gepflogenheiten Genüge zu tun.«

»Wie rücksichtsvoll!«, lachten wir, während wir nach draußen gingen.

Die »modernen Gepflogenheiten«, auf die mein Onkel angespielt hatte, waren im Garten geradezu greifbar: Über allem lag brütende Hitze, alles war in gleißendes Licht getaucht. Einzig das monotone Zirpen der Grillen durchbrach die sommerliche Mattigkeit, die sich über Obaba gelegt hatte.

Wir flüchteten uns schleunigst unter den Magnolienbaum, und als wir behaglich in seinem Schatten saßen, wandten wir uns – wie es das Programm vorschrieb – den »Belanglosigkeiten« zu. Unsere Unterhaltung drehte sich zuerst, wie hätte es anders sein können, um die Hitze und die Dürre, schließlich kamen wir auf den Magnolienbaum zu sprechen, der uns beschirmte.

»Magnolienbäume sind in unserer Gegend selten, man findet sie nur in den Gärten der Indianer«, stellte mein Freund fest.

Die »Indianer«, das sind die Rückwanderer, die in der Fremde ihr Glück gemacht haben.

»Sie brachten sie wohl als Erinnerung aus Amerika mit. Wie die Palmen.«

»Als Erinnerung? Ich bin da nicht so sicher. Ich kann mir schwerlich einen Indianer vorstellen, der in seinem Garten sitzt und Sehnsucht nach den alten Zeiten in Panama oder Venezuela verspürt.«

»Hast du eine andere Erklärung?«

»Ich denke, es handelte sich eher um ein Symbol ihres drüben erworbenen Reichtums. Sie konnten doch nicht in ihr Dorf zurückkehren und ein ganz gewöhnliches Haus bewohnen? Sie mussten ihren Landsleuten beweisen, dass sie es geschafft hatten, dass sich die Mühe der Emigration gelohnt hatte.«

»Ich weiß nicht ...«

»Das erstaunt mich aber. Ich war immer der Ansicht, dass die Jugend von heute alles weiß«, mischte sich mein Onkel in das Gespräch. Er trug ein Tablett in der Hand ... *»Weißweingläser, ein guter Tropfen aus dem Rheinland, Oliven aus Spanien, Sardellen aus Kantabrien ...«*, verkündete er, während er eines nach dem andern auf den Tisch stellte.

»Was meint ihr dazu?«, fragte er, als wir den Wein probiert hatten.

»Ausgezeichnet und wunderbar kühl«, lobten wir einmütig.

»Das freut mich«, sagte er und setzte sich uns gegenüber.

»Darf man vielleicht wissen, worüber ihr euch unterhalten habt?«, fragte er dann und blickte uns misstrauisch an.

»Schau uns doch nicht so an, Onkel, wir haben uns strikt an das Programm gehalten. An diesem Tisch ist kein Wort über Literatur gefallen.«

»Und worüber habt ihr denn gesprochen? Wenn man das wissen darf, natürlich.«

Mein Freund antwortete, aber natürlich dürfe man das wissen, wir hätten uns über den Magnolienbaum und seine Herkunft unterhalten.

»Ein interessantes Thema«, pflichtete er nachdenklich bei.

»Was ist deine Meinung, Onkel?«

»Um ehrlich zu sein, ich weiß nichts Näheres, denn als ich das Haus kaufte, war der Garten bereits angelegt, und seither habe ich kaum etwas verändert. Doch ich weiß aus Erfahrung, dass die Auswanderer der ersten Generation, die zum ersten Mal ihr Dorf verließen und direkt nach Amerika fuhren, von Land und Leuten ziemlich beeindruckt waren und dass sie später, als sie in die Heimat zurückkehrten, irgendetwas mitbringen wollten, was für die Neue Welt typisch war.«

»Da sind wir uns einig, sie brachten die Magnolien und Palmen als Erinnerung mit.«

»Nein, ich habe das nicht so gemeint. Wenn der Tag der Rückkehr naht, denkt keiner an die Sehnsucht ... um mich deutlicher auszudrücken, der Mann, der dieses Haus hatte bauen lassen ...«

»... hieß Tellería, nicht wahr?«

»Genau: Er hieß José Tellería. Er überquerte den Teich, und nach zehn Jahren war er ein reicher Mann. Ich glaube, sämtliche Textilgeschäfte in Montevideo gehörten ihm. Und als er dann nach Obaba zurückkehrte, brachte er eine Art Musterkollektion mit, in der alles enthalten war, was er in Uruguay kennengelernt hatte. Nicht etwa nur die Samen dieses Baumes, er brachte auch einen Haufen Tiere mit, Papageien, Sittiche, Affen ...«

»Auch Affen? Das wusste ich nicht.«

»Nicht? Die waren dazumal sehr berühmt in der Gegend. Denn natürlich gab es zu jener Zeit niemanden in Obaba, der je einen Affen gesehen hatte, nicht einmal auf einem Foto. Und ebenso wenig solche Vögel, doch es waren immerhin Vögel, mit Flügeln und Schnabel, daher nicht so aufsehenerregend, wenn auch etwas bunter. Die Affen hingegen mit ihren runzligen Gesichtern, die einen irgendwie an behaarte Kinder erinnern ... Einer der Affen, ein Schimpanse, war früher in einem Zirkus aufgetreten – sein Herr zog ihm jeweils Hemd und Knickerbockers an –, und daher konnte er Purzelbäume schlagen und beherrschte allerlei Kunststücke. Die Leute, die von überallher kamen, um ihn zu bestaunen, machten vor Lachen in die Hose – das ist nicht etwa ein primitiver Witz, das war tatsächlich so: Sie drängten sich vor der Gartenmauer, schauten ein paar Minuten zu und rannten dann weg, um sich zu erleichtern. Doch schließlich war der Ruhm Albertos und seiner Gefährten so groß, dass Tellería die Tiere einsperren musste.«

»Warum musste er sie einsperren?«, fragte mein Freund und warf mir einen vielsagenden Blick zu. Ich war jedoch noch nicht ganz wach und daher nicht in der Lage, den Schimpansen mit einem gewissen *monkey* aus Montevideo in Zusammenhang zu bringen, den jemand am Abend zuvor in einer Autobahnraststätte erwähnt hatte. Erst ein paar Minuten später nahm ich die *Schritte des Gauklers* wahr – wie Gautier sagen würde.

»Er musste sie einsperren, denn sein Haus war so etwas wie ein Wallfahrtsort geworden«, erzählte mein Onkel weiter. »Hunderte pilgerten nach Obaba, um die Affen zu bestaunen und vor Lachen in die Hose zu machen. Tellería war zuerst riesig stolz, ganz begeistert, als er sah, wie die Leute sich um seine amerikanische Musterkollektion drängten. Nach drei Monaten hatte er jedoch genug von dem Gedränge, und von da an führte er die Tiere nur noch bei besonderen Gelegenheiten vor.«

»Haben Sie die Affen persönlich gesehen, Onkel?«, fragte mein Freund.

»Ich erinnere mich schwach. Ich war damals allerdings noch ziemlich klein. Um ganz ehrlich zu sein, ich habe euch die Geschichte nicht aus meiner Erinnerung erzählt, sondern so, wie sie mir ein Freund in Montevideo erzählte.«

»Ach so, wer war denn dieser Freund?«, bohrte mein Freund weiter.

»Samuel Tellería Uribe natürlich, der Sohn des Indianers. Samuel wanderte ebenfalls nach Amerika aus, jedoch nicht, um dort in die Fußstapfen seines Vaters zu treten, sondern weil er das

Abenteuer suchte, er wollte unter anderem den Amazonas erforschen. Ich lernte ihn am Stammtisch im Café Real in Montevideo kennen, und dort war es denn auch, wo er mir diese Geschichte erzählte, die ich nach all den Jahren fast vergessen hatte.«

Mein Freund schaute ein zweites Mal zu mir herüber. Merkte ich denn wirklich immer noch nichts? Ja ... langsam dämmerte mir etwas, ich hörte die leisen Schritte des Gauklers: *Montevideo, der Affe, Amazonien* ... drei Wörter, die auf die gleiche Person hindeuteten.

»Wo lebt Samuel heute? In Dublin?«, fragte mein Freund.

Mein Onkel schaute ihn erstaunt an.

»Ja, er lebt in Dublin. Daher ist das Haus jetzt in meinem Besitz. Als Samuel Laura heiratete, eine Irländerin, verkaufte er es mir. Doch sag mal, woher weißt du das?«

»Erwartest du zufällig Besuch?«, fragten wir zurück.

»Er schreibt seit Jahren, er werde kommen, doch ich habe schon lange nichts mehr von ihm gehört. Was ist los? Warum macht ihr so ein Gesicht?«

Wir machten gar kein Gesicht. Wir lächelten bloß.

»Jetzt wirst du gleich zu einer Salzsäule erstarren, liebster Onkel. Dein Freund Samuel Tellería Uribe ...«

Wir hatten keine Zeit, den Satz zu beenden – in dem Moment stolperte der Gaukler nämlich über das gläserne Gefäß. Und erst noch zweimal hintereinander.

Wir hörten den Motor eines nahenden Autos, kurz darauf bog ein roter Lancia in die Gartenauffahrt ein. Zwei Männer stiegen aus.

»Ismael und Mister Smith?«, riefen mein Freund und ich erstaunt.

»Samuel!«, rief mein Onkel noch erstaunter.

Und er stand auf und ging mit ausgebreiteten Armen auf seinen alten Freund zu.

Samuel Tellería Uribe

Was für eine Überraschung! Ob er zuerst das Haus besichtigen wolle? Wo war denn sein Gepäck? Erinnerte er sich noch an Obaba nach all den Jahren? Wollte er sich vielleicht etwas frisch machen und dann mit uns ein Glas Weißwein trinken? War ihm unterwegs etwas zugestoßen, dass ihn dieser junge Mann begleitet hatte …? Mein Onkel wusste nicht, wo ihm der Kopf stand. Unerwartete Besuche brachten ihn aus dem Konzept – wo er doch so großen Wert auf Programme und Zeremonielle legte.

»Ich kann geradezu hören, wie sein Herz flattert. Es ist aufgeregt wie eine Handvoll Küken, die man in eine Pappschachtel sperrt«, flüsterte ich meinem Freund zu.

»Und was sagst du zu Mr Smith?«

Der alte Herr neigte sich zu meinem Onkel hinunter, den er um Haupteslänge überragte, drehte den Hut in der Hand und nickte unablässig. Er kam gar nicht dazu, auf die vielen Fragen meines Onkels zu antworten. Er wirkte etwas verlegen.

»Komm, wir gehen ihm die Hand schütteln. Wenn das so weitergeht, bringt ihn dein Onkel noch ganz durcheinander.«

Wir traten aus dem Schatten des Magnolienbaumes in das helle Sonnenlicht hinaus. Doch Ismael kam uns zuvor. Er war es, der schließlich die freudige Begrüßung unterbrach.

»Ich war mit meinem Auto unterwegs, als ich ihn am Straßenrand entdeckte; er lag friedlich schlafend unter einem Apfelbaum«, erklärte er mit seiner süßlichen Stimme. »Ich habe also angehalten und bin ausgestiegen. Ich dachte zuerst, es sei ihm etwas zugestoßen. Doch davon war nicht die Rede. Er lag im Gras und schlief seelenruhig. Und als er mir dann erzählte, er sei hier geboren, habe ich ihn hergebracht.«

»Das hast du gut gemacht«, lobte ihn mein Onkel.

»Vielen Dank. *Very kind of you*«, bedankte sich Mr Smith. Er habe nirgends ein Taxi finden können, und so habe er eben *on the grass* schlafen müssen. Aber jetzt sei ja alles *okay*.

»Sie hätten doch mit uns kommen können!«, meinten wir.

Doch Mr Smith erinnerte sich offensichtlich nicht an die vorangegangene Nacht und blickte uns verständnislos an.

»Wir sind einander bereits gestern Abend begegnet«, erklärte mein Freund.

Mr Smith schaute auf seinen Hut und sagte dann etwas kleinlaut: »Gestern *drinking a lot*. Zu viel! Zum Glück ist Laura Sligo in Dublin geblieben.«

»Warum ist sie nicht mitgekommen? Es wäre mir ein riesiges Vergnügen gewesen, sie wiederzusehen«, beteuerte mein Onkel.

Es war ganz offensichtlich, dass er das Gespräch in eine andere Richtung lenken wollte.

»Pottery!«

»Pottery?«

»Laura Sligo beschäftigt sich immer intensiv mit irgendetwas. Jetzt ist es eben *pottery*«. Sie wollte nichts versäumen und, *well*, daher sei sie lieber zu Hause geblieben. Sie sei nun mal so, eine sehr eigensinnige Person.

Wir lächelten, und auch Ismael lächelte.

»Was meinst du? Willst du nicht das Haus besichtigen, in dem du das Licht der Welt erblickt hast?«, forderte mein Onkel seinen alten Freund auf.

Er hatte sich etwas beruhigt, doch er wollte eindeutig mit seinem Gast allein sein.

»Go ahead!«, willigte Mr Smith ein, setzte den Hut auf, und die beiden gingen die Auffahrt entlang zum Haus.

Das Geheimnis, das uns zwölf Stunden vorher beschäftigt hatte, war geklärt. Wir wussten nun, wer jener Mr Smith war, den wir in der Autobahnraststätte kennengelernt hatten: Es war Samuel Tellería

Uribe, Sohn eines reichen Rückwanderers aus Obaba; ein Abenteurer, der zuerst das Amazonasgebiet bereist hatte und dann in Dublin gelandet war. Ein außergewöhnlicher Mann und ein Original. Mein Freund und ich, wir waren glücklich, ihn kennengelernt zu haben.

Der Gaukler hatte uns allerdings nicht nur den weißhaarigen Alten beschert, sondern auch Ismael, und dessen Anwesenheit im Garten behagte uns gar nicht; wir fühlten uns unbehaglich. Er lehnte sich an die Kühlerhaube seines roten Lancia und schaute spöttisch lächelnd zu uns herüber. Unsere Neugierde amüsierte ihn ganz offensichtlich.

»Ihr möchtet gerne wissen, was für ein Mensch ich bin, nicht wahr?«, besagte sein Lächeln.

»Genau das möchten wir wissen«, bestätigte ihm unser Blick. »Doch nicht nur das: Wir möchten zudem wissen, was sich hinter deiner Vorliebe für Eidechsen verbirgt. Gehab dich nicht so, du beeindruckst uns nicht sonderlich. Mag sein, dass du uns gestern Nacht mitten auf der Straße etwas erschreckt hast, wir waren müde und einigermaßen verblüfft, dich mit einer Eidechse in der Hand auftauchen zu sehen. Doch jetzt ... jetzt scheint die Sonne, und das Zirpen der Grillen klingt beruhigend. Wir sind neugierig zu erfahren, was du dazu zu sagen hast.«

Wir setzten uns alle drei in den Schatten des Magnolienbaumes und schenkten uns ein Glas Weißwein ein. Ismael bot uns zu rauchen an; seine Stimme klang noch süßlicher als sonst.

»Ihr wart es gestern Abend, nicht wahr, ungefähr um drei Uhr früh an der Kurve beim Steinbruch? Oder irre ich mich?«, fragte er, als er uns Feuer gegeben hatte. Er verstand es offensichtlich bestens, in den Blicken zu lesen.

»Ja, das waren wir. Und wir wüssten allzu gern, was du in den Händen hieltst, falls du uns das verraten möchtest.«

»Was meint ihr damit?«

Er lehnte sich zurück und wartete. Er verzog den Mund. Er atmete den Zigarettenrauch ein und verzog dabei die Lippen.

»Was machte die Eidechse in deinen Händen?«, fragte ich rundheraus.

»Ach so! Das ist es«, lachte er. Er schien sich über uns lustig zu machen. »Aber natürlich, die Eidechse«, fuhr er fort. »Daher seid ihr an mir vorbeigerast. Jetzt verstehe ich natürlich, was ihr dahinter vermutet ...«

Er schwieg einen Augenblick, atmete den Rauch seiner Zigarette ein und verzog dabei die Lippen.

»Ihr glaubt, ich sei nicht ganz richtig im Kopf, ich sei damals übergeschnappt, als das mit Albino María geschah. Ihr denkt, dass meine Leidenschaft für die Eidechsen mit dieser Geschichte zu tun hat, dass dies der Grund ist, warum ich mich ständig mit diesen widerlichen Biestern beschäftige ...«

»Eigentlich interessiert uns lediglich, was du mit ihnen machst«, fiel ich ihm ins Wort.

»Was ich mit ihnen mache? Ja, hast du es denn immer noch nicht erraten? Du weißt ja, was ich Albino María angetan habe, oder? Also – was denn sonst?«

Wir schwiegen betreten.

»Es tut mir leid, aber wenn hier jemand übergeschnappt ist, so seid ihr es, nicht ich.«

Er neigte sich zu uns herüber und fuhr dann fort: »Man muss total meschugge sein, um die Geschichte mit den Eidechsen zu schlucken! Wer glaubt denn schon, dass sie durch ein Ohr schlüpfen und das Gehirn fressen? Nur Kinder und Schwachsinnige ...«

Er schwieg und betrachtete uns hochmütig. Er fühlte sich bereits als Sieger.

»Es gibt auch Ärzte, die daran glauben, nicht nur Kinder und Schwachsinnige«, wandte mein Freund ein. »Die Gattung der *Lacerta viridis* ist tatsächlich in der Lage, das Gehirn zu schädigen und beim Betroffenen Schwachsinn hervorzurufen. Es gibt klinische Untersuchungen zu diesem Thema. Zudem sage ich dir noch etwas: Was wir gestern Nacht beobachtet haben, ist alles andere als normal. Es ist ziemlich außergewöhnlich, um drei Uhr morgens mitten auf einer einsamen Landstraße jemandem zu begegnen, der eine Eidechse in den Händen hält.«

Der Ausdruck in Ismaels Gesicht veränderte sich; er schlug eine neue Taktik ein, lenkte aber nicht etwa ein, wie man es nach den vorwurfsvollen Worten eines Fachmannes auf diesem Gebiet, eines Arztes, hätte erwarten können. Ismael verhielt sich wie jemand, der sich die Meinung eines Besserwissers angehört hat und sich nun anmaßt zu widersprechen.

»Ich könnte des Langen und Breiten über die *Lacerta viridis* referieren. Das Thema ist jedoch viel zu komplex, als dass man es in ein paar Minuten abhandeln könnte. Ich will nur eins festhalten: dass die *Lacerta viridis* in unseren Breitengraden keinerlei Ähnlichkeit mit der in Südamerika vorkommenden aufweist. Sie haben nur den Namen gemeinsam. Wie auch immer, es lohnt sich nicht, näher darauf einzugehen. Ich möchte noch einen Punkt klären: Du behauptest, es sei außergewöhnlich, nachts jemandem zu begegnen, der eine Eidechse in der Hand hält – und da muss ich dir beipflichten. Es ist – leider – außergewöhnlich. Normalerweise werden die Eidechsen, die wehrlos über die Straße huschen, schlicht überfahren, überfahren und platt gewalzt. Das ist eine Tatsache.«

Ich erinnerte mich an den ungezügelten Ismael aus der Primarschule und konnte mich vor Erstaunen kaum fassen. Das alte Klassenfoto sprach die Wahrheit, doch das Leben bewirkt manches. Der Ismael, der jetzt mit uns im Garten saß, argumentierte mit Autorität und Rhetorik wie ein Fachmann. Wir fühlten uns unbehaglich, mein Freund und ich.

»Einverstanden, aber du hast uns immer noch nicht erklärt, warum du sie fängst.«

»Ich fange sie nicht, ich lese sie auf. Um ihnen das Leben zu retten, natürlich.«

»Um ihnen das Leben zu retten?«

Diesmal war unsere Verblüffung gespielt. Wir hatten den *ökolo-*

gischen Hinweis hinsichtlich der Meeresverschmutzung, der in seinem Pub an der Wand hing, nicht vergessen, und man brauchte nicht besonders findig zu sein, um zu erraten, was dieses *retten* bedeutete. Wir fühlten uns allmählich etwas lächerlich.

»Ich bin Mitglied einer Vereinigung«, erklärte er uns. »Wir kümmern uns um die gefährdeten Arten. Ich befasse mich mit den Eidechsen. Ihre Lage ist sehr prekär. Viele sterben durch die von den Bauern verwendeten Pestizide. Die von gestern Nacht zum Beispiel war in einem kläglichen Zustand. Ich habe sie in die Hütte gebracht, aber ich weiß nicht, ob sie überlebt.«

»Was für eine Hütte?«, fragte mein Freund erstaunt.

»Die neben der Kirche. Es ist so eine Art kleines Ambulatorium. Und wisst ihr, wer sich darum kümmert, wenn ich keine Zeit habe?«

Wir schüttelten verneinend den Kopf.

»Albino María. Er hat eine wahre Leidenschaft für Eidechsen. Und zudem gebe ich ihm etwas Geld für seine Arbeit.«

Er lächelte und heftete den Blick auf mich. Ich war zu jeglichem Kommentar unfähig. Ich war sprachlos.

Zum Glück unterbrach mein Onkel das Gespräch.

»Was ist? Alles in Ordnung?«, rief er von der Haustür her.

Auch diesmal kam uns Ismael mit der Antwort zuvor.

»Alles bestens. Der Schatten dieses Baumes ist paradiesisch!«

»Wir müssen das Programm etwas umstellen. Samuel hat eben ein Bad genommen. Habt ihr etwas dagegen, wenn wir erst um halb drei essen?«

»Wie du willst, Onkel. Wir haben Zeit.«

Allerdings wünschte ich mir in jenem Augenblick nichts sehnlicher, als aufzustehen, wegzugehen ... doch was bleibt einem anderes übrig, als zu lügen, wenn man die Wahrheit unmöglich erklären kann? Mein Onkel hatte keine Ahnung, worum sich das Gespräch unter der Magnolie handelte.

»Wir könnten ja die Hütte besichtigen«, schlug Ismael vor.

»Wenn wir die Abkürzung durch den Kreuzgang nehmen, sind wir in fünf Minuten dort.«

Wir stimmten ihm widerwillig zu.

»Diesen Weg sind wir damals, als das Klassenfoto gemacht wurde, mit der Lehrerin gegangen, erinnerst du dich?«, fragte ich Ismael unterwegs. Meine Stimme klang versöhnlich. Im Grunde hätte ich mich gerne für die Verdächtigungen entschuldigt. Er war ein unangenehmer Mensch, gewiss, doch er war nicht krankhaft von den Eidechsen besessen, wie ich es ihm unterstellt hatte.

»Genau, ich erinnere mich«, pflichtete er mir ungerührt bei. Er hatte sich inzwischen die Sonnenbrille aufgesetzt.

Llobate, Muino, Pepane, Arbe, Legarra, Zumargain, Étxeberi, Ostatu, Motse ... sie standen noch immer da, all die Häuser, an denen wir in unserer Kindheit so oft vorbeigegangen waren. Schließlich gelangten wir zur steinernen Freitreppe, die zur Kirche hinaufführte. Sie war noch genau gleich wie auf dem Foto: alt, streng, voller Risse.

»Ich stand auf der obersten Stufe, hier etwa, Albino María in der Reihe vor mir«, sagte Ismael. Er blieb auf der dritten Stufe stehen und wischte sich mit einem weißen Taschentuch den Schweiß von der Stirn. Es war eine verhüllte spöttische Aufforderung an meine Adresse: »Warum wiederholst du es nicht, hier und an dieser Stelle, dass Albino María durch meine Schuld schwachsinnig geworden ist?« Das war es, was er mit seiner Feststellung sagen wollte.

»Wo bleibt ihr? Wir kommen noch zu spät zum Essen!«, rief mein Freund; er stand im Schatten der Friedhofsmauer. Er musste wohl gespürt haben, wie unbehaglich ich mich in Ismaels Gegenwart fühlte.

»Wir kommen schon; es ist übrigens nicht mehr weit.«

Die Hütte stand hinter der Kirche auf einer kleinen Wiese, die mit einem Stacheldraht umzäunt war. Sie war aus Zement und weiß getüncht, ungefähr zehn Meter lang, drei Meter breit und drei Meter hoch. Vor den kleinen Fenstern waren Gitternetze angebracht. Die Eisentür war grün gestrichen.

Ismael schloss das Gatter auf.

»Die Hütte ist unterteilt; auf der einen Seite sind die wiederhergestellten Eidechsen untergebracht, auf der anderen die kranken«, erklärte Ismael.

»Und dann? Was machst du mit den Eidechsen, wenn sie wieder gesund sind?«, fragte mein Freund.

»Ich suche einen sauberen Fluss und setze sie irgendwo am Ufer aus«, erklärte Ismael und zog den Schlüssel aus der Hosentasche.

Als er die Tür aufmachte, schlug uns ein widerlicher Gestank entgegen – ein abscheulicher, ekelhafter Gestank, der Brechreiz auslöste.

»Ach ja, der Geruch!«, sagte Ismael, als er sah, dass wir uns Mund und Nase zuhielten. »Es riecht hier tatsächlich etwas unangenehm! Ich habe mich schon lange daran gewöhnt. Ist das nicht ein hübsches Bild?«, fügte er hinzu und nahm die Sonnenbrille ab.

Nein, es war kein hübsches Bild, es war gar kein hübsches Bild.

Das Innere der Hütte kam mir eher wie ein Lagerhaus vor, in dem fauliges Gemüse und verdorbenes Obst aufbewahrt werden, auch die belaubten Zweige, die in einer Ecke standen, vermochten den trostlosen Anblick nicht zu mildern. Zudem herrschte in der Hütte eine fürchterliche Hitze.

»Wo sind sie?«, fragte mein Freund und suchte, wie ich auch, auf dem Fußboden.

»Dort, an den Wänden.«

Ja, dort waren sie, sie klebten an den Zementwänden. Ich erblickte fünf an der linken Wand, drei an der rechten Wand und noch eine am Dach. Sie bliesen ihre Kropfblasen auf, hin und wieder sperrte eine das unverhältnismäßig große Maul auf und streckte die schwarze, fadendünne Zunge heraus.

»Ich für meinen Teil habe genug gesehen, ich muss an die frische Luft.«

Ich war nahe daran, mich zu übergeben.

»Wartet, ich möchte euch noch die Käfige auf der anderen Seite zeigen.«

Doch ich weigerte mich rundweg. Ich verließ die Hütte, und mein Freund folgte mir.

»Ich finde sie nicht widerwärtig«, sagte Ismael, als er auf die Wiese hinaustrat. Er setzte die Sonnenbrille wieder auf.

»Für mich ist die Natur eine Einheit, ein Ganzes, daher mag ich alle Tiere, unterschiedslos. Die Eidechsen zum Beispiel erinnern mich an die Vögel, schließlich sind sie gleicher Abstammung. Man darf nicht vergessen, dass der erste Vogel von einer Echse abstammt. Ich weiß, dass ihr nicht meiner Ansicht seid, jedoch ...«

»Nein, wir sind keineswegs deiner Ansicht«, fiel ihm mein Freund trocken ins Wort und ging auf die Umzäunung zu. Auch er fühlte sich nicht gut.

»Wartet einen Moment, ich will nur die Tür abschließen, dann begleite ich euch. Ich muss noch meinen Wagen holen.«

»Demnächst hält er uns einen theologischen Vortrag«, flüsterte mir mein Freund zu. Er machte einen ziemlich verärgerten Eindruck. Uns vor dem Essen an diesen Ort zu schleppen – das war ein ziemlich starkes Stück.

Zum Glück beharrte Ismael nicht darauf, sich weiter über sein Verhältnis zur Natur auszulassen; wir traten schweigend den Rückweg an. Als wir beim Haus meines Onkels anlangten, schlug es halb drei.

»Das wäre also die Geschichte mit der Eidechse. Mal sehen, ob ihr das nächste Mal auf noch unsinnigere Gedanken kommt«, meinte Ismael und winkte uns aus dem Fenster seines roten Lancia zu.

»Wir werden unser Möglichstes tun.«

Er legte den Rückwärtsgang ein und fuhr die Gartenauffahrt hinunter. Ein paar Sekunden später war er unserem Blick entschwunden.

»*At last*«, sagte mein Freund und ahmte Mr Smith nach.

Wir gingen nicht gleich ins Haus, denn wir wollten noch etwas

Luft schöpfen, um den Ekel abzuschütteln, den der widerliche Gestank der Eidechsen in uns hervorgerufen hatte.

»Und jetzt?«, dachte mein Freund laut. »Wir haben wohl etwas übertrieben mit unseren Verdächtigungen. Doch was spielt das für eine Rolle, manchmal muss man eben übertreiben, um den Dingen auf den Grund zu kommen. Wir haben uns von unserer Leidenschaft für Geschichten hinreißen lassen. Im Grunde haben wir trotzdem recht gehabt: Dieser Ismael ist eine etwas undurchsichtige Gestalt.«

»Ich bin ganz deiner Meinung«, pflichtete ich ihm bei.

Ich fühlte mich ziemlich niedergeschlagen.

»Zeit für den Martini«, verkündete mein Onkel vom Wohnzimmerfenster aus.

»Ich mag deinen Onkel je länger, je mehr. Ein paar Minuten in seiner Gesellschaft, und wir haben die Eidechsen vergessen.«

»Ich denke auch. Ich freue mich auf das Essen. Und sicher trägt Mr Smith das Seinige dazu bei.«

Wir irrten uns nicht. Die Mahlzeit mit den beiden Indianern verlief unter Scherzen und Anekdoten, und mein Freund und ich staunten – einmal mehr – über die Fülle, aus der die Biografien unserer Ahnen bestehen.

Um fünf Uhr nachmittags – alles verlief wieder programmgemäß –, als der Kaffee und der Kognak auf dem Tisch standen, begann unser literarischer Disput.

Worin bestand die Originalität? Wo waren die Grenzen des Plagiats? Was für eine Funktion hatte die Kunst? Und Mr Smith nutzte die Stunde, um, wie er sagte, eine *surprise* zum Besten zu geben.

»Oh, *my friend!*«, sagte er zu meinem Onkel. »Mein Urteil ist nicht so *strict and severe* wie deines. Auch ich plädiere für die *intertextuality,* ich teile die Ansicht dieser jungen Leute voll und ganz.«

»Im Ernst? Das kann ich kaum glauben.«

»Doch; ich will dir gleich *the proof* geben.«

Das kleine Tonbandgerät stand auf dem Tisch.

»Warten Sie einen Augenblick«, sagte ich zu ihm. »Wenn Sie

eine weitere Geschichte aufnehmen, löschen Sie die von Amazonien. Onkel, hast du vielleicht eine neue Kassette?«

»Ja, warum?«, wunderte er sich.

Er wusste ja immer noch nichts von unserer nächtlichen Begegnung.

»*Don't worry!* Die eine Seite ist noch unbespielt«, beruhigte uns Mr Smith. Und er begann, mit ausgesprochenem Dubliner Akzent seine Geschichte zu erzählen. Sie trug den Titel *WEI LIE DESHANG – FANTASIA ON THE MARCO POLO'S THEME.*

Der Moment ist gekommen, einen weiteren Einschub zu machen, denn es ist mir unmöglich, die Suche nach dem letzten Wort fortzusetzen, bevor ich nicht auch diese Geschichte niedergeschrieben habe. Ich habe mich bemüht, sie möglichst wortgetreu zu übersetzen. Sehen wir uns also das Resultat an.

Wei Lie Deshang Fantasia on the Marco Polo's theme

Wei Lie Deshang war anders als die übrigen Dienstboten im Palast des letzten Großchans Khubilai, den dieser auf einer kleinen Insel vor der Bucht von Siang-jang hatte bauen lassen, denn Wei Lie Deshang hatte sich nie in sein Schicksal ergeben. Während die anderen laut jammerten und klagten, überlegte er im Stillen; während die anderen weinten, blickten seine Augen finster und kalt.

Als er zwanzig war und schon seit fünf Jahren in der Schlächterei des Palastes arbeitete, dachte er, dass ihm seine Rachegelüste noch den Verstand rauben würden, denn es dünkte ihn, in den Köpfen der Tiere, die er tagaus, tagein zerlegte, die Züge von Khubilai Chan zu erkennen, die Bilder verfolgten ihn sogar im Traum. Doch Wei Lie Deshang hatte einen festen Charakter. Sein Hass nahm mit der Zeit nur noch zu, und er war entschlossener denn je, einen Weg zu finden und das Gelübde einzulösen, das er im Alter von fünfzehn Jahren, als er auf die Insel verschleppt worden war, im Namen seiner Väter abgelegt hatte. Khubilai Chan musste sterben, und Siang-jang, die Stadt, die sich ihm ergeben hatte, musste vernichtet werden.

Zehn Jahre später – Wei Lie Deshang war inzwischen dreißig – erfuhr er von dem neuen Glauben, den ein Bettler namens Mohammed verkündete, und da erkannte er endlich den Weg, den er so lange gesucht hatte. Es war ein Weg, der, in der ersten Zeit vor allem, schwierig zu begehen war und etliche Gefahren in sich barg, denn Wei Lie Deshang musste sich jeweils nach Einbruch der Dunkelheit davonschleichen und wieder in den Palast zurückkehren, bevor der Morgenstern am Himmel leuchtete. Doch Wei Lie Deshang wollte lieber durch die Hände der Wachen sterben als von seinem Hass vergiftet, wie das bei manchen Schlangen der Fall war.

Es dauerte weitere drei lange Jahre, bis er sein Vorhaben in die Tat umsetzen konnte. Als er sicher war, dass ihn niemand mehr würde zurückhalten können, beschloss er, die Insel zu verlassen und für immer in den Bergen von Annam unterzutauchen. Dort hoffte er, die Männer zu finden, die ihm folgen und später die Boten seiner Rache sein würden. Siang-jangs Tage waren gezählt.

Wei Lie Deshang schlich sich in einer mondlosen Nacht zum letzten Mal aus dem Palast; er schlug einen schmalen Pfad ein, der durch den Hirschpark des Großchans vom Schlachthaus zu einem schmalen Strand führte. Der Weg war ihm vertraut, war er ihn doch so oft gegangen in all den Jahren. Er gelangte ohne Zwischenfälle zu der Felsgrotte, wo der Sampan versteckt war, den er in der Stadt gekauft hatte. Ein paar Minuten später ruderte Wei Lie Deshang zum Festland hinüber.

Siang-jang, die blühendste Stadt an der Küste von Cathay, schmiegte sich an die sanften Hügel, die die breite Bucht überragten; prächtig am Tag, doch noch prächtiger nachts, wenn die Lichter der vielen Fackeln in der Dunkelheit leuchteten und die Häuser sich in eine liebliche Kette von rot glänzenden Dächern verwandelten. Siang-jang wirkte in den Abendstunden nicht wie eine Stadt, sondern wie ein Schwarm zierlicher Vögel, die sich auf dem Meer niederlassen.

Der nächtliche Glanz ließ Wei Lie Deshang ungerührt; er ruderte und ruderte, den Blick starr auf die Wellen gerichtet. Als er die Nähe des Ufers erreicht hatte, steuerte er den Sampan zur großen Pagode.

Er legte neben einer Ufertreppe an, auf der es von Bettlern und Lahmen wimmelte, und lenkte seine Schritte zum Tempel, wo ihn sein Gott Siddhartha erwartete. Er hatte den Ort seit achtzehn Jahren – seit dem Tag, als er auf die Insel verschleppt worden war – nie mehr betreten.

Die riesige Statue war mit orangen Blumen übersät. Wei Lie Deshang wirkte daneben klein und unscheinbar.

»Diener, was willst du?«, hörte er eine Stimme in seinem Herzen, als er sich vor seinem Gott verneigte. Siddhartha sprach wie ein gestrenger Vater zu ihm.

»Ich weiß, dass ich wie ein Diener gekleidet bin«, antwortete Wei Lie Deshang ehrfürchtig. »Ich stamme jedoch von einer Familie von Soldaten ab, in meinen Adern fließt Soldatenblut.«

»Warum bist du denn kein Soldat?«, fragte Siddhartha.

»Weil meine Familie sich gegen den fremden Großchan Khubilai auflehnte. Sie wurde dafür mit dem Tode bestraft. Und ich, der ich damals noch ein Kind war, wurde erniedrigt und musste dem Großchan dienen.« Wei Lie Deshang schloss die Augen und verharrte stumm. Die Erinnerung an die blutigen Ereignisse während des Aufstandes schmerzte. Warum hatte man die Stadt Siang-jang einem Mann wie Khubilai Chan überlassen? Niemand hatte dem Aufruf seiner Familie folgen, niemand hatte den Großchan bekämpfen wollen. Weder die reichen Kaufleute noch die Priester noch die Offiziere. Der Verrat würde nicht ungesühnt bleiben.

»Die Zeit ist gekommen, ich will mich rächen, Vater«, fuhr Wei Lie Deshang fort und warf sich vor seinem Gott auf die Knie.

»Alles ist vorbereitet. Ich bitte nur noch um deinen Segen.«

Siddhartha jedoch wollte Wei Lie Deshangs Bitte nicht erhören. Seine Stimme klang noch strenger: »Sag, warum wurdest du zum Mörder und Dieb? In drei Jahren hast du über dreißig reiche Kaufleute ermordet.«

»Ich brauchte ihre Goldbisanten, Vater.«

»Und was soll die lange Liste mit Namen und Ziffern, die du in einem Haus in Tou-she versteckt hast?«

»Es sind die Namen jener, die diese Stadt verraten haben, Vater. Und die Ziffern bezeichnen die Häuser der Verräter.«

»Du darfst dich nicht rächen, mein Sohn. Hass zieht noch blutigeren Hass nach sich; nur die Liebe vermag ihm Einhalt zu gebieten. Das ist ein altes Gesetz.«

»Ich will jene richten, die das alte Gesetz verraten und es zugelassen haben, dass ein Barbar Siang-jang regiert.«

»Schweig!«

Der riesige Siddhartha war zornig, und seine Stimme klang drohend.

»Verbanne die bösen Absichten aus deinem Herzen. Kehre auf die Insel zurück und bekenne deine Schuld.«

»Warum sprichst du jetzt mit Khubilai Chans Stimme?«, begehrte Wei Lie Deshang auf.

»Zügle deine Worte, wenn du zu deinem Gott sprichst!«

»So bist auch du ein Verräter«, rief Wei Lie Deshang und wich zum Eingang des Tempels zurück. Er war außer sich. »Ich werde deinen Tempel in Brand stecken, Siddhartha.«

Er flüchtete aus der Pagode und blieb nicht eher stehen, als bis er bei dem Haus anlangte, das er vor drei Jahren im Stadtviertel Tou-she erworben hatte. Er hatte den Schutz seines Gottes verloren, ja, doch der Anblick der Goldbisanten und der mit Namen und Ziffern bedeckten Pergamentrollen trösteten ihn darüber hinweg. In jener Nacht rauchte er zum ersten Mal seit langer Zeit wieder eine Opiumpfeife und erblickte, leuchtend und klar wie in einem Traum, das Ende des Weges, der sich vor ihm aufgetan hatte, als er den Namen des Bettlers Mohammed gehört hatte. Siang-jang würde für den Verrat büßen; Wei Lie Deshangs Rache würde schrecklich sein.

Am nächsten Morgen – er war jetzt wie ein reicher Kaufmann gekleidet – machte er sich auf den Weg in die Berge von Annam; er schloss sich einer Gruppe echter Kaufleute an und folgte ihrer lärmigen Karawane aus Pferden und Fuhrwerken. Doch als sie Siang-jang hinter sich gelassen hatten, blieb er hinter den anderen zurück und begann, in den Dörfern, durch die sie zogen, Männer für die Ausführung seines Planes einzustellen. Wo die Häuser gut und solide gebaut waren, heuerte er Zimmerleute und Steinmetze an; in einem anderen Dorf Mägde und Köche. Seine Goldbisanten öffneten ihm alle Türen.

Zwei Wochen später war die Reise zu Ende; er hatte die Berge von Annam erreicht, und der einstige Diener Wei Lie Deshang ließ sich in einem engen Tal nieder, das ihm als das einsamste und am schwersten zugängliche von allen erschien. Dann begann er, Befehle zu erteilen.

»Baut fünf Paläste«, hieß er die Zimmerleute und die Steinmetze.

»Verwandelt das ganze Tal in einen lieblichen Park, vergesst die Bäche und Brunnen nicht«, befahl er den Gärtnern.

»Passt auf die Mädchen und das Vieh auf. Und dass kein Eindringling unser Lager betrete«, schärfte er den Söldnern ein.

Nachdem seine Leute – es waren über fünfhundert – die Befehle gehorsam entgegengenommen hatten, verteilten sie sich über das ganze Tal und stellten ein Zeltlager auf.

»Dein Kummer muss sehr groß sein«, sagte ein alter Söldner zu Wei Lie Deshang. »Ich habe noch nie einen Mann gesehen, der so reich ist wie du und unter den Menschen glücklich sein könnte, der sich jedoch in einer solch unwirtlichen Gegend von der Welt zurückzieht.«

Die brüderliche Anteilnahme des alten Söldners rührte Wei Lie Deshang.

»Du bist ein edler Mensch, ich ernenne dich zu meinem Stellvertreter. Doch deine Vermutung ist falsch. Das Paradies, das ich in diesem Tal zu bauen gedenke, ist nicht für mich bestimmt, sondern für die Annamiten, die in dieser Gegend zu Hause sind.« Der alte Söldner verstand den Sinn dieser Worte nicht und schwieg.

»Was weißt du von den Annamiten?«, fragte Wei Lie Deshang, während sein Blick über die hohen, felsigen Berge schweifte, die das Tal überragten.

»Nur, dass sie gute Krieger sind und auf der Tigerjagd unschlagbar.«

»Ja, das habe ich auch gehört, in einer Küche in Siang-jang. Und dass sie wie Kinder sind, arglos und leichtgläubig.«

»Siddhartha wird mit ihnen zufriedener sein als mit mir«, lachte der alte Söldner.

»Die Annamiten glauben nicht an Siddhartha, sondern an einen Bettler namens Mohammed. Daher will ich dieses Tal verwandeln – damit es zu dem Paradies werde, das ihr Prophet ihnen verkündet hat.«

»Wenn du dir das vorgenommen hast, werden sie ihr Paradies haben.« Der alte Söldner lächelte flüchtig. Dann wandte er sich zu den anderen und befahl ihnen, ihre Posten einzunehmen.

Die Männer und Frauen, die Wei Lie Deshang gefolgt waren, arbeiteten ein Jahr lang; sie erbauten Paläste und Türme, pflanzten Rosenhecken und Lotossträucher, sie bauten Brunnen mit vier Röhren, aus denen Wasser und Wein, Milch und Honig floss. Als das Werk vollendet war, händigte ihnen Wei Lie Deshang die versprochenen Goldbisanten aus, und sie kehrten in ihre Dörfer zurück. Nur die Mägde und die Söldner blieben in Wei Lie Deshangs Tal.

Die Zeit war gekommen, sich mit den Annamiten zu befassen.

»Bestimme zehn Männer und folge mir«, sagte Wei Lie Deshang zum alten Söldner.

»Gehen wir den ersten Annamiten suchen?«, fragte dieser ahnungsvoll.

Wei Lie Deshang nickte ernst.

»Es wird schon klappen«, ermutigte ihn der Alte.

Doch Wei Lie Deshangs Gesicht heiterte sich nicht auf. Die letzte Prüfung stand ihm bevor. Die kommenden Tage würden über den Erfolg oder das Scheitern seiner langjährigen Mühen entscheiden.

Sie gingen drei Stunden lang durch dichte Wälder, spähten nach Tigern aus und verglichen die üppig bewachsene Gegend mit dem engen Tal, das sie eben verlassen hatten. Es ging gegen Mittag zu, als sie einen Pfad kreuzten, und Wei Lie Deshang befahl seinen Männern, sich im Dickicht zu verstecken.

»Wartet, bis ein Annamite hier vorbeikommt«, sagte er zu ihnen. Dann erklärte er ihnen, was sie zu tun hatten.

Sie mussten nicht lange warten, denn der Pfad führte an einer Jägersiedlung vorbei. Sie sahen den Mann schon von Weitem, er trug Pfeil und Bogen auf den Schultern.

Als er an ihnen vorbeikam, erhoben sie die Schwerter und schlugen ihn nieder.

»Wir haben ihn!«, riefen sie. Doch sie töteten ihn nicht, sondern hielten ihm eine betäubende Essenz unter die Nase, bis er tief schlief.

Als sie in das Tal zurückkehrten, legten sie den schlafenden Annamiten neben einen mit Rosenhecken umstandenen Brunnen, genau, wie Wei Lie Deshang ihnen befohlen hatte. Inzwischen war es fast Abend geworden, der Himmel war durchschimmernd blau, als bestehe er aus lauter Glasscherben. Der Wind aus Norden spielte mit den Blütenblättern.

Wei Lie Deshang und der alte Söldner – sie waren beide in weiße Kleider gehüllt – setzten sich an ein Fenster des prächtigsten Palastes, um den Schlaf des Annamiten zu bewachen.

Als es ganz dunkel geworden war, erlangte der Annamite das Bewusstsein wieder. Er stand auf und betrachtete, eine nach der anderen, die vier Seiten des Tales, betrachtete die Bäume, die Brunnen und Paläste. Dann neigte er sich über das Becken, netzte die Hand, zuerst in der Milch, dann im Honig … und er erkannte, wo er war: Er jubelte vor Freude, erhob die Hände zum Himmel und stimmte fromme Lieder an.

Ein Lächeln huschte über Wei Lie Deshangs Gesicht. Endlich – nach den vielen Jahren der Mühsal hatte er endlich sein Ziel erreicht: Der Annamite glaubte, im Paradies zu sein, das der Bettler Mohammed seinem Volk verheißen hatte.

»Bring ihn zu mir«, befahl Wei Lie Deshang dem Söldner.

Der Jäger glaubte, der Prophet stehe vor ihm, also warf er sich ihm zu Füßen, kaum hatte er den Palast betreten.

»El-hel hal Allah«, sagte Wei Lie Deshang. Er hatte nicht vergessen, was er in den Küchen von Khubilai Chans Palast gelernt hatte.

Der Jäger nickte zitternd und redete ihn mit Mohammed an. Dann dankte er ihm für den Tod, den er ihm gewährt hatte.

»Ich habe ihn nicht verdient, o Herr, und auch das Paradies habe ich nicht verdient, denn ich war ein Sünder.«

»Für Mohammed bist du kein Sünder, und er heißt dich im Paradies willkommen. Genieße nun den Lohn, den ich dir verheißen habe.«

Vor dem Fenster des Palastes breitete sich ein sternenübersäter Himmel aus. Wei Lie Deshangs Blick suchte jedoch nur einen einzigen Stern – den Stern, der nach Siang-jang zeigte. »Siang-jang, das erste Sandkorn, das deine Stunden zählt, ist gefallen«, dachte er.

»Was kommt als Nächstes?«, fragte der alte Söldner, als sie den Annamiten zu dem Palast gebracht hatten, wo die jungen Frauen wohnten.

»Bringt mir weitere zweihundert Männer wie er.«

»Dazu brauche ich einen Monat Zeit.«

»Ich kann warten«, antwortete Wei Lie Deshang.

Doch schon nach zwei Wochen tummelte sich eine stattliche Anzahl Annamiten in den Palästen und Gärten, sie lachten und sangen und legten sich nachts zu den jungen Frauen.

»Allah, wir danken dir aus ganzem Herzen«, murmelten sie bei Einbruch der Nacht. Keiner ahnte die Wahrheit.

Hin und wieder trat ein Engel zu ihnen und führte sie zu Mohammed, ihrem gütigen Propheten.

»Fürchtet euch nicht«, sagte Wei Lie Deshang zu ihnen. »Ihr habt nichts Böses getan, und ich habe nicht die Absicht, euch aus dem Paradies zu vertreiben.«

Dann erzählte er ihnen von einer Stadt auf Erden mit Namen Siang-jang, in der Gottlosigkeit und Sünde herrsche.

»Sie verdient, bestraft zu werden, gütiger Vater«, sagten die Annamiten.

Wei Lie Deshang zeigte ihnen eine Pergamentrolle und nannte ihnen den Namen eines Sünders, der Allah verspottet hatte. Neben dem Namen war eine Zeichnung, die er aufgrund der Ziffern in der Pergamentrolle angefertigt hatte und die das Haus des Sünders darstellte.

»Ihr werdet die Überbringer der göttlichen Strafe sein. Dieser Engel wird euch führen. Behandelt eure Pfeile mit dem Gift, das ihr für die Tigerjagd benützt habt. *Allahs Wille geschehe.*«

Der alte Söldner – besser gesagt, der Engel – nickte zustimmend. Er würde sie zur Stadt begleiten und sie dann wieder in das Paradies zurückführen.

Und die Annamiten, glücklich, dass das Böse von ihnen fern war, beteuerten, dass sie so schnell wie möglich aufbrechen wollten.

»Heute Nacht werdet ihr in meinem Palast schlafen«, sagte Wei Lie Deshang, »und morgen früh, wenn ihr aufwacht und um euch blickt, werdet ihr den Weg vor euch sehen, der nach Siang-jang führt.«

Allahs Wille geschehe – das war fortan die Losung, die die Annamiten leitete. Und der göttliche Wille geschah jedes Mal. Der Tod, die schrecklichste aller Strafen, wütete in der Stadt Siang-jang. Zuerst traf er einen Richter und seine ganze Familie; dann fünf Hauptleute aus dem Heer Khubilai Chans; dann drei reiche Kaufleute ... Und alle starben vor ihrer Haustür durch einen vergifteten Pfeil.

Die Annamiten kehrten lachend aus Siang-jang zurück, glücklich, die Sünder bestraft zu haben, die Allah verspottet hatten.

Sechs Monate später brannte Siddharthas Tempel nieder; in der allgemeinen Panik, die das Feuer ausgelöst hatte, nahm eine Wachpatrouille zwei Annamiten gefangen. Der Hauptmann überbrachte die Nachricht dem Großchan.

Der mächtige Khubilai atmete auf, als er die Nachricht vernahm, und befahl, man solle ihm die zwei Männer vorführen, er könne den Moment nicht erwarten, das Gesicht der Mörder zu sehen. Er wollte wissen, woher sie kamen, in wessen Auftrag und warum sie töteten.

Er gab ihm noch einen Befehl: »Suche die reichen Kaufleute und Vornehmen der Stadt auf und bringe sie hierher. Sie sollen alle das Geständnis der Mörder hören.«

Denn Khubilai Chan war beunruhigt über die Gerüchte, die seine Fähigkeit als Großchan anzweifelten; das Verhör war eine gute Gelegenheit, sie Lügen zu strafen.

Als alle im Erdgeschoss des Palastes versammelt waren – die reichen Händler, die Vornehmen und Adeligen und die annamitischen Mörder –, waltete der Folterknecht seines Amtes.

»Wer hat euch geschickt?«, fragte Aga Khubilai, als die Annamiten vor Schmerzen schrien.

»Mohammed, unser Prophet«, antworteten die Annamiten.

»Woher kommt ihr?«

»Aus dem Paradies.«

Der Großchan gab dem Folterknecht ein Zeichen, und die Qualen waren diesmal noch grausamer.

»Wollt ihr endlich die Wahrheit sagen? Wer schickt euch?«, fragte er sie ein zweites Mal, als der Folterknecht seine Arbeit unterbrach.

»Mohammed, unser Prophet!«, riefen die zwei Gefangenen einstimmig.

Einer der reichen Kaufleute, der dem Schauspiel beiwohnte, ging auf die Annamiten zu, wischte ihnen das Blut ab und redete sanft auf sie ein.

»Ich werde euch Geld geben, viel Geld. Sagt, wer ist euer Anführer?«

»Allah ist unser einziger Gott«, antwortete der eine mit kaum hörbarer Stimme. Der andere war bereits tot.

Khubilai Chan tobte und beschimpfte den Folterknecht. Doch es war vergebens, denn kurze Zeit darauf starb auch der zweite Annamite und verstummte für immer.

Unter den Anwesenden machte sich Unruhe breit.

Da erschien eine Palastwache und verneigte sich vor dem Großchan.

»Herr, Euer ältester Sohn ist tot. Ein vergifteter Pfeil hat sein Herz durchbohrt.«

Khubilai Chan vergrub das Gesicht in den Händen.

Die reichen Kaufleute, die Vornehmen und Adeligen, die der Folter beigewohnt hatten, schauten einander an, hasteten dann in Grüppchen nach Hause.

X … Y …

Die Geschichte mit der Eidechse scheint euch ziemlich beschäftigt zu haben«, sagte mein Onkel, als wir ihm den Vorfall mit Ismael erzählten.

Es war inzwischen bereits halb neun geworden; wir saßen in der Bibliothek.

Mr Smith, der nach der Nacht, die er *on the grass* verbracht hatte, ziemlich müde war, hatte sich zurückgezogen, nachdem er uns seine Geschichte von *WEI LIE DESHANG* vorgetragen hatte.

»Du sagst es. Und lächerlich haben wir uns auch noch gemacht.«

»Was weiter nicht verwunderlich ist«, stellte mein Onkel lakonisch fest und seufzte theatralisch.

»Was willst du damit sagen, Onkel?«

»Was ich damit sagen will? Dass es in Anbetracht der Schwachstellen in euren literarischen Theorien gar nicht anders hätte sein können. Denn was ihr erlebt habt, hat nichts zu tun mit eurem – angeblichen – Streben, den Dingen auf den Grund zu gehen, und ebenso wenig – noch viel weniger, würde ich sagen – mit der phänomenalen Vorstellungskraft, die ihr zu haben glaubt. Es hat ausschließlich mit eurer Fehlinterpretation des harmlosen Zwischenfalls mit der Eidechse zu tun.«

Strict and severe, my friend, hätte Mr Smith gesagt, wäre er noch etwas geblieben.

»Willst du uns das nicht etwas ausführlicher erklären?«, drängten wir.

»Überlegt doch mal: Eurer Ansicht nach ist die Literatur bloß eine Art Spiel. Und genau diese Argumentation ist es, die euch nicht erlaubt hat, den Schlüssel zu finden, der den tieferen Sinn der Geschichte erklärt – einer Geschichte übrigens, die euch eure Eltern schon erzählt haben. Denn – was ist eigentlich die Moral dieser Geschichte? Wovor warnen die Mütter die Kinder? *Schlaft nie im Gras, sonst kommt eine Eidechse und nistet sich in eurem Kopf ein.* Wovor fürchten sie sich im Grunde? Worin besteht die eigentliche Gefahr? Ist es tatsächlich die Eidechse? Überhaupt nicht. Niemals.«

»Was denn sonst? Die Schlange etwa?«, wandte mein Freund ein.

»Das wäre denkbar, die Schlange. Doch nicht nur die Schlange. Es könnte ebenso ein tollwütiger Hund damit gemeint sein ... ein

Unhold … oder ganz einfach das feuchte Gras … irgendetwas. Überall lauern Gefahren, so vielfältige, dass es sinnlos wäre, sie einem Kind einzeln aufzählen zu wollen. Das ist der eigentliche Hintergrund der Geschichte von der Eidechse, denn sie bringt, wie eine Metapher, alle denkbaren Gefahren auf einen Nenner. Die Eidechse verwandelt sich gewissermaßen in einen kleinen Drachen, und wie allgemein bekannt ist, verkörpert der Drache in den Volksmärchen das Böse. Die Geschichte ist also durchaus logisch.«

»Nicht sehr logisch hingegen scheint mir das, was du vorhin gesagt hast, dass wir die Literatur bloß als ein Spiel betrachten. Es ist wohl besser, wir sparen diese Streitfrage für einen späteren Zeitpunkt auf. Um wieder auf das Thema zurückzukommen: warum ausgerechnet die Eidechse und nicht die Schlange? Die Schlange eignet sich meiner Meinung nach viel besser dazu.«

»Was erwartet ihr von mir?«, fragte mein Onkel mit dem verschmitztesten Lächeln, dessen er fähig war. »Ein Referat zu diesem Thema?«

»Wir sind Schlimmeres gewohnt, Onkel«, antwortete ich.

Die Lesungen im Hause meines Onkels pflegten immer mit einem flammenden Plädoyer zu enden.

»Vielleicht seid ihr Schlimmeres gewohnt, aber ihr scheint es euch überhaupt nicht zu Herzen zu nehmen. Du vor allem, lieber Neffe. Denn für dich bin ich lediglich so etwas wie ein alter Schmöker aus dem 19. Jahrhundert …«

»Und was noch? Meinst du, wir hätten deine heimliche Freude nicht bemerkt, als du unsere *falsche* Interpretation erwähnt hast? Fahre also fort, denn es wird langsam spät.«

»Spät? Was soll das heißen? Ihr habt doch wohl nicht vor, heute noch zurückzufahren?«

»Ich befürchte, ja. Vergiss nicht, dass er Arzt ist. Er muss morgen arbeiten.«

»Ich muss wohl oder übel zurück, aber du kannst doch bleiben? Ich nehme den Zug, kein Problem«, sagte mein Freund.

»Wenn heute noch einer fährt.«

»Natürlich fährt noch einer. Ich nehme ihn jeweils auch. Moment mal, ich sehe nach«, sagte der Onkel und zog einen Fahrplan aus der Schublade.

»Um 21.15«, verkündete er.

»Gut, wenn es dir wirklich nichts ausmacht, so fahre ich dich zum Bahnhof. Es reicht längst, wenn wir uns um neun auf den Weg machen.«

»Bestens.«

»Dass ich mich freue, dass du hierbleibst, brauche ich wohl nicht eigens zu erwähnen«, meinte mein Onkel und schaute zu mir herüber. »Du weißt ja, dass ich keinen Wagen habe, und Samuel ...«

»Geht in Ordnung, Onkel. Ich werde den Taxidienst übernehmen und euch überall hinfahren, wo ihr wollt. Zu irgendetwas muss ein moderner Neffe ja zu gebrauchen sein.«

»Alles geregelt. Fahren wir mit unseren Betrachtungen fort, einverstanden?«, schlug mein Freund vor.

»Wo waren wir stehen geblieben?«

»Bei der Frage, warum die Eidechse und nicht die Schlange.«

»Ach ja. Also ..., weil die Mütter früher sehr vernünftig waren und behutsam vorgingen, wenn es darum ging, die Kinder vor möglichen Gefahren zu warnen. Warnen musste man sie, gewiss, aber behutsam, um zu verhindern, dass sie vor lauter Angst apathisch und letztlich Feiglinge wurden. Und von diesem Standpunkt aus besehen, war die Eidechse besser geeignet. Denn das Kind – jedes Kind, das einen gesunden Instinkt hat – begreift, dass es zwar aufpassen muss, dass es aber nicht vor allem Angst zu haben braucht. Es wird also auf seine Mutter hören, doch eher beiläufig, ohne der Sache allzu große Bedeutung beizumessen.«

»Womit gesagt sein soll, dass uns dieser gesunde Instinkt abgeht«, stellte ich lakonisch fest.

»Es ist wohl nicht nur eine Sache des Instinkts«, wandte mein Freund ein. »Vielleicht vertraut das Kind auf den Gesichtsausdruck seiner Mutter, auf ihre Stimme oder auf ihre Gesten, auf die Leichtigkeit, mit der sie vor den Gefahren warnt. Würde die Mutter vor einer Schlange warnen, würde das Kind ganz anders reagieren.«

»Eine interessante Feststellung: Wenn man von Schlangen spricht, verspürt man unwillkürlich Ekel oder Angst. Du magst recht haben ...«

»Es gibt doch auch gefährliche Eidechsen. Die der Gattung *Lacerta viridis* zum Beispiel«, wandte ich ein.

»Ich glaube nicht, Neffe, dass sie tatsächlich gefährlich sind. Wie Ismael gesagt hat: Die in dieser Gegend vorkommenden Eidechsen sind harmlos. Und – dies nur nebenbei – auch die in England heimischen. Erinnere dich an den armen Bill, dem Alice begegnete. Es gibt in Carrols Geschichte keine unglücklichere Kreatur als den armen Bill.«

»Ich mag mich nicht erinnern«, gestand ich.

»Ich auch nicht«, sagte mein Freund.

»Wartet einen Moment. Ich werde es euch gleich beweisen.«

Der Onkel verschwand und kehrte nach ein paar Minuten mit Carolls Buch in der Hand zurück.

»Schaut, hier.«

Auf der Abbildung waren ein paar Tiere zu sehen, darunter das Kaninchen und die Ratte, die eine kleine, verzweifelte Eidechse festhielten und sie zwangen, Brandy zu trinken.

»Sie wollen sie gegen ihren Willen betrunken machen. Ein wahrer Unglückspilz, dieser Bill.«

»Du sagst es, Onkel.«

Die Illustrationen waren entzückend, und wir hätten uns gerne länger damit befasst. Doch der Onkel aus Montevideo war ein ungeduldiger Lehrer.

»Um nochmals auf eure Fehlinterpretation zurückzukommen: Meiner Ansicht nach seid ihr ziemlich einfältig vorgegangen. Viel naiver, als man es von leidenschaftlichen Literaturfreunden hätte erwarten dürfen«, sagte er und verfiel wieder in sein *strict and severe.*

»Allerdings, wenn man es sich genau überlegt, kann man die Geschichte mit der Eidechse ebenso gut von eurem Gesichtspunkt aus betrachten … ich will damit sagen, dass man sie auch im Sinne der von euch so vehement verteidigten *intertextuality* deuten kann.«

»Majestät, fahren Sie fort. Du kommst mir vor wie Salomon höchstpersönlich, lieber Onkel.«

»Meinetwegen, spotte nur. Doch was sagst du zu diesem Wiegenlied? *Liebstes Kindlein mein, schlafe nie im Walde ein; kommt ein Jäger sonst gegangen, packt das Häslein an den Ohren …*«

»Zweifellos handelt es sich hier um das gleiche Thema. Was beweist, dass die Sorge der Mütter, jemand könne ihr Kind stehlen, schon immer verbreitet war«, sagte mein Freund.

»Und nicht nur das. Was ist mit der Gestalt von Jack the Ripper? Dem *Sacamanteca* – wie man ihn bei uns nennt? Wisst ihr noch, wie man uns Kinder ermahnte? *Wenn es dunkel ist, bleibt zu Hause, denn sonst kommt der Sacamanteca und nimmt euch mit.*«

»Und ob ich mich erinnere, er tauchte in all meinen Albträumen auf, der *Sacamanteca*«, bestätigte mein Freund.

Mein Onkel strahlte.

»Jetzt habe ich noch eine Überraschung! Alle diese Geschichten – ich bin gespannt, was ihr dazu sagt – wurden im 19. Jahrhundert erfunden! Jawohl!«

»Das hingegen kannst du mir nicht weismachen, Onkel. Ich bin mit dir einverstanden, dass es sich um ein universelles Thema handelt, und ich will gerne zugeben, dass die Geschichte mit der Eidechse bloß eine Variation dieses Themas ist; dass jedoch alle diese Geschichten im 19. Jahrhundert entstanden sein sollen, das scheint mir wohl etwas übertrieben.«

»Gut, ich habe vielleicht etwas übertrieben. Vielleicht sind nicht unbedingt alle im 19. Jahrhundert entstanden, denn besorgte Mütter, das hat es zu allen Zeiten gegeben. Was ich jedoch damit sagen wollte, ist, dass diese Geschichten ihren eigentlichen Aufschwung im 19. Jahrhundert erlebten, dass sie sich damals abspielten und sehr populär waren. Das, mein lieber Neffe, ist eine erwiesene Tatsache.«

»Und aus welchem Grund? Warum ängstigten sich die Mütter ausgerechnet im 19. Jahrhundert besonders um ihre Kinder? Antworten Sie mir kurz, Onkel, sonst verpasse ich noch den Zug!«

»Der Zug! Du hast es eben selbst gesagt: der Zug – die Eisenbahn.«

Mein Onkel ereiferte sich.

»Was hat die Eisenbahn damit zu tun?«

»Räumt ihr mir drei Minuten ein?«

»Es ist Viertel vor neun. Du hast bis neun Zeit.«

»Gut, hört mir gut zu. Die Eisenbahn wurde Mitte des 19. Jahrhunderts erfunden und bewirkte, gerade in ländlichen Gegenden, eine gewaltige Umwälzung, eine Umwälzung, die wir uns heute kaum vorstellen können. Ihr müsst bedenken, dass bis zu jenem Zeitpunkt sämtliche Reisen und Transporte zu Pferd stattfanden, man kannte nichts anderes. Also gut, alle sitzen mit ihren Vierbeinern gemütlich in ihrem Dorf, als plötzlich ein Ungetüm auftaucht, das bis zu hundert Kilometer in der Stunde zurücklegt. Die Leute bekamen es verständlicherweise mit der Angst zu tun, und viele hätten dieses Ding um alles in der Welt nicht bestiegen. Wer es dennoch tat, das heißt, wer unerschrocken genug war, sich in einen Zug zu setzen, der erlebte sein blaues Wunder. Zuerst einmal wurde man seekrank. Dann schaute man zum Fenster hinaus, sah aber nichts von der Gegend, oder höchstens nur ganz verschwommen, wie auf einem verwackelten Foto.«

»Im Ernst? Das ist doch nicht möglich«, unterbrach ich ihn.

»Aber natürlich, natürlich ist das möglich«, bestätigte mein Freund. »Wir müssen in Betracht ziehen, dass wir bloß die Augen aufzumachen brauchen, damit sie sich auf die Geschwindigkeit einstellen. Doch damals war das nicht der Fall. Zumindest nicht, was die erste Generation angeht, die mit der Eisenbahn konfrontiert wurde. Ihre Augen waren noch nicht darauf eingestellt.«

»Die Geschichte mit der Eisenbahn«, fuhr mein Onkel fort, »ist auf die gleichen Ängste zurückzuführen wie die Geschichte mit der Eidechse«, erklärte mein Onkel, der inzwischen einen dicken Wälzer geholt hatte.

»Nur noch zehn Minuten, Onkel. Wir haben keine Zeit, das ganze Buch zu lesen«, wandte ich ein.

»Also werde ich versuchen, es euch kurz zu erklären. Denn, wie ich eben ausgeführt habe, die Eisenbahn löste damals bei den Leuten einen Schock aus. Was dazu führte, dass schon nach kurzer Zeit Gerüchte entstanden; dass dieses Ungeheuer den unmittelbaren Weltuntergang ankündige ..., dass es Seuchen hervorrufe und was weiß ich noch. In dieser allgemeinen Unsicherheit kam jemand auf den glorreichen Gedanken, die folgende Frage in den Raum zu stellen: *Warum fährt die Eisenbahn so schnell?* Antwort: *Weil man die Räder mit einem ganz speziellen Schmieröl schmiert. Ach so. Und womit wird dieses ganz spezielle Schmieröl hergestellt? Womit? Ganz einfach, man kocht kleine Kinder aus. Man fängt kleine Kinder ein, die allein herumspazieren, und verschleppt sie nach England. Dort kocht man sie in riesigen Sudeimern aus und ...*«

»Wurde das tatsächlich behauptet?«

»Ja, das wurde behauptet. Die Industrie steckte damals noch in den Kinderschuhen, und die Zahl der Kinder, die verschwanden, während ihre Eltern in der Fabrik arbeiteten, muss sehr hoch gewesen sein. Die Leute taten also nichts anderes, als die beiden Tatsachen miteinander in Zusammenhang zu bringen. Bis sie schließlich an die Geschichte glaubten und sich an den Bahnhöfen rächten und sie anzündeten. Schaut dieses Foto ...«

Mein Onkel schlug das dicke Buch auf – es war *Die Geschichte der Eisenbahn* – und zeigte uns das Bild eines bis auf die Grundmauern niedergebrannten Bahnhofs. Darunter war zu lesen: *Zustand des Bahnhofs von Martorell, nachdem er von den Frauen des Dorfes angezündet worden war.*

»Von den Frauen des Dorfes, nicht von den Männern.«

»Genau. Die Mütter waren es gewesen.«

»Aber, Onkel, was hat die Geschichte der Eidechse mit der Geschichte der Eisenbahn zu tun?«

»*Intertextuality,* mein lieber Neffe, *intertextuality.*«

»Etwas konkreter, bitte.«

»Konkreter geht es gar nicht, lieber Neffe. Was haben wir vorher festgestellt? Wir sind zum Schluss gekommen, dass die Geschichte der Eidechse und die des *Sacamanteca* den gleichen Ursprung haben, nicht wahr? Dass beide Geschichten den gleichen Zweck haben: die Kinder vor Gefahren zu warnen. So, und weiß einer von euch, was das Wort *Sacamanteca* bedeutet?«

»Jener, der die *manteca* – Schmalz also – oder das Öl klaut«, kam mir mein Freund zuvor.

»Wir könnten den Satz noch etwas ergänzen, und er würde dann so lauten: jener, der die *manteca* oder das Öl klaut, um damit die Eisenbahnräder zu schmieren.«

»Bist du ganz sicher?«

»Ganz sicher. Denn der *Sacamanteca* war zu der Zeit, als die ersten Eisenbahnen auftauchten, ein berüchtigter Mörder. Soviel mir bekannt ist, brachte er zwar keine Kinder um, sondern vor allem ältere Leute, Greise. Doch das wussten die Mütter nicht so genau. Das Einzige, was sie wussten, war, dass Kinder verschwanden. Das versetzte sie in Angst. Und aus dieser Angst heraus entstand die Gestalt des *Sacamanteca.*«

»Nicht einer, der alte Leute umbringt, sondern einer, der Kinder stiehlt.«

»Genau. Wie ich bereits erwähnt habe, eine für das 19. Jahrhundert durchaus typische Geschichte.«

»Außerordentlich aufschlussreich, Onkel.«

»Danke für das Kompliment, lieber Neffe. Warten wir ab, ob ihr das nächste Mal mit etwas kühlerem Kopf an die Dinge herangeht. Ihr habt zu viel Vorstellungskraft, aber überlegt dabei zu wenig.«

»Ismael hat das Gleiche behauptet.«

»Das ist nicht weiter verwunderlich. Eure Anschuldigungen waren ja auch nicht gerade harmlos. Und das alles wegen einer Kindergeschichte, an die nicht einmal die Kinder so richtig glauben.«

»Wie auch immer, einen Zweck hat sie erfüllt: Nach diesem aufschlussreichen Abend werde ich den Zug in einer ganz anderen Gemütsverfassung besteigen«, sagte mein Freund und stand auf.

»Wie spät ist es?«

»Fast neun. Wir müssen aufbrechen.«

»Gehen wir, ich begleite euch zum Wagen.«

Der Garten wirkte nicht mehr wie am Mittag. Das monotone Zirpen der Grillen war verstummt, ein weißer, durchscheinender Mond stand jetzt am Himmel. Die stillste Stunde des Tages war angebrochen.

Der Abschied zwischen meinem Onkel und meinem Freund dauerte länger als vorgesehen, und als ich den Motor anließ, war es bereits ein paar Minuten nach neun.

»Wie viele Kurven sind es bis zum Bahnhof?«, fragte er.

»Nur ein paar; die Straße ist ziemlich gerade und flach. Ich glaube, es reicht. Doch schnall dich gut an ...«

»Ich empfehle meinen Geist deinen Fahrkünsten.«

»War anregend, das Wochenende, nicht wahr?«

»Und ob. Zudem haben sich letztlich alle Unbekannten geklärt.«

»Das X und das Y.«

»Mr Smiths X und Ismaels Y.«

»Es kommt selten vor, dass zwei so gegensätzliche Unbekannte in einer einzigen Gleichung aufgehen, findest du nicht auch?«

»So ist das Leben!«, rief mein Freund theatralisch aus – wie immer, wenn er eine seiner Weisheiten zum Besten gab.

Ich musste jedoch auf die Straße achten, und so verstummten wir und legten den Rest des Weges schweigend zurück, hingen unseren Gedanken nach, lauschten der Musik aus dem Autoradio. Wir hielten zwei Minuten vor Abfahrt des Zuges vor dem Bahnhofsgebäude an.

»So nimmt alles ein Ende. Morgen muss ich wieder arbeiten«, seufzte mein Freund, während wir auf dem Bahnsteig auf und ab gingen.

»Du hast an Ismaels Baracke auch kein Schild gesehen, nicht wahr?«, fragte ich ihn beiläufig. Das Bild jenes ekelerregenden Eidechsenambulatoriums war mir soeben durch den Kopf gegangen.

»Wie kommst du gerade jetzt darauf?«, antwortete er und blickte mir fest in die Augen.

»Es ist nichts, mir ist nur eben eingefallen, was Ismael gesagt hat, dass er Mitglied einer Vereinigung sei und all das.«

Mein Freund tat, als habe er meine Bemerkung überhört.

»Erinnerst du dich nicht? Er hat gesagt, er sei Mitglied einer Tierschutzvereinigung. Doch was mich jetzt erstaunt, ist, dass an der Hütte kein Schild war, kein Signet oder so etwas Ähnliches. Es wäre doch logisch, findest du nicht auch?«

»Was meinst du damit? Dass die zweite Unbekannte noch ein Geheimnis birgt? Hast du nicht gehört, was dein Onkel gesagt hat? Ismael selbst hat uns doch alles erklärt …«

Der Lautsprecher sagte die Ankunft des Zuges an. Ich hatte keine Zeit, mich genauer auszudrücken.

»Ist schon gut, ist schon gut. Wie auch immer, ich möchte die Geschichte mit dem Schild noch nachprüfen.«

»Und was spielt das für eine Rolle? Auch wenn Ismael uns angelogen hätte«, wandte mein Freund ein, und wir umarmten uns.

»Bitte, versprich mir eines: dass du nicht zu dieser verdammten Hütte gehst, um nachzusehen, ob ein Schild angebracht ist oder nicht! Ich kenne dich, und ich bin sicher, dass es genau das ist, was du vorhast.«

»Dort kommt der Zug«, sagte ich.

Ich muss gestehen, dass ich die meiste Zeit meines Lebens von Zwangsvorstellungen verfolgt gewesen bin und dass ich nie, nicht einmal während meiner Kindheit, genügend Seelenstärke habe aufbringen können, um die lästigen oder quälenden *Eindringlinge* aus meinem Kopf zu verscheuchen. Jede Vorstellung, so absonderlich sie auch sein mag, kann sich in meinem Kopf einnisten und dort je länger, je hartnäckiger ein Eigenleben entwickeln.

Mein Freund hatte mich gebeten, die Hütte nicht aufzusuchen, und ein Teil meiner Vernunft sagte mir das Gleiche: Ich solle diese Geschichte ein für alle Mal vergessen und schlafen gehen. Doch es half nichts. Der Gedanke hatte sich hartnäckig in meinem Kopf festgesetzt. Es blieb mir nichts anderes übrig, als zur Hütte zu gehen und die Sache mit dem Schild abzuklären.

Ich raste nach Obaba zurück, aber anstatt direkt zum Haus meines Onkels zu fahren, parkte ich den Wagen neben der Kirchentreppe.

Ich zögerte einen kurzen Moment. Was war mit mir los? Warum verdächtigte ich Ismael immer noch? Hasste ich ihn vielleicht? Schließlich – wie mein Freund gesagt hatte –, was hätte ein Schild an der Sache geändert?

Überlegungen, die alle vernünftig waren, doch nichts vermochte mich zum Rückzug zu bewegen. Der heimtückische Eindringling ließ sich nicht verscheuchen. Er war es, der meine Schritte lenkte und sie rechtfertigte.

»Ich weiß, was mich hierhergeführt hat«, dachte ich, während ich durch den Kreuzgang ging. Es war die Parallele zwischen der Geschichte von der Eidechse und der des *Sacamanteca.* Das war es gewesen, was mich auf die Fährte gebracht hat.

Mein sechster Sinn warnte mich, ich solle vorsichtig sein … handelte es sich bei der zweiten Geschichte etwa nicht um einen Mörder?

Zuerst wollte ich lediglich von der Stacheldrahtumzäunung aus einen Blick auf die Hütte werfen. Doch als ich dort stand, stellte ich fest, dass es zu dunkel war.

»Es bleibt mir nichts anderes übrig, als über den Zaun zu

steigen«, dachte ich. Ein paar Sekunden später stand ich vor der Hütte. »Keine Spur von einem Schild«, stellte ich fest, als ich die Tür abgetastet hatte. Plötzlich hörte ich ein Geräusch. Es kam aus dem Innern der Hütte.

»Ist jemand da?«

Ich hatte keine Zeit zu fliehen. Die Tür ging auf, und eine schlanke Gestalt erschien in der Öffnung. Es war Ismael. Einen Augenblick lang rührte sich keiner von uns.

»Kannst du mir erklären, was du hier treibst?«, schrie mich Ismael an, als er sich von der Überraschung erholt hatte. Ich brachte kein Wort hervor. Ich hatte die Sprache verloren. »Was ist mit dir los? Bist du übergeschnappt?«

Er packte mich am Hemd und schüttelte mich.

»Rühr mich nicht an«, warnte ich.

Er ließ mich los, gab mir einen Stoß, der mich in das Innere der Hütte schleuderte. Meine Hände berührten das faulige Grünzeug, das überall auf dem Fußboden herumlag.

»Wenn es dich doch so interessiert, was hier vor sich geht ... jetzt hast du eine ganze Nacht lang Zeit, es herauszufinden.«

Er stieß einen Fluch aus und zog die Tür hinter sich zu. Ich hörte, wie er den Schlüssel im Schloss drehte.

»Mach auf, mach sofort auf«, rief ich und rappelte mich auf; ich stellte mich an eines der kleinen Fenster. Doch es war vergebens. Ismael entfernte sich mit langen Schritten.

Ein zorniger Mensch spürt nur seinen Zorn; er sieht nichts, er hört nichts, er riecht nichts. Das Feuer in ihm erstickt alle Gefühle und verunmöglicht es ihm, eine Beziehung zu seiner Umgebung zu schaffen. Doch wenn der Zorn sich verflüchtigt hat, erlöscht das Feuer, und die bis zu diesem Moment unbeachtete Umgebung macht sich langsam und mit ungeahnter Intensität bemerkbar. Der Mensch, der aus seinem Zorn erwacht, glaubt, die Umgebung sei größer geworden, stärker, schmerzlicher. Er hat noch nie so viel gesehen; er hat noch nie so viel gehört; er hat noch nie so viel gerochen.

Wenn er noch genügend Kraft hätte, würde er wieder aufbrausen, würde wieder anfangen zu rufen. Doch er hat keine Kraft mehr und muss sich ergeben und leiden.

Das war der Prozess, den ich in der Eidechsenhütte durchmachte. Zuerst war ich außer mir, ich verfluchte Ismael und schrie und brüllte, beschimpfte mich selbst, dass ich so unvorsichtig gewesen war. Doch das Schlimme, das wirklich Schlimme, kam erst später, als ich mir meiner Lage bewusst wurde.

Der Gestank, den die Eidechsen ausströmten, drehte mir den Magen um, und wenn ich das dumpfe Knirschen der Blätter kauenden Eidechsen hörte, geriet ich in Panik.

»Ich kann unmöglich hier bleiben«, sagte ich mir jedes Mal, wenn meine Augen die Silhouette einer an der Wand klebenden Eidechse wahrnahmen. Doch zu wimmern wie ein kleines Kind nützte nichts. Ich war in der Hütte gefangen.

Ich stand neben einem der kleinen Fenster und versuchte angestrengt, mein Gefängnis zu vergessen. Ich betrachtete den Mond am Himmel und fragte mich, warum er so gelb sei. Woher rührte die Farbe des Mondes? Durch was für einen Vorgang leuchtete er so hell? Warum beeinflusste er die Vegetation? Und wenn das Thema erschöpft war, suchte ich in allen Winkeln meiner Erinnerung nach einem neuen. Und wenn auch dieses erschöpft war, vollzog ich in Gedanken alle meine Reisen durch die Welt nach oder beschwor erotische Fantasien herauf.

Doch die Anwesenheit der Eidechsen zu vergessen, das war ein unmögliches Unterfangen.

Ich muss wohl zwei oder drei Stunden gekämpft haben, bis ich die Schmerzen in den Knien nicht mehr aushielt, also beschloss ich, mich hinzusetzen.

»Aber schlafe ja nicht ein«, sagte ich laut, um mir Mut zu machen.

Ich wusste natürlich, dass ich es nicht schaffen würde. Ich würde nicht wach bleiben können; ich würde früher oder später einschlafen; und wenn ich eingeschlafen war, würde eine Eidechse in mein Ohr schlüpfen und dann ... »Wie kannst du nur einen solchen Unsinn glauben?«, tadelte ich mich selbst. Oder misstraute ich den Erklärungen meines Onkels vielleicht doch? War nicht Bill – *the poor lizard* – das harmloseste und unglücklichste Tier in Carrolls Geschichte? War ich vielleicht in Südamerika? Nein, ich war in Obaba. Die Eidechsen aus Obaba hatten nichts, gar nichts mit unheilbarer *mental pathology* zu tun, in welcher Form auch immer.

Die Wut, die diese Gedanken in mir auslösten, hielt mich zwei weitere Stunden wach. Dann schlief ich ein.

»Hast du keinen besseren Platz gefunden, um die Nacht zu verbringen? Warum bist du nicht zu mir gekommen? Bei uns zu Hause haben wir eine ganze Menge Betten, mindestens zehn«, hörte ich jemanden sagen.

Albino María beugte sich über mich. Er lächelte mir freundlich zu und geiferte dabei etwas.

»Ich danke dir für die Einladung, doch jetzt spielt es keine Rolle mehr!«, sagte ich und stand hastig auf. Doch er war ja auf einem Ohr taub und hörte nicht, was ich sagte. Er brach in näselndes Lachen aus.

»Schau, wie niedlich sie sind«, sagte er und nahm eine Eidechse in die Hand. »So schön grün«, fügte er hinzu. Ich stand bereits in der Tür.

»Wirklich, sehr niedlich. Doch jetzt muss ich gehen, Albino María. Es tut mir leid, aber ich kann nicht länger bleiben.«

Und ich rannte zum Gatter.

»Du kannst jederzeit wiederkommen, wenn du Lust hast!«, rief mir Albino María nach.

Die Fackel

Ich hätte gerne ein Wort gefunden und das Buch mit diesem Wort beendet ... ich will damit sagen, dass ich gerne ein Wort, nur ein Wort gefunden hätte ... nicht irgendeines, sondern ein wesentliches, ein entscheidendes. Oder besser ... ich will damit sagen, dass ich gerne ein Joubert gewesen wäre, dass ich das gleiche Ziel anstrebte wie er: *S'il est un homme tourmenté par la maudite ambition de mettre tout un livre dans une page, toute une page dans une phrase, cette phrase dans un mot – c'est moi.* Ja, ein ganzes Buch in ein Wort legen; Joubert war das gelungen, und ich – ich habe das vorhin bereits erwähnt –, ich wäre gerne ein zweiter Joubert gewesen.

Ich fühlte mich müde, entmutigt, vorzeitig gealtert, und wenn ich mich vor ein weißes Blatt setzte, musste ich weinen ... ich will damit sagen, dass das Erfinden und das Aneinanderreihen von Sätzen mir zusehends schwerer fiel, dass es mich anekelte, dass es mich krank machte, und so hing ich – wie gesagt – Jouberts Träumen nach.

Doch dieses letzte Wort, ich konnte es nicht finden. Ich schaute zum Fenster hinaus, ich sah, wie die Wellen gegen die Küste brandeten und an den Klippen zerschellten; ich befragte die Wellen – doch nichts. Dann befragte ich die Sterne am Himmel – und wiederum nichts. Ich befragte die Leute, was noch schlimmer war ... ich will damit sagen, dass ich ganz auf mich angewiesen war, dass man mich allein vor dem weißen Blatt Papier sitzen ließ. Und so fragte ich mich eines Tages: »Warum schreibst du nicht über deine Reise nach Obaba? Vielleicht, wer weiß, findest du in der Schilderung der Vorkommnisse an jenem Wochenende dieses unselige, dieses verdammte Wort« ... ich will damit sagen, dass ich mir schließlich ein Herz fasste: Wenn mir dieses Wort nicht über den Weg lief, würde ich es eben suchen müssen. Das ist es, was ich – mehr oder weniger – damit sagen will.

Doch die Arbeit, die ich mir vorgenommen hatte, dauerte länger als geplant ... ich will damit sagen, dass die Schilderung jener Reise gar nicht so einfach war, wie ich anfänglich gedacht hatte; im Gegenteil. Die Tage vergingen, und ich kam nicht von der Stelle. Das letzte Wort wollte und wollte nicht auftauchen. Und ich sagte zu mir selbst: »Heute hast du es nicht gefunden; vielleicht taucht es morgen auf; gräme dich nicht, schreib doch die Geschichte vom Diener zu Bagdad, anstatt dir den Kopf zu zerbrechen.« Und das tat ich denn auch ... ich will damit sagen, dass ich meine Zeit mit der Schilderung jener Reise verschwendete, ich ließ keine Einzelheit aus, und so vergingen die Monate und die Jahre. Doch das Wort, das ich suchte, das wesentliche Wort, versteckte sich je länger, je mehr, rückte in unerreichbare Ferne. Manchmal erschien nachts Joubert in meinem Zimmer und bat mich um Geschichten. »Warum verschmähst du deine wirkliche Aufgabe? Du bist wie ein kranker Hund, der den Knochen verschmäht!«, sagte er zu mir. »Ich verschmähe sie nicht, Meister, doch vorher muss ich eine andere Geschichte festhalten, eine Geschichte, die mir ein alter Mann auf einem Dorffest erzählt hat, Laura Sligo ... ich will damit sagen, die Geschichte heißt Laura Sligo, nicht der Alte.« – »Nein, nein und nochmals nein!«, sagte darauf Joubert. »Du betrügst dich selbst: In Wirklichkeit bist du unfähig; in Wirklichkeit ergeht es dir wie vielen deiner schreibenden Zeitgenossen, genau so, ganz genau so oder annähernd so oder ähnlich oder vergleichbar oder entsprechend.« Und mit diesen Worten entschwand Joubert, und ich blieb traurig zurück ... ich will damit sagen, dass niemand gern die Wahrheit hört.

Das Problem bestand jedoch darin, dass ich meine eigentliche Arbeit ständig auf den nächsten Tag verschob, immer wieder auf den nächsten Tag – und das war mein Untergang. Jetzt ist es zu spät: Ich werde das letzte Wort, das wesentliche, das entscheidende, nie finden können. Ich komme mir vor wie ein Pilger, der hofft, auf seiner Pilgerreise das Meer zu sehen, der jedoch stirbt, ehe er seinen Fuß auf den Meeresstrand gesetzt hat. Denn – zumindest mein Onkel behauptet das – auch ich bin gestorben. Tot, ohne das letzte Wort gefunden zu haben ... das meine ich mit der Geschichte vom Pilger und dem Meeresstrand. Ich weiß nicht, ob ich mich verständlich ausgedrückt habe.

Vielleicht habe ich es jetzt zu eilig, was geradezu grotesk ist ... ich will damit sagen, ist es nicht zum Lachen, dass ich mich jetzt beeilen muss, weil ich vorher nicht langsam genug vorgehen konnte? Mit anderen Worten: Die Zeit drängt. Das behaupten zumindest mein Onkel und mein Freund. Ich weiß nicht, warum sie das behaupten, doch sie werden schon wissen, warum. Mein Freund ist schließlich Arzt, was etwas heißt. Also gut, dass ich mir früher zu viel Zeit genommen habe und jetzt zu hastig vorgehe, dass ich mich verstricke. Ich will es gleich erklären, die Gründe darlegen, warum ich nie mehr in der Lage sein werde, das letzte Wort zu finden und all das Drum und Dran.

Ein paar Monate nach der Geschichte mit Obaba nämlich sagten meine Angehörigen: »Du bist wohl etwas taub, nicht wahr?« – »Ich, taub? Und was noch?«, antwortete ich und ließ mich nicht in meiner Arbeit stören. Denn – wie ich bereits erwähnt habe – ich war damals mit der Aufzeichnung der Vorkommnisse beschäftigt, die sich auf der Reise nach Obaba ereignet hatten. Doch meine Angehörigen ließen nicht locker: »Du bist ganz offensichtlich auf dem rechten Ohr taub; du solltest unbedingt einen Arzt aufsuchen.« Was ich dann auch tat. »Dein Trommelfell ist beschädigt«, sagte mein Freund, der Arzt ... ich will damit sagen, dass ich mit dem Arzt befreundet bin und dass er es war, der mir sagte, mit meinem Trommelfell sei etwas nicht in Ordnung.

Mein Freund – der Arzt, ja? – schaute mich prüfend an und sagte: »Spürst du nichts im Kopf? Hast du keine Kopfschmerzen? Hast du Probleme mit dem Schlafen?« – »Ich schlafe wie ein

Murmeltier. Warum fragst du mich das?« Und mein Freund senkte verwirrt den Kopf.

An jenem Tag war ich zwar etwas beunruhigt, doch nicht über Gebühr. Ich setzte mich wieder an meine Arbeit … ich will damit sagen, dass ich damals mit der Übersetzung der Geschichte *WEI LIE DESHANG* beschäftigt war und keine Zeit hatte, mir Gedanken über was auch immer zu machen. Und um ganz ehrlich zu sein, ich wusste nicht so recht, was mein Freund mit seinen Fragen bezweckte. Denn schließlich – auf dem rechten Ohr etwas taub zu sein, ist doch nicht weiter schlimm, oder?

Erst später, einen Monat später ungefähr, begann ich, mir ernsthaft Fragen zu stellen … ich will damit sagen, dass meine Freunde mich plötzlich hassten … nicht offen, bloß unterschwellig. Es konnte passieren, dass sie plötzlich in Lachen ausbrachen, wenn wir alle zusammen essend und trinkend in einer Kneipe saßen. »Warum lacht ihr?«, fragte ich. Und sie antworteten: »Was ist mit dir los, *Ichwilldamitsagen?* War das etwa kein guter Witz?« – »Was für ein Witz?«, begehrte ich auf. »Und überhaupt, warum nennt ihr mich *Ichwilldamitsagen?* Wisst ihr vielleicht nicht, wie ich heiße?« Natürlich war das nicht gerade höflich, und so begannen sie, mich zu hassen … nicht offen, bloß unterschwellig, wie ich ebenfalls bereits erwähnt habe.

Da meine Freunde ganz offensichtlich meine Gesellschaft mieden, beschloss ich schließlich, nach Obaba zu gehen, zu meinem Onkel. Dort verbrachte ich lesend Stunde um Stunde, lesend und immer nur lesend. »Warum liest du ständig Kinderbücher?«, fragte mich eines Tages mein Onkel. »Hast du etwa vor, ein Essay über Kinderliteratur zu schreiben?« – »Nein, eigentlich nicht«, antwortete ich ihm, »es macht mir einfach Spaß. Ehrlich, Onkel, Kinderbücher sind unglaublich faszinierend.« – »Tatsächlich?«, wunderte er sich. »Ob du es glaubst oder nicht«, versuchte ich, ihn zu überzeugen. »Schau, zum Beispiel dieses hier, es handelt von einer Maus. Diese Maus – sie heißt übrigens Timmy

Willie – hauste nun also in einem Gemüsegarten in einem kleinen Dorf, und weißt du, was dann passierte? Eines Tages kletterte sie in einen Korb voller Erbsen, um sich an den Erbsen gütlich zu tun, und sie aß und aß, und als sie vor lauter Essen ein kugelrundes Bäuchlein hatte, schlief sie ein. Und Timmy Willie im Korb ... merkte nicht ... wo war ich stehen geblieben? ... ja, und dann ... verzeih, Onkel, die Geschichte ist zu komisch ...« Und ich lachte Tränen. Und verstummte dann. Weil ich sah, dass mein Onkel Tränen in den Augen hatte ... ich will damit sagen, dass es hässlich ist, in Gegenwart eines Menschen zu lachen, der traurig ist. Sehr hässlich.

Doch wie auch immer – mein Onkel kümmerte sich rührend um mich, wirklich, auch wenn er ab und zu traurig war. Ich konnte mich nicht beklagen. Er brachte mir jeden Morgen Orangensaft aufs Zimmer und sogar eine Zeitung. Mir war das allerdings ziemlich gleichgültig ... ich will damit sagen, dass ich zwar den Orangensaft austrank, die Zeitung hingegen, die rührte ich nicht einmal an. Timmy Willies Abenteuer fesselten mich viel mehr. »Junge, leg doch endlich einmal das Buch weg«, bat mein Onkel. »Willst du nicht ein bisschen die Zeitung lesen? Irgendeinen interessanten Beitrag?« Und da ich meinen Onkel mochte und ihn nicht enttäuschen wollte, gab ich mir redlich Mühe. Doch vergebens. Es kostete mich ungeheure Anstrengung zu verstehen, was in der Zeitung stand, vor allem im Sportteil, das war das Schwierigste, kein Vergleich mit den politischen Kommentaren.

Mit der Zeit begann ich, mich auf der Straße herumzutreiben ... ich will damit sagen, dass mein Onkel sich nicht geschlagen geben wollte, dass er mir mit seiner Zeitung ständig in den Ohren lag, und weil er mir damit auf die Nerven ging, schloss ich mich Albino María an, und wir trieben uns den ganzen Tag in den Straßen herum; am Abend ging ich mit ihm nach Hause und schlief dort, denn in Albino Marías Haus gibt es viele Betten, mindestens zehn.

Eines Tages wurde mein Onkel zornig und ließ meinen Freund

kommen, ich meine den Arzt, und sie hielten mich fest und packten mich in ein Auto.

Wir fuhren und fuhren und gelangten schließlich zu einem großen Haus; alle, die dort ein und aus gingen, waren weiß gekleidet. Überall Weiß, nur Weiß, so viel Weiß, dass einem ganz bange wurde. Dann brachte man mich in ein Zimmer mit gepolsterten Wänden, und mein Onkel sagte zu mir: »Verzeih mir, Neffe, doch es ist zu deinem Besten. Siehst du – wie soll ich es dir erklären? –, in deinem Kopf hat sich eine Eidechse eingenistet. Hörst du mir zu? Man muss diese Eidechse herausholen, denn sie bringt dich langsam um.«

»Dass Eidechsen einen umbringen können, das kann ich nicht glauben, Onkel«, antwortete ich. »Die Eidechsen sind niedliche, harmlose Tiere, Onkel, und so schön grün.« Doch ich bereute meine Antwort sogleich … ich will damit sagen, dass mein Onkel Tränen in den Augen hatte.

»Es ist ebenso sehr meine Schuld, Onkel«, sagte darauf mein Freund. »Ich konnte nicht wissen, dass er es ernst meinte; ich dachte, die Geschichte mit Ismael sei eines seiner üblichen literarischen Puzzles, eine Art Detektivspiel. Und ich Narr ließ mich auf das Spiel ein.«

»Du bist doch kein Narr, lieber Freund«, wandte ich ein. »Und im Übrigen, was mich angeht zumindest, könnt ihr die Eidechse ruhig drin lassen.«

Und wir plauderten noch eine ganze Weile über dieses und jenes; dann rasierte man mir den Kopf, und sie quälten mich und fügten mir große Schmerzen zu, höllische Schmerzen … ich will damit sagen, dass sie mit ein paar metallenen Instrumenten in meinem Kopf herumstocherten und dass ich wie ein Wahnsinniger schrie.

Das war vor fünf Tagen, ja, ich glaube, es ist fünf Tage her: Wir waren alle drei sehr vergnügt … ich will damit sagen, dass die Schmerzen verschwunden waren; wir freuten uns alle darüber, mein Onkel vor allem. »Du bist wieder der Alte«, rief er ein ums andere

Mal. Und dann rief er noch lauter: »Eine große Fackel bläst der Wind nicht aus.« Ehrlich, er führte sich ganz närrisch auf.

Mittlerweile ist alles wieder wie vorher. Mein Onkel ist nicht mehr vergnügt, überhaupt nicht mehr vergnügt. Gestern ist er in mein Zimmer gekommen und hat gesagt: »Neffe, schreib das auf, was du über Joubert erzählt hast, ich bitte dich, schreibe es auf, beeile dich. Es wird dein Vermächtnis sein. Du liegst im Sterben, Neffe ...«

»Ich? Im Sterben?«, antwortete ich erstaunt. »Onkel, was erzählst du da? Das ist wohl ein schlechter Scherz?«

»... ich will damit sagen, dass dein Kopf früher wie eine Fackel war«, erklärte mein Onkel, »doch jetzt verglimmt sie nach und nach.«

Ich antwortete nichts, doch, ehrlich, ich glaube, mein Onkel schnappt langsam über. Mein Kopf ist doch rund, seit eh und je, hat nie Ähnlichkeit mit einer Fackel gehabt. Und an diesen Joubert mag ich mich überhaupt nicht erinnern. Was soll ich denn über ihn schreiben? Ich langweile mich hier in der Bibliothek. Zum Glück gibt es die Fliegen ... ich will damit sagen, die Fliegen kommen mir wie gerufen, denn nachher will ich mit Albino María fischen gehen.

Die Symbolik des Gänsespiels

Eine Art Biografie

Man sagt, das Gänsespiel stelle wie das Volksmärchen eine bestimmte Sicht des Lebens dar; es sei eine Darstellung der Tage und der Fron, denen wir uns auf dieser Welt unterziehen müssen – eine Darstellung und eine Metapher zugleich. Wer sich das Würfelfeld und die Spielregeln vergegenwärtigt, weiß, was damit gemeint ist, denn sowohl das Würfelbrett als auch die Spielregeln beweisen, dass das Leben im Grunde eine beschwerliche Reise ist, die gleichermaßen sowohl vom Zufall als auch von unserem eigenen Willen beeinflusst wird; eine Reise, auf der man – vorausgesetzt, die Spielwürfel oder die Würfel des blinden Zufalls seien uns günstig gesinnt – ungeachtet aller Schwierigkeiten zügig vorankommt und schließlich wohlbehalten am Ziel anlangt, wo uns die Große Mutter Gans in ihrem Weiher in Empfang nimmt.

Dem Spieler, der sich auf die Reise macht, kann nichts Besseres widerfahren, als mit seiner Spielmarke auf einem Gänsefeld zu landen, weil er von da aus von Gans zu Gans hüpfen darf und er somit schneller vorwärtskommt.

Auf Feld zweiundvierzig zu kommen hingegen – das mit dem Labyrinth –, ist überaus ärgerlich, oder auf Feld zweiundfünfzig – das mit dem Kerker – oder auf Feld neunundfünfzig –, das mit dem Totenschädel; denn das bedeutet Stillstand, wenn nicht gar Unterbrechung oder Ausscheiden.

Nebenbei bemerkt: Es ist kein trivialer Zufall, dass das Metapher-Spiel, von dem hier die Rede ist, ausgerechnet auf die Gans zurückgreift, denn die Gans ist das einzige Tier, das sich auf der Erde, im Wasser, in der Luft fortbewegen kann und aufgrund dieser Eigenschaft im Volksglauben als das Symbol der Weisheit, der

Umsicht, der Vollkommenheit gilt. Daher ist die Botschaft dieses Spieles ebenso einfach wie schwierig zu beherzigen, geht es doch schlicht darum, umsichtig zu handeln, Tag für Tag, Gans für Gans, denn nur dank Stetigkeit gelangt man schließlich zu Weisheit und Vollkommenheit.

Doch kommen wir zum Kern der Sache: Betrachten wir das Gänsespiel als Abbild eines ganz gewöhnlichen Lebens – des Lebens eines baskischen Schriftstellers zum Beispiel, der 1951 geboren worden ist.

Und man braucht nur auf das Spielbrett zu schauen, um eine gewisse Übereinstimmung zu erkennen. Der baskische Schriftsteller, der in den Siebzigerjahren zu schreiben begonnen hat, weist eine große Ähnlichkeit mit dem Jungen auf dem ersten der dreiundsechzig Spielfelder auf, der mit einem armseligen Bündel über der Schulter über die Felder wandert.

Wir, und damit meine ich die baskischen Schriftsteller, die erst seit ein paar Jahren in andere Sprachen übersetzt werden, sind nur gerade mit dem Notwendigsten aufgebrochen. Wir haben eines Tages unser Bündel aufgeschnürt und darin höchstens fünf, zehn Bücher gefunden, die in der Sprache geschrieben waren, die zu schreiben wir vorgaben. Als ich zwanzig war, las ich Gabriel Aresti, den großen alten Mann der baskischen Literatur; drei Jahre später, mit dreiundzwanzig, hatte ich bereits sämtliche baskischen Bücher gelesen, die der Diktator nicht hatte verbrennen lassen.

Ich will damit nicht sagen – wie so oft behauptet worden ist –, dass wir uns auf keine Tradition berufen konnten, es sei denn, man verwende das Wort Tradition in einem antiquierten, überholten Sinn. Denn es ist doch so, dass man in unserem 20. Jahrhundert – ein Charakteristikum der modernen Zeit offenbar – in den Buchhandlungen, in den Bibliotheken, überall auf die gesamte literarische Vergangenheit zurückgreifen kann, ob nun die Arabiens, die Chinas, die Europas. Jeder Schriftsteller kann sich so seine eigene Tradition schaffen. Er kann an einem Tag *Tausendundeine*

Nacht lesen, am nächsten *Moby Dick* oder die *Verwandlung* von Kafka … und der Geist, den diese Werke vermitteln, wird sogleich auf sein Leben übergehen, in seine schriftstellerische Arbeit einfließen.

Es gibt heute nichts, das noch nie da gewesen und außergewöhnlich wäre. Die Welt ist überall, und Euskal Herria ist nicht mehr einfach Euskal Herria, sondern, um mit Celso Emilio Ferreiro zu sprechen, *der Ort, wo die Welt den Namen Euskal Herria annimmt.*

Daher kann ich nicht behaupten, dass es den heutigen baskischen Schriftstellern an Tradition gemangelt hätte; ich möchte eher sagen, dass uns die Präzedenzfälle fehlten, dass uns die Bücher fehlten, aus denen wir hätten lernen können, in unserer eigenen Sprache zu schreiben. Däumeling war nicht vorbeigekommen: unmöglich, den Brotkrumen zu folgen, um nach Hause zu gelangen.

Eine zentrale Frage dies, die mit der literarischen Sprache zu tun hat. Denn Schreiben ist immer ein *künstlicher* Vorgang, und die literarische Sprache als Kunstwerk entsteht mit der Zeit und durch das Bemühen vieler Menschen und passt sich den expressiven Bedürfnissen jeder Epoche an.

Um nur ein Beispiel zu nennen: Das Resultat dieser Bemühungen ist die *Undurchschaubarkeit* gewisser Wörter. Wenn ein Leser in seiner Muttersprache einen Roman mit viel Dialog liest, fallen ihm sehr wahrscheinlich die häufigen *sagte, antwortete, entgegnete* überhaupt nicht auf. Die Wörter stehen zwar da, doch es ergeht einem wie mit den Bäumen auf dem täglichen Spaziergang: Man hat sie so oft gesehen beziehungsweise gelesen, dass man sie gar nicht mehr wahrnimmt.

Wenn ich in Euskara schreibe, stellt sich mir mit allgemein verständlichen Wörtern überhaupt kein Problem; doch die Dinge komplizieren sich, sobald ich auf Begriffe zurückgreifen muss, die dem Leser nicht vertraut sind, weil sich etwas dahinter verbirgt, das sich seiner Vorstellungskraft entzieht, denn der baskische

Schriftsteller weiß, dass der Leser sich an diesem Wort stoßen wird, dass er dahinter eine Interferenz vermutet.

Ich will damit sagen, dass das oberste Gebot der literarischen Sprache darin besteht, etwas zu vermitteln. Und das ist es, was wir schmerzlich empfunden haben: den Mangel an Vorbildern, den Mangel an Büchern, die uns geholfen hätten, eine Tradition zu schaffen. Und damals, in den Sechzigerjahren, empfanden wir es noch viel schmerzlicher.

Nichtsdestotrotz, der junge baskische Schriftsteller, von dem hier die Rede ist, verfügte – wie jeder heranwachsende Künstler – über genügend eigene Kraft, um die ersten Spielfelder hinter sich zu bringen, fast ohne zu merken, wie ihm geschah, ohne sich Rechenschaft zu geben, auf was er sich da eingelassen hatte. Er war im Übrigen davon überzeugt, dass er vieles zu sagen hatte. Seine Welt ging über Baroja hinaus.

Der Jüngling, der sich mit seinem Bündel auf den Weg machte, kam daher in einem ersten Anlauf mehr oder weniger mühelos bis zum Spielfeld mit der Zahl Acht, bis zur zweiten Gans: Er veröffentlichte ein paar Erzählungen (in der Anthologie *Euskal Literatura,* 1972), ein paar Kurzromane (*Ziutateaz,* 1976) und auch ein paar Gedichtbände (*Etiopia,* 1978). Doch diese kurze Erfahrung hatte genügt, damit er sich der Unzulänglichkeit seines Gepäcks bewusst wurde. Er fühlte sich schon bald wie auf dem Spielfeld zehn, auf dem ein Kind in einem Papierschiffchen abgebildet ist. Die Stunde der Unsicherheit war gekommen.

Dennoch: Etliche von uns schafften die Überfahrt im schwankenden Papierschiffchen, versuchten vorerst einmal, von Spielfeld zehn auf das mit der Zahl Vierundzwanzig zu kommen – das mit dem Hasen, der in einem Buch liest – und von da aus auf Spielfeld dreiundvierzig, wo ein würdiger Greis das Gleiche tut wie der Hase: in der Abendfrische in einem Buch lesen.

Die Spielfelder sind heute näher zusammengerückt. Um es andersherum auszudrücken: Wir haben heute einen literarischen

Markt, der unter anderem Schriftstellern wie mir gestattet, von den Rechten ihrer Bücher zu leben; dazu gehören *Bi anai* (1985) und *Obabakoak* (1988).

Der Sprung von Spielfeld zehn auf Spielfeld dreiundvierzig ist dank der Unterstützung verschiedener Gänse möglich gewesen, die uns unterwegs geholfen haben. Gabriel Aresti, den ich bereits erwähnt habe, war eine von ihnen. Luis Mitxelena eine andere. Dass wir, die nachkommende Generation, heute eine gemeinsame literarische Sprache haben, das sogenannte *euskara batua,* ist ihrer Arbeit zu verdanken; sie haben uns geholfen, unser armseliges Bündel gegen einen geräumigen Koffer zu tauschen.

Die Reise geht weiter, und ich glaube, dass der Großteil von uns davon überzeugt ist, dass wir auf dem richtigen Weg sind.

Zwar muss man ständig auf der Hut sein: Ich schaue auf das Spielbrett, sehe das Feld zweiundfünfzig – das mit dem Kerker –, sehe das Feld achtundfünfzig – das mit dem Totenschädel –, sehe auf dem Feld zweiundsechzig gleich neben dem Ziel, wo die Große Mutter Gans uns in ihrem Weiher erwartet, einen gefährlich aussehenden, geschniegelten Mann mit einem Zylinderhut auf dem Kopf ... und mir wird etwas flau.

Doch wir werden nicht aufgeben, wir werden weiterschreiben. Das Würfelbrett ist zum Spielen da.

Bernardo Atxaga

Obabakoak oder Das Gänsespiel

Das entlegene Dorf Obaba, irgendwo in den baskischen Bergen, folgt seinen eigenen Gesetzen. Hier leben verwirrte Herzen, tote Buchstaben und starrköpfige Hühner. Hier stapelt sich das Tomatenkonzentrat in Rosies Eckladen, kriechen Gerüchte um das Haus der Hirten und Eidechsen in unachtsame Ohren. Wer nicht aufpasst, verliert sich auf den Bergpfaden oder hinter der Tür des Nachbarn. Bernardo Atxaga zaubert ein sinnliches Labyrinth, erzählt fantastisch Reales, sucht nach dem letzten Wort und nach Geschichten ohne Ende. Mit *Obabakoak* erobert er dem Baskischen einen Platz in der Weltliteratur.

Ein Mann allein

Carlos, ehemaliger Anführer einer militanten Gruppe, führt mit Freunden ein Hotel bei Barcelona, in dem die polnische Mannschaft während der Fußballweltmeisterschaft in Spanien 1982 wohnt. Ohne Wissen seiner Freunde versteckt er zwei Untergrundkämpfer, in Erinnerung an seine eigene aktive Zeit beim baskischen Widerstand. Doch im Hotel ist auch ein Verräter. Der Kreis von Polizisten zieht sich immer enger, die Bewachung der Polen wird zu einer Belagerung. Carlos will sich endlich von den bedrohlichen Schatten seiner Vergangenheit befreien und ein neues Leben beginnen – doch dafür muss er seine gesamte Existenz aufs Spiel setzen.

»Atxaga hat mit seinem großartigen, originellen literarischen Werk sowohl dem Baskischen als auch dem Spanischen zur Sichtbarkeit verholfen.« *Jury Liber*

Mehr über Autor und Werk auf *www.unionsverlag.com*

Der Mönch, das Kind und die Stadt

In einem Bordell von San José kommt ein einäugiges Kind zur Welt, das folgerichtig auf den Namen Polyphem getauft wird. Die Huren verstecken den Jungen, und Jerónimo, Ex-Mönch und Bruder der Bordellköchin, kümmert sich um ihn und bringt ihm die Welt bei, wie er sie aus den gelehrten Büchern kennt. Mit einer Baseballkappe über dem Auge bricht Polyphem aus in die Stadt und spielt mit den Straßenkindern. Jetzt ist auch Jerónimo bereit, sich von Polyphem mitnehmen zu lassen, und gemeinsam ziehen sie durch die Straßen und Märkte, der Mönch und das Kind.

Única blickt aufs Meer

Hier auf der Müllhalde, wo die Sonne nur noch aus Gewohnheit aufgeht und die Regenbögen in den Ölpfützen sterben, lagert das schlechte Gewissen der Stadt. Das gigantische Müllmeer schwemmt alles an, was der Rest der Welt nicht mehr will – struppige Zahnbürsten, vergangene Nachrichten, alte Männer und vergessene Kinder. Única mag hier gestrandet sein, aber das ist noch lange kein Grund aufzugeben. Die eigenwilligen Gestalten in den krummen Hütten erklärt sie kurzerhand zu ihrer Familie, und gemeinsam tauchen sie in den unberechenbaren Fluten nach Beute: ein Rest Bohnen in der Dose, ein rostiges Stück Metall, und ganz vielleicht ein kleines bisschen Glück. In schillernden Farben zeichnet Contreras Castro die hässliche Fratze unserer gierigen Gesellschaft.

Das Lachen des Geckos

Félix Ventura geht einer ungewöhnlichen Tätigkeit nach: Er handelt mit erfundenen Vergangenheiten. Er erstellt neue Stammbäume, besorgt Fotografien von illustren Vorfahren und erfindet glückliche Erinnerungen. Ein Kunde ist von Venturas Schöpfung so fasziniert, dass er sich auf die Suche nach den Figuren seiner gekauften Vergangenheit begibt.

Die Frauen meines Vaters

Faustino Manso, ein berühmter angolanischer Musiker, hinterlässt sieben Frauen und achtzehn Kinder. Als seine jüngste Tochter Laurentina von ihrem leiblichen Vater erfährt, fliegt sie nach Angola, um mehr über ihn herauszufinden. Die Spurensuche führt sie auf eine abenteuerliche Reise, in eine Welt voller Musik, Poesie und Leidenschaft.

Barroco Tropical

Bartolomeu Falcato fällt eine Frau buchstäblich vor die Füße. Allerdings nicht aus heiterem Himmel, und nicht freiwillig – sie ist tot. Es folgt eine rasante Odyssee durch den Untergrund der angolanischen Hauptstadt Luanda. Vierundzwanzig Stunden, in denen Falcato in einen Strudel aus skrupelloser Gewalt, Liebe, Leidenschaft und Eifersucht gerät.

»Agualusa ist ein Virtuose vielfacher Perspektiven. Das Ergebnis ist ein gigantischer Schmelztiegel, aus dem der betörende Duft von Liebe und Tod aufsteigt, durchdrungen vom Schwung des südlichen Afrika.« *The Guardian*

Ein Witz für ein Leben

Ein Kind, das einer einsamen Kuh durch die Trümmer folgt. Ein Onkel, der drei Mal stirbt. Ein Mann, der die Träume der anderen träumt, und einer, der immer flacher wird. Ein Junge, der seinen kleinen Bruder verkaufen will, und einer, der beschließt, nie wieder zu lächeln. Geschichten von fantastischen Matadoren, von reumütigen Voyeuren, von verlorenen Leben, von allmächtigen Milizen an jeder Ecke – und von der Notwendigkeit, trotz allem zu lachen.

Wie überlebt man in einer Welt, die täglich zerstört wird? Wie findet man Worte für einen Schrecken, der so ganz anders ist, als wir ihn uns vorstellen? In seinen aufsehenerregenden Texten erzählt Mazen Maarouf überraschend und kühn, voller Humor und Fantasie.

»Die Erzählungen setzen sich auf unterschiedliche Weise mit der Frage auseinander, was Menschen Macht und auch Würde verleiht. Sie zeigen den Versuch, mithilfe von Vorstellungskraft und Literatur einer brutalen Realität ins Auge zu sehen, und individuellen Menschenleben, die in der Wucht des Krieges oft untergehen, Würde zu verleihen.« *tralalit.de*

»Das Vertraute verschiebt sich ins Unheimliche, in jedem Satz lauert das Unvorstellbare. Skurril, überraschend, verblüffend, manchmal auch witzig sind diese Erzählungen. Maarouf wurde mit Franz Kafka und Samuel Beckett verglichen. Zu Recht.« *WOZ Die Wochenzeitung*

Álvaro Mutis im Unionsverlag

»Álvaro Mutis erinnert uns – wie jeder große Autor – daran, dass es in den wirklich bedeutenden Abenteuergeschichten um mehr geht als um aufregende Ereignisse, nämlich um eine Haltung zur Welt, ja um die Dramatik eines ganzen Lebens. Die sieben Maqroll-Romane sind einzigartig, fesselnd und von völlig eigener Poesie. Und ihr Autor ist ein skeptischer Existentialist, der formvollendet mit jenem Zauber zu spielen weiß, der vom Erzählen ausgeht.« Eberhard Falcke, *Deutschlandfunk*

Der Schnee des Admirals
In den Wasserläufen des Amazonasbeckens verliert sich Maqroll zwischen Tagträumen und Delirium.

Ilona kommt mit dem Regen
Gemeinsam mit der abenteuerlustigen Ilona eröffnet Maqroll ein Bordell in der Bucht von Panama.

Ein schönes Sterben
Immer tiefer gerät Maqroll in ein Komplott, aus dem er sich kaum mehr zu befreien vermag.

Die letzte Fahrt des Tramp Steamer
Eine Liebe, die andauert, solange der Tramp Steamer über die Meere vagabundiert.

Das Gold von Amirbar
Fernab des Wassers schürft Maqroll in der Goldmine von Amirbar nach seinem Glück.

Abdul Bashur und die Schiffe seiner Träume
Den rastlosen Abdul Bashur treibt die Sehnsucht nach dem Schiff seiner Träume um die halbe Welt.

Triptychon von Wasser und Land
Der Gaviero springt als Vater für einen verunglückten Freund ein. Das Kind eröffnet ihm eine neue Welt.

Mehr über Autor und Werk auf *www.unionsverlag.com*

Gestapelte Frauen

Im entlegenen Amazonasgebiet verfolgt eine junge Anwältin Gerichtsverhandlungen zu Frauenmorden. Immer näher kommt sie dem Leben der Opfer, immer eindringlicher werden die Bilder. Um der Wirklichkeit zu entkommen, flüchtet sie in eine Traumwelt an die Seite von Amazonen. Doch in der Realität scheint der Kampf um Gerechtigkeit ungleich schwerer.

Trügerisches Licht

In der glamourösen Serienwelt fühlt sich Fábbio wohl, jedes Autogramm eine Bestätigung seines Erfolgs. Sein Auftritt am Theater allerdings wird von der Kritik belächelt – bis er sich auf der Bühne erschießt. Selbstmord als Performance? Während die Presse sich überschlägt, ermittelt Azucena, Chefin der Spurensicherung, in einer grellen Scheinwelt.

Der Nachbar

Teuflisch krachend dringen die Geräusche des Nachbarn durch die Decke, bohren sich durchs Trommelfell, zerfetzen die Ruhe. Ein Plan muss her, der Frieden zurück. Eine offene Tür, ein falscher Schritt – und plötzlich findet sich der Geplagte mit einer Leiche wieder.

»Patrícia Melo gehört zu den ganz wichtigen Stimmen nicht nur der brasilianischen Literatur.« *Thomas Wörtche, Culturmag*

Wissenschaftliche Taschenbücher WTB

Biologie

Eiweiße und Nucleinsäuren als biologische Makromoleküle

Dynamische Biochemie

WTB Wissenschaftliche Taschenbücher

ROLF BORSDORF / MANFRED SCHOLZ
Spektroskopische Methoden in der organischen Chemie

WERNER HABERDITZL
Magnetochemie

GERHARD HEBER
Mathematische Hilfsmittel der Physik, Teil I und II

A. A. SOKOLOW
Elementarteilchen

HERBERT GOERING
Elementare Methoden zur Lösung von Differentialgleichungsproblemen

HEINZ AHRENS
Varianzanalyse

HANS-JÜRGEN TREDER
Relativität und Kosmos
Raum und Zeit in der Physik, Astronomie und Kosmologie

ALBERT EINSTEIN
Grundzüge der Relativitätstheorie

ALBERT EINSTEIN
Über die spezielle und die allgemeine Relativitätstheorie

GÜNTHER LUDWIG
Wellenmechanik. Einführung und Originaltexte

HARRY PAUL
Lasertheorie, Teil I und II

FRANZ RUDOLF KESSLER
Einführung in die physikalischen Grundlagen der Kernenergiegewinnung

EBERHARD HOFMANN
Eiweiße und Nucleinsäuren als biologische Makromoleküle
Dynamische Biochemie, Teil I

EBERHARD TEUSCHER
Pharmakognosie, Teil I und II

Vorschau auf die nächsten Bände:

STEPHEN G. BRUSH

Kinetische Theorie, Teil I und II
Einführung und Originaltexte

D. TER HAAR

Quantentheorie. Einführung und Originaltexte

J. H. SANDERS

Die Lichtgeschwindigkeit
Einführung und Originaltexte

FERDINAND CAP

Einführung in die Plasmaphysik
I. Theoretische Grundlagen
— insgesamt 3 Bände —

G. D. SMITH

Numerische Lösung von partiellen Differentialgleichungen
Mit Aufgaben und Lösungen

JEAN KUNTZMANN

Komplexe Veränderliche
Mit 90 Übungen und 37 Aufgaben

JEAN KUNTZMANN

Systeme von Differentialgleichungen
Mit 88 Übungen und 40 Aufgaben

WTB

BAND 33

Eberhard Hofmann

Eiweiße und Nucleinsäuren als biologische Makromoleküle

Dynamische Biochemie I

2. überarbeitete Auflage

Mit 30 Abbildungen und 11 Tabellen

AKADEMIE-VERLAG · BERLIN

PERGAMON PRESS · OXFORD

VIEWEG + SOHN · BRAUNSCHWEIG

Reihe **BIOLOGIE**

Herausgeber:
Prof. Dr. H. Borriss, Greifswald
Prof. Dr. E. Hofmann, Leipzig
Prof. Dr. J. O. Hüsing, Halle/Saale
Prof. Dr. H. Bochow, Berlin
Prof. Dr. W. Schwartz, Hamburg

Verfasser:
Prof. Dr. Eberhard Hofmann
Leipzig

ISBN 3528 06033 6

1972

Lizenznummer: 202 · 100/563/72
Herstellung: VEB Druckerei „Thomas Müntzer“ 582 Bad Langensalza
Bestellnummer: Akademie-Verlag 7033 · EDV: 761 353 3
Pergamon Press 080 068 42 1
Vieweg + Sohn 6033
Printed in German Democratic Republic

Vorwort zur 2. Auflage

Seit dem Erscheinen der ersten Auflage der „Dynamischen Biochemie“ im Jahre 1966 hat diese Wissenschaft weitere Fortschritte gemacht und vor allem wesentliche Erkenntnisse auf den Gebieten der Struktur und Funktion biologischer Makromoleküle, der Mechanismen ihrer Synthese den Prinzipien der Regulation des intermediären Stoffwechsels, sowie der Informationsspeicherung und Informationsübertragung auf molekularer Ebene gewinnen können. Die Verflechtungen zu anderen Wissenschaftsgebieten sind noch enger geworden. Dies ist einer der wesentlichen Gründe für das sich weiter erhöhende Entwicklungstempo der biologischen Wissenschaften und für das tiefere Eindringen in die Zusammenhänge und Gesetzmäßigkeiten der Lebensprozesse. Ein weiteres Kennzeichen moderner Wissenschaftsentwicklung ist die zielstrebige Orientierung der Grundlagenforschung auf Schwerpunkte im nationalen wie internationalen Maßstab.

Der Verfasser hofft, daß es ihm gelingen wird, die Dynamik der Wissenschaftsentwicklung und die Denkweisen der modernen Biochemie dem Leser, vor allem dem jungen Studenten, lebendig machen zu können. Gegenüber der ersten Auflage wurde der Umfang der ursprünglich zwei Teile umfassenden „Dynamischen Biochemie“ erweitert. Die zweite Auflage wird in etwa vier Bänden erscheinen, deren Inhalt im Titel wiedergegeben wird. Der erste Teil ist vor allem der Struktur der Eiweiße und Nucleinsäuren gewidmet, die durch ihre biokatalytischen und informationstragenden Eigenschaften grundlegende Funktionen in der belebten Materie ausüben. Im zweiten

Teil werden die Enzyme, die biochemische Thermodynamik, sowie die energieliefernden Stoffwechselreaktionen abgehandelt. Der dritte Teil ist dem Stoffwechsel der biologischen Makromoleküle sowie der Topochemie der Zelle gewidmet. Der vierte Teil wird sich mit der Informationsspeicherung und Informationsübertragung auf molekularer Ebene beschäftigen.

Auch bei der Abfassung der zweiten Auflage bin ich durch einige meiner Mitarbeiter sehr unterstützt worden. Besonders dankbar bin ich Herrn Dr. Gerhard Kopperschläger für die Bearbeitung der Kapitel Thermodynamik und Physikalische Chemie der Proteine sowie Herrn Dr. Jürgen Schulz für die Darstellung des Eiweißstoffwechsels. Herrn Dr. Karl Nißler danke ich besonders herzlich für die sorgfältige Durchsicht des Manuskriptes, das Lesen der Korrekturen, sowie für die Anfertigung des Registers. Fräulein E. Kaiser danke ich sehr für ihren großen Einsatz beim Schreiben des Manuskriptes. Herr Rudolf Ledig hat mit großer Sorgfalt die neu hinzugekommenen und veränderten Abbildungen gezeichnet. Auch ihm gebührt mein besonderer Dank.

Dem Verlag danke ich wiederum für sein Entgegenkommen, vor allem für seine große Geduld für die Terminänderungen, um die ich wieder und wieder zu bitten gezwungen war.

Möge auch die zweite Auflage der „Dynamischen Biochemie" eine freundliche Aufnahme finden und dazu beitragen, bei den Lesern ein tieferes Interesse für die Biochemie zu wecken.

Leipzig, im Herbst 1969 E. Hofmann

Inhaltsverzeichnis

Abkürzungsverzeichnis 7

1. Einführung 11

1.1. Gegenstand der Biochemie 11
1.2. Entwicklungsrichtungen der dynamischen Biochemie 14
1.3. Analysierende und synthetisierende Betrachtungen 17
1.4. Der Ursprung des Lebens 18
1.5. Zusammensetzung lebendiger Systeme 22
1.6. Gibt es ein extraterrestrisches Leben? 22

2. Proteine 24
2.1. Die Bausteine der Eiweiße 25
2.2. Eigenschaften der Aminosäuren am IP 28
2.3. Die einzelnen Aminosäuren 28
2.4. Chemische Reaktionen der Aminosäuren 30
2.4.1. Reaktionen an der Aminogruppe 30
2.4.1.1. Formoltitration 31
2.4.1.2. Ninhydrinreaktion 32
2.4.1.3. Reaktion mit 1-Fluoro-2,4-dinitrobenzol (FDNP) 33
2.4.1.4. Reaktion mit Phenylisothiocyanat 33
2.4.2. Peptidsynthese 34
2.5. Peptide 36
2.5.1. Nomenklatur der Peptide 38
2.5.2. Biologisch wichtige Peptide 38
2.5.2.1. Glutathion 38
2.5.2.2. Carnosin und Anserin 39
2.5.2.3. Antibiotisch wirkende Peptide 39
2.5.2.4. Peptidhormone der Hypophyse und andere Peptide 40
2.6. Struktur der Proteine 44
2.6.1. Methoden der Sequenzanalyse 44
2.6.1.1. Endgruppenbestimmung 44
2.6.1.2. Hydrolyse 47
2.6.2. Strukturebenen der Polypeptide und Proteine 49

2.6.2.1. Primärstruktur 49
2.6.2.2. Sekundärstruktur 62
2.6.2.3. Tertiärstruktur 74
2.6.2.4. Weitere Aspekte der Quartär-Struktur einiger Eiweiße 88
2.6.2.5. Stabilisierung der höheren Proteinstrukturen 93
2.6.2.6. Denaturierung 97
2.7. Physikalische Chemie der Proteine 100
2.7.1. Elektrolytnatur 100
2.7.2. Elektrophorese 103
2.7.3. Proteintrennung durch Molekülsiebe 106
2.7.4. Proteine als polare Kolloide, Löslichkeit 107
2.7.5. Ursache der Einsalzung 110
2.7.6. Ursache der Aussalzung 110
2.7.7. Optisches Verhalten 111
2.7.8. Bestimmung des Molekulargewichtes 112
2.7.8.1. Ultrazentrifuge 114
2.7.8.2. Molekulargewichtsmittelwerte, Submoleküle und Molekülaggregate 119
2.7.9. Bestimmung der Molekülgestalt 121
2.7.9.1. Partielles spezifisches Volumen 123
2.7.10. Kriterien der Reinheit von Proteinen 124
2.7.10.1. Isoelektrischer Punkt 124
2.7.10.2. Elektrophorese 125
2.7.10.3. Sedimentation 125
2.7.10.4. Löslichkeitstest 125
2.7.10.5. Aktivitätskriterium 127
2.7.10.6. Kristallisation 127

3. Nucleinsäuren und freie Nucleotide 128
3.1. Struktur der Nucleinsäuren und ihre Aufklärung 130
3.1.1. Erläuterung der Hydrolysemethoden 131
3.2. Aufbau, Eigenschaften und Vorkommen der DNS und RNS 133
3.2.1. Primär- und Sekundärstruktur der RNS und DNS 136
3.2.2. Denaturierung der DNS 143
3.2.3. Nativer und denaturierter Zustand 145
3.3. Freie Nucleotide 147
3.3.1. Das Adenylsäuresystem 147
3.3.2. Weitere Nucleotide 148

4. Sachregister 153

Abkürzungsverzeichnis

1. Aminosäuren und Peptide

Ala	Alanin
Arg	Arginin
Asp	Aspartat
Asp-NH_2	Asparagin
Cys Cys.SH	Cystein
Cys.S—S.Cys	Cystin
Glu	Glutamat
Glu-NH_2	Glutamin
Gly	Glycin
His	Histidin
Ileu	Isoleucin
Leu	Leucin
Lys	Lysin
Met	Methionin
Phe	Phenylalanin
Pro	Prolin
Ser	Serin
Thre	Threonin
Try	Tryptophan
Tyr	Tyrosin
Val	Valin
G.SH	Glutathion
G.S—S.G	oxydiertes Glutathion

2. Coenzyme und Nucleinstoffe

APP	Aneurinpyrophosphat
CoA.SH CoA	Coenzym A
FH_2	Dihydrofolsäure
FH_4	Tetrahydrofolsäure
Py-Ⓟ	Pyridoxalphosphat
A	Adenin
C	Cytosin
G	Guanin
H	Hypoxanthin
T	Thymin
U	Uracil
AMP	Adenosinmonophosphat, Adenylat
CMP	Cytidinmonophosphat
GMP	Guanosinmonophosphat
IMP	Inosinmonophosphat
TMP	Thymidinmonophosphat
UMP	Uridinmonophosphat
ADP	Adenosindiphosphat
CDP	Cytidindiphosphat
GDP	Guanosindiphosphat
IDP	Inosindiphosphat
TDP	Thymidindiphosphat
UDP	Uridindiphosphat
ATP	Adenosintriphosphat
CTP	Cytidintriphosphat
GTP	Guanosintriphosphat
ITP	Inosintriphosphat
TTP	Thymidintriphosphat
UTP	Uridintriphosphat
dAMP A-dR-Ⓟ	Adenindesoxyribosephosphat
	Entsprechend sind die Desoxyverbindungen der anderen Nucleotide abgekürzt
A-R	Adenosin
A-R-Ⓟ	Adenosinmonophosphat

A-R-Ⓟ-Ⓟ	Adenosindiphosphat
A-R-Ⓟ-Ⓟ-Ⓟ	Adenosintriphosphat Entsprechend sin ddie Nucleoside bzw. die Nucleosid-mono-, -di- und triphosphate der anderen Basen abgekürzt.
FAD	Flavin-adenin-dinucleotid
$FADH_2$	Flavin-adenin-dinucleotid, reduziert
FMN	Flavinmononucleotid
NAD (NAD^+) früher DPN^+	Nicotinsäureamid-adenin-dinucleotid
$NADH_2$ ($NADH + H^+$)	Nicotinsäureamid-adenin-dinucleotid, reduziert
$NADP^+$ früher TPN^+	Nicotinsäureamid-adenin-dinucleotid-phosphat
$NADPH_2$ ($NADPH + H^+$)	Nicotinsäureamid-adenin-dinucleotid-phosphat, reduziert
DNS	Desoxyribonucleinsäure
RNS	Ribonucleinsäure

3. Enzyme

ADH	Alkoholdehydrogenase
DNase	Desoxyribonuclease
GOT	Glutamat-Oxalacetat-Transaminase
GPT	Glutamat-Pyruvat-Transaminase
LDH	Lactat-Dehydrogenase
MDH	Malat-Dehydrogenase
RNase	Ribonuclease

4. Hormone und hormonproduzierende Organe

ACTH	Adrenocorticotropes Hormon
HHL	Hypophysenhinterlappen
HVL	Hypophysenvorderlappen
NNM	Nebennierenmark
NNR	Nebennierenrinde

5. Kohlenhydrate und einige Metabolite

dR	Desoxyribose
R	Ribose
Fruc-1-Ⓟ	Fructose-1-phosphat
Fruc-6-Ⓟ	Fructose-6-phosphat
Fruc-1,6-di-Ⓟ FDP	Fructose-1,6-diphosphat
Gal-1-Ⓟ	Galaktose-1-phosphat
Gluc-1-Ⓟ	Glucose-1-phosphat
Gluc-6-Ⓟ	Glucose-6-phosphat
Gluc-1,6-di-Ⓟ	Glucose-1,6-diphosphat
Glycerat-2-Ⓟ	Glycerat-2-phosphat, 2-Phosphoglycerinsäure
Glycerat-3-Ⓟ	Glycerat-3-phosphat, 3-Phosphoglycerinsäure
Glycerat-1,3-di-Ⓟ	Glycerat-1,3-diphosphat, 1,3-Phosphoglycerinsäure
Glycerat-2,3-di-Ⓟ	Glycerat-2,3-diphosphat, 2,3-Phosphoglycerinsäure

6. Verschiedenes

BAL	Dimercaptopropanol (British Anti-Lewisite)
DNP	2,4-Dinitrophenol
Hb	Hämoglobin
Hb-O_2	Oxyhämoglobin
IP	Isoelektrischer Punkt
K_I	Hemmkonstante
K_M	Michaelis-Konstante
Met-Hb	Methämoglobin
MG	Molekulargewicht
Ⓟ	anorganisches Phosphat
Ⓟ-Ⓟ	Pyrophosphat

~Ⓟ bedeutet energiereiche Phosphatverbindungen.

1. Einführung

1.1. Gegenstand der Biochemie

Die Wissenschaft vom Leben, die *Biologie*, beschäftigt sich mit der Vielfältigkeit und Differenziertheit der belebten Materie und den Gesetzmäßigkeiten, die ihr innewohnen. Notwendigerweise besitzt sie viele verschiedene Aspekte, die in der Aufgliederung in Teilgebiete und der Mannigfaltigkeit ihrer Fragestellungen äußerlich erkennbar werden. Die Biochemie ist ein solches Teilgebiet der Biologie. Sie umfaßt alle Bereiche der Lebewesen: Tiere, Pflanzen, Mikroorganismen und Viren. Als „Chemie des Lebens" befaßt sie sich mit der stofflichen Zusammensetzung der Lebewesen sowie mit der großen Vielfalt der gegenseitigen Umwandlungen dieser Stoffe in der belebten Welt. Diese Prozesse faßt man allgemein als Stoffwechsel zusammen. Der Stoffwechsel ist das wichtigste Kennzeichen des Lebens. Ohne den Stoffwechsel sind alle weiteren Merkmale lebendiger Systeme, wie Wachstum, Fortpflanzung, Reizbarkeit u. a. undenkbar. Alle letztgenannten Eigenschaften sind auf das Stoffwechselgeschehen zurückzuführen. Dies macht die Vielfältigkeit der biochemischen Probleme offenkundig und unterstreicht gleichzeitig die Stellung des Faches im Rahmen der Naturwissenschaften.

Die *Biochemie* spielt nicht nur eine hervorragende Rolle in der Erkennung von Naturgesetzen, sie beeinflußt auch viele Bereiche der *angewandten Biologie*, wie *Medizin Landwirtschaft* und *Nahrungsgüterproduktion*. Wie von der Biochemie viele Impulse ausgehen, die die Biologie und die angewandten Fächer nachhaltig beeinflussen und deren Entwicklung weitgehend bestimmen, empfängt die Biochemie ständig neue Anregungen von diesen Disziplinen, einschließlich der Chemie und Physik, die für den Fortschritt der Naturerkenntnis von unschätzbarem Wert sind.

Die historische Entwicklung der Biochemie ist eng mit der Physiologie und der Organischen Chemie verbunden und erfolgte in ständiger Wechselwirkung mit diesen Fächern. Im Verhältnis zur Morphologie ist die Biochemie eine junge Wissenschaft, die erst als selbständiges Fach enstand, als die Naturwissenschaften, insbesondere die Physiologie und Chemie, einen bestimmten Stand in ihrer Entwicklung erreicht hatten. Die Organische Chemie war anfangs nahezu eine reine Biochemie (LAVOISIER, LIEBIG, BERZELIUS, WÖHLER). Mit der Entwicklung der Farbenchemie verschob sich um die Mitte des vergangenen Jahrhunderts das Interesse der Organischen Chemie in eine andere Richtung. Die dabei gewonnenen Erkenntnisse in der Kohlenstoffchemie kamen der Biochemie später wieder zugute, als sie dann als selbständiges Fach in Erscheinung trat.

In Deutschland und einigen anderen europäischen Ländern hat sich das Fach vorwiegend als *Physiologische Chemie* aus der *Physiologie* entwickelt. Es ist im Hinblick auf die Zielstellung der Biochemie verständlich, daß in der Medizin besonders gute Möglichkeiten für ihr rasches Wachstum bestanden. Als Lehrfach an den Medizinischen Fakultäten steht der Stoffwechsel des Menschen und der Säugetiere im Mittelpunkt des Interesses der Physiologischen Chemie. Durch die Entwicklung der Medizin und Naturwissenschaften hat die Physiologische Chemie in den letzten zwanzig Jahren eine grundlegende Erweiterung erfahren. Sie beruht heute auf dem Fundament der Einheitlichkeit der belebten Welt und auf dem Gesetz der grundsätzlichen Übereinstimmung der Stoffwechselreaktionen in allen Lebewesen. Indem das Lehrprogramm der Physiologischen Chemie die allgemeine und spezielle Biochemie einschließt, ermöglicht sie ein generelles Verständnis des Stoffwechsels des Menschen. Wir betrachten heute die Biochemie als eine grundlegende Disziplin aller biologischen Wissenschaften. Die klassische Physiologische Chemie ist in ihr aufgegangen. In enger Wechselwirkung zwischen Biochemie, Pathologischer Physiologie und Klinischer Medizin entsteht gegenwärtig eine neue Wissenschaft, die Pathobiochemie.

In der Entwicklung der Biochemie muß man eine statische und eine dynamische Etappe unterscheiden. Sie spiegelt sich in den Begriffen „deskriptive" und „dynamische" Biochemie wieder. Die statische Etappe ist dadurch charakterisiert, daß man sich dabei vorwiegend mit der Bestandsaufnahme der in den Lebewesen vorkommenden Substanzen, ihrer Strukturaufklärung und der Analyse ihrer quantitativen Verteilung im Reiche des Lebendigen befaßte. In dem Maße, wie man diese Stoffe kennenlernte, wuchs natürlich das Interesse für die chemischen Reaktionen, die diese in der belebten Materie eingehen, d. h. für ihre Synthese- und Abbauwege sowie ihre gegenseitigen Umwandlungsmöglichkeiten. Gegenwärtig steht die dynamische Biochemie im Vordergrund des Interesses. Trotzdem kann man die deskriptive Biochemie noch nicht als abgeschlossen betrachten. Häufig werden im Rahmen von dynamischen Fragestellungen neue Substanzen in der belebten Welt gefunden, z. B. in Form von bisher unbekannten Zwischenprodukten von Stoffwechselketten.

Die Fragestellungen der Biochemie kommen aus dem großen Problemreichtum der Biologie und ihrer angewandten Disziplinen. Die Methoden, deren sich die Biochemie zu ihrer adäquaten Bearbeitung bedient, sind sehr vielfältig. Neben den klassischen analytischen und präparativen Verfahren der Chemie und physiologischen Methoden sowie physikalisch-chemischen, physikalischen und mathematischen Meß- und Prüfverfahren hat die Biochemie ihre eigene spezifische Methodik entwickelt, die „Enzymatik". Diese reicht weit über das Gebiet der Biochemie hinaus und greift in die Chemie, in die Physikalische Chemie, die Technologie, viele Bereiche der Medizin usw. ein. Wenn man davon ausgeht, daß eine Wissenschaft durch die Spezifität ihres Inhaltes und ihrer Methodik determiniert wird, so läßt sich daraus die Berechtigung herleiten, daß die Biochemie eine eigenständige Wissenschaft ist, die viele Beziehungen zu anderen Disziplinen hat und mit diesen in enger Wechselwirkung steht.

1.2. Entwicklungsrichtungen der dynamischen Biochemie

Es ist verständlich, daß sich das Interesse der Biochemiker zunächst dem Stoffwechsel der niedrigmolekularen Substanzen zuwandte. Aus der präparativen und analytischen Chemie waren Verfahren bekannt, die für Synthese und Bestimmung solcher Stoffe dienen konnten. Eng im Zusammenhang damit stand die Frage, auf welche Weise diese Stoffe ineinander umgewandelt werden. Schon im vorigen Jahrhundert wurde die Aufmerksamkeit auf die Katalysatoren der lebendigen Substanz, die Enzyme, gelenkt. Zu Beginn dieses Jahrhunderts, vor allem vom Jahre 1920 an, trat eine stürmische Entwicklung der Enzymchemie ein. Die Isolierung und Kristallisation von Enzymen, z. B. der des anaeroben Kohlenhydratstoffwechsels durch WARBURG, MEYERHOF, LOHMANN u. a. führte zum Kennenlernen von Reaktionsmechanismen, zur Aufgliederung von Reaktionsketten in Teilreaktionen, zur Kenntnis der Wirkungsweise von Coenzymen und ihrer Beziehungen zu den zugehörigen Enzymproteinen, zur Entdeckung einfacher Methoden der Messung von Enzymaktivitäten usw. Diese analytische Betrachtungsweise, die von der Zergliederung der Organismen ausging und über die Untersuchung des Organ- und Gewebestoffwechsels zur Messung und Charakterisierung von Einzelreaktionen des intermediären Stoffwechsels führte, brachte eine Fülle von Entdeckungen, die zum Verständnis vieler biologischer Prozesse führten. Meilensteine dieser Entwicklung waren die Entdeckung der Reaktionsfolge der Gärung und Glykolyse, das Auffinden der Glieder der Atmungskette und ihres Zusammenwirkens, die Entdeckung von Reaktionscyclen (Tricarbonsäurecyclus, Harnstoffcyclus, Fettsäurespirale, Glycincyclus, Photosynthesecyclus u. a.) und die Entdeckung von energiespeichernden und energieübertragenden Substanzen und deren Bedeutung im Stoffwechsel.

Die Aufklärung der Grundmechanismen des intermediären Stoffwechsels stellte die Voraussetzung zur Bearbeitung des komplizierten Stoffwechsels der makromolekularen Stoffe dar. Nach der ersten enzymatischen in-vitro-Synthese der Amylose mittels Kartoffelphosphorylase durch Cori (1938) gab es große Bemühungen, die Biosynthese hochkomplizierter Makromoleküle, wie die der Nucleinsäuren und der Proteine, aufzuklären. Es ist verständlich, daß dabei viele erkenntnistheoretische und methodische Hindernisse zu überwinden waren. Die Methoden der Chromatographie wurden verfeinert und allgemein angewandt. Viele optische Methoden (Lichtabsorption, Fluoreszenz, Lichtstreuung, Strömungsdoppelbrechung, Elektronenoptik u. a.) sowie kernphysikalische und elektrische Methoden fanden Eingang in das biochemische Laboratorium.

Hand in Hand mit der Erforschung der Einzelreaktionen des intermediären Stoffwechsels wurden Fragen der intrazellulären Lokalisation der Stoffwechselprozesse bearbeitet. Auf diesem Gebiet traf sich die Biochemie mit der experimentellen Morphologie.

Die Methoden der Elektronenmikroskopie und die von den Biochemikern entwickelten Verfahren zur präparativen Gewinnung verschiedener subzellulärer Fraktionen (Membranen, Mitochondrien, Mikrosomen, Kerne) mit Hilfe der Ultrazentrifuge ergänzten einander und erbrachten grundlegende Kenntnisse über die Beziehungen zwischen den subzellulären Strukturen und dem Zellstoffwechsel.

Die Erforschung des Stoffwechsels der Mikroorganismen und der Viren erwies sich als bedeutsam für das Verständnis vieler Stoffwechselreaktionen und ihrer Regulationsprinzipien. Sie förderten das Verständnis für den Stoffwechsel von höher differenzierten Organismen.

Die Untersuchung der Chemie der Nucleinsäuren, ihrer Lokalisation innerhalb der Zellen und ihres Vorkommens in den Viren sowie die Erforschung ihres Stoffwechsels schlug eine für die moderne Biologie entscheidende Brücke zur Genetik. Die Entdeckung der Desoxyribonucleinsäure als Vererbungssubstanz brachte ungeahnte Impulse in die biologischen Wissenschaften. Man begann die Beziehungen zwischen der spezifischen Aminosäuresequenz der Proteine und der Nucleotidsequenz der Nucleinsäuren zu verstehen. Ein Grundproblem der Naturwissenschaft, welches mit der Entdeckung der Vererbungsgesetze durch MENDEL aufgeworfen wurde und die Abhängigkeit des Phänotyps eines Organismus vom Genotyp und von den Einflüssen der Umwelt betrifft, konnte durch diese Erkenntnisse einer Lösung nahegebracht werden. Die Entdeckung der genetischen Codierung der Aminosäuresequenz von Proteinen, d. h. der Art der Verschlüsselung der Proteinstruktur in der genetischen Substanz, die als eine der wesentlichen Erkenntnisse der Biologie dieses Jahrhunderts anzusehen ist, lieferte in Form der *Universalität des genetischen Codes* einen weiteren Beweis für die Einheitlichkeit der belebten Natur. Dabei entstand eine neue Wissenschaft, die *Molekularbiologie*.

Die Erkennung vieler Stoffwechseldefekte des Menschen als vererbbare Krankheiten führte zur Kennzeichnung sogenannter Molekularkrankheiten und trug zur Entwicklung der *Humangenetik* bei. Der Nachweis abnorm aufgebauter Proteine, die sich wie im Falle des Sichelzellhämoglobins (HbS) nur in einer einzigen Aminosäureposition entlang der Polypeptidkette vom normalen Protein (HbA) zu unterscheiden brauchen, ermöglicht in Verbindung mit der Aufklärung des genetischen Codes eine vollständige Analyse derartiger Störungen.

Noch ist diese Entwicklung nicht abgeschlossen. Mit steigender Spezialisierung in den Fragestellungen und dem tieferen Eindringen in die Feinmechanismen schwinden die Grenzen der Einzelwissenschaften. Auf dieser Ebene verschmelzen Biochemie, Genetik, Morphologie und Pathologie mit der Physik, Chemie, Mathematik und Informationstheorie. Es tritt das scheinbar paradoxe Phänomen auf, daß mit steigender Spezialisierung der Einzelwissenschaften die Allgemeingültigkeit ihrer Aussagen mehr und mehr wächst.

1.3. Analysierende und synthetisierende Betrachtungsweise

Mit der Kenntnis der Einzelreaktionen und der Reaktionsketten und -cyclen wuchs das Bedürfnis, durch eine synthetisierende Betrachtungsweise das Zusammenspiel der vielfältigen Reaktionen in einer Zelle, einem Zellverband, einem Organ und schließlich im gesamten Organismus zu verstehen. Diese Fragestellungen berührten auch die komplexen Beziehungen der subzellulären Anteile der Zellen untereinander. Es wurden mannigfaltige Regulationsprinzipien des intermediären Stoffwechsels entdeckt, die auf den Ebenen der Einzelenzyme, der Reaktionsketten, der Einzelzellen oder des Gewebs- oder Organverbandes sowie auf dem Niveau des intakten Organismus wirksam sein können. Sie werden als *metabolische, epigenetische* und *genetische Regulationsebenen* bezeichnet.

Die Beeinflussung von Enzymaktivitäten durch verschiedene Effektoren und die Erscheinungen positiver und negativer Rückkopplung innerhalb enzymatischer Systeme stehen im Vordergrund des Interesses. Als außerordentlich fruchtbar hat sich die Theorie von der Beeinflussung der Genaktivität durch hemmende und aktivierende Substanzen (Induktoren und Repressoren) erwiesen. Im Zusammenhang damit steht die Adaptation der Organismen an bestimmte Umweltbedingungen, d. h. die Veränderung des Stoffwechsels in Abhängigkeit vom Milieu. Hier wurden interessante Regulationsphänomene entdeckt, die genetisch fixiert sind und die die Ökonomie des lebendigen Organismus, also die Plastizität seines

Stoffwechsels, deutlich werden lassen. Es besteht kein Zweifel, daß derartige Erscheinungen nicht nur in Mikroorganismen vorkommen, bei denen sie auf Grund ihrer relativen genetischen und metabolischen Einfachheit erfolgreich studiert werden konnten, sondern daß sie auch in höher differenzierten Lebewesen existieren.

Die Rolle der Hormone als Regulatoren des Stoffwechsels von Organ- und Gewebsverbänden sowie des gesamten Organismus wurde weiterhin untersucht. In einigen Fällen konnte ihr Angriffspunkt im Zwischenstoffwechsel, d. h. der Feinmechanismus ihrer Wirkung, aufgeklärt werden.

Das Wissen um die grundlegenden Mechanismen des Stoffwechsels weckte das Interesse zur Erforschung hochspezialisierter biologischer Erscheinungen. Genannt seien die Biochemie der Muskeltätigkeit, der Nervenerregbarkeit und der Erregungsleitung, die chemischen Reaktionen beim Sehvorgang und die Ursachen der Lumineszenz verschiedener Organismen. In neuerer Zeit sind die biochemischen Grundlagen des Gedächtnisses und des Denkens, also die höchsten Funktionen biologischer Systeme, einer experimentellen Bearbeitung zugänglich gemacht worden. Weitere biologische Phänomene, wie die biochemischen Gesetzmäßigkeiten der Differenzierung und Reifung sowie die Vorgänge der Alterung und des Sterbens, haben das Interesse der Biochemiker gefunden.

1.4. Der Ursprung des Lebens

Die Entstehung des Lebens auf der Erde ist ein chemisches und physikalisch-chemisches, also ein naturwissenschaftliches Problem. Unter Verwertung aller verfügbaren Erkenntnisse sind Vorstellungen über die möglichen Ereignisse, die zur Entstehung einfacher lebendiger Systeme geführt haben können, entwickelt worden (Oparin, Haldane, Calvin, Urey). Einige Hypothesen sind einer Prüfung zugänglich, so daß sie experimentell erhärtet werden konnten.

Das Alter der Erde wird auf etwa 4,5 Milliarden Jahre geschätzt, die ältesten Gebirge sind etwa 3 Milliarden Jahre alt. Es ist anzunehmen, daß Leben seit etwa 1,5 Milliarden Jahren auf der Erde existiert. In der Atmosphäre der Urerde fehlte wahrscheinlich Sauerstoff. Methan, Wasserstoff, Ammoniak, Wasserdampf, später auch Kohlenmonoxyd, Kohlendioxyd und Stickstoff waren vorhanden. Infolge der Einwirkung von ultraviolettem Licht und elektrischen Entladungen kam es möglicherweise zur Bildung von Aminosäuren, Pyrimidin- und Purinbasen und anderen organischen Molekülen. Im Laboratorium konnte die Bildung solcher Substanzen unter künstlich geschaffenen Bedingungen nachgeahmt werden.

Die Entstehung von Makromolekülen und die Entwicklung der ersten primitiven Organismen müssen als stufenweise Vorgänge aufgefaßt werden, die sich über lange Zeiträume erstreckten.

Diese Fragen sind noch nicht befriedigend gelöst. Die Polymerisation der Grundeinheiten zu Makromolekülen müßte gegen ein thermodynamisches Gefälle vor sich gehen. Aus Aminosäuren müßten sich Polypeptide und Eiweiße, aus Nucleotiden Nucleinsäuren bilden.

Die Bildung der Proteine könnte durch eine *Anhydropolymerisation* der Aminosäuren vor sich gegangen sein. Solche *Proteinoide* könnten schon primitive enzymatische Eigenschaften besessen haben. Im Laboratorium wurde beobachtet, daß Aminosäure-Polymerisate, die durch thermische Anhydropolymerisation entstanden waren, Glucose in Glucuronsäure umwandeln und diese auch decarboxylieren können (Fox).

Die einmal gebildeten Moleküle höheren und niedrigeren Molekulargewichts bildeten im Urozean komplexe Aggregate (Koazervate bzw. mikrosphärische Kügelchen). Diese könnten schon einer Art Auslese unterworfen gewesen sein, indem diejenigen Aggregate, die sich am besten mit der Umwelt auseinanderzusetzen vermochten, wuchsen, eine höhere Komplexität und Stabilität erreichten und eine Art „Stoffwechsel“ oder „Stoffaustausch“ mit der Umgebung durchführten, während andere, die diese Fähigkeit nicht besaßen, zugrunde gingen. Auch Teilungsphänomene sind an solchen Aggregaten beobachtet worden. OPARIN konzentrierte Enzyme und Substrate innerhalb der Koazervattröpfchen und studierte katalytische Prozesse in diesen Gebilden. Dabei konnten interessante Einblicke in Vorgänge gewonnen werden, die insbesondere die Konzentrierung von katalytischen Prozessen auf kleine Räume und die Wechselwirkungen zwischen dem Koazervatinneren und dem sie umgebenden Medium betrafen. Im Unterschied zu OPARIN stellte FOX Proteinoid-Mikrosphären (Durchmesser 2 μ) her, die kein natürliches Protein wie die Koazervate enthielten, sondern aus Aminosäurepolymerisaten bestanden, die durch thermische Anhydropolymerisation, also unter quasigeochemischen Bedingungen der primitiven Erde, hergestellt wurden. Ihr wichtigster Unterschied zu den Koazervaten ist ihre wesentlich größere Stabilität. Nach Einbau von Zink in solche *Proteinoid-Mikrosphären* konnte in ihnen eine katalytische ATP-Spaltung als primitive Stoffwechselleistung nachgewiesen werden. Wann und auf welche Weise aus diesen komplexen Molekülaggregaten lebendige Zellen entstanden sind, kann noch nicht gesagt werden.

Infolge der anaeroben Bedingungen in der primitiven Atmosphäre waren die ersten Lebewesen vermutlich Anaerobier, die ihren Energiebedarf durch Gärungsvorgänge deckten. Diese Prozesse reicherten die Atmosphäre mit Kohlendioxyd an. Es gibt Hinweise darauf, daß als zweiter biochemischer Prozeß nach der Gärung der Hexosemonophosphatcyclus, der Wasserstoff für Reduktionsprozesse bereitstellt, sich zu entwickeln begann. Ihm folgte möglicherweise die Photophosphorylierung, die unter Ausnutzung des Sonnenlichtes ATP liefert. Die im Zusammenhang damit einsetzende Photosynthese führte erstmals zum Auftreten von freiem Sauerstoff in der Atmosphäre. Damit waren die Voraussetzungen für den aeroben Stoffwechsel gegeben, dessen Entwicklung von diesem Zeitpunkt an einsetzte.

Von diesem Stadium an setzte die Höherentwicklung und die steigende Differenzierung lebendiger Systeme ein. Man schätzt, daß heute der gesamte atmosphärische Sauerstoff alle 2000 Jahre die lebendigen Organismen entweder auf dem Weg über die Atmung oder die Photosynthese passiert. Das Kohlendioxyd vollführt diesen Kreislauf in umgekehrter Richtung alle 300 Jahre und das Wasser alle 2 Millionen Jahre.

Entwicklung des Energiestoffwechsels (*nach* WALD)

Anaerober Abschnitt

1. Gärung: Bildung von CO_2

$$C_6H_{12}O_6 \longrightarrow 2\ C_2H_5OH + 2\ CO_2 + 2\sim P^*$$

2. Hexosemonophosphatcyclus: Bildung von Wasserstoff für Reduktionen

$$6\ C_6H_{12}O_6 + 6\ H_2O + 12\sim P^* \longrightarrow 12\ H_2 + 5\ C_6H_{12}O_6 + 6\ CO_2$$

3. Photophosphorylierung: Bildung energiereicher Phosphatverbindungen mit Hilfe des Lichtes

$$\text{Kohlenhydrate} \xrightarrow[\text{Chlorophyll, Cytochrome}]{\text{Licht}} \sim P^*)$$

4. Photosynthese: Bildung von Sauerstoff

$$6\ CO_2 + 12\ H_2O \xrightarrow[\text{Chlorophyll}]{\text{Licht}} C_6H_{12}O_6 + 6\ H_2O + 6\ O_2$$

*) ~P bedeutet energiereiche Phosphatverbindungen (s. S. 10).

Aerober Abschnitt
5. Atmung: Verbrennung als Hauptquelle der Energie

$$C_6H_{12}O_6 + 6\,H_2O + 6\,O_2 \longrightarrow 6\,CO_2 + 12\,H_2O + 30\text{-}40\text{-}P^*$$

1.5. Zusammensetzung lebendiger Systeme

In den Organismen findet man 16—21 Elemente. Während 16 Elemente in allen Organismen vorkommen, sind die restlichen fünf einigen besonderen Formen vorbehalten. 29 organische Moleküle kommen entweder frei oder als Grundbausteine in homo- bzw. copolymerer Bindung in einer sehr großen Zahl verschiedener Moleküle vor. In all diesen Substanzen kommen 4 Elementarteilchen, Protonen, Elektronen, Neutronen und Photonen vor. Man kann sie in einer Art „Alphabet biologischer Systeme" ordnen (WALD) (Tab. 1).

Tabelle 1:
Alphabet biologischer Systeme

Elementarteilchen	Bioelemente	Molekulare Einheiten
Protonen	Wasser: H, O	Glucose, Ribose
Elektronen	Organische Moleküle: H, C, N, O, P, S	Fett, Phosphatide
Neutronen	Ionen: Na^+, K^+, Mg^{++}, Ca^{++}, Cl^-	20 Aminosäuren
Photonen	Spuren-Elemente: Mn, Fe, Co, Cu, Zn (B, Al, V, Mo, J)	5 Nucleotid-Basen
4	16 (21)	29

1.6. Gibt es ein extraterrestrisches Leben?

Auf diese Frage gibt es noch keine eindeutige Antwort. Falls überhaupt Leben auf einem anderen Himmelskörper existiert, welches mit dem auf der Erde vergleichbar ist (Kohlenstoff- und Proteinnatur, Strukturierung in ein- bzw. vielzellige Organismen), entsprechen die Bedingungen auf dem Mars trotz wesentlicher Unterschiede noch am ehesten denen auf der Erde. Der andere Nachbar der Erde unter den Planeten, die Venus, scheidet deshalb aus unseren Betrachtungen aus, da ihre Oberflächentemperatur etwa 400 °C beträgt und diese Temperatur mit dem Leben nicht vereinbar ist. Die höchsten Temperaturen auf der Erdoberfläche (von den Vulkanen abgesehen) werden in den heißen Geysiren des Yellowstone National Park (USA), in Japan, Neuseeland und Island gefunden. Bei den thermophilen Organismen dieser Quellen wurde als obere Temperaturgrenze für aktives Wachstum 73 °C gemessen. In dem Temperaturbereich bis etwa 90 °C kann man höchstens von einem Überleben dieser Organismen ohne Stoffwechsel sprechen. Thermophile Organismen sind durch eine höhere Thermostabilität ihrer Proteine im Vergleich zu mesophilen Formen ausgezeichnet. Als wesentliche weitere temperaturempfindliche Reaktionen in lebendigen Systemen kommen in Betracht: a) die Acceptorfunktion löslicher RNS für Aminosäuren (Maximaltemperatur 75 °C). b) das Auseinanderweichen („Schmelzen") der DNS-Doppelspirale. Hierbei hängt die Maximaltemperatur von der Ionenkonzentration des Mediums und dem Guanosin-Cytosin-Gehalt der DNS ab. Es scheint, daß die Maximaltemperatur für aktiven Stoffwechsel und Wachstum durch die Temperaturabhängigkeit der Acceptorfunktion löslicher RNS für Aminosäuren bestimmt wird (Einzelheiten der Stoffwechselzusammenhänge s. Teil III).

Die mittlere Temperatur der Marsoberfläche beträgt —55 °C (Erde +15 °C, Marsäquator +25 °C). Die Marsatmosphäre ist dünn und sehr trocken, sie enthält CO_2, geringe Mengen Wasserdampf, jedoch keinen Sauerstoff. Infolge der niedrigen Dichte der Atmosphäre und der Abwesenheit eines magnetischen Feldes wird die Marsoberfläche in nicht abgeschwächter Weise von kosmischer und Sonnenstrahlung getroffen. Trotz dieser Situation ist es nicht ausgeschlossen, daß auf dem Mars lebendige Formen vorkommen können. Auch die Antarktis der Erde, die vom Standpunkt der Temperatur mit dem Mars am ehesten vergleichbar ist, enthält Mikroben, niedere Pflanzen und wirbellose Tiere.

Auf dem primitiven Mars scheinen die Bedingungen ähnlich denen auf der primitiven Erde gewesen zu sein. Auf diesem Planeten könnte also, unabhängig von der Erde, Leben entstanden sein. Obwohl jetzt die Bedingungen auf dem Mars ziemlich ungünstig sind, ist es nicht ausgeschlossen, daß Leben, wenn es überhaupt jemals auf dem Mars entstanden ist, noch nicht vollständig ausgelöscht ist.

Im Zeitalter der Raumfahrt ist es möglich, dieses Problem zu lösen. Von HOROWITZ u. a. ist eine entsprechende Apparatur entwickelt worden, die zusammen mit anderen Meßsonden auf den Mars und andere Planeten gebracht werden soll. Sie trägt den Namen „GULLIVER". Dieses Gerät enthält ein Universalmedium für Mikroorganismen und eine Auswahl radioaktiv markierter Substrate. Mit Hilfe eines ausfahrbaren Greifers sollen Proben der Marsoberfläche in das Innere der Kapsel gebracht werden. Falls diese lebende Mikroorganismen enthielten, finden diese dort Möglichkeiten für Stoffwechsel und Wachstum. Die radioaktiven Substrate sind so ausgewählt, daß bei ihrem Abbau durch Lebewesen gasförmige markierte Produkte entstehen. Deren Radioaktivität soll gemessen und das erhaltene Datenmaterial zur Erde gefunkt werden. Dieses Gerät kann auch zwischen photosynthetischer und nichtphotosynthetischer Aktivität unterscheiden. Die durch den Menschen vom Mond zurückgebrachten Gesteinsproben ergaben keine Hinweise auf lebendiges Material.

2. Proteine

Der Name „Protein" (BERZELIUS; protos — der Erste) drückt die große Bedeutung dieser Stoffklasse in der belebten Welt aus. Leben ist ohne Eiweiß nicht denkbar, denn die Eigenschaften der Proteine sind eng mit den spezifischen Eigenschaften der lebendigen Substanz verbunden.

Chemisch stellen die Eiweißkörper Makromoleküle dar, die aus einzelnen Bausteinen, den *Aminosäuren*, aufgebaut sind. Insgesamt sind am Aufbau der Eiweißmoleküle etwa 20 verschiedene Aminosäuren beteiligt. Dadurch wird eine große potentielle Mannigfaltigkeit der Eiweißkörper erreicht. Da trotz der unvorstellbar großen Zahl von verschiedenen Kombinationsmöglichkeiten der Aminosäuren in diesen Makromolekülen jedes individuelle Eiweiß eine konstante Zusammensetzung aufweist, sind andererseits auch die Voraussetzungen für hohe Spezifitäten in Zusammensetzung und Wirkungsweise dieser Substanzen gegeben.

2.1. Die Bausteine der Eiweiße

Die Bausteine der Eiweiße sind die Aminosäuren. Ihre allgemeine Formel lautet:

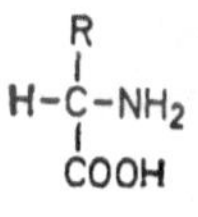

Daran interessieren uns besonders die funktionellen Gruppen, die Amino- und Carboxylfunktionen. Sie werden als α-Aminosäuren bezeichnet, wenn diese beiden Funktionen an ein- und dasselbe Kohlenstoffatom gebunden sind. Alle in den Proteinen vorkommenden Aminosäuren sind α-Aminosäuren. Ausnahmen sind Prolin und Hydroxyprolin. Diese sind α-Iminosäuren.

Die Aminosäuren werden in 7 Gruppen, je nach der Struktur von R (Formeln s. S. 29), eingeteilt.

1. Seitenkette aliphatisch: Glycin, Alanin, Valin, Leucin, Isoleucin;
2. Seitenkette OH-Gruppe-tragend: Serin, Threonin;
3. Seitenkette COOH- bzw. Säureamid-Gruppe-tragend: Glutaminsäure, Glutamin, Asparaginsäure, Asparagin;
4. Seitenkette NH_2-Gruppe-tragend: Lysin, Arginin;
5. Seitenkette aromatisch: Phenylalanin, Tyrosin, Tryptophan, Histidin;
6. Seitenkette schwefelhaltig: Cystein, Cystin, Methionin;
7. Iminosäuren: Prolin, Hydroxyprolin.

Die meisten Aminosäuren (Ausnahme Glycin) enthalten mindestens ein asymmetrisches Kohlenstoffatom. Dies ist das die NH_2- und COOH-Funktion tragende α–C-Atom. Alle in Proteinen vorkommenden Aminosäuren gehören der L-Konfiguration an. Vorzeichen und Größe der Drehung der Ebene des linear polarisierten Lichtes hängt von der Natur der Liganden ab. Da sich Ionisation und Dissoziation der Amino- und Carboxylfunktionen mit dem pH-Wert ändern, hat dieser auch einen Einfluß auf die optische Drehung.

Threonin, Isoleucin, Hydroxyprolin und Cystin haben zwei asymmetrische C-Atome.

D-Aminosäuren kommen in Bakterienzellwänden, einigen Antibiotika und anderen pflanzlichen Peptiden vor.

Im festen Zustand liegt die Aminosäure im Kristallgitter in folgender Struktur vor:

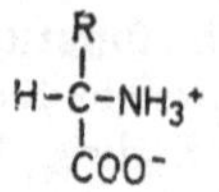

Die gleiche Struktur weisen die Aminosäuren auf, wenn man sie in reinem Wasser löst. Danach stellt die Aminosäure im physikalisch-chemischen Sinne ein *Zwitterion* oder einen elektrischen Dipol dar. Auf Grund der BRÖNSTEDschen *Theorie* der Säuren und Basen haben das

COO^--Anion die Funktion einer Base (es nimmt H^+-Ionen auf) und das NH_3^+-Kation die Funktion einer Säure (es gibt H^+-Ionen ab). Physikalisch-chemisch gehören die Aminosäuren zu den schwachen Elektrolyten. Aus dem Gesagten wird die *Titrationskurve* dieser Säuren ohne weiteres verständlich. Wie die Abbildung 1 zeigt, wird bei Zugabe von Säure (Erniedrigung des pH-Wertes) die Ionisation des COO^--Anions zurückgedrängt, indem dieses Ion ein H^+-Ion aufnimmt. Bei Zugabe von OH^--Ionen (Abnahme der H^+-Konzentration, Erhöhung des pH-Wertes) wird die Ionisation der NH_3^+-Gruppe zurückgedrängt und ihre Dissoziation begünstigt, so daß schließlich diese Gruppe in der NH_2-Form vorliegt. Aus dem Verlauf der Titrationskurve erkennt man, daß diese Aminosäure zwei verschiedene Pufferbereiche aufweist. Der eine Pufferbereich ist durch die Dissoziationseigenschaften der Carboxylgruppe, der andere durch die der NH_3^+-Gruppe gekennzeichnet. Bei den beiden *pK-Werten* dieser Funktionen liegt jeweils das Maximum der Pufferwirkung der Aminosäure. Dazwischen, d. h. in dem Bereich, in welchem die Aminosäure als Zwitterion (maximale Ionisation der beiden Gruppen) vorliegt, ist die Pufferwirkung der Aminosäure am geringsten. Man bezeichnet den pH-Wert, bei dem die Aminosäure als Zwitterion vorliegt, als den *isoelektrischen Punkt* (IP) der Aminosäure. Auf der sauren Seite des isoelektrischen Punktes liegt die Aminosäure als Kation, auf der alkalischen Seite als Anion vor (Abb. 1). Die Lage des IP ergibt sich bei Aminosäuren mit aliphatischer Seitenkette aus folgender Formel:

$$pH_{IP} = \frac{pK_{\text{-COOH}} + pK_{\text{-NH}_3^+}}{2}$$

Die isoelektrischen Punkte der Aminosäuren mit zwei Carboxyl- oder zwei Aminofunktionen liegen jeweils genau zwischen den pK-Werten der beiden COOH- bzw. NH_2-Gruppen.

2.2. *Eigenschaften der Aminosäure am IP*

1. Infolge der gleichen Anzahl positiver wie negativer Ladungen im Molekül zeigt die Aminosäure im elektrischen Gleichspannungsfeld keine Wanderung.

2. Die Löslichkeit der Aminosäuren hat am IP ihr Minimum.

2.3. *Die einzelnen Aminosäuren* (Übersicht siehe Tab. 2)

Die einfachste Aminosäure, die auch kein asymmetrisches C-Atom trägt, ist das *Glycin*. Als nächste folgen *Alanin*, *Valin*, *Leucin* und *Isoleucin* mit zunehmender Länge der nicht polaren Seitenkette. Im Inneren eines Eiweißmoleküles können diese Aminosäuren als „Keile“ wirken, die verschiedene Gruppen voneinander fernhalten. *Serin* und *Threonin* sind als aliphatische Hydroxysäuren in der Lage, *Wasserstoffbindungen* mit anderen geeigneten Gruppen einzugehen. Dem Serin werden überdies wichtige Funktionen bei enzymatischen Reaktionen zugeschrieben (z. B. *Phosphoglucomutase*, manche *Hydrolasen*). Es kann als Phosphorsäureester in den Eiweißen vorkommen. *Glutaminsäure* und *Asparaginsäure* sind Dicarbonsäuren, die im physiologischen Bereich dissoziiert sind. Sie kommen häufig als Amide vor (*Glutamin* und *Asparagin*).

Diese können als Donatoren und Acceptoren von Wasserstoffbindungen fungieren und auf diese Weise spezifisch an der Aufrechterhaltung der inneren Struktur eines Proteins beteiligt sein. Die kationischen Gruppen des *Lysins* und des *Arginins* sowie die anionischen Gruppen der beiden genannten Dicarbonsäuren haben wesentlichen Anteil an der elektrischen Ladung eines Eiweißmoleküls. Das *Histidin* spielt eine bedeutende Rolle bei der Pufferung im physiologischen Bereich (s. S. 102), da sich hier der Ionisationszustand in Abhängigkeit vom

Tabelle 2:
Aminosäuren

Name	$\begin{matrix}HOOC\\H_2N\end{matrix}\rangle CH-R$	Symbol
Glycin	$R=H$	Gly
Alanin	$R=-CH_3$	Ala
Valin	$R=-CH\langle\begin{matrix}CH_3\\CH_3\end{matrix}$	Val
Leucin	$R=-CH_2-CH\langle\begin{matrix}CH_3\\CH_3\end{matrix}$	Leu
Isoleucin	$R=-CH(CH_3)-CH_2-CH_3$	Ileu
Phenylalanin	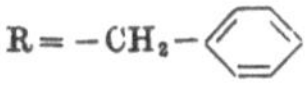	Phe
Tyrosin	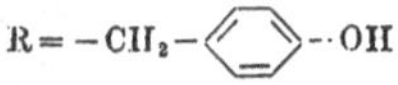	Tyr
Tryptophan	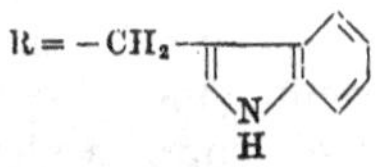	Try
Serin	$R=-CH_2-OH$	Ser
Threonin	$R=-CHOH-CH_3$	Thr
Cystein	$R=-CH_2-SH$	Cys · SH
Cystin	$R=-CH_2-S-S-CH_2-CH(NH_2)-COOH$	Cys · S–S · Cys
Methionin	$R=-CH_2-CH_2-S-CH_3$	Met
Asparaginsäure	$R=-CH_2-COOH$	Asp
Glutaminsäure	$R=-CH_2-CH_2-COOH$	Glu
Lysin	$R=-CH_2-CH_2-CH_2-CH_2-NH_2$	Lys
Arginin	$R=-CH_2-CH_2-CH_2-NH-C(=NH)-NH_2$	Arg
Histidin	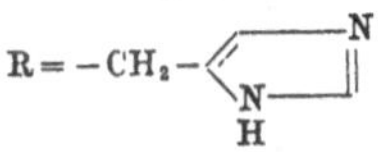	His
Prolin	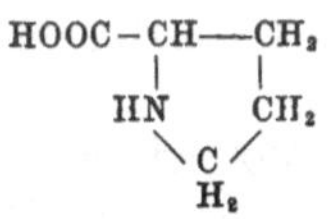	Pro
Hydroxyprolin	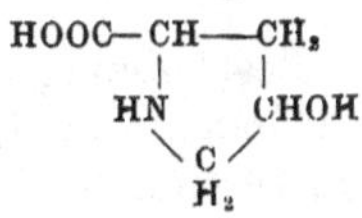	HyPro

pH-Wert ändert. Da das *Histidin* Koordinationskomplexe mit Eisen und anderen Metallen bilden kann, findet man diese Aminosäure häufig im katalytischen Zentrum von Enzymen oder es ist an anderen spezifischen Funktionen von Proteinen beteiligt (z. B. *Hämoglobin*).

Während *Tyrosin* und *Tryptophan* solche Gruppen tragen, die Wasserstoffbindungen aufbauen können, ist *Phenylalanin* nichtpolar. Im *Prolin* und *Hydroxyprolin* (letzteres kommt nur im Kollagen vor) ist das δ–C-Atom der Seitenkette mit dem α–N-Atom unter Ringbildung verbunden. Dadurch beteiligt sich dieses N-Atom nicht am Aufbau von Wasserstoffbindungen (Prolin stört den regelmäßigen Aufbau der Polypeptid-Helix; S. 63).

Cystein trägt eine sehr reaktionsfähige -SH-Gruppe. Diese nimmt nicht wesentlich an der Bildung von Wasserstoffbindungen teil, kann jedoch *-S–S-Brücken* bilden. Wenn dadurch 2 Cysteinreste in ein- und derselben Polypeptidkette miteinander verbunden werden, entsteht eine stabilisierende „Spange"; wenn eine -S–S-Gruppe zwei verschiedene Polypeptidketten miteinander verbindet, spricht man von einer „Brücke". Es gibt hochspezifische Funktionen des Cysteins bei enzymatischen Reaktionen.

2.4. Chemische Reaktionen der Aminosäuren

2.4.1. Reaktionen an der Aminogruppe

Da die Aminosäuren primäre Amine sind, reagieren sie mit salpetriger Säure nach folgender Gleichung:

$$HOOC{-}CH_2{-}NH_2 + HNO_2 \longrightarrow HOOC{-}CH_2OH + H_2O + N_2$$

Diese Reaktion kann als Bestimmungsmethode der Aminosäuren benutzt werden, indem der in Freiheit gesetzte Stickstoff volumetrisch bestimmt wird.

2.4.1.1. Formoltitration

Bei Zugabe von Formaldehyd reagiert die Aminogruppe nach folgender Gleichung:

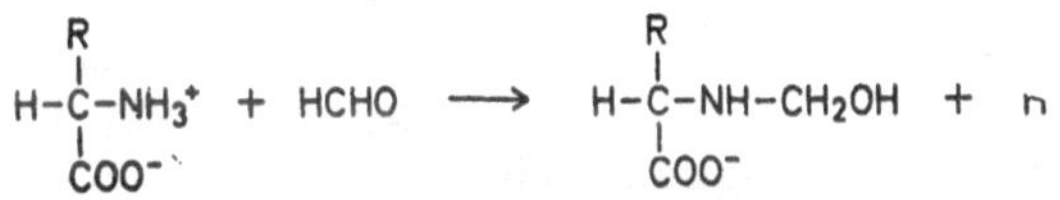

Die entstehende Hydroxymethylverbindung (früher als SCHIFFsche Base formuliert) hat Bedeutung bei der Bestimmung der Aminosäuren. Im Gegensatz zu einer einfachen schwachen Säure, beispielsweise Essigsäure, titriert man bei einer Aminosäure nicht die Carboxylgruppe, sondern die Aminogruppe (s. S. 27). Nach Abbildung 1 ist diese Gruppe erst bei etwa pH 12 zu

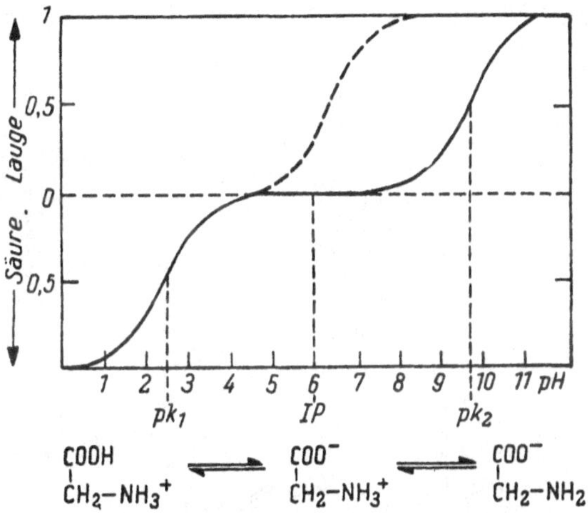

Abb. 1: **Titrationskurve des Glycins.** Gestrichelte Kurve: Formoltitration

Ende titriert, im Gegensatz zu einer schwachen Säure, deren Äquivalenzpunkt schon bei pH 7 bis 8 erreicht ist. Mit einfachen Indikatoren ist der Endpunkt der Titration der Aminogruppe also nicht bestimmbar. Bei Zugabe von Formaldehyd kommt es zu einer Freisetzung von H^+-Ionen infolge der Bildung der Hydroxymethylverbindung der NH_2-Gruppe. Die Dissoziationskurve wird dadurch um einige pH-Einheiten nach dem sauren Bereich hin verschoben, so daß der Äquivalenzpunkt der Titration durch Verwendung eines üblichen Indikators, wie Phenolphthalein, erkannt werden kann.

2.4.1.2. Ninhydrinreaktion

Bei Zugabe von Ninhydrin (Triketohydrindenhydrat) kommt es zu einer Desaminierung und Decarboxylierung der Aminosäure. Dabei entsteht aus der Aminosäure ein Aldehyd, der um ein Kohlenstoffatom ärmer gegenüber der Aminosäure geworden ist. In einer nachfolgenden

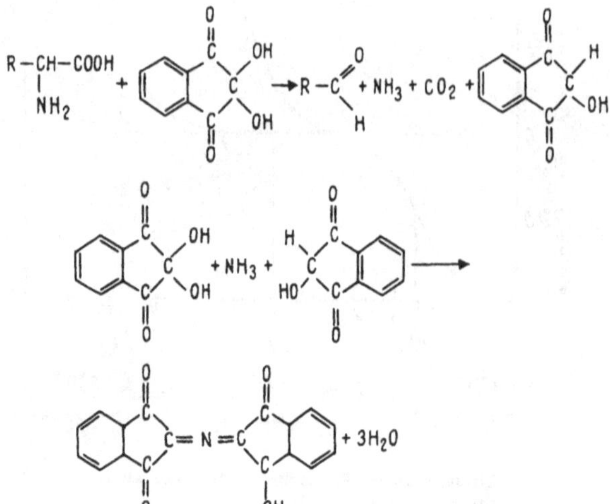

Reaktion kommt es zur Zusammenlagerung von reduziertem Ninhydrin mit einem 2. Ninhydrinmolekül unter Bindung des Ammoniaks, wobei ein rot- bis blauvioletter Farbstoff entsteht. Auch diese Reaktion kann zur Bestimmung von Aminosäuren verwendet werden.

2.4.1.3. Reaktion mit 1-Fluoro-2,4-dinitrobenzol (FDNB)

Die Arylierung der Aminosäuren ist für die Aufklärung der Aminosäuresequenz von Proteinen von sehr großer Bedeutung:

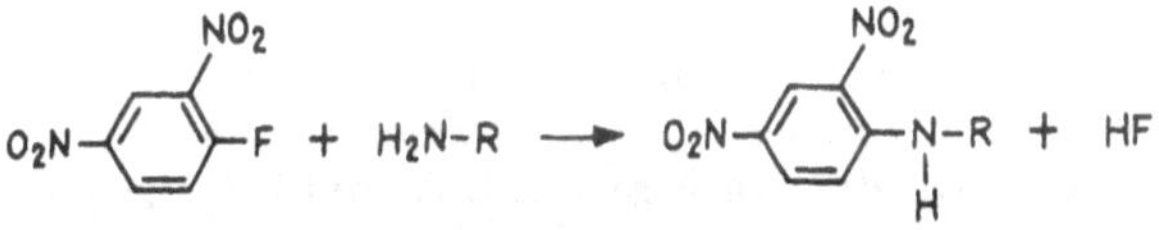

Dies stellt eine quantitativ ablaufende Reaktion dar. Die dinitrophenylierten Aminosäuren sind gelb gefärbt, leicht kristallisierbar und können chromatographisch leicht in reiner Form gewonnen und spektralphotometrisch bestimmt werden. Die entstehende Verbindung ist außerdem stabil gegen Säurehydrolyse (s. S. 47).

2.4.1.4. Reaktion mit Phenylisothiocyanat

Diese Substanz reagiert mit der NH_2-Gruppe von Aminosäuren unter Bildung von Phenylthiohydantoinsäure

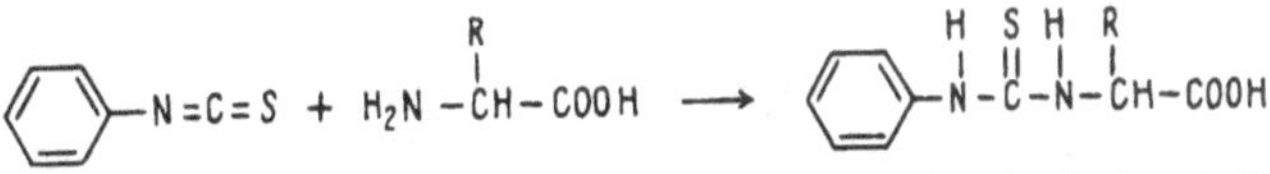

Phenylthiohydantoinsäure

Die zweite Reaktion (s. nächste Seite) läuft bei Anwesenheit von Säure in bestimmten, nichtwäßrigen und OHgruppen-freien Lösungsmitteln ab. Auch diese Methode hat sich bei der Strukturaufklärung von Proteinen sehr bewährt.

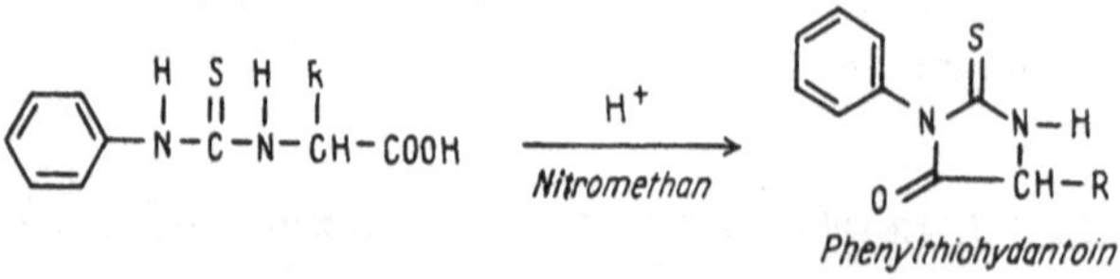

2.4.2. *Peptidsynthese*

Die Peptidsynthese stellt eine sehr wichtige Reaktion dar, da es mit ihrer Hilfe möglich ist, mehrere Aminosäuren zusammenzulagern. Sehr gebräuchlich zur Darstellung von Peptiden ist die *Carbobenzoxymethode:*

So erfolgt die Synthese von L-Alanyl-L-tyrosin aus den beiden Aminosäuren auf folgende Weise:

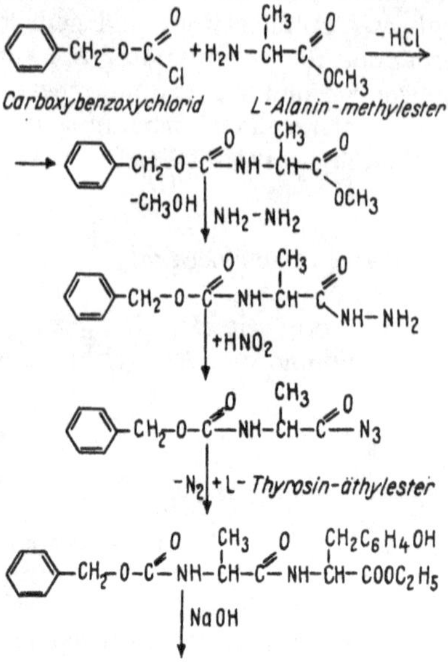

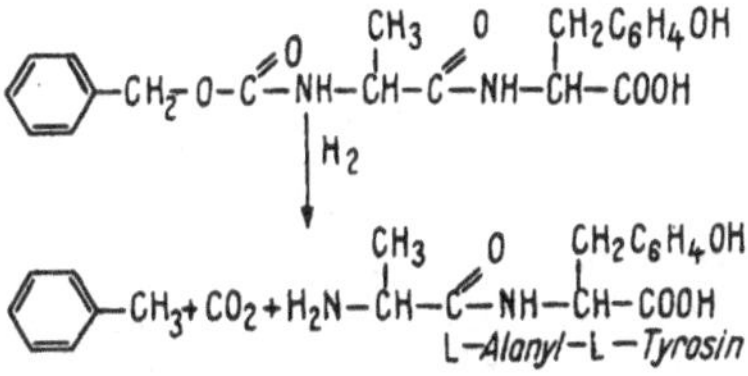

Weitere Methoden für Peptidsynthesen verlaufen unter Verwendung von Carbodiimiden (z. B. Dicyclohexylcarbodiimid) oder 3-Isoxazoliumsalzen als dehydratisierende Reagenzien:

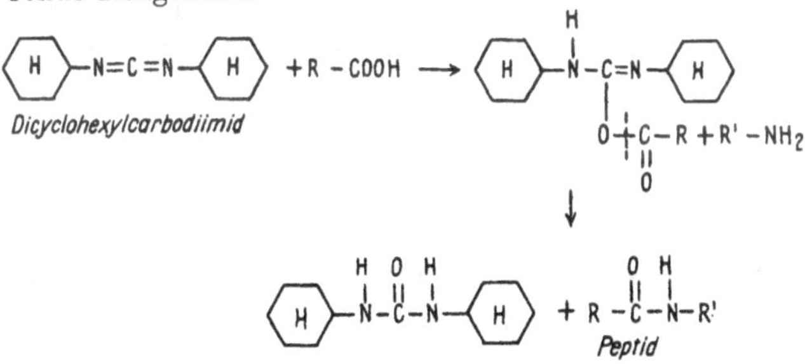

3-Isoxazoliumsalze reagieren mit Carboxylsäuren und liefern aktivierte Enolesterzwischenprodukte (WOODWARD):

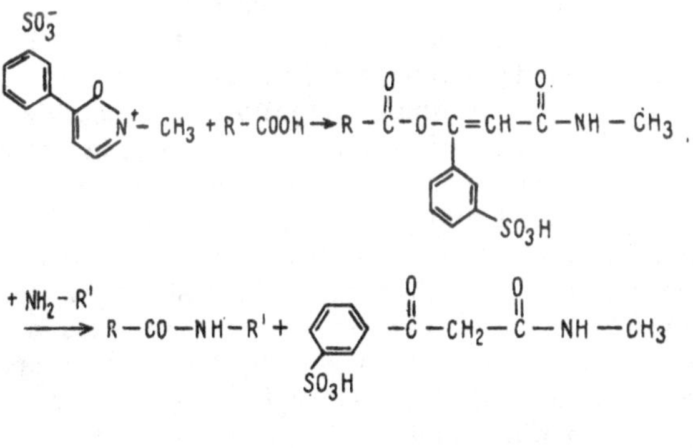

Als sehr erfolgreich haben sich die MERRIFIELD-Verfahren erwiesen. Diese stellen Peptidsynthesen an einer festen Phase dar. Die Carboxylgruppe des C-terminalen Endes wird kovalent an ein hochpolymeres Kunstharz gebunden. Diese Aminosäure reagiert mit einer zweiten, aktivierten Aminosäure. Das Reaktionsprodukt wird einfach durch Filtration vom Reaktionsmedium abgetrennt und so gereinigt. Auf diese Art kann die Kettenverlängerung praktisch beliebig lange fortgesetzt werden. Das aus neun Aminosäuren bestehende *Bradykinin* konnte auf diese Weise innerhalb einer Woche dargestellt werden. Auch das *Insulin* ist durch die eben skizzierten Verfahren einer de-novo-Synthese aus Aminosäuren zugeführt worden.

2.5. Peptide

Die Peptidbindung weist folgende chemische Konstitution auf:

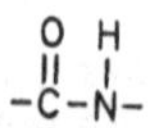

Je nach der Zahl der ein Peptid aufbauenden Aminosäuren unterscheidet man Di-, Tri-, Tetrapeptide usw. Hinsichtlich der Größe der Peptide trennt man Oligopeptide (bis zu 10 Aminosäuren) von Polypeptiden. Die Peptidbindung ist die Hauptform der Bindung zwischen den einzelnen Aminosäuren in einem Proteinmolekül (Rückgrat der Polypeptidkette). Charakteristisch für die Peptidbindung in den natürlich vorkommenden Polypeptiden ist, daß diese von den α-ständigen COOH- und NH_2-Gruppen der Aminosäuren gebildet werden. Bedeutsam für die Untersuchung der Peptide und Eiweiße ist die Hydrolyse der Peptidbindung. Hierfür gibt es folgende Möglichkeiten:

1. Saure Hydrolyse

Sie ist sehr gebräuchlich und hat breite Anwendung bei der Untersuchung der Aminosäurezusammensetzung der Peptide gefunden. Im allgemeinen erfolgt die Hydrolyse durch mehrstündiges Kochen mit konzentrierter Salzsäure oder 25%iger Schwefelsäure. Erwähnt sei jedoch, daß unter diesen Bedingungen einzelne Aminosäuren zerstört werden, wie z. B. *Tryptophan* und *Threonin*. Bei der sauren Hydrolyse tritt keine Racemisierung der Aminosäuren ein.

2. Alkalische Hydrolyse

Die alkalische Hydrolyse wird unter längerem Kochen in konzentrierter Natron- oder Barytlauge durchgeführt. Neben einer Zerstörung einzelner Aminosäuren (*Cystein*, *Arginin*) treten bei alkalischer Hydrolyse Racemisierungen auf. Aus diesen Gründen verliert die alkalische Peptidhydrolyse gegenüber der sauren immer mehr an Bedeutung.

3. Enzymatische Hydrolyse

Diese ist die schonendste Methode überhaupt. Mittels Enzyme unterschiedlicher Angriffspunkte ist es möglich, die Polypeptidkette von den beiden Enden (*Exopeptidasen*) oder von ihrem Inneren her (*Endopeptidasen*) hydrolytisch zu spalten. Zu den Exopeptidasen gehören die *Carboxypeptidase*, welche diejenige endständige Aminosäure hydrolytisch abspaltet, die eine freie Carboxylgruppe trägt (C-terminales Ende), und die *Aminopeptidase*, die die am anderen Ende der Peptidkette stehende Aminosäure mit der freien Aminogruppe abspaltet (N-terminales Ende). Zu den Endopeptidasen gehören die *Proteinasen*.

Durch Kombination der sauren und enzymatischen Hydrolyse der Peptide ist es möglich, ihre Aminosäurezusammensetzung und die Sequenz, d. h. die Reihenfolge der Aminosäuren in der Peptidkette, zu ermitteln (Näheres s. S. 44ff).

2.5.1. *Nomenklatur der Peptide*

Es hat sich eingebürgert, die einzelnen Aminosäuren, die ein Peptid aufbauen, mit Kurzbezeichnungen zu charakterisieren. Danach bezeichnet man Glycin mit Gly, Valin mit Val, Arginin mit Arg, Säureamide mit $-NH_2$ (z. B. Glutamin mit Glu–NH_2), Disulfidbrücken mit –S–S. Das Aminogruppenende eines Peptids (N-terminales Ende) wird mit -H, das Carboxylgruppenende (C-terminales Ende) mit –OH gekennzeichnet. Da die Proteine ausschließlich L-Aminosäuren tragen, wird dies nicht ausdrücklich zur Kennzeichnung benutzt. Bei D-aminosäuretragenden Oligopeptiden (z. B. Phalloidin und gewisse Antibiotika) wird vor die Kurzbezeichnung der jeweiligen Aminosäure ein D gesetzt.

Der die Aminosäurezusammensetzung eines Peptides berücksichtigende Name wird aus den einzelnen Aminosäuren gebildet. Diejenigen Aminosäuren, deren Carboxylgruppe an der Peptidbindung beteiligt ist, erhalten die Endung -yl, z. B. Valyl-serin (H-Val-Ser-OH); Glycylleucyl-alanin (H-Gly-Leu-Ala-OH). Mitunter wird auch eine Peptidbindung durch einen Pfeil angegeben. Die Pfeilrichtung geht von der CO- zur NH-Gruppe.

2.5.2. *Biologisch wichtige Peptide*

2.5.2.1. *Glutathion* (γ-Glutamyl-cysteinyl-glycin)

Dieses Peptid ist durch seine relativ hohe Konzentration in den Zellen und durch spezifische Funktionen ausgezeichnet. Seine biologische Bedeutung liegt möglicherweise darin, daß es intrazellulär als *Redoxsystem* wirkt.

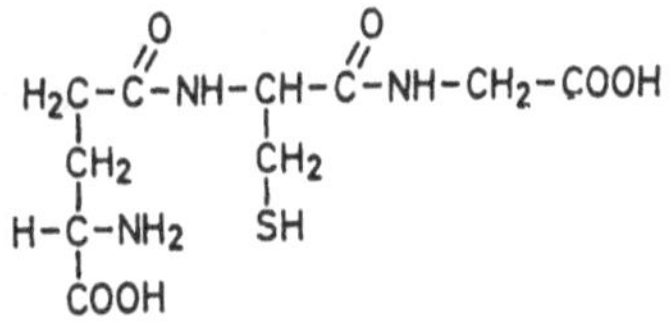

Glutathion

Der Quotient „reduziertes Glutathion/oxydiertes Glutathion" scheint für Regulations- und Kontrollvorgänge im intermediären Stoffwechsel bedeutsam zu sein. Glutathion ist auch Coenzym der *Glyoxalase*. Eine Besonderheit im Aufbau des Glutathions besteht darin, daß die γ-Carboxylgruppe der Glutaminsäure an der Peptidbindung beteiligt ist.

2.5.2.2. *Carnosin und Anserin*

Charakteristisch für die Struktur der beiden Peptide ist der Gehalt an *β-Alanin*. Über die biologische Funktion beider Peptide ist gegenwärtig noch nichts Sicheres bekannt. Das Carnosin findet man in der Muskulatur von Säugetieren, während das Anserin in der Muskulatur von Vögeln und Fischen anzutreffen ist.

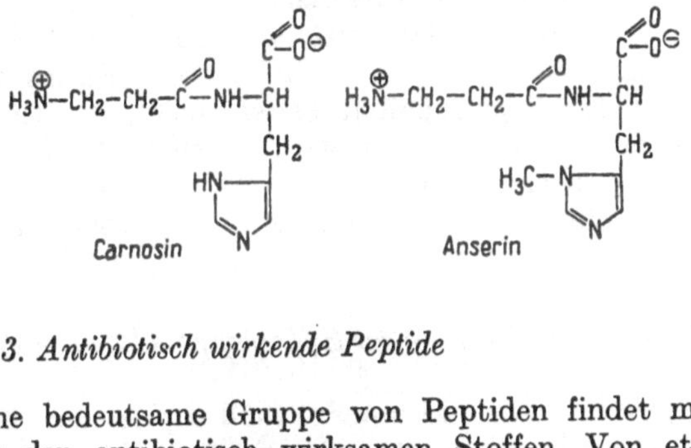

Carnosin Anserin

2.5.2.3. *Antibiotisch wirkende Peptide*

Eine bedeutsame Gruppe von Peptiden findet man unter den antibiotisch wirksamen Stoffen. Von etwa 800 bisher bekannten Antibiotika tragen rund 100 Peptidcharakter. Das erste bekannt gewordene Antibiotikum, *Penicillin*, kann man auch als ein Peptid ansehen. Es enthält *Cystein* und *D-Valin*.

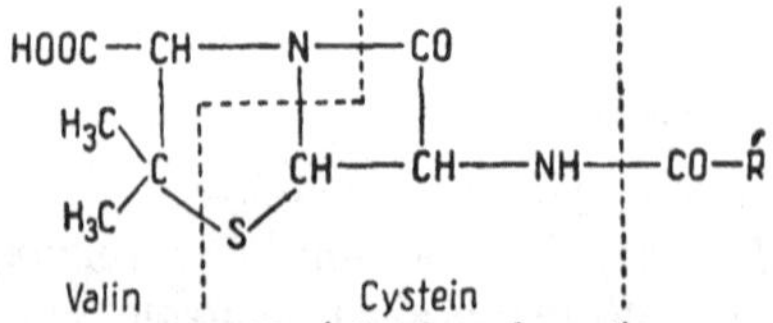

Penicillin *(allgemeine Formel)*

Ein weiteres bedeutsames Antibiotikum mit Peptidcharakter ist das *Gramicidin S*, welches aus einem *Bacillus brevis*-Stamm isoliert wurde.

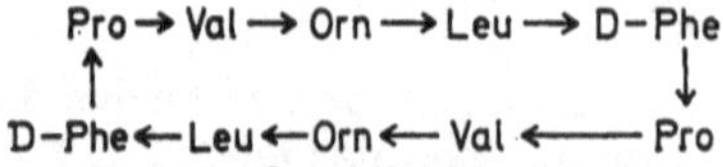

Gramicidin S

Das Gramicidin S ist ein Decapeptid (10 Aminosäuren). Als Besonderheiten sind die cyclische Natur dieses Peptides und die Anwesenheit von zwei Molekülen *D-Phenylalanin* im Molekül hervorzuheben.

Aus der Kapsel des Milzbrandbacillus wurde ein D-Glutaminsäure-Polypeptid mit Antigen-Eigenschaften isoliert. Die Peptidbindung besteht nicht, wie bei Polypeptiden üblich, zwischen der Aminogruppe und der α-Carboxylgruppe, sondern die einzelnen *Glutaminsäuren* sind jeweils über die γ-COOH-Gruppen verbunden.

2.5.2.4. Peptidhormone der Hypophyse und andere Peptide

Oxytocin und *Vasopressin* werden von der Neurohypophyse freigesetzt. Die biologische Funktion des Oxytocins besteht darin, die Kontraktion des Uterus anzuregen und auf diese Weise das Ende der Gravidität einzuleiten. Es bewirkt außerdem die Auspressung der Milch aus der lactierenden Milchdrüse. Das Vasopressin bewirkt eine Erhöhung des Blutdruckes und eine Hemmung der Wasserausscheidung durch die Nieren (es fördert die Rückresorption des Wassers im Tubulusapparat der Niere).

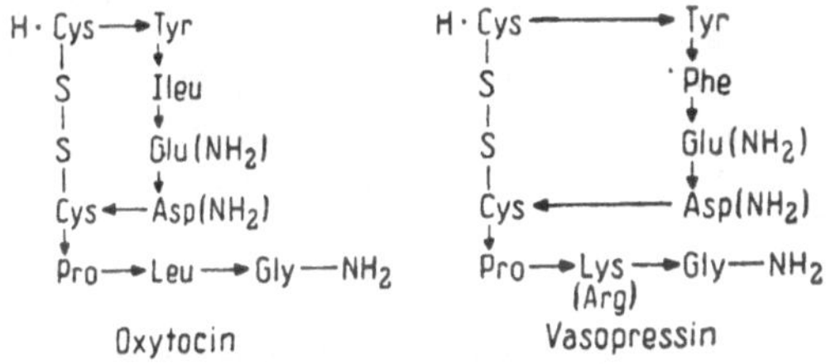

Beide Hormone sind aus 9 Aminosäuren (2 Cys SH = Cys–S–S–Cys, Octapeptid) aufgebaut. Hervorzuheben ist ihr cyclischer Aufbau. In der Struktur des Vasopressins sind *Speziesunterschiede* nachgewiesen worden, die für die Wirkungsweise jedoch ohne Belang sind. So enthält das Rindervasopressin an einer Stelle des Moleküls *Arginin*, während das Vasopressin des Schweines an derselben Stelle *Lysin* trägt.

Für die Vasopressinwirkung ist es von Bedeutung, daß an dieser Stelle eine basische Aminosäure sitzt. Das Oxytocin enthält in dieser Position Leucin.

Peptidhormone des Hypophysenvorderlappens (Adenohypophyse) sind das *Wachstumshormon* und das *adrenocorticotrope Hormon* (ACTH). Letzteres ist aus 39 Aminosäuren aufgebaut. (Wirkung der beiden genannten Hormone im Stoffwechsel s. Teil II).

Der Mittellappen der Hypophyse produziert das *Melanophorenhormon*, welches vor allem bei solchen Tieren wichtig ist, die ihre Färbung der Umgebung anpassen können. Die Aminosäuresequenz in diesem Hormon ist bekannt, sie weist teilweise eine Ähnlichkeit mit dem ACTH auf, obwohl dieses Hormon eine völlig andere biologische Wirkung hat. Es besteht bei Affe, Rind, Pferd und Schwein aus 18, beim Menschen aus 22 Aminosäuren.

Außer derartigen Peptidhormonen gibt es hochaktive Peptide, die in Form inaktiver Vorstufen im Blutplasma vorliegen und erst nach partieller enzymatischer Hydrolyse ihre Wirkung entfalten. Es sind dies das *Bradykinin*, das *Kallidin* und das *Angiotensin*.

Das Bradykinin, welches aus neun Aminosäuren besteht, wird durch proteolytischen Angriff (Kallikrein, Trypsin oder Schlangengiftproteinasen) aus Blutplasmaproteinen freigesetzt.

H–Arg–Pro–Pro–Gly–Phe–Ser–Pro–Phe–Arg–OH

Bradykinin

Kallidin ist ein Dekapeptid mit ähnlichen Eigenschaften. Es hat außer einem zusätzlichen Lysinrest am NH_2-Terminus die gleiche Struktur wie das Bradykinin. Beide Peptide wirken gefäßerweiternd und bringen schon bei 10^{10}facher Verdünnung glatte Muskulatur zur Kontraktion.

Das *Angiotensin* wird aus einem im Blutplasma vorkommenden Globulin, dem Angiotensinogen oder Hypertensinogen, durch ein aus der Niere stammendes proteolytisches Enzym, das Renin, unter Mitwirkung von Trypsin gebildet. Das Angiotensin ist ein Octapeptid und besitzt eine intensive und lang anhaltende blutdrucksteigernde Wirkung. Es spielt eine bedeutende Rolle bei der Entstehung der Hypertonie, z. B. als Folge einer beeinträchtigten Sauerstoffversorgung der Niere und der dadurch verursachten verstärkten Freisetzung von Renin. Durch eine im Blut vorkommende Peptidase, die Angiotensinase, wird das Angiotensin inaktiviert.

Bildung und Abbau des Angiotensins vollziehen sich wie folgt:

```
   1   2   3   4    5   6   7   8   9  10  11  12  13  14
H-Asp-Arg-Val-Tyr-Ileu-His-Pro-Phe-His-Leu-Leu-Val-Tyr-Ser-Globulin
                                          ↑               ↑
Angiotensinogen                         Renin           Trypsin
                        │
                        ↓
   1   2   3   4    5   6   7   8   9  10
H-Asp-Arg-Val-Tyr-Ileu-His-Pro-Phe-His-Leu-OH
                        │
Angiotensin I (inaktiv) │         Spaltung der Peptidbindung zwischen Aminosäureresten 8 und 9
                        │         durch ein „Umwandlungsenzym“
                        ↓
H-Asp-Arg-Val-Tyr-Ileu-His-Pro-Phe-OH + H-His-Leu-OH
                        │
Angiotensin II (aktiv)  │         Angiotensinase
                        │         (Angriffsort nicht bekannt)
                        ↓
              Inaktive Spaltprodukte
```

2.6. *Struktur der Proteine*

Als erster beschäftigte sich EMIL FISCHER mit der Aminosäurezusammensetzung der Polypeptide. Die von ihm ausgearbeiteten Methoden waren die *Hydrolyse* der Proteine, die nachfolgende Veresterung der Aminosäuren mittels alkoholischer Salzsäure und die sich daran anschließende fraktionierte Destillation der Aminosäureester. Trotz der damit erzielten Erfolge weist diese Methode jedoch Mängel auf. Man erhält lediglich 4 bis 5 Fraktionen, auch werden die basischen Aminosäuren auf Grund der Nicht-Flüchtigkeit ihrer Äthylester nicht mit erfaßt.

Heute werden die verschiedensten chromatographischen Methoden zur Trennung der Aminosäuren benutzt. Vor allem finden hierbei *Papierchromatographie* und *Ionenaustauschchromatographie* große Anwendung. Mit Hilfe dieser Methoden war es mittels *saurer* und *enzymatischer* Hydrolyse möglich, die Aminosäuren einer Vielzahl von Eiweißkörpern zu trennen und sie quantitativ zu bestimmen. Mit der Kenntnis der Aminosäurezusammensetzung eines Proteins wurde eine wichtige Voraussetzung der viel schwierigeren und zeitraubenderen Arbeit der vollständigen *Sequenzanalyse* eines Polypeptides oder Proteins geschaffen. Heute stehen verschiedene Methoden zur Sequenzanalyse eines Eiweißes zur Verfügung.

2.6.1. *Methoden der Sequenzanalyse*

2.6.1.1. *Endgruppenbestimmung*

Diese wird bei Peptiden oder Proteinen vor oder nach erfolgter partieller Spaltung in Oligopeptide durchgeführt. Die Aminosäure am N-terminalen Ende mit freier NH_2-Gruppe kann spezifisch mittels *Aminopeptidase* abgespalten (am C-terminalen Ende mit *Carboxypeptidase*)

Tabelle 3:
Aminosäurezusammensetzung von Eiweißen (Mole Aminosäuren/100000 g Protein) (nach TRISTRAM und SMITH)

	Rinderinsulin	Cytochrom C (Pferdeherz)	Serumalbumin (Mensch)	Rinderglucagon	Histon	Collagen
Glycin	70,5	90,1	21,3	27,7	67,6	330,4
Alanin	44,8	43,0	–	30,1	108,8	128,0
Serin	53,0	0	35,2	110,5	46,9	42,2
Threonin	17,3	72,7	42,0	83,4	46,0	24,1
Prolin	16,7	24,0	44,3	0	40,2	122,7
Hydroxyprolin	0	0	0	0	0	73,9
Valin	71,0	17,3	65,8	27,5	49,5	17,3
Isoleucin	10,0	42,1	13,0	0	35,0	18,8
Leucin	101,0	43,0	90,8	56,6	62,4	19,1
Phenylalanin	49,8	26,4	47,3	57,1	16,9	14,8
Tyrosin	66,0	31,4	25,7	58,6	20,4	9,5
Tryptophan	0	8,3	0,9	28,0	0	0
Cystin/2	52,0	–	46,5	0	0	1,8
Cystein	0	18,2	5,8	0	0	0
Methionin	0	–	8,6	25,3	7,6	13,8
Asparaginsäure	53,0	58,7	78,2	115,8	38,5	46,1
Glutaminsäure	115,8	89,3	11,8	84,4	66,0	82,1
Arginin	16,3	14,9	35,3	54,7	66,7	51,8
Histidin	34,5	21,5	22,6	24,5	16,0	4,5
Lysin	14,5	147,1	84,2	27,8	118,8	24,6
Gesamt	786,2	748,0	780,0	812,1	807,3	1042,7

und nachgewiesen werden. Aus der Kinetik der Freisetzung der Aminosäuren aus einem Peptid mit Hilfe der Aminopeptidase können Informationen über die Aminosäuresequenz in der Nähe des Aminogruppenendes erhalten werden. Mit Hilfe der Leucinaminopeptidase ist es möglich, endständiges Leucin hochspezifisch zu identifizieren. Eine klassisch gewordene chemische Methode besteht darin, daß die Aminosäure mit freier NH_2-Gruppe mit *1-Fluor-2,4-dinitrobenzol* reagiert (SANGER).

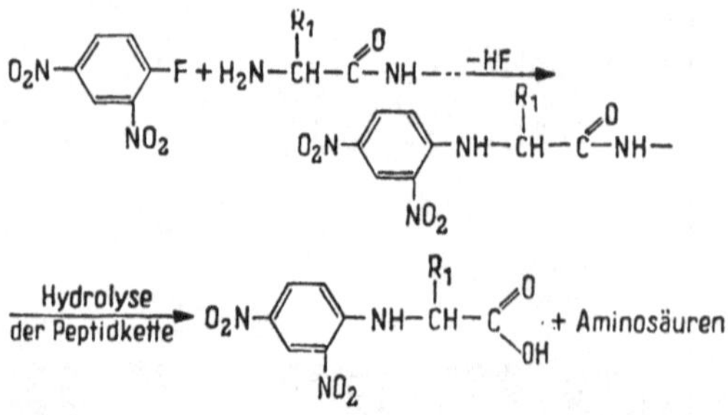

Auf diese Weise entsteht das Dinitrophenyl-Derivat der Aminosäure am NH_2-Ende des Peptides. Nach erfolgter saurer oder enzymatischer Hydrolyse der Peptidbindungen läßt sich die substituierte Aminosäure leicht von den anderen Aminosäuren unterscheiden (gelbe Farbe) und chromatographisch isolieren. Auch die ε-Aminogruppe des Lysins reagiert mit diesem Reagenz (s. auch S. 33).

Neben diesem Verfahren gibt es den schrittweisen Abbau der Peptidkette vom NH_2-Ende her nach EDMAN: Hierbei werden das Protein oder das Peptid mit *Phenylisothiocyanat* umgesetzt und ein Phenylthiocarbamylpeptid gebildet. Dieses wird durch wasserfreie HCl in Nitromethan gespalten und in das *Phenylthiohydantoin* der N-terminalen Aminosäure übergeführt (s. S. 33). Es ist in organischen Lösungsmitteln löslich, während der Rest des Peptids unlöslich ist. Mit diesem kann der

Prozeß wiederholt werden. EDMAN hat für diese Reaktionsfolge eine automatisch arbeitende Apparatur konstruiert (Proteinsequenator) mit dessen Hilfe es innerhalb relativ kurzer Zeit möglich ist, die Aminosäuresequenz eines Polypeptids vom NH_2-Ende her aufzuklären.

Neben der Carboxypeptidasemethode, die zur Erkennung des COOH-Endes dient, wird als chemische Methode die Reduktion dieser Gruppe zum Carbinol ($-CH_2OH$) mit Lithiumborhydrid ($LiBH_4$) angewendet. Das reduzierte Eiweiß wird danach hydrolysiert und der Aminoalkohol mittels Chromatographie identifiziert.

Die Methode nach AKABORI nutzt die Fähigkeit des Hydrazins aus, solche Aminosäuren, die an Peptidbindungen beteiligt sind, in Acylhydrazine umzuwandeln. Die C-terminale Aminosäure bleibt dabei frei und kann chromatographisch identifiziert werden.

2.6.1.2. Hydrolyse

Mittels partieller *Säure-* und *enzymatischer Hydrolyse* wird das Polypeptid in eine Reihe von kleineren Bruchstücken zerlegt, die mit chromatographischen Methoden voneinander getrennt werden. So erhält man beispielsweise bei Einwirkung von Trypsin (Abb. 2) auf eine Polypeptidkette eine Anzahl von definierten Peptiden, die als endständige *Aminosäuren* diejenigen tragen, deren *Peptidbindung* durch das Trypsin gespalten werden. Spaltet man die gleiche Polypeptidkette mit einer anderen *Endopeptidase*, z. B. Chymotrypsin, werden andere Peptide erhalten, deren endständige Aminosäuren durch die Angriffspunkte des Chymotrypsins an der Polypeptidkette gekennzeichnet sind. Die endständigen Aminosäuren der aufgetrennten Peptide können nach den oben beschriebenen Methoden bestimmt werden. Die Rekombination der durch unterschiedliche Spaltungsmethoden gewonnenen Peptide, deren Endgruppen und Aminosäurezusammensetzung bekannt sind, ermöglicht es, die Reihenfolge der Aminosäuren in der Polypeptidkette festzulegen. Das

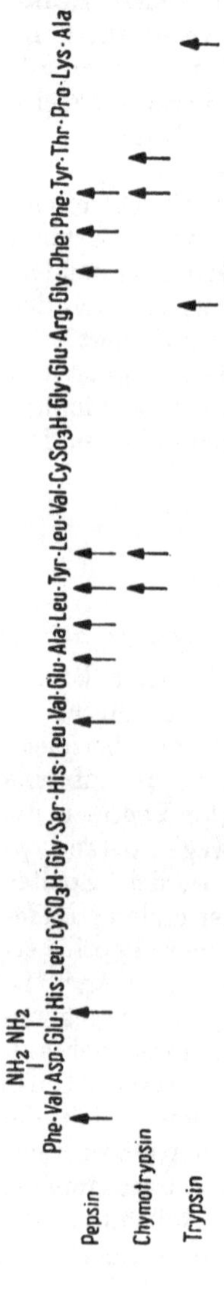

Abb. 2: Angriffspunkt proteolytischer Enzyme innerhalb einer Polypeptidkette (B-Kette des Insulins)

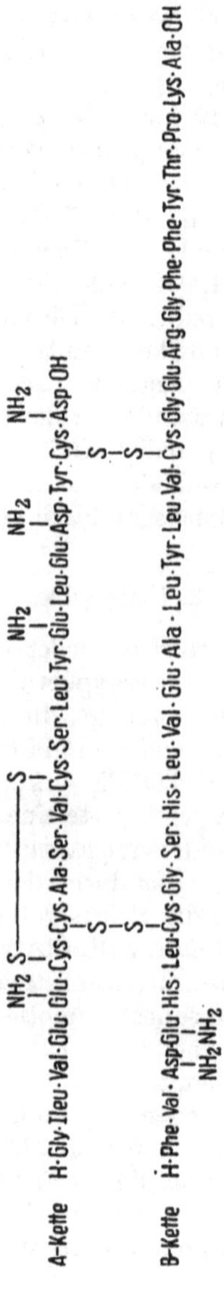

Abb. 3: Primärstruktur des Insulins

erste Polypeptid, dessen Aminosäuresequenz auf diese Weise aufgeklärt wurde, war das Insulin (SANGER). Ihm folgten Ribonuclease, Lysozym, Cytochrom c, Hämoglobin, Chymotrypsin (246 Aminosäuren!), Trypsinogen, Myoglobin und das Hüllprotein des Tabak-Mosaik-Virus.

2.6.2. *Strukturebenen der Polypeptide und Proteine*

Als zweckmäßig hat sich erwiesen, gewisse Prinzipien für die Unterteilung der Proteinstruktur einzuführen. Man unterscheidet gewöhnlich *Primär-*, *Sekundär-*, *Tertiär- und Quartär-Struktur*. Durch diese verschiedenen Strukturebenen wird die Komplexheit eines Eiweißmoleküls zum Ausdruck gebracht. Die Untersuchung jedes einzelnen dieser Niveaus ist an bestimmte Methoden gebunden. Es sei jedoch vermerkt, daß diese Einteilung einer gewissen Konvention nicht entbehrt. Tatsächlich gibt es zwischen ihnen zahlreiche Übergänge und innige Beziehungen.

2.6.2.1. *Primärstruktur*

Die *Primärstruktur* der Proteine wird durch die Sequenz der sie aufbauenden Aminosäuren festgelegt. Hier sei die Primärstruktur einiger Polypeptide und Proteine besprochen. (Siehe nebenstehend Abb. 3)

Das Hormon der β-Zellen des Pankreas, das *Insulin*, stellt ein Molekül-Aggregat dar, welches aus Einzelmolekülen aufgebaut ist. Das Molgewicht der kleinsten Einheit des Insulins, deren Bestandteile durch Hauptvalenzbindungen zusammengehalten werden, beträgt etwa 6000. Durch Zusammenlagerung mehrerer derartiger Einheiten, die zum Teil über Zn^{++}-Ionen verbunden sind, entstehen Molekülaggregate mit Molgewichten von 36000 oder 48000. Die 6000-Einheit des Insulins besteht aus

51 Aminosäureresten. Diese sind auf zwei Ketten verteilt, die durch zwei *Disulfidbrücken* zwischen je zwei *Cysteinresten* zusammengehalten werden. Die A-Kette enthält 21 Aminosäuren, die B-Kette 30 Aminosäuren. Wie das Strukturbild zeigt, sind in der A-Kette zwei weitere Cysteinreste durch eine Disulfidbindung miteinander verbunden („Disulfidspange").

In der Primärstruktur der Insulinmoleküle verschiedener Herkunft wurden Unterschiede in den Positionen 8, 9 und 10 der A-Kette gefunden:

Rinderinsulin	... Ala-Ser-Val ...
Schweineinsulin	... Thr-Ser-Ileu ...
Schafinsulin	... Ala-Gly-Val ...

Die Struktur des Insulins konnte in neuester Zeit durch seine de-novo-Synthese aus den Aminosäuren bewiesen werden.

Die *Ribonuclease* besteht aus einer Polypeptidkette mit 124 Aminosäureresten und 4 Disulfidbrücken. Sie hat ein Molgewicht von 13700.

Das *Cytochrom c* enthält 104 Aminosäurereste und hat ein Molgewicht von etwa 13000. Pro Molekül ist ein Porphyrinmolekül mit einem zentralen Eisenion (2wertig oder 3wertig) gebunden. Das Porphyrinskelett wird über Seitenketten (Vinylgruppen) mittels Hauptvalenzen an Cysteinreste der Polypeptidkette gebunden. Außerdem besteht eine Nebenvalenzbindung, ähnlich wie beim Hämoglobin, zwischen dem Eisenion- und den Histidinresten der Polypeptidkette. Hervorgehoben sei, daß am N-terminalen Ende keine freie Aminogruppe steht (Glykokoll), sondern daß diese in acetylierter Form vorliegt.

Myoglobin, das sauerstoffbindende Eiweiß des Muskels, ist aus 153 Aminosäuren aufgebaut. Es besteht nur aus einer einzelnen Polypeptidkette, die eine Hämgruppe trägt.

Das biologisch hochwichtige *Hämoglobin* (Molgewicht 64500) besteht aus 4 Polypeptidketten, von denen je zwei gleich sind (α-, β-Ketten usw.). Das Hämoglobin

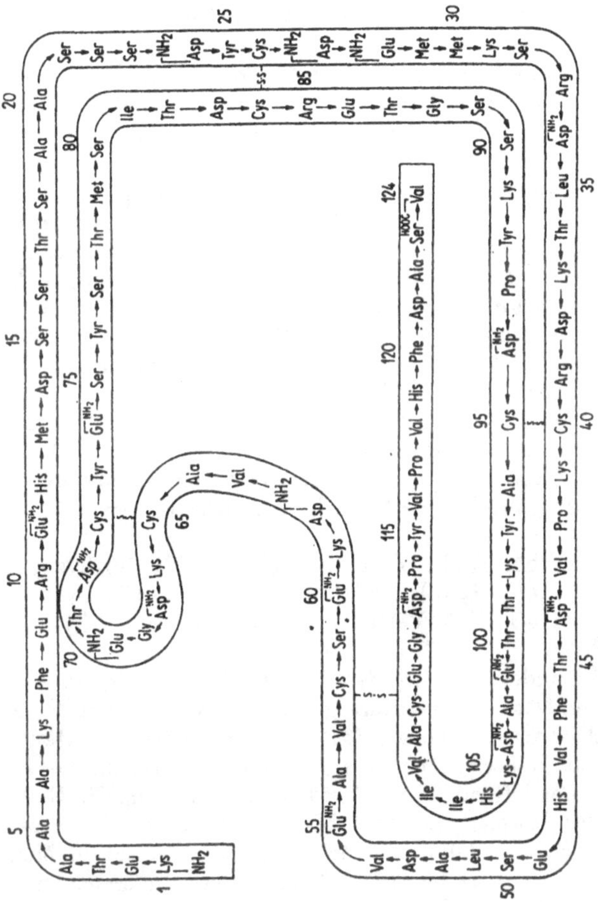

Abb. 4: Primärstruktur der Ribonuklease

des erwachsenen Menschen (Hb A) besitzt die allgemeine Formel $\alpha_2\beta_2$. Außer dem *Hämoglobin A* gibt es ein *fötales Hämoglobin* (Hb. F) mit der Formel $\alpha_2\gamma_2$, das postnatal durch Hb A ersetzt wird. Im erwachsenen Menschen kommt zu etwa 2% noch Hb A_2 vor (Formel $\alpha_2\delta_2$) und in der frühen Embryonalzeit findet man ein

Hämoglobin mit ε-Ketten. Die α-Kette enthält 141 Aminosäurereste und die β-, γ- und δ-Ketten je 146 (die ε-Struktur ist noch unbekannt). Trotz charakteristischer Unterschiede in der Aminosäurefolge dieser Ketten gibt es kürzere oder längere Abschnitte mit übereinstimmenden Sequenzen.

Neben den normal vorkommenden Hämoglobintypen gibt es anomale, wie die Typen HbS, HbD, HbC, HbE. Diese unterscheiden sich in der Aminosäuresequenz der β-Kette. Das HbS oder *Sichelzellenhämoglobin*, z. B. unterscheidet sich vom HbA dadurch, daß es im reduzierten Zustand schwerer löslich als HbA ist (Auskristallisation des HbS und Sichelzellbildung). Die jeweiligen isoelektrischen Punkte unterscheiden sich um 0,3 pH-Einheiten (IP des HbA 6,8; IP des HbS 7,1). Die Sequenzanalyse ergab, daß nur in der β-Kette dieser beiden Hämoglobintypen ein *einziger* Glutaminsäurerest des HbA gegen einen Valin-Rest im HbS ausgetauscht ist.

HbA H_2N · Val-His-Leu-Thr-Pro-*Glu*-Glu-Lys ...
HbS H_2N · Val-His-Leu-Thr-Pro-*Val*-Glu-Lys ...
HbC H_2N · Val-His-Leu-Thr-Pro-*Lys*-Glu-Lys .....

Veränderungen in der β-Kette äußern sich im Austausch einer Aminosäure gegen eine andere. Bei der α-Kette wurden mangelhafte Synthesen beobachtet. Hämoglobin H besteht nur aus β-Ketten, hat also die Formel β_4. Das Hämoglobin Bart's (beobachtet im Bartholomews Hospital London) hat die Formel γ_4. Diese beiden Hämoglobine sind bei einem und demselben Menschen in verschiedenen Lebensaltern gefunden worden. Da im Verlauf seines ganzen Lebens ein α-Kettenmangel bestand, besaß er als Säugling das Hämoglobin Bart's und als Erwachsener Hämoglobin H. Tetramere Hämoglobine ohne α-Ketten bilden leicht Methämoglobin. β_4 und γ_4 zeigen merkwürdigerweise keinen Bohr-Effekt und keine Kooperativität in der Sauerstoffbindungskurve (s. S. 81ff).

2.6.2.1.1. *Struktur der Immunoglobuline*

Die Immunoglobuline des Blutplasmas findet man in der γ-Globulinfraktion. Sie fungieren im Organismus als Antikörper, die die Fähigkeit haben, sich mit den homologen Antigenen (s. Teil III) zu verbinden und diese dadurch zu neutralisieren. Spezifische Antikörper werden vom Organismus dann gebildet, wenn ein entsprechendes Antigen in diesen gelangt. Bildungsort der Antikörper sind die Plasmazellen. Die Antigene sind in der Lage, die Plasmazellen zur Synthese entsprechender Antikörper anzuregen. Beim Menschen gibt es verschiedene Antikörperklassen, nämlich die Immunoglobuline IgG, IgA und IgM. Außer diesen kennt man noch die Klassen IgD und IgE. Innerhalb dieser fünf Klassen lassen sich Subklassen unterscheiden. Diese Unterteilungen beruhen auf unterschiedlichen Aminosäurezusammensetzungen in den schweren Ketten (s. u.). Bei einer Geschwulst der Plasmazellen, dem Plasmozytom (multiples Myelom) kommt es zu einer Erhöhung bestimmter Immunoglobuline. Besonders typisch ist dann im Blutplasma die

Tabelle 4:
Zusammensetzung und Eigenschaften der Immunoglobuline

Fraktion	pathologisches Gegenstück	Svedberg-Einheiten	Mol-Gewicht	Zusammensetzung
IgG	7 s Myelom-Globulin	6,6	150000	$\gamma_2 \lambda_2$; $\gamma_2 \varkappa_2$
IgA	β_{2A}, Myelomglobulin	7, 10, 14	180000 oder ein Mehrfaches	$\alpha_2 \lambda_2$; $\alpha_2 \varkappa_2$
IgM	Waldenström-Makroglobulin	19	900000	$(\mu_2 \lambda_2)_5$; $(\mu_2 \varkappa_2)_5$

IgG- und IgM-Fraktion (Makroglobulinämie). Im Harn wird dabei in beträchtlichen Mengen ein niedrigmolekulares Eiweiß mit eigenartigen Löslichkeitseigenschaften ausgeschieden (Bence-Jones-Protein).

Die Tabelle 4 zeigt, daß die Immunoglobuline aus je zwei verschiedenen Kettenarten bestehen. In allen findet man die niedrigmolekularen λ- bzw. $\varkappa$-Ketten.

Der zweite Kettentyp der Immunoglobuline hat ein Molekulargewicht von etwa 55000. Die Antikörper bestehen also je aus zwei „leichten" (light, L-) und zwei schweren (heavy-, H-) Ketten. Für das IgM-Molekül wurde ein Molgewicht für die H-Kette von 66000 festgestellt. Das Teilchen mit einem Molgewicht von 900000 ist sehr wahrscheinlich aus fünf 180000-Einheiten aufgebaut. Die Zusammenfügung der beiden Kettentypen zu einem Immunglobulinmolekül ist für das IgG in der Abbildung 5 dargestellt.

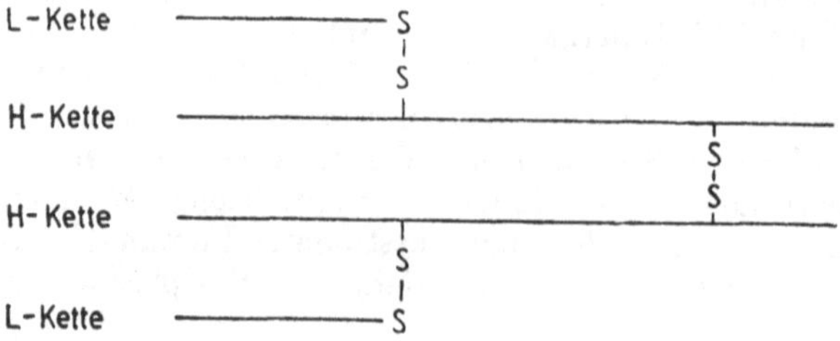

Abb. 5: Polypeptidstruktur des Immunoglobulins (nach PORTER)

Nicht nur die L-Ketten der IgG-Globuline bestehen aus zwei Typen, auch die schweren γ-Ketten weisen, wie bereits oben erwähnt, beim gesunden Menschen Subklassen auf, die als γ_1, γ_2, γ_3 und γ_4 bezeichnet werden. Das IgG-Protein von Myelom-Kranken ist demgegenüber jeweils homogen und gehört einer Subklasse an. Dies wird als ein Zeichen dafür gewertet, daß die Myelomproteine Produkte einzelner Zellklone sind. Diese haben dann jeweils auch eine spezifische Aminosäuresequenz.

Alles spricht dafür, daß die Bence-Jones-Proteine und die L-Ketten der Immunoglobuline identisch sind. Da Bence-Jones-Proteine bei 50% aller Plasmozytom-Kranken in großen Mengen ausgeschieden werden, hat man

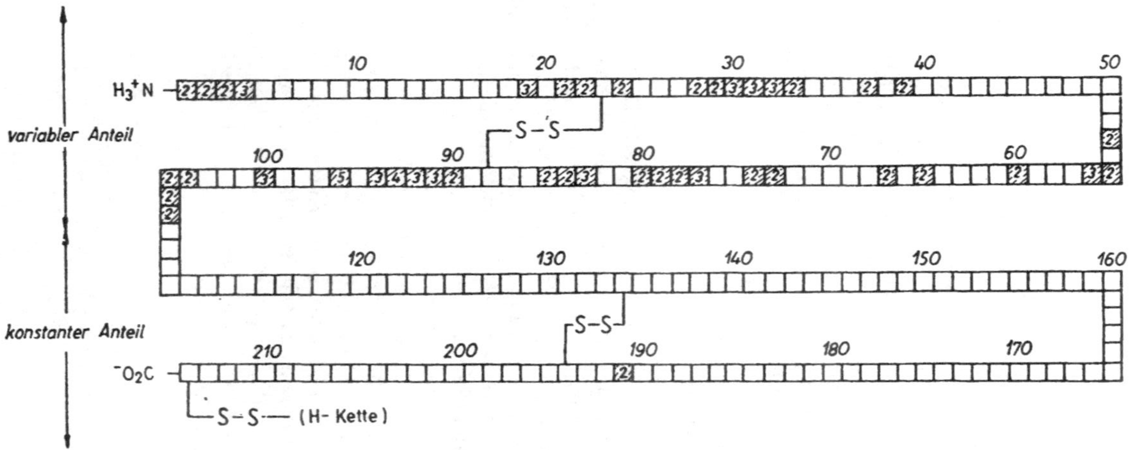

Abb. 6: Polypeptidkette von menschlichem BENCE-JONES-Protein (κ-Typ). Es ist der veränderliche und konstante Anteil des Proteins wieder gegeben. Weiße Quadrate: Positionen, die keine Veränderungen aufweisen; gestrichelte Quadrate: Positionen mit veränderlichen Resten; die Zahl in einem solchen Quadrat gibt die gefundene Anzahl der verschiedenen Aminosäurereste in diesen Positionen wieder (nach PORTER)

diese als Ausgangsmaterial zur Aufklärung der Primärstruktur der L-Ketten benutzt. Es ergab sich, daß dabei konstante und variable Anteile in der Primärstruktur unterschieden werden müssen.

Die Kettenlängen sind bei den einzelnen Kappa-Untertypen verschieden (z. B. 214, 221 Aminosäuren). Ein Vergleich dieser Polypeptidketten verschiedener Herkunft zeigt, daß die eine Hälfte des Moleküls, die den N-terminalen Aminosäurerest trägt, eine relativ große Variabilität aufweist, während die andere Hälfte mit dem C-terminalen Aminosäurerest stabil ist und lediglich an der Position 191 einen Aminosäureaustausch zeigen kann. In der Abbildung 6 sind die Ergebnisse der Analyse der Primärstruktur von 20 verschiedenen $\varkappa$-Ketten dargestellt. Die weißen Quadrate geben die konstanten Aminosäurepositionen wieder, die schraffierten Quadrate die variablen Reste. Die Zahl in ihnen gibt die Austauschhäufigkeit in 20 untereinander verglichenen $\varkappa$-Ketten an. Es liegen auch Sequenzanalysen der H-Ketten der Immunoglobuline vor. Auch bei diesen lassen sich konstante und variable Anteile unterscheiden. Im Hinblick auf die Evolution der Immunoglobuline ist der Gedanke sehr interessant, daß die H-Ketten durch Gen-Duplikation eines primitiven L-Ketten-Gens entstanden sein könnten.

Das Immunoglobulin vermag zwei Antigenmoleküle zu binden. Für die Ausbildung der nötigen Bindungsstellen sind am Antikörper beide Kettentypen erforderlich. Es ist erwiesen, daß je eine H- und eine L-Kette gemeinsam eine Bindungsstelle aufbauen. Ein Antigenmolekül ist hingegen multivalent, es vermag sehr viele Antikörpermoleküle zu binden.

2.6.2.1.2. Gesetzmäßigkeiten der Proteinstruktur und Probleme der Evolution

Bei der Vertiefung der Kenntnisse über die Primärstruktur verschiedener Proteine und der Entdeckung von Spezies-Unterschieden in der Aminosäuresequenz funktionell gleicher Proteinmoleküle, wuchs das Interesse daran, Regelmäßigkeiten im Aufbau der Eiweiße und Zusammenhänge zwischen Phylogenese und Proteinstruktur aufzufinden und verstehen zu lernen.

Von grundlegender Bedeutung sind dabei folgende Gesichtspunkte:

1. Alle bisherigen Arbeiten über die Primärstruktur ergaben, daß bei den einzelnen Aminosäuren keine Selektivität in der Wahl von Peptidbindungen existiert. Es gibt weder auffallende Bevorzugungen noch deutliche Unterdrückungen beim Auftreten von Peptidbindungen zwischen zwei bestimmten Aminosäuren innerhalb von Peptidketten.

Es sind bisher keine Aminosäuren gefunden worden, die überhaupt nicht oder ausschließlich miteinander verbunden auftreten.

2. Es gibt aber deutliche Regelmäßigkeiten in der Verteilung von Aminosäuren entlang der Polypeptidkette bzw. in ihren einzelnen Abschnitten. Auch gibt es Regelmäßigkeiten in den Frequenzen des Auftretens gleicher oder ähnlicher Aminosäuren. Bei der Ribonuclease beispielsweise gibt es auffallende Regelmäßigkeiten in der Aminosäuregruppierung um die acht Cysteinreste.

Asp (NH_2)	-Tyr-*Cys*-Asp (NH_2)	-Glu (NH_2)
Asp	-Arg-*Cys*-Lys	-Pro
Ala	-Val-*Cys*-Ser	-Glu (NH_2)
Val	-Ala-*Cys*-Lys	-Asp (NH_2)
Asp (NH_2)	-Glu(NH_2)-*Cys*-Tyr	-Glu (NH_2)
Thr	-Asp-*Cys*-Arg	-Glu
Asp (NH_2)	-Ala-*Cys*-Tyr	-Lys
Val	-Ala-Cys-Glu	-Gly

In den beiden Positionen rechts vom Cystein gehören von 16 Aminosäureresten sieben zu sauren Aminosäuren und ihrer Säureamide (nach statistischen Überlegungen sollten es nur 3,5 sein). Außerdem sehen wir vier basische Aminosäurereste (theoretisch nur 1,8), 2 Tyrosingruppen (theoretisch 0,8) und von den übrigen Aminosäuren nur 3 Reste (theoretisch 10). Ähnliches gilt auch für die Gruppierungen links vom Cystein.

Wie im Abschnitt 2.6.2.1. erwähnt, ist das Insulin bei den einzelnen Tierarten sehr ähnlich gebaut. Speciesunterschiede sind vor allem in den Aminosäurepositionen 8—10 zu beobachten. Diese entstehen demnach durch Aminosäureaustausch, ohne daß dabei die spezifische Funktion dieses Hormons beeinflußt wird. In der Natur gelten offenbar allgemeingültige *Regelmäßigkeiten* in der *biologischen Austauschbarkeit* von Aminosäuren.

Man unterscheidet *Standardaustauschmöglichkeiten* von einem *Austausch 2. Ordnung*. Glycin findet man häufig ausgetauscht gegen Serin und Alanin, Alanin häufig gegen Glycin und Threonin usw. (Standardaustausch).

Austauschbarkeit von Aminosäuren

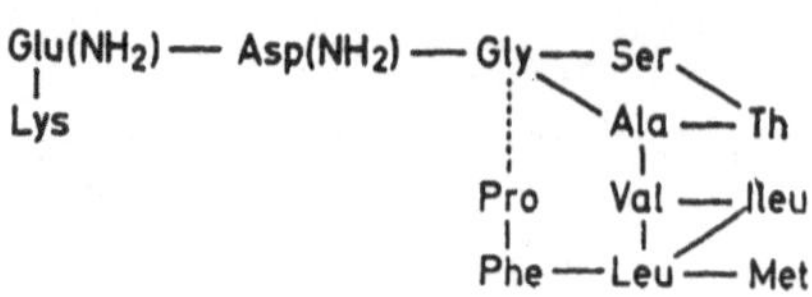

Ein Austausch über zwei Verbindungslinien liegt z. B. beim Alanin gegen Serin und bei der Glutaminsäure gegen Glycin vor (Austausch 2. Ordnung).

Derartige Regelmäßigkeiten im Aminosäureaustausch können bei einer Vielzahl von Eiweißen (Hämoglobine, Chymotrypsinogene, Hormone der Hypophyse usw.) nachgewiesen werden.

2.6.2.1.3. Evolution der Proteine

Für die Entstehung eines hypothetischen „Urproteins" gibt es zwei Möglichkeiten. Dieses könnte eine oder zwei, also nur wenige verschiedene Aminosäuren enthalten, d. h. eine monotone Struktur gehabt haben (s. S. 19). Die heute in der belebten Welt vorkommenden Proteine könnten sich dann aus diesen Urformen durch Differenzierung infolge Aufnahme und Austausch weiterer Aminosäuren herausgebildet haben. Als zweite Möglichkeit ist denkbar, daß die Urformen der heutigen Eiweiße einfache Peptide mit verschiedenem Aufbau waren, die sich im Verlauf der Entwicklung sekundär miteinander verbunden haben könnten. Ein Ineinandergreifen beider Vorgänge ist vorstellbar. Die zweite Möglichkeit drängt sich bei Betrachtung eines Hämopeptides auf, das man aus der Alge *Chromatium* isolieren konnte (27 Aminosäurereste): Phe-Ala-Gly-Lys-Cys-Ser-Glu-Cys-His-Thr-Leu-Val-Ala-Asp-Glu-Gly-Ser-Ala-Lys-Cys-His-Thr-Phe-Asp-Glu-Gly-Ser. (ähnliche bzw. gleiche Sequenzen sind gleichartig unterstrichen). In dieser Stuktur sind Beispiele eines Standardaustausches enthalten.

Die im Verlauf der Evolution an einem homologen Protein eingetretenen Veränderungen sind einer quantitativen Erfassung zugänglich. Als *Variationsschritt* bezeichnet man eine Veränderung, die einen Aminosäurerest betrifft, als *Variationskoeffizient* das Verhältnis der Zahl der im Verlauf der Entwicklung veränderten Reste des Proteinmoleküls zur Zahl der nicht veränderten.

Ein Vergleich homologer Proteine bei verschiedenen Tierarten (Fische, Amphibien, Reptilien und Säugetiere) zeigt, daß Teile ihrer Primärstruktur im Verlauf der Evolution konstant geblieben sind und andere sich verändert haben. Die beibehaltenen Anteile der Struktur stehen vermutlich im Zusammenhang mit der biologischen Funktion des Proteins.

Eine der stabilsten Eigenschaften homologer Proteine ist ihre Kettenlänge (die Cytochrom c-Moleküle der Wirbeltiere enthalten alle 104 Aminosäurereste, die dem Oxytocin und Vasopressin homologen Hypophysenhinterlappenhormone der Fische, Amphibien, Vögel und Säugetiere bestehen alle aus neun Aminosäuren).

Das Ausmaß der Übereinstimmung in der Primärstruktur von zwei homologen Proteinen könnte als Kriterium für die Verwandtschaft der Arten dienen. Da mit bestimmten Aminosäuresequenzen die biologische Funktion des Proteins verknüpft ist, kann man nicht erwarten, daß alle Aminosäuren mit gleicher Häufigkeit ausgetauscht werden. Die Zahl der unveränderlichen Reste ist oft größer als die Zahl der veränderlichen.

Besonders intensiv sind das Cytochrom c, die Hämoglobine und die Hypophysenhinterlappenhormone bei verschiedenen Tierarten untersucht worden. Als Beispiel sei das Cytochrom c besprochen.

Bei zwölf Wirbeltierarten wurden von den 104 Aminosäureresten des Cytochrom c eine Gleichheit bei etwa

Tabelle 5:
Substitutionen im Cytochrom c bei verschiedenen Säugetieren

Arten	Ordnungen	Zahl der Substitutionen
Mensch–Affe	Primaten-Primaten	1
Rind–Schwein–Schaf	Paarhufer-Paarhufer	0
Rind–Pferd	Paarhufer-Unpaarhufer	3
Mensch–Rind	Primaten-Huftiere	10
Mensch–Pferd	Primaten-Huftiere	12
Mensch–Hund	Primaten-Raubtiere	10
Mensch–Kaninchen	Primaten-Nagetiere	11

50% des Moleküls gefunden. Diese verteilen sich auf verschiedene Abschnitte der Kette (Formelbild S. 91). Sie kommen in der Übereinstimmung der Besetzung gleicher Positionen durch gleiche Aminosäuren oder durch übereinstimmende Sequenzen entlang der Polypeptidkette zum Ausdruck.

Die Zahl der Substitutionen bei näher oder ferner verwandten Säugetieren geht aus der Tabelle 5 hervor.

Sie sind innerhalb der gleichen Tierordnung gering und steigen an, wenn man Arten verschiedener Ordnungen miteinander vergleicht.

Die Zahl der Substitutionen genügt allerdings nicht zur Kennzeichnung der Verwandtschaftsbeziehungen zwischen den verschiedenen Wirbeltierarten.

1 10 17 20
Gly---Gly---Phe---Cys · His · Thr · Val
Häm

21 30 NH_2 40
Glu–Gly · Gly–His · Lys–Gly · Pro · Asp · Leu–Gly--Gly · Arg--

41 NH_2 50 NH_2 60
Gly · Glu · Ala–Gly--Tyr--Ala · Arg--Lys---Try--

61 NH_2 80
-----Glu · Tyr · Leu–Asp · Pro · Lys · Lys · Tyr · Ileu · Pro · Gly · Thr · Lys · Met

81 100
---Gly--Lys---Arg–Asp · Leu--Tyr · Leu–Lys

101 104

Das Cytochrom c des Thunfisches unterscheidet sich von dem der Säugetiere nur durch 17 bis 21 Substitutionen. Die Cytochrome des Menschen und des Pferdes unterscheiden sich durch 12 Substitutionen. Es ist anzunehmen, daß bei der Höherentwicklung der Fische mehrere Substitutionen an gleichen Positionen nach dem Prinzip des Standardaustausches und des Austausches zweiter Ordnung eingetreten sind. Aus diesem Grund stellt die beobachtete Zahl der Substitution nur ein Minimum der tatsächlich eingetretenen dar.

Sie ist für das Herausfinden verwandtschaftlicher Zusammenhänge zwischen verschiedenen Tierarten nur von geringer Bedeutung.

2.6.2.2. *Sekundärstruktur*

Als Sekundärstruktur bezeichnet man die Konfiguration der Polypeptidkette. Sie entsteht durch das Auftreten von Wasserstoffbindungen zwischen den NH- und CO-Gruppen der Peptidbindungen (–N ... H ... O = C<; s. Abb. 7). Nach PAULING bilden die Polypeptidketten eine Spirale; man spricht von einer „Helix". Die am meisten vorkommende und sehr stabile Helixform wird als α-Helix bezeichnet (Abb. 7 und 8). Sie ist vorwiegend eine Schraube mit Linksgewinde, die pro Windung 3,6 Aminosäuren enthält. Man denkt sich dabei die Polypeptidkette um einen „Zylinder" gewickelt, so daß sich von Windung zu Windung (Abstand 5,44 Å,; „Identitätsperiode") die CO- und NH-Gruppen in einem passenden Abstand gegenüberstehen. Die Peptidbindungen sind in einer Ebene angeordnet.

Die CH-Gruppen stehen an den Kanten dieser Ebenen. Radial davon befinden sich die Seitenketten der einzelnen Aminosäuren. Die Ebenen stoßen in einem Winkel von 80° aufeinander. Nach PAULING können in einer Polypeptidkette je nach der Art der sie aufbauenden Aminosäuren verschiedene Helixtypen nacheinander vorkommen. So enthalten die Proteine *Insulin*, *Hämoglobin* und *Ribonuclease* über gewisse Strecken ihres Moleküls α-Helixkonfigurationen, die zu anderen Helixtypen hinüberwechseln können. Die Helixanteile in einzelnen Proteinen sind:

Ribonuklease 17%, Pepsin 28%, Rinderserumalbumin 50%, α- und β-Ketten des Hämoglobins je 75%, Myo-

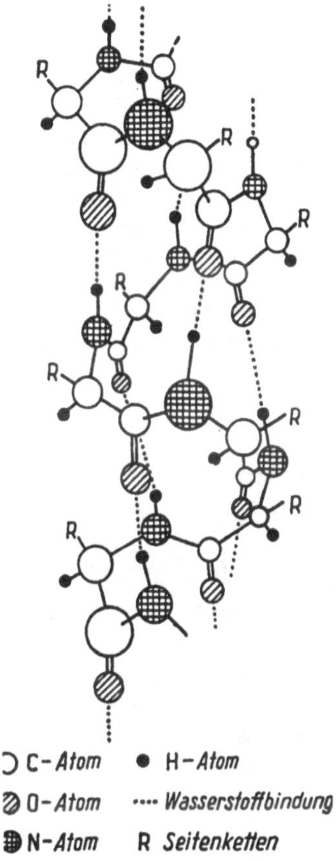

Abb. 7: α-Helix (nach PAULING)

globin 75%. Dieser Wert ist von der Aminosäurezusammensetzung abhängig. Es ist lange bekannt, daß Prolin die α-Helixstruktur stört und deshalb mit ihr unvereinbar ist. Andere „nichthelixbildende" Aminosäuren sind Valin, Isoleucin, Serin, Threonin und Cystein. Obwohl diese Klassifizierung auf den Eigenschaften entsprechender Polyaminosäuren beruht, ist es sehr wahrscheinlich, daß dies auch für gemischte Polymere, wie es die natürlichen Proteine sind, zutrifft.

Die α-Helix wird in den Proteinen durch Wasserstoffbindungen stabilisiert. Diese verbinden die elektronegativen O- und N-Atome der verschiedenen Peptidbindungen untereinander. Die Wasserstoffbindungen verlaufen parallel der Längsachse der Helix. Außerdem können, wie in der A-Kette des Insulins, *Disulfidbrücken* von einer Windung zur nächsten ausgebildet sein und dadurch eine zusätzliche Stabilisierung ermöglichen. Fibrilläre Proteine, wie beispielsweise α-Keratin, Myosin, Elastin weisen α-Helixstruktur häufig in sehr reiner Form auf.

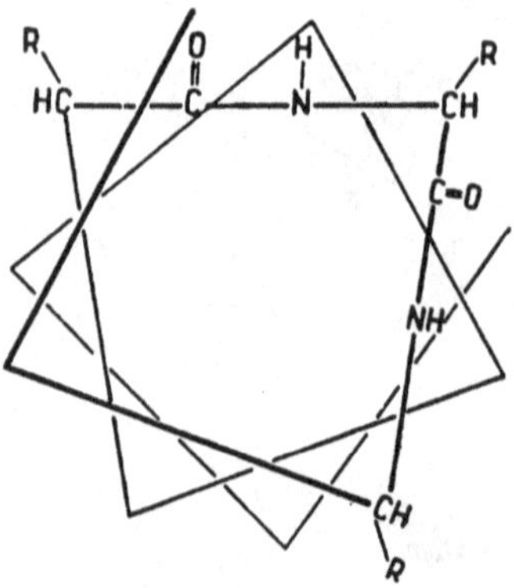

Abb. 8: Aufsicht auf eine α-Helix

Eingehendere Untersuchungen haben gezeigt, daß Wasserstoffbindungen nicht nur innerhalb einer Kette, sondern auch zwischen verschiedenen Polypeptidketten ausgebildet werden können. Zu dieser Gruppe gehören synthetische Polyamide (Nylon), die Zickzackketten bilden, wobei sich eine Art „Faltblattstruktur“ (Abb. 9) ergibt. Benachbarte Ketten werden durch Wasserstoffbindungen zusammengehalten. Die Ebenen der Peptidbindungen bilden miteinander einen Winkel, der bis zu

90° betragen kann. Diese Struktur findet man bei synthetischem Poly-L-Alanin, sowie im Seidenfibroin (hoher Gehalt an Glycin und Alanin) sowie dem β-Keratin. In dieser Gruppe gibt es keine Helix-Struktur. Diese tritt nur in solchen Polypeptidketten auf, die durch Wasserstoffbindungen innerhalb ein und derselben Kette stabilisiert werden (α-Keratin u. a.). Während man unter den Proteinen mit Helix-Struktur sowohl fibrilläre als auch globuläre findet, ist die Faltblatt-Struktur auf die fibrillären Proteine beschränkt. Die Wasserstoffbindungen verlaufen dabei im Gegensatz zur Helix-Struktur senkrecht zur Längsachse der Polypeptidkette.

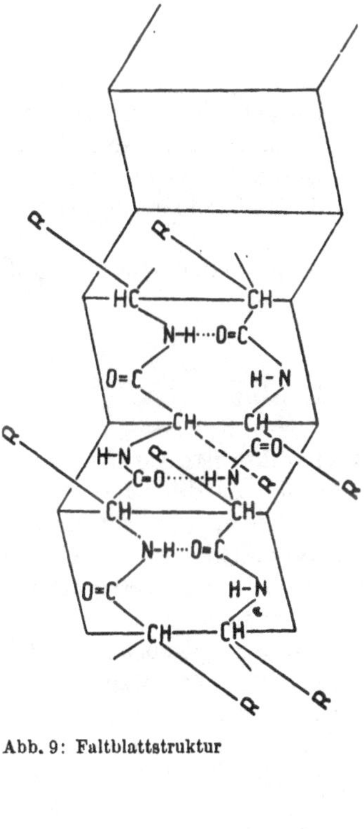

Abb. 9: Faltblattstruktur

2.6.2.2.1. *Methoden zur Untersuchung der Helix-Struktur*

PAULING, COREY und BRANSON entwickelten die Konzeption der α-Helix durch systematische Konstruktion von Modellen, nachdem mittels Röntgeninterferenzmessungen an niedrigmolekularen Peptiden deren Atomabstände und Valenzwinkel genau ermittelt wurden. Sie wurde in großartiger Weise durch die Röntgenstrahl-Beugungsbilder vieler synthetischer Polypeptide bestätigt. Wie PERUTZ fand, läßt sich die α-Helix in fibrillären Proteinen auch ohne eine detaillierte Röntgenstrahlanalyse nachweisen. Es ist nämlich dann eine starke Röntgenstrahlreflexion zu beobachten, wenn sich Aminosäurereste in axialen Abständen von 1,5 Å regelmäßig wiederholen. Andere Helixtypen geben diese Reflexionen nicht. Sie können auf Photoplatten leicht sichtbar gemacht werden. In gelösten Proteinen können Helixstrukturen von nichthelicalen oder statistisch geknäuelten Strukturen durch Infrarot- und Ultraviolett-Spektroskopie sowie durch Messung der optischen Rotationsdispersion und des Circulardichroismus unterschieden werden.

Die Grundlagen dieser Methoden seien im Folgenden kurz erörtert.

2.6.2.2.1.1. *Infrarot-Spektroskopie*

Polypeptide geben charakteristische *Infrarot-Absorptions-Spektren.* Dabei ist sowohl die Lage, als auch die Zahl der Banden, von der Sekundärstruktur der Polypeptidkette abhängig. Besonders charakteristisch sind dabei Absorptionsbanden bei den Wellenzahlen 3290, 1650 und 1535 cm^{-1}. Sie werden in dieser Reihenfolge von folgenden Atomgruppen gegeben: N–H, C=O (beides Spreiz- und Torsionsschwingungen) und die Deformationsschwingungen der N–H-Gruppe. Die beiden letzteren Banden werden als *Amid I- und Amid-II-*

Banden bezeichnet. Diese Gruppenfrequenzen ändern sich in charakteristischer Weise in Abhängigkeit von der Konfiguration der Polypeptidkette. Die Änderungen hängen davon ab, ob die Polypeptidkette als statistisches Knäuel, in Form der α-Helix oder in der Faltblattstruktur vorliegt. Diese Änderungen sind vorzugsweise auf unterschiedliche Anordnungen der Wasserstoffbindungen im Molekül zurückzuführen. Im geordneten Zustand hat als Folge der Wechselwirkungen zwischen den Peptidbindungen jede dieser Banden zwei Maxima (s. Tab. 6).

Tabelle 6:
Infrarotabsorption

Zustand	Amid-I-Frequenzen	Amid-II-Frequenzen
statistisches Knäuel	1656	1535
Helix	1650	1516
	1652	1546
Faltblatt	1645	1530
	1630	1550

Durch Messungen des *Infrarot-Dichroismus* kann man eingehendere Erkenntnisse über die Proteinstruktur gewinnen, als mit der Infrarot-Absorptions-Spektroskopie. Das Verfahren wird mit planpolarisiertem infrarotem Licht durchgeführt. Die Absorption dieses Lichtes durch einen geordneten Festkörper hängt von der Schwingungsrichtung des einfallenden Lichtes ab. Maximale Absorption wird erhalten, wenn die Schwingungsebene der betrachteten Gruppierung dem elektrischen Vektor des Lichtes parallel ist. Stehen diese senkrecht aufeinander, ist die Lichtabsorption minimal. Wie im vorhergehenden Kapitel dargestellt, verlaufen in einer Polypeptidkette mit α-Helix-Struktur die Wasserstoffbindungen ihrer Längsachse parallel. Wenn man diese Polypeptidketten zweidimensional so anordnet, daß ihre Längsachsen parallel verlaufen, beobachtet man maximale Absorption, wenn die Ebene des polarisierten Lichtes in dieser Richtung schwingt. Bei der Faltblattstruktur beobachtet man dem gegenüber maximale Absorption, wenn die Schwingungsebene des Lichtes senkrecht zur Längsachse der Polypeptidkette liegt, entsprechend der anderen Lage der Wasserstoffbindungen in dieser Configuration.

2.6.2.2.1.2. Ultraviolett-Differenz-Spektroskopie

Für Proteine ist im ultravioletten Spektralbereich die Region von 250—310 nm von besonderem Interesse. Hier absorbieren die Phenylalanyl-, Tyrosyl- und Tryptophanyl-Reste. Bei kürzeren Wellenlängen treten Absorptionen durch Histidylreste und Peptidbindungen auf. Änderungen in der Nachbarschaft solcher *chromophorer Gruppen* können Änderungen im Absorptionsspektrum innerhalb dieses Bereiches verursachen. Aus diesem Grunde lassen sich häufig Änderungen in der Configuration von Polypeptiden aus Veränderungen des UV-Absorptions-Spektrums herleiten. Änderungen im Helix-Gehalt oder in der Anordnung der Wasserstoffbindungen geben sich in dem genannten Bereich jedoch nicht unmittelbar zu erkennen. Dies ist im UV-Gebiet erst bei kleineren Wellenlängen möglich. Da die beobachtbaren Veränderungen im Tyrosin- und Tryptophan-Gebiet gewöhnlich klein sind, können sie am genauesten in der Form eines *Differenz-Spektrums* ermittelt werden. Configurationsänderungen von Polypeptiden können bei Änderungen des pH-Wertes der Lösung, bei Temperaturänderungen, Änderung der Ionenstärke des Mediums, bei Bindung niedrigmolekularer Substanzen an das Protein, bei der Aggregation von einzelnen Polypeptidketten zu Molekülkomplexen usw. eintreten. Dabei kann das Spektrum entweder zu längeren (Rotverschiebung) oder zu kürzeren Wellenlängen (Blauverschiebung) verschoben werden.

Diese Verschiebung muß nicht mit einer Veränderung der Intensität des Spektrums begleitet sein. Diese Methodik liefert in Verbindung mit anderen, in diesem Abschnitt beschriebenen Verfahren, wertvolle Angaben über die Struktur eines Proteins in wäßrigen Lösungen.

2.6.2.2.1.3. Optische Rotationsdispersion

Die Messung der optischen Rotationsdispersion von gelösten Proteinen ist gegenwärtig die am meisten angewandte Methode zur Ermittlung ihres Helixgehaltes. Die Fähigkeit, die Ebene des polarisierten Lichtes zu drehen ist eine Folge molekularer Asymmetrie. Unter optischer Rotationsdispersion versteht man die Veränderung des optischen Drehungsvermögens einer Substanz als Funktion der Wellenlänge monochromatischen, polarisierten Lichtes. Das optische Drehungsvermögen eines Polypeptides hängt von den einzelnen Beiträgen der das Molekül aufbauenden Aminosäuren und von seiner Helixstruktur ab. Der Anteil der Helixstruktur eines Polypeptides kann durch Vergleich der Drehung ermittelt werden, die dieses Polypeptid im Zustand des statistischen Knäuels einerseits und im Helixzustand andererseits verursacht. Besonders eingehend ist dabei das synthetische Polypeptid Poly-γ-Benzyl-L-Glutamat untersucht worden. Dieses Polypeptid liegt in Dichloressigsäure und Hydrazin als statistisches Knäuel, in anderen Lösungsmitteln aber in Form der α-Helix vor.

Diese Untersuchungen zeigten, daß Änderungen der *Configuration* oder *Conformation* eines Proteins auf empfindliche Weise Änderungen der optischen Rotationsdispersion hervorrufen. Es muß jedoch erwähnt werden, daß die genauen Zusammenhänge zwischen Drehungsvermögen und molekularer Struktur eines Polypeptides noch nicht völlig geklärt sind. Die Anwendung dieser Technik ist gegenwärtig nur auf einer empirischen Basis unter Verwendung synthetischer Polypeptide als Modelle möglich. Da der apparative Aufwand erschwinglich ist und auf dem Markt hochempfindliche registrierende Spektralpolarimeter angeboten werden, hat diese Methode breite Anwendung in der Conformationsanalyse von Proteinen gefunden.

Diesem Verfahren liegen die folgenden quantitativen Beziehungen zugrunde: Die spezifische Drehung $[\alpha]_\lambda$ bei einer bestimmten Wellenlänge wird definiert als

$$[\alpha]_\lambda = \frac{\alpha}{c \cdot d}$$

(α = beobachtete Drehung bei der Wellenlänge λ; c = Konzentration der drehenden Substanz in Gramm pro 100 ml; d = Länge des Lichtweges in Dezimetern).

Die einfachste Beziehung zwischen Drehungsvermögen und Wellenlänge wird durch die DRUDE-Gleichung ausgedrückt

$$[\alpha]_\lambda = \frac{K}{\lambda^2 - \lambda_0^2}$$

K und λ_0 sind Konstanten, die von den optischen Eigenschaften des Moleküls abhängen.

Wenn eine Substanz dieser Gleichung gehorcht, so zeigt sie „einfache optische Rotationsdispersion". Häufig muß sie jedoch für das sichtbare und ultraviolette Gebiet durch Hinzufügen eines zweiten Termes erweitert werden (komplexe Rotationsdispersion).

$$[\alpha]_\lambda = \frac{K_1}{\lambda^2 - \lambda_1^2} + \frac{K_2}{(\lambda^2 - \lambda_2^2)^3}$$

In Abhängigkeit von den Größen der verschiedenen Konstanten kann $[\alpha]_\lambda$ sein Vorzeichen mit der Wellenlänge ändern. Eine Polypeptidkette zeigt im Zustand des statistischen Knäuels einfache und in der Helix-Form komplexe Dispersion. Aus quantenmechanischen Überlegungen leitete MOFFITT die nach ihm benannte Gleichung ab:

$$[\alpha]_\lambda = \left(\frac{100}{M_0}\right)\left(\frac{n^2+2}{3}\right)\left[\frac{a_0\lambda_0^2}{\lambda^2-\lambda_0^2} + \frac{b_0\lambda_0^4}{(\lambda^2-\lambda_0^2)^2}\right]$$

M_0 = mittleres Molekulargewicht der Bausteine; n = Brechungsindex des Lösungsmittels; a_0, b_0 und λ_0 sind zusammengesetzte Konstanten, die im Zusammenhang

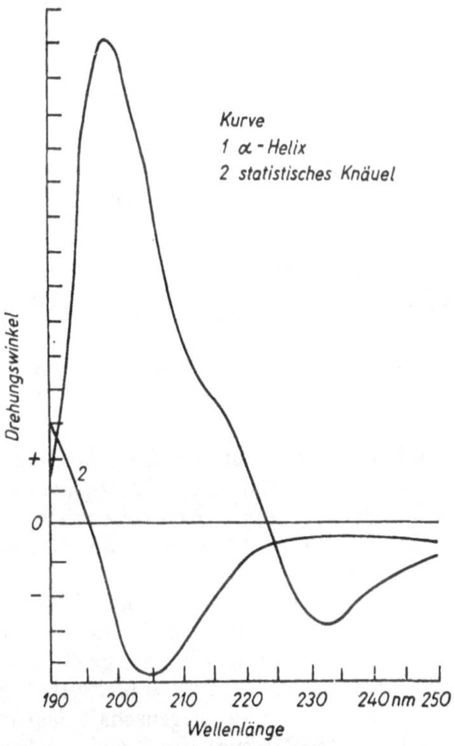

Abb. 10: Optische Rotationsdispersion von Poly-L-Lysin im Zustand der α-Helix und des statistischen Knäuels

mit den Absorptionsbanden stehen. Die Konstante b_0 ist charakteristisch für den Helix-Gehalt, während a_0 aus Helix- und Aminosäure-Anteilen zusammengesetzt ist. In der Praxis hat es sich bewährt, $\lambda_0 = 212$ nm zu setzen. Auf graphischem Wege lassen sich die Werte von a_0 und b_0 ermitteln und so eine Aussage über den Helix-Gehalt eines Polypeptides machen. Bei einem synthetischen Polypeptid ist die Helix-Struktur durch einen b_0-Wert von −625 und das statistische Knäuel durch b_0 = Null gekennzeichnet (s. Tab. 7 u. Abb. 10).

Tabelle 7:
Vergleich der optischen Rotationsdispersion mit dem Wasserstoff-Deuteriumaustausch bei unterschiedlichem Helixgehalt (Copolymere aus L-Glutaminsäure und L-Lysin)

Zusammensetzung des Makromoleküls (Molverhältnis L-Glu : L-Lys)	Optische Drehung α_{546}	b_0	% Helix	HD-Austausch %
10 : 0	−8	−625	100	100
7 : 3	−12	−586	90	65−70
6 : 4	−27	−439	70	65−70
5 : 5	−51	−310	50	45
4 : 6	−69	−131	25	25
0 : 10	−92	0	0	

Eine besondere Rolle spielt der Cotton-*Effekt*. Man versteht darunter die Änderung der optischen Drehung einer Substanz in ihren Absorptionsbanden. Für Proteine kommen dabei besonders die Region um 280 nm in Betracht. Dabei findet man, daß der aus der Probe austretende Lichtstrahl nicht mehr linear polarisiert ist, sondern eine elliptische Polarisation aufweist. Beide Erscheinungen, die ungewöhnlich große Änderung der Dispersion und die Entstehung von elliptisch polarisiertem Licht, werden durch die Eigenschaft des Circulardichroismus erklärt. Die Messung des Circulardichroismus von Proteinen hat der Conformationsanalyse große Impulse gegeben. Auf diesem Gebiet gibt es neuerdings eine große Zahl theoretischer und experimenteller Fortschritte, die interessante neue Erkenntnisse auf dem Gebiet der Proteinstruktur erwarten lassen. Umfangreiche Anwendungsgebiete dieser Methoden liegen in der Untersuchung der Einflüsse des Mediums, der Wirkung von Substraten, Aktivatoren, Inhibitoren und der Einflüsse der Temperatur auf die Conformation von Proteinen. Die Prozesse der Denaturierung von Proteinen und die Bedeutung spezifischer Aminosäuresequenzen für die Sekundärstruktur von Proteinen wurden mit diesem Verfahren eingehend untersucht.

2.6.2.2.1.4. Wasserstoff-Deuterium-Austausch

Diese Methode ist geeignet, Zahl und Art der Wasserstoffbindungen in einem Proteinmolekül zu ermitteln. Grundlage der Methode ist, daß solcher Wasserstoff, der an Atomen mit einsamen Elektronenpaaren (O, N, S) sitzt, als Proton mit großer Geschwindigkeit gegen Protonen des Mediums ausgetauscht werden kann; während an Kohlenstoff gebundener Wasserstoff als nicht austauschbar gilt. Von den austauschbaren Protonen gibt es zwei verschiedene Gruppen, nämlich solche, die bei 0 °C innerhalb 30 Sekunden austauschen (schnell austauschbare) und solche, die langsamer ersetzt werden. Bei den letzteren nimmt man an, daß sie sich als Wasserstoffbindung in der Helixkonfiguration befinden. Eine eindeutige Entscheidung hierüber ist jedoch noch nicht möglich, da auch solche Protonen als schwer austauschbar angesehen werden müssen, die infolge Abschirmung durch hydrophobe Regionen von außen her unzugänglich sind. Das Insulin besitzt 91 potentiell austauschbare Wasserstoffatome. Davon werden 61 schnell, 30 langsam ausgetauscht. 48 der potentiell austauschbaren Protonen gehören Peptidbindungen an. Es geht daraus hervor, daß 63% der Peptidbindungen (30/48) des Insulins an Helixstrukturen beteiligt sein müssen.

Experimentell geht man folgendermaßen vor: man stellt sich ein Protein her, in dem durch sehr langes Aufbewahren in D_2O der gesamte austauschbare Wasserstoff durch Deuterium ersetzt wird und bringt das deuterierte Protein danach in reines H_2O. Eine andere Möglichkeit besteht darin, daß nicht vorbehandeltes Protein zur Messung in D_2O gebracht wird. Im ersten Fall mißt man die Kinetik der Deuteriumabgabe in das Lösungsmittel durch Bestimmung der Dichte oder mit Hilfe der Infrarotspektroskopie. Es wird die Gesamtheit der austauschbaren Protonen erfaßt. Im zweiten Fall wird das Verschwinden der N–H-Deformationsbande bei 1550 cm^{-1} verfolgt. Letzteres Verfahren erlaubt eine direkte Verfolgung des Protonenaustausches an den Peptidbindungen.

Wie die optische Rotationsdispersion liefert auch der Deuteriumaustausch keine eindeutigen Ergebnisse. Beim β-Laktoglobin ergab z. B. der H–D-Austausch einen Helix-Gehalt von 25% des Moleküls, andere Methoden zeigen jedoch, daß dieses Molekül über keine Helixanteile verfügt. Eine äußerst wichtige Voraussetzung für die Anwendbarkeit der Methode ist die, daß man ein sehr reines Protein für diese Messungen einsetzt.

2.6.2.3. Tertiärstruktur

Diese findet man bei den globulären Proteinen. Man versteht darunter die dreidimensionale Struktur der Proteine, d. h. die räumliche Ausdehnung der Polypeptidkette. Sie wird höchstwahrscheinlich durch die Aminosäuresequenz festgelegt. Möglicherweise entsteht die räumliche Struktur spontan aus der gegebenen Primär- und Sekundärstruktur.

Eine große Leistung war die Aufklärung der Tertiärstruktur des Myoglobins und Hämoglobins (KENDREW, PERUTZ).

2.6.2.3.1. Methoden zur Untersuchung der Tertiärstruktur

Die wichtigste Methode der Untersuchung der Tertiärstruktur ist die *Röntgenanalyse* von Proteinen. Sie basiert auf der fundamentalen Gleichung von Bragg

$$n \cdot \lambda = 2d \sin \vartheta$$

(n = Interferenzordnung, λ = Wellenlänge des einfallenden Röntgenstrahlbündels; d = Abstände der Netzebenen im Kristall (Beugungszentren), ϑ = Einfallswinkel des parallelen Röntgenstrahls (Glanzwinkel). Ein Interferenzmaximum liegt dann vor, wenn die Bragg-Bedingung erfüllt ist. Die Veränderung von ϑ wird durch Drehen eines Proteinkristalls von 0,5–1 mm Länge senkrecht zu einer seiner Achsen erreicht (Drehkristallverfahren). Eine andere Möglichkeit besteht darin, daß eine große Anzahl kleiner Kristalle in beliebiger Orientierung (Kristallpulver) durchstrahlt wird (Pulver- oder Debye-Scherrer-Verfahren). Beim Drehkristallverfahren treten infolge Fixierung einer der Achsen die Beugungsmaxima als schwarze Flecke auf einer photographischen Platte auf. Dabei wird ein Beugungsdiagramm erhalten, das einer weiteren Auswertung zugänglich ist. Der Hauptschritt einer Strukturanalyse ist die Ermittlung der Koordinaten der einzelnen Atomlagen. Hierzu bedient man sich der Fouriersynthese. Dabei wird die Kristallstruktur als periodische Verteilung der Elektronendichte g (X, Y, Z) aufgefaßt. (X, Y, Z sind die Koordinaten, bezogen auf die Achsen der Elementarzelle). Die physikalische Grundlage dieses Vorgehens ist, daß die Röntgenstrahlen von den Elektronen der Atom- bzw. Ionenhüllen gestreut werden. Die Schwierigkeit der Fouriersynthese liegt darin, daß der genaue Phasenwinkel nicht bekannt ist. Eine Lösung dieses Problems wurde durch Anwendung der Methode des *isomorphen Ersatzes* erreicht. Dabei wird ein schweres elektronendichtes Atom in die Kristallstruktur des Proteins eingeführt. Diese schweren Atome (z. B. Quecksilber) dienen als Orientierungspunkte im Molekül. Aus dem Vergleich der isomorphen Formen des metallfreien und metallhaltigen Proteinkristalles läßt sich das schwere Atom innerhalb der Elementarzelle genau lokalisieren. Danach lassen sich die Phasenwinkel für die dreidimensionale Fouriersynthese eindeutig definieren. Die Feinheit der Struktur hängt vom Grad der Auflösung ab. Bei der Auflösung von 6 Å ermittelt man die Gestalt der Polypeptidketten, bei der Auflösung von 2 Å die Gestalt von Atomgruppen, und bei 1,4 Å können benachbarte Atome unterschieden werden. Die Auflösungsgrenze dieses Verfahrens liegt etwas unter 1 Å. Der Rechenaufwand nimmt mit der Feinheit der Auflösung stark zu. Bei der Auflösung von 2 Å ist die Registrierung von 250000 Reflexen notwendig (entsprechend der Verarbeitung von $5 \cdot 10^9$ Zahlen). Diese Rechenoperationen lassen sich nur mit adäquaten Rechenmaschinen lösen.

Eine oft diskutierte Frage ist, ob die Struktur eines großen Einzelkristalles eines Proteins, wie er für die Röntgenstrukturanalyse nötig ist, wirklich mit der Struktur des nativen Proteinmoleküls in Lösung übereinstimmt. Viele Überlegungen sprechen dafür, daß zwischen beiden Formen keine großen Unterschiede bestehen können. Eiweißkristalle enthalten 55% Kristallwasser, sie sind am ehesten als „geordnete Gele“ aufzufassen. Dabei scheint kein großer Unterschied darin zu bestehen, ob das Protein in reines Wasser oder in Ammoniumsulfatlösung (für die Kristallisation nötig) eingebettet ist. Die Hydratation des Proteins scheint in Lösung und im Kristallverband gleich zu sein. Einen experimentellen Hinweis auf diese Problematik liefert der Vergleich des α-Helix-Gehaltes des Myoglobins, wie er sich aus Messungen im Kristallverband und in Lösung ergibt. Das Verfahren der optischen Rotationsdispersion ergibt einen Helixgehalt des Myoglobins in Lösung von 73%, die Röntgenanalyse des Myoglobinkristalls von 77%. Es ist erforderlich für die Strukturanalyse eines bestimmten Proteins mehrere Methoden heranzuziehen und ihre Ergebnisse untereinander zu vergleichen.

2.6.2.3.1.1. Struktur des Myoglobins

Diese wurde bis zu einer Auflösung von 1,4 Å am Myoglobin des Pottwals, welches gut strukturierte Kristalle gibt, eingehend erforscht (Abb. 11). 77% der 151 Aminosäuren des Myoglobins bilden 8 rechtsgängige

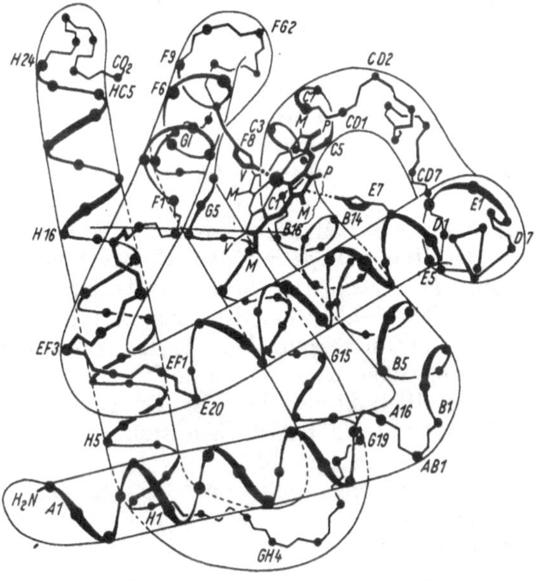

Abb. 11: Schema zur Veranschaulichung der Raumstruktur des Myoglobins Ausgehend vom Amino- werden in Richtung zum Carboxylende die helicalen Regionen mit A bis H bezeichnet, die nichthelicalen Regionen zwischen den Helices tragen die Bezeichnungen AB, BC usw. HC stellt den nichthelicalen Anteil am Carboxylende dar. Das Haem liegt in einer Tasche zwischen den Aminosäuren E7 und F8. Links unten liegt das freie Aminoende, links oben das freie Carboxylende der Polypeptidkette des Myoglobins.
(Aus: Dickerson, R. E. in Neurath, H. The Proteins, II. Auflage, Band 2, S. 603, Academic Press, New York, London (1964))

α-Helices mit Längen zwischen 7 und 24 Aminosäuren. Diese sind jeweils durch nichthelixartige Abschnitte unterbrochen. Das Molekül als Ganzes ist auf komplizierte und unsymmetrische Weise gefaltet. Die Häm-Gruppe ist als Platte ausgebildet und steht fast senkrecht zur Oberfläche des Moleküls. Ihre Propionsäurereste sind der Oberfläche zugekehrt, die andere Seite liegt tief im Molekül versteckt. Während bei den einzelnen Helixanteilen Wasserstoffbindungen als stabilisierende Faktoren überwiegen, wird die Tertiärstruktur anscheinend überwiegend durch VAN DER WAALSsche *Kräfte* zwischen nichtpolaren Gruppen stabilisiert.

Innerhalb des Moleküls befindet sich kein Wasser. Das ganze Myoglobinmolekül muß als sehr kompakt angesehen werden. Die polaren Aminosäurereste liegen an der Oberfläche des Moleküls, im Innern des Moleküls befinden sich praktisch nur die hydrophoben Seitenketten.

Eine besondere Bedeutung kommt den Wechselwirkungen der *Häm-Gruppe* mit dem Eiweißanteil zu. Die 5. Koordinationsstelle des Fe-Atoms belegt der Ringstickstoff eines *Histidinrestes*, die sechste Stelle wird durch ein Wassermolekül besetzt. Jenseits des Wassermoleküls befindet sich über eine Wasserstoffbindung gebunden ein zweiter Histidinrest. Bei der Oxygenierung wird dieses Wassermolekül durch Sauerstoff ersetzt. (Siehe Teil II).

Der Porphyrinring stellt nicht einfach eine ebene Platte dar, sondern ist leicht gegen die 6. Valenz des Eisens gekrümmt. Die Wechselwirkungen zwischen dem Häm und dem Protein werden hauptsächlich durch hydrophobe Bindungen stabilisiert. Dabei gilt, daß nicht das Globin die Hämbindung stabilisiert, sondern daß schlechthin durch die Wechselwirkungen zwischen beiden das Myoglobin-Molekül als Ganzes stabilisiert wird. Das geht daraus hervor, daß die optische Rotationsdispersion des hämfreien Globins von der des nativen Myoglobins verschieden ist.

2.6.2.3.1.2. Struktur des Hämoglobins

Während das Myoglobin nur aus einer Polypeptidkette mit einer *Häm*-Gruppe besteht, ist das Hämoglobin aus 4 Ketten mit je einer Häm-Gruppe aufgebaut (Quartärstruktur).

Es wurden die Tertiär- und Quartär-Strukturen des Pferde- und Menschen-Hämoglobins eingehend untersucht (Abb. 12a u. 12b). Bedeutungsvoll ist, daß jede der vier Ketten, die das Hämoglobin aufbauen, an die Tertiärstruktur des Myoglobins erinnert. Die Primär-

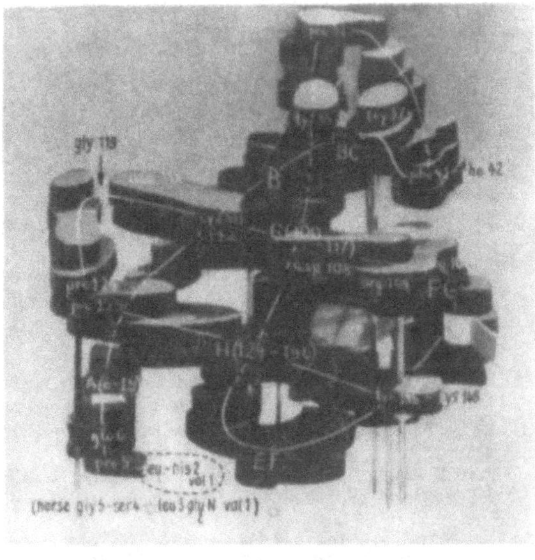

Abb. 12a: Tertiärstruktur des Hämoglobins: β-Kette mit einzelnen Aminosäurepositionen
(Aus CULLIS, A. F. H. MUIRHEAD, A. C. T. NORTH, M. F. PERUTZ und M. G. ROSSMANN, 1962, Proc. Roy. Soc., London, A, 265, 161)

strukturen der Hämoglobin- und Myoglobin-Ketten weisen andererseits Unterschiede auf (die α- und β-Ketten des Hämoglobins stimmen mit der Myoglobinkette nur in 20 Positionen überein). Auch im Hämoglobin

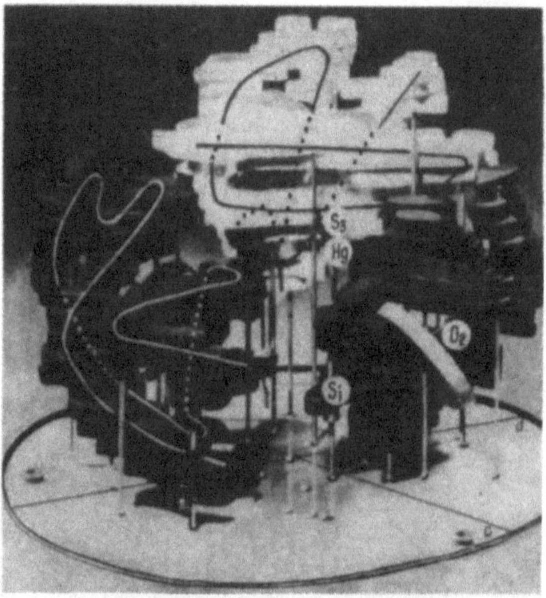

Abb. 12b: Tertiärstruktur des Hämoglobins. Zusammenlagerung von zwei β-Ketten und einer α-Kette. Die zweite α-Kette ist weggelassen. Es ist die Einlagerung der Häm-Platte in die rechte β-Kette ersichtlich
(Aus A. F. CULLIS, H. MUIRHEAD, A. C. T. NORTH, M. F. PERUTZ and M. G. ROSSMANN, Proc. Roy. Soc., London, A, 265, 1962, 161)

befinden sich die Häm-Gruppen in „Taschen" an der Oberfläche der 4 Teilmoleküle. Alle Prolinreste stehen an den Ecken der Nicht-Helix-Regionen. Jedoch gibt es auch andere Knicke oder Bögen entlang der Kette, die nicht von Prolinresten besetzt sind (z. B. Phenylalaninrest in Position 41). Es ist jetzt möglich, jedem Abschnitt der dreidimensionalen Hämoglobinstruktur die entsprechende Aminosäuresequenz zuzuordnen.

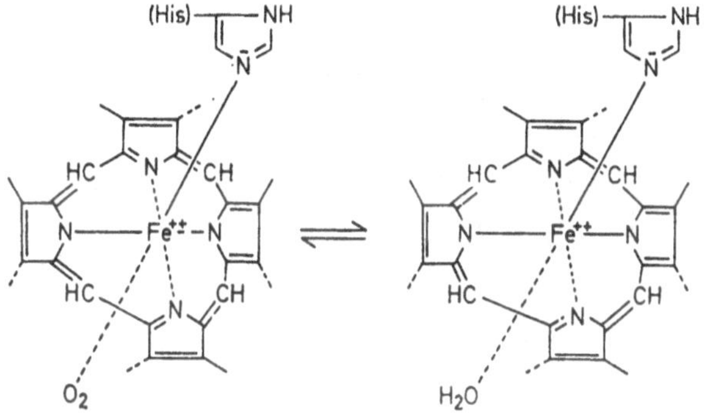

Abb. 13: Sauerstoffbindung an das Häm

2.6.2.3.1.3. *Sauerstoffbindung durch das Hämoglobin*

Hämoglobin hat die Eigenschaft, Sauerstoff reversibel zu binden. Dabei erfolgt eine Anlagerung des Sauerstoffs an das Fe^{2+} des Häms, ohne daß sich dabei dessen Wertigkeitsstufe verändert. Die Anlagerung des O_2 erfolgt, indem das Wassermolekül, welches in der desoxygenierten Form des Hämoglobins die 6. Bindungsstelle des Eisens besetzt, gegen den Sauerstoff ausgetauscht wird. Vier Bindungsstellen des Fe^{2+} werden durch vier N-Atome der Porphyrinringe und die fünfte koordinative Valenz durch den Stickstoff des Imidazolrestes eines Histidinmoleküls besetzt. Ein weiteres Histidinmolekül befindet sich in der Nähe der 6. Bindungsstelle des Eisens. Man kann sich vorstellen, daß sich zwischen diesem Histidin und dem Fe^{2+} in der Desoxyform das Wasser und in der Oxyform der Sauerstoff befindet (Abb. 13). Neuere Ergebnisse besagen, daß in der Desoxyform des Hämoglobins die 6. Bindungsstelle des Fe^{2+} unbesetzt ist. Ein Hämoglobin-

Molekül vom Molekulargewicht 64500 bindet maximal vier Mole Sauerstoff, da es aus vier Subeinheiten besteht, die je eine Hämgruppe tragen. Das monomere Myoglobin demgegenüber bindet nur ein Mol Sauerstoff.

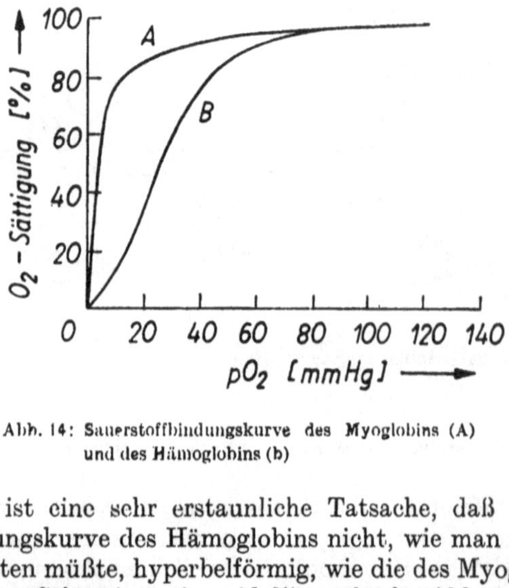

Abb. 14: Sauerstoffbindungskurve des Myoglobins (A) und des Hämoglobins (b)

Es ist eine sehr erstaunliche Tatsache, daß die O_2-Bindungskurve des Hämoglobins nicht, wie man a priori erwarten müßte, hyperbelförmig, wie die des Myoglobins, sondern S-förmig („sigmoidal") verläuft (Abb. 14). Dies weist darauf hin, daß eine Häm-Häm-Wechselwirkung in der Weise besteht, daß bei Bindung eines O_2-Moleküls an das tetramere Hämoglobin eine mehrfache Affinitätssteigerung der noch unbesetzten Hämgruppen zum Sauerstoff eintritt. Die Gleichgewichtskonstante der Häm-Sauerstoff-Reaktion erhöht sich um den Faktor 12, wenn das benachbarte Häm den Sauerstoff aufgenommen hat. Eine direkte Wechselwirkung zwischen den Hämgruppen erscheint aus räumlichen Gründen unwahrscheinlich. So ist der Abstand der Fe-Atome zwischen den β-Ketten 33,4 Å und der geringste Abstand zwischen zwei Fe-Atomen 25,2 Å (bezogen auf Oxyhämoglobin). Röntgenographisch wurde nachgewiesen, daß es zwei verschiedene Conformationszustände des Hämoglobins gibt, die sich in ihrer Sauerstoffaffinität unterscheiden (PERUTZ). Der eine Zustand (R) hat eine niedrige, der andere (O) hat eine hohe Affinität zum Sauerstoff. Diese beiden Zustände können mittels Röntgenanalyse voneinander unterschieden werden. Sie unterscheiden sich hauptsächlich in der Anordnung der Untereinheiten zueinander. Bei Oxygenierung des Desoxyhämoglobins tritt eine Drehung und Verschiebung der Untereinheiten ein, so daß im O-Zustand die Abstände der Fe-Atome der β-Ketten um 6,5 Å geringer, und die zwischen den Fe-Atomen der α-Ketten um 1 Å größer als im R-Zustand sind. Es ist sehr wahrscheinlich, daß diese Verschiebungen durch Änderungen der räumlichen Struktur der einzelnen Untereinheiten zustande kommen.

Zwischen dem R- und dem O-Zustand gibt es in wäßriger Lösung vermutlich ein Gleichgewicht. Bei Abwesenheit von Sauerstoff liegt dieses auf der Seite von R. Zugabe kleiner Mengen Sauerstoff bewirkt eine Verschiebung des Gleichgewichtes zum Zustand O hin. Dabei tritt die merkwürdige Erscheinung ein, daß die Bindung eines Moles O_2 an eine der vier Hämgruppen nicht nur eine Conformationsänderung der zugehörigen Polypeptidkette bewirkt, sondern nach dem Prinzip eines Alles- oder Nichts-Vorganges auch eine entsprechende Conformationsänderung in den anderen drei Polypeptidketten zu induzieren scheint. Dadurch tritt eine Verschiebung des $R \leftrightharpoons O$-Gleichgewichtes nach O und eine Vergrößerung der Zahl der Hämoglobinmoleküle im O-Zustand, also in der Form mit größerer Sauerstoffaffinität, ein. Dies ist eine Möglichkeit der Erklärung des S-förmigen Verlaufes der Sauerstoffbindungskurve. Solche Wechselwirkungen sind beim Myoglobin ausgeschlossen, da dieses nur aus einer Polypeptidkette besteht. Seine Sauerstoffbindungskurve stellt eine einfache Sättigungsfunktion dar, sie besitzt also die Form einer rechtwinkligen Hyperbel.

Der pH-Wert hat einen physiologisch bedeutungsvollen Einfluß auf die Sauerstoffbindungskurve des

Hämoglobins (BOHR-Effekt). Eine Erniedrigung des pH-Wertes hat eine Verminderung der Sauerstoffaffinität zur Folge. Es kommt zu einer Parallelverschiebung der Sauerstoffbindungskurve des Hämoglobins, ohne daß dabei eine Änderung in der Stärke der Wechselwirkungen zwischen den Subeinheiten eintritt.

Eine außerordentlich interessante Tatsache ist, daß das aus vier β-Ketten aufgebaute Hämoglobin H (s. S. 52) eine Sauerstoffbindungskurve ergibt, die der des Myoglobins gleicht. Dies zeigt, daß die vier Hämgruppen unabhängig voneinander mit dem Sauerstoff reagieren, d. h. untereinander nicht in Wechselwirkung stehen. Auch zeigt das Hämoglobin H nur einen kleinen BOHR-Effekt. In glänzender Übereinstimmung dazu wurde gefunden, daß die oxygenierte und reduzierte Form des Hämoglobin H die gleiche Kristallstruktur aufweist. Eine Erklärungsmöglichkeit für dieses Verhalten ist die, daß für das Hämoglobin H kein R-Zustand, also keine Form mit niedriger Sauerstoffaffinität existiert, sondern die reduzierte Form in einer Conformation vorliegt, die der des normalen Oxyhämoglobins entspricht. Der Vergleich zwischen Hämoglobin A und Hämoglobin H zeigt, daß die α-Ketten eine wichtige Rolle bei den Häm-Häm-Wechselwirkungen spielen müssen.

Eine andere interessante Hypothese zur Erklärung des S-förmigen Verlaufs der O_2-Bindungskurve des Hämoglobins wurde von BENESCH und BENESCH entwickelt. Sie gründet sich darauf, daß eine teilweise Oxydation von Fe^{++} zu Fe^{+++} im Hämoglobin eine beträchtliche Steigerung der Sauerstoffaffinität der noch im zweiwertigen Zustand befindlichen Fe^{++}-Atome hervorruft (wenn alles Fe^{++} zum Fe^{+++} oxydiert ist (Methämoglobin), ist das Sauerstoffbindungsvermögen natürlich erloschen).

Eine Affinitätssteigerung zum Sauerstoff findet man auch, wenn das Hämoglobin partiell mit Kohlenmonoxyd gesättigt ist (HALDANE-Effekt). Für die erhaltenen Sauerstoffbindungskurven ist es gleichgültig, ob in einer Hämoglobinlösung jedes einzelne Molekül, z. B. zu 50% in die Fe^{+++}-Form umgewandelt wurde, oder ob die eine Hälfte aller Hämoglobinmoleküle zu 0%, die andere zu 100%, in der Fe^{+++}-Form vorliegen.

Aus diesen und weiteren Befunden wurde ein Kettenaustausch zwischen den einzelnen Hämoglobinmolekülen abgeleitet, der für die sigmoidale Sauerstoffbindungskurve verantwortlich sein soll. Dieser Kettenaustausch berücksichtigt die anderweitig erhärtete Tatsache, daß eine Dissoziation des Hämoglobinmoleküls ($\alpha_2\beta_2$) symmetrisch in die dimeren Formen $\alpha\beta$ und nicht in α_2 und β_2 erfolgt.

Schematisch stellt sich der Kettenaustausch folgendermaßen dar:

1. *Oxygenierung des Zustandes R (niedrige Affinität) zum Zustand O (hohe Affinität)*

$$\begin{matrix}\alpha\beta\\\beta\alpha\end{matrix} \rightarrow \begin{matrix}\alpha^0\beta^0\\\beta^0\alpha^0\end{matrix}$$

2. *Dissoziation*

$$\begin{matrix}\alpha^0\beta^0\\\beta^0\alpha^0\end{matrix} \leftrightarrows \alpha^0\beta^0 + \alpha^0\beta^0$$

3. *Austausch (Umwandlung des Zustandes R in den Zustand O)*

$$\begin{matrix}\alpha\beta\\\beta\alpha\end{matrix} + \begin{matrix}\alpha^0\beta^0\\\beta^0\alpha^0\end{matrix} \rightarrow \begin{matrix}\alpha^*\beta^*\\\beta^0\alpha^0\end{matrix} + \begin{matrix}\alpha^0\beta^0\\\alpha^*\beta^*\end{matrix}$$

4. *Oxygenierung des O-Zustandes*

$$\begin{matrix}\alpha^*\beta^*\\\beta^0\alpha^0\end{matrix} \rightarrow \begin{matrix}\alpha^0\beta^0\\\beta^0\alpha^0\end{matrix}$$

$\alpha^*\beta^*$ bezeichnet die nicht oxygenierten Subeinheiten im O-Zustand. Die hierfür erforderliche Conformationsänderung in diesen Subeinheiten R → O wird durch Wechselwirkungen zwischen den $\beta^0\alpha^0$-Einheiten und diesen Ketten erzwungen.

Bei niedrigen Sauerstoffdrucken herrscht Reaktion 1 vor, bei schrittweiser Steigerung des O_2-Druckes erhöht sich ständig der Anteil der Reaktion 4.

Hämoglobin H, welches keine Häm-Häm-Wechselwirkungen aufweist, besitzt auch nicht die Fähigkeit eines Kettenaustausches. Dieser Befund kann als Stütze dieser Vorstellung aufgefaßt werden.

Schließlich sei noch erwähnt, daß der S-förmige Verlauf der Sauerstoffbindungskurve von der Ionenstärke des Mediums abhängt. Bei extrem niedriger Ionenstärke beobachtet man ihn nicht. Eine bedeutende Beobachtung ist die, daß die in roten Blutkörperchen in beträchtlicher Konzentration vorkommende 2,3-Diphosphoglyzerinsäure (s. Teil II) bei kleinen Ionenstärken in der Lage ist, den anomalen Verlauf der Sauerstoffbindungskurve in einen S-förmigen umzuwandeln.

2.6.2.3.1.4. Struktur des Lysozyms

Durch Phillips und seine Gruppe konnte in neuerer Zeit die Struktur des Lysozyms mit einer 2 Å-Auflösung aufgeklärt werden. Dieses Protein besteht aus 129 Aminosäuren, hat aber eine viel kompliziertere Struktur als das Myoglobin. Es hat einen niedrigeren α-Helix-Gehalt als Myoglobin (42%). Während im Myoglobin die hydrophoben Aminosäurereste nach innen und die polaren Seitenketten nach außen gerichtet sind, liegen hier die hydrophoben Tryptophan-Reste direkt an der Oberfläche. Andererseits werden einige polare Reste von der Oberfläche abgeschirmt und liegen im Innern des Moleküls (Ser, Asp-NH_2, Glu-NH_2). Alle Lysin- und Arginin-Reste liegen oberflächlich. Wenn sich das Lysozym mit Inhibitoren verbindet, treten interessante Veränderungen in seiner Tertiärstruktur ein. Sie sind den Strukturänderungen vergleichbar, die bei Bindung von O_2 an das Hämoglobin eintreten. Dieses Phänomen hat eine große Bedeutung für die Erklärung der spezifischen Wirkungs-

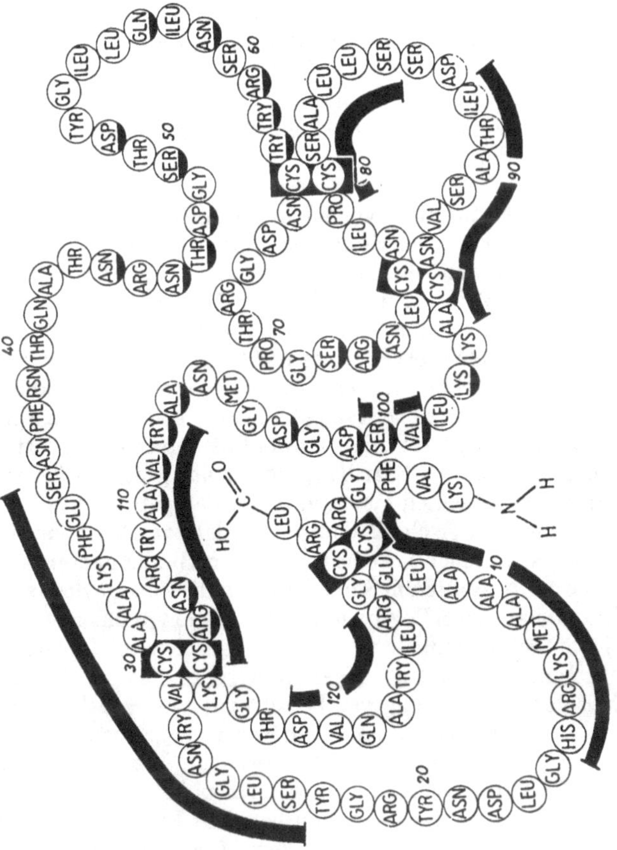

Abb. 15: Primärstruktur des Lysozyms
Dicke Linie: Strecken mit α-Helix-Konfiguration
Unterstrichene Aminosäuren: Bindungszentren für das Substrat

weise von Proteinen, insbesondere von Enzymen (s. Teil II) (Abb. 15).

In neuester Zeit konnten außerdem die Tertiärstrukturen von Chymotrypsinogen, Insulin und Ribonuclease teilweise bzw. vollständig aufgeklärt werden.

2.6.2.4. Weitere Aspekte der Quartär-Struktur einiger Eiweiße

Intensive Studien, vor allem die Anwendung der analytischen Ultrazentrifugation, Dichtegradientenzentrifugation, Streulichtphotometrie, Elektrophoresetechnik und die Weiterentwicklung der Methoden der Endgruppenbestimmung von Polypeptidketten (s. S. 44), ergaben, daß sehr viele Proteine nicht nur aus einer Polypeptidkette bestehen, sondern aus mehreren untereinander gleichen oder wie das Hämoglobin aus verschiedenen Subeinheiten aufgebaut sind. Obwohl es verschiedene Arten der Definition des Begriffs „Subeinheit" gibt, werden wir ihn im allgemeinen synonym mit „Polypeptidkette" gebrauchen. Von großer Bedeutung ist, daß zwischen verschiedenen Subeinheiten keine kovalenten Bindungen existieren dürfen. In diesem Sinne ist die 6000-Einheit des Insulins, die aus zwei Polypeptidketten besteht, nicht aus zwei Subeinheiten aufgebaut, da diese durch zwei kovalente Bindungen zusammengehalten werden. Die 12000-Einheit des Insulins hingegen besteht aus zwei Subeinheiten. Manchmal wird auch im selben Sinne wie „Subeinheiten", der Ausdruck „Monomères" verwendet. Wir gebrauchen den Begriff „Monomer" bei Enzymen für diejenige Einheit, die ein aktives Zentrum hat. Ein Protein kann aus identischen oder nichtidentischen Monomeren aufgebaut sein. Letzteres ist im Hämoglobin der Fall. Aggregate von Monomeren sind Oligo- oder Polymere. Im Hämoglobin sind „Subeinheiten" und „Monomere" identisch. Ein Protein, welches aus zwei Monomeren aufgebaut ist, ist ein dimeres Protein. Unter dem Ausdruck „Protomer" versteht man die kleinste. *identische* Einheit eines oligomeren Proteins (z. B. $\alpha\beta$-Protomer des Hämoglobins).

Tabelle 8:
Molekulargewichte und Subeinheiten oligomerer Proteine

Protein	Molgewicht	Zahl der Monomeren	Molgewicht der Subeinheiten
β-Lactoglobulin	35000	2	17500
Glycerin-1-Phosphat-Dehydrogenase	78000	2	40000
Enolase	82000	2	41000
Hexokinase	110000	2	55000
Hämerythrin	107000	8	13500
Milchsäuredehydrogenase	150000	4	35000
Coeruloplasmin	151000	8	18000
Pyruvatkinase	237000	4	57000
Aspartat-Transcarbamylase	310000	2	100000
		6	17000
Urease	483000	6	83000
Glutaminsäuredehydrogenase	330000	6	55000
Poliomyelitis-Virus	5500000	130	27000
Tabak-Mosaic-Virus	40000000	2130	17500

Wie die Tabelle 8 erkennen läßt, gibt es ein breites Spektrum von Eiweißen, die aus Subeinheiten aufgebaut sind. Es reicht von Proteinen mit relativ niedrigem Molekulargewicht bis zu hochmolekularen Aggregaten (mehrere 100 und darüber), z. B. Viren. Oligomere oder polymere Proteine können auf verschiedene Weise in ihre Untereinheiten zerfallen:

1. Proteinmolekül $\leftrightharpoons$ einzelne Polypeptidketten

2. Proteinmolekül $\leftrightharpoons$ Protomere (identische Einheiten aus mehreren Polypeptidketten) $\leftrightharpoons$ Monomere (einzelne Polypeptidketten)

3. Proteinmolekül $\leftrightharpoons$ Protomere oder Monomere + einzelne Polypeptidketten

Die Dissoziation nach Gleichung 3 ist weniger verbreitet. Proteine vom homogenen Typ (aufgebaut aus identischen Polypeptidketten) dissoziieren im allgemeinen nach Gleichung 1, zusammengesetzte Proteine des heterogenen Typs (bestehend aus verschiedenen Polypeptidketten) dissoziieren häufig nach Gleichung 2. Manchmal stellt dies eine symmetrische Dissoziation dar, d. h. die gebildeten Spaltprodukte sind identisch aufgebaut (z. B. beim Hämoglobin das $\alpha\beta$-Protomer, s. S. 79). Dissoziation und Reaggregation können durch verschiedene Bedingungen und Reagenzien ausgelöst werden: Erhöhung oder Erniedrigung der Temperatur, Veränderungen der Ionenstärke, des pH-Wertes, Zugabe von Harnstoff oder Guanidinhydrochlorid (Dissoziation) und anschließende Entfernung (Reaggregation), Veränderung der Konzentration des betreffenden Proteins, Bindung von Liganden usw.

Die Quartärstruktur sowie Art und Zahl der Subeinheiten haben für die biologische Aktivität eine sehr große Bedeutung. Für einen Teil der Enzyme stimmt die Zahl der Bindungszentren für Substrate oder Coenzyme mit der Zahl der Subeinheiten überein (Alkoholdehydrogenase. Lactatdehydrogenase, Glycerinaldehyd-3-Phosphat-Dehydrogenase usw.). Im Falle der Aspartat-Transcarbamylase und β-Galaktosidase ist die Zahl der Polypeptidketten größer als die der katalytisch aktiven Zentren. In solchen Fällen wird ein Protomeres entweder aus strukturell und funktionell verschiedenen Ketten aufgebaut (z. B. sog. katalytische und regulatorische Subeinheiten, s. Teil II) oder es sind an der Ausbildung eines aktiven Zentrums mehrere Polypeptidketten beteiligt. Ähnliches gilt auch für die Ausbildung der zwei Antigen-Bindungsstellen an den aus je zwei Polypeptidkettenpaaren bestehenden Immunoglobulinen (s. S. 53). Die Aspartat-Transcarbamylase besteht aus zwei verschiedenen Typen von Polypeptiden, die sich sehr deutlich im Molekulargewicht unterscheiden (s. Tab. 8). Es wurde erkannt, daß nur die Subeinheit mit einem Molekulargewicht von 100000, die ihrerseits aus drei Polypeptidketten von je 33000 besteht, katalytisch aktiv ist, während die kleinere Einheit regulatorische Funktionen besitzt, indem sie Inhibitoren oder Aktivatoren zu binden vermag. Auftretende Wechselwirkungen zwischen diesen Subeinheiten im Molekularverband können die Affinität der katalytisch aktiven, größeren Einheit zu ihren Substraten verändern. Dieses Phänomen ist den Wechselwirkungen zwischen den Subeinheiten des Hämoglobins sehr ähnlich. Sie ist die Grundlage der Theorie der regulatorisch wirkenden allosterischen Enzyme (s. Teil II).

Eine besondere Rolle spielen die sog. Multienzymsysteme. Man versteht darunter mehr oder weniger fest-

Nichtkovalente Bindungen in Proteinen

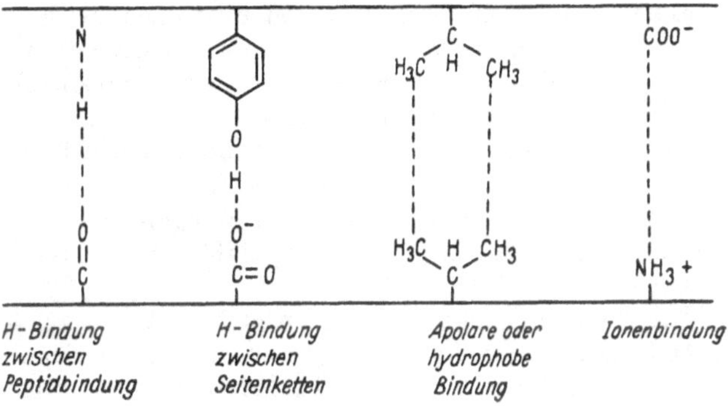

gefügte Aggregate aus verschiedenen Enzymmolekülen die Bestandteile einer Reaktionskette sind. Sie stellen hochorganisierte und an ihre Aufgabe hervorragend angepaßte Protein-Komplexe dar, deren Teile in mannigfaltigen Wechselwirkungen untereinander stehen. Besonders intensiv wurden der Fettsäure-Synthetase-Komplex aus Hefe (Teilchengewicht $2{,}3 \cdot 10^6$, bestehend aus sieben verschiedenen Enzymproteinen als Untereinheiten) und der Brenztraubensäure-Dehydrogenase-Komplex aus *E. coli* (Teilchengewicht $4{,}8 \cdot 10^6$, bestehend aus drei verschiedenen aktiven Komponenten und mehr als 100 Polypeptidketten) untersucht.

Wie erwähnt, verlieren häufig die bei der Dissoziation von oligomeren Proteinen entstehenden Monomeren teilweise oder völlig ihre biologischen Funktionen (z. B. Verlust der enzymatischen Aktivität). Bei den isolierten α- und β-Ketten des Hämoglobins sind keine Häm-Häm-Wechselwirkungen und kein Bohr-Effekt mehr zu beobachten. Sie besitzen eine wesentlich höhere Affinität zum Sauerstoff als das tetramere Hämoglobin. Alle Befunde zeigen, daß die Monomeren von zusammengesetzten Proteinen im dissoziierten Zustand eine andere Conformation aufweisen müssen als im oligomeren Verband. Dies zeigt, daß die nichtkovalenten Bindungen zwischen den Subeinheiten im Molekülverband einen wesentlichen Einfluß auf deren Conformationszustand ausüben. Dadurch werden in vielen Fällen die katalytische Aktivität des Moleküls und eine Reihe weiterer funktioneller Eigenschaften modifiziert. Man kann sie als Eigenschaften *höherer Ordnung* bezeichnen. Das Hämoglobin und die Aspartat-Transcarbamylase liefern dafür eindrucksvolle Beispiele.

Die Quartär-Struktur hat einen großen Anteil an der Stabilisierung der Struktur. Durch Zusammenfügung mehrerer flexibler monomerer Einheiten zu einem oligomeren Molekülverband wird diesem ein höherer Grad an Festigkeit verliehen, die die isolierten Einheiten nicht besitzen. Es ist eine allgemeine Erfahrung, daß solche Enzyme, die eine Deaggregation bei niedrigen Proteinkonzentrationen aufweisen, im verdünnten Zustand sehr instabil sind. Diese Betrachtungen bringen uns zu der Frage, durch welche Kräfte überhaupt die Conformation eines Proteins bestimmt wird.

2.6.2.5. *Stabilisierung der höheren Proteinstrukturen*

Strukturbestimmend für ein Protein sind verschiedene Bindungen, die teils kovalenter und teils nichtkovalenter Natur sind. Die beiden kovalenten (homöopolaren) Bindungen in Proteinen sind die Peptid- und die Disulfidbindungen (in manchen Proteinen findet man außerdem Phosphorsäure, die kovalent an Serin gebunden ist). Die nichtkovalenten Bindungen, die für die Aufrechterhaltung der Sekundär-, Tertiär- und Quartär-Struktur (diese drei Strukturebenen eines Proteins, vor allem die Sekundär- und Tertiärstruktur, werden zusammenfassend als Conformation eines Proteinmoleküls bezeichnet), von Bedeutung sind, werden repräsentiert a) durch die Wasserstoffbindung, b) die apolare oder hydrophobe Bindung und c) die Ionenbindung (heteropolare oder elektrovalente Bindung) (s. Abb. S. 91). Eine Wasserstoffbindung kann sich zwischen zwei elektronegativen Atomen ausbilden, wenn sich zwischen diesen ein Wasserstoffatom oder besser gesagt ein Proton befindet. In Eiweißen (und Nukleinsäuren, s. d.) kommen ausnahmslos hierfür O- und N-Atome in Betracht. Das Proton stammt von einer stark polaren Gruppe (z. B. -NH), dem Protonendonator, und tritt mit einem einsamen Elektronenpaar des elektronegativen Acceptors (z. B. Sauerstoff) in Wechselwirkung. Man unterscheidet dabei H-Bindungen, die zwischen Peptidbindungen (entweder der gleichen oder verschiedenen Polypeptidketten, s. Sekundärstruktur) oder zwischen den Seitenketten verschiedener Aminosäuren ausgebildet werden. Der Bindungswinkel ist im allgemeinen 180°. Die Bindungsenergie liegt zwischen 2 und 10 kcal/mol. Sie hängt von verschiedenen Parametern, wie Größe des Abstandes, Art der Umgebung usw. ab. Gewöhnlich liegen die Mittelpunktsabstände zwischen Elektronendonator und -acceptor zwischen 2,3 und 3,2 Å. Bei Abständen um 2,5 Å liegt das Proton zentral zwischen O und N. Bei größeren Abständen ist es vorwiegend im Donatorraum lokalisiert.

Wie schon ausgeführt, haben die Wasserstoffbindungen einen großen Anteil am Aufbau der α-Helix. Sie sind von großer Bedeutung für die Stabilität der Struktur eines Proteinmoleküls.

40% aller in Proteinen vorkommenden Aminosäuren haben apolare Seitenketten (Methylgruppe des Alanins, Isopropylgruppe des Valins, sekundäre Butylgruppe des Leucins, Phenylgruppe des Phenylalanins). Daraus kann die große Bedeutung von hydrophoben Wechselwirkungen für die Tertiärstruktur von Eiweißen abgeleitet werden. Am Myoglobin wurde gezeigt, daß eine stabile Tertiärstruktur dann entstehen kann, wenn im Innern eines Eiweißmoleküls hydrophobe Bezirke konzentriert sind und dadurch eine Unzugänglichkeit für Wasser entsteht. Das Beispiel des Lysozyms, bei dem große Teile der polaren und apolaren Seitenketten gerade entgegengesetzt gelagert sind, zeigt, daß dies nicht generell zuzutreffen braucht. Diese beiden Beispiele weisen auf die Kompliziertheit des Problems hin. Um die Bedeutung hydrophober Wechselwirkungen richtig verstehen zu können, erinnern wir uns daran, daß das flüssige Wasser eine bestimmte „Struktur“ aufweist. Wassermoleküle haben nämlich die Fähigkeit, über intermolekulare Wasserstoffbrücken dreidimensional vernetzte Strukturen (sog. Cluster) zu bilden.

Von Bedeutung ist, daß die strukturelle Ordnung des Wassers, d. h. die Zahl der Wasserstoffbrücken pro Mol Wasser, in der Nachbarschaft von unpolaren Gruppen zunimmt (positiver Entropieeffekt). Der Grund für die Stabilisierung der Cluster ist die Zunahme der zwischenmolekularen Kräfte in der Umgebung der unpolaren Moleküle. Bei Annäherung oder Berührung hydrophober Seitenketten nimmt die Zahl der unmittelbar benachbarten freien Wassermoleküle ab. Eine Zunahme der Cluster um die hydrophoben Seitenketten und die hydrophoben Bindungen führt infolge einer steigenden Immobilisierung der Wassermoleküle zu einer Stabilisierung des Proteinmoleküls in wäßriger Lösung. In diesem Zusammenhang spricht man von kristallisierten Hydraten oder „Hydratations-Eisbergen", die sich um die unpolaren Gruppen herum ausbilden. Es kommt jedoch dabei nicht zu einem „Einfrieren" der Proteinstruktur. Die Proteinstruktur weist trotzdem einen hohen Grad an Flexibilität auf. Man muß sich vorstellen, daß wir es nicht mit unpolaren Einzelmolekülen zu tun haben, die unabhängig voneinander in der wäßrigen Lösung vorliegen, sondern daß es sich bei den hydrophoben Bezirken um Teile eines flexiblen Makromoleküls handelt. Die hydrophoben Bindungen sind wichtige, vielleicht sogar die wichtigsten strukturstabilisierenden Kräfte in einem Eiweißmolekül.

Durch hydrophobe Agenzien können Änderungen in der Proteinconformation hervorgerufen werden. Wenn man zu β-Lactoglobulinlösungen verschiedene Kohlenwasserstoffe zusetzt, so werden diese gebunden und dabei Conformationsänderungen erzeugt, wie aus Viskositätsmessungen, Messungen der optischen Rotationsdispersion und einem veränderten UV-Spektrum hervorgeht. Auch auf Enzyme können hydrophobe Substanzen Einflüsse ausüben. Die Alkoholdehydrogenase aus Hefe wird durch 1-Alkyl-3-aminocarbamylpyridiniumchlorid bei Kettenlängen zwischen C_3 bis C_{11} im zunehmendem Maße gehemmt. Bei fettsäureesterspaltenden Esterasen hängt die Geschwindigkeit der Enzymreaktion von der Länge des Substrat-Acylrestes ab. Die Affinität des Enzyms zum Substrat wird jedoch davon nicht beeinflußt. Es ist sehr wahrscheinlich, daß der hydrophobe Anteil des Substrates mit hydrophoben Anteilen des aktiven Zentrums der Esterasen in Wechselwirkungen tritt. Größe und Flexibilität des aktiven Zentrums bestimmen offenbar, wie groß die optimale Kettenlänge des hydrophoben Restes sein muß. Die Bedeutung von apolaren Gruppen für die Proteinstruktur geht auch aus Experimenten an der Ribonuclease hervor, die sich mit der Rückbildung ihrer nativen Struktur nach Harnstoffdenaturierung und Reduktion ihrer Disulfidbrücken mittels Mercaptoäthanol befaßten. Bei Modifikation der polaren, an der Oberfläche des Enzyms gelegenen Seitenketten (wie Lysin, Glutaminsäure und Asparaginsäure) wird die Rückbildung nicht vermindert, vorausgesetzt, daß dabei keine hydrophoben Seitenketten eingeführt werden. Beim Trypsin führt die Einführung aromatischer Ringe in die Oberfläche zu einer deutlichen Veränderung der Renaturierungsgeschwindigkeit.

Die *polaren Wechselwirkungen*, die zur Ausbildung von Ionenbindungen führen, sind eingehend am Myoglobin studiert worden. Der größte Teil der hydrophilen polaren Gruppen bindet Wassermoleküle, da sie oberflächlich gelagert sind. Nur ein kleinerer Teil bildet intramolekulare Ionenbindungen aus. Es ist anzunehmen, daß die Verhältnisse beim Lysozym etwas anders liegen. Dies zeigt, daß die Bedeutung der Ionenbindungen bei verschiedenen Proteinen unterschiedlich ist.

Für die einem Protein innewohnende Sekundär- und Tertiärstruktur ist die Primärstruktur von entscheidender Bedeutung. Man kann sagen, daß die Primärstruktur bestimmend für die Sekundär- und Tertiärstruktur ist. Dies wurde aus der Tatsache abgeleitet, daß eine Reihe von Proteinen nach ihrer Denaturierung innerhalb einer bestimmten Zeit in der Lage ist, die charakteristische Architektur und die Eigenschaften der nativen Form wieder anzunehmen. Beispiele dieser Art sind Ribonuclease, Lysozym u. a. Auch oligomere Proteine, z. B. Aldolase, können sich nach Säurebehandlung und Aufspaltung in Subeinheiten zumindest zu einem Teil in ihre native Form zurückbilden. Andere Proteine zeigen diese Eigenschaften nicht. Bei manchen Proteinen ist die Geschwindigkeit der Rückbildung groß genug, um nachgewiesen werden zu können, bei manchen ist sie unmeßbar klein.

Offenbar stellt die native Conformation eines Proteins eine thermodynamisch stabile Form mit geringster freier Energie dar. Dieser Zustand ist jedoch nicht starr, sondern dynamisch. Er kann durch die Bindung von Liganden oder durch mehr oder weniger spezifische Einflüsse des Mediums verändert werden. Trotz der Kompliziertheit eines Proteinmoleküls ist anzunehmen, daß die Zahl seiner Conformationszustände begrenzt ist. Bei manchen Proteinen gibt es vielleicht nur zwei (Hämoglobin, Phosphorylase b, Triosephosphatdehydrogenase), andere hingegen haben mehrere Conformationszustände (Albumin). Diese sehr komplizierten Fragen stehen im Mittelpunkt der gegenwärtigen Erforschung der Proteinstruktur.

Der Zeitbedarf für Conformationsänderungen an verschiedenen Proteinen überstreicht mehrere Zehnerpotenzen, er liegt zwischen $1 \cdot 10^{-7}$ und $1 \cdot 10^{3}$ Sekunden. Die Proteinkonformation wird also in entscheidendem Maße von der Primärstruktur, aber auch von den Eigenschaften des Lösungsmittels und der in diesem gelösten Substanzen bestimmt. Zu ihrer Unterscheidung hat KLOTZ folgende Nomenklatur vorgeschlagen: *Autoplastische Effekte* an einem Proteinmolekül rühren von der Primärstruktur her, *alloplastische Effekte* drücken die Wirkungen des Lösungsmittels und seiner Bestandteile auf die Proteinconformation aus.

Gegenwärtig ist man darum bemüht, die Proteinconformation aus der Primärstruktur mit Hilfe von Computern zu berechnen. Diese Berechnungen beruhen auf den Eigenschaften niedrigmolekularer Verbindungen, wie Kohlenwasserstoffe, synthetischer Peptide und synthetischer Polypeptide und anderer Makromoleküle. Vielversprechende Erfolge wurden schon bei Oligopeptiden wie Vasopressin, Gramicidin G und Ribonuclease erzielt.

2.6 2.6. *Denaturierung*

Unter Denaturierung versteht man die Umwandlung eines biologisch aktiven, sog. nativen Proteins in eine Form, in der es seine natürlichen Eigenschaften, wie Löslichkeit, enzymatische Wirksamkeit usw. verloren bzw. stark verändert hat. Es kommt auch zu einer Veränderung anderer Parameter eines Proteins, wie Lichtstreuung, optische Rotationsdispersion, Infrarotabsorption, Reaktivität von Seitenketten, Deuterium-Austausch u. a. Die Denaturierung ist ein charakteristisches Merkmal von Polypeptiden und Eiweißen und wird nicht von Aminosäuren und niedrigmolekularen Peptiden gegeben. Damit liegt der Zusammenhang zwischen der Fähigkeit zur Denaturierung und dem größeren Molekulargewicht und feineren Bau der Moleküle auf der Hand. Bedeutsam für die Denaturierung ist, daß dabei keine Lösung der Peptidbindung und auch keine chemische Veränderung der Aminosäuren eintritt. Die Veränderungen, die bei Denaturierung eintreten, betreffen die höheren Struktur der Proteïne.

Die denaturierenden Agenzien können in physikalische und chemische eingeteilt werden. Zu den physikalischen Faktoren gehören Hitze, Druck (über 5000 Atmosphären), Gefrieren, Oberflächenkräfte, Strahlung, Ultraschall. Zu den chemischen Agenzien gehören H^+-Ionen, OH^--Ionen, organische Lösungsmittel (Aceton, Alkohol), Harnstoff und Formamid. Diese Aufstellung zeigt die große Unterschiedlichkeit der denaturierenden Agenzien. Trotzdem ist es möglich, ihre Wirkungsweise unter vereinheitlichenden Gesichtspunkten zu betrachten. *Wasserstoffbindungen* lassen sich durch Harnstoff, Guanidin oder Formamid aufbrechen, da beide Substanzen die Fähigkeit besitzen, selbst Wasserstoffbindungen zu bilden. Bei bestimmten Harnstoffkonzentrationen ist es ohne Denaturierung auch möglich, Molekülaggregate, die durch Wasserstoffbrücken zusammengehalten werden, in kleinere Einheiten aufzuspalten. Die Wirkung höherer Temperaturen läßt sich darauf zurückführen, daß Wasser als Dipol die Fähigkeit hat, Wasserstoffbindungen zu spalten. In der Kälte ist diese Wirkung wesentlich geringer als die des Harnstoffs und des Formamids.

Auf die Sprengung *hydrophober Bindungen*, die sich zwischen hydrophoben Aminosäuren ausbilden, läßt sich die denaturierende Wirkung der organischen Lösungsmittel, wie Aceton und Alkohol, aber auch die durch Oberflächenkräfte hervorgerufene Denaturierung zurückführen. Merkwürdigerweise ist auch Harnstoff in der Lage, hydrophobe Wechselwirkungen zu schwächen.

Salzbindungen können durch H^+- und OH^--Ionen zerstört werden. Durch Veränderungen des Ionisationsgrades verschiedener funktioneller Gruppen werden tiefgreifende Veränderungen der Molekülstruktur erzeugt. Dabei treten größere individuelle Unterschiede in der Empfindlichkeit einzelner Proteine auf. So ist z. B. das niedrigmolekulare Cytochrom c säurestabil. Pepsin ist bei pH 1 im Gegensatz zu den meisten anderen Proteinen stabil, während es bei pH 6 sehr leicht denaturiert werden kann.

Unter bestimmten Umständen ist die Denaturierung reversibel. Im Falle des Serumalbumins sind Beziehungen zwischen der Menge und Verteilung von Disulfidbrücken und SH-Gruppen ermittelt worden. Beim Serumalbumin ist die Sprengung der Wasserstoffbindungen unter gewissen Umständen reversibel. Verdünnt man harnstoffdenaturiertes Serumalbumin mit Wasser, so kann man das native Protein zurückgewinnen. Gibt man zu harnstoffdenaturiertem Albumin *Cystein* hinzu, kommt es zu einer Spaltung der bestehenden Cystinbrücken und zu ihrer Neuverteilung. In diesem Fall ist die Denaturierung irreversibel. Es gibt auch Hinweise darauf, daß in einem Proteinmolekül nur einzelne Areale denaturiert werden können, und daß der verbleibende native Rest die Conformation des Moleküls weitgehend aufrechterhalten kann.

Einige denaturierte globuläre Proteine zeigen im Röntgendiagramm die Struktur von nahezu vollständig gestreckten Polypeptidketten. Bei der Denaturierung von zusammengesetzten Proteinen tritt eine Dissoziation in Subeinheiten und eine Umwandlung der einzelnen Ketten ein, die dann häufig als statistisches Knäuel vorliegen.

2.7. Physikalische Chemie der Proteine

2.7.1. Elektrolytnatur

Die Elektrolytnatur der Proteine wird durch das Vorhandensein ionisierbarer Gruppen mehrfunktioneller Aminosäuren verursacht, die in die Polypeptidkette eingebaut sind. Der Anteil der freien ionisierbaren Endgruppen der Peptidkette ist wegen der großen Länge der Proteinmoleküle sehr klein. Man unterscheidet zwischen sauren Gruppen (-COOH-Gruppe, Hydroxylgruppe von Tyrosin) und basischen Gruppen (-NH_2-Gruppe, Guanidinrest), die von den entsprechenden Aminosäuren wie Glutaminsäure, Asparaginsäure, Tyrosin, Lysin, Arginin, Histidin usw. stammen. Der Ionisationsgrad dieser Gruppen ist pH-abhängig, die sauren Gruppen liegen im Alkalischen, die basischen im Sauren in der Ionenform vor. In der Tabelle 9 sind die charakteristischen Dissoziationskonstanten als pK-Werte einiger ionisierbarer Gruppen der Proteinmoleküle zusammengestellt.

Tabelle 9:
Dissoziationskonstanten (in Form von pK-Werten) einiger in Proteinen vorkommender saurer und basischer Gruppen

Gruppe	pK 25 °C
α-Carboxyl	3,0 – 3,2
γ-Carboxyl (Asparaginsäure)	3,0 – 4,7
δ-Carboxyl (Glutaminsäure)	etwa 4,4
Phenolisches Hydroxyl (Tyrosin)	9,8 – 10,4
Sulfhydryl	9,1 – 10,8
Imidazol (Histidin)	5,6 – 7,0
Ammonium (α, Cystin)	6,5 – 8,5
Ammonium (ε-Lysin)	9,4 – 10,6
Guanidino (Arginin)	11,6 – 12,6

Bei definiertem pH-Wert bestimmen also Anzahl und Art der vorhandenen Gruppen den Ladungszustand eines Proteins. Der pH-Wert, an dem das Proteinmolekül die gleiche Anzahl positiver und negativer Ionengruppen trägt, heißt *isoelektrischer Punkt* (IP) des Proteins. Der IP der Proteine ist dadurch charakterisiert, daß an ihm 1. die Löslichkeit der Eiweiße ein Minimum erreicht und 2. die Eiweiße im elektrischen Gleichspannungsfeld keine Wanderung zeigen.

In der Tabelle 10 sind die isoelektrischen Punkte einiger Proteine zusammengestellt. Man erkennt, daß bei einer Reihe von Proteinen ein geringes pH-Intervall angegeben ist. Der IP ist u. a. von der Ionenstärke des Lösungsmittels abhängig.

Tabelle 10:
Isoelektrische Punkte verschiedener Proteine

	IP	Ionenstärke
Eieralbumin	4,59	0,1
Serumalbumin	4,7– 4,9	0,02
β-Lactoglobulin	5,1– 5,3	0,1
γ_1-Globulin (Human)	5,8	0,1
γ_2-Globulin (Human)	7,3	0,1
Collagen	6,6– 6,8	–
α-Casein	4,0– 4,1	0,1
Lysozym	11,0–11,2	0,02
Hämoglobin (Human)	7,07	–
Hämoglobin (Huhn)	7,23	–
Hämoglobin (Pferd)	6,92	–

Entfernt man sich vom IP durch Zugabe von Wasserstoffionen in Richtung niedriger pH-Werte, so liegt das Protein als Kation infolge Zurückdrängung der Carboxylgruppendissoziation vor.

Erhöht man den pH-Wert durch Zugabe von Lauge, tritt im Proteinmolekül ein Überschuß an negativen Ladungen auf, so daß ein Anion vorliegt. Trägt man die gemessenen pH-Werte in Abhängigkeit von der zugegebenen H^+- oder OH^--Ionenmenge auf, so erhält man die Titrationskurve eines Proteins. Die Abbildung 16 zeigt, daß bei der Titration verschiedene Pufferbereiche durchlaufen werden. Diese sind auf die Pufferwirkung der unterschiedlich dissoziierenden Gruppen des Proteins zurückzuführen.

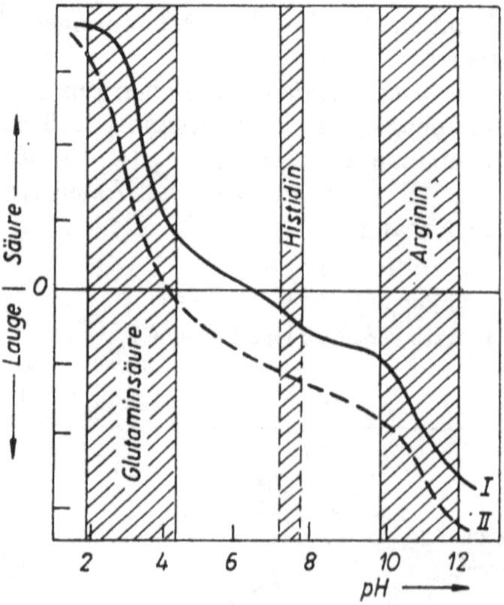

Abb. 16: Titrationskurven von Hämoglobin (I) und Serumalbumin (II). Schraffierte Linien: Pufferbereiche der Proteine

Der pK-Wert der entsprechenden Gruppen (Tab. 9) drückt den pH-Wert maximaler Pufferung aus. Die Pufferkapazität der Proteine wird durch die Anzahl der vorhandenen ionisierbaren Gruppen bestimmt.

Zur Illustration seien die Titrationskurven des Serumalbumins und des Hämoglobins miteinander verglichen (Abb. 16). Während im sauren und alkalischen Bereich keine wesentlichen Unterschiede in der Pufferung zwischen beiden Proteinen ersichtlich sind, treten bei etwa pH 7 Unterschiede zutage. Diese sind darauf zurückzuführen, daß bei etwa gleichen Molekulargewichten der beiden Proteine im Hämoglobin etwa 40 Histidinreste, im Serumalbumin hingegen nur 16 Histidinreste pro Molekül enthalten sind. Die Pufferung des Hämoglobins im neutralen Bereich hat eine große physiologische Bedeutung beim CO_2-Transport und im Säure-Basen-Haushalt des Organismus.

2.7.2. Elektrophorese

Unter Elektrophorese versteht man die Wanderung von geladenen Teilchen im elektrischen Gleichstromfeld. Die Wanderungsgeschwindigkeit hängt bei gegebener Spannung von der Ladung der Teilchen ab, wobei diese wiederum durch die spezifische Zusammensetzung des Proteinmoleküls aus sauren und basischen Aminosäuren und durch den pH-Wert festgelegt wird. Einen weiteren Einfluß auf die Wanderungsgeschwindigkeit haben hydrodynamische Eigenschaften der Moleküle. Bei einem vorgewählten pH-Wert können Proteine sowohl durch ihre unterschiedliche Ladung als auch durch ihren unterschiedlichen Reibungswiderstand verschiedene Wanderungsgeschwindigkeiten haben.

Die resultierende elektrophoretische Beweglichkeit u (Wanderungsgeschwindigkeit/Feldstärke) ist unter Berücksichtigung des Einflusses der Ionenstärke im Gültigkeitsbereich der DEBYE-HÜCKELschen Theorie wie folgt definiert:

$$u = \frac{Q}{6\pi\eta r\,(1 + Kr)}\,\mathrm{f}(Kr)$$

Q = Netzladung des Proteins; r = Radius des Teilchens; η = Viskosität des Lösungsmittels; K = Radius der das Teilchen umgebenden Ionenwolke.

Die Funktion $f(Kr)$ nähert sich bei hohen Ionenkonzentrationen dem Wert $^3/_2$ und bei niedrigen Ionenstärken dem Wert 1.

Eine weitere Erscheinung, die die Wanderung von elektrisch geladenen Teilchen während der Elektrophorese beeinflussen kann, ist die Elektroosmose. Man versteht darunter die Bewegung der Pufferflüssigkeit infolge elektrischer Aufladung in eine bestimmte Richtung beim Anlegen eines elektrischen Feldes. Die Wanderung des Puffers wird durch die Ausbildung eines sogenannten ζ-Potentials zwischen mobiler Phase und stationärer Phase (Trägermaterial der Elektrophorese) verursacht. Bei schwach alkalischen pH-Werten des Puffers beobachtet man im allgemeinen eine Flüssigkeitsbewegung zur Kathode hin, während die meisten Proteine hier anodisch wandern.

Die Elektroosmose kann z. B. so stark sein, daß negativ geladene Teilchen mit großem Reibungswiderstand durch die Strömung des Wassers in Richtung Kathode

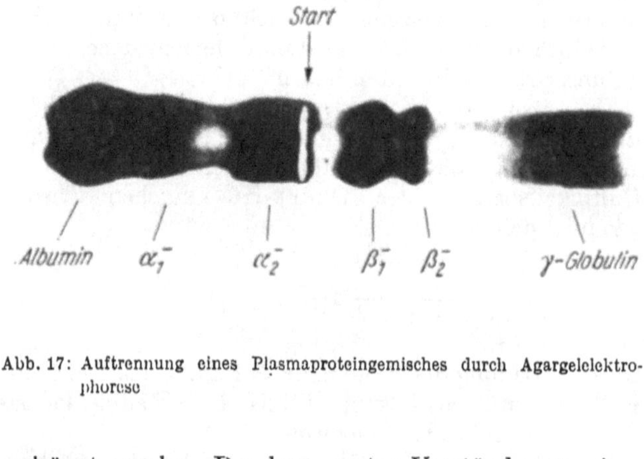

Abb. 17: Auftrennung eines Plasmaproteingemisches durch Agargelelektrophorese

gedrängt werden. Das kann unter Umständen zu einer Verstärkung der Auftrennung von Proteingemischen führen (s. Abb. 17).

Proteine, die nicht wandern, sind entweder äußerlich elektrisch neutral, liegen also am isoelektrischen Punkt vor, oder die Beweglichkeiten durch Elektroosmose und Elektrophorese heben sich auf. Die Elektrophorese besitzt heute große analytische und präparative Bedeutung. Sie findet Anwendung bei der Auftrennung von Plasmaproteinen und Isoenzymen und leistet wertvolle Dienste bei der Reinheitsprüfung von Eiweißstoffen. Hinsichtlich der Methoden unterscheidet man eine trägerfreie Elektrophorese (s. Abb. 18), von einer Elektrophorese, die auf einem bestimmten Träger (Papier, Stärke, Agargel, Celluloseacetat, künstl. Polymere) (Abb. 17, 20) durchgeführt wird. Die Trägerelektrophorese wird auch als Zonenelektrophorese bezeichnet. Während mittels der freien Elektrophorese nur eine teilweise Trennung der

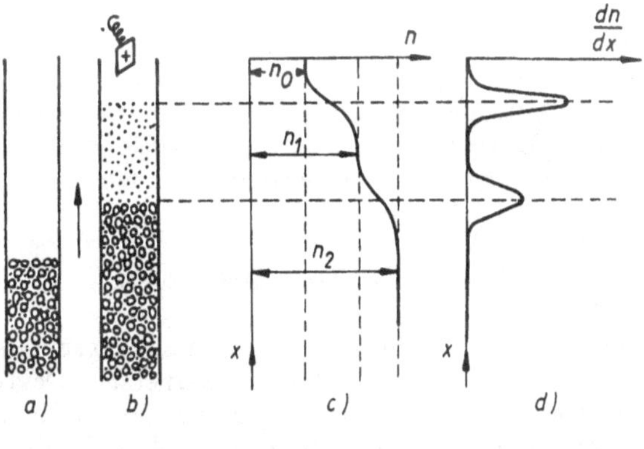

Abb. 18: Trennung zweier Komponenten bei der Elektrophorese (nach LEUTHARDT)
A) Beginn der Wanderung
B) Ende der Wanderung
C) Verlauf des Brechungsindex nach Beendigung der Wanderung
D) Verlauf des Indexgradienten in der Wanderungsrichtung

Fraktionen erreicht wird, läßt sich durch die Zonenelektrophorese die Trennung einer Proteinmischung in diskrete Banden erzielen.

Zwei besondere Formen der zuletzt genannten Methode sind die Immunoelektrophorese und die Disk-Elektrophorese. Erstere wird auf Agarplatten zunächst als normale Zonenelektrophorese durchgeführt. Nach der Trennung wird senkrecht zur Wanderungsrichtung der Proteine ein Antiserum aufgetragen. Infolge Diffusion entstehen an den einzelnen Proteinzonen typische Präzipitationsbanden. Bei der Disk-Elektrophorese wird als Trägermaterial Polyacrylamid verwendet. Durch Variation des Polymerisationsgrades kann die Porengröße des polymeren Trägers festgelegt werden. Dadurch ist es möglich, neben der elektrophoretischen Trennung eine Proteintrennung durch den sogenannten Molekülsiebeffekt (s. u.) zu erreichen. Häufig wird diese Methode unter Verwendung eines diskontinuierlichen pH-Gradienten und von unterschiedlichen Polymerisationszonen durchgeführt.

Mit der für präparative Zwecke entwickelten Ablenkungselektrophorese können infolge kontinuierlicher, konstanter Auftragung von Proteingemischen größere Mengen gereinigter Eiweißstoffe gewonnen werden.

2.7.3. Proteintrennung durch Molekülsiebe

Neben der Proteintrennung durch Ladungsunterschiede werden seit einigen Jahren vernetzte Dextrangele (Sephadex-Gele) in steigendem Maße benutzt, die Eiweißstoffe auf Grund ihrer unterschiedlichen Größe trennen können. Das Prinzip der Methode ist in der Abbildung 19 dargestellt. In einer Säulenpackung aus wassergequollenen Sephadexkörnern ist für kleine Moleküle der gesamte Lösungsmittelraum zugänglich, demzufolge wandern die kleinen Moleküle auch durch die Poren des vernetzten Gels. Bei einer entsprechend vorgewählten Porengröße innerhalb des Gels können größere Moleküle nicht durch das Gel wandern, sondern bewegen sich nur in den Zwischenräumen der Packung und verlassen beim Durchfließen die Säule zuerst. Durch Variation der Porengröße der

Gelkörner lassen sich Fraktionierungsbereiche von Molekulargewichten von wenigen 100 bis zu mehreren Millionen erreichen.

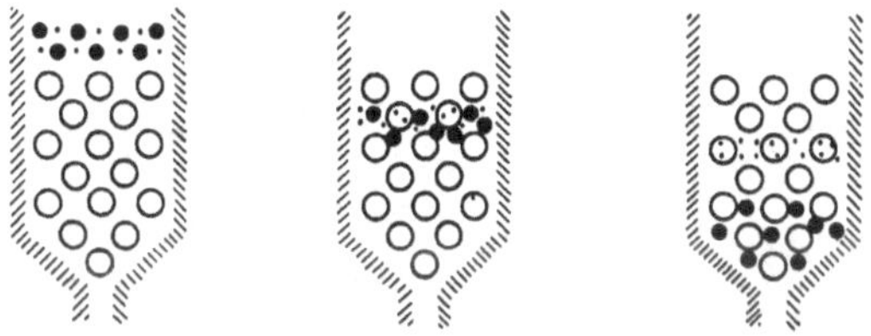

a) b) c)

Abb. 19: Proteintrennung durch Molekülsiebfiltration

Die Methode der Gelchromatographie hat zunehmende Bedeutung erlangt, und sie wird auch in Kombination mit anderen chromatographischen und elektrophoretischen Verfahren zur Proteintrennung angewendet.

2.7.4. Proteine als polare Kolloide, Löslichkeit

Die Löslichkeit von Proteinen in Wasser oder wäßrigen Lösungen ist unterschiedlich. Ein großer Teil der strukturbildenden Eiweißkörper, die sogenannten fibrillären Proteine, ist überhaupt nicht löslich, sondern quillt nur im Wasser auf, wobei die aufgenommene Wassermenge ein Mehrfaches des Eigengewichtes betragen kann. Die im Wasser gelösten Proteine sind auf Grund ihrer Aggregationsneigung häufig kolloiddisperse Systeme. Sie zeigen den Tyndall-Effekt (s. u.). Infolge Anwesenheit hydrophiler Gruppen sind die Proteinmoleküle von einer großen Hydratationshülle umgeben und fallen demzufolge nicht aus. Die Fähigkeit der Proteine, im wäßrigen System in bestimmten räumlichen Strukturen vorzuliegen (Sekundär- und Tertiärstruktur), wird durch verschiedene inter- und intramolekulare Bindungsaffinitäten hervorgerufen (S. 93).

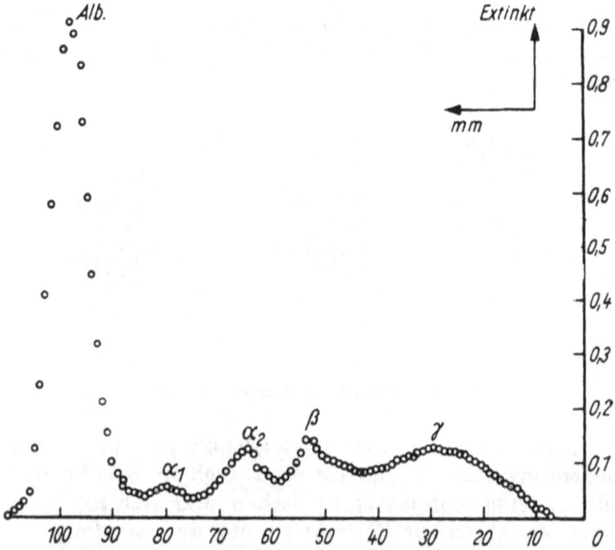

Abb. 20: Papierelektropherogramm eines Normalserums (angefärbter Streifen unten) und graphische Darstellung einer photometrischen Auswertung (oben). (Aus HOPPE-SEYLER-THIERFELDER, Handbuch der physiologisch- und pathologisch-chemischen Analyse, 10. Auflage, 4. Band, I. Teil, S. 181, Springer-Verlag 1960)

Die Löslichkeit der Proteine in wäßriger Lösung hängt vom pH-Wert und der Salzkonzentration ab. Besonders bedeutsam ist, daß manche Proteine (Globuline) in reinem Wasser unlöslich sind und bei Zugabe geringer Neutralsalzmengen in Lösung gehen (Einsalzung). Bei Erhöhung der Neutralsalzkonzentration werden die Proteine ausgefällt (Aussalzung). Die Wirkung der Neutralsalzlösung auf die Ein- oder Aussalzung hängt nicht direkt von der Konzentration, sondern von der Ionenstärke ($I = {}^1/_2 \sum c \cdot w^2$) ab ($c$ = Konzentration Mol/l, w = Wertigkeit). Die

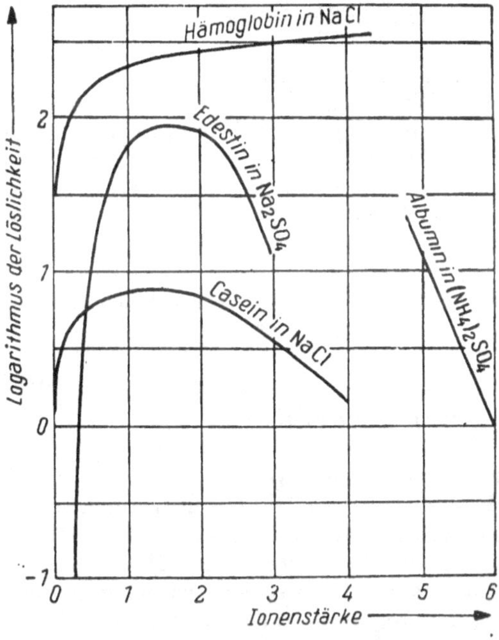

Abb. 21: Abhängigkeit der Löslichkeit einiger Proteine von der Ionenstärke

Abbildung 21 zeigt die Löslichkeit einiger Proteine in Abhängigkeit von der Ionenstärke.

Entscheidend für die Löslichkeit von Eiweißstoffen ist die Aufhebung der intermolekularen Kräfte, die auf Grund unterschiedlicher elektrostatischer Ladungsschwerpunkte zwischen den einzelnen Molekülen wirksam sind und sie zu einem Molekülaggregat zusammenhalten. Diese

Kräfte können durch das Dipolmoment $\mu = e \cdot l$ (e = elektrostatische Ladung, l = Ladungsabstand) ausgedrückt werden. Proteine mit hohem Dipolmoment lösen sich schwerer als solche mit kleinerem Dipolmoment.

2.7.5. *Ursache der Einsalzung*

Die infolge eines hohen Dipolmomentes aggregierten Proteinmoleküle können durch Wasser nicht gespalten werden, da die elektrostatischen Kräfte der Proteindipole durch das Dipolmoment des Wassers nicht aufgehoben werden. Zugabe geringer Mengen Neutralsalze erhöht die Löslichkeit deshalb, weil die Ionen mit umgekehrter Ladung sich an die Ladungsschwerpunkte der Proteine anlagern und sie gewissermaßen abschirmen. Dadurch wird ein Auseinandersprengen der Molekülaggregate erreicht.

2.7.6. *Ursache der Aussalzung*

Bei höherer Ionenstärke der Neutralsalze kommt es zu einer Konkurrenz der in der Lösung befindlichen Teilchen um das Wasser. Das führt zu einer Verarmung der Hydratationshülle des Proteins, die Dipolkräfte zwischen den Eiweißmolekülen bewirken wieder gegenseitige Anziehung, und das Proteinaggregat fällt aus.

Proteine mit einem hohen Dipolmoment (Globuline, Myosin) werden bei geringeren Neutralsalzkonzentrationen, verglichen mit Molekülen mit niedrigerem Dipolmoment (Albumin), ausgefällt. Auf der unterschiedlichen Löslichkeit von Eiweißstoffen bei verschiedenen Neutralsalzkonzentrationen und verschiedenen pH-Werten beruht die Möglichkeit, reine Proteine aus Proteinmischungen herzustellen. Das spielt vor allen Dingen bei der Reinigung von Enzymen aus Gewebs- und Organextrakten eine bedeutende Rolle.

2.7.7. Optisches Verhalten

Alle Proteinlösungen sind optisch aktiv. Diese Eigenschaft wird 1. durch die asymmetrischen Kohlenstoffatome der am Aufbau der Polypeptidkette beteiligten Aminosäuren (mit Ausnahme des Glycins) und 2. durch die spezifische Helixanordnung der Proteinketten hervorgerufen. Es ist also möglich, ein reines Protein durch seinen entsprechenden spezifischen Drehungswinkel zu charakterisieren. Die Drehung der Ebene des polarisierten Lichtes von Proteinlösungen ist pH-abhängig, im Bereich des IP des betreffenden Proteins ist sie jedoch nahezu konstant. Hervorzuheben ist, daß alle Eiweißlösungen das polarisierte Licht nach links drehen; bei Globulärproteinen liegt der spezifische Drehwinkel zwischen -30 bis $-60°$. Denaturierungen bewirken eine Veränderung der spezifischen Drehung der Proteine. Die Änderung der optischen Drehung mit der Wellenlänge des eingestrahlten polarisierten Lichtes (Rotationsdispersion) wird heute für die Untersuchungen von räumlichen Strukturen und für die Änderung der Helixstruktur von Proteinen herangezogen (s. S. 69).

Ein charakteristisches Merkmal der Proteinlösungen ist die Opaleszenz. Ursache dieser Lichtstreuung, die bei allen kolloiddispersen Systemen auftritt, ist die Beugung des einfallenden Lichtes beim Durchtritt durch Medien mit unterschiedlichen Brechungsindizes (Wasser-Protein). Die Beugungstrübung ist die Ursache des TYNDALL-Effektes, ein Phänomen, welches den Strahlengang des durch die Lösung hindurchtretenden Lichtes bei senkrechter Betrachtung zum einfallenden Lichtstrahl sichtbar macht. Dabei wird das Licht polarisiert. Durch die seitliche Ausstrahlung wird die Intensität des einfallenden Lichtes geschwächt, und zwar nach einer e-Funktion.

$$I = I_0 \cdot e^{-\tau \cdot x}.$$

Der Trübungskoeffizient τ ist im Bereich der RAYLEIGH-

Streuung (Teilchendurchmesser $<\lambda/15$) eine Funktion des Molekulargewichtes.

$$\tau = \frac{32\pi^3 n_0^2 \left(\frac{n - n_0}{c}\right)^2}{3N\,\lambda^4} C \cdot M$$

λ = Wellenlänge des Lichtes
n_0, n = Brechungsindizes für Lösung und Lösungsmittel
N = Loschmidtsche Zahl

Die Rayleigh-Streuung trifft für die meisten Proteine zu. Die Streulichtintensität ist bei senkrechter Polarisation des Streulichtes zur Einfallsebene unabhängig vom Beobachtungswinkel.

Größere Partikel, deren Abmessung im Bereich der Wellenlänge des Lichtes liegen, gehorchen komplizierteren Abhängigkeiten, weil hier innermolekulare Interferenzeffekte der Streustrahlung auftreten (Mie-Effekt). Aus der Winkelverteilung der Streustrahlung bei größeren Molekülen lassen sich Aussagen über die Größe und räumliche Anordnung der Moleküle machen. Man kann deshalb Streulichtmessungen für die Bestimmung von Molekulargewichten und Molekülaggregationen von Proteinen heranziehen.

Fällt durch Proteinlösungen ultraviolettes Licht, zeigen sie im Bereich von 250 bis 300 nm charakteristische Absorptionsbanden, die vor allem durch die aromatischen Aminosäuren (Phenylalanin, Tyrosin, Tryptophan) hervorgerufen werden. Die Messung der Lichtabsorption bei 260 nm und 280 nm kann zur quantitativen Bestimmung von Proteinen in Lösungen herangezogen werden.

2.7.8. Bestimmung des Molekulargewichtes

Molekulargewichte können nur von gelösten Proteinen bestimmt werden. Wegen des hohen Molekulargewichtes und der beschränkten Löslichkeit in Wasser sind die molaren Konzentrationen sehr klein. Aus diesem Grund scheiden ebullioskopische und kryoskopische Methoden zur Molekulargewichtsermittlung aus, da die zu erwartenden Meßdaten nicht mit ausreichender Genauigkeit erfaßt werden können. Die erstere Methode läßt sich auch wegen der Hitzedenaturierung nicht durchführen. Leistungsfähiger ist die Methode der Bestimmung des osmotischen Druckes von Proteinlösungen. Der hohe molare osmotische Druck von 22,4 atm unter Normalbedingungen liefert selbst bei kleinen Eiweißkonzentrationen gut meßbare Werte.

Beispiel: Eine 1%ige Eieralbuminlösung (MG 44000) ergibt in Wasser eine Gefrierpunktsdepression von 0,0005°, ihr osmotischer Druck aber entspricht einer Wassersäule von 50 mm.

Osmotische Molekulargewichtsbestimmungen erfordern reine Proteine (bei Proteinmischungen erhält man mittlere Molekulargewichte). Weiterhin müssen die gemessenen Drucke infolge der DONNAN-Verteilung der frei diffusiblen Ionen korrigiert werden (LOEB, DONNAN-Korrektur). Auf Grund der Konzentrationsabhängigkeit des osmotischen Druckes, der schon bei relativ niedrigen Proteinkonzentrationen nicht mehr dem VAN'T HOFFschen Gesetz folgt (s. Abb. 22), müssen die bei verschiedenen Konzentrationen gemessenen Drucke auf unendliche Verdünnung extrapoliert werden.

Die unter Berücksichtigung der Wechselwirkungen zwischen den Proteinen gültige Gleichung als Reihenentwicklung lautet:

$$\pi = \frac{cRT}{M} + Bc^2 + \cdots,$$

wobei π der osmotische Druck, c = Konzentration, M = Molekülgewicht und B ein Koeffizient ist, der von der Gestalt und der Wechselwirkung der gelösten Moleküle abhängt.

Eine andere Methode der Molekulargewichtsermittlung ergibt sich aus der Bestimmung spezifischer Gruppen, die im definierten Verhältnis pro Mol Protein gebunden sind. So kann man auf Grund des konstanten Eisengehaltes im Hämoglobin das Molekulargewicht des Globinanteils berechnen.

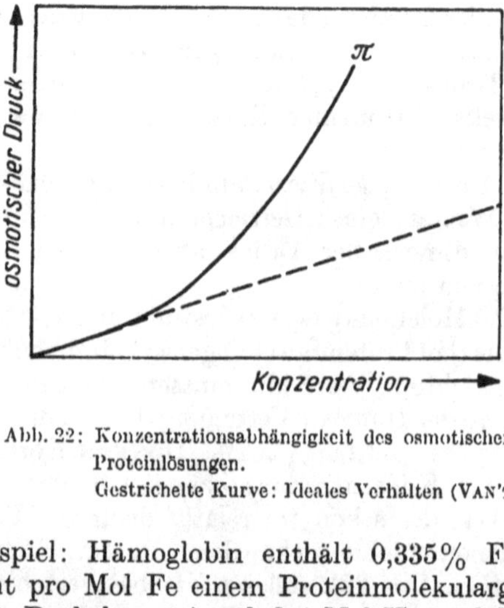

Abb. 22: Konzentrationsabhängigkeit des osmotischen Druckes von Proteinlösungen.
Gestrichelte Kurve: Ideales Verhalten (VAN'T HOFF)

Beispiel: Hämoglobin enthält 0,335% Fe, das entspricht pro Mol Fe einem Proteinmolekulargewicht von 16250. Da bekannt ist, daß 1 Mol Hämoglobin 4 Eisenatome enthält, ergibt sich daraus das Molekulargewicht von 65000.

2.7.8.1. *Ultrazentrifuge*

Eine recht genaue Messung des Molekulargewichtes von Proteinen gelingt mit der von SVEDBERG entwickelten Methode der analytischen Ultrazentrifugation. Das Prinzip der Methode besteht darin, daß man die in einer Lösung zunächst homogen verteilten Proteinmoleküle durch große Zentrifugalkräfte (mehrere 100000 g) zur vollständigen oder partiellen Sedimentation zwingt. Dadurch entstehen Konzentrationsverteilungen, die bei molekular einheitlichen Stoffen scharfe Grenzlinien ausbilden. Man kann nun mit Hilfe verschiedener optischer Methoden (Schlieren-, Interferenz-, UV-Absorptionsoptik) (Abb. 23) die Wanderung dieser Grenzlinien in Abhängigkeit von der Zeit während des Zentrifugenlaufes beobachten und daraus Daten für die Molekulargewichtsbestimmungen erhalten.

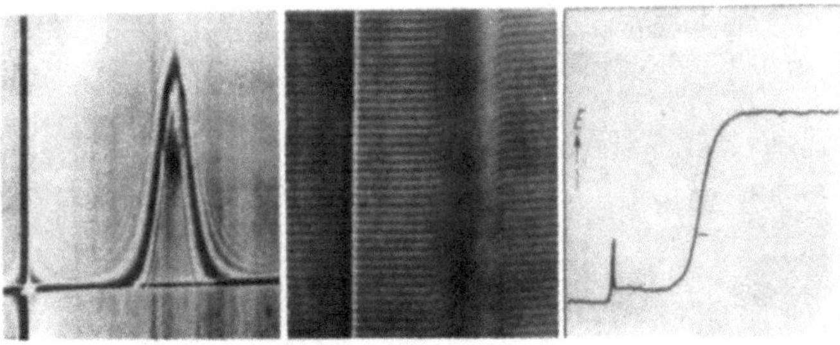

a) b) c)

Abb. 23: Aufnahme einer Proteinsedimentation mit der A. Schlierenoptik, B. Interferenzoptik, C. UV-Absorptionsoptik

Im Prinzip werden heute 3 Verfahren zur Molekulargewichtsbestimmung angewendet. 1. Molekulargewichtsbestimmung aus der Sedimentationsgeschwindigkeit, 2. Molekulargewichtsbestimmung aus dem Sedimentationsgleichgewicht, 3. Molekulargewichtsbestimmung aus dem angenäherten Gleichgewicht (Archibald-Verfahren).

2.7.8.1.1. Sedimentationsgeschwindigkeit

Der auf 1 Mol Teilchen einwirkenden Sedimentationskraft K ($K = M(1 - \varrho V)\omega^2 r$) wirkt die Reibungskraft R entgegen. Im Zustand gleichförmiger Bewegung der Teilchen ist $K = R$. Die Reibungskraft R ist der

Bewegung der Teilchen proportional $\left(R = f \cdot \frac{dr}{dt}\right)$.
Daraus folgt: $f \frac{dr}{dt} = M (1 - V\varrho)\omega^2 r.$

Für f gilt für verdünnte Lösungen nach EINSTEIN:

$$f = \frac{RT}{D}.$$

Durch Einsetzen und Umstellen der Gleichung erhält man für das Molekulargewicht

$$M = \frac{RT \cdot \frac{dr}{dt}}{D (1 - V\varrho)\omega^2 r}$$

M = Molekulargewicht der Substanz
ϱ = Dichte der Lösung
V = partielles spezifisches Volumen
ω = Winkelgeschwindigkeit
r = Radialabstand vom Rotationszentrum
R = Gaskonstante
D = Diffusionskonstante
T = absolute Temperatur

Der Ausdruck $\frac{\frac{dr}{dt}}{\omega^2 r}$ ist unter bestimmten Bedingungen ein konstanter Wert und wird Sedimentationskonstante S genannt. S hat die Dimension (sec) und wird in SVEDBERG-Einheiten gemessen; 1 SVEDBERG-Einheit, $1\ S = 10^{-13}$ sec.
Damit vereinfacht sich die Gleichung zu:

$$M = \frac{RT\ S}{D\ (1 - V\varrho)}$$

Die Ermittlung des Molekulargewichtes nach dieser Methode erfordert also neben der Bestimmung von S die Kenntnis von D und V. Häufig genügen relative Vergleiche der Größe von Molekülen. Diese Relationen können durch die Größe S ausgedrückt werden. In der Tabelle 11 sind Molekulargewichte und Sedimentationskonstanten für einige Proteine zusammengestellt.

Tabelle 11:
Sedimentationskonstanten (S_{20}) und durch Sedimentationsgeschwindigkeit ermittelte Molekulargewichte ($M_{s,D}$) einiger Proteine (nach EDSALL)

Protein	S_{20}	$M_{s,D} \cdot 10^{-3}$
Cytochrom c	1,9	15,6
Myoglobin	2,04	16,9
Insulin	1,2	6,3
Hämoglobin (Mensch)	4,46	63
Hexokinase	3,1	96,6
Hämocyanin	103	8 900
Tabakmosaikvirus	174	59 000

S_{20} = SVEDBERG-Einheiten bei 20 °C

2.7.8.1.2. *Sedimentationsgleichgewicht*

Bei dieser Methode stellt man die Umdrehungszahl der Zentrifuge so ein, daß die Teilchen nicht zu Boden sedimentieren, sondern an einem bestimmten Punkt innerhalb der Meßzelle verbleiben. Es entsteht ein konstantes Konzentrationsgefälle durch die ganze Zelle. Dieses stellt sich durch das Gleichgewicht zwischen der Zentrifugalkraft, welche die Teilchen zur Sedimentation zwingen möchte und der Diffusionskraft ein, die bestrebt ist, eine Konzentrationsgleichverteilung zu erreichen. Ein solcher Zustand ist dadurch charakterisiert, daß in der Zelle die Substanzmenge ds, die in der Zeit dt durch Sedimentation eine Flächeneinheit passiert, gleich der

Substanzmenge ds ist, die infolge Diffusion die Flächeneinheit in entgegengesetzter Richtung durchwandert.

Daraus folgt:

$$\mathrm{d}s = c\omega^2 r M(1 - V\varrho)\,\frac{1}{f}\cdot \mathrm{d}t \qquad \text{(Sedimentation)}$$

$$\mathrm{d}s = -D\,\frac{\mathrm{d}c}{\mathrm{d}r}\,\mathrm{d}t \qquad \text{(Diffusion)}$$

Durch Gleichsetzen und Integration zwischen Rotationsabstand r_1 und r_2 erhält man:

$$M = \frac{2RT\,ln\,c_2/c_1}{(1 - V\varrho)\,\omega^2(r_2^2 - r_1^2)}$$

c_2 und c_1 sind zwei Konzentrationen im Abstand r_2 und r_1 vom Rotationszentrum.

Die Bestimmung von M nach der Gleichgewichtsmethode erfordert allgemein lange Einstellzeiten (mehrere Tage), wobei sehr hohe Forderungen an Konstanz der Umdrehungsgeschwindigkeit und Temperatur gestellt werden. Andererseits ist aber die Kenntnis von D nicht erforderlich. In neuerer Zeit hat diese Methode wieder an Bedeutung zugenommen, da verschiedene Verfahren bei kleinen Füllhöhen (HOLDE, BALDWIN) entwickelt wurden, die die Einstellzeit des Gleichgewichtes auf wenige Stunden verkürzen.

2.7.8.1.3. Angenähertes Gleichgewicht

Das Verfahren von ARCHIBALD verbindet die Vorteile der Gleichgewichtsmethode mit dem geringeren Zeitbedarf des Sedimentationsgeschwindigkeitsverfahrens. Es beruht auf der einfachen Überlegung, daß zu jeder beliebigen Zeit am Meniscus und Boden der Ultrazentrifugenzelle die Bedingungen des Sedimentationsgleichgewichtes herrschen müssen, weil an diesen Stellen weder etwas heraussedimentieren noch hineindiffundieren kann.

Von dieser Tatsache ausgehend läßt sich folgende Gleichung für die Molekulargewichtsbestimmung aufstellen:

$$M = \frac{R \cdot T \cdot \delta_m}{(1 - V\varrho)\,\omega^2} = \frac{RT \cdot \delta_b}{(1 - V\varrho)\,\omega^2}$$

$$\delta_b = \frac{(\partial c/\partial r)_b}{(b \cdot r_b)}; \quad \delta_m = \frac{(\partial i/\partial r)_m}{c_m \cdot r_m}$$

Die für die Größe δ am Meniscus (m) und Boden (b) benötigten Konzentrationsgradienten $\partial c/\partial r$ und die Konzentrationen c_m und c_p sind experimentell zugänglich und bei bekanntem partiellem spezifischem Volumen V kann M berechnet werden.

2.7.8.2. Molekulargewichtsmittelwerte, Submoleküle und Molekülaggregate

Die geschilderten Methoden zur Molekulargewichtsbestimmung sind nur dann exakt vergleichbar, wenn man Untersuchungen in binären Systemen durchführt, d. h. für molekular einheitliche Substanzen in einem reinen Lösungsmittel. In den meisten Fällen sind diese Bedingungen nicht erfüllt, es lassen sich daher nur Durchschnittsmolekulargewichte bestimmen. Vergleiche von Molekulargewichten, selbst bei reinen Stoffen, welche unter verschiedenen Bedingungen (z. B. osmotische Methoden in Säure, Alkali, Wasser oder Harnstoff, Ultrazentrifuge) ermittelt wurden, ergaben, daß die einzelnen Methoden nicht immer die gleichen Resultate lieferten. Der Grund dafür ist, daß eine Reihe Proteine in Lösungen Assoziate bilden oder in Untereinheiten zerfallen, die bei den verschiedenen Bedingungen der Molekulargewichtsbestimmung zu unterschiedlichen Ergebnissen führen (s. S. 88ff.).

Zum Beispiel wurde für das kleinste Teilchengewicht des Insulins ein Wert von ~6000 gefunden. Wie Strukturuntersuchungen zeigten, besteht diese Einheit aus 2 Polypeptidketten, die über Disulfidbrücken verbunden sind (S. 49). Messungen des Molekulargewichtes von Insulin auf osmotischem Wege in saurer Lösung ergaben einen Wert von ~12000. Diese Teilchengröße ist also durch Assoziierung von 2 Untereinheiten mit je einem Molekulargewicht von 6000 gebildet worden. Strukturuntersuchungen ergaben, daß sich dabei 2 Doppelketten unter Beteiligung von Ionen (z. B. Zink) zusammenlagern. Osmotische Molekulargewichtsbestimmungen in Wasser und Ultrazentrifugation lieferten unter verschiedenen Verhältnissen Werte, die das 3- und 4fache von 12000 betrugen. Diese hohen Molekulargewichte werden durch weitere Aggregation einer Teilcheneinheit von 12000 hervorgerufen. Da der Assoziationsgrad von verschiedenen Bedingungen, wie pH-Wert, Verdünnung, Ionenaktivität usw., abhängt, sind die unterschiedlichen Ergebnisse je nach angewandter Methode verständlich. Man ist daher oft gezwungen, Molekulargewichtsmittelwerte anzugeben und unterscheidet nach der angewandten Methode, Zahlen-, Gewichts- und Z-Durchschnittsmolekulargewichte (M_n, M_w, M_z). Den Zahlendurchschnitt M_n erhält man bei Messungen des osmotischen Druckes und der kolligativen Eigenschaften. Er ist der kleinste Molekulargewichtsmittelwert. M_w und M_z erhält man aus Gleichgewichtsmessungen mit der analytischen Ultrazentrifuge. Das nach der Sedimentationsgeschwindigkeit erhaltene Molekulargewicht $M_{S,D}$ ist bei polydispersen Substanzen etwas kleiner als das Gewichtsmittel, aber dennoch wesentlich größer als das Zahlenmittel. Bei einem aus i Komponenten bestehenden Gemisch sind die einzelnen Mittelwerte wie folgt definiert:

$$M_n = \frac{\sum n_i M_i}{\sum n_i}; \quad M_w = \frac{\sum n_i \cdot M_i^2}{\sum n_i \cdot M_i}; \quad M_z = \frac{\sum n_i \cdot M_i^3}{\sum n_i \cdot M_i^2}$$

Ein weiterer Fehler kann durch die Konzentrationsabhängigkeit der Molekulargewichtsbestimmung auftreten. Für exakte Messungen wird daher das gemessene Molekulargewicht M_{app} bei verschiedenen Konzentrationen bestimmt und M für $c \to 0$ graphisch extrapoliert.

Die Erscheinungen der Assoziation und Dissoziation von Proteinuntereinheiten werfen das Problem der Definition eines Proteinmoleküls auf. Es erscheint sinnvoll, die kleinste physiologisch wirksame Einheit eines Eiweißkörpers als das eigentliche Proteinmolekül anzusehen.

2.7.9. Bestimmung der Molekülgestalt

Die Proteine werden hinsichtlich ihrer Gestalt in globuläre und fibrilläre Eiweißstoffe eingeteilt. Zu den letzteren zählen einige nicht in Wasser oder Salzlösungen lösliche Proteine. Man bezeichnet sie auch als Skleroproteine. Die in wäßrigen Systemen löslichen globulären Proteine bilden durch die intramolekular vorliegenden Bindungen ganz bestimmte Formen aus, die in ihrem hydrodynamischen Verhalten mit rotationssymmetrischen Figuren zu vergleichen sind (Sphäroproteine). Die Gestalt der Moleküle kann durch verschiedene Einflüsse, wie pH, Ionenstärke, Temperatur, verändert werden. Bei irreversiblen Denaturierungen werden die ursprünglichen Molekülformen vollständig zerstört. Für die Bestimmung der Molekülgestalt sind Viskositätsmessungen, Messungen der Sedimentations- und Diffusionsgeschwindigkeit, Messung der Strömungsdoppelbrechung oder dielektrischen Dispersion von Proteinlösungen geeignet.

Bei bekanntem Molekulargewicht läßt sich der molare Reibungskoeffizient f aus Sedimentations- oder Diffusionsmessungen nach folgenden Beziehungen ermitteln:

$$f = \frac{M(1 - V\varrho)}{S}; \quad f = \frac{RT}{D}$$

Der dieser Masse entsprechende Reibungskoeffizient eines kugelförmigen Partikels ist durch folgende Beziehung gegeben:

$$f_0 = 6\pi\eta N \left(\frac{3VM}{4\pi N}\right)^{1/3}$$

N = Loschmidtsche Zahl

Das Verhältnis f/f_0, der sog. Reibungsquotient ist ein experimentell bestimmbarer Ausdruck für die Abweichung des Partikels von der Kugelgestalt; er ergibt sich wie folgt:

$$f/f_0 = 10^{-8} \frac{(1 - V\varrho)}{D_{20}{}^2 \cdot S_{20} \cdot V}$$

Aus dem Quotient läßt sich das Achsenverhältnis a/b des Rotationskörpers ermitteln. Die Abbildung 24 zeigt eine solche graphische Abhängigkeit.

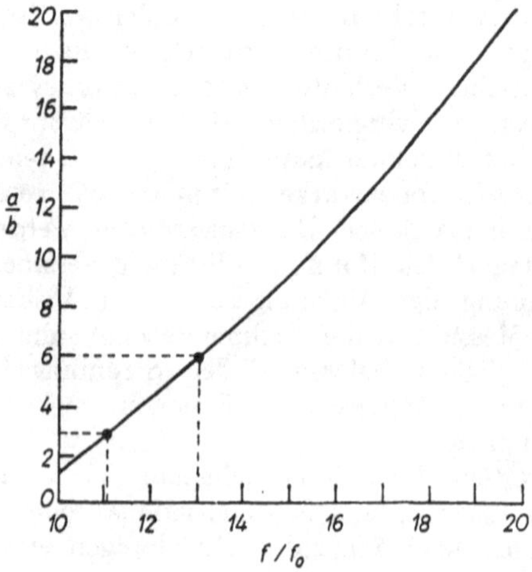

Abb. 24: Beziehung zwischen dem Achsenverhältnis a/b und dem Reibungsquotienten nach D. M. Greenberg, Aminoacids and Proteins, Springfield 1951

Es ist jedoch zu beachten, daß eine Erhöhung des Reibungsquotienten auch durch die Hydratationshülle des Proteinmoleküls hervorgerufen wird, die mengenmäßig etwa 0,2—0,6 g Wasser pro g Protein betragen und zu einer Erhöhung des Reibungsquotienten bis zu 20% führen kann.

Eine direkte Methode zur Bestimmung der Gestalt eines Proteinmoleküls ist durch die Elektronenmikroskopie möglich, sofern das Molekül größer als 50 Å ist. Der Nachteil dieses Verfahrens ist, daß man das zu untersuchende Protein vorher im Hochvakuum trocknen muß. Das führt aber oft zu wesentlichen Veränderungen der äußeren Gestalt.

Weitere Erkenntnisse über die spezielle räumliche Anordnung der Eiweißmoleküle sind durch Beugung von Röntgenstrahlen und anderen Methoden gewonnen worden (vergleiche hierzu S. 66ff.).

2.7.9.1. Partielles spezifisches Volumen

Für die Berechnung von Molekulargewichten aus Sedimentationsuntersuchungen ist die Kenntnis des partiellen spezifischen Volumens eines Proteins notwendig.

Das partielle spez. Volumen (V) ist das effektive Volumen eines Grammes Protein in Lösung und hat die Dimension (ml/g). Im Gegensatz dazu bezieht sich das Molvolumen einer Substanz auf 1 Mol.

Entsprechend der Definition von $V = \left(\frac{\partial V}{\partial c}\right)_{p,T}$ ist das partielle spezifische Volumen aus der Änderung der Dichte bei verschiedenen Konzentrationen bestimmbar. Hierzu kann man pyknometrische Methoden oder moderne „Magnetic-float"-Methoden verwenden.

Natürlicherweise hängt V von der Temperatur, dem

pH-Wert der Lösung, der Ionenstärke usw. ab, und man hat aus diesem Grunde einen Standardwert bei 20 °C definiert.

2.7.10. Kriterien der Reinheit von Proteinen

Die Anwendung des Begriffes der Reinheit oder Homogenität aus der organischen und anorganischen Chemie auf Proteine ist schwierig, da es in der Eiweißchemie an eindeutigen Kriterien fehlt, einen Stoff als chemisch homogen zu charakterisieren. Kristallines Insulin ist das einzige Protein mit einem scharfen Schmelzpunkt bei 233 °C mit Zersetzung. Andere physikalische Eigenschaften, wie Dichte, spezifisches Refraktionsinkrement, partielles spezifisches Volumen, optische Rotation und schließlich bei Enzymen die katalytische Aktivität sind nur von begrenzter Aussagekraft. Für die Untersuchung der Homogenität eines Proteins werden heute im allgemeinen folgende Methoden herangezogen: Bestimmung des isoelektrischen Punktes, elektrophoretische Analysen, Kristallisation des Proteins, Bestimmung des Sedimentationsdiagrammes und des Löslichkeitsdiagrammes, Aktivitätskriterien bei Enzymen.

2.7.10.1. Isoelektrischer Punkt

Wie aus Tabelle 10 bereits ersichtlich ist, verlangt die Angabe des isoelektrischen Punktes eines Proteins eine genaue Definition der Ionenstärke, da der *IP* von Proteinen in starkem Maße von der Ionenkonzentration abhängt. So beträgt z. B. der *IP* von Human-γ_1-Globulin bei $I = 0{,}1$ 5,8 und bei $I = 0{,}01$ 6,6. Aber auch bei konstanter Ionenstärke läßt sich der *IP* von vielen Proteinen nur als pH-Bereich angeben, so daß man eigentlich von einem isoelektrischen Bereich sprechen müßte. Methoden zur Bestimmung des isoelektrischen Punktes sind: Elektrophorese, Titration, Löslichkeit, Diffusion.

2.7.10.2. *Elektrophorese*

Bei hohen Trennqualitäten der Methode können Verunreinigungen von 0,1% nachgewiesen werden, soweit sie gegenüber der Hauptkomponente im elektrischen Feld unterschiedlich wandern. Durch Kombination der elektrophoretischen Wanderung mit Molekularsiebtrennungen, wie es bei der Polyacrylamidgelelektrophorese oder der kombinierten Chromatographie-Elektrophorese verwirklicht wird, ist die Leistungsfähigkeit dieser Methode enorm gestiegen. Eine weitere Empfindlichkeitssteigerung wird durch spezifische Färbeverfahren unter Ausnutzung der enzymatischen Aktivität bei Enzymreinheitsuntersuchungen erreicht. Auf diese Weise kann man spezifisch Enzyme und Verunreinigungen durch Fremdaktivitäten nachweisen, deren Nachweisgrenze weit unterhalb der Erfassungsgrenze klassischer Proteinfärbungen liegt.

2.7.10.3. *Sedimentation*

Das Sedimentationsdiagramm eines Proteins (Abb. 25) ist ein wichtiges Kriterium für den Reinheitstest. Da die Sedimentationsgeschwindigkeit jedoch von der Dichte, Größe und Form des Partikels abhängt, werden Stoffe von annähernd gleichem Partikelgewicht und geometrischer Symmetrie nicht getrennt. Verunreinigungen mit unterschiedlichen Sedimentationskonstanten können etwa ab 2% erfaßt werden.

2.7.10.4. *Löslichkeitstest*

Die Bestimmung des Löslichkeitsdiagrammes ist eines der besten Reinheitskriterien für Proteine. Die Methode verlangt die Bestimmung der Menge des gelösten Proteins in einem bestimmten Volumen bei konstanter Temperatur und konstantem Druck. Die Löslichkeit der Proteine in Wasser wird durch die gleichen Gesetze be-

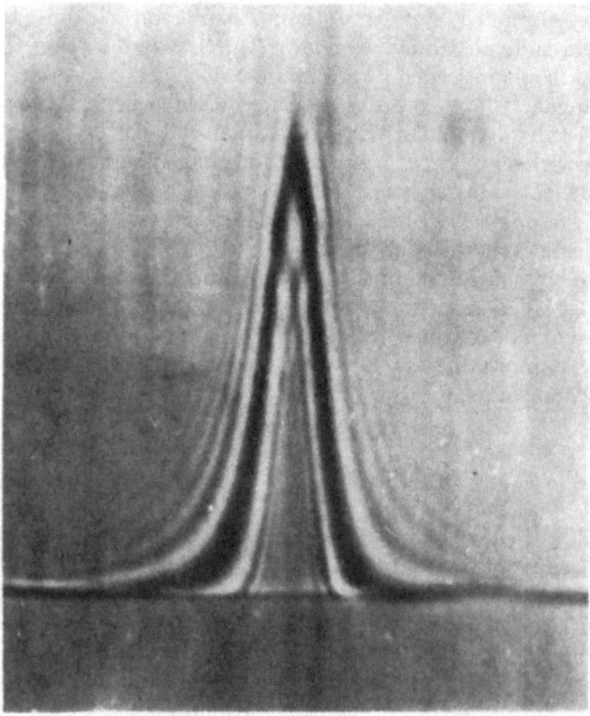

Abb. 25: Sedimentationsdiagramm (Schlierenoptik) von Hefe-Phosphofruktokinase (nach KOPPERSCHLÄGER)

stimmt, die auch für niedermolekulare Stoffe Gültigkeit haben (Phasenregel). In der Abbildung 26 ist ein typisches Löslichkeitsdiagramm für ein reines und ein verunreinigtes Protein dargestellt.

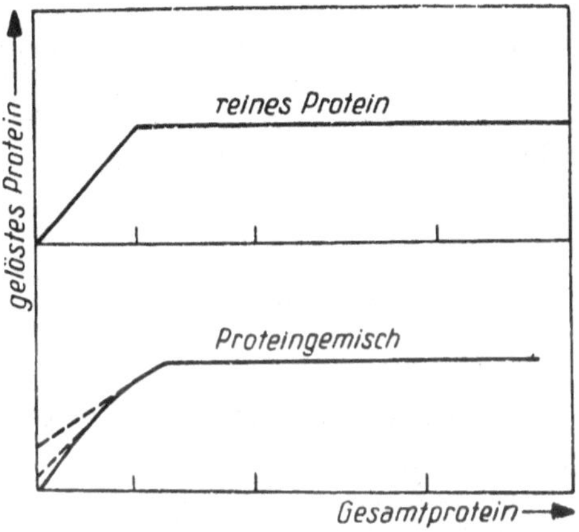

Abb. 26: Löslichkeitskurve eines reinen Proteins und eines Proteingemisches

2.7.10.5. *Aktivitätskriterium*

Bei der Reinigung von Enzymen spielen weniger Proteinverunreinigungen eine Rolle, die enzymatisch inaktiv sind, als vielmehr enzymatisch aktive Begleitstoffe, die unter Umständen das Enzym schneller denaturieren lassen (proteolytische Fremdaktivitäten) oder den Verwendungszweck eines Enzyms einschränken. Die Fremdaktivitäten können mitunter in so geringen Konzentrationen vorkommen, daß sie jedem anderen Nachweis entgehen. Man kann deshalb nur durch einen katalytischen Test auf die Anwesenheit solcher Verunreinigungen schließen.

2.7.10.6. *Kristallisation*

Die Kristallisation eines Proteins ist zwar ein Zeichen hohen Reinheitsgrades, aber sie schließt nicht aus, daß die Fraktionen Spuren von Fremdproteinen enthalten, die sich auch durch mehrfaches Umkristallisieren nicht entfernen lassen. Häufig treten dabei Mischkristallbildungen bei isomorpher Kristallisation beider Partner auf. Diese Erscheinung muß vor allem bei der Kristallisation von Enzymen beachtet werden.

3. Nucleinsäuren und freie Nucleotide

Die Nucleinsäuren wurden 1868 durch F. MIESCHER entdeckt. Er bezeichnete sie zuerst als Nuclein, da sie in den Zellkernen vorkommen. Es zeigte sich, daß das Nuclein MIESCHERS aus zwei Bestandteilen aufgebaut ist, einem Eiweiß- und einem Nucleinsäureanteil. Heute werden diese Komplexe als Nucleoproteine bezeichnet. Spätere Untersuchungsobjekte für Nucleinsäuren waren Hefezellen, Fischspermatozoen, Kalbsthymus und Vogelerythrozyten. In neuerer Zeit sind vor allem die Nucleinsäuren aus pflanzlichen und tierischen Viren wie auch aus Bakteriophagen Gegenstand bedeutender Forschungen geworden.

Die Nucleinsäuren bestehen aus drei verschiedenen Bestandteilen, die in charakteristischer Weise miteinander verbunden sind.

Purin- bzw. Pyrimidinbasen: Adenin, Guanin, Uracil, Cytosin, Thymin, 5-Methylcytosin, 5-Hydroxymethylcytosin und einige andere, in bestimmten Nucleinsäuren in kleineren Mengen vorkommende Basen, wie 2-Methyladenin, 6-Hydroxy-2-methylaminopurin usw.

Monosaccharide mit 5 Kohlenstoffatomen: D-Ribose, 2-Desoxy-D-ribose. Außer diesen vorwiegend vorkommenden Monosacchariden enthalten manche Ribonucleinsäuren in sehr kleinen Mengen 2′(3′)-O-Methylribose. Die Desoxyribonucleinsäure einiger Bakteriophagenstämme enthält Glucose, die glykosidisch mit 5'-Hydroxymethylcytosin verbunden ist.

Purinbasen

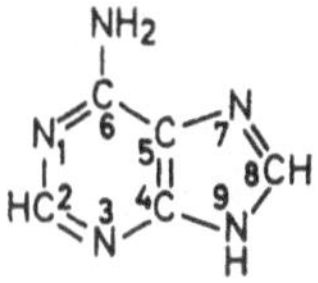

Adenin

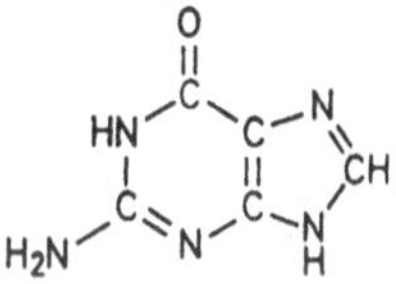

Guanin

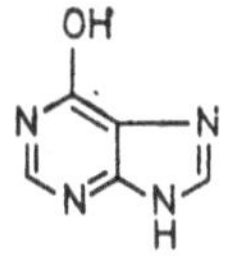

Hypoxanthin

Pyrimidinbasen

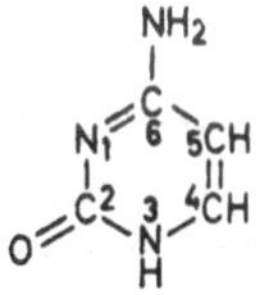

Cytosin

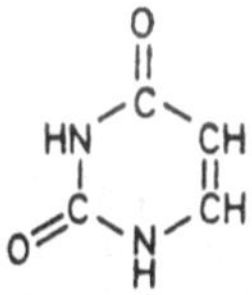

Uracil

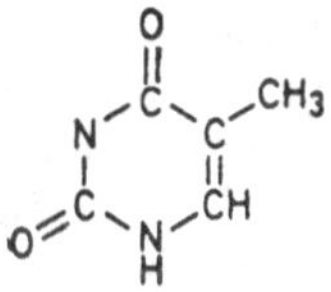

Thymin

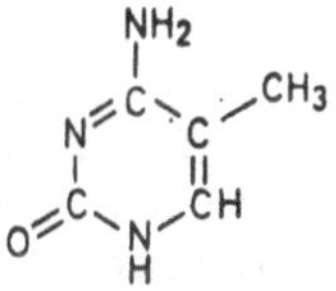

5-Methylcytosin

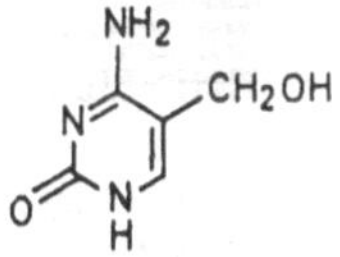

5-Hydroxy-methylcytosin

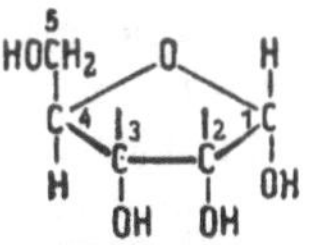

D-Ribose

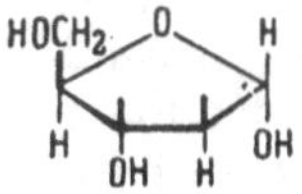

D-Desoxyribose

Phosphorsäure

Die Nucleinsäuren sind Makromoleküle mit Molekulargewichten zwischen 20000 und mehreren Millionen. Man kennt zwei verschiedene Typen, nämlich die Ribonucleinsäure (RNS) und die Desoxyribonucleinsäure (DNS).

3.1. Struktur der Nucleinsäuren und ihre Aufklärung

Zur Strukturaufklärung der Nucleinsäuremakromoleküle, d. h. zur Analyse der Art der Zusammenfügung der einzelnen Bausteine, sowie des räumlichen Aufbaues des Makromoleküls, wurden folgende Methoden angewandt. 1. Saure, alkalische und enzymatische *Hydrolyse* mit anschließender Trennung und Charakterisierung der Bausteine; 2. Potentiometrische Titration. Aus dem Verlauf der Titrationskurve lassen sich Rückschlüsse auf das Vorhandensein und die Zugänglichkeit bestimmter ionisierbarer Gruppen ziehen, z. B. von Phosphorsäureestern in einfacher oder mehrfacher Bindung. Solche Messungen zeigten, daß die Phosphorsäure diesterartig gebunden ist und lediglich eine primäre Phosphatgruppe mit einem pK von etwa 1 vorhanden ist. 3. Optische Methoden, wie Infrarot-Spektroskopie, UV-Absorption usw. Bei Nucleinsäuren ist eine *Hypochromie* zu beobachten, die darin besteht, daß die Lichtabsorption bei 260 nm, dem Maximum der Lichtabsorption der Purin- und Pyrimidinbasen, im geordneten Molekülverband geringer ist, als sich aus der Summe der die Nucleinsäure aufbauenden Basen rechnerisch ergibt. Die Hypochromie ist vom A- und T-Gehalt abhängig und ist deshalb bei der DNS größer als bei der RNS. Doppelsträngige Polynucleotide zeigen eine größere Hypochromie als einzelsträngige. 4. Untersuchung der Struktur der Nucleinsäuren mit Hilfe der Elektronenmikroskopie (s. S. 142), mittels der Ultrazentrifugationstechnik (entweder in der analytischen Ultrazentrifuge oder im CsCl-Dichtegradienten) sowie mit anderen Methoden (Streulichtphotometrie, Röntgenstrukturanalyse, optische Rotationsdispersion, Deuterium-Austausch, Viscositätsmessungen usw.) (s. S. 66).

Wie bei den Proteinen läßt sich bei den Polynucleotiden eine Primär- und eine Sekundärstruktur unterscheiden.

3.1.1. Erläuterung der Hydrolysemethoden

Unter stark sauren Bedingungen werden die Nucleinsäuren vollständig hydrolysiert. Man erhält ein Gemisch der drei Bestandteile, Base, Monosaccharid und Phosphat im Verhältnis 1:1:1. Kurzdauernde milde Säurehydrolyse führt zur Abspaltung der Purine aus der RNS, wobei die pyrimidinhaltigen *Apurinsäuren* entstehen. Bei ammoniakalischer Hydrolyse unter Druck kommt es zur Abspaltung von Phosphorsäure und zur Freisetzung von Bausteinen, die aus einer Base-Ribose-Verbindung (Nucleosid) bestehen. Hierbei wurden bei beiden Nucleinsäuretypen hauptsächlich fünf Nucleoside gefunden: *Adenosin*, *Guanosin*, *Cytidin*, *Uridin*, *Thymidin*. Bei längerer alkalischer Hydrolyse unter normalem Druck kommt es zur Freisetzung von Substanzen, die aus Base, Ribose und Phosphorsäure bestehen (*Nucleotide*).

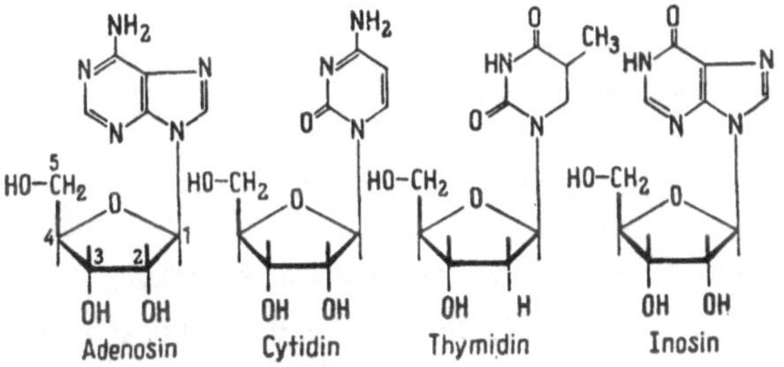

Es ist auch möglich, DNS und RNS enzymatisch zu spalten. Als Enzyme kommen hierfür in Betracht: RNasen, DNasen sowie Phosphodiesterasen. Hierbei lassen sich Enzyme aus verschiedenen Quellen (Tiere, Pflanzen, Mikroorganismen) mit unterschiedlicher Spezifität unterscheiden. Bei der Einwirkung von Milz-RNase auf RNS findet man als Spaltprodukte Nucleotide, die Phosphorsäure am Kohlenstoffatom 3 der Ribose gebunden enthalten. Auch die Wirkung von Milz-DNase führt zu 3'-Nucleotiden. Eine andere DNase (Thymus) hydrolysiert die an C-3 gebundene Phosphorsäure und liefert 5'Nucleotide als Spaltprodukte. Auch die Phosphodiesterase aus Schlangengift liefert 5'-Nucleotide. Enzyme mit einer höheren Spezifität findet man in der Takadiastase. RNase T_1 katalysiert die Spaltung einer Nucleotidbindung, die ausschließlich 3-Guanylsäurereste enthält. RNase T_2 spaltet Bindungen mit einem 3-Adenylsäurerest.

Später erkannte man, daß bei alkalischer Hydrolyse nicht ausschließlich 3'-Nucleotide entstehen, sondern daß dabei ein Gemisch von 3'- und 2'-Nucleotiden freigesetzt wird. Die 2'-Nucleotide stellen offensichtlich Kunstprodukte dar, die sich bei der alkalischen Hydrolyse bilden. Als Hydrolysezwischenprodukt entsteht wahrscheinlich ein cyclischer Diester:

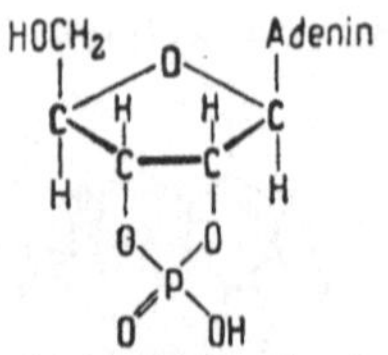

Adenosin-2,3-phosphat

Für die Bausteine und ihre Verknüpfung gilt:

a) Die Mononucleotide werden durch Phosphatbrücken, die sich zwischen dem Ribose- bzw. Desoxyribose-C-Atom des einen und dem C-Atom 5 des anderen Nucleotidzuckers befinden, verknüpft.

b) Der Zucker ist an seinem C-Atom 1 mit der jeweiligen Base verbunden.

Die Purinbasen sind im allgemeinen mit ihrem N-Atom 9, die Pyrimidinbasen mit ihrem N-Atom 3 gebunden

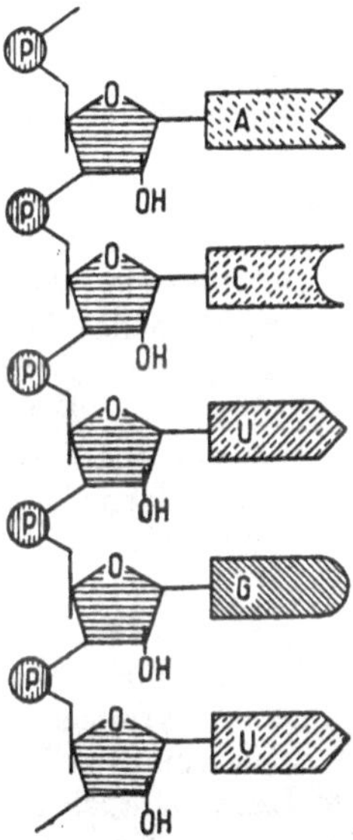

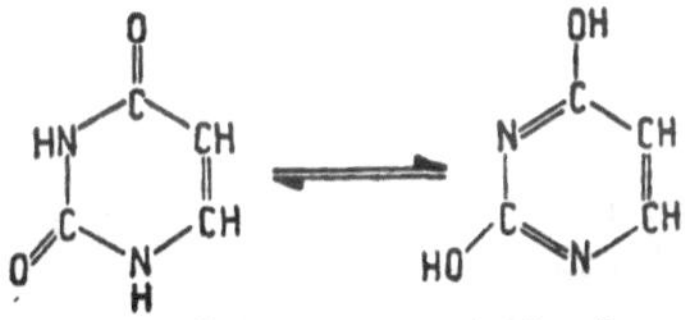

Lactam-Form Lactim-Form

(Ausnahme ist die in der löslichen RNS vorkommende *Pseudouridylsäure*).

c) Der Zucker liegt in den Nucleinsäuren in der D-Furanoseform vor, seine Bindung an die Base erfolgt β-glykosidisch.

d) Die Base liegt in den Nucleinsäuren in der Lactam-Form vor.

3.2. Aufbau, Eigenschaften und Vorkommen der DNS und RNS

Die genaue Basenanalyse zeigte, daß sich DNS und RNS außer in der Kohlenhydratkomponente (2-Desoxy-D-ribose resp. D-Ribose) auch in der Basenzusammensetzung unterscheiden. Die DNS enthält Adenin, Guanin, Cytosin, Thymin, aber auch 5-Methylcytosin (Thymus) und 5'-Hydroxymethylcytosin (Bakteriophagen). Die RNS enthält als Basen Adenin, Guanin, Cytosin, Uracil und außerdem in kleineren Mengen Hypoxanthin und einige methylierte Purine und Pyrimidine.

Als weitere Unterschiede zwischen DNS und RNS müssen aufgeführt werden: RNS ist alkalilabil und wird dabei zu Mononucleotiden aufgespalten, während DNS alkalistabil ist. Die Ursache dieses Unterschiedes ist, daß infolge Abwesenheit einer C-2-Hydroxygruppe in der Desoxyribose für die DNS keine Möglichkeit zur 2',3'-Diesterbildung besteht. Das Molekulargewicht der DNS (500000 bis zu mehreren Millionen) ist im allgemeinen größer als das der RNS (20000 bis 2000000). Beide Nucleinsäuren sind nicht verzweigt. In ihrem Vorkommen unterscheidet sich die RNS ebenfalls von der DNS. Die DNS ist vorwiegend im Zellkern (Chromosomen) lokalisiert, man findet sie aber auch im Cytoplasma (Mitochondrien, Plastiden, im Cytoplasma von Eizellen usw.) Die RNS findet man sowohl im Kern als auch im Cytoplasma; besonders reich an RNS sind der Nucleolus und die Ribosomenfraktion der Mikrosomen. Daneben kommt RNS auch in den Chromosomen und in gelöster Form in der cytoplasmatischen Flüssigkeit vor. Auch bei den Viren findet man RNS (pflanzliche Viren) oder DNS (Bakteriophagen, tierische Viren).

Mit dem unterschiedlichen Vorkommen sind die unterschiedlichen Funktionen der RNS und DNS eng verbunden. Es ist erwiesen, daß die DNS die Substanz der Erbanlagen (Gene) ist und in ihr das genetische Material des Organismus in „verschlüsselter" Form verankert ist.

Die RNS hat demgegenüber die Funktion, dem Cytoplasma die im genetischen Code verankerten Eigenschaften zu übermitteln, sie ist für die Prozesse der Proteinsynthese und ihre Spezifität verantwortlich (Näheres s. Teil III, IV).

Nach ihrer Funktion und ihrem Vorkommen unterscheidet man verschiedene RNS-Typen: a) Kern- und Nucleolus-RNS, b) Boten-RNS („Messenger"-RNS), c) Ribo-

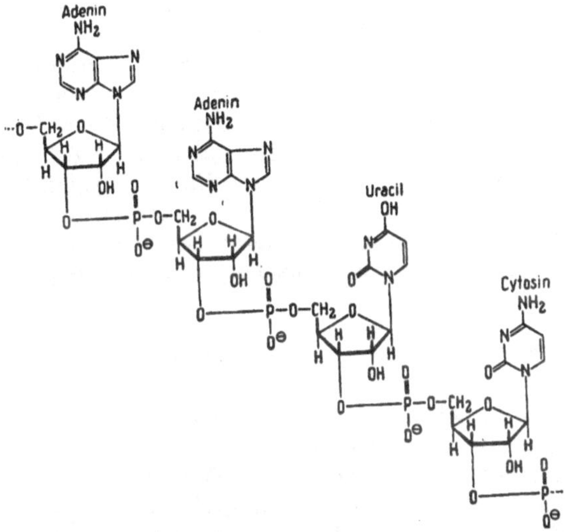

RNS-Struktur

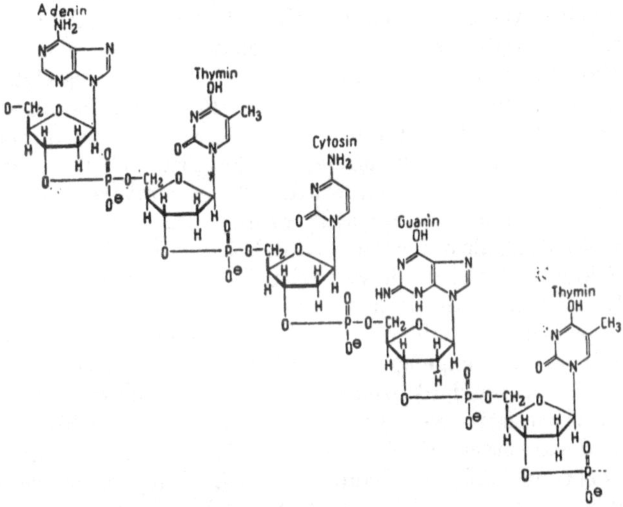

DNS-Struktur

somen-RNS, d) lösliche oder Acceptor-RNS („transfer-RNS“). Jeder dieser RNS-Typen ist ein Gemisch verschiedener individueller Nucleinsäuremoleküle mit hochspezifischer Struktur und Funktion. Erst in neuerer Zeit sind mittels verschiedenartiger Methoden (Gegenstromverteilung, Chromatographie an methyliertem Albumin und Ionenaustauschern sowie Molekülfiltration) homogene Nucleinsäurefraktionen isoliert und die Aufklärung der Nucleotidsequenz begonnen worden. Letztere ist wesentlich schwieriger als die Sequenzanalyse von Polypeptiden.

3.2.1. Primär- und Sekundärstruktur der RNS und DNS

Die verschiedenen Mononucleotide und ihre relativen Anteile in einer Nucleinsäure ermittelt man chromatographisch oder elektrophoretisch nach erfolgter Hydrolyse (alkalisch, sauer, enzymatisch). Die Sequenzanalyse erfordert jedoch hochentwickelte Methoden: a) Präparation und Nachweis individueller, d. h. homogener Nucleinsäurefraktionen und b) schrittweise und spezifische Hydrolyse unter Verwendung entsprechender Enzyme. Bei den löslichen Ribonucleinsäuren des Cytoplasmas, die eine „Lotsenfunktion“ für die Aminosäuren im Rahmen der Proteinsynthese haben, wurden große Fortschritte bei der Aufklärung der Primärstruktur gemacht. Unter anderem wurden die Strukturen für die Alanin-, Serin-, Valin- und Tyrosin-spezifischen „Lotsen“-RNS-Moleküle aufgeklärt und dabei auch Einblicke in die Sekundärstruktur dieses RNS-Typs gewonnen. Zum Zwecke der Aufklärung ihrer Primärstruktur wurden spezifisch angreifende Enzyme eingesetzt: Pankreas-RNase, Schlangengift-Phosphodiesterase, Takadiastase T1-RNase und alkalische Phosphatase. Charakteristisch ist ihr relativ niedriges Molekulargewicht (25000). Sie sind aus etwa 80 Nucleotidresten aufgebaut und enthalten neben den üblichen, hauptsächlich in RNS vorkommenden Basen A, G, C, U noch Pseudouridylsäure (bei dieser

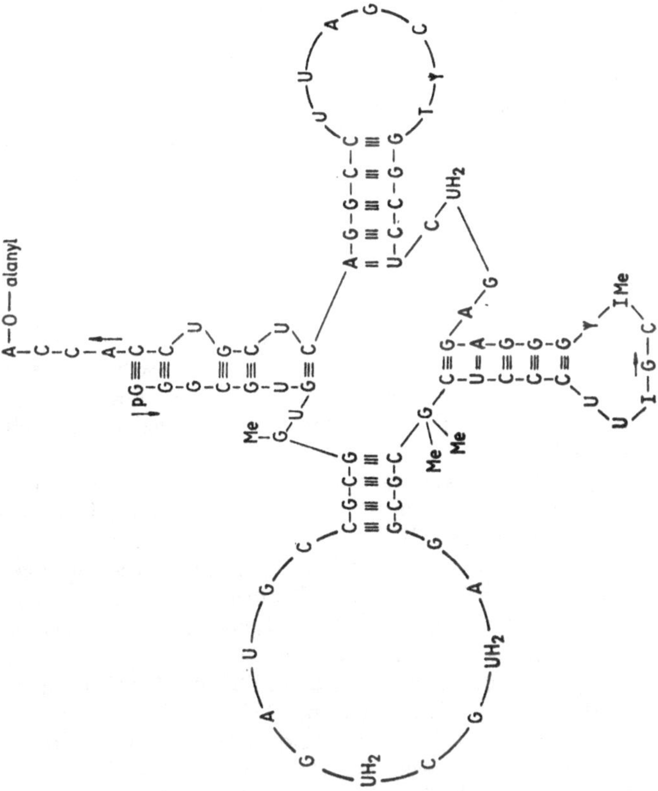

Abb. 27: Primär- und Sekundärstruktur der Alanin-spezifischen Transfer-RNS

ist die Ribose nicht wie üblich an das N-3 des Uracils, sondern an dessen C-5 gebunden) und verschiedene mono- und dimethylierte Purin- und Pyrimidinbasen. Für die Aufrechterhaltung der Sekundärstruktur ist die Gegenwart von Mg^{2+} absolut essentiell.

In der Abbildung 27 sind Primär- und Sekundärstruktur der Alanin-spezifischen Transfer-RNS wiedergegeben. Das eine Ende des Polynucleotidstranges trägt Guanosinmonophosphat (Gp), während sich am anderen Ende die Nucleotidgruppierung Cytidylsäure–Cytidylsäure–Adenosin befindet. An das Adenosin wird der Aminosäurerest gebunden, der von dieser RNS übertragen wird. Die Sekundärstruktur erinnert an ein 3-blättriges Kleeblatt. Es existieren vier Helixregionen, die jeweils aus komplementären Basen bestehen ($G \equiv C$, $A{=}U$; die Zahl der Striche zwischen den Basenpaaren geben die Zahl der Wasserstoffbindungen zwischen ihnen wieder. Das freie Nucleotidtriplett an der unteren Schleife dient als Matrizenerkennungsregion (s. Teil III, IV).

Die Molekulargewichte der Boten-RNS, der Ribosomen-RNS und vieler Virus-RNS-Typen sind wesentlich größer als die der löslichen RNS. Die Virus-RNS kann Molekulargewichte bis zu mehreren Millionen haben. Im allgemeinen sind diese Moleküle sehr flexibel, leicht deformierbar und verhalten sich bei niedriger Ionenstärke und höherer Temperatur wie statistische Knäuel.

Hochmolekulare RNS besitzt in Medien mit hoher Ionenstärke kurze Helixregionen mit AU- und GC-Paaren.

Die meisten RNS-Typen sind einzelfädig, eine Basenpaarung kann jedoch, wie oben beschrieben, eintreten, indem innerhalb eines einzigen Moleküls durch „Schlaufenbildung" zueinander „passende" Basen Wasserstoffbindungen ausbilden (A–U; G–C).

Bei RNS-*Viren* sind auch echte doppelfädige Ribonucleinsäuremoleküle nachgewiesen worden. In diesem Fall findet man etwa 20000–25000 Nucleotidreste pro RNS-Einzelfaden.

Über die Primärstruktur spezifischer DNS-Typen ist man gegenwärtig nur ungenügend unterrichtet. Ihre Sekundärstruktur ist jedoch schon lange vor der Sekundärstruktur der RNS erkannt worden (WATSON und CRICK). Trotz großer individueller Unterschiede in der *Basenzusammensetzung* verschiedener *Desoxyribonucleinsäuren* sind eine Reihe wichtiger Gesetzmäßigkeiten in ihrer Struktur zu finden. So ist das Verhältnis von Adenin zu Thymin in der DNS verschiedener Herkunft annähernd 1; dasselbe gilt für das Verhältnis Guanin zu Cytosin (+ 5-Methylcytosin). Die Verhältnisse der Summen Adenin + Thymin zu Guanin + Cytosin sind bei tierischer DNS größer als 1 und bei der DNS aus Mikroorganismen kleiner als 1. Die Summen der Purinnucleotide sind gleich der der Pyrimidinnucleotide, und die Verhältnisse der Basen, die am Kohlenstoffatom 6 eine Amino- bzw. eine Hydroxylgruppe tragen, sind gleich 1:1 ((Adenin + Cytosin + Methylcytosin):(Guanin + Uracil bzw. Thymin) = 1:1).

1. $\frac{A}{T} = \frac{G}{C} = 1$

2. $\frac{A + T}{G + C} > 1$ (tierische DNS); $\frac{A + T}{G + C} < 1$ (Mikroorganismen)

3. $A + G = T + C$

4. $(A + C + Me\text{–}C):(G + U + T) = 1$

Diese Feststellungen führten zusammen mit röntgenographischen Untersuchungen zu Vorstellungen über die *Sekundärstruktur der Desoxyribonucleinsäuren.* Danach sind je 2 nebeneinanderliegende Polynucleotidketten spiralförmig nach der Art einer Helix verdrillt angeordnet.

Die DNS-Doppelspirale hat folgende strukturelle Charakteristika: a) die beiden Polynucleotidketten

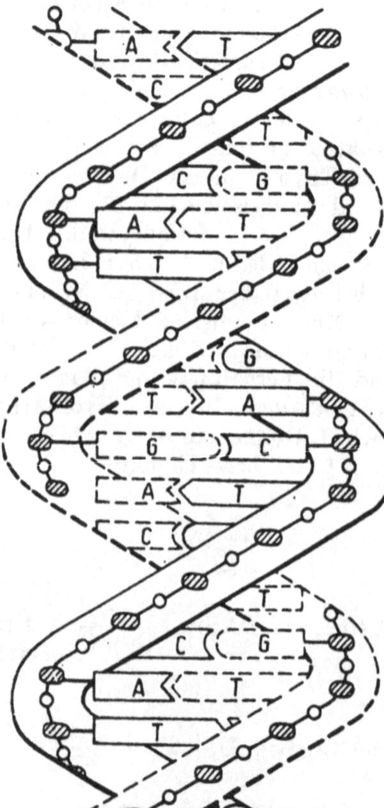
A
T
C
T
C
G
A
T
T
G
T
A
G
C
A
T
C
T
C
G
A
T
T
G
T
A
Phosphorsäure
Desoxyribose

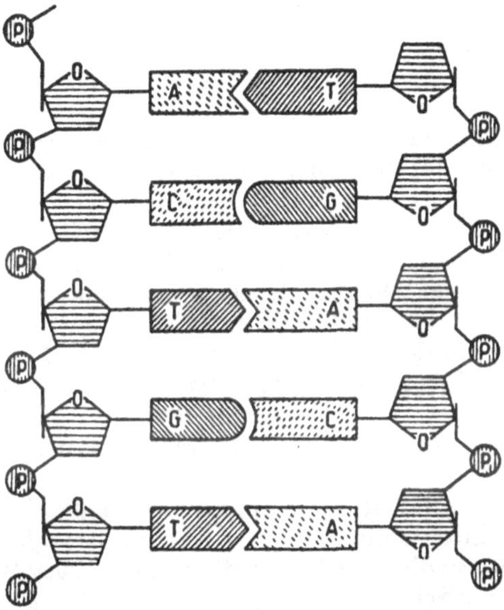

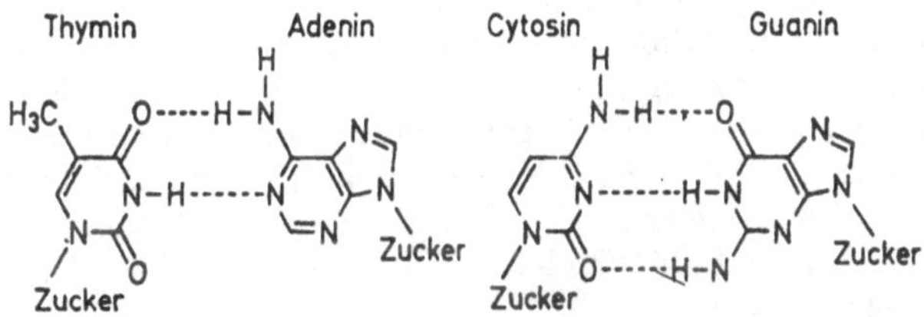

Basenpaarung in der DNS

haben eine entgegengesetzte Polarität, d. h. die Zwischennucleotidbindungen verlaufen in dem einen Strang von 3′ → 5′ und in dem anderen von 5′ → 3′, b) die beiden Spiralen sind „plectonemisch“ geknäuelt, d. h. die Doppelhelix kann in ihre Einzelfäden nicht ohne deren Aufwindung getrennt werden.

Die Stabilität dieser *Doppelspirale* ergibt sich aus der Existenz zahlreicher *Wasserstoffbindungen*, die sich zwischen je 2 gegenüberliegenden Basen, die nach innen orientiert sind, ausbilden. Es liegen sich jeweils die Basenpaare Thymin/Adenin und Cytosin/Guanin in einer derartigen *Doppelhelix* gegenüber (Paarungsregel). Diese Auffassung von der Doppelhelixnatur der Desoxyribonucleinsäure führte zu der Vorstellung, daß eine Einzelhelix jeweils das „Spiegelbild" des anderen Polynucleotidstranges darstellt, und daß nur solche Helices miteinander verbunden sind, die „zueinander passen".

Neben doppelfädigen Helices verschiedener Desoxyribonucleinsäuren sind auch einzelfädige DNS-Moleküle gefunden worden (z. B. in manchen Bakteriophagen). Während diese im allgemeinen *keine Basenpaarung* aufweisen, tritt diese jedoch bei der Bakteriophagen-*Replikation* ein (Entstehung der replikativen Form der Phagen-DNS).

Mittels molekularer Elektronenmikroskopie der DNS sind Einblicke in die Größenverhältnisse dieser Moleküle gewonnen worden. Dabei wird die DNS mittels eines osmotischen Schocks aus dem biologischen Material (z. B. Bakteriophagen) freigesetzt und dann zu einem monomolekularen Film unter Komplexbildung mit einem basischen Protein (Cytochrom c) gespreitet. Einzelfilamente mancher DNS-Typen können einen Durchmesser von etwa 20 Å haben. Vorsichtig präparierte DNS aus *M. lysodeikticus* hat eine Länge von etwa 1 mm. Aus T-Phagen sind DNS-Moleküle mit Längen von 50—70 µm isoliert worden.

Neben den einzel- oder doppelsträngigen DNS-Fäden mit zwei Enden gibt es in der Natur ringförmige DNS-Moleküle. Als solche wurde die DNS der Mitochondrien erkannt. Die mitochondriale DNS aus *Xenopus laevis* und *Rana pipiens* haben Molekulargewichte von etwa $10 \cdot 10^6$. Die circuläre mitochondriale DNS besteht aus zwei Fraktionen, einer leichteren (27,4 S) und einer schwereren Komponente (39,3 s). Beide sind in der Form einer geschlossenen Doppelspirale angeordnet. Auch die Polyoma-Virus-DNS, die Papilloma-Virus-DNS und die

Adenovirus-DNS haben cyclische Struktur. Andererseits wird bei manchen Virusarten eine cyclische Struktur der DNS auch vorgetäuscht. Nach der Isolierung der DNS kommt es infolge von kohäsiven Eigenschaften der Fadenenden zu Cyclisierungen, wobei ein Verlust ihrer biologischen Eigenschaften eintritt. Als Beispiel hierfür sei die DNS des Phagen Lambda genannt.

3.2.2. Denaturierung der DNS

Reversible oder irreversible Änderungen der Sekundärstruktur der DNS können bei mehr oder weniger drastischen Veränderungen des Mediums eintreten (Erhöhung der Temperatur, pH-Erhöhung oder -Senkung, Entfernung des Gegenions, Zugabe organischer Substanzen usw.). Der dabei am DNS-Molekül ablaufende Prozeß wird als „Denaturierung" bezeichnet. Das Gegenstück hierzu ist die Denaturierung der Proteine.

Bei der Denaturierung der DNS kommt es zu Veränderungen ihrer hydrodynamischen und optischen Eigenschaften. Es können aber auch spezifischere Wirkungen der DNS betroffen sein. Hierzu gehören die Antigen-Eigenschaften der geradzahligen glucosehaltigen T-Phagen und ihre Eigenschaften der Transformation und Infektion. Der Übergang vom nativen zum denaturierten Zustand ist durch eine S-förmige Kurve gekennzeichnet (Abb. 28). Der Schmelzpunkt („melting point, T_m) ist der Mittelpunkt des Übergangsbereiches.

Im Mittelpunkt der Kurve sind 50% der Moleküle vom nativen Zustand in die denaturierte Form umgewandelt worden. Folgende vier Parameter bestimmen die Breite des Übergangs:

1. *DNS-Conformation.* Je größer der Helixgehalt eines Polynucleotides ist, desto kleiner ist die Breite des Übergangs. Einzelsträngige DNS zeigt eine größere Übergangsbreite als doppelsträngige.

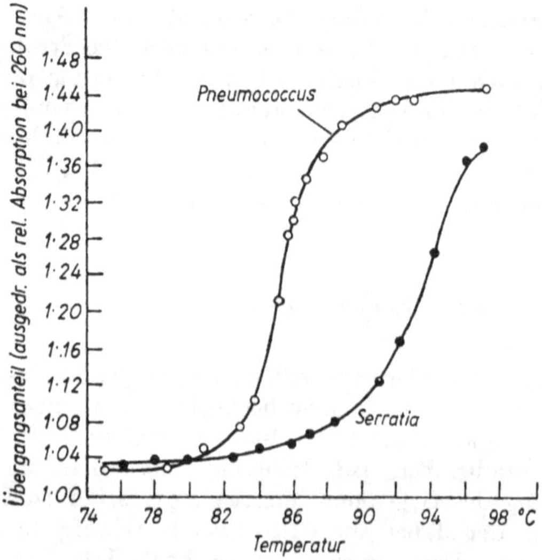

Abb. 28: Denaturierungsübergang bei Nucleinsäuren

2. *Molekulare Heterogenität.* Bei Vorliegen von zwei DNS-Molekülen, die sich in ihrer Zusammensetzung unterscheiden, kann man zwei verschiedene Übergangskurven erhalten.

3. *Intramolekulare Heterogenität.* Ein Vergleich verschiedener DNS-Formen des gleichen Molekulargewichtes, jedoch aus verschiedenen Quellen isoliert, zeigt, daß die Breite des Überganges variieren kann. Die Reihenfolge dabei ist: DNS-Viren < Mikroorganismen < höhere Organismen. Die Kooperativität des Überganges (ausgedrückt in Steilheit und Form der Übergangskurve) ist in verschieden zusammengesetzten, untereinander homogenen DNS-Typen verschieden. Dies zeigt, daß es Bezirke im DNS-Molekül geben muß, die weniger stabil als andere sind und schneller verändert werden als der Rest des Moleküls.

4. *Einfluß des Mediums.* Von besonderem Einfluß sind dabei die Ionenstärke und zweiwertige Kationen. Ihr Einfluß hängt von der Flexibilität des Polynucleotids ab. Je kompakter und starrer dieses ist, desto steiler verläuft der Übergang.

3.2.3. Nativer und denaturierter Zustand

Thermodynamische Überlegungen führen dazu, daß die Wasserstoffbindungen nur einen kleinen Anteil zur Stabilität der Polynucleotidstruktur beitragen, trotz ihrer großen Bedeutung als Kontrollfaktoren für Form und Spezifität der Helix. Das experimentell vorliegende Material zeigt, daß beim Übergang von der Helix zum statistischen Knäuel keine große Änderung in der Zahl der Wasserstoffbrücken eintritt. Der Hauptbeitrag zur Helixstabilität wird durch die hydrophoben oder apolaren Kräfte geliefert, darüber hinaus sind die π-Elektronen der benachbarten Basen und σ-Elektronen der entsprechenden Zucker für die Stabilisierung von Bedeutung. Wie bei Proteinen gibt es auch bei den Nucleinsäuren höchstwahrscheinlich einen Mehrschrittübergang von der nativen zur irreversibel denaturierten Form. Die einzelnen Schritte bestehen außer in der Aufhebung der eben genannten Bindungen in der Auflösung der Wasserstoffbindungen zwischen den Basen mit zuerst teilweiser, danach vollständiger Aufspaltung in die Einzelfäden, die dadurch in den irreversiblen bzw. schwer reversiblen Zustand des statistischen Knäuels übergehen.

Die experimentelle Auftrennung der Doppelstränge in Einzelstränge und ihre Rekombination ist möglich. Der Prozeß des Auseinanderweichens der Doppelfäden („Schmelzen“) erfordert relativ extreme Bedingungen hinsichtlich der Temperatur und des pH-Wertes. Die Reaktion läuft innerhalb einiger Minuten ab, ist also relativ langsam. Da die Rekombination („Hybridisierung“) eine Reaktion zweiter Ordnung ist, erfordert sie relativ hohe Konzentrationen an einzelsträngigen Nucleinsäuren. Solch eine Hybridisierung tritt nicht nur zwischen einzelnen DNS-Fäden auf, sondern auch zwischen DNS- und RNS-Einzelsträngen, sofern nur Basenpaarungen möglich sind (A–T; G–U, C–G). Diese Vorgänge sind wichtige Modellreaktionen für die biologisch ablaufenden Vorgänge der sog. identischen Replikation der DNS und der Biosynthese von Boten-RNS an der DNS-Matrize (s. Teil III).

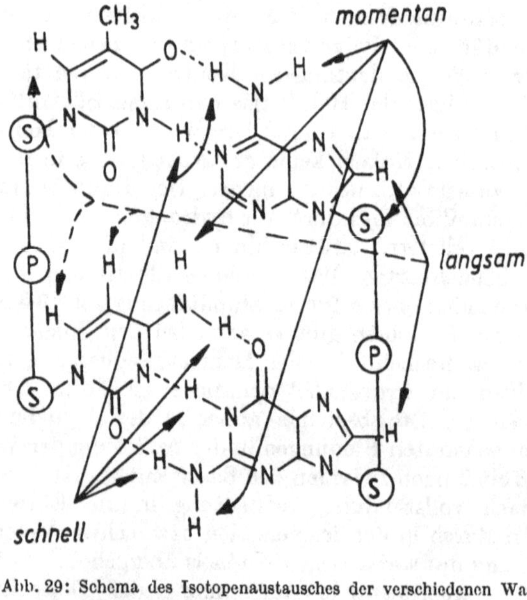

Abb. 29: Schema des Isotopenaustausches der verschiedenen Wasserstoffatome der DNS; mit S und P sind die Zucker- bzw. Phosphatreste der DNS angegeben (nach FRITZSCHE)

Zum Studium der „dynamischen" Struktur der DNS unter milderen Bedingungen, bei denen noch kein Helix ⇌ Knäuelübergang eintritt, hat sich die Messung des Wasserstoff–Deuterium-Austausches sehr bewährt. Da sie eine sehr empfindliche Methode ist, erlaubt sie, kleine Strukturfluktuationen, wie sie auch unter biologischen Bedingungen auftreten, nachzuweisen. Auch bei der DNS gibt es wie bei den Eiweißen schnell und langsam austauschbare Protonen, je nach ihrer Lage und ihrem Bindungszustand im Molekül (s. S. 73) (Abb. 29).

3.3. Freie Nucleotide

Den makromolekularen Nucleinsäuren stehen die *freien Nucleotide* gegenüber. Diese besitzen Molekulargewichte bis zu etwa 1000. Die Grundstruktur eines Nucleotides *Base–Pentose–Phosphat* ist in ihnen in reiner oder abgewandelter Form vorhanden. Die freien Nucleotide sind entweder Zwischenprodukte der Nucleinsäuresynthese oder haben hochspezifische Stoffwechselfunktionen inne. Diese sind grundsätzlich von den Funktionen der Nucleinsäuren zu unterscheiden.

3.3.1. Das Adenylsäuresystem

Vom *Adenosin-5'-monophosphat* (5'-AMP, *Muskeladenylsäure*) leiten sich ab: *Adenosin-5'-diphosphat* (ADP) und *Adenosin-5'-triphosphat* (*ATP*).

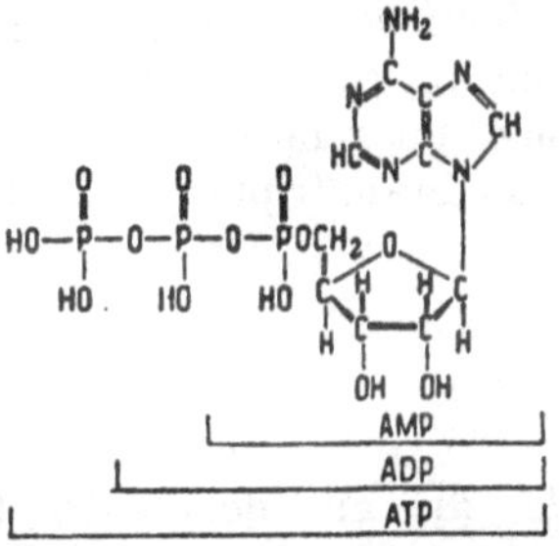

Außerdem sind Adenosin-tetraphosphat und noch höher phosphorylierte Produkte nachgewiesen worden. Das Adenylsäuresystem hat eine Schlüsselstellung im

Zwischenstoffwechsel inne. Seine Bedeutung liegt vor allem darin, daß es als Energiespeicher und Energieüberträger fungiert. Die beiden *Pyrophosphatbindungen* im ATP und die eine Pyrophosphatbindung im ADP sind als „energiereiche Phosphatbindungen" aufzufassen (s. Kapitel „Biochemische Thermodynamik", Teil II). Bei der Hydrolyse des ATP zum ADP tritt eine Änderung der freien Enthalpie um −8000 cal ein. Die gleiche Änderung der freien Enthalpie findet man beim Übergang vom ADP zum AMP. Die Esterbindung im AMP liefert bei ihrer Hydrolyse nur 3000 cal. Neben dem Adenosin-5′-monophosphat kommt das *Adenosin-3′.5′-monocyclophosphat* vor, welches bedeutsame Stoffwechselfunktionen besitzt (s. Teil II).

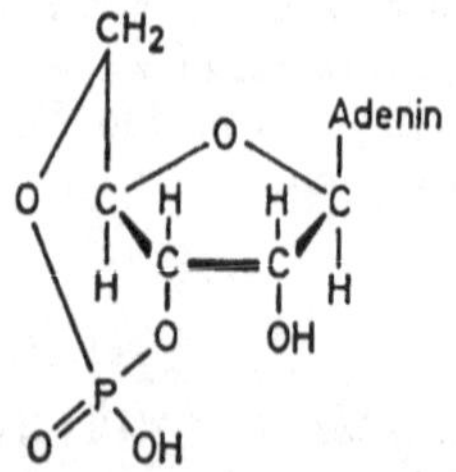

Adenosin-3,5-monocyclophosphat

Mit dem AMP ist die *Inosinsäure* eng verwandt, die statt des Adenins Hypoxanthin enthält. Von der Inosinsäure leiten sich die höher phosphorylierten Produkte Inosindiphosphat (IDP) und Inosintriphosphat (ITP) ab.

3.3.2. *Weitere Nucleotide*

Als weitere Nucleotide, die mit dem Adenylsäuresystem verwandt sind und mit ihm im Stoffwechsel eng zusammenhängen, seien die Mono-, Di- und Triphosphate des Guanosins, Uridins und Cytidins genannt. Neben ihren energiespeichernden und -übertragenden Funktionen haben die Cytidin- und Uridinnucleotide wichtige spezifische Funktionen im Lipoid- und Kohlenhydratstoffwechsel inne. Hier seien genannt: *CDP-Cholin* für die Synthese der Phosphatide und *UDP-Glucosid* bzw. UDP-Galaktosid als Coenzyme bzw. Substrate im Stoffwechsel der Monosaccharide. Auch Verbindungen des UDP mit Uronsäuren (Galakturon- und Glucuronsäure) müssen an dieser Stelle genannt werden.

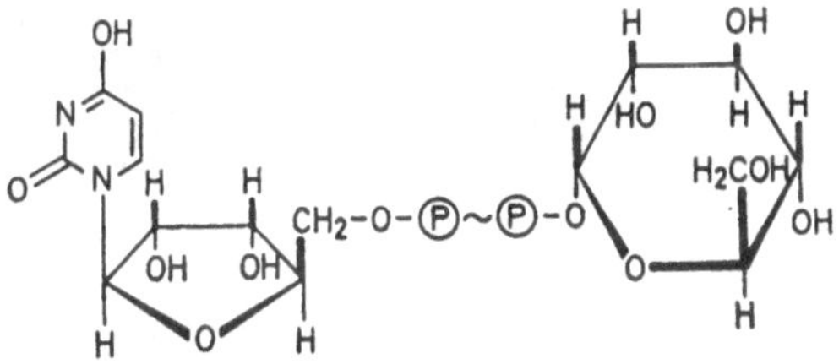

Uridindiphosphatglucosid

Einige weitere freie Nucleotide mit spezifischen Stoffwechselfunktionen enthalten die Nucleotidstruktur in mehr oder weniger abgewandelter Weise. Hier sind die wasserstoffübertragenden Coenzyme *Nicotinsäureamid-adenin-dinucleotid* (NAD^+) und *Nicotinsäureamid-adenin-dinucleotidphosphat* (*$NADP^+$*) sowie zwei Abkömmlinge des Riboflavins zu nennen. NAD^+ und $NADP^+$ bestehen aus 2 Nucleotidhälften, von denen die eine Adenosin-5'-monophosphat (beim NAD^+) bzw. Adenosin-2'.5'-diphosphat (im Falle des $NADP^+$) ist und die andere Hälfte Nicotinsäureamidribosephosphat darstellt. Ihre wasserstoffübertragenden Funktionen werden dadurch ermöglicht, daß sie im oxydierten und reduzierten Zustand vorliegen können. Im oxydierten Zustand liegt der Pyridin-Stickstoff des NAD^+ bzw. $NADP^+$ im quarternären Zustand vor, beim Übergang zum reduzierten Zustand tritt eine Elektronenverschiebung im Pyridinring unter Entstehung von 3wertigem Stickstoff und Wasserstoffanlagerung in p-Stellung ein (s. Teil II),

(*Absorptionsspektren* des reduzierten und oxydierten NAD^+ bzw. $NADP^+$ s. Abb. 30).

Als Riboflavinderivate mit wasserstoffübertragender Coenzymfunktion sind das *Flavinmononucleotid* (FMN)

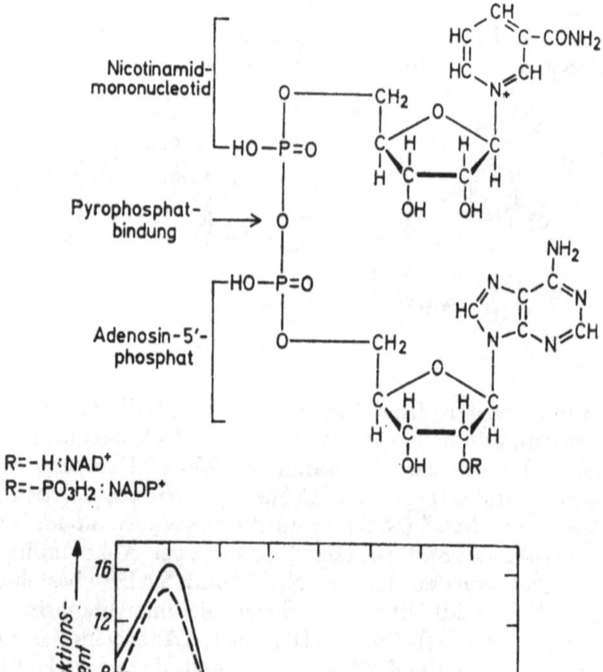

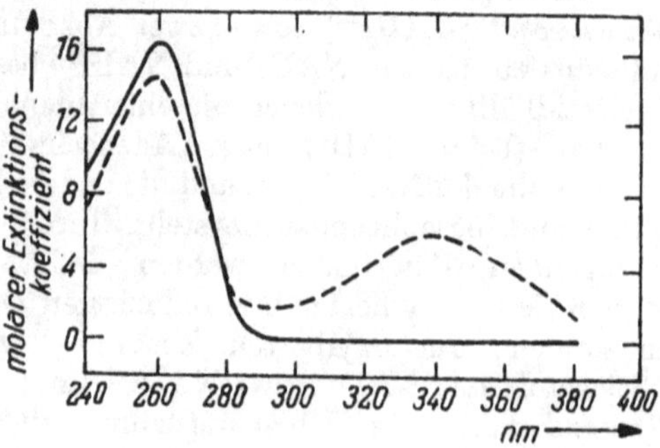

Abb. 30: Absorptionsspektren von NAD^+($NADP^+$) und $NADH_2$ ($NADPH_2$) ——— NAD^+($NADP^+$); – – – $NADH_2$ ($NADPH_2$)

und *Flavin-adenin-dinucleotid* (FAD) zu nennen. Das FMN enthält keine Ribose, sondern den Alkohol Ribitol (Unterschied zu anderen Nucleotiden). Das FAD besteht aus zwei Molekülhälften, von denen die eine FMN und die andere AMP ist. Auch diese beiden Nucleotidhälften sind wie bei NAD^+ und $NADP^+$ über eine Pyrophosphatbindung miteinander verbunden. Die hetero-

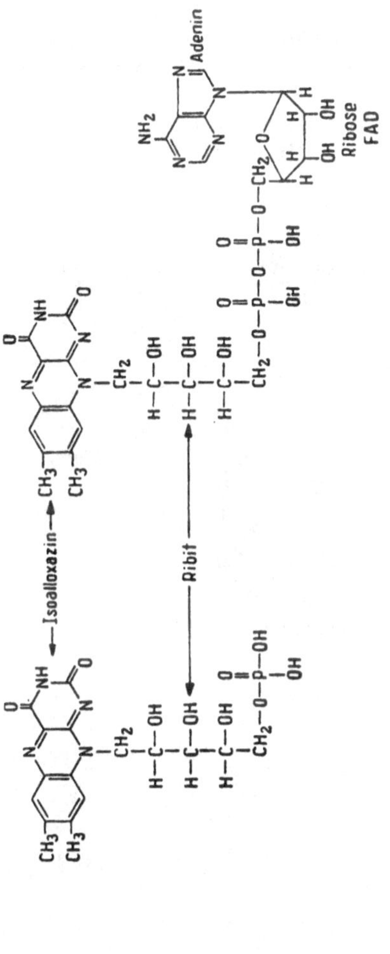

cyclischen Basen im FMN und FAD sind Isoalloxazin und Adenin. Das Isoalloxazin ist als Derivat des Kondensationsproduktes von Pteridin und Benzol aufzufassen (s. Formel S. 151).

Als weitere nucleotidähnliche Substanz sei das *Coenzym A* (CoA) genannt. Dieses spielt eine entscheidende Rolle im Stoffwechsel von Fettsäuren, nämlich bei ihrer Aktivierung und ihrer Übertragung. (Acylaktivierung und Transacylierung). Es besteht aus Adenin, Ribose, drei Molekülen Phosphorsäure, einem Molekül Pantothensäure und einem Molekül Cysteamin. Pantothensäure ihrerseits ist aus β-, β'-Dimethyl-α,γ-dihydroxybuttersäure und β-Alanin aufgebaut. Die wirksame Gruppe in CoA ist die SH-Gruppe des Cysteamins.

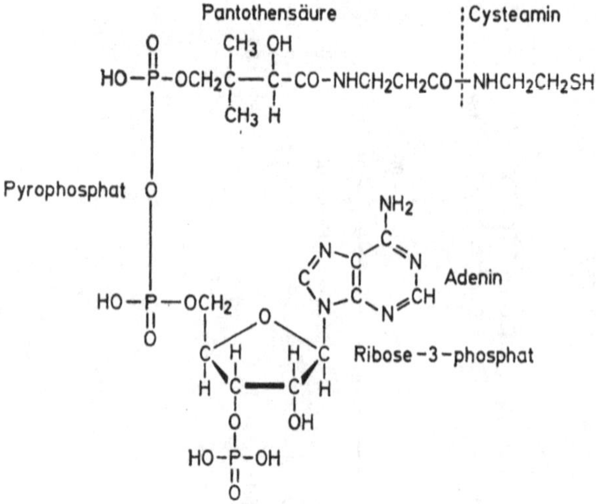

Coenzym A

4. Sachregister

Ablenkungselektrophorese 106
Absorptionsspektren der Pyridinnucleotide 150
Acceptor-RNS 136
Achsenverhältnis von Proteinen 122
ACTH, Adrenocorticotropes Hormon 41
Acylaktivierung 152
Adenin 128, 152
Adenosin 131
Adenosin-3',5'-monocyclophosphat 148
ADP, Adenosin-5'-diphosphat 147
Adenosintetraphosphat 147
Adenylsäure 147ff.
Agargelelektrophorese 105
aktives Zentrum 88, 90, 95
Alanin 28, 58, 65, 94, 136
Albumin 97, 99, 101, 102, 136
Aldolase 96
Alkoholdehydrogenase 90, 95
1-Alkyl-3-aminocarbamylpyridiniumchlorid 95
alloplastische Effekte 97
allosterische Enzyme 91
Aminopeptidase 37, 44
Aminosäuren 26ff.
Aminosäure-Austausch 55
AMP, Adenosin-5'-monophosphat 147
analytische Ultrazentrifugation 88
Angiotensin 42
Angiotensinogen 42
Anhydropolymerisation 19
Anserin 39
Antigene 53ff.
Antigenbindungsstellen 90
Antigen-Eigenschaft der DNS 143
Antikörper, Struktur 53ff.
apolare Bindung 93
apolare Gruppen 95
Apurinsäuren 131
ARCHIBALD-Verfahren bei Ultrazentrifugation 115
Arginin 28, 37, 41, 86, 100
Asparagin 28
Asparaginsäure 28, 96, 100
Aspartat-Transcarbamylase 89
Assoziation von Untereinheiten von Proteinen 121
Atmung 22
ATP, Adenosin-5'-triphosphat 147
Aussalzung 108
autoplastische Effekte 97

Bakteriophagen 128, 134, 142
Bakteriophagen-Replikation 142
Basenpaarung 138

Basenzusammensetzung von Desoxyribonucleinsäuren 139
Bence-Jones-Protein 53ff.
Beugungsdiagramm (Röntgenanalyse) 75
Bindungen 93ff.
Bindungsenergie 93
Bindungszentrum von Enzymen 90
BOHR-Effekt 52, 84, 92
Boten-RNS 134
Bradykinin 36, 42
BRAGGsche Gleichung 75
Brechungsindex von Proteinen 111
Brenztraubensäure-Dehydrogenase-Komplex 92
BRÖNSTEDsche Theorie 26

Carbobenzoxymethode 34
Carbodiimid, Reaktionen bei Peptidsynthese 35
Carboxypeptidase 37, 44
Carnosin 39
α-Casein 101
CDP-Cholin, Cytidindiphosphat-Cholin 149
Chromatographie 44, 106, 125, 136
chromophore Gruppen in Proteinen 68
Chromosomen 134
Chymotrypsin 47, 49
Chymotrypsinogen 59, 88
Circulardichroismus 66, 72ff.
Cluster 94
Coenzyme, wasserstoffübertragende 149ff.
Coenzym A (CoA) 152
Coeruloplasmin 89
Collagen 101
Configurationsänderungen von Polypeptiden 68
Conformation der DNS 143ff.
Conformation der Proteine 69, 92ff., 95ff., 99
Conformationszustände des Hämoglobins 83
CO_2-Transport 103
COTTON-Effekt 72
cyclische DNS 142
Cystein 30, 37, 40, 50, 57, 63, 99
Cytidin 131, 148
Cytochrom c 49, 50, 60, 99, 117, 142

Deaggregation von Protein 92
DEBYE-HÜCKELsche Theorie 103
DEBYE-SCHERRER-Verfahren 75
Denaturierung der DNS 143
Denaturierung von Proteinen 95, 97ff., 111, 113, 121, 127
Desoxyribonuclease 131
Desoxyribonucleinsäuren 128
2-Desoxy-D-ribose 128
Dichtegradientenzentrifugation 88, 130
Diffusionskonstante 116
2,3-Diphosphoglyzerinsäure 86
Dipolmoment 109
Disk-Elektrophorese 106
Disulfidbindung 30, 50, 63, 64
Disulfidbrücke 30, 50, 64, 95, 99, 120
Disulfidspange 50
DNS-Doppelspirale 139
DONNAN-Korrektur 113
DONNAN-Verteilung 113
Doppelhelix der DNS 141

Drehkristallverfahren (Röntgenanalyse) 75
DRUDE-Gleichung 70

Eieralbumin 101, 113
Einsalzung von Proteinen 108
Eisen 50, 78, 81 ff., 114
Elastin 64
Elektrolytnatur der Proteine 100
Elektronenmikroskopie 123, 130, 142
Elektroosmose 104 ff.
Elektrophorese 88, 103 ff., 125, 136
elektrophoretische Beweglichkeit 103
elektrovalente Bindung 93
Endgruppenbestimmung 44 ff., 88
Endopeptidase 37, 47
energiereiche Phosphatbindung 148
Enolase 89
Enthalpie 148
Entropieeffekt 94
Enzyme 88 ff.
enzymatische Hydrolyse 44, 47
Esterase 95
Evolution der Proteine 59 ff.
Exopeptidase 37
extraterrestrisches Leben 22 ff.

FAD, Flavin-adenin-dinucleotid 151
Faltblattstruktur der Proteine 64, 67, 68
Färbeverfahren, spezifisch, von Proteinen (Enzymen) 125
Fettsäure-Synthetase 91
fibrilläre Proteine 121
1-Fluoro-2,4-dinitrobenzol, FDNP 33, 46
FMN, Flavinmononucleotid 150
Formamid 98
Formoltitration 31
Fouriersynthese 75
freie Nucleotide 147 ff.

β-Galaktosidase 90
Galakturonsäure 149
Gärung 21
Gefrierpunktsdepression 113
Gelchromatografie 107
Gene (DNS) 134
Gen-Duplikation 55
genetischer Code 134
Gleichgewicht, angenähertes, bei Ultrazentrifugation 115, 118 ff.
Globuline 101, 108, 111, 121
γ-Globulinfraktion 53
Glucuronsäure 149
Glutamin 28
Glutaminsäure 28, 40, 52, 58, 96, 100
Glutaminsäuredehydrogenase 89
Glutathion 38
Glycin 28, 58, 65, 111
Glyoxalase 39
Glyzerin-1-phosphat-Dehydrogenase 89
Glyzerinaldehyd-3-phosphat-Dehydrogenase 90
Gramicidin 40, 97
Guanin 128
Guanidin 98, 100
Guanidinhydrochlorid 90, 98
Guanosin 131, 148
Guanosinmonophosphat 138

Haldane-Effekt 84
Hämocyanin 117
Hämerythrin 89
Häm-Gruppe 78
Häm-Häm-Wechselwirkungen 82ff., 92
Hämoglobin 49, 59, 74, 97, 102, 114, 117
Hämoglobin Barts 52
Hämoglobin H 52, 84
Hämoglobin, Kooperativität in der Sauerstoffbindungskurve 52
Hämoglobintypen 52ff., 84, 101
Hämoglobin-Struktur 79
Harnstoff 90, 95, 98, 99, 119
α-Helix 62ff., 64
Helixregion der Transfer-RNS 138
Helixstruktur der DNS 139, 143, 145
Helixstruktur von Proteinen 62f., 65, 111
heteropolare Bindung 93
Hexokinase 89, 117
Hexosemonophosphatzyklus 21
Histidin 28, 50, 68, 78, 81, 100, 102
homöopolare Bindung 93
Hybridisierung der DNS-Ketten 145
Hydratation von Proteinen 76, 107, 110, 123
Hydrolyse 36, 37, 44, 46, 47, 136, 148
hydrophobe Bindung 93, 98
hydrophobe Agenzien 95
Hydrolyse von Nucleinsäuren 130, 131ff.
saure 130
alkalische 130
enzymatische 130
ammoniakalische 131
6-Hydroxy-2-methylaminopurin 128
5-Hydroxymethylcytosin 128
Hydroxyprolin 30
Hypertensinogen 42
Hypertonie 42
Hypochromie der Nucleinsäuren 130
Hypophysenhormone 40, 59
Hypoxanthin 134, 148

Identitätsperiode der Polypeptidkette 62
IDP, Inosindiphosphat 148
Immunoelektrophorese 106
Immunoglobuline 53ff.
Infrarot-Dichroismus 67
Infrarot-Spektroskopie 66, 98, 130
Inosinsäure 148
Insulin 36, 49, 88, 117, 120
Insulin, Helixstruktur 62, 73
Insulin, Schmelzpunkt 124
Insulin, Spezies-Unterschiede 58
Interferenzoptik bei Ultrazentrifugation 115
Ionenaustauschchromatographie 44, 136
Ionenbindung 93, 95
Ionenstärke 68, 86, 90, 101, 103, 109, 121, 124, 138, 145
Ionisationsgrad 99
Isoalloxazin 152
isoelektrischer Punkt
der AS 27
des Hämoglobins 52
der Proteine 101ff., 111, 125
Isoenzyme 105
Isoleucin 28, 63
isomorpher Ersatz 78

3-Isoxazoliumsalze, Reaktionen bei Peptidsynthese 35
ITP, Inosintriphosphat 148

Kallidin 42
Kallikrein 42
katalytische Subeinheit 90
α-Keratin 64
β-Keratin 65
Kern-RNS 134
Kettenaustausch (Hb) 85
Kleeblattstruktur der Transfer-RNS 138
Koazervate 19
kolloiddisperses System der Proteine 107, 111
Kooperativität
bei DNS 144
bei Proteinen 81ff.
kovalente Bindung 93
Kristallisation von Proteinen 125, 127

Latam-Lactim-Tautomerie 133
Lactatdehydrogenase 90
β-Lactoglobulin 89, 95, 101
Leucin 28, 94
Leucinaminopeptidase 46
Lichtstreuung 98
lösliche RNS 136
Löslichkeit von Proteinen 97, 107ff.
Lotsenfunktion der RNS 136
Lysin 28, 41, 86, 96, 100
Lysozym 49, 86ff., 94, 95, 101

Magnesium 138
Magnetic-foat-Methode 123
Makroglobulinämie 54
Matrizenerkennungsregion der Transfer-RNS 138
Melanophorenhormon 41
Mercaptoäthanol 95
MERRIFIELD-Verfahren der Peptidsynthese 36
Messenger-RNS 134
Methämoglobin 52, 84
2-Methyladenin 128
5-Methylcytosin 128
MIE-Effekt 112
Mikrosomen 134
Milchsäuredehydrogenase 89
Milz-DNase 132
Milz-RNase 131
Mischkristallbildung von Proteinen 128
Mitochondrien 134, 142
MOFFITT-Gleichung 71
Molekülaggregate von Proteinen 119ff.
Molekulargewichte der RNS-Typen 138
Molekulargewichtsbestimmung von Proteinen 112ff.
Molekülgestaltsbestimmung von Proteinen 121ff.
Monomer 82, 88
Multienzymsysteme 91
multiples Myelom (Plasmozytom) 53
Muskeladenylsäure 147
Myoglobin 49, 50, 74, 77, 94, 95, 117
Myoglobinstruktur 77
Myosin 64

NAD+, Nicotinsäureamidadenin-dinucleotid 149
NADP+, Nicotinsäureamid-adenin-dinucleotid-phosphat 149
nichthelixbildende AS 63
Ninhydrinreaktion 32
Nucleinsäuren 128ff.

Nucleolus-RNS 134
Nucleoproteide 128
Nucleoside 131
Nucleotide 128
Nucleotidsequenz 136
Nucleotidtriplett 138

Oligomer 88ff., 96
Opaleszenz von Proteinlösungen 111
optische Aktivität von Proteinen 111
optisches Verhalten der Proteine 111ff.
osmotischer Druck 113, 120
Oxytoxin 40, 60

Paarungsregel der DNS Doppelhelix 142
Pankreas-RNase 136
Papierchromatographie 44
Papierelektrophorese 105
Partielles spezifisches Volumen von Proteinen 116, 119, 123ff.
Penicillin 40
Pepsin 48, 62, 99
Peptidbindung 36, 47, 57, 62, 64, 74, 93
Peptidhormone 41ff.
Peptide 36ff.
Phasenregel 126
Phenylalanin, D-Phenylalanin 30, 40, 68, 80, 94, 112
Phenylhydantoin 46
Phenylisothiocyanat 33, 46
Phenylthiohydantoin 46
Phosphatase, alkalisch 136
Phosphatidsynthese 149
Phosphodiesterase 131
Phosphorylase b 97
Photophosphorylierung 20, 21
Photosynthese 21
Phylogenese und Proteinstruktur 57
pK-Wert der AS der Proteine 27ff., 100ff.
Plasmozytom 53
Plastiden 134
plectonemisches Knäuel der DNS Doppelspirale 141
Poliomyelitis-Virus 89
Polyacrylamid-Elektrophorese 106, 125
Poly-L-Alanin 65
Polyamide, synthetisch 64ff., 69
Poly-γ-Benzyl-L-Glutamat 69
Polymer 88
Porphyrinring 50, 78, 81
ζ-Potential 104
potentiometrische Titration von Nucleinsäuren 130
Primärstruktur von Polynucleotiden 131, 136ff.
Primärstruktur von Proteinen 49, 55, 96
Prolin 30, 63, 80
Proteinase 37
Proteine 24ff.
Proteinoid-Mikrosphären 20
Proteinkristalle 75
Proteinsequenator 47
Proteinstruktur 44ff., 95
Proteinsynthese 134
Protomer 88
Pseudouridylsäure 133, 136
Pteridin 152
Pufferwirkung von Proteinen 102
Purinbasen 128
Pyrimidinbasen 128
Pyrophosphatbindung 148, 151
Pyruvatkinase 89

Quartärstruktur von Proteinen 49, 79, 93

RAYLEIGH-Streuung 111
Reaggregation von Subeinheiten 90
regulatorische Subeinheit 90
Reibungskoeffizient, molar 121
Reinheitskriterien von Proteinen 124
IP 124ff.
Elektrophorese 124, 125ff.
Kristallisation 124
Sedimentationsdiagramm 124, 125ff.
Löslichkeitsdiagramm 124, 125ff.
Aktivität des Enzyms 124
Renin 42
Replikation der DNS 146
Ribitol 151
Ribonuclease 49, 50ff., 57, 62, 88, 95, 97, 131
Ribonucleinsäuren 128ff.
D-Ribose 128
Ribosomen 134
Ribosomen-RNS 135
Rinderserumalbumin 62
RNS-Typen 134
RNS-Viren 138
Röntgenstrahlanalyse 66, 83, 130
Rotationsdispersion, optische 66, 68ff., 70, 95, 98, 111, 130

Salzbindung 99
Sauerstoffbindung (Hämoglobin) 81ff.
SCHIFFsche Base 31
Schlangengift-Phosphodiesterase 132, 136
Schlangengiftproteinase 42
Schlierenoptik bei Ultrazentrifugation 115
Schmelzpunkt der DNS 23, 143, 145
Sedimentation von Proteinen 115ff., 125
Seidenfibroin 65
Sekundärstruktur der DNS und RNS 131, 136ff.
Sekundärstruktur von Proteinen 49, 62, 66, 93, 95, 108
Sephadex 106
Sequenzanalyse 44ff., 52, 73
Serin 28, 58, 63, 93, 136
SH-Gruppen 99
Sichelzellhämoglobin 52
sigmoidale Sauerstoffbindungskurve des Hämoglobins 82, 85
Sphäroproteine 121
Stabilität der DNS-Doppelspirale 141, 145
Standardaustausch von Aminosäuren 58, 59, 61
Stärkegelelektrophorese 105
statistisches Knäuel 67ff.
der DNS 145
der Proteine 99
Streulichtphotometrie 88, 112, 130
Subeinheiten 84ff., 96, 99
Submoleküle von Proteinen 119ff.
SVEDBERG-Einheit 116

T-Phagen 142
Tabak-Mosaik-Virus 49, 89, 117
Takadiastase 132, 136
Tetramer 82
Tertiärstruktur von Proteinen 49, 74ff., 93, 94, 95, 108
Thermophile Organismen 23

Threonin 28, 37, 58, 63
Thymin 128
Thymidin 131
Titrationskurve der AS 27
der Nukleinsäuren 130
der Proteine 101
Trägerelektrophorese 105
trägerfreie Elektrophorese 105
Transacylierung 152
Transfer-RNS 138
Triosephosphatdehydrogenase 89, 90, 97
Trypsin 42, 47, 96
Trypsinogen 49
Tryptophan 30, 37, 68, 86, 112
TYNDALL-Effekt 107, 111
Tyrosin 30, 58, 68, 99, 112, 136

UDP-Galaktosid, Uridindiphosphatgalaktosid 149
UDP-Glucosid, Uridindiphosphatglucosid 149
Ultraschall 98
Ultraviolett-Spektroskopie 66, 68ff., 130
Ultrazentrifugation, analytisch 114ff., 130
Untereinheiten von Proteinen 83, 119
Uracil 128
Urease 89
Uridin 131, 148
Uronsäuren 149
Urprotein (hypothetisch) 59
UV-Absorptionsoptik bei Ultrazentrifugation 115

Valin, D-Valin 28, 40, 63, 94, 136
VAN DER WAALSsche Kräfte 78
VAN'T HOFFsches Gesetz 113
Vasopressin 40, 60, 97
Viren 134
Viscositätsmessung 95, 121, 150

Wachstumshormon 41
Waldenström-Makroglobulin 53
Wasserstoffanlagerung an Coenzyme 149
Wasserstoffbindung 28, 62ff., 64, 73ff., 78, 93f., 98, 138, 141, 145
Wasserstoff-Deuterium-Austausch 73, 98, 130, 146

Zink 20
Einbau in Proteinoid-Mikrosphären im Insulin 49, 120
Zonenelektrophorese 105
Zwitterion 26

Der Verfasser

- **beschreibt die Entwicklungsrichtung der modernen Biochemie und gibt eine Einführung in die Biochemie der Proteine und Nucleinsäuren als Makromoleküle**

- **beschreibt die Primär-, Sekundär-, Tertiär- und Quartärstruktur biologisch wichtiger Proteine**

- **bespricht die Beziehungen zwischen der Struktur biologischer Makromoleküle und ihren biologischen Eigenschaften**

- **wendet sich an alle Naturwissenschaftler und Mediziner, an die Studierenden der Medizin, Biochemie, Biologie, Pharmazie und Landwirtschaft sowie an Oberschullehrer**

WISSENSCHAFTLICHE TASCHENBÜCHER

FSC
www.fsc.org
MIX
Papier | Fördert
gute Waldnutzung
FSC® C083411

Zeitfracht Medien GmbH
Ferdinand-Jühlke-Straße 7
99095 Erfurt, Deutschland
produktsicherheit@kolibri360.de